Frommer's®

Barcelona

Guia Completo de Viagem
Tradução da 2ª edição

Peter Stone

Veja o que os críticos dizem sobre o Frommer's:

"Extremamente fácil de usar e transportar. Bastante completo".
—*Booklist*

"Informações detalhadas, precisas e de fácil leitura, incluindo todas as faixas de preço".
—*Glamour Magazine*

"As informações sobre os hotéis chegam a ser quase enciclopédicas".
—*Des Moines Sunday Register*

"Os guias da Frommer's têm um jeito especial de transmitir uma idéia real sobre o lugar".
—*Knight Ridder Newspapers*

Frommer's Barcelona – Guia Completo de Viagem –Tradução da 2ª edição

Copyright © 2007 da Starlin Alta Con. Com. Ltda.

Produção Editorial
Starlin Alta Con. Com. Ltda

Coordenação Editorial
Marcelo Utrine

Coordenação Administrativa
Anderson Câmara

Tradução
Bruna Leite

Revisão Gramatical
Ana Lúcia Theodoro

Diagramação
Antônio Humberto

Revisão Técnica
Fernanda Silveira

Fechamento
Antônio Humberto

Tradução e adaptação da obra Frommer's Barcelona, por Peter Stone. ISBN 978-0-470-09692-5.
Copyright © 2007 Wiley Publishing, Inc., Hoboken, New Jersey. All rights reserved. This translation published under lecense with the original publisher John Wiluy & Sons. Inc., the owner of all rights to publish and sell the same. PORTUGUESE language edition published by Editora Starlin Alta Con. Com. Ltda, Copyright © 2009 by Editora Starlin Alta Con. Com. Ltda. Wiley and the Wiley Publishing logo are trademarks or registered trademarks of John Wiley & Sons, Inc. and/or its affiliates. Frommer's is a trademark or registered trademark of Arthur Frommer. Used under license. All other trademarks are the property of their respective owners. Wiley Publishing, Inc. is not associated with any product or vendor mentioned in this book.

Todos os direitos reservados e protegidos pela Lei 5988 de 14/12/73. Nenhuma parte deste livro, sem autorização prévia por escrito da editora, poderá ser reproduzida ou transmitida sejam quais forem os meios empregados: eletrônico, mecânico, fotográfico, gravação ou quaisquer outros. Todo o esforço foi feito para fornecer a mais completa e adequada informação, contudo a editora e o(s) autor(es) não assumem responsabilidade pelos resultados e usos da informação fornecida. Recomendamos aos leitores testar a informação, bem como tomar todos os cuidados necessários (como o backup), antes da efetiva utilização. Este livro não contém CD-ROM, disquete ou qualquer outra mídia.

Erratas e atualizações: Sempre nos esforçamos para entregar a você, leitor, um livro livre de erros técnicos ou de conteúdo; porém, nem sempre isso é conseguido, seja por motivo de mudança de software, interpretação ou mesmo quando alguns deslizes constam na versão original de alguns livros que traduzimos. Sendo assim, criamos em nosso site, www.altabooks.com.br, a seção Erratas, onde relataremos, com a devida correção, qualquer erro encontrado em nossos livros.
Avisos e Renúncia de Direitos: Este livro é vendido como está, sem garantia de qualquer tipo, seja expressa ou implícita.

Marcas Registradas: Todos os termos mencionados e reconhecidos como Marca Registrada e/ou comercial são de responsabilidade de seus proprietários. A Editora informa não estar associada a nenhum produto e/ou fornecedor apresentado no livro. No decorrer da obra, imagens, nomes de produtos e fabricantes podem ter sido utilizados, e desde já a Editora informa que o uso é apenas ilustrativo e/ou educativo, não visando ao lucro, favorecimento ou desmerecimento do produto/fabricante.

Impresso no Brasil
O código de propriedade intelectual de 1º de julho de 1992 proíbe expressamente o uso coletivo sem autorização dos detentores do direito autoral da obra, bem como a cópia ilegal do original. Esta prática generalizada, nos estabelecimentos de ensino, provoca uma brutal baixa nas vendas dos livros a ponto de impossibilitar os autores de criarem novas obras.

Rua Viúva Cláudio, 291 - Bairro Industrial do Jacaré
CEP: 20970-031 - Rio de Janeiro – Tel: 21 3278-8069/8419 Fax: 21 3277-1253
www.altabooks.com.br – e-mail: altabooks@altabooks.com.br

Sumário

Lista de Mapas — vi

O que há de novo em Barcelona — 1

1 O melhor de Barcelona — 3

1 As Experiências Mais Inesquecíveis em Barcelona.................................. 4
2 Os Hoteís Mais Luxuosos.......................... 5
3 Os Melhores Hoteís Com Preços Moderados 6
4 Os Jantares Jantares Mais Inesquecíveis ... 6

5 As Melhores Coisas para se Fazer de Graça.................................. 7
6 As Melhores Coisas Para Levar Para Casa .. 7
7 As Melhores Atividades em Família 8
8 Os Melhores Museus.............................. 9

2 Planejando sua viagem para Barcelona — 10

1 Informações aos Turistas........................ 10
Destino Barcelona: Checklist Antes de Partir 11
2 Exigências para Entrada & Alfandega 11
3 Dinheiro.. 15
O Euro, o Dólar Americano e a Libra Esterlina Britânica................... 16
Quanto Custam as Coisas em Barcelona 17
4 Quando Ir 19
Calendário de Eventos de Barcelona........... 20
5 Seguro de Viagem.................................. 23
6 Saúde e Segurança................................. 25
ETA Ataca Novamente 27
7 Recursos Para Viagens Especializadas..... 29
8 Planejando Sua Viagem Online.................*34*

Frommers.com: O Guia Completo de Viagem 35
9 O Viajante do Século XXI...................... 35
Caixa de Ferramentas do Viajante Online.. 36
10 Como Chegar 37
Passando Pelo Aeroporto.......................... 40
Voando com Filmes e Vídeos 43
11 Pacotes para o Viajante Independente... 47
Pergunte Antes de Viajar.......................... 47
12 Execuções Guiadas de Interesse Geral .. 48
13 Viagens de Interesse Especial.............. 49
14 Livros, Filmes & Músicas Recomendadas...................................... 49

3 Itinerários Sugeridos em Barcelona — 51

1 O Melhor de Barcelona em 1 Dia............ 51
2 O Melhor de Barcelona em 2 Dias 55

3 O Melhor de Barcelona em 3 Dias 58

iv   SUMÁRIO

4   Conhecendo Barcelona   62

1 Essenciais 62
  O Cartão de Barcelona 66
  Um Resumo Sobre os Bairros 67

2 Circulando por Aí 72
  Fatos Rápidos: Barcelona 76

5   Onde Ficar   82

1 Os Melhores Hotéis 85
2 Ciutat Vella (Barri Gòtic, El Raval & La
  Ribeira) 87
3 L'Eixample 97
  Hotéis Ideais Para Famílias 102
  *Boom dos Apartamentos Particulares em
  Barcelona* 106
4 Sants, Paral.lel & Montuïc 108

5 Barri Alto & Gràcia 111
6 Barcelona, Vila Olímpica &
  Poble Noua 112
  Luzes Brilhantes, Cidade do Spa 113
7 Nas Áreas Mais Distantes 115
8 Apartamentos & Apart-hotéis 118

6   Onde Fazer Suas Refeições   119

1 Refletindo sobre a Comida 119
  Cenário Verde de Barcelona 120
2 Os Melhores Restaurantes 121
3 Ciutat Vella: Barri Gòtic 123
  Vamos! Rápido! 127
4 Ciutat Vella: La Ribeira 131
5 Ciutat Vella: El Raval 135
  Mais Tapas 138

6 Poble & Monjuïc 138
7 L'Eixample 139
  Restaurantes para Famílias 145
8 Gràcia 147
  Comendo ao Ar Livre 150
9 Barcelona & Vila Olímpica 151
10 Barrio Alto 157
11 Fora da Cidade 158

7   O que ver e fazer   160

1 Ciutat Vella (Cidade Velha) 160
  El Call: O Quarteirão Judeu 167
2 L' Eixample 173
  Lugar de Descanso de Gaudí 176
  Fazendo a Excursão Moderniste 178
3 Gràcia 179
4 Montjuïc 181
  A Fonte Mágica 185
5 Em Frente ao Porto 186

6 Mais Distante do Centro
  de Barcelona 188
  *Mês Que un Club
  (Mais do que um Clube)!* 191
  *Pequeno, Mas Bom: Outros Museus de
  Barcelona* 192
7 Parque e Jardins 192
8 Ao Ar Livre & Para os Amantes
  de Esportes 193

SUMÁRIO v

8 Caminhando por Barcelona 195

Excursão a Pé 1: Barri Gotic
(Quarteirão Gótico).................................. 196
Excursão a Pé 2: La Ribeira
(El Born & Sant Pere)............................. 199

Excursão a Pé 3: El Raval........................ 204
Excursão a Pé 4: Roteiro
Moderniste (L'Eixample)......................... 205

9 Fazendo Compras 209

1 O Cenário Para Compras..................... 209
2 Compras em Geral 211
A Zaravolución.. 216
La Boqueria: Um dos Melhores Mercados
do Mundo 218

Vender, Vender 222
Lojas Especializadas no Barri Gòtic.......... 225

10 Barcelona à Anoite 228

1 Melhores Bares & Pubs 230
2 Shows e Espetáculos............................ 230
3 Bares, Cafés, Pubs & Clubes................. 235

Dançando com a Fada Verde................. 239
Dançando Perto do Porto 242
O Pessoal da Vila 243

11 Outras Viagens Pela Calatunha 249

1 Montserrat 249
Rota dos Mosteiros Cistercienses............. 252
2 Tarragona 253
Catalunha Lembra Pablo Casals.............. 255
A Praia da Costa Daurada 258
3 Sitges 259
Onde Estão os Garotos............................ 262
Terra da Cava... 265
4 Girona 266
El Call 269

Jardim do Mar e da Murta...................... 272
5 Lloret de Mar 272
6 Tossa de Mar 275
7 Saunt Feliu de Guíxols......................... 278
8 Palafrugell & Suas Praias.................... 280
Um Quarto com Vista.............................. 281
9 Figueres... 281
O Louco, Louco Mundo de Salvador Dalí... 282
10 Cadaqués 284
O Chef Mais Famoso do Mundo 285

12 Uma Viagem Extra para Mairoca 287

1 Palma de Maiorca 290
2 Valldemossa & Deià (Deyá) 302

3 Port de Pollença & Formentor............. 305

vi SUMÁRIO

Apêndice A: Passado e Presente de Barcelona 307

1 Barcelona Hoje 307
2 História Básica 308

Linha do Tempo.. 308

Apêndice B: A Cultura Catalã 313

1 A Lingua de Calatunha 313
2 Arquitetura de Barcelona 314
3 Artes e Artistas 315

Gaudí: O Arquiteto Religioso 316
4 O Sabor da Calatunha 318

Apêndice C: Expressões & Frases Úteis 323

1 Palavras & Frases Úteis 323

2 Números 325

Índice Geral 327

Lista de Mapas

Espanha, 12

O Melhor de Barcelona em 1 Dia, 52

O Melhor de Barcelona em 2 Dias, 57

O Melhor de Barcelona em 3 Dias, 59

Grande Barcelona, 64

Transporte Público de Barcelona, 73

Acomodações na Ciutat Vella, 89

Acomodações no L'Eixample, 99

Acomodações em Sants, Paral.lel & Montjuïc, 109

Jantando na Ciutat Vella, 125

Refeições em L'Eixample, 141

Refeições em Gràcia, 148

Refeições em Baceloneta, 152

Refeições na Vila Olímpica, 153

Atrações de Barcelona, 162

Excursão a Pé 1: Barri Gotic (Bairro Gótico), 196

Excursão a Pé 2: La Ribeira (El Born & Sant Pere), 200

Excursão a Pé 3: El Raval, 204

Excursão a Pé 4: Roteiro Moderniste (L'Eixample), 208

Catalonia, 250

Tarragona, 254

Sitges, 260

Girona & a Costa Brava, 267

Maiorca, 289

Plama de Maiorca, 291

Sobre o Autor

Nascido em Londres, Inglaterra, **Peter Stone** iniciou sua vida profissional, no Escritótio Estrangeiro, na rua Downing antes de caminhar para a tradução e jornalismo. Ao longo dos últimos 27 anos, ele tem residido em diferentes regiões da Espanha, incluindo Málaga, Barcelona, Alicante, Palma de Mallorca, Las Palmas de Gran Canaria e também morou na Grécia e na África do Norte. Um amante da vida cultural, história e língua hispânica, Peter fez sua casa em Madri em 1998 e publicações sobre a capital espanhola incluem *Madri Escapes* e *Frommer's Madri*. Ele também tem contribuído para uma grande variedade de revistas e guias internacionais, incluindo a *Spain Gourmetour, Time Out, Insight,* e *Intelliguide.*

Uma Inovação para o Leitor

Em pesquisa neste livro, nós descobrimos muitos lugares maravilhosos - hotéis, restaurantes, lojas e muito mais. Temos certeza que você irá encontrar outros. Por favor, nos informe sobre eles, para que possamos compartilhar as informações com seus colegas de viagens em edições futuras. Se você está desapontado com uma recomendação, adoraríamos saber, também. Por favor, escreva para:

Frommer's Barcelona – Guia Completo de Viagem –Tradução da 2ª edição
Editora Wiley, Inc. 111 River St. Hoboken, Nj 07030-5774

Uma Nota Complementar

Por favor seja cauteloso, que informação de viagem está sujeita a mudanças a qualquer momento - e isso é especialmente verdade sobre valores. Por isso, sugerimos que você escreva ou ligue para a confirmação adiante quando se trata de fazer seus planos de viagem. Os autores, editor e os organizadores não podem ser considerados responsáveis pelas experiências dos leitores, enquanto viajam. Sua segurança é importante para nós, no entanto, assim que nós incentivamos você a ficar alerta e estar ciente de seus arredores. Mantenha o olho na máquina fotográfica, bolsas e carteiras, todos os alvos favoritos dos ladrões e trombadinhas.

Outros excelentes guias para sua viagem:

Frommer's Argentina
Frommer's Buenos Aires
Frommer's Chile
Frommer's Disney
Frommer's Londres
Frommer's Nova Iorque
Frommer's Paris
Frommer's Portugal
Frommer's Roma

Estrelas de classificação, ícones e abreviações do Frommer's

Todos os hotéis, restaurantes e atrações apresentados neste guia foram classificados segundo a qualidade, valor, atendimento, comodidades e características especiais usando-se um **sistema de classificação por estrelas**. Em guias de países, estados e regionais também classificamos cidades e regiões para facilitar suas escolhas e calcular seu orçamento e tempo da melhor maneira possível. Hotéis e restaurantes são classificados em uma escala de zero (recomendado) a três estrelas (excepcional). Atrações, lojas, vida noturna, cidades e regiões são classificadas segundo a seguinte escala: nenhuma estrela (recomendado), uma estrela (altamente recomendado), duas estrelas (mais que altamente recomendado) e três estrelas (imperdível).

Além do sistema de classificação por estrelas, também usamos **sete tipos de ícones** que lhe indicam as ótimas opções, conselhos de quem entende do assunto e experiências únicas que separam viajantes de turistas. No decorrer do livro, preste atenção às seguintes indicações:

Achados	Achados especiais – aqueles lugares conhecidos somente por quem vive no local
Fatos Interessantes	Detalhes que deixam viajantes mais informados e tornam suas viagens mais divertidas
Crianças	Melhores opções para crianças e conselhos para toda a família
Momentos	Momentos especiais – aquelas experiências que ficam para sempre na lembrança
Dicas	Dicas de quem entende do assunto – excelentes maneiras de economizar tempo e dinheiro
Econômico	Ótimos valores – onde encontrar os melhores negócios

As seguintes **abreviações** são usadas para cartões de crédito:

AE	American Express	DISC	Discover	V	Visa
DC	Diners Club	MC	MasterCard		

Frommers.com

Agora que você conta com este guia para ajudá-lo a planejar sua viagem, visite nosso site em **www.frommers.com** para obter informações adicionais sobre viagens, incluindo mais de 3500 destinos. Atualizamos os dados regularmente para que você tenha acesso imediato às informações mais recentes para o planejamento de sua viagem. No Frommers.com, você encontra dicas sobre as melhores tarifas aéreas e de hospedagem e os melhores preços para aluguel de carros. É possível até reservar sua viagem on-line através de nossos confiáveis parceiros de planejamento de viagens. Entre os outros recursos oferecidos estão:

- Atualizações on-line de nossos guias mais populares
- Melhores opções e preços para suas férias
- Informativos destacando as últimas tendências de viagem
- Quadros de mensagem on-line com discussões sobre viagens

O Que Há de Novo em Barcelona

Sempre inventiva e dinâmica, Barcelona continua avançando de forma mais profunda e criativa pelo século XXI. Uma das mudanças recentes mais impressionantes resultou de um programa de reestruturação chamado "Pós-Olimpíada", que cobria 3,2 km (2 milhas) de extensão da costa entre a seção do Porto Olímpico e a foz do Rio Besòs. Aqui, um investimento no valor de 1,7 bilhão de euros (US$2,1 bilhões) fez com que fossem criados novos parques, uma marina cercada por restaurantes e uma área onde banhistas podem nadar em águas limpas. O impressionante e moderno Fórum foi ampliado a um custo adicional de 4 milhões de euros para o Euro Science Open Forum (Fórum Aberto de Ciência da Europa) em 2008; e um ambicioso Plano de Habitação que começou em maio de 2006, com prazo de 2 anos, envolveu a restauração de 2.700 casas entre San Adrià de los Besòs e Poble Sec.

PLANEJANDO SUA VIAGEM PARA BARCELONA O **Aeroporto El Prat de Llobregat** foi expandido entre 2004 e 2005 com a inauguração de uma terceira pista e um novo terminal ao sul, e acomoda atualmente 25 milhões de passageiros por ano, mais do dobro de sua capacidade na época dos Jogos Olímpicos de 1992. Existem mais planos de expansão previstos, incluindo uma nova área de carga e um "parque industrial" com uma variedade de instalações que transformarão o aeroporto em uma pequena cidade autossuficiente. Vale a pena mencionar aos visitantes de Barcelona: uma nova empresa que vende passagens aéreas, a **Clickair** (www.clickair.com), entrou no ramo em outubro de 2006, oferecendo voos baratos entre Barcelona e muitas cidades europeias com assentos reserváveis somente pela Internet.

CIRCULANDO POR AÍ O Metrô e as linhas de trem da cidade continuam se expandindo. Em outubro de 2006 ocorreu a inauguração da linha T-5 da Trambesòs, entre Besòs e Glories, o mais recente e ultramoderno Tren Ligero, ou "Trem Leve", com rotas para unir as linhas T-1 a T-4 já em operação na cidade. Além das redes de ônibus e de trens suburbanos já existentes, que ligam o aeroporto El Prat ao centro da cidade, duas linhas estendidas de Metrô — 2 e 9 — fazem a ligação direta até o coração do aeroporto, criando um acesso mais fácil. Enquanto isso, na parte de trás da cidade, no alto, o funicular de Tibidabo, com 100 anos de idade, que foi modernizado no final de 2006 a um custo de 4 milhões de euros (US$5 milhões), dobrou seu número de passageiros e de viagens diárias. Em uma frente mais ampla, a já bem movimentada **Estação Ferroviária Sants** está no meio de uma reforma e de um programa de expansão intensos, com o objetivo de se preparar para os trens de alta velocidade para Madri e para a França, previstos para entrar logo em operação. (A viagem de Barcelona a Madri será reduzida de 5:30 hs para 3:30 hs.) A estação reformada poderá incorporar novos terminais, entradas, plataformas e áreas de estacionamento subterrâneo.

ACOMODAÇÕES As opções de acomodação em Barcelona continuam crescendo em todos os níveis, desde confortáveis e luxuosas até simples e econômicas. Trezentos novos hotéis estavam previstos entre 2006 e 2008, oferecendo cerca de 30.000 novos quartos. A tendência geral é para albergues com ins-

2 O QUE HÁ DE NOVO EM BARCELONA

talações de última geração que incluem acesso grátis de Wi-Fi, um recurso padrão atualmente, com cadeias inovadoras como a **High Tech** e sua semelhante **Petit Palace**, cujo hotel mais recente, o Petit Palace Opera Garden Ramblas foi inaugurado em 2006, no coração do Barri Gòtic (pág. 94). Um dos hotéis mais novos a entrar em cena (outubro de 2006) foi o chique e moderno **Hotel Barcelona Catedral** (pág. 96), localizado bem próximo à grande catedral gótica da cidade.

ONDE FAZER SUAS REFEIÇÕES A cozinha pioneira de Barcelona é atualmente admirada no mundo todo. Isso não significa esvaziar a carteira em um lugar de primeira classe, como o famoso El Bulli de Ferran Adrià. Dentre os locais mais recentes e com preços mais acessíveis que representam o novo estilo eclético, experimente o **Hisop** (pág. 143). Opções vegetarianas também estão aparecendo com mais frequência e você não pode deixar de conhecer o inovador **Juicy Jones**, no Quarteirão Antigo. (pág. 128).

COM RELAÇÃO A CIGARROS No dia 1 de janeiro de 2006, uma lei entrou em vigor proibindo oficialmente fumar em todos os locais de trabalho e em todo o sistema de metrô. Em bares, porém, a decisão foi deixada a critério dos proprietários e em 99% dos casos, fumar ainda é permitido (exceto em lugares maiores que 100 m²/1.076 pés², onde uma pequena área para não fumantes deve ser instalada). Há discussões sobre leis mais rigorosas a serem impostas, mas em função do sucesso limitado de poucos bares que até agora enfrentaram uma perda financeira para manter o ar puro, isso permanece como uma possibilidade remota.

ARQUITETURA Embora a incomparável **Sagrada Família** de Gaudí possa ocupar o primeiro lugar na opinião dos turistas com uma maior preocupação espiritual, são os edifícios empresariais práticos do século XXI que estão dominando cada vez mais o panorama da cidade. Em Barceloneta, temos o **Centro de Pesquisas Biomédicas** em forma de ferradura, criado por Brullet-Pineda, entre o Hospital del Mar e o Hotel Arts. Ele tem uma

variedade de laboratórios de última geração, bem como um auditório impressionante e um centro esportivo. **A Fira de Barcelona**, a apenas 3,2 km (2 milhas) do Montjuïc, está recebendo investimentos atualmente para incluir um centro de exposições, com previsão de término para 2009. Atualmente, ocorrem ali cerca de 80 feiras de negócios por ano e quando estiver terminado, ele estará entre os maiores centros de convenções do mundo.

FAZENDO COMPRAS A nova face do mercado de compras em Barcelona é a do **Mercat de Santa Caterina** (pág. 198), em La Ribera, reformado em 2005 de acordo com um projeto do arquiteto local Enric Miralles, que também projetou o Parlamento escocês. Em um excelente local, bastante funcional, coberto por um telhado colorido, você encontra uma grande variedade de bancas com diversos produtos que variam desde produtos tradicionais até os vinagres balsâmicos da moda e o caro azeite de oliva crianza. Enquanto isso, o grande evento em 2006 foi a inauguração dos 167 m² (1.800 pés²) do showroom da **B & B Italia,** no Passeig de Gràcia, que fica na parte frontal e tem uma decoração interna bem elegante. Sua vitrine deslumbrante de móveis elegantes mostra por que as lojas dessa empresa de bom gosto fazem tanto sucesso em nada menos do que 54 países.

PARQUES Aberto em maio de 2006, o mais novo parque de Barcelona tem 11 hectares (27 acres). O **Parc de la Pau** (Parque de Paz), fica nos arredores da costa leste da cidade. O parque fica ao lado de uma praia nova (coberta com areia trazida de outro local), uma marina e um calçadão cercado de árvores — um conforto para melhorar a qualidade de vida na área de Besòs, que há pouco mais de uma década era uma das áreas mais precárias e decadentes da capital catalá.

MUNDO DAS BICICLETAS EM BARCELONA Em um esforço para estimular mais ciclistas a circularem e conseguir uma redução do tráfego e da poluição, mais ciclovias estão surgindo anualmente pela cidade. Algumas das vias mais novas ficam no Parc de la Pau, mencionado anteriormente.

O Melhor de Barcelona

Desde o século XIV, quando a capital catalá era a cidade mais poderosa na região do Mediterrâneo, que Barcelona não parecia ter um futuro tão promissor. Vários fatores têm sido responsáveis por essa mudança. O primeiro — político — foi em 1975, com a morte do General Francisco Franco, que tentou erradicar de forma sistemática, e quase sempre brutal, a tão estimada língua e cultura catalás. A cidade desde então começou a viver e a respirar de novo de forma independente. Hoje, Barcelona é uma metrópole orgulhosa e bilíngue, com sinalização de ruas, jornais e programas de TV tanto em catalão como em espanhol. Em 2006, um estatuto progressivo concedeu um grau ainda maior de independência a toda a região.

O segundo fator — mais relacionado com a aparência — surgiu um pouco antes dos Jogos Olímpicos de 1992, quando um trabalho febril de renovação alterou a imagem da cidade, que passou de desinteressante e cinzenta para uma metrópole nova e radiante. O Barri Gòtic, onde muitas das construções medievais do centro permaneceram revestidas de sujeira durante incontáveis décadas, pôde finalmente ser visto em toda a sua glória primitiva, com fachadas recém-polidas brilhando tranquilamente à luz das vielas estreitas do quarteirão. A orla, antes com grandes contêineres encardidos e palmeiras de aspecto triste, foi transformada em uma área aberta e iluminada com passeios, marinas e restaurantes modernos que se estendem por vários quilômetros desde as praias de Barceloneta, passando pela Vila Olímpica e pela sede do Fórum 2004, até Sant Adriá De Besòs.

De repente Barcelona tornou-se a capital europeia dos finais de semana. Visitantes chegam em voos de baixo custo em busca do estilo de vida festivo, do excelente clima mediterrâneo e da localização incomparável, que oferece fácil acesso às agradáveis enseadas da Costa Brava, às trilhas pitorescas pelas montanhas dos Pirineus, às cidades históricas de Gerona e Tarragona e à riqueza dos monumentos Góticos e Românicos que permeiam o interior.

Eles também vêm para conferir as muitas ofertas de Barcelona no mundo das artes, da arquitetura e da cozinha sofisticada: os Picassos, os Dalís, os Tàpies e os Mirós; a extravagância *moderniste* de Gaudí e as excentricidades modernas de Gehry e Nouvel; e a "Nova Culinária Catalá" de Ferran Adrià, elogiada até mesmo pelos franceses, a qual vem liderando um renascimento culinário que já resultou em meia dúzia de restaurantes classificados pelo Michelin até agora.

Apesar de todas as alterações externas, a cidade permanece, no seu íntimo aquilo que sempre foi: prática, metódica, proletária, não conformista, rebelde, artística e descaradamente hedonista. É uma mistura complexa que tem sobrevivido a vários períodos obscuros e cujo espírito Mediterrâneo livre está sintetizado na movimentada avenida de La Rambla, que vai desde a Plaza Cataluña até o porto ao longo do curso de um antigo leito de rio. Tudo isso cria um espírito tão popular e sociável quanto a tradicional dança Sardana da cidade, na qual ninguém conduz e ninguém segue, mas todos se movem juntos em harmonia.

4 CAPÍTULO 1 · O MELHOR DE BARCELONA

1 As Experiências Mais Inesquecíveis em Barcelona

- **Passear pela La Rambla:** O calçadão mais famoso de Barcelona vibra com a animação. A variedade de músicos de rua, artistas, malandros e excêntricos garante que não há um só momento tedioso durante sua longa caminhada. Ver p.51.

- **Beber ao Pôr do Sol na Praia:** Os 6,4 km (4 milhas) de extensão da capital catalá, com novas praias urbanas, cujos passeios, cais e marinas são banhados pelas atrativas águas do Mediterrâneo, transformaram-se de uma área antes negligenciada em um parque de diversões internacional que funciona 24 horas por dia. Seus *chiringuitos* encantadores (quiosques especializados em frutos do mar) são locais perfeitos para almoçar ou para relaxar tomando um drink no final do dia, acompanhados pela música de um DJ da casa. Veja p.241.

- **Explorar o Bairro El Born:** Esse compacto quarteirão medieval, na parte mais interna a partir da Barceloneta, já foi um de seus pontos mais decadentes. Agora, a multidão do "centro" converge para seu emaranhado de ruas estreitas ladeadas, por casarões antigos reformados: de dia para conferir os museus mais famosos, como o Picasso, e as lojas elegantes que exibem a última tendência de moda e *design*; à noite para desfrutar dos muitos bares e restaurantes que oferecem o melhor da Nova Cozinha Catalá. Veja p.69.

- **Ir a um Concerto no Palau de la Música Catalana:** Essa obra-prima da arquitetura *modernista* (Art Noveau) deve ser uma das casas de concerto mais exuberantes do mundo. Todos os estilos de clássicos e jazz são apresentados, até mesmo o amante de música mais difícil de agradar se encantará com a abundância de detalhes decorativos do Palau. Veja p.166.

- **Tomar Café da Manhã na Boqueria:** Existe cerca de uma dúzia de bares e restaurantes no principal mercado da cidade. Esbarre com os melhores chefes de cozinha e *gourmets* de Barcelona enquanto toma um café com *croissant* e veja os produtos chegando ao mercado diariamente. Veja p.218.

- **De Bar em Bar no Barri Gòtic:** Com seus tradicionais e esfumaçados bares de tapas, *pubs* irlandeses frequentados por expatriados e *lounges* com mobília minimalista e clientes com roupas minimalistas, a Cidade Velha de Barcelona é a meca dos barzinhos. Um dos melhores locais é o **Ginger**, um aconchegante bar de primeira com tapas e vinhos, e ambiente de clube privado. Veja p.237.

- **Passar um Domingo no Montjuïc:** A montanha Montjuïc é a primeira visão dos visitantes que chegam ao porto. Atrás de sua face rochosa voltada para o mar estão grandes áreas de parque com pinheiros, os quais ciclistas, corredores e pessoas que fazem caminhadas nos finais de semana adoram. Com um museu-castelo no topo que oferece uma vista deslumbrante da cidade, o local proporciona uma alternativa tranquila ao agito da cidade logo abaixo e oferece um ótimo lugar para dar uma respirada. Veja p.181.

- **Ir de Bonde e Funicular para Tibidabo:** O pico do distinto plano de fundo da cidade é alcançado em duas etapas: primeiro por um "bonde azul" (Tramvia Blau), que passa pelas elegantes casas do bairro Sarrià e, em seguida, por um funicular Art Deco barulhento, que sobe chacoalhando pela encosta da montanha revelando vistas cada vez mais incríveis da cidade que fica abaixo. Essas duas formas antigas de transporte foram construídas há mais de um século atrás para transportar pessoas para a igreja e para o parque de diversões no pico da montanha. A estimulante viagem que eles oferecem faz parte da diversão. Veja p. 191.

- **Jantar no Els Quatre Gats:** Esse local serviu como sede de irmandade para cavalheiros do final do século XVIII. Mais tarde tornou-se o ponto de encontro preferido do jovem Picasso e seus contemporâneos boêmios. Embora a maior parte das obras de arte que enfeita as paredes atualmente seja reproduções, esse clássico restaurante catalão continua cheio de histórias. O pianista permanente e a formalidade geral ajudam a criar a atmosfera do local. Veja p. 126.

- **Dar uma Olhada na Sagrada Família Pela Primeira Vez:** Nada prepara você completamente para o primeiro vislumbre do trabalho mais famoso de Gaudí, que surge no centro de um quarteirão suburbano como se fosse algum tipo de gruta retrofuturista. Vá olhando para cima e veja uma fachada rica em símbolos religiosos e as quatro torres do templo. Depois, passe pelo limiar até a parte interna (inacabada). Veja p.175.

- **Observar Pessoas no Museu d'Art Contemporani de Barcelona (MACBA):** O pátio do Museu de Arte Contemporânea é um retrato da nova Barcelona multicultural. Passe um tempo em um dos seus bares do lado de fora vendo jogadores de críquete paquistaneses, crianças locais jogando futebol e skatistas norte-europeus em uma fascinante mistura cultural de atividades recreativas. Veja p.172.

- **Permanecer Acordado até o Amanhacer:** Um longo jantar, alguns drinks em um bar, depois em um clube e antes que você perceba, o sol estará nascendo sobre a capital festiva do Mediterrâneo, lançando um brilho aconchegante sobre as ruas e praças cheias de palmeiras da cidade. Nada melhor que uma caminhada lenta para casa nessa hora mágica (de preferência pela Cidade Velha). Se você conseguir recuperar o atraso do sono durante o dia, é provável que repetirá a experiência na próxima noite.

2 Os Hotéis Mais Luxuosos

- **Hotel Ritz,** Gran Vía 688 (℡ **93-318-52-00**)**:** Desde que abriu suas portas em 1919, o hotel sobreviveu a uma guerra civil, uma guerra mundial, uma ocupação anarquista e à queda de uma ditadura — durante todo esse tempo manteve um nível impecável de serviço e tradição. Nesse período, hóspedes ilustres, como o Duque de Windsor, Ava Gardner e Salvador Dalí escolheram permanecer em suas instalações douradas e de mármore, e se refugiar no elegante salão de chá e restaurante. Veja p.100.

- **Hotel Casa Fustes**, Passeig de Grácia 132 (℡ **93-225-30-00**): Essa obra-prima *modernista* foi uma construção emblemática *antes* de ter sido recentemente convertida em um luxuoso cinco estrelas. Os quartos foram restaurados para ter a opulência da virada do século XX, mas todos agora têm instalações modernas. Veja p.97.

- **Hotel Arts**, Marina 19-21 (℡ **93-221-10-00**): O preferido das *top models* e das estrelas de rock temperamentais (P. Diddy, segundo boatos, deu uma festa de arromba aqui quando veio a Barcelona para apresentar o MTV Awards 2002), o Hotel Arts tem se mantido como um *playground* de ricos e famosos e símbolo da "Barcelona bacana" por mais de uma década. Veja p. 112.

- **Hotel España**, Sant Pau 11 (℡ **93-318-17-58**): Esse lugar combina conforto e luxo, ao mesmo tempo em que evoca o passado. Concebido por um contemporâneo de Gaudí, a sala de jantar no nível da rua, decorada com motivos florais e acessórios de bronze, transportará você de volta aos primeiros anos do século XX, quando ficava cheio de clientes conversando enquanto ceavam depois de ter ido à ópera ao lado. Veja p 96.

6 CAPÍTULO 1 · O MELHOR DE BARCELONA

3 Os Melhores Hotéis Com Preços Moderados

- **Hotel Peninsular**, Sant Pau 34-36 (✆ **93-302-31-38**): Serenidade e personalidade cercam esse convento transformado em hotel. Localiza-se em uma rua agitada próxima a Les Ramblas. O elevador Peninsular Art Nouveau, os longos corredores verdes e brancos e um pátio interno exuberante fazem dele um oásis no meio do alvoroço do lado de fora. Mas faça reservas com antecedência. Veja p.96.
- **Hostal D'Uxelle**s, Gran Vía 688 e 667 (✆ **93-265-25-60**): Essa hospedaria parece ter saído diretamente das páginas dessas revistas de decoração rústica. Loca-

lizada no primeiro andar de dois edifícios adjacentes, cada um dos 14 quartos tem uma decoração diferente, mas todos incluem camas com dossel, mobília antiga e banheiro com cerâmica de estilo andaluz. Veja p. 106.

- **Marina Folch**, Carrer Del Mar 16, principal (✆ **93-310-37-09**): Administrado por uma família, esse hotel é o único nos arredores das praias de Barceloneta, repletas de bares ao ar livre e espaços abertos para as crianças correrem livremente. Peça um quarto na parte da frente com uma sacada com vista para o porto. Veja p.115.

4 Os Jantares Mais Inesquecíveis

- **Paella na Praia:** Uma das experiências mais típicas de Barcelona, e não há melhor lugar para fazer isso do que no **Can Majó**, Almirall Aixada 23 (✆**93-221-54-55**). Bem em frente ao mar, esse restaurante orgulha-se da suas *paellas* e *fideuàs* (que substituem macarrão por arroz); e foi eleito o favorito entre as famílias mais abastadas da cidade. Veja p. 155.

- **Experimentar a Cozinha do Chef Top da Culinária Catalá:** Carles Abellán foi aclamado como o mais novo sucesso da *nouvelle cuisine* Catalá. Seu restaurante, **Comerç 24**, Comerç 24 (✆**93-319-21-02**), foi concebido para ser um divertido desafio de tudo o que está em alta no mundo das tapas. Delícias como o "kinder ovo" (um ovo cozido mole com gema perfumada com trufas) e pizza de *sashimi* de atum esperam pelos mais aventureiros. Veja p.132.

- **Melhor Almoço de Domingo em Barcelona**: O **7 Portes**, Passeig Isabel II 14 (✆ **93-319-30-33**), um dos restaurantes mais antigos de Barce-

lona, é uma tradição dos domingos. Famílias enormes degustam seus excelentes pratos de carne e de peixe em uma atmosfera de virada do século XX. Veja p.153.

- **Experimentar os Melhores Pratos Regionais:** Apesar do seu nome italiano, a **Via Veneto**, Ganduxer 10 (✆**93-200-72-44**), é tradicional até a alma, oferecendo uma das melhores cozinhas catalás da região. O restaurante transpira classe à moda antiga e um dos métodos de servir, a prensa de pato de prata legítima, parece pertencer a outro século (assim como alguns dos clientes). Veja p. 158.

- **Comer os Frutos do Mar Mais Frescos de Barcelona:** Você vai encontrá-los em **Els Pescadors,** Plaça Prim 1 (✆ **93-225-20-18**), no subúrbio de Poble Nou, que tem ares de classe trabalhadora; é o lugar certo para você. As pessoas vêm aqui pela comida, não pelo aspecto; eles servem o que quer que tenha sido pescado naquele dia. Faça reservas com antecedência nos fins de semana. Veja p. 152.

AS MELHORES COISAS PARA LEVAR PARA CASA

5 As Melhores Coisas para se Fazer de Graça

- **Desfrutar os Prazeres Culturais Gratuitos:** Os mais visitados são o centro cultural **Foment de les Arts Decoratives i del Disseny (FAD),** onde você pode ver exposições e, às vezes, comprar quadros de desconhecidos jovens promissores por ótimos preços (p.171) e a galeria de arte **CaixaForum**, que tem um trio variado de exposições interessantes que sempre mudam (p.181). Ao redor da cidade, você encontrará uma variedade impressionante de mostras de **arte pública** ao ar livre: o **David i Goliat**, uma "bizarrice" de metal de Antoni Llena; o **Peix** (Peixe) de cobre de Frank Gehry no Porto Olímpico; e o **Gat** (Gato) roliço do escultor colombiano Fernando Botero, em El Raval. Há também o **Barcelona Head,** em estilo de tiras de quadrinhos, que é marca registrada de Roy Lichtenstein, perto da estátua de Colombo, no porto; e **Dona i Ocell** (Mulher e Pássaro), de Joan Miró, terminada em 1981, pouco antes de sua morte, e localizada no parque que recebeu seu nome, em Sants.

- **Passear pelos Parques:** Apesar de sua densa aparência urbana, Barcelona é, na verdade, cheia de parques onde você pode descansar, passear e, em muitos casos, desfrutar de diversões mais amenas. (Visite o site www.bcn.es/parcsijardins para uma lista completa.) **Parc de la Ciutadella,** a leste da Cidade Velha, com suas fontes e estátuas é um repouso relaxante para o labirinto medieval claustrofóbico ao lado (p.170), enquanto o **Parc Güell,** mais para cima, no bairro Gràcia, encanta os visitantes de todas as idades com a beleza incomum das estruturas de Gaudí (p.179). Em Montbau, o **Parc de la Crueta del Coll** tem um parque infantil e uma piscina pública no verão (que no inverno se transforma em um lago artificial). À oeste, o imponente pico de **Montjuïc** — com sua vista maravilhosa do porto, trilhas para caminhada, a **Fundació Joan Miró, o Jardim Botânico** e a **Font Màgica** (fonte mágica) iluminada — é um caleidoscópio animado de natureza e de atrações culturais e esportivas (p.181). Menos conhecido, porém mais "campestre", é o **Parc d'en Castell de l'Oreneta**, logo acima do Mosteiro Pedralbes, de onde você tem a oportunidade de apreciar uma vista panorâmica maravilhosa da cidade e do litoral enquanto faz um piquenique e passeia por trilhas sinalizadas entre as campinas no local; onde há muito tempo existiu um castelo.

- **Compreendendo as Preciosidades Eclesiásticas:** A cidade está repleta de surpreendentes monumentos históricos e religiosos. E muitas delas têm entrada livre. Por exemplo, diferente da maioria das principais cidades da Espanha não há cobrança de valores para visitar a **Catedral** (p.160). Outros prazerosos monumentos são a **Capella de Sant Jordi** (p.165), as igrejas de **La Mercè** (p.164) e **Santa María Del Pi** (p.166), cada uma das quais fazem sua própria contribuição para o ar espiritual e para a beleza arquitetônica da cidade, além disso mostra outro aspecto da sua rica história. Outra maravilha é **Santa María del Mar** no distrito Born de La Ribera (p.166).

6 As Melhores Coisas Para Levar Para Casa

- **Couro:** O couro tem sido um dos produtos mais valorizados da Espanha há muito tempo, e as melhores compras variam de cintos e bolsas elegantes até sapatos feitos à mão e casacos finos. O melhor lugar para tais compras em Barcelona é no **Loewe**, que envia seus produtos pelo correio para todo o mundo. Veja p.221.

- **Cerâmicas e Louças de Barro:** Embora essa não seja uma especialidade de

CAPÍTULO 1 · O MELHOR DE BARCELONA

Barcelona, você encontrará uma ampla seleção de vasos, pratos e jarros de cerâmica de Valência, alguns dos quais têm o estilo e a elegância de uma arte mais requintada. Há também várias opções de áreas como Toledo e Sevilha. **Artesana i Coses**, perto do Museu Picasso, é um bom local para dar uma olhada. Veja p. 224.

- **Porcelana:** Os ornamentos mais populares e mais disponíveis são feitos pela empresa valenciana Lladró, semelhante em estilo ao Capodimonte italiano. Embora seja considerado muito afetado por alguns, eles são extremamente populares entre a maioria dos visitantes. **Kastoria,** na Avinguda Catedral, é o local para

comprar estatuetas e molduras. Veja p.224.

- **Antiguidades:** Se você estiver procurando por alguma gravura ou escultura tradicionais interessantes, ou simplesmente por quinquilharias para levar para casa, você tem diversas opções. O local com a maior quantidade de ofertas (e mais caro) são os três andares da **Sala d'Art Artur Ramón,** na Cidade Velha. Veja p. 211.

- **Chapéus:** Se você deseja passear em sua casa com um autêntico *sombrero* espanhol de abas largas ou com uma tradicional e discreta boina de *campesino*, o lugar para procurar é na **Sombrería Obach,** no antigo bairro judeu de El Call. Veja p.220.

7 As Melhores Atividades em Família

- **Na cidade:** Qualquer coisa de autoria de Antoni Gaudí, o arquiteto mais famoso da cidade, imediatamente chama a atenção dos olhos e da imaginação dos jovens. O extravagante **Parc Güell** (p.179) com seu imaginário sobre o reino animal e suas grutas escondidas é um dos locais prediletos. Falando em animais, o excelente **Aquarium** (p.186) da cidade, com túneis por onde se pode passar e a magnífica coleção de seres marinhos do Mediterrâneo, também é uma boa aposta. O **Parc Zoològic** (p.170), um pouco mais antigo e com menos investimentos, tem uma coleção fantástica de primatas e está localizado no **Parc de la Ciutadella** (p.170), que também possui um lago com barcos a remo para alugar, balanços e outras atrações variadas para crianças. Para os que gostam de museus, uma visita ao **Museu Marítimo** (p.187), com seu barco do século XVI e um antigo submarino, poderia ser combinado com uma excursão em **Las Golondrinas** (p. 194), que tem barcos singulares de dois andares que levam você do porto ao quebra-mar. O **Museu de la Cera** (**Museu de Cera;** p.165), pode não

estar a altura de seu similar em Londres, mas é interessante o suficiente para que uma visita valha a pena. As crianças mais velhas também irão achar o **Museu de la Xocolata** (Museu de Chocolate; p.169) interessante e o recém-aberto **Museu de Ciência** (p.189) tem excelentes exibições para todas as idades, e com as quais se pode interagir. E também, é claro, temos as praias — a maioria com chuveiros, banheiros, bares e espreguiçadeiras para alugar. O **Parque Feliz** (p.194) na L´Eixample, perto do Passeig de Gràcia, é um parque de diversões *indoor* enorme para todos os climas, onde os pequenos podem desfrutar de escorregadores, piscinas de bolinhas e outras atividades divertidas. Há também uma creche para crianças um pouco maiores.

- **Nos Arredores:** O **Parc d'Atraccions Tibidabo** (p.191) é sempre um local favorito. Esse parque de diversões veterano, situado no topo do pico mais alto da cidade, oferece atrações radicais e outras mais amenas. O **Parc del Laberint d´Horta** (p.193), entretanto, é um parque neoclássico completo, com

OS MELHORES MUSEUS

o labirinto que lhe dá o nome nos arredores da cidade. E na Zona Alta, acima de Pedralbes, o **Parc del Castell de l'Oreneta** tem percursos de trem em miniatura, passeios de pôneis nos finais de semana e parques com atrações para crianças a partir de 3 anos.

- **Bem Mais Distante: Montserrat** (p.249), o "coração espiritual" da Catalunha, oferece uma diversidade de trilhas para caminhadas pelo terreno fantasmagórico de pedras enormes e cavernas e, é claro, o próprio mosteiro, que é monumental.

8 Os Melhores Museus

- **Museu Nacional d'Art de Catalunya (MNAC):** Localizado no imponente Palau Nacional, na face norte do Montjuïc, esse museu contempla a Font Màgica. Renovado alguns anos atrás, ele é um dos maiores depósitos de obras Românicas religiosas de todo o mundo. Muitas das imagens sacras e afrescos foram trazidos para cá de igrejas minúsculas lá de cima dos Pirineus, onde réplicas agora preenchem os espaços originalmente ocupados por eles. Estilos góticos também estão bem representados e recentemente houve aquisições de estilo modernista — muitas trazidas de Manzana de la Discordia. Veja p.183.

- **Fundació Joan Miró:** Encontra-se aqui a melhor coleção de obras do famoso artista catalão contemporâneo da Espanha (todas doadas pela própria celebridade). O museu fica no Montjuïc, em um local que desfruta de uma maravilhosa vista do porto e da cidade a partir do terraço, onde existe um jardim interessante, cheio de esculturas. Acontecem concertos aqui no verão. Os destaques são a **Fundação Tapestry** e a **Fonte Mercúrio,** de seu amigo e escultor americano, Alexander Calder. Veja p.181.

- **Museu d'Art Contemporani de Barcelona (MACBA):** Essa é a resposta da Catalunha para o Centro Pompidou de Paris, e está no coração do distrito popular, embora parcialmente aburguesado, de Raval. Ele tem uma das melhores coleções de arte moderna da Espanha, apresentando obras de Tàpies e Barcelò, e tem também uma biblioteca, uma livraria e uma cafeteria. Veja p.172.

- **Museu Picasso:** Um dos pontos culturais mais visitados da cidade, o museu é dedicado, principalmente, às obras de Picasso jovem, que foram reunidas e organizadas por seu amigo Jaume Sabartés y Gual. Ele ocupa cinco palácios medievais na encantadora Calle Montcada de La Ribera. O próprio artista doou muitas das obras, e destacam-se as famosas *Las Meninas* e *O Arlequim*. Veja p.169.

- **Museu Frederic Marès:** Esse charmoso palácio antigo, com pátios misteriosos e tetos altos, abriga uma das mais variadas e ricas coleções de esculturas medievais do mundo, todas doadas por Marès — ele próprio, um escultor talentoso. Exposições podem ser vistas em dois andares — que se abrem em dias alternados — e que variam desde crucifixos policromáticos romanos e estátuas góticas até um "Quarto Feminino" cheio de apetrechos vitorianos. Veja p.165.

2

Planejando Sua Viagem
Para Barcelona

Este capítulo é dedicado ao onde, quando e como de sua viagem — o planejamento antecipado necessário para organizar e levar consigo na viagem.

1 Informações aos Turistas

CENTROS DE INFORMAÇÕES TURÍSTICAS Você pode começar sua busca por informações nos centros de informações turísticas sobre a Espanha nos seguintes locais:

Nos Estados Unidos: Para informações antes de você ir, contate a **Agência de Turismo da Espanha**, 666 Fifth Ave, 5º andar, Nova Iorque, NY 10103 (☎ **212/265-8822**). Este centro pode oferecer informações turísticas, calendário de eventos, horários de trens e de balsas etc. Em outros locais nos Estados Unidos, as filiais do Centro de Informações Turísticas da Espanha estão localizadas na: 8383 Wilshire Blvd., Suite 956, Beverly Hills, CA 90211 (☎ **323/ 658-7188**); 845 N. Michigan Ave., Suíte 915E, Chicago, IL 60611 (☎ **312/642-1992**); e 1221 Brickell Ave., Suite1850, Miami, FL 33131 (☎ **305/358-1992**).

No Brasil, procure o **Centro Oficial de Turismo Espanhol no Brasil (Tuespaña),** Rua Zequinha de Abreu, 78 - São Paulo (☎ 11-3675-2000; www.spain.info/br/TourSpain).

No Canadá Procure o **Tourist Office of Spain (Centro de Informações Turísticas da Espanha),** 102 Bloor St. W., Suite 3402, Toronto, Ontario M5S 1M9, Canada (☎ **416/961-3131**).

Na Grã-Bretanha Escreva para o **Spanish National Tourist Office (Centro Nacional Espanhol de Informações Turísticas),** 22–23 Manchester Sq., London W1M 5AP (☎ **020/7486-8077**).

SITES NA INTERNET Você pode obter ótimas informações nos seguintes sites: **Tourist Office of Spain (Centro de Informações Turísticas da Espanha)** (www.okspain.org), **All About Spain (Tudo Sobre a Espanha)** (www.red2000.com), **Cybersp@in** (www.cyberspain.com). Dê uma olhada também em **www.spain.info/br/TourSpain,** que tem muitas dicas práticas se você for dirigir, sobre destinos, como levar bichos de estimação e até mesmo sobre como aprender espanhol. Informações mais específicas sobre a Catalunha podem ser encontradas em **www.barcelonaturisme.com.** O site oficial do município, **www.bcn.es,** é lento para ser carregado, mas é útil para coisas como horários de abertura e próximos eventos (em inglês). O *Barcelona Metropolitan,* a revista local em inglês (www.barcelonametropolitan.com), é dedicado especialmente aos que estão fora do país, mas será interessante para os visitantes que quiserem um ponto de vista local da cidade. Para achar passeios, hotéis e agendamento de atividades em um só local, tente o site **www.barcelona.com.** Se você quiser fazer reservas de passagens de trem com antecedência, **www.renfe.es** é o site oficial da rede ferroviária espanhola.

Simplesmente para Locação

Existe uma infinidade de *flats* de todos os tamanhos para alugar por períodos longos ou curtos em Barcelona. Veja "Boom dos Apartamentos Particulares em Barcelona," no capítulo 5, "Onde Ficar".

EXIGÊNCIAS PARA ENTRADA & ALFANDEGA

Destino Barcelona: Checklist Antes de Partir

- Se estiver indo de avião, você está levando um RG atualizado e emitido pelo governo? Os cidadãos de países da UE podem viajar pela Espanha pelo tempo que desejarem, mas cidadãos de outros países, , precisam de um passaporte.
- Se for dirigir, você está levando sua carteira de motorista e alguns mapas rodoviários detalhados?
- Você conferiu se alguma recomendação de viagem foi publicada em relação ao local para onde você vai?
- Você tem o endereço e o número de telefone da embaixada ou do consulado do seu país?
- Você sabe qual é o seu limite diário de saque no caixa eletrônico?
- Você tem os PINs dos seus cartões de crédito? Se você tiver um PIN de cinco ou seis dígitos, você já conseguiu um número de 4 dígitos do banco? (números de 5 ou 6 dígitos não funcionam na Espanha.)
- Para fazer *check-in* em um quiosque com um bilhete eletrônico, você tem o cartão de crédito com o qual você comprou o bilhete ou seu cartão de milhagens?
- Se você comprou cheques de viagem, você anotou os números dos cheques e guardou essa documentação separada dos cheques?
- Você está levando seus cartões de identificação que poderiam lhe dar direito a descontos, tais como cartões AAA e AARP, carteiras de estudante e outros?
- Você deixou uma cópia do seu itinerário com alguém em casa?
- É preciso reservar algum teatro, restaurante ou alguma outra coisa relacionada com a viagem com antecedência?
- Você tem certeza que sua atração favorita está em funcionamento? Ligue antes para saber os horários. (Lembre-se, por exemplo, de que a maior parte dos museus fecha às segundas-feiras na Espanha).

2 Exigências para Entrada & Alfândega

EXIGÊNCIAS PARA ENTRADA

PASSAPORTES

Para informação sobre como obter um passaporte, vá para "Passaportes," na seção "Fatos Rápidos: Barcelona," do capítulo 4. Para uma lista de exigências para passaportes pelo mundo, atualizada e por país, vá para a página "Foreign Entry Requirement" (Exigências para Entrada de Estrangeiros) do Departamento de Estado dos Estados Unidos em **http://travel.state.gov.**

VISTOS

Para informações sobre vistos e passaportes, visite o site do Consulado - Geral do Brasil em Barcelona, **www.brasilcn.org**, ou o site da polícia federal, **www.dpf.org.br.**

EXIGÊNCIAS MÉDICAS

Para informações de exigências e recomendações médicas, veja "Saúde & Segurança", p. 25.

ALFÂNDEGA

O QUE VOCÊ PODE LEVAR PARA A ESPANHA

Você pode levar a maioria dos objetos pessoais e os seguintes itens são isentos de taxas alfandegárias: duas câmeras fotográficas e 10 rolos de filme por câmera, cigarro para uso pessoal, 1 litro de cada de bebida destilada e de vinho, um rádio portátil, um gravador, uma máquina de escrever, uma bicicleta, equipamentos esportivos, equipamento de pesca e duas armas de caça com 100 cartuchos cada.

CAPÍTULO 2 PLANEJANDO SUA VIAGEM PARA BARCELONA

Espanha

EXIGÊNCIAS PARA ENTRADA & ALFANDEGA 13

Intercâmbio de Casa

O intercâmbio de casa (*house-swapping*) está se tornando uma forma cada vez mais popular e viável de viagem; você fica na casa deles, eles ficam na sua, e ambos conseguem um ponto de vista autêntico e pessoal da área, o contrário do refúgio isolado oferecido por muitos dos hotéis. Tente o **HomeLink International** (Homelink.org), a maior e mais antiga organização para intercâmbio de casas fundada em 1952, com mais de 11.000 entradas em todo o mundo (US$75 por uma inscrição anual). **HomeExchange.org** (US $49,95 para 6.000 entradas) e **InterVac. com** (US $68,88 para mais de 10.000 entradas) também são confiáveis.

O QUE VOCÊ PODE LEVAR PARA CASA DA ESPANHA

Cidadãos Brasileiros

Cidadãos Brasileiros podem trazer até 500 dólares em bens para uso pessoal. Os Brasileiros, trazendo ou não bens devem entregar um formulário declarando se compraram ou não acima dos 500 dólares. Valores acima de 500 dólares, devem ser declarados. A alfândega cobrará 50% sobre o valor que ultrapassar a cota. Caso o fiscal federal encontre bens não declarados, o sonegador terá que pagar 100% de multa no período de até 90 dias à Receita Federal, senão os produtos ficarão retidos.

É obrigatório declarar a compra de celular no exterior. Caso contrário a operadora telefônica não habilita o equipamento. Brasileiros também podem comprar até 500 dólares nas lojas "Duty Free" ao Brasil, este valor não interfere na cota de compra no exterior.

Cidadãos Americanos

Cidadãos americanos que estiveram fora por 48 horas ou mais podem trazer, a cada 30 dias, o valor correspondente a US$400 de mercadorias isentas de taxas alfandegárias. Será cobrada uma taxa de 10% de imposto para os próximos US$1.000 de compras. Não se esqueça de ter seus recibos à mão. Em lembranças, o limite com isenção de impostos é de US$100.

Para informações mais específicas sobre o que você pode trazer e quais as taxas correspondentes, faça download do valioso panfleto online gratuito *Know Before You Go* (Saiba Antes de Ir) em **www.cbp.gov**. (Clique em "Travel" (Viagem) e depois clique em "Know Before You Go! Online Brochure" (Saiba Antes de Ir! Folheto Online.) Ou entre em contato com a **U.S. Customs & Border Protection (CBP)**, 1300 Pennsylvania Ave., NW, Washington, DC 20229 (℡ 877/287-8667) e solicite o panfleto.

Cidadãos Canadenses

O **Canadá** permite uma isenção de C$750 a seus cidadãos, e você pode trazer 200 cigarros, 1 quilo de tabaco, 1,1 litro de bebida destilada e 50 charutos sem pagar impostos. Além disso, você pode enviar presentes do exterior para o Canadá a uma média de C$60 por dia, desde que eles não tenham sido encomendados através de pedidos e não sejam nem álcool nem tabaco (escreva no pacote: "Presente não solicitado, valor menor que C$60"). Todos os itens de valor devem ser declarados no Formulário Y-38 antes de sair do Canadá, incluindo, por exemplo, os números de série de uma câmera importada cara que você eventualmente já tiver. ***Nota:*** A isenção de C$750 pode ser utilizada apenas uma vez por ano e somente depois de uma ausência de pelo menos 7 dias.

Cidadãos Do Reino Unido

Se você é um cidadão do **Reino Unido,** você pode comprar vinho, bebida destilada ou cigarros em qualquer loja de qualquer outro país da União Europeia e levar para casa *quase* tudo que você quiser. (O U.K. Customs and Excise (Alfândega e Tarifas do Reino Unido) define limites teóricos.) Mas se você comprar suas mercadorias no duty-free, então as velhas regras continuam valendo: você poderá levar para casa 200 cigarros e 2 litros de vinho de mesa, mais 1 litro de bebida destilada ou 2 litros de vinho licoroso. Se você estiver voltando para casa de um país não pertencente à União Europeia, os mesmos limites se aplicam e você precisa declarar qualquer produto que ultrapassá-los. A Alfândega Britânica tende a ser rígida e complicada em relação às suas exigências.

DINHEIRO 15

Cidadãos Australianos

O limite de isenção de taxas alfandegárias na **Austrália** é de A$400 ou, para quem tem menos de 18 anos, A$200. Cidadãos australianos podem enviar mercadorias do exterior para a Austrália pelo correio sem pagar impostos até um limite de A$200 por remessa. Não há nenhuma outra restrição em relação a mercadorias que não foram encomendadas via pedidos. Contudo, você poderá estar sujeito à investigação pela alfândega se enviar múltiplas remessas de uma mesma mercadoria para o mesmo endereço. Ao voltar para a Austrália, os cidadãos podem levar 250 cigarros ou 250 gramas de tabaco avulso e 1.125 mililitros de bebida alcoólica. Se você estiver retornando com itens de valor que já possuía, como por exemplo uma câmera importada, você deve preencher o formulário B263. Um folheto útil disponibilizado pelo consulado australiano ou pelos escritórios da alfândega, é o *Know Before You Go* (Saiba Antes de Ir). Para mais informações, entre em contato com **Australian Customs Services (Serviços Alfandegários Australianos),** GPO Box 8, Sydney NSW 2001 (℆ **02/9213-2000** ou 1300/363-263) Ou registre-se no **www.customs.gov.au**.

Cidadãos Da Nova Zelândia

O limite de isenção de tarifas alfandegárias para a **Nova Zelândia** é de NZ$700. Os neozelandeses podem enviar mercadorias do exterior para a Nova Zelândia com isenção de impostos até um limite de NZ$70 por remessa. Cuidado ao enviar várias remessas da mesma mercadoria para o mesmo endereço, pois uma investigação da alfândega poderá estar esperando por você ao voltar para casa. Cidadãos com mais de 17 anos de idade podem trazer 200 cigarros, 50 charutos ou 250 gramas de tabaco (ou uma mistura de todos os três se o peso combinado não exceder 250 gramas), mais 4,5 litros de vinho e cerveja ou 1,125 litros de bebidas destiladas. A moeda da Nova Zelândia não tem restrições quanto à importação ou exportação. Preencha um formulário de exportação, listando os itens de valor que você está levando para fora do país; desta forma, você poderá trazê-los de volta sem pagar impostos. A maioria das perguntas pode ser respondida por um panfleto gratuito disponibilizado pelo consulado da Nova Zelândia e pelos escritórios alfandegários: *New Zealand Customs Guide for Travellers, Notice no. 4* (Guia Alfandegário da Nova Zelândia para Viajantes, Informe no. 4). Para mais informações, entre em contato com **New Zeland Customs,** The Customhouse, 17-21 Whitmore St., Box 2218, Wellington (℆ **04/473-6099** ou 0800/428-786; **www. customs.govt.nz**).

3 Dinheiro

MOEDA

O **euro** (€), a nova moeda unificada da Europa, tornou-se a moeda oficial na Espanha e nos outros 11 países participantes em 1º de janeiro de 1999. Depois de um período de coexistência de pouco mais de 3 anos, a antiga moeda, a peseta espanhola, desapareceu da história em 1º de março de 2002, e o euro passou a ser a única moeda usada. As taxas de câmbio dos países participantes foram subsequentemente fixadas em uma moeda comum que flutua em relação ao dólar. Infelizmente, nos últimos anos, para os turistas americanos, o euro foi de uma

taxa de câmbio praticamente de um para um em relação ao dólar para uma posição muito mais forte. (Para mais detalhes sobre o euro, dê uma olhada em **www.europa. eu.int/euro**).

Muito se falou sobre o "arredondamento" dos preços durante a introdução do euro, não apenas na Espanha, mas em toda a Europa. Basicamente isso assumia que, se o preço normal de um café em pesetas fosse convertido, por exemplo, para 81 centavos de euro, após 1º de janeiro de 2002,

CAPÍTULO 2 PLANEJANDO SUA VIAGEM PARA BARCELONA

ele subiria para um valor "redondo" em euros. Essa prática tornou-se especialmente generalizada no setor de turismo e qualquer pessoa que tivesse visitado o país na época das pesetas iria notar uma diferença considerável de preços nos bares e restaurantes. Se você é de uma cidade cara nos Estados Unidos, provavelmente achará que muitos dos preços são comparáveis, mas se não estiver acostumado com os preços de cidades grandes, você poderá ficar um tanto quanto chocado.

O Euro, o Dólar Americano e a Libra Esterlina Britânica

Euro €	US$	U.K.£		Euro €	US$	U.K.£
1,00	1,25	0,69		75,00	63,75	51,75
2,00	2,50	1,38		100,00	125,00	69,00
3,00	3,75	2,07		125,00	156,25	86,25
4,00	5,00	2,76		150,00	187,50	103,50
5,00	6,25	3,45		175,00	218,25	120,75
6,00	7,50	4,14		200,00	250,00	138,00
7,00	8,75	4,83		225,00	281,25	155,25
8,00	10,00	5,52		250,00	312,50	172,50
9,00	11,25	6,21		275,00	343,75	189,75
10,00	12,50	6,90		300,00	375,00	207,00
15,00	18,75	10,35		350,00	437,50	241,50
20,00	25,00	13,80		400,00	500,00	276,00
25,00	31,25	17,25		500,00	625,00	345,00
50,00	62,50	34,50		1.000,00	1.250,00	690,00

Dessa forma, a Espanha não é mais um destino barato e Barcelona é frequentemente citada como sendo uma das cidades mais caras do país (de acordo com estudos baseados em tudo, desde o custo de alugar um apartamento até o preço do pão). Entretanto, tudo é relativo, e se comparada com outras grandes cidades europeias como Londres ou Paris, ela ainda pode ser um bom negócio.

O velho ditado que diz que "você recebe pelo que paga" é tão verdadeiro aqui quanto em qualquer outra cidade europeia, até certo ponto. Como reflexo da cidade moderna e cosmopolita que precisa atender a todos os orçamentos, você pode escolher opções acima ou abaixo do mercado em relação a refeições e acomodações. Frequentemente, você vai descobrir que a experiência mais memorável não depende totalmente do preço.

Ficar longe das armadilhas para turistas e procurar restaurantes administrados pelas próprias famílias geralmente deixarão você

Dicas Dinheiro com Urgência — A Maneira Mais Rápida

Se você precisar de dinheiro com urgência durante o fim de semana quando todos os bancos e os escritórios da American Express estão fechados, você pode fazer transferências pela **Western Union** (℡**800/325-6000;** www.westernunion.com). É necessário apresentar um documento de identificação válido para pegar o dinheiro no escritório da Western Union. No entanto, na maioria dos países, você pode pegar o dinheiro transferido mesmo que não tenha um documento de identificação válido, desde que você possa responder a uma pergunta de teste fornecida pelo remetente. Certifique-se de que o remetente saiba com antecedência que você não tem um documento de identificação. Se for necessário usar uma pergunta de teste, em vez de um documento de identificação, o remetente deve levar o dinheiro para o escritório local da Western Union, em vez de efetuar a transferência por telefone ou online.

mais inclinado a entregar seu cartão de crédito acompanhado de um sorriso quando a conta chegar. Em um clima de concorrência acirrada (em especial no setor de hospedagem de categoria turística), os hotéis geralmente são limpos e confortáveis. Os trens têm preços bem razoáveis, são rápidos e pontuais, e a maioria dos funcionários trata você com respeito. E, é claro, uma vez estando fora de Barcelona nas áreas mais rurais, você perceberá que os preços (particularmente de hotéis e restaurantes) caem consideravelmente.

Na Espanha, muitos preços para crianças — geralmente considera-se como crianças as idades entre 6 e 17 anos — são menores que para os adultos. Crianças com menos de 6 anos, em geral, não pagam.

Para Leitores Americanos Quando o euro foi introduzido, o dólar americano e o euro tinham o mesmo valor (ou seja, US$1 era equivalente a aproximadamente 1€). Mas, recentemente, o euro valorizou em relação ao dólar e ao converter os preços para o dólar americano, usei a atual taxa de conversão de 1€=US$1,25. Para taxas de câmbio mais recentes entre o euro e o dólar, dê uma olhada em algum site de conversão de moedas **www.xe.com/ucc.**

Para Leitores Britânicos Na época em que este livro foi escrito, £1 era equivalente a cerca de US$1,85, e era comercializado a 1,45 euros. Essas foram as taxas de câmbio utilizadas para calcular os valores da tabela a seguir.

As taxas de câmbio são mais favoráveis no ponto de chegada. No entanto, muitas vezes, é melhor trocar pelo menos um pouco

de dinheiro antes de sair do país. Dinheiro e cheques de viagem (para os quais você conseguirá uma taxa melhor do que para o dinheiro) podem ser trocados em todos os principais aeroportos, embora ficar na fila do *cambio* (casa de câmbio) no aeroporto de Barcelona poderá fazer você perder o próximo ônibus para o centro da cidade.

Então, antes de sair, consulte qualquer escritório local da American Express ou da Thomas Cook ou algum dos maiores bancos. Ou peça euros com antecedência da: **American Express** (*C* **800/221-7282**; www.americanexpress.com), **Thomas Cook** (*C* **800/223-7373**; www.thomascook. com), ou **Capital for Foreign Exchange** (*C* **888/842-0880**).

Quando chegar a Barcelona, é melhor trocar o dinheiro ou os cheques de viagem em um banco, não em casa de câmbio, hotel ou loja. Preste atenção nas taxas e informe-se sobre as taxas de comissão; às vezes vale a pena fazer compras nos arredores e se informar.

Muitos hotéis de Barcelona não aceitam cheques em dólar ou em libras. Aqueles que o fizerem, certamente cobrarão pela conversão. Em alguns casos, eles aceitarão cheques de viagem contra assinatura ou cartão de crédito, mas se você estiver pagando um depósito adiantado ao fazer a reserva no hotel, é mais fácil e mais barato pagar com um cheque descontado em um banco espanhol.

Isso pode ser feito em um grande banco comercial ou por um especialista como a **Ruesch International,** 700 11th St. NW, 4th Floor, Washington, DC 20001-4507 (*C* **800/424-2923**; www.ruesch.com), que

Quanto Custam as Coisas em Barcelona	US$	UK£	Euro €
Xícara de café	$1,50–$1,75	8p–93p	1,20€–1,40€
Copo de cerveja (cerca de 250 ml)	$2,50	£1,33	2,00€
Ingresso de cinema	$7,75	£4,13	6,20€
Taxi do aeroporto para o centro	$25–$31	£13–£17	20€–25€
Refeição com três pratos e vinho para uma pessoa	$25–$31	£13–£17	20€–25€

realiza uma ampla variedade de serviços relacionados a conversões, geralmente por apenas $5 a $15 por transação.

Se você precisar de um cheque em euros, ligue para o número gratuito da Ruesch, descreva o que você precisa e anote o número da transação que será dado a você. Envie seu cheque pessoal em dólares pelo correio (nominal a Ruesch Internacional) para o endereço já descrito. Ao receber o cheque, a empresa enviará pelo correio um cheque em euros com o valor monetário equivalente, deduzido o custo da transação. A empresa também poderá ajudá-lo em vários tipos diferentes de transferências e conversões de cheques de restituição de impostos (conhecidos como IVA, imposto sobre valor agregado, na Espanha), e também poderá enviar folhetos explicativos e pacotes com informações, se solicitados. Os britânicos podem entrar em contato com a **Ruesch International Ltd.,** Marble Arch Tower, 14 Floor, 55 Bryanston St., London W14 7AA, England (📞 **0207/563-3300**).

CAIXAS ELETRÔNICOS

A melhor maneira de obter dinheiro longe de casa, e também a mais fácil, é usando caixas eletrônicos (ATMs), às vezes chamados de "*cash machine*" ou "*cashpoint*". Na Espanha somente números de quatro dígitos são válidos, portanto certifique-se de mudar qualquer PIN de 5 ou 6 dígitos que você possa ter para um número de 4 dígitos antes de viajar.

As redes **Cirrus** (📞 **800/424-7787**; www.mastercard.com) e **PLUS** (📞 **800/843-** 7587; www.visa.com) estão presentes em todo o mundo; dê uma olhada no verso do seu cartão de banco para ver a qual rede você pertence, então ligue ou confira online para saber as localizações dos caixas eletrônicos em seu destino. Certifique-se de que você sabe sua senha (PIN) e o limite de saque diário antes de partir. *Nota*: Lembre-se de que muitos bancos cobram uma tarifa toda vez que você usar um cartão no caixa eletrônico de outro banco e que essa tarifa pode ser mais cara para transações internacionais (até US$5 ou mais) do que para uma transação doméstica (onde elas raramente custam mais do que US$2). Além do mais, o banco de onde você está retirando o dinheiro também pode cobrar sua própria tarifa. Pergunte ao seu banco sobre as tarifas para saque internacional.

CARTÕES DE CRÉDITO

Cartão de crédito é outra maneira segura de levar dinheiro. Os cartões também proporcionam um registro conveniente de todos os seus gastos e geralmente oferecem taxas de câmbio relativamente boas. Você pode sacar dinheiro com seus cartões de crédito em bancos ou caixas eletrônicos, desde que saiba sua senha. Lembre-se de que você pagará juros a partir do instante em que fizer o saque, mesmo que você pague suas contas mensais em dia. Além disso, note que muitos bancos atualmente cobram uma "tarifa por transação" de 1% a 3% sobre **todos** os débitos efetuados fora do país (quer você esteja usando a moeda local ou a moeda de seu país).

American Express, Visa, MasterCard e Diners Club são todos amplamente aceitos na Espanha.

📖 *Dicas* Dinheiro Fácil

Você evitará filas nos caixas eletrônicos dos aeroportos se trocar algum dinheiro — pelo menos para cobrir eventuais despesas no aeroporto e de translado para seu hotel — antes de sair de casa.

Quando trocar dinheiro, peça notas de valor menor ou trocados. Trocados serão práticos para gorjetas ou para pagar pelo transporte público. Considere manter os trocados separados das notas de maior valor, assim eles ficarão mais à mão e você será menos visado para assaltos.

CHEQUES DE VIAGEM

Cheques de viagem são aceitos na Espanha em bancos, agências de viagens, hotéis e em algumas lojas, e você pode comprá-los na maioria dos bancos antes de partir.

Os cheques estão disponíveis em quantias iguais a US$20, US$50, US$100, US$500 e, às vezes, US$1.000. Geralmente, você pagará uma taxa de serviço que varia de 1% a 4%.

Os cheques de viagem mais populares são da **American Express** (*©* **800/807-6233** ou 800/221-7282 para o proprietário do cartão — esse número aceita ligações a cobrar, oferece serviço em vários idiomas e isenta proprietários de cartões Amex ouro e prata da taxa de 1% ; Visa (*©* **800/732-1322**) — membros da AAA podem conseguir cheques Visa por uma tarifa de US$9,95 (para cheques de até US$1.500) na maioria dos escritórios da AAA ou ligando para *©* **866/339-3378;** e **MasterCard** (*©* **800/223-9920).**

American Express, Thomas Cook, Visa e **MasterCard** oferecem cheques de viagem em moeda estrangeira que são úteis se você estiver viajando para um único país ou para a zona do euro; eles são aceitos em locais onde os cheques em dólar podem não ser.

Se você levar cheques de viagem, mantenha um registro dos números de série de forma separada dos seus cheques, para o caso de eles serem roubados ou perdidos. Você receberá um reembolso mais rapidamente se souber os números.

4 Quando Ir

CLIMA

Barcelona é abençoada com um favorável clima Mediterrâneo. A primavera e o outono são os períodos ideais para conhecê-la, especialmente nos meses de maio a junho e de setembro a outubro. Mesmo no inverno, os dias são frescos ou frios (devido à proximidade das montanhas), mas geralmente são ensolarados. A neve é rara e nunca dura mais do que um ou dois dias. A maior parte das chuvas ocorre em abril, mas algumas tempestades bem espectaculares, como é típico do Mediterrâneo, podem ocorrer o ano todo. Julho e agosto são quentes e úmidos, mesmo durante a noite, pois a temperatura geralmente cai somente um pouco. As águas do mar são mornas o suficiente para nadar a partir do final de junho até o início de outubro. No interior, as temperaturas caem levemente, assim como a umidade. Ao norte, na Costa Brava, geralmente sopra um vento forte, conhecido como *tramontana*.

Agosto é o principal mês de férias na Europa. O fluxo de pessoas da França, dos Países Baixos e da Alemanha para a Espanha torna-se uma verdadeira migração, e é virtualmente impossível encontrar hotéis baratos ao longo das áreas costeiras, a menos que sejam reservados com bastante antecedência.

Para aumentar mais ainda o problema, muitos restaurantes e lojas também decidem que esse é o período de férias, limitando assim as opções de refeições e compras aos turistas. Por outro lado, os moradores de Barcelona também saem da cidade em busca de climas mais amenos, deixando que os turistas desfrutem a cidade. Barcelona também é o destino das principais feiras e conferências internacionais. Elas acontecem durante o ano todo, de modo que, se você planeja ficar em

Temperaturas Médias Durante o Dia e Pluviosidade em Barcelona

	Jan	Fev	Mar	Abr	Mai	Jun	Jul	Ago	Set	Out	Nov	Dez
Temp. (°F)	48	49	52	55	61	68	73	73	70	63	55	50
Temp. (°C)	9	9	11	13	16	20	23	23	21	17	13	10
Pluviosidade (mm,)	1,7	1,4	1,9	2	2,2	1,5	,9	1,6	3,1	3,7	2,9	2

20 CAPÍTULO 2 PLANEJANDO SUA VIAGEM PARA BARCELONA

um hotel de nível médio ou alto, é necessário fazer reservas com antecedência. Barcelona é oficialmente o destino mais popular da Espanha, e o turismo, hoje, acontece durante o ano todo. O único período em que você provavelmente não encontrará outros colegas turistas é durante o Natal!

FERIADOS CATALÃES E NACIONAIS

Os feriados celebrados são 1º de janeiro (Ano Novo), 6 de janeiro (Festa do dia de Reis), março/abril (Sexta-Feira Santa e segunda-feira após o Domingo de Páscoa), 1º de Maio (Dia do Trabalho), maio/junho (Segunda-Feira de Pentecostes), 24 de junho (Festa de São João), 15 de agosto (Festa da Assunção), 11 de setembro (Dia Nacional da Catalunha), 24 de setembro (Festa da Nossa Senhora da Misericórdia), 12 de outubro (Dia Nacional da Espanha), 1º de Novembro (Dia de Todos os Santos), 8 de Dezembro (Festa da Imaculada Conceição), 25 de dezembro (Natal) e 26 de dezembro (Festa de Santo Estêvão).

Se um feriado cair numa quinta ou numa terça-feira, muitas pessoas emendam o feriado e criam um final de semana prolongado. Embora isso afete realmente apenas aqueles que estão a negócios na cidade, você deve reservar hotéis com bastante antecedência nessas *pontes* populares (*puentes*).

CALENDÁRIO DE EVENTOS DE BARCELONA

Barcelona — assim como Sevilha e Madri — é uma grande cidade festiva; quer se trate de um animado carnaval de rua ou de uma festa cultural, o calendário anual é repleto de eventos a serem lembrados ao planejar sua viagem. Note que lojas, bancos e alguns restaurantes e museus fecham em feriados oficiais (veja anteriormente).

As datas dos festivais e eventos apresentados a seguir podem não ser precisas. Às vezes, os dias exatos não são anunciados seis semanas antes do festival propriamente dito. Além disso, os dias para celebrar a Páscoa, o Carnaval e alguns outros feriados religiosos mudam a cada ano. Consulte o *Barcelona Tourist Office* (Centro de Informações Turísticas de Barcelona, veja "Informações aos Turistas", anteriormente, neste capítulo) se estiver planejando comparecer a algum evento específico.

Janeiro

Día de los Reyes (Três Reis Magos). Na véspera do Festival do Dia de Reis, são realizados desfiles pelo país, que é quando tradicionalmente ocorre a troca de presentes de Natal (o conceito de "Papai Noel" tem penetrado lentamente na cultura nos últimos anos, o que significa que as pessoas agora também trocam presentes no Natal). Em Barcelona, os três "reis" chegam de barco no porto ao anoitecer para distribuir doces a todas as crianças, que ficam incrivelmente animadas. 5 de janeiro.

Fevereiro

Carnaval. Se comparado com outras partes da Espanha, particularmente com Sevilha, no sul, o Carnaval em Barcelona é um evento discreto. O máximo que você vai ver em termos de fantasias será de grupos de crianças ou de proprietários das bancas dos mercados locais que organizam uma competição entre si para eleger a "melhor fantasia" (comprar peixe fresco de uma mulher vestida com toda a parafernália real de Luís VI é uma dessas experiências que você apreciará somente em Barcelona), assim como no principal desfile de Carnaval da cidade. Ao sul da

---

Fatos interessantes **São Jorge Conquista o Mundo**

Em 1995, aceitando uma sugestão da Catalunha, a UNESCO declarou o dia 23 de Abril como sendo o "Dia Mundial do Livro" para incentivar as pessoas a comprarem livros, a pensar neles e simplesmente lerem mais. No Reino Unido, as crianças ganham um vale-livro e são criadas salas de bate-papo com autores famosos. A ideia parece estar se popularizando, com a adesão de mais de 30 países.

CALENDÁRIO DE EVENTOS DE BARCELONA

O Caganer Catalão

Quando você for à Fira d' Santa Lucia, procure por um personagem único entre os Reis Magos, os animais de criação e outros personagens do *pessebre*. O *caganer* é um sujeito pequeno, normalmente vestido com roupas de camponês (mas também pode ser visto com qualquer outra roupa, desde trajes mais formais até com o uniforme do time de futebol do Barcelona). Ele está agachado, suas calças estão arriadas, e um fluxo de excrementos conecta suas nádegas nuas ao chão. Suas origens se perderam no folclore, mas geralmente acredita-se que ele nasceu da filosofia catalã de "dar de volta à terra aquilo que veio dela". O artista Joan Miró colocou-o em *La Granja* (A Fazenda), uma de suas obras mais famosas que está em exibição na Fundação Miró de Barcelona.

cidade, no entanto, em Sitges, os habitantes locais, especialmente os da comunidade gay local, saem às ruas e muitos barceloneses fazem a curta viagem de trem até lá para festejar com eles. Imediatamente antes da Quaresma.

Março/Abril

Semana Santa. A Catalunha tem algumas tradições na Páscoa que não são encontradas em outras partes do país. A Mona é uma criação espetacular feita de chocolate e massa, presenteada da mesma forma que os ovos de Páscoa. No Domingo de Ramos, folhas de palmeiras são abençoadas na Sagrada Família de Gaudí e a catedral principal da cidade ganha o curioso L'ou com balla – uma casca de ovo oca que é colocada em cima de uma fonte no mosteiro da catedral da cidade para sacudir e "dançar". Fora da cidade, a dança macabra chamada Dansa de la Mort (Dança da Morte) apresenta homens vestidos como esqueletos fazendo uma dança da "morte" no vilarejo de Verges, perto de Girona, e várias representações da Paixão de Cristo também são realizadas, a mais famosa delas, no vilarejo de Esparraguera, a 40 quilômetros (25 milhas) de Barcelona. Uma semana antes da Páscoa.

La Diada de St. Jordi. São Jorge (St. Jordi, em catalão) é o santo padroeiro da Catalunha, e o seu dia coincide com o dia da morte de Miguel de Cervantes, autor de *Dom Quixote,* e de William Shakespeare. Nesse dia, os homens dão uma única rosa vermelha para as mulheres importantes de suas vidas (mãe, namorada, irmã e assim por diante), e as mulheres dão um livro em troca (embora, atualmente, muitos homens, em nome da igualdade entre os sexos, deem um livro às mulheres). Esse é um dos dias mais coloridos da Catalunha, já que milhares de vendedores de rosas vão para as ruas e as livrarias montam bancas ao ar livre nas principais vias públicas. 23 de abril.

Maio

1º de Maio. Também conhecido como Dia do Trabalho, nesse dia vê-se uma grande marcha dos membros do sindicato trabalhista da cidade. Muitas ervas, remédios naturais e produtos integrais são vendidos ao longo da Carrer de l'Hospital na Fira de Sant Ponç. 1º de Maio.

Corpus Christi. Durante esse festival, as ruas de Sitges são cobertas por tapetes de flores. Pode cair em maio ou em junho.

Junho

Verbena de Sant Juan. A Catalunha comemora a Décima Segunda Noite com atividades intensas que podem deixar até as vovós acordadas até de madrugada. As famílias estocam fogos de artifício com até uma semana de antecedência, antes de soltá-los nas ruas e praças e até mesmo das sacadas. Fogueiras são acesas ao longo da praia, e o céu fica cheio de fumaça e luzes. Uma grande quantidade de *cava* (vinho frisante) é consumida, e é

CAPÍTULO 2 PLANEJANDO SUA VIAGEM PARA BARCELONA

Dicas Hora Certa na Espanha

Na Espanha, ocorre uma mudança de horário na primeira semana da primavera. Confira seu relógio. Muitos turistas desavisados chegam atrasados ao aeroporto e perdem seus voos.

tradicional dar o primeiro mergulho no mar no ano que está nascendo (oficialmente, o primeiro dia de verão). Uma loucura de diversão. 23 de Junho.

Sonar. Este festival de dance-music e multimídia ganhou a reputação de ser um dos melhores do circuito mundial. Milhares de pessoas de toda a Europa invadem a cidade por causa dos DJs, shows ao vivo e outros eventos relacionados. Durante o dia, os eventos acontecem no Museu de Arte Contemporânea; à noite, eles ocorrem nos enormes edifícios dos centros de convenções. Adquirira ingressos para essa frenética festa popular com bastante antecedência em www.sonar.es. Do início até meados de junho.

Julho

El Grec. Nomes internacionais representantes de todos os gêneros musicais e de teatro vêm para a cidade se apresentar em diversos locais ao ar livre, inclusive na imitação do teatro grego, que tem o mesmo nome da principal festa cultural da cidade. Início de julho.

Agosto

Festa Major de Gràcia. Essa charmosa *fiesta,* que dura uma semana inteira, acontece nos arredores de Gràcia, que lembra um vilarejo. Durante todo o ano, os habitantes de Gràcia trabalham nas decorações elaboradas com temas como vida marinha, sistema solar ou até mesmo políticos locais para pendurar pelas ruas. Durante o dia, longas mesas com cavaletes são montadas para almoços comunitários e jogos de tabuleiro; à noite, milhares de pessoas invadem as ruas estreitas para concertos ao ar livre, bailes e folia geral. Do início até meados de agosto.

Setembro

La Diada de Catalunya. Esse é o feriado mais significativo do ponto de vista político e histórico da Catalunha. Embora celebre a autonomia da região, a data, na verdade, marca o dia em que a cidade foi cercada por tropas espanholas e francesas em 1714 durante a Guerra da Sucessão Espanhola. Manifestações exigindo mais independência ocorrem por toda a parte, cerimônias com colocação de coroas de flores acontecem nos túmulos dos políticos do passado, e a *senyera,* que é a bandeira da Catalunha, é pendurada nas sacadas. Não faz parte da agenda típica de turistas, porém é interessante para qualquer um que queira compreender o nacionalismo catalão. 11 de setembro.

La Mercè. Essa festa homenageia Nossa Senhora da Misericórdia (La Mercè), a santa padroeira da cidade. Existe uma lenda que diz que ela livrou Barcelona de uma praga de gafanhotos, por isso os barceloneses agradecem de modo bastante festivo. Shows gratuitos de músicas que variam de tradicionais a contemporâneas acontecem nas praças (especificamente na Plaça de Catalunya e na Plaça Sant Jaume), e figuras folclóricas como os *gigants* (gigantes) e os *cap grosses* (cabeças gordas) tomam as ruas. As pessoas saem para dançar a *sardana* (a tradicional dança catalã) e para assistir aos *castellers* (torres humanas) que apresentam uma boa dose de suspense. Espetáculos de fogos de artifícios iluminam a noite, e o apavorante *correfoc,* um desfile de "demônios" e dragões brandindo fogos de artifício, faz parte do impressionante desfecho. Uma das melhores épocas para se estar em Barcelona, especialmente para as crianças. 24 de Setembro.

Outubro

Día de la Hispanitat. O dia nacional da Espanha (que comemora o "descobrimento" do Novo Mundo por Colombo) é comemorado de forma muitas vezes contraditória na Catalunha, devido ao forte sentimento de independência presente na região. Os únicos eventos de rua que você provavelmente verá serão demonstrações clamando exatamente por isso, ou celebrações discretas de grupos de pessoas de outras regiões da Espanha. 12 de Outubro.

Novembro

Dia de Todos os Santos. Esse feriado nacional é comemorado com reverência, e parentes e amigos colocam flores nos túmulos (ou *nichos*: na Espanha, as pessoas são enterradas umas sobre as outras em minúsculos compartimentos). Na noite anterior, alguns bares da cidade organizam festas de *Halloween*, outro costume importado que parece estar tendo aceitação. 1º de Novembro.

Dezembro

Nadal (Natal). Em meados de dezembro, os donos de bancas do mercado instalam um grande mercado ao ar livre em Fira d' Santa Lucia nas ruas ao redor da catedral principal. Milhares de pessoas vêm para comprar artesanatos, decorações de Natal, árvores e estatuetas para seus *pessebres* (presépios) que são extremamente populares nesse lugar. A Igreja Betlem, em La Rambla, organiza uma exposição de presépios durante todo o mês e um de tamanho natural é construído do lado de fora da prefeitura, na Plaça Sant Jaume. 25 de dezembro.

5 Seguro de Viagem

O custo de um seguro de viagem varia bastante, e depende do custo e da duração de sua viagem, de sua idade e saúde, bem como do tipo de viagem que você está fazendo, mas espere pagar algo entre 5% e 8% do custo das férias. Você pode conseguir orçamentos de diferentes fornecedores através da **InsureMyTrip.com.** Entre com o custo e as datas da viagem, sua idade e outras informações para obter orçamentos de mais de uma dúzia de empresas.

Verifique as apólices dos seguros que você já tem antes de comprar um seguro de viagem para ver se cobrem cancelamento de viagens, perda de bagagens, despesas médicas ou seguros de veículos alugados. É provável que você já tenha cobertura total ou parcial. Mas se você precisar de algum, peça um pacote completo ao seu agente de viagens. Seguros para viagens de aventura ou que incluam esportes radicais custarão mais que uma cobertura para um passeio pela Europa. Algumas seguradoras oferecem pacotes para férias diferenciadas, tais como para esquiar ou para mochileiros. Atividades mais perigosas podem estar excluídas das apólices de seguro básicas.

Viajando em Época de Falências

Companhias aéreas podem falir, portanto proteja-se **comprando suas passagens com cartão de crédito.** O *Fair Credit Billing Act* garante que você possa receber seu dinheiro de volta da companhia do cartão de crédito se uma agência de viagens falir (e se você solicitar o reembolso no prazo de 60 dias a partir da falência). O **seguro de viagem** também pode ajudar, mas certifique-se que ele tem cobertura contra "companhia aérea padrão" para sua agência de viagem específica. E saiba que se uma companhia aérea americana falir no meio da viagem, uma lei federal de 2001 exige que outras empresas levem você ao seu destino (embora isso dependa da disponibilidade de assentos) a uma taxa que não pode ser superior a US$25, desde que você agende novamente dentro do prazo de 60 dias a partir do cancelamento.

SEGURO CONTRA CANCELAMENTO DE VIAGEM

O seguro contra cancelamento de viagem ajudará a recuperar o seu dinheiro se você precisar desistir de uma viagem ou tiver que voltar mais cedo, ou se a agência de viagem contratada falir. Razões aceitáveis para cancelamento de viagem podem variar de doenças, catástrofes naturais ou até a declaração por parte do Departamento de Estado de que o destino não é mais seguro para visitar.

Para obter mais informações, entre em contato com uma das seguintes seguradoras recomendadas: **Access America** (✆ **866/807-3982;** www.accessamerica.com); **Travel Guard International** (✆ **800/826-4919**; www.travelguard.com); **Travel Insured International** (✆ **800/243-3174**; www.travelinsured.com); e **Travelex Insurance Services**(✆ **888/457-4602**; www.travelexinsurance.com).

SEGURO DE SAÚDE

A maior parte dos planos de saúde americanos (incluindo o Medicare e o Medicaid) não oferece cobertura para viagens ao exterior, e os que o fazem geralmente exigem que você pague adiantado pelos serviços e fazem o reembolso somente depois que você voltar para casa. Se você precisar de um seguro desaúde adicional, tente a **MEDEX Assistance** (✆ 410/453-6300; www.medexassist.com) ou em **Assitência Internacional de Viagens** (✆ 800/821-2828; www.travelassistance.com; para informação geral sobre serviços, entre em contato com a companhia **Worldwide Assistance Services, Inc.,** no ✆ **800/777-8710**).

Brasileiros devem consultar seu agente de viagens ou procurar no próprio aeroporto um stand de atendimento para obter maiores informações sobre o seguro de saúde.

SEGURO CONTRA PERDA DE BAGAGEM

Em voos dentro dos Estados Unidos, a bagagem despachada tem cobertura de até US$2.500 por bilhete de passageiro. Em voos internacionais (incluindo as partes dentro dos Estados Unidos em viagens internacionais), a cobertura de bagagem está limitada a cerca de US$9,07 por libra (cerca de 0,45 Kg), limitado a cerca de US$635 por bagagem despachada. Se você planeja levar itens mais valiosos que os cobertos pela garantia padrão, é possível adquirir uma cobertura de "valor alto" da companhia aérea, no valor de até US$ 5.000. Veja se seu seguro residencial cobre os seu pertences, compre seguro de bagagem como parte do seu pacote completo de seguro de viagem ou compre o produto "BagTrak," da Travel Guard.

Antes de sair de casa, faça um inventário de todos os itens colocados na bagagem e faça uma estimativa aproximada do valor total para garantir que você será devidamente indenizado caso sua bagagem se perca. Você só será reembolsado por aquilo que for perdido, nada mais. Certifique-se de levar qualquer objeto de valor ou que seja insubstituível com você, na sua bagagem de mão. Se sua bagagem principal for perdida, preencha imediatamente um formulário de bagagem perdida no aeroporto, dando detalhes completos sobre todo o conteúdo, pois a maioria das companhias aéreas trabalha com um prazo máximo de 21 dias. A maioria das companhias aéreas exige que você relate atrasos, danos ou perda da bagagem dentro do prazo de 4 horas após a sua chegada.

Depois de ter registrado sua reclamação, insista para assegurar seu reembolso; não existe nenhuma lei que regulamente o tempo que a companhia aérea pode levar para reembolsar você.

Se você chegar a um destino sem as suas malas, peça à companhia aérea para enviá-las ao seu hotel; elas são obrigadas a entregar gratuitamente suas bagagens, uma vez encontradas, diretamente na sua casa ou no destino, e elas normalmente farão isso. A companhia aérea poderá reembolsá-lo por despesas razoáveis, como uma escova de dente ou uma muda de roupas, mas ela não tem nenhuma obrigação legal de fazê-lo.

Bagagens perdidas também podem ser cobertas pelo seu seguro residencial. Muitos cartões de crédito gold e platinum também fazem essa cobertura. Se você optar por comprar um seguro adicional de perda de bagagem, certifique-se de não comprar mais do que o necessário. Compre com antecedência da seguradora ou de um agente de confiança (os preços serão muito mais altos no aeroporto).

SEGURO PARA CARRO ALUGADO

Se você possuir uma apólice de seguro para seu automóvel particular, você provavelmente terá cobertura nos Estados Unidos, mas não na Espanha, por perdas ou danos no veículo e por responsabilidade no caso de um passageiro se ferir. O cartão de crédito que você usar para alugar o carro também poderá oferecer algumas coberturas.

O seguro do carro alugado dificilmente cobrirá se você for o causador do acidente. Dê uma olhada na apólice de seguros de seu próprio veículo, na apólice da empresa que faz a locação e na cobertura do cartão de crédito para ver a extensão da cobertura. Seu destino está coberto? Outros motoristas estão cobertos? Quanta responsabilidade será coberta se um passageiro for ferido? (Se você confia na cobertura de seu cartão de crédito, você pode querer levar um segundo cartão com você, já que as indenizações poderão ser cobradas de seu cartão de crédito e você poderá acabar ficando sem dinheiro).

---

6 Saúde & Segurança

GARANTINDO SUA SAÚDE

A Espanha não representa nenhum risco maior à saúde. A culinária bem temperada — com alho, azeite e vinho — pode causar uma leve diarreia cm alguns turistas, por isso, leve consigo alguns remédios contra diarreia, modere seus hábitos alimentares e, embora a água geralmente seja segura para beber, beba somente água mineral. Peixes e mariscos do Mediterrâneo poluído só devem ser consumidos se cozidos, mas, embora Barcelona fique na beira do mar, muitos dos peixes e mariscos que você vê nos mercados e restaurantes são, na verdade, provenientes das províncias mais ao norte, banhadas pelo Atlântico, e você poderia se arriscar a provar o excêntrico *percebe* (goose barnacle) cru, se você puder se dar a esse luxo.

Se você estiver viajando pela Espanha (particularmente pelo sul da Espanha) durante o verão, limite sua exposição ao sol, especialmente nos primeiros dias da viagem e depois, das 11 da manhã às 2 da tarde. Use um protetor solar com um fator de proteção alto e aplique-o generosamente. Lembre-se de que as crianças precisam de mais proteção que os adultos.

A água é segura para se beber em toda a Espanha; no entanto, não beba água de riachos nas montanhas, independentemente de ela parecer limpa e pura.

Evitando a "Síndrome da Classe Econômica"

Trombose venosa profunda ou, como é conhecida no mundo da aviação, "síndrome da classe econômica", é um coágulo sanguíneo que se desenvolve em uma veia profunda. É uma condição potencialmente fatal que pode ser causada por ficar sentado em lugares apertados — como em uma cabine de avião — por muito tempo. Durante um voo (especialmente em voos de longa duração), levante, dê uma caminhada e estique suas pernas a cada 60 ou 90 minutos para manter o seu fluxo sanguíneo. Outras medidas preventivas incluem flexionar as pernas com frequência enquanto estiver sentado, beber bastante água e evitar bebidas alcoólicas e comprimidos para dormir. Se você tem um histórico de trombose venosa profunda, doença cardíaca ou outra condição que o coloque em alto risco, alguns especialistas recomendam o uso de meias de compressão ou ingestão de anticoagulantes quando voar. Sempre pergunte ao seu médico qual é o melhor procedimento para você. Os sintomas de trombose venosa profunda incluem dor ou inchaço nas pernas ou até mesmo falta de ar.

Viagens Saudáveis para Você

Os seguintes sites oferecem recomendações de viagem atualizadas e relacionadas à saúde.

- **Portugal:** www.portaldasaude.pt
- **Austrália:** www.dfat.gov.au/travel
- **Canadá:** www.hc-sc.gc.ca/index_e.html
- **Inglaterra:** www.dh.gov.uk/PolicyAndGuidance/HealthAdviceForTravellers/fs/en
- **Estados Unidos:** www.cdc.gov/travel

DISPONIBILIDADE GERAL DE CUIDADOS MÉDICOS

Nenhuma vacina de qualquer tipo é necessária antes de viajar para a Espanha. Uma vez lá, pode-se obter remédios para uma grande variedade de doenças comuns, desde resfriados até uma diarreia sem receita médica nas drogarias ou *farmacias* locais. Equivalentes genéricos de remédios comumente prescritos também estão disponíveis na Espanha. (Embora não faça nenhum mal se você levar medicamentos que não precisam de receita médica, apenas por segurança).

Entre em contato com a **International Association for Medical Assistance to Travelers** (Associação Internacional para Assistência Médica a Viajantes) **(IAMAT;** ☎ **716/754-4883** ou no Canadá, 416/652-0137; **www.iamat.org**) para dicas específicas a respeito de preocupações de viagem e saúde na Espanha e para listas de médicos locais que falam inglês. O **Centers for Disease Control and Prevention** (Centros para Controle e Prevenção de Doenças) dos Estados Unidos (☎ **800/311-3435; www.cdc.gov**) fornece informações atualizadas sobre riscos à saúde por região ou por país e oferece dicas sobre segurança alimentar. O site **www.tripprep.com,** patrocinado por um consórcio de médicos viajantes, também oferece recomendações úteis sobre viagens ao exterior. Você pode encontrar listas de clínicas confiáveis no exterior no **International Society of Travel Medicine** (Sociedade Internacional de Medicina do Viajante) (www.istm.org).

INDISPOSIÇÕES COMUNS

MUDANÇA NA DIETA Não é necessário cair na tentação dos excessos de colesterol, se você realmente não quiser. Vegetarianos podem seguir seu padrão habitual de dieta em Barcelona, uma vez que existe um número crescente de lugares que oferecem comida vegetariana, bem como uma infinidade de *herbolarios*, ou lojas de comidas saudáveis.

EXPOSIÇÃO AO SOL No calor, faça como os habitantes locais e evite o sol do meio-dia às 4 horas da tarde. Use protetor solar com fator de proteção alto e aplique-o generosamente. Lembre-se de que as crianças precisam de mais proteção que os adultos.

RISCOS NO MAR Praias urbanas em Barcelona possuem salva-vidas de plantão e possuem marcações com bandeiras. Verde significa que é seguro, amarelo indica que você deve ter cuidado e vermelho significa que você não deve entrar. Nos locais onde não há salva-vidas de plantão, use o seu bom senso e note que, particularmente ao norte de Barcelona, na Costa Brava, o fundo do mar é rochoso. Nos últimos anos muito tem sido feito para melhorar o padrão das praias espanholas em termos de poluição das águas, levando a uma elevação consistente do nível de limpeza. No começo do verão, as águas-vivas podem ser um problema. Elas não são venenosas, mas provocam uma queimadura desagradável. Se você for ferido, procure assistência na *farmacia* mais próxima.

DOENÇAS RESPIRATÓRIAS Alojada entre as montanhas e o mar, Barcelona pode muitas vezes reter fumaça e neblina proveniente do cinturão industrial nos arredores. Embora a qualidade do ar seja monitorada, os meios de comunicação locais não divulgam os dias de "alto risco".

ETA Ataca Novamente

Com o ataque à bomba no enorme edifício de estacionamentos de vários andares do Terminal 4 no Aeroporto de Barajas, em Madri, no dia 30 de dezembro de 2006, a organização separatista terrorista basca, o ETA (Euskadi Ta Askatasuna, ou Pátria Basca e Liberdade), não só rompeu os 9 meses de trégua com o governo, mas também provocou a primeira vítima fatal em três anos e meio. (Dois equatorianos infelizes, que estavam dormindo em seus veículos, não ouviram as sirenes dos alarmes e foram mortos.) O valor total do trabalho de recuperação foi estimado em 40 milhões de euros (US$50 milhões), mas os custos psicológico e político foram muito mais profundos. O partido socialista PSOE (Partido Socialista Obrero Español) que governa liderado pelo presidente José Luis Rodríguez Zapatero, está convencido de que uma tentativa paciente de negociação é a única maneira de se chegar a uma solução. Por outro lado, a oposição de direita do PP (Partido Popular), liderada por Mariano Rajoy, é a favor de tratar os terroristas como criminosos comuns e tem aumentado as críticas àquilo que ele considera como uma atitude conciliatória inaceitável por parte do governo.

Ironicamente, no dia anterior ao ataque ao aeroporto, Zapatero estava particularmente otimista a respeito do progresso das negociações com o ETA. O inesperado bombardeio, portanto, foi um choque. De sua parte, o ETA argumentou em uma declaração oficial antológica que "compromissos" secretos acordados com o governo no verão de 2006 não estavam sendo cumpridos, dando indicações de que o bombardeio teve a intenção de "reavivar a memória do governo". (O grupo acrescentou — quase como algo lembrado posteriormente — que não tinha intenção de matar ninguém.)

O partido que está no governo declarou que todas as conversas futuras com o ETA estavam "suspensas" até que o grupo renunciasse à violência. O PP considerou essa resposta inadequada e exigiu uma interrupção total de qualquer contato com a organização criminosa. O ETA e a sua contrapartida não militante — o partido banido Herri Batasuna — por sua vez, anunciou que o processo de paz estava "mais vivo do que nunca", mas não fez nenhuma promessa no sentido de rejeitar totalmente a violência. (Desde 1968, quando o ETA começou sua campanha usando a violência, mais de 800 pessoas já morreram.) O impasse entre os partidos políticos não havia sido resolvido até a ocasião em que este livro foi escrito.

Apesar do problema estar longe de chegar perto do nível, digamos, de Tóquio, é necessário usar do bom senso quando se trata de pessoas com doenças respiratórias.

O QUE FAZER SE VOCÊ FICAR DOENTE LONGE DE CASA

Os hospitais espanhóis estão entre os melhores do mundo. Se surgir uma emergência médica, os funcionários de seu hotel geralmente poderão colocá-lo em contato com um médico de confiança. Caso contrário, entre em contato com o consulado ou com a embaixada brasileira; cada um deles mantém uma lista de médicos. Serviços médicos e hospitalares não são gratuitos, portanto certifique-se de ter a cobertura de seguro adequada antes de viajar.

Leve remédios que precisam de receita médica na sua bagagem de mão. Leve as receitas médicas escritas em termos genéricos, e não denominadas pela marca do fabricante e leve todos os medicamentos com receita médica nas embalagens originais. Leve também consigo uma cópia das receitas médicas para o caso dos remédios acabarem ou se você vier a perdê-los.

Nós listamos os números dos hospitais e os de emergência de Barcelona em "Fatos Rápidos: Barcelona", no capítulo 4, "Conhecendo Barcelona".

Se você sofre de alguma doença crônica, consulte o seu médico antes de sua partida. Acondicione os medicamentos que precisam

CAPÍTULO 2 PLANEJANDO SUA VIAGEM PARA BARCELONA

de receita média na sua bagagem de mão e leve-os em suas embalagens originais, com os rótulos da farmácia — caso contrário, eles não passarão pela segurança dos aeroportos. Leve o nome genérico dos medicamentos prescritos, caso um farmacêutico local não esteja familiarizado com o nome da marca.

Para viagens ao exterior, pode ser que você precise pagar todas as despesas médicas com antecedência e ser reembolsado depois. Veja "Seguro & Saúde" em "Seguros de Viagem", mencionado anteriormente.

FICANDO FORA DE PERIGO

TERRORISMO Os ataques à bomba em três trens suburbanos de Madri no dia 11 de março de 2004 resultaram na morte de 200 pessoas. Desde então, a atenção pública e dos políticos em toda a Espanha tem sido fortemente focada na ameaça do terrorismo.

Uma consequência direta ou indireta do massacre foi que depois de uma manifestação enorme de protesto com dois milhões de pessoas nas ruas da cidade, os eleitores inesperadamente colocaram o partido socialista de volta ao poder em 14 de Março de 2004, nas eleições gerais, e novamente em 2008. (A política do novo presidente, Rodríguez Zapatero, tinha sido sempre contrária à guerra no Iraque e um dos seus primeiros atos foi autorizar a retirada completa das tropas espanholas daquele país pouco mais de 3 meses depois.)

Até o momento, nada sugere que o terrorismo islâmico constitua uma ameaça mais séria em Barcelona do que em qualquer outra cidade grande do mundo. Turistas americanos viajando para a Espanha porém, devem ser cautelosos e consultar as orientações disponibilizadas nos Worldwide Caution Public Announcements (Anúncios Públicos de Precaução Mundial) publicados desde os ataques terroristas de 11 de setembro de 2001 nos Estados Unidos.

A maior ameaça local vem do ETA, a organização separatista terrorista basca (veja "ETA Ataca Novamente," na página anterior). Um grupo marxista menor, o GRAPO, que organizou vários ataques desde 1999 e matou três pessoas, tornou-se inativo nos últimos anos.

Não se sabe onde tudo isso coloca Barcelona. Tradicionalmente, os atentados do ETA foram dirigidos principalmente para a sede do governo central em Madri ou em cidades bascas como Bilbao e San Sebastián. Embora tenham ocorrido ataques terroristas bascos com bombas na capital catalá no passado — o último e o mais grave em um supermercado no centro da cidade em 1987, que fez 21 vítimas fatais — o sentimento geral é que ações como essa são improváveis de acontecer novamente por aqui. Mas dada a imprevisibilidade quase patológica do ETA, cujos ataques em número cada vez menor possivelmente vêm sendo planejados e executados por um grupo pequeno de radicais, fica difícil adivinhar qual será a próxima ação do grupo.

CRIMES CONVENCIONAIS Embora a maior parte da Espanha tenha um nível moderado de crimes convencionais e a maioria dos cerca de um milhão de turistas americanos visite a Espanha sem problemas todo ano, tem-se observado um aumento nos crimes violentos nas principais áreas turísticas. Barcelona tem registrado um número crescente de incidentes relacionados a assaltos e ataques violentos, e turistas mais idosos e asiático-americanos parecem particularmente correr um risco maior. Os criminosos frequentam áreas turísticas e as principais atrações, tais como museus, monumentos, restaurantes, hotéis, balneários no litoral, trens, estações de trens, aeroportos, metrôs e caixas eletrônicos.

Foram reportados incidentes nas principais áreas turísticas, como La Rambla e nas ruas estreitas do Barri Gòtic. Os turistas precisam ser cautelosos, carregar pouco dinheiro e cartões de crédito e deixar o dinheiro e os cartões de crédito extras, passaportes e documentos pessoais em um local seguro. Os crimes têm ocorrido em qualquer hora do dia e da noite, embora os visitantes — e os moradores — estejam mais vulneráveis nas primeiras horas da manhã.

Os ladrões geralmente trabalham em equipes ou em pares. Na maioria dos casos, uma pessoa distrai a vítima enquanto o cúmplice realiza o assalto. Por exemplo, uma pessoa estranha pode colocar um mapa

RECURSOS PARA VIAGENS ESPECIALIZADAS 29

na sua frente e pedir informações ou derramar algo "inadvertidamente" em você. Enquanto sua atenção está desviada, um cúmplice foge com seus pertences. Os ataques também podem começar por trás, com a vítima sendo agarrada pelo pescoço e sufocada por um assaltante enquanto outros roubam os pertences. Um grupo de assaltantes pode cercar a vítima, talvez em uma área turística popular e movimentada ou em um transporte público, e somente depois que o grupo se afasta é que a pessoa descobre que foi roubada. Alguns ataques têm sido tão violentos que as vítimas precisaram procurar ajuda médica depois.

Roubo em carros estacionados também é comum. Pequenos objetos como malas, câmeras ou pastas muitas vezes são roubados de carros estacionados. Aconselha-se aos turistas que não deixem nada de valor nos carros estacionados e que mantenham as portas travadas, as janelas fechadas e objetos de valor não fiquem à vista enquanto dirigem. Golpes do "Bom Samaritano" infelizmente são comuns. Um carro que está passando tentará desviar a atenção do motorista dizendo que tem um problema mecânico. Se o motorista para no local para verificar o veículo, os cúmplices roubam o que está dentro do carro enquanto o motorista está olhando para outro lugar. Os motoristas devem ser cautelosos quanto a aceitar ajuda de qualquer pessoa que não seja um policial fardado ou alguém da Guarda Civil espanhola.

Perda ou roubo de passaporte no exterior deve ser imediatamente comunicado à polícia local e na embaixada ou no consulado mais próximo. Cidadãos americanos podem consultar o folheto do Departamento de Estado, *A Safe Trip Abroad* (Uma Viagem Segura ao Exterior), para desfrutar de uma viagem sem problemas. O folheto é disponibilizado via correio pelo Superintendent of Documents (Superintendência de Documentos), U.S. Government Printing Office, Washington, D.C. 20402, pela Internet em www.gpoaccess.gov/index.html, ou através da página do Bureau of Consular Affairs (Agência de Assuntos do Consulado) em http://travel.state.gov.

LIDANDO COM A DISCRIMINAÇÃO

À medida que a população de Barcelona lentamente se torna mais internacional, o preconceito racial explícito (que nunca foi predominante aqui, de qualquer maneira) parece estar diminuindo. Apesar disso, assim como em outros lugares, existe um pequeno grupo de racistas radicais.

Desde os ataques à bomba em Madri, em 2004, houve um sutil endurecimento no tratamento aos árabes por parte de alguns membros da comunidade; e atitudes de alguns moradores locais contra latino-americanos têm sido agravadas pelo surgimento (em número relativamente pequeno) de gangues criminosas de jovens como os "Reis Latinos" e o "Com os Dominicanos Não se Brinca," nas áreas mais periféricas da cidade.

Barcelona é tão liberal como qualquer outra cidade na aceitação de gays e lésbicas, inclusive em relação aos casamentos entre homossexuais. (Veja "Viajantes Gays e Lésbicas" na página 31.)

Turistas do sexo feminino viajando sozinhas podem esperar uma viagem razoavelmente livre de assédio. (Veja "Viajantes do Sexo Feminino" em "Recursos para Viagens Especializadas", p. 32.)

---

7 Recursos Para Viagens Especializadas

VIAJANTES COM DEFICIÊNCA

A maior parte das deficiências não deve impedir ninguém de viajar. Existem mais opções e recursos por aí do que jamais existiram no passado.

Devido aos inúmeros lances de escadas na maioria dos edifícios em Barcelona, os visitantes portadores de deficiência poderão ter dificuldades em circular pela cidade, mas as condições estão melhorando aos poucos: os hotéis mais novos levam mais em conta as necessidades das pessoas com deficiências e os restaurantes mais caros geralmente são acessíveis para os usuários de cadeiras de rodas. No entanto, como a maioria dos lugares tem instalações muito restritas, se é que têm alguma, para pessoas com deficiências, você pode considerar participar de uma excursão organizada especificamente para acomodar viajantes desse tipo.

Para os nomes e endereços de tais operadores turísticos, bem como para outras informações relacionadas, entre em contato com a **Society for Accessible Travel & Hospitality** (Sociedade para Viagem Acessível & Hospitalidade), 347 Fifth Ave., New York, NY 10016 (**℘ 212/447-7284**). As taxas anuais são $ 45, ou $ 30 para idosos e estudantes.

Você também pode obter uma cópia gratuita do *Air Transportation of Handicapped Persons* (Transporte Aéreo de Pessoas com Deficiência), publicado pelo Departamento de Transportes dos Estados Unidos. Escreva para Free Advisory Circular No. AC12032, Distribution Unit, U.S. Department of Transportation, Publications Division, M-4332, Washington, DC 20590.

Para os deficientes visuais ou pessoas com a visão prejudicada, o melhor local para consultas é a **American Foundation for the Blind** (Fundação Americana para Cegos) (AFB; **℘ 800/232-5463**; www.afb.org), 15 W. 16º St., New York, NY 10011 (**℘ 800/232-5463**, para pedir kits de informações e suprimentos, ou 212 /502-7600). Ela oferece informações sobre viagens e sobre as várias exigências para o transporte e para as formalidades de alfândega para levar um Cão Guia. Também emite cartões de identificação para aqueles que são cegos.

Outras organizações que oferecem assistência para viajantes com deficiência incluem **Moss-Rehab** (www.mossresourcenet.org) e **SATH** (Society for Accessible Travel & Hospitality; **℘ 212 /447-7284**; www.sath.org). A **AirAmbulanceCard.com** atualmente tem parceria com a SATH e permite pré-selecionar os melhores hospitais em caso de emergência.

Muitas agências de viagens oferecem passeios e roteiros personalizados para viajantes com deficiência. Uma das melhores organizações que atendem às necessidades de pessoas com deficiência (cadeiras de rodas e

andadores) é a **Flying Wheels Travels,** 143 W. Bridge, P.O. Box 382, Owatonna, MN 55060 (**℘ 800/535-6790** ou 507/451-5005; www.flyingwheelstravel.com) que oferece diversas excursões e cruzeiros internacionais com guias. Outras organizações incluem **Access-Able Travel Source** (**℘ 303/232-2979**; www.accessable.com); e **Accessible Journeys** (**℘ 800/846-4537** ou 610/521-0339; www.disabilitytravel.com).

Por uma taxa anual de US$35, considere associar-se a **Mobility Internacional USA,** P.O. Box 10767, Eugene, OR 97440 (**℘ 888/241- 3366,** ou 541/343-1284 para voz e TDD (dispositivo para surdos); www.miusa.org). A agência responde a perguntas sobre vários destinos e também oferece descontos em vídeos, publicações e em programas que patrocina.

Se você estiver viajando de avião pela Espanha, a companhia aérea e o pessoal em terra irão ajudá-lo a subir e a descer dos aviões e reservará assentos com espaço suficiente para as pernas, mas é essencial que essa assistência seja solicitada *com antecedências* entrando em contato com sua companhia aérea.

A **Avis Rent a Car** o programa "Avis Access" que oferece este tipo de serviços através de uma linha gratuita que funciona 24 horas (**℘ 888/879-4273**) para clientes com necessidades especiais de viagens; recursos especiais no veículo, tais como assentos giratórios, alavancas na direção e controles manuais, além de serviço acessível de ônibus.

O site da comunidade **iCan** (www.icanonline.net/channels/travel) tem guias de viagens e várias colunas regulares sobre viagens acessíveis. Dê uma olhada também na revista trimestral *Emerging Horizons* (www.emerginghorizons.com) e na revista *Open World,* publicada pela SATH.

Para Viajantes Britânicos com Deficiência
O guia anual de férias, Holidays and Travel Abroad custa £5 da **Royal Association for Disability and Rehabilitation (RADAR)** (Associação Real para Deficiência e Reabili-

RECURSOS PARA VIAGENS ESPECIALIZADAS 31

tação), Unit 12, City Forum, 250 City Rd., London EC1V 8AF (℃ **020/7250-3222**; www.radar.org.uk). O RADAR também disponibiliza vários pacotes de informações sobre assuntos como esportes e férias ao ar livre, seguros, arranjos financeiros para pessoas com deficiência e acomodações em unidades de tratamento para grupos ou para pessoas idosas. Cada um desses folhetos está disponível por £2. Tanto os folhetos informativos como o guia de viagem podem ser enviados para fora do Reino Unido pagando-se uma taxa de postagem nominal.

Outro bom serviço é o **Holiday Care,** 2nd Floor Imperial Buildings, Victoria Road, Horley, Surrey RH6 7PZ (℃ **01293/774-535**; fax 01293/784-647; www.holidaycare. org.uk), uma instituição de caridade nacional que dá conselhos sobre acomodações acessíveis para pessoas idosas ou com deficiência. A inscrição anual custa £15 (para moradores do Reino Unido) e £30 (no exterior).

Uma vez sendo associado, você pode receber um informativo e ter acesso a uma rede gratuita para reservas de hotéis em toda a Grã-Bretanha e em um grau menor, na Europa e no resto do mundo.

VIAJANTES GAYS & LÉSBICAS

Em 1978, a Espanha legalizou o homossexualismo entre adultos. Em abril de 1995, o parlamento da Espanha proibiu a discriminação baseada na orientação sexual e o casamento entre casais homossexuais tornou-se legal a partir de 2005. A Catalunha tem ajudado a abrir caminho quanto aos direitos dos casais homossexuais, garantindo a aprovação de leis nacionais que concedem aos casais homossexuais o mesmo *status* e os mesmos direitos conjugais oficiais dos casais heterossexuais, e deu o sinal verde para promover alterações na lei que facilitariam a adoção por parte de casais do mesmo sexo. Barcelona é um dos principais centros da vida gay na Espanha e dois dos locais de férias mais populares para turistas gays, Sitges (sul de Barcelona) e a ilha de Ibiza, ficam bem próximos.

Para saber mais sobre viagens para gays e lésbicas na Espanha, você pode ler publicações ou associar-se a organizações antes de viajar. Tanto lésbicas quanto homens gays poderiam dar uma olhada em uma cópia de *Gay Travel A to Z* (Viagem para Gays de A a Z), que oferece informações gerais, bem como listas de bares, hotéis, restaurantes e locais de interesse para viajantes gays pelo mundo.

A International Gay and Lesbian Travel Association (Associação Internacional de Viagem Para Gays e Lésbicas) (**IGLTA**; ℃ 800/448-8550 ou 954/776-2626; www. iglta.org) é a associação comercial para a indústria de viagens para gays e lésbicas, e oferece um diretório online sobre negócios relacionados com viagens que são simpatizantes gays e lésbicas. Visite o site e clique em "Members".

Muitas agências oferecem excursões e roteiros de viagens especificamente para turistas gays e lésbicas. Entre elas estão **Above and Beyond Tours** (℃ 800/397-2681; www. abovebeyondtours.com); **Now Voyager** (℃ 800/255-6951; www.nowvoyager.com); e **Olivia Cruises & Resorts** (℃ 800/631-6277; www.olivia.com). **Gay. com Travel** (℃ 800/929-2268 ou 415/644-8044; www.gay.com/travel ou www.outandabout.com) é um excelente sucessor on-line da popular revista impressa *Out & About.* Ela fornece informações constantemente atualizadas sobre hospedagem, restaurantes, passeios, vida noturna e lojas pertencentes a, com orientação ou simpatizantes gays em todos os destinos importantes no mundo.

Os guias de viagens a seguir estão disponíveis em muitas livrarias, ou você pode solicitá-los a partir de qualquer livraria online: *Frommer's Gay & Lesbian Europe* (www.frommers.com), um excelente guia de viagem para as principais cidades e locais para férias na Europa; *Spartacus Internacional Gay Guide* (Bruno Gmünder Verlag; www.spartacusworld.com/gayguide) e *Odysseus: The International Gay Travel Planner* (Odysseus Enterprises

CAPÍTULO 2 PLANEJANDO SUA VIAGEM PARA BARCELONA

Ltd.); e os guias **Damron** (www.damron.com), com livros anuais separados para gays e lésbicas.

VIAGEM COM A FAMÍLIA

Barcelona é uma cidade agitada e cheia de gente, mas é também um bom destino para famílias com crianças. Do sossegado **Parc Güell** ao **Parque Zoologico,** passando por locais que oferecem diversão como o **Happy Park Port Aventura** e o **Cataluña en Miniatura,** há muitas opções dentre as quais escolher.

Para encontrar acomodações, restaurantes e atrações que são particularmente adequados às crianças, observe o ícone "Crianças" ao longo deste guia. Quartos grandes para famílias, às vezes, estão disponíveis, o que significa uma boa economia em relação a ter que pagar por dois quartos duplos.

Familyhostel (✆ **800/733-9753**; www.learn.unh.edu/familyhostel) aceita toda a família, incluindo crianças entre 8 e 15 anos, com preços moderados para viagens educativas nos Estados Unidos e no exterior. Palestras, estudos sobre o ambiente e passeios são guiados por uma equipe de acadêmicos.

Sites recomendados para viagens em família incluem **Family Travel Forum** (www.familytravelforum.com), **Family Travel Network** (www.familytravelnetwork.com), **Traveling Internacionally with Your Kids** (www.travelwithyourkids.com) e **Family Travel Files** (www.thefamilytravefiles.com).

Além disso, não deixe de dar uma olhada no *Frommer's 500 Places to Take Your Kids Before They Grow Up.*

VIAJANTES DO SEXO FEMININO

Em Barcelona, as mulheres são tão independentes quanto em qualquer outra grande cidade europeia. Se certo grau de machismo ainda existe, é mínimos e as mulheres estão atingindo posições cada vez mais elevadas em todas as esferas da vida (embora não tanto quanto elas gostariam). Com relação a mulheres explorando a cidade sozinhas, o grau de assédio experimentado é bem diferente daquele em Paris ou em Londres.

Para recomendações gerais às viajantes, dê uma olhada no premiado site **Journeywoman** (www.journeywoman.com), uma rede de informações sobre viagens feitas por mulheres "de verdade", onde você pode se inscrever para receber um informativo gratuito por email e obter conselhos sobre tudo, desde etiqueta até como se vestir de forma segura; em inglês. No Brasil, visite o blog http://viajeaqui.abril.com.br. ou o guia de viagem **Safety and Security for Women Who Travel** de Sheila Swan e Peter Laufer (Travelers' Tales, Inc.), que oferece dicas de bom senso para viagens seguras.

VIAJANTES MULTICULTURAIS

À medida que Barcelona torna-se cada vez mais multicultural, os visitantes e moradores de todas as nacionalidades são naturalmente aceitos pelo que de fato é uma sociedade com uma mentalidade razoavelmente aberta. Uma pessoa de raça ou de cor de pele diferente raramente desperta hoje muita atenção, ao contrário do que ocorria algumas décadas atrás quando uma pele escura era o raridade em uma cidade que era 99% *castizo*.

Apesar disso, exemplos de conflitos raciais não são desconhecidos, embora eles tendem a ocorrer com africanos, árabes e latino-americanos locais, em vez de acontecer com visitantes estrangeiros (Ver "Lidando com a Discriminação," página 29).

VIAJANTES AFRO-AMERICANOS

Black Travel Online (www.blacktravelonline.com) divulga notícias sobre eventos que estão para acontecer e inclui links para artigos e sites para reservas de viagens. **Soul of America** (www.soulofamerica.com) é um site completo com dicas para viagens, eventos, postagens sobre reuniões familiares e seções sobre férias animadas e praias historicamente frequentadas por negros.

Agências e organizações que oferecem recursos para viajantes negros incluem **Rodgers Travel** (✆ **800/825-1775**; www.rodgerstravel.com); **African American Association of Innkeepers International** (✆ **877/422-5777**; www.africanamericaninns.com); e **Henderson Travel & Tours** (✆ **800/327-2309** ou 301/650-5700; www.hendersontravel.com.br), que se especializou

RECURSOS PARA VIAGENS ESPECIALIZADAS   33

em viagens para a África desde 1957. Para mais informações, consulte as seguintes coleções e guias: **Go Girl: The Black Woman's Guide to Travel & Adventure** (Eighth Mountain Press), uma coletânea de ensaios sobre viagens de escritores incluindo Jill Nelson e Audre Lorde; **The African American Travel Guide** de Wayne Robinson (Hunter Publishing; www.hunterpublishing.com); **Steppin' Out** de Carla Labat (Avalon); **Travel and Enjoy Magazine** (℣ 866/266-6211; www.traveland enjoy.com); e **Pathfinders Magazine** (℣ 877/977-PATH; www.pathfinderstravel.com), que inclui artigos sobre tudo do Rio de Janeiro para Gana , bem como informações como chegar ao esqui, mergulho, golfe, tênis.

VIAGEM PARA ESTUDANTES

Se você estiver viajando para o exterior, seria conveniente obter um **International Student Identity Card (ISIC,** ou Carteira de Estudante Internacional), que proporciona economias significativas em passes de trem, passagens aéreas e ingressos. Ele também oferece um seguro básico de saúde e de vida e uma linha de ajuda 24 horas. O cartão está disponível através da **STA Travel** (℣ 800/781-4040 e na América do Norte; www.sta.com ou www.statravel.com; ou www.statravel.co.uk, no Reino Unido), a maior agência de viagens para estudantes no mundo. Se não é mais um estudante, mas tem menos de 26 anos, você pode obter um **International Youth Travel Card (IYTC,** ou Carteira Internacional do Jovem) pela mesma agência, que lhe dá direito a alguns descontos (mas não em entradas de museus).

A **Travel CUTS** (℣ 800/6672887 ou 416/614-2887; www.travelcuts.com) oferece serviços semelhantes para canadenses e americanos. Estudantes irlandeses podem preferir a **USIT** (℣ 01/602-1600; www.usitnow.ie), estabelecida na Irlanda, e especialista em estudante, jovem e viagens independentes. Em Portugal acesse, www.iscap.ipp.pt, um site só para estudantes.

VIAJANTES SOLTEIROS

O **Travel Buddies Singles Travel Club** (℣ 800/998-9099; www.travelbuddies worldwide.com), com sede no Canadá, organiza viagens para grupos pequenos e para solteiros e conseguirá um colega de quarto gratuitamente para você. **TravelChums** (℣ 212/787-2621; www.travelchums.com) é uma serviço apenas via Internet que encontra uma companhia de viagem para você usando elementos de um site que tem as preferências pessoais, e que é administrado pelo respeitado serviço de viagens Shaw Guides com sede em Nova Iorque. **The Single Gourmet Club** (www.singlegourmet.com/chapters.php) é um clube social internacional, para jantares e viagens para solteiros de todas as idades, com clubes espalhados em 21 cidades nos Estados Unidos e no Canadá. Muitas empresas de turismo conceituadas oferecem viagens somente para solteiros. O **Singles Travel International** (℣ 877/765-6874; www.singlestravelintl.com) oferece viagens somente para solteiros para locais como Londres, Fiji c as Ilhas Gregas. A **Backroads** (℣ 800/462-2848; www.backroads.com) oferece mais de 160 viagens atraentes para 30 destinos em todo o mundo, incluindo Bali, Marrocos e Costa Rica.

Para mais informações, consulte a última edição de *Traveling Solo: Advice and Ideas for More Than 250 Great Vacations* de Eleanor Berman (Globe Pequot), um guia que oferece conselhos para quem viaja sozinho, individualmente ou como parte de uma excursão.

ECOTURISMO

Barcelona é afortunada por ficar razoavelmente próxima da maravilhosa costa litorânea de **Costa Brava,** com enseadas arenosas delimitadas por pinheiros e os parques nacionais **Les Illes Medes** (vida subaquática) e **Aiguamoll de L' Alt Empordá,** perto de Rosas (pássaros). Como um bônus adicional, mais para o interior fica a cadeia dos **Pireneus**, com suas incontáveis trilhas e parques nas montanhas. Se você não quiser alugar um carro para chegar até esses locais, é possível chegar facilmente usando os trens locais (*cercanías*) ou ônibus. (Para mais detalhes, veja capítulo 11: "Outras Viagens na Catalunha").

CAPÍTULO 2 PLANEJANDO SUA VIAGEM PARA BARCELONA

Você pode encontrar dicas, estatísticas, agências de turismo e associações simpatizantes do eco-turismo listadas de acordo com o destino em "Travel Choice" (Opções de Viagens) no site do TIES em www.ecoturism. org. **Ecotravel.com** é em parte uma revista online e em parte um eco-diretório que permite procurar por agências de turismo em diversas categorias (na água, em terra, orientados espiritualmente e assim por diante). Dê uma olhada também no **Conservation International** (www.conservation.org) que, juntamente com a National Geographic Traveler, apresenta anualmente o **World Legacy Awards** (www.wlaward.org) para os operadores de turismo, as empresas, as organizações e os lugares que fizeram uma contribuição significativa para o turismo sustentável.

8 Planejando Sua Viagem Online

TARIFAS AÉREAS PELA INTERNET

As agências de viagem mais populares online são **Travelocity** (**www.travelocity. com** ou www.travelocity.co.uk), **Expedia** (**www.expedia.com**, www.expedia.co.uk ou www.expedia.ca) e **Orbitz** (**www.orbitz.com**).

Além disso, a maioria das companhias aéreas atualmente oferece tarifas exclusivamente online que até mesmo seus agentes por telefone desconhecem. Para ver os sites das companhias aéreas que voam para o seu destino, vá para "Como Chegar", p. 37.

Outros sites úteis para reservar passagens aéreas online incluem:

- www.reserva.com.br
- www.reservadepassagemaerea.com.br
- www.hotwire.com
- www.kayak.com
- www.lastminutetravel.com
- www.opodo.co.uk
- www.priceline.com
- www.sidestep.com
- www.site59.com
- www.smartertravel.com

HOTÉIS PELA INTERNET

Além da **Travelocity, Expedia, Orbitz, Priceline** e **Hotwire** (veja acima), as páginas de Internet a seguir ajudarão você a fazer reservas de hotel online:

- www.hotels.com
- www.quickbook.com
- www.travelaxe.net
- www.travelweb.com
- www.tripadvisor.com

É recomendável **obter um número de confirmação** e **imprimir** qualquer transação de reserva online.

Alguns serviços de reserva de hotel pela internet em Barcelona incluem **Barcelona On Line** (www.barcelona-on-line.es) e **www.hotel-barcelona.com.** Se você tem um hotel em mente, procure por seu próprio site, pois descontos e promoções especiais geralmente estão disponíveis para quem faz reservas pela web. Acomodações particulares em Barcelona são reservadas quase que exclusivamente pela Internet. Procure por "turista apartamento Barcelona" no Google e você se surpreenderá com a quantidade de itens que serão encontrados.

ALUGUEL DE CARROS PELA INTERNET

Para fazer reservas de locação de veículos online, as melhores promoções normalmente se encontram nos sites das empresas de locação de automóveis, embora todas as grandes agências de viagens online também ofereçam esse serviço. A Priceline e a Hotwire também funcionam bem para locação de veículos. O único "mistério" é escolher dentre as grandes empresas de locação, e para a maioria dos viajantes, a diferença entre Hertz, Avis e Budget é insignificante.

BLOGS DE VIAGEM & LITERATURA SOBRE VIAGENS

Para ler blogs de viagem sobre Barcelona, tente **www.travelpost.com.** Outros blogs incluem:
- www.blogdastella.com.br.
- www.vamboravamborawordpress.com
- www.viajeaqui.abril.com.br
- www.matraqueando.blogspot.com
- www.gridskipper.com
- www.salon.com/wanderlust
- www.travelblog.com
- www.travelblog.org
- www.worldhum.com
- www.writtenroad.com

> ### Frommers.com: O Guia Completo de Viagem
>
> Para ter um excelente recurso para planejamento de viagem, nós recomendamos fortemente o **Frommers.com** (www.frommers.com), eleito como o Melhor Site de Viagens pela PC Magazine. É claro que somos um pouco tendenciosos, mas nós garantimos que você achará totalmente indispensáveis as dicas de viagens, os comentários, as dicas das férias do mês, a livraria e a capacidades de fazer reservas online. Recursos especiais incluem nossa seção popular **Destinations** (Destinos), onde você poderá acessar dicas de viagens de especialistas, recomendações sobre hotéis e restaurantes, bem como conselhos sobre os locais a serem visitados em mais de 3.500 lugares do mundo; a **Newsletter** do **Frommers.com** com as últimas promoções, tendências de viagens e segredos para economizar dinheiro; e nossa área de **Travel Talk** (Conversas Sobre Viagens) que apresenta os **Message Boards** (Quadros de Avisos), onde os leitores do Frommer's colocam perguntas e compartilham conselhos, e onde às vezes, os nossos autores aparecem para responder às perguntas. Depois de terminar sua pesquisa, a área **Book a Trip** (Faça Reservas para Viagem) pode levar você até os sites dos parceiros online preferidos do Frommer's, onde você poderá fazer reservas para suas férias a preços acessíveis.

9 O Viajante do Século XXI

ACESSO À INTERNET FORA DE CASA
SEM SEU PRÓPRIO COMPUTADOR

Para encontrar *cybercafés* em seu destino, dê uma olhada em **www.cybercaptive.com** e em **www.cybercafe.com.**

Além dos cybercafés formais, a maior parte dos **albergues da juventude** e as **bibliotecas públicas** têm acesso à Internet. Evite **business centers de hotéis**, a menos que você esteja disposto a pagar taxas exorbitantes.

A maioria dos principais aeroportos já possui **quiosques para acesso à Internet** espalhados próximos aos portões. Eles oferecem um acesso básico à Internet cobrando taxas por minuto, e que geralmente custam mais caro que no cybercafés.

COM SEU PRÓPRIO COMPUTADOR

Mais e mais hotéis, cafés e lojas estão se tornando *hotspots* de Wi-Fi (wireless fidelity). Proprietários de Mac possuem sua própria tecnologia de rede: o Apple AirPort. **T-Mobile Hotspot** (www.t-mobile.com/hotspot) oferece conexões sem fio em mais de 1.000 lojas da Starbucks em todo o país. **Boingo** (www.boingo.com) e **Wayport** (www.wayport.com) criaram redes em aeroportos e nos saguões de hotéis de alto nível. Provedores de IPass (a seguir) também oferecem acesso a algumas centenas de sistemas sem fio em saguões de hotéis. Para localizar outros pontos que oferecem acesso gratuito a **redes sem fio** nas cidades pelo mundo, vá para **www.personaltelco.net/index.cgi/WirelessCommunities.**

Para acesso discado, a maioria dos melhores hotéis de negócios em todo o mundo oferece entradas para *modems* de *laptops* e alguns milhares de hotéis nos Estados Unidos e na Europa atualmente oferecem acesso gratuito de alta velocidade à Internet. Além disso, os grandes Provedores de Serviços de Internet (ISPs) possuem **números de acesso local** pelo mundo, permitindo que você se conecte usando uma chamada local. A rede iPass também tem números para discagem em todo o mundo. Você terá que se cadastrar junto a um provedor **iPass**, que então, lhe informará como seu computador deverá ser configurado de acordo com o(s) seu(s) destino(s). Para uma lista de provedores iPass, vá até www.ipass.com e clique em "Individuals Buy Now". Um provedor sólido é o **i2roam** (www.i2roam.com; ✆ **866/811-6209** ou 920/235-0475).

Onde quer que você vá, leve um **kit de conexão** com a voltagem e as tomadas corretas para telefone, um cabo extra para o telefone e um cabo de rede Ethernet a mais — ou descubra se o seu hotel os fornece aos hóspedes.

36 CAPÍTULO 2 PLANEJANDO SUA VIAGEM PARA BARCELONA

Na Espanha, a rede elétrica é de 220 volts, embora ocasionalmente possa ser de 125 volts. É necessária uma tomada de dois pinos para conectar os aparelhos nas tomadas. (Para mais detalhes consulte a seção sobre "Eletricidade" em "Fatos Rápidos: Barcelona," no capítulo 4.)

UTILIZANDO O CELULAR

As três letras que definem muito da capacidade mundial da tecnologia sem fio é GSM (Global System for Mobiles), uma rede grande e transparente que facilita o uso dos telefones celulares mesmo cruzando fronteiras por toda a Europa e em dezenas de outros países do mundo. No Brasil, todas as grandes operadoras oferecem essa tecnologia e todos os europeus e a maioria dos australianos usa GSM. Se o seu celular estiver em um sistema GSM e você tiver um telefone com capacidade para múltiplas bandas internacionais, como muitos modelos da Sony Ericsson, da Motorola ou da Samsung, você pode fazer e receber chamadas em todas as áreas urbanas em grande parte do mundo. Basta ligar para sua operadora de celular e pedir para ativar o "roaming internacional" em sua conta. Infelizmente, os custos por minuto podem ser altos, verifique com sua operadora.

Para muitos, **alugar** um telefone é uma boa ideia. (Até mesmo os donos de celulares internacionais terão que alugar novos aparelhos telefônicos se estiverem viajando

---

Caixa de Ferramentas do Viajante Online

Viajantes veteranos normalmente carregam alguns itens essenciais para facilitar as viagens. A seguir, está uma seleção de ferramentas práticas online para marcar e usar.

- **Comida de Avião** (www.airlinemeals.net)
- **Assentos no Avião** (www.seatguru.com e www.airlinequality.com)
- **Línguas Estrangeiras Para Viajantes** (www.livemocha.com)
- **Mapas** (www.mapquest.com)
- **Navegador de Metrô** (www.amadeus.net)
- **Data e Hora** (www.horadomundo.com)
- **Advertências para Viagens** (www.brasilbcn.org)
- **Conversor de Moedas** (www4.bcb.gov.br/?txconversao)
- **Localizador de Caixa Eletrônico Visa** (www.visa.com) e localizador de **Caixa Eletrônico MasterCard** (www.mastercard.com)
- **Clima** (www.climatempo.combr)

Alguns sites específicos de Barcelona incluem:

- **Barcelona Metropolitan** (www.barcelonametropolitan.com) é uma revista mensal gratuita em inglês que dá informações gerais sobre a cidade.
- **Guia del Ocio** (www.guiadelocio.com), um guia completo sobre " o que está acontecendo" em Barcelona (somente em espanhol).
- **Restaurantes** (www.spain.info) tem uma boa seção sobre as atrações de Barcelona, especialmente sobre locais para comer.
- **Informações Turísticas** (www.barcelonaturisme.com).
- **Eventos Semanais** são encontrados em www.bcn.es (em inglês), publicado pela prefeitura.

para regiões que não usam GSM, como o Japão ou a Coreia.) Embora você possa alugar um telefone em qualquer lugar no exterior, incluindo quiosques em aeroportos e nas agências de locação de veículos, sugerimos que você alugue um antes de sair de casa. No Brasil, acesse o site da Phonerental para mais informações: www.phonerentalbrazil.com.

A loja da FNAC na Plaça Catalunya 4; metro: Catalunya; ✆ 93-344-18-00; www.fnac.es) oferece um pacote de telefone celular que você paga pelo que utilizar e que acaba saindo mais barato do que alugar um se você for usar por algumas semanas.

Comprar um telefone pode ser economicamente atraente, pois muitos países têm um sistema barato de telefone pré-pago. Assim que chegar ao seu destino, pare em uma loja de celulares local e compre o pacote mais barato; você provavelmente pagará menos de US$100 por um telefone e um cartão inicial para fazer ligações. Chamadas locais podem ser tão baratas quanto 10¢ por minuto, e em muitos países, as chamadas recebidas são gratuitas.

Aventureiros que gostam de explorar locais selvagens ou aqueles que viajarão para países menos desenvolvidos devem considerar a locação de um **telefone por satélite** ("satphone"). Ele é diferente de um telefone celular uma vez que em Barcelona, se conecta com satélites e funciona onde não há nenhum sinal de celular ou torres instaladas. No Brasil, essa é uma tecnologia usada localmente pela Globalstar (www.globalstar.inf.br) Os custos por minuto das chamadas podem ser até mais baratos que os custos de *roaming* em um telefone celular normal, mas o aparelho telefônico é mais caro. Na ocasião em que este livro foi impresso, os telefones por satélite eram demasiadamente caros para serem comprados, portanto descarte essa possibilidade.

10 Como Chegar

DE AVIÃO

Qualquer informação sobre tarifas ou até mesmo sobre voos na indústria aérea altamente volátil não está escrito a ferro e fogo; até mesmo agências de viagens com muitos computadores têm dificuldades em acompanhar os descontos de última hora e as alterações nos horários.

A seguir, propomos uma como as das principais companhias aéreas que fazem voos para Barcelona. Para informações mais recentes, incluindo uma lista de companhias adicionais que fazem voos para a capital espanhola, consulte um agente de viagens ou as companhias aéreas individualmente.

DA AMÉRICA DO SUL Voos do Brasil para a Espanha: **Air France** (✆ligue para **0800-891-6296**, 7 dias por semana das 10h às 21h30), **Iberia** (✆ 0800-7707900); **TAM** (www.tam.com.br), (ligue para ✆ **4002-5700** — capitais; 0800-570-5700 — demais localidades); **TAP** (✆ 0800-7077787) e a **Alitália** (ligue para ✆ 08007702344, (11) 21717610, (11) 24452005). São as principais companhias aéreas que fazem voos entre o Brasil e a Espanha.

DA AMÉRICA DO NORTE Voos da costa leste dos Estados Unidos para a Espanha levam de 6 a 7 horas. A companhia aérea nacional da Espanha, a **Iberia Airlines** (✆800/772-4642; www.iberia. com), tem mais rotas para a Espanha e dentro dela do que qualquer outra companhia. Ela oferece serviços quase diários a partir das cidades mais importantes dos Estados Unidos (Nova York, Washington, Chicago, Atlanta) diretamente para Barcelona ou via Madri. Também estão disponíveis pacotes com parte aérea/carros pela Iberia na Europa a preços atraentes; eles podem reduzir substancialmente os custos tanto das passagens aéreas quanto da locação de automóveis.

CAPÍTULO 2 PLANEJANDO SUA VIAGEM PARA BARCELONA

Dicas Não Carregue Consigo — Mande Entregar

Embora fique mais caro, às vezes vale a pena viajar sem bagagens. Especialistas em entregar bagagens de porta a porta incluem **Virtual Bellhop** (www.virtualbellhop.com), **SkyCap Internacional** (wwww.skycapinternational.com), **Luggage Express** (www.usxpluggageexpress.com), e **Sports Express** (www.sportsexpress.com).

Uma boa opção a ser considerada para economizar dinheiro é o SpainPass da Iberia. Disponível somente para passageiros que fazem arranjos simultâneos de passagens da Iberia para cruzar o Atlântico, o SpainPass consiste em cupons que equivalem a uma passagem somente para uma pessoa e em um sentido para destinos na parte continental da Espanha e para as Ilhas Baleares. Os viajantes devem adquirir um mínimo de três cupons (228€/ US$285) e cupons extras podem ser adquiridos por 60€ (US$75) cada. Seus serviços de EuroPass atendem a destinos na Europa. Cupons (mínimo de dois) para destinos como Roma, Genebra, Viena e Istambul custam US$139 cada ou US$169 para o Cairo ou Tel Aviv. O EuroPass pode ser adquirido somente como parte de um itinerário da Iberia em seu país de origem.

O principal concorrente espanhol da Iberia é a Air Europa ((C)**888/238-7672**; **www.air-europa.com**), que oferece um serviço diário do Aeroporto de Newark usando a Continental Airlines para Madri com conexão para Barcelona. Os preços geralmente são menores do que os da Iberia.

A **Delta** ((C) **800/241-4141**; www.delta.com.br) tem voos diretos de Atlanta (seu centro mundial) e de Nova York (JFK) para Barcelona. O departamento Dream Vacation da Delta oferece pacotes independentes com passagens aéreas/carros, pacotes terrestres e excursões de ônibus com guias.

A **United Airlines** ((C) **800/241-6522**; www.ual.com) não faz voos diretos para a Espanha. No entanto, oferece tarifas aéreas dos Estados Unidos para a Espanha com a United voando até Zurique e depois usando outra companhia para completar o percurso. Também oferece pacotes com passagens aéreas/carros e excursões de ônibus com guias.

DO REINO UNIDO: A **British Airways** ((C) **0845/773-3377**; www.britishairways.com.br), a **Iberia** ((C) **020/78300011** em Londres), e a **EasyJet** (www.easyjet.com) são as três principais companhias aéreas que fazem voos entre a Inglaterra e a Espanha. Mais de uma dúzia de voos diários, pela BA ou pela Iberia, partem dos aeroportos Heathrow e Gatwick, de Londres. Um número quase idêntico de voos da EasyJet partem diariamente dos aeroportos de Stansted, Luton e Gatwick. A EasyJet também tem voos diretos de Liverpool e de Newcastle e outro serviço da Internet, o **MyTravelite** (www.mytravelite.com) oferece um serviço diário de Birmingham. A **Ryanair** (www.ryanair.com), que usa o aeroporto de Girona (Gerona), cerca de uma hora distante de Barcelona, faz voos de Bournemouth, Dublin e East Midlands, bem como de Londres. (Existe um serviço de ônibus que faz a conexão do Aeroporto de Girona para o centro de Barcelona). As melhores promoções aéreas

Dicas EuroPass: Uma Opção para Reduzir Custos

Uma opção para reduzir custos que vale a pena ser considerada é o EuroPass da Iberia. Disponível somente para passageiros que compram simultaneamente a passagem aérea da Iberia para cruzar o Atlântico e um mínimo de duas passagens aéreas adicionais, ele permite a compra de passagens em qualquer voo nos domínios europeus ou mediterrâneos da Iberia por US$250 para os dois primeiros voos e a US$133 para cada voo adicional. Isso é especialmente interessante para passageiros que querem combinar viagens à Espanha com, por exemplo, visitas a locais mais "exóticos" como o Cairo, Tel Aviv, Istambul, Moscou ou Munique. Para mais detalhes, ligue para um representante da Iberia.

COMO CHEGAR 39

nos voos regulares da Inglaterra são aquelas que exigem uma escala no sábado à noite.

Companhias aéreas mais baratas estão fazendo com que as principais companhias corram atrás do prejuízo e atualmente muitas tiveram que reduzir suas tarifas por causa da concorrência. A eficiência desses serviços já foi provada (tanto a EasyJet como a Ryanair possuem excelentes registros sobre "pontualidade"), e muitos passageiros parecem estar felizes em abrir mão das frescuras e chegar em Barcelona com alguns euros a mais no bolso.

Voos charter para os aeroportos regionais Reus e Girona, da Catalunha, saem dos vários aeroportos regionais britânicos. Girona presta serviços àqueles que vão para o norte de Barcelona, na Costa Brava, enquanto o Reus é usado principalmente por aqueles que vão passar férias nos *resorts* da Costa Dourada no sul. A **Trail-finders** (*☎* **020/7937-5400**, em Londres; www.trailfinder.com) opera voos charters para ambos os destinos.

Em Londres, há muitos consolidadores (bucket shop) perto de Victoria Station e Earls Court que oferecem tarifas baratas. Certifique-se de que a empresa com a qual você estiver fazendo negócios seja associada da IATA, ABTA ou ATOL. Essas organizações gerais ajudarão você caso algo saia errado.

A CEEFAX, o serviço de informações da TV britânica oferece detalhes sobre pacotes para feriados e voos para a Europa e outros locais. Basta sintonizar o canal CEEFAX e você encontrará informações sobre viagens.

CEEFAX, o serviço de informações da televisão britânica, corre detalhes dos pacotes de feriado, vôos para a Europa e mais longe. Basta mudar para o seu canal CEE-FAX e encontrará informações de viagens.

DA AUSTRÁLIA Existem várias opções de voos para a Espanha saindo da Austrália. A companhia aérea mais popular é a **Qantas** (www.quantas.com)/**British Airways** (www. britishairways.com) que tem voos diários pela Ásia e por Londres. Outras opções populares e mais baratas são Qantas/**Lufthansa** (www. lufthansa.com) via Ásia e Frankfurt, Qantas/ **Air France** (www.airfrance.com) via Ásia e Paris e **Alitalia** (www.alitalia.com) via Bangkok e Roma. A opção mais direta é com a **Singapore Airlines** (www.singaporeair.com), com uma única parada em Singapura. De modo alternativo, existem voos pela **Thai Airways** (www.thaiair.com) via Bangkok e Roma, mas as conexões nem sempre são boas.

INDO DO AEROPORTO AO CENTRO DA CIDADE

El Prat, o aeroporto de Barcelona está a 13 km (8 milhas) do centro da cidade, e há várias opções que você pode usar para chegar na cidade. Uma delas é o **Aerobús**, que parte do lado de fora de todos os três terminais a

---

Dicas O Que Você Pode – E o Que Você Não Pode Levar

O Transportation Security Administration (TSA, ou Administração para Segurança no Transporte), a agência do governo que atualmente lida com todos os aspectos relativos à segurança nos aeroportos, determinou novas restrições para bagagens de mão, não somente para tornar mais eficiente o processo de inspeção com raio-X, mas também para evitar que armas l passem pelo esquema de segurança dos aeroportos. Os passageiros agora estão limitados a levar somente uma bagagem de mão e um item pessoal dentro da aeronave (leis anteriores permitiam carregar duas bagagens de mão e um item pessoal, como uma maleta ou uma bolsa). Para mais informações, consulte o site da TSA, www.tsa.gov. A agência publicou uma lista atualizada dos itens que os passageiros não podem carregar dentro da aeronave.

Itens proibidos: facas e canivetes, sacarrolhas, navalhas para barbear, tesouras de metal, tacos de golfe, tacos de baseball, tacos de pólo, tacos de hóquei, esquis e cortadores de gelo.

Itens permitidos: cortadores de unhas, lixas de unha, pinças, curvex para cílios, barbeadores (incluindo os descartáveis), seringas (com documentação médica provando a necessidade), bengalas e guarda-chuvas (devem ser inspecionados antes).

A companhia aérea com a qual você pretende voar poderá ter **restrições adicionais** em relação a itens que você pode ou não carregar a bordo. Ligue antes para evitar problemas.

CAPÍTULO 2 PLANEJANDO SUA VIAGEM PARA BARCELONA

cada 15 minutos, das 06:00 da manhã até as 00:00 e para na Plaça Espanya, na Gran Vía Corts Catalanes, na Plaça Universitat e na Plaça Catalunya (levando aproximadamente 40 min. para chegar à última parada). Outra opção é o **serviço ferroviário** de meia em meia hora que funciona entre 6:15 da manhã e 11:15 da noite da **estação** El Prat até Sants (25 min.), e que tem conexões com metrô e trens urbanos. A terceira opção é ir de **táxi**, que tem filas em todos os terminais. Para mais detalhes, inclusive sobre preços, veja o capítulo 4, "Conhecendo Barcelona".

Se você alugar um carro e for dirigir até a cidade certifique-se de que está familiarizado de antemão com as sinalizações de trânsito. Estes websites são um bom ponto de partida: www.asirt.org/roadwatch. htm e www.onemotoring.com.

VOAR POR MENOS: DICAS PARA OBTER AS MELHORES TARIFAS AÉREAS

- Passageiros que podem fazer reserva de passagens com **bastante antecedência ou em cima da hora**, que podem **voar no meio da semana** ou **nos horários de menor tráfego** podem pagar uma fração da tarifa integral. Se seu horário for flexível, pergunte se você pode conseguir uma tarifa mais barata se mudar seus planos de voo.

- Pesquise **na Internet** por tarifas baratas (veja "Planejando Sua Viagem Online" anteriormente, neste capítulo).

- Fique de olho nos jornais locais a procura de **promoções especiais** ou **guerra de tarifas** quando as companhias aéreas baixam os preços em seus itinerários mais populares. Raramente você verá guerra de tarifas nos períodos de picos de viagens, mas se você viajar fora da alta temporada, poderá conseguir um bom negócio.

- Tente reservar sua passagem **no país de origem**. Se você estiver planejando uma viagem só de ida de Johannesburg para Bombaim, um agente de viagens que fica na África do Sul provavelmente terá as melhores tarifas. Para viagens com várias partes, faça reservas no país onde fica a primeira parte; por exemplo, faça reservas para Nova York–Londres–Amsterdã–Roma–Nova York nos Estados Unidos. Para Barcelona, consulte agentes de viagem

---

Dicas Passando pelo Aeroporto

- Chegue ao aeroporto com 1 hora de antecedência para voos domésticos e com 2 horas de antecedência para voos internacionais. Se você chegar atrasado, informe a um funcionário da companhia aérea e ele provavelmente o deixará passar na frente na fila.

- Evite as filas nos balcões usando os quiosques eletrônicos nos aeroportos ou até mesmo o *check-in* online do seu computador em casa, de onde você pode imprimir os cartões de embarque com antecedência. O *check-in* do lado de fora do terminal também é uma boa maneira de evitar filas.

- Traga um documento de identificação atualizado com foto e emitido pelo governo, como por exemplo, a carteira de motorista ou o passaporte. Menores de 18 anos não precisam de identificação com foto emitida pelo governo para voos dentro dos Estados Unidos, mas isto é necessário para voos internacionais na maioria dos países.

- Agilize o processo de segurança tirando seu casaco e seus sapatos antes de passar pelo raio-X. Além disso, remova objetos de metal como fivelas grandes do cinto. Se você tem partes metálicas em seu corpo, uma declaração de seu médico pode evitar uma longa conversa com os funcionários responsáveis pela segurança.

- Use um cadeado aprovado por um órgão do governo para a bagagem que foi inspecionada. Procure por cadeados certificados pela Travel Sentry nas lojas que vendem malas ou artigos para viagens e nas lojas Brookstone (ou online em www.brookstone.com).

locais como a **Viajes Iberia** (www.viajes iberia.com), que não deve ser confundida com a Iberia Airlines, e a **Viajes Marsans** (www.marsans.es) que possui várias filiais pela cidade capazes de providenciar inclusive hotéis e passagens aéreas promocionais para os locais de interesse no interior e na costa. **Solplan** (www.soltours.com), **JuliaTours** (www.juliatours.com) e **Politours** (www.politours.com) são outras agências locais que oferecem pacotes que incluem passagens aéreas ou de trem e hotéis para várias partes da Espanha.

- **Consolidadores**, também conhecidos como *bucket shops*, são ótimos locais para conseguir passagens internacionais, embora normalmente eles não consigam tarifas melhores que as da Internet nos EUA. Comece procurando nas seções de viagens dos jornais; viajantes americanos devem focar no *New York Times*, *Los Angeles Times* e no *Miami Herald*. Viajantes britânicos devem procurar no *Independent*, no *The Guardian* ou no *The Observer*. Para destinos menos conhecidos, as agências de viagens menores, dedicadas a comunidades de imigrantes nas grandes cidades, geralmente possuem os melhores preços. *Cuidado*: Passagens de consolidadores geralmente não são reembolsáveis ou são cheias de multas caras por cancelamento, que geralmente chegam a atingir de 50% a 70% do preço da passagem, e alguns colocam você em voos charters, o que pode levar a horários inconvenientes e atrasos. A **Vueling** (www.vueling.com) é a principal especialista na Espanha, com muitos voos a ótimos preços entre as cidades europeias e Barcelona. Vários consolidadores de confiança estão presentes no mundo todo e disponíveis online. A **STA Travel** é a líder mundial dos consolidadores para estudantes desde a compra da Council Travel, mas suas tarifas são competitivas para viajantes de todas as idades. A **ELTExpress (Flights.com; ℂ 800/ TRAV-800**; www.eltexpress.com) tem excelentes tarifas em todo o mundo,

particularmente para a Europa. Eles também possuem sites "locais" em 12 países. **(FlyCheap ℂ 800/FLY-CHE-AP**; www.1800flycheap.com), de propriedade do conglomerado MyTravel especializado em pacotes para feriados, tem ótimas tarifas especialmente para destinos ensolarados. A **Air Tickets Direct ℂ 800/778-3447**; www.air-ticketsdirect.com) fica em Montreal e faz com que o baixo valor atual do dólar canadense leve a tarifas baratas; eles também fazem viagens para locais onde os agentes de viagens americanos não ousariam, como Cuba. No Brasil, procurar a Voetur (61/2106-6464; www.voeturconsolidaddora.com.br

- Associar-se a **programas de milhagens** não custa nada, mas pode permitir melhores assentos, respostas mais rápidas a consultas por telefone e serviços mais rápidos caso sua bagagem seja roubada ou caso seu voo seja cancelado ou esteja atrasado, ou se você quiser mudar seu assento. E você não precisa voar para ganhar pontos; você pode ganhar milhares de milhas pelos **cartões de crédito com programa de milhagens**, bastando para isso fazer suas compras diárias com ele. Com mais de 70 programas de milhagens no mercado, os consumidores nunca tiveram tantas opções. Investigue os detalhes do programa de sua companhia aérea predileta antes de usar os pontos em alguma delas. Considere quais companhias aéreas possuem centros nos aeroportos mais próximos a você e, dentre elas, quais possuem as associações mais vantajosas, em função de seus itinerários mais comuns. Para tirar vantagem do jogo das milhagens, consulte o **Inside Flyer,** de Randy Petersen (www.insideflyer.com). Petersen e seus amigos analisaram todos os programas em detalhes e publicam atualizações constantes sobre as mudanças nas políticas e novas tendências.

VOOS DE LONGA DISTÂNCIA: COMO PERMANECER CONFORTÁVEL

- Sua opção de companhia aérea e do tipo da aeronave definitivamente terá influência no espaço para suas pernas. Para companhias aéreas internacionais, a empresa de pesquisas Skytrax publicou uma lista de tamanhos médios de assentos em **www.airlinequality.com**.

- Assentos nas saídas de emergência e assentos dianteiros geralmente oferecem mais espaço para as pernas. Os assentos nas saídas de emergência geralmente não são ocupados até o dia do voo (para garantir que alguém que não seja deficiente ocupe os assentos); vale a pena chegar no balcão da companhia mais cedo para conseguir um desses lugares em voos de longa duração. Muitos passageiros acham que os assentos dianteiros (a fila voltada para a parede em frente à cabine) oferecem mais espaço para as pernas, mas lembre-se de que são nesses locais que as companhias aéreas geralmente colocam os bercinhos para bebês, de modo que você poderá ficar sentado próximo a crianças.

- Para conseguir dois assentos para você em uma fila com três assentos, tente ficar com um assento no corredor em uma seção central em direção ao final do compartimento. Se você estiver viajando com acompanhante, reserve um assento no corredor e outro na janela. Assentos no meio geralmente são reservados por último, de modo que as chances são boas de acabar ficando com três assentos para vocês.

- Pergunte sobre opções para entretenimento. Muitas companhias aéreas oferecem sistemas de vídeos que ficam nas costas dos assentos, onde você pode escolher seus filmes ou jogar vídeo games, mas somente em algumas das aeronaves. (Os Boeing 777 são sua melhor aposta.)

- Para dormir, evite a última fila de qualquer seção ou a fila em frente a uma saída de emergência, pois esses assentos são os menos prováveis de reclinar. Evite assentos próximos das áreas movimentadas dos banheiros. Evite assentos na parte de trás de muitos aviões — eles podem ser mais estreitos que aquelas no restante da aeronave. Você também pode querer reservar um assento na janela para poder apoiar sua cabeça e evitar que as pessoas esbarrem nela no corredor.

- Levante-se, caminhe e estique-se a cada 60 ou 90 minutos para manter seu fluxo sanguíneo. Veja o quadro "Evitando a

---

Dicas Lidando com Jet Lag

Jet lag é um problema para quem viaja cruzando fusos horários. Se você estiver viajando no sentido norte-sul e se sentir cansado quando pousar, seus sintomas serão o resultado da desidratação e do estresse geral da viagem aérea. Quando você viaja no sentido leste-oeste ou vice-versa, porém, seu corpo fica totalmente confuso a respeito do horário, e tudo, desde o seu sistema digestivo até a sua memória ficam totalmente embaralhados. Viajar para leste, por exemplo, de Chicago para Madri, é mais difícil para o seu relógio biológico do que viajar para oeste, por exemplo, de Londres para o Havaí porque o organismo da maioria das pessoas tem mais tendência a ficar acordado até mais tarde do que dormir mais cedo. Aqui estão algumas dicas para combater o jet lag:

- **Acerte seu relógio** de acordo com o horário do destino antes de entrar no avião.

- **Beba muita água** antes, durante e depois do voo. Evite bebidas alcoólicas.

- **Faça exercícios** e **durma bem** durante alguns dias antes da viagem.

- Se você tiver problemas para dormir em aviões, **voe para leste em voos pela manhã.**

- **A luz do dia** é a segredo para acertar seu relógio biológico. No site **Outside In** (www.bodyclock.com), você pode obter um plano personalizado sobre quando procurar e quando evitar a luz.

Voando com Filmes e Vídeos

Nunca guarde filmes — desprotegidos ou não — em malas que serão despachadas porque os *scanners* novos e mais poderosos dos aeroportos americanos podem danificá-los. Acontecerá o mesmo problema se você levar o filme em sua bagagem de mão. Danos provocados por raios-X são cumulativos; quanto mais rápidos forem os filmes, e quanto mais vezes você passá-los por um *scanner*, maiores as chances de ocorrerem danos. Filmes abaixo da ASA 800 geralmente estão seguros até um máximo de cinco *scans*. Se você tiver que passar seus filmes por *scans* adicionais, as leis americanas permitem que você solicite uma inspeção manual. Em aeroportos internacionais, você está à mercê dos oficiais dos aeroportos. Em voos internacionais, guarde seu filme em sacos transparentes, de modo que você possa removê-los facilmente antes de passar pelos scanners. Tenha em mente que os aeroportos não são os únicos locais onde sua câmera poderá ser inspecionada: nas atrações onde há muitas pessoas, as bolsas dos visitantes têm sido passadas pelo raio-X com uma frequência cada vez maior.

A maioria das lojas que vendem artigos fotográficos vende bolsas protetoras criadas para impedir os danos causados pelo raio-X. As bolsas comportam tanto o filme como as câmeras carregadas. Elas devem proteger seu filme nas bagagens que forem despachadas, mas também podem ativar algum alarme e levar a uma inspeção manual.

Você não tem muito com que se preocupar se estiver viajando com **câmeras digitais**. De modo diferente do filme, que é sensível à luz, a câmera digital e os cartões de memória não são afetados pelos raios-X dos aeroportos, de acordo com a Nikon.

Scanners com esteiras não danificarão os **tapes** das câmeras de vídeos, mas o campo magnético emitido pelos portais de segurança pelos quais as pessoas passam e os dispositivos manuais para inspeção poderão danificar. Sempre coloque sua filmadora carregada na esteira para inspeção ou peça uma inspeção manual. Certifique-se de que suas baterias estão carregadas, pois poderá ser solicitado que você ligue o dispositivo para garantir que ele é aquilo que aparenta ser.

'Síndrome da Classe Econômica'" na seção "Saúde & Segurança", p. 25

- Beba água antes, durante e depois do voo para combater a falta de umidade das cabines do avião. Evite bebidas alcoólicas, que irão desidratá-lo.

- Se você estiver voando com crianças, não se esqueça de levar brinquedos, livros, chupetas e gomas de mascar para ajudá-los a aliviar a pressão nos ouvidos, problema que ocorre durante as subidas e as descidas.

DE CARRO

Se você estiver visitando o restante da Europa com um carro alugado, é possível devolver seu veículo em Barcelona por um preço adicional.

As rodovias que chegam à Espanha passam pela França em vias expressas. O ponto mais comum para cruzar a fronteira é próximo a Biarritz, mas existem outros 17 postos de fronteira entre a Espanha e a França. Se você planeja visitar o norte ou o oeste da Espanha (Galícia), a fronteira Hendaye-Irún é a mais conveniente para se atravessar. Se você estiver indo para Barcelona ou para a Catalunha pela costa Levante (Valência), pegue a via expressa da França para Toulouse, depois a A-61 para Narbonne e então a A-9 em direção à fronteira, em La Junquera. Você também pode pegar a RN-20, com um posto de fronteira em Puigcerdà.

Barcelona fica na costa nordeste da Espanha, logo abaixo dos Pirineus. As principais rodovias da Espanha que saem da cidade são no sentido oeste e sul, e as melhores conexões ficam em Madrid (NII) e em Valência (E15). Para chegar às cidades mais ao norte tais como Pamplona, Burgos e Bilbao, pegue a rodovia A2 primeiro em direção à Zaragoza, e procure pela saída correta.

Se você estiver dirigindo da Inglaterra, certifique-se de ter uma reserva para o cruzamento do canal, pois o tráfego tende a ser muito pesado, especialmente no verão.

Os principais cruzamentos de balsa ligam Dove e Folkestone a Dunkirk. Newhaven está ligado a Dieppe, e a cidade britânica de Portsmouth com Roscoff. Levar um carro de balsa de Dover até Calais com a **P & O Ferries** (© **800/677-8585,** na América do Norte ou 08705/20-20-20; www.poferries. com) custa £99 ($188) e leva 1 hora e 15 minutos. Esse custo inclui o carro e dois passageiros.

Uma das travessias mais rápidas é de aerobarco (*hovercraft*) de Dover a Calais. Custa mais que a balsa, mas leva apenas cerca de meia hora. Para informações e reservas, ligue para **Hoverspeed** (© **800/677-8585**, na América do Norte, ou 0870/240-8070 na Inglaterra; www.hoverspeed.com). O aerobarco gasta 35 minutos e custa de £138 a £215 (US$262 a US$409) para o carro e dois passageiros. De Calais até a fronteira de carro gasta-se cerca de 15 horas.

Você pode usar o Chunnel, o Túnel do Canal da Mancha que fica em baixo d'água e liga a Inglaterra (Folkestone) à França (Calais) por rodovia e ferrovia. Passagens da **Eurostar**, para serviços de trem entre Londres e Paris ou Bruxelas estão disponíveis pela Rail Europe (© **800/EUROSTAR**; www.eurostar.com para informação). Em Londres faça reservas pelo Eurostar © **0870/530-00-03**. O túnel também acomoda carros de passeio, ônibus fretados, táxis e motos, transportando-os pelo canal Inglês de Folkestone, na Inglaterra, para Calais, na França. O trem opera 24 horas por dia, 365 dias por ano, fazendo a viagem a cada 15 minutos durante os horários mais movimentados, e pelo menos uma vez por hora de noite. As passagens podem ser adquiridas nos guichês na entrada do túnel. Com o "Le Shuttle", os atrasos por causa do clima ruim, os enjoos e as reservas com antecedência são coisas do passado.

Depois de chegar em terra, você terá cerca de 18 horas para dirigir até chegar em Barcelona.

Se você planeja transportar um carro alugado entre a Inglaterra e a França, verifique com antecedência junto à locadora do veículo a respeito de exigências quanto à licença e aos seguros, e sobre as taxas adicionais na devolução. E saiba que muitas empresas de locação de veículos, por questões de seguro, proíbem o transporte de seus veículos pela água entre a Inglaterra e a França.

ALUGUEL DE CARRO Muitas das maiores empresas norte-americanas de locação de veículos, incluindo Avis, Budget e Hertz mantêm escritórios em toda a Espanha. Embora existam muitas dessas empresas na Espanha, recebemos muitas cartas de leitores de edições anteriores informando que tiveram problemas com relação a cobranças indevidas e coberturas de seguros, de modo que você poderá querer ficar com as empresas de locação originais.

Observe que o imposto sobre carros alugados corresponde a 15%, portanto não se esqueça de considerar isso no orçamento de sua viagem. Geralmente, taxas pré-pagas não incluem impostos, que serão cobrados no próprio quiosque da locadora. Certifique-se de peguntar explicitamente o que está incluído quando fizer um orçamento.

A **Avis** (© **800/331-1212**; www.avis.com) mantém cerca de 100 filiais pela Espanha. Existem 7 em Barcelona, localizadas no aeroporto El Prat (2); Carrers Corcega 293/295, Pallars 457 e Rita Bonat 5; estação de trem Sants e no World Trade Center, no porto. Se você fizer a reserva e pagar pelo seu veículo alugado por telefone pelo menos duas semanas antes de partir, você poderá obter o melhor preço da empresa, com quilometragem ilimitada incluída.

Você geralmente consegue preços competitivos da **Hertz** (© **800/654-3131**; www. hertz.com) e da **Budget** (© **800/472-3325**; www.budget.com); sempre vale a pena usá-los para efeito de comparação. A Budget não cobra na devolução se você pegar um carro em uma cidade espanhola e devolvê-lo em outra. Todas as três empresas exigem que os motoristas tenham pelo menos 21 anos de idade e, em alguns casos, que não tenham mais do que 72 anos. Para poder alugar um carro, você precisa ter um passaporte e uma carteira de habilitação válida; você também precisa ter um cartão de crédito válido ou um voucher pré-pago. Uma carteira de motorista internacional não é essencial, mas você poderá apresentá-la se

COMO CHEGAR 45

tiver uma; ela é disponibilizada por qualquer escritório do DETRAN no Brasil.

Duas outras agências que valem a pena mencionadas são **Kemwel Holiday Auto** (℗ **877/820-0668**; www.kemwel.com) e **Auto Europe** (℗ **800/223-5555**; www.autoeurope.com).

Muitos pacotes incluem tarifas aéreas, acomodações e aluguel de carro com quilometragem ilimitada. Compare esses preços com o custo de fazer a reserva de passagens aéreas e a locação do carro separadamente, para ver se essas ofertas realmente constituem um bom negócio. Os recursos da Internet podem facilitar as comparações. A **Microsoft Expedia** (www.expedia.com) e a **Travelocity** (www.travelocity.com) ajudam a comparar preços e a encontrar boas ofertas para locação de veículos em várias empresas pelo país. Elas farão até mesmo uma reserva para você depois que você encontrar a melhor oferta. Veja dicas em "Planejando Sua Viagem Online", anteriormente neste capítulo.

A maioria dos carros alugados na Espanha possui câmbio manual, e não automático. A maioria tem ar-condicionado e quase todos usam gasolina sem chumbo.

O limite mínimo comum de idade para alugar carros é de 25 anos (ou até mais) enquanto as exigências para o limite superior vão de 70 a 75 anos para determinados veículos.

REGRAS DE DIREÇÃO

Os espanhóis dirigem do lado direito da pista. Os motoristas devem ultrapassar pela esquerda; os motoristas locais buzinam ao ultrapassar outro veículo e ascendem o farol se você estiver dirigindo muito devagar (devagar para a velocidade na Espanha) na pista da esquerda. Carros que vêm pela direita têm preferência.

As rodovias expressas da Espanha são conhecidas como *autopistas*, que cobram pedágio, e *autovías* que não cobram. Para sair na Espanha, siga a placa de SALIDA (saída), exceto na Catalunha, onde o sinal de saída indica SORTIDA. Na maioria das rodovias expressas, o limite de velocidade é de 120 km/h (75 mph). Em outras rodovias, o limite de velocidade varia de 90 km/h (56 mph) a 100 km/h (62 mph). Você verá muitos motoristas excederem esses limites.

Os maiores índices de acidentes na Espanha são registrados ao longo da notória rodovia Costa del Sol, em Carretera de Cádiz.

Se você tiver que dirigir em Barcelona — ou em qualquer outra cidade espanhola — tente evitar os horários de *rush* pela manhã e à noite. Nunca estacione seu carro de frente para o sentido do tráfego, pois isso é contra a lei. Se for multado pela patrulha rodoviária (*Guardia Civil de Tráfico*), você deve pagar no próprio local. Penalidades por beber e dirigir são muito pesadas (**bafômetros** estão sendo usados de forma muito mais rígida que no passado).

MAPAS

Para uma das melhores visões gerais da Península Ibérica (Espanha e Portugal), adquira o mapa nº. 990 da Michelin (versão dobrada) ou o mapa nº.460 (versão em brochura). Para ter uma visão mais detalhada da Espanha, o Michelin tem uma série de seis mapas (nºs. 441 a 446) mostrando regiões específicas; são mapas completos com muitas das estradas secundárias. Dê uma olhada no site da Michelin em Portugal: www.michelin.pt.

Para excursões mais abrangentes, compre *Mapas de Carreteras – España y Portugal,* publicado pela Almax Editores disponível nas principais livrarias da Espanha. Esse compêndio cartográfico da Espanha oferece uma visão geral do país e inclui mapa de estradas e de ruas de algumas de suas principais cidades.

A American Automobile Association (www.aaa.com) publica um mapa regional da Espanha que está disponível gratuitamente aos associados na maioria dos escritórios da AAA nos Estados Unidos. A a AAA está associada à **Real Automóvil Club de España (RACE;** ℗ **90-240-45-45**; www.race.es). Essa organização pode fornecer informações úteis sobre condições das estradas na Espanha, incluindo recomendações para turistas e viajantes. Ela também oferece serviços limitados nas estradas em caso de emergência, se seu carro tiver algum problema.

PROBLEMAS COM O CARRO

Isto pode ser um problema sério. Se você estiver dirigindo um veículo fabricado na Espanha que precisa de peças, você provavelmente será capaz de encontrá-las. Mas se estiver dirigindo um carro importado,

CAPÍTULO 2 PLANEJANDO SUA VIAGEM PARA BARCELONA

você poderá estar em apuros. Faça uma revisão do carro antes de sair para uma longa viagem pela Espanha. Nas principais rodovias, você encontrará telefones de emergência localizados estrategicamente. Em estradas secundárias, peça socorro pedindo à operadora que localize a Guardia Civil mais próxima, que o colocará em contato com uma oficina que poderá rebocar seu carro para ser consertado.

Conforme mencionado acima, a filial espanhola da AAA pode oferecer assistência limitada em caso de problemas mecânicos.

DE ÔNIBUS

Viajar de ônibus pela Espanha é possível, porém não é muito popular — é bastante demorado. Porém, serviços de ônibus operam regularmente das principais capitais da Europa Ocidental para Barcelona, onde é possível fazer conexões para Madri. As rotas mais usadas partem de Londres e são operadas pela **Eurolines Limited**, 52 Grosvenor Gardens, London SW1W 0AU (📞 **0990/143-219** ou 020/7730-8235).

A viagem da Victoria Station de Londres até Barcelona gasta 27 horas e 15 minutos, partindo da Victoria Station às 15:30h e chegando em Barcelona Nord às 18:45h do dia seguinte. Há uma parada de 30 minutos em Lyon, na França, no meio do caminho.

Se você estiver visitando o resto da Europa em um carro alugado, você pode, por um custo adicional, devolver seu veículo em Barcelona.

DE TREM

Se já estiver na Europa, você pode querer ir para a Espanha de trem, especialmente se tiver um EurailPass. Mesmo que não tenha um, o custo é razoável. Passageiros de trem que vêm da Inglaterra ou da França devem fazer reservas de *couchette* (beliches em um carro-dormitório) e nos carros-dormitórios o mais antecipadamente possível, especialmente durante a alta temporada, no verão.

Como os trilhos na Espanha têm bitola mais larga que os usados pelos trens franceses (exceto pelos trens da TALGO e da TransEurope-Express), você provavelmente terá de trocar de trem na fronteira, a menos que você esteja em um trem expresso (veja a seguir). Para viagens longas pela Espanha, reservas em assentos e carros-dormitórios são obrigatórias.

Os trens mais rápidos e confortáveis da Espanha são AVE, ALTARIA, TER, TALGO e Electrotren. No entanto, você paga a mais para andar nesses trens rápidos. Passagens tanto de primeira como de segunda classe são vendidas nos trens da Espanha. As passagens também podem ser compradas nos Estados Unidos ou no Canadá no escritório mais próximo da French Rail ou de qualquer agente de viagem de confiança. A confirmação de sua reserva levará cerca de uma semana.

Todos os trens na Catalunha são operados pela **Spanish State Railways (RENFE)**. Atualmente, a única conexão da AVE (trem de alta velocidade) está entre Barcelona e Valência, embora trilhos estejam sendo construídos entre Barcelona e Madri e entre Barcelona e as conexões com a fronteira francesa. O site da RENFE (www.renfe.es), que é fácil de navegar, possui informações em inglês sobre horários e tipos de trens.

Se quiser que seu carro seja transportado, você precisa viajar pela Auto-Expreso na Espanha. Esse tipo de transporte de automóveis pode ser reservado somente por agentes de viagens ou pelos escritórios das ferrovias depois que você chegar na Europa.

Para ir de Londres a Barcelona de trem, você precisa mudar não somente de trem, mas também de estação ferroviária, em Paris. O tempo de viagem de Londres a Paris é de cerca de 6 horas; de Paris a Barcelona, cerca de 12 horas, o que inclui 2 horas em Paris para trocar de trem e de estação. Muitos passes de trem estão disponíveis no Reino Unido para se viajar na Europa.

Se você planeja viajar bastantes pelas ferrovias da Europa, vale a pena comprar uma cópia do ***Thomas Cook Timetable of European Passenger Railroads***. Ele está disponível somente na América do Norte na Forsyth Travel Library, 44 S. Broadway, White Plains, NY 10601 (📞 **800/FORSYTH**; www.forsyth.com), e custa US$28, mais US$4,95 para postagem aérea prioritária nos Estados Unidos, mais US$2 para remessas para o Canadá.

11 Pacotes Para o Viajante Independente

Pacotes turísticos são simplesmente uma maneira de comprar a passagem aérea, as acomodações e outros elementos de sua viagem (tais como locação de carros, translado para os aeroportos e, às vezes, até mesmo atividades) ao mesmo tempo e geralmente com descontos.

Um bom local para procurar promoções de pacotes é na própria companhia aérea. Dentre as companhias aéreas que vendem pacotes, a **Iberia Airlines** (no Brasil ligue ✆ **0800-7707900** ou 902/400/500 na Espanha; www.iberia.com) lidera o mercado. As principais companhias aéreas oferecem pacotes aéreos e terrestres, incluindo **American Airlines Vacations** (✆ **800/321-2121**; www.aavacations.com), **Delta Vacations** (✆ **800/221-6666**; www.deltavacations.com), **Continental Airlines Vacations** (✆ **800/301-3800**; www.covacations.com), e **United Vacations** (✆ **888/854-3899**; www.unitedvacations.com). Muitas das grandes **agências de viagens online** e Expedia, Travelocity, Orbitz, Site59, e lastminute.com — também fazem ótimos negócios nos pacotes.

A **Solar Tours** (✆ **800/388-7652**; www.solartours.com) é uma agência atacadista que oferece um pacote de 7 dias para Barcelona e que inclui 3 dias em Paris.

A **Spanish Heritage Tours** (✆ **800/456-5050**; www.shtours.com) é conhecida por procurar passagens aéreas a preços baixos para a Espanha. O agente de turismo também tem pacotes de ida e volta dos EUA diretamente para os hotéis de Barcelona (Tryp Apolo, Gallery, Hesperia Presidente, Melia, Avenida Palace e Conde de Barcelona), que custam de US$1.299 a US$1.549.

A **Discover Spain Vacations** (✆ **800/227-5858**; www.farandwide.com), o braço de marketing da Iberia, é a operadora de turismo mais confiável e é a agência usada para pacotes aéreos e terrestres para Barcelona. Naturalmente, passagens aéreas de ida e volta pela Iberia estão incluídas no pacote. Vários pacotes que incluem parte aérea/terrestre também são oferecidos.

Pacotes de viagem também estão listados na seção de viagens do seu jornal local. Ou procure anúncios nas revistas nacionais de viagens como *Arthur Frommer's Budget Travel Magazine, Travel + Leisure, National Geographic Traveler* e *Condé Nast Traveler.*

Excursões guiadas são grupos estruturados de turismo, que têm um líder. O preço geralmente inclui tudo, desde passagens aéreas até hotéis, refeições, passeios, custos de entradas e transportes locais.

Dicas Pergunte Antes de Viajar

Antes de investir em um pacote ou em uma excursão com guias:

- Sempre pergunte sobre a **política de cancelamento.** Você pode receber seu dinheiro de volta? Existe um depósito necessário?
- Pergunte pelas **opções de acomodações e preços** de cada um. Então dê uma olhada nas descrições dos hotéis em um guia Frommer's e confira os preços online para as datas específicas de sua viagem. Também descubra que tipo de quarto está sendo oferecido.
- Solicite a **programação** completa. (Somente para excursões com guias.)
- Pergunte sobre a **quantidade** e a distribuição de pessoas no grupo. (Somente para excursões com guias.)
- Discuta o que está incluído no **preço**: transporte, refeições, gorjetas, translado para o aeroporto e assim por diante. (Somente para excursões com guias.)
- Por último, procure por **despesas ocultas.** Pergunte se, por exemplo, as taxas de embarque dos aeroportos estão incluídas no custo total – elas raramente estão.

48 CAPÍTULO 2 PLANEJANDO SUA VIAGEM PARA BARCELONA

12 Execuções Guiadas de Interesse Geral

Excursões guiadas são grupos estruturados de turismo, com um líder. O preço geralmente inclui tudo, desde passagens aéreas até hotéis, refeições, passeios, custos de entradas e transportes locais.

Apesar de as excursões com guias exigirem depósitos com valores altos e os hotéis, restaurantes e itinerários serem pré-determinados, muitas pessoas se sentem seguras e despreocupadas com a estrutura que elas oferecem. Excursões com guias — sejam de ônibus, trem ou navio — permitem aos viajantes sentar e curtir a viagem sem precisar dirigir ou se preocupar com detalhes. Elas levam você a um número máximo de lugares no mínimo de tempo com o mínimo de problemas. São particularmente convenientes para pessoas com dificuldades de locomoção e podem ser uma ótima maneira de fazer novos amigos.

A desvantagem é que você terá poucas oportunidades para interagir de forma tranquila com os habitantes locais. As excursões podem ter atividades em excesso, deixando pouco tempo para passeios individuais, fazer algo por impulso ou algo aventureiro — e, além disso, eles focam nos locais mais turísticos, de modo que você perderá muitos dos locais preciosos menos conhecidos.

OPERADORAS DE TURISMO MAIS RECOMENDADAS PARA EXCURSÕES GUIADAS

Existem várias opções de companhias que oferecem excursões guiadas, cada uma delas oferecendo transporte para a Espanha e para circular dentro do país, hospedagem pré-arranjada e itens extras como guias turísticos e explicações bilíngues. Muitas das excursões para a Espanha incluem Marrocos ou Portugal.

Algumas das excursões mais caras e luxuosas são operadas pela **Abercrombie & Kent Internacional** (✆ **800/323-7308** ou 630/954-2944; www.abercrom-

biekent.com), que incluem passeios de trem de 13 ou 19 dias pela Península Ibérica. Os hóspedes ficam em ótimos hotéis, que variam de um antigo palácio medieval até o moderno e luxuoso Hesperia na, Avenida Castellana.

A **Trafalgar Tours** (✆ **800/854-0103** ou 212/689-8977; www.trafalgartours. com) oferece várias excursões pela Espanha. Uma das ofertas mais populares é uma viagem de 18 dias que se chama "The Best of Spain" (O Melhor da Espanha) (esse pacote, exclusivamente terrestre, custa US$1.735; com a parte aérea e a parte terrestre custa de US$2.155 a US$2.565).

O "Highlights of Spain" (Destaques da Espanha) da **Insight Vacations** é um pacote de 11 dias que começa em Madri, passa pelas costas sul e leste e termina em Madri. A empresa oferece o pacote que varia de US$1.370 a US$1.785 incluindo passagens aéreas, acomodações e algumas refeições. Para informações, entre em contato com seu agente de viagens ou com a Insight International (✆ **800/582-8380**; www. insightvacations.com).

A **Petrabax Tours** (✆ **800/634-1188**; www.petrabax.com) desperta o interesse daqueles que querem conhecer a Espanha de ônibus, embora também ofereça pacotes aéreos/terrestres, com acomodações em *paradores* (hotéis de alto padrão administrados pelo governo — alguns modernos, outros em prédios históricos). Vários pacotes urbanos também estão disponíveis, além de uma viagem de 10 dias que tenta capturar a essência da Espanha, com paradas em locais que vão de Madri a Granada.

Recentemente, mais e mais excursões de interesse especial para Madri e Castela estão sendo oferecidas, incluindo excursões da **Archetours, Inc.** (✆ **800/770-3051**; www.archetours.com) que oferecem *tours* dedicados à arquitetura espanhola.

LIVROS, FILMES & MÚSICAS RECOMENDADAS

13 Viagens de Interesse Especial

O **Centro de Informações de Barcelona** (www.barcelonaturisme.com) oferece quatro excursões detalhadas a pé que cobrem diferentes aspectos arquitetônicos e artísticos da cidade (Gótico, Modernista, Gourmet e Picasso). Elas partem da Plaza Catalunya, duram entre 1h30 a 2 horas, e custam entre 9,50€ e 14€ (US$12 a US$18) por adulto.

Excursões a pé mais personalizadas — e mais caras — são organizadas pela **My** Favorite Things (℃ **637-265-405**; www. myft.net). Elas cobrem aspectos menos convencionais e mais incomuns de Barcelona e custam até 30€ (US$38) por adulto.

Para os amantes de comida e vinhos, existe o **Saboroso** (℃ **667-770-492**; www. saboroso.com), que oferece excursões gastronômicas *gourmets* de tapas e visitas às melhores vinícolas catalãs, tais como Priorat e Penedés.

14 Livros, Filmes & Músicas Recomendadas

FICÇÃO E BIOGRAFIA

Acusado por alguns como superficial, *Ibéria*, de James A. Michener (Record) continua sendo o clássico sobre literatura de viagem na Espanha. O *Houston Post* declarou que esse livro "fará você se apaixonar pela Espanha".

A última biografia sobre um dos ditadores que permaneceu por mais tempo no poder no século XX é *Franco: A Concise Biography* (Thomas Dunne Books), foi publicada na primavera de 2002. Gabrielle Ashford Hodges documenta com bastante talento a repressão Orwelliana e a corrupção generalizada que marcou o notório regime deste político "com profundas falhas de caráter".

O romance espanhol mais famoso é *Dom Quixote*, de Miguel de Cervantes. Disponível facilmente em qualquer lugar, ele trata do conflito entre o ideal e o real na natureza humana. Apesar da fama sem igual de Miguel de Cervantes dentro da literatura espanhola, sabe-se muito pouco sobre sua vida. Uma das biografias mais procuradas sobre o mestre da literatura é o *Cervantes*, de Jean Canavaggio, tradução de Rubia Prates Goldoni (Editora 34).

Apesar do trabalho de Cervantes ter atingido uma significância quase mística nas mentes de muitos espanhóis, nas palavras de Somerset Maugham, "seria difícil achar um trabalho tão bom que tenha tantos defeitos". *Tilting at Don Quixote*, de Nicholas Wollaston (Andre Deutsch Publishers) acaba com qualquer ilusão de que o Dom Quixote meio louco seja apenas uma questão de diversão boa e despreocupada.

Ernest Hemingway escreveu muitas obras na Espanha, nenhuma delas mais notáveis que seus romances de 1926 e de 1940, respectivamente: *O Sol Também se Levanta* (Bertrand) e *Por Quem os Sinos Dobram* (Bertrand), o último baseado em suas experiências na Guerra Civil Espanhola. *Death in the Afternoon*, de Don Ernesto (várias edições) continua sendo o clássico sobre touradas em inglês.

ECONOMIA, POLÍTICA & HISTÓRIA SOCIAL

Para uma versão em primeira mão da guerra civil e de seus efeitos devastadores sobre Barcelona e sobre a Catalunha, o *Lutando na Espanha* de George Orwell (Globo) continua sendo um clássico. O escritor irlandês Colm Tóibin tem uma visão mais leve da Barcelona pós-Orwell, com muitas histórias leves e coloridas através dos olhos de um

---

Dicas **Disque F para Fácil**

Para instruções rápidas sobre como ligar para Barcelona, veja a lista "Telefones", na seção "Fatos Rápidos: Barcelona", no capítulo 4.

50 CAPÍTULO 2 PLANEJANDO SUA VIAGEM PARA BARCELONA

güiri (estrangeiro) em *Homage to Barcelona*. O escritor, poeta e ensaísta mais prolífico da cidade é o falecido Manuel Vázquez Montalbán. *Barcelonas* é mais um guia introspectivo, que combina episódios interessantes da história, dos personagens e da cultura catalá com sarcasmo inteligente e reflexões.

Barça: *A People's Passion*, de Jimmy Burns (Bloomsbury, 2000) é uma história dramática sobre o time de futebol da cidade, o mais rico e, possivelmente, o mais politicamente influenciado no mundo.

ARTES

Antoni Gaudí é o arquiteto catalão que mais desperta a curiosidade dos turistas. O último estudo é *Gaudí: A Biography*, de Gijs Hensbergen (Perennial, 2003). O autor declara que Gaudí era "bêbado quanto à forma", e que o arquiteto ainda não perdeu sua capacidade de surpreender com seus *designs* incomuns e inovadores.

O artista mais famoso da Espanha foi Pablo Picasso, nascido em Málaga. Picasso passou seus anos de formação em Barcelona, e o livro mais controverso sobre o falecido pintor é *Picasso, Criador e Destruidor*, de Arianna Stassinopoulos Huffington (Best Seller).

Outro artista de destaque da Catalunha é Salvador Dalí. Em *Salvador Dalí: A Biography* (Dutton), o autor Meryle Secrest pergunta: "Ele foi um gênio louco ou um manipulador esperto?"

Moradores da Catalunha acreditam sinceramente e sustentam que seu idioma, sua cultura e sua história sem igual foram ofuscados (e esmagados) pelas realizações mais ricas e mais bem divulgadas de Castela. Robert Hughes, um ex-crítico de artes do *Time*, escreveu um texto elegante sobre as glórias da capital dessa região: *Barcelona* (Agir). Esse livro oferece um discurso bem versado e inteligente sobre o legado arquitetônico e cultural da cidade. De acordo com o *New York Times*, o livro provavelmente destina-se a ser um "clássico no gênero da história urbana".

Vale a pena dar uma olhada em *Andrés Segovia: An Autobiography of the Years 1893–1920* (Macmillan), com tradução de W. F. O'Brien se você quiser saber mais sobre o grande guitarrista clássico.

CULINÁRIA

Um dos melhores livros sobre a gastronomia local foi escrito por um americano. *Catalán Cousine: Europe's Last Great Culinary Secret* (Grub Street, U.K.), de Colman Andrews, é uma exposição colorida sobre comidas, vinhos e costumes da culinária da Catalunha. As conversas de Andrews com os *chefs*, suas descrições sobre a colheita de cogumelos selvagens e sobre os mercados dos vilarejos, e as explicações dos motivos pelos quais os catalães comem da maneira como o fazem tornam a leitura excelente.

MÚSICA CLÁSSICA ESPANHOLA

Três grandes **compositores** se destacam, dois dos quais eram catalães: **Isaac Albéñiz**, nascido em Camprodón — uma criança prodígio que tocava em concertos de piano aos 4 anos de idade — com sua peça *Iberia*, e **Enrique Granados** de Lérida (agora Lleida) com sua alegre *Goyescas*. **Manuel de Falla**, um ascético da Andaluzia (uma combinação incomum) ficou famoso por seu balé O Chapéu de Três Pontas.

O mais talentoso **músico** catalão dos tempos modernos foi o violoncelista **Pablo (Pau) Casals**, enquanto que um dos principais cantores de ópera atual (ao lado de Plácido Domingo) é **Josep Carreras**. A própria **Montserrat Caballé,** de Barcelona, é a soprano mais amada da Espanha.

Itinerários Sugeridos em Barcelona

3

Você pode percorrer vários dos monumentos e destaques arquitetônicos do centro de Barcelona em apenas um dia. Porém, quanto mais tempo disponível você tiver, mais justiça poderá ser feita à riqueza dos locais dentro e nos arredores da cidade. Seguem algumas recomendações sobre como passar seu tempo.

1 O Melhor de Barcelona em 1 Dia

Será um dia bem cheio, portanto, comece bem cedo, na **Plaça Cataluña**. Passe a manhã passeando pela **La Rambla** e indo até **Mirador de Colón,** ao lado do porto. Volte pela **Plaça Reial** e explore o **Barri Gòtic,** na vizinhança, com sua **Catedral** central. De tarde, visite a obra de arte inacabada de Antoni Gaudí, **La Sagrada Família,** e o **Parc Güell,** antes de voltar para os bairros **Raval** e **Poble Sec,** a oeste de **La Rambla**. De lá, pegue o funicular até o topo do **Montjuïc** para apreciar uma maravilhosa vista de Barcelona e de seu porto. Explore os jardins e o museu– castelo e se houver tempo, dê uma passada rápida no Museu Nacional d'Art de Catalunya para dar uma olhada na melhor coleção de relíquias românicas da Espanha.

❶ Plaça de Cataluña

Localizada no final da La Rambla e no meio do caminho entre a Cidade Velha medieval e o L'Eixample do século XIX com sua avenida larga, essa praça circular, com suas fontes e esculturas, é o centro cultural da cidade. Cercada por grandes lojas, cafés ao ar livre e hotéis, é um lugar para observar as pessoas que estão passando, ouvir músicos de rua latinos, alimentar os pombos e até mesmo dançar a *sardana* nas ocasiões festivas. No decorrer da tarde, ela fica incrivelmente movimentada e colorida. Veja pág. 63.

❷ La Rambla ★★★

Também conhecida como Les Ramblas, essa longa avenida é dividida em cinco seções distintas que se chamam sucessivamente: Canaletes, Estudis, Sant Josep, Caputxins e Santa Monica. É um palco para estátuas humanas, malabaristas, cantores, excêntricos, desajustados, travestis, animais enjaulados, quiosques, cafés e bancas de flores radiantes. Originalmente chamada de *ramla* (leito de rio) pelos árabes, é o local preferido pelos barceloneses e turistas para dar uma caminhada. Por causa de sua atmosfera agradável durante o ano todo, não há nenhum outro lugar parecido com esse na Espanha. Veja pág. 63.

❸ Mirador de Colón (Monumento de Colombo)

Situada na extremidade da La Rambla, que fica do lado do porto, essa estátua de bronze em homenagem ao navegante genovês que descobriu você sabe o quê, foi construída durante o *boom* industrial de Barcelona no século XIX. Depois das 10:00h da manhã, você pode subir até o topo de elevador e curtir vistas maravilhosas do porto e da Ciutat Vella. Observe também o erro proposital: ele está apontando para leste, para Majorca, em direção ao Mediterrâneo, em vez de apontar para oeste, em direção ao Atlântico. Veja pág. 164.

O Melhor de Barcelona em 1 Dia

1. Plaça de Catalunya
2. La Rambla
3. Mirador de Colón
4. Café de l'Opera
5. Plaça Reial
6. Barri Gòtic
7. Catedral
8. Can Culleretes
9. Montjuïc
10. Montjuic Castle Café
11. Sagrada Família
12. Parc Güell

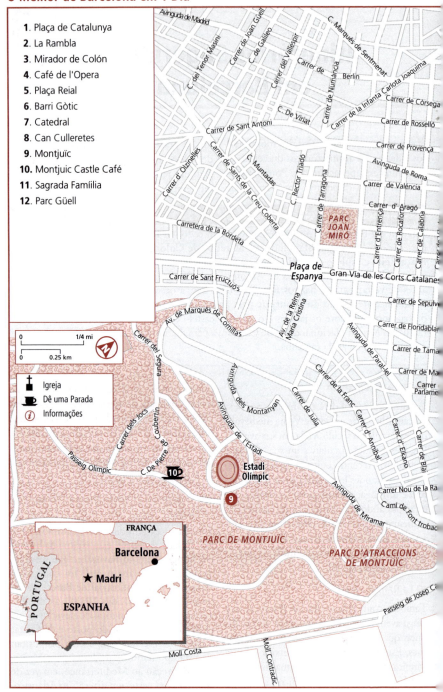

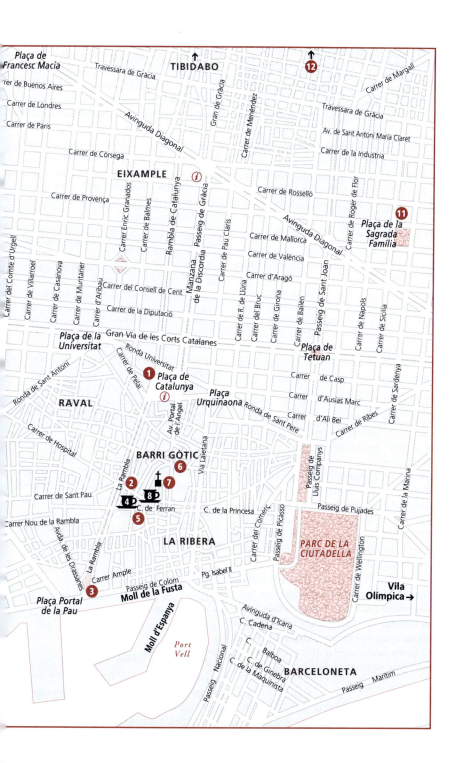

CAPÍTULO 3 · ITINERÁRIOS SUGERIDOS EM BARCELONA

☕ DÊ UMA PARADA

Situado no meio da La Rambla, o **Café de l'Opera**, La Rambla 74 ((☎**93-317-75-85**), é um café de estilo parisiense do século XIX. Os murais, as colunas de ferro e os espelhos nas paredes com jateados evocam uma época mais elegante, quando garçons de gravata borboleta serviam as pessoas com uma agradável indiferença. É o lugar ideal para se sentar, curtir um café de qualidade e assistir às atividades ininterruptas do lado de fora.

❺ Plaça Reial ✴

Uma das melhores praças mais antigas da cidade, com pilares e arcos neoclássicos, postes de iluminação do século XIX, palmeiras altas e bem antigas e marginais semirresidentes — desde viciados em drogas até transexuais — em número suficiente para encher um filme de Almodóvar. Mais sombria no passado, atualmente essa praça tornou-se uma atração turística. Tome cuidado, porém, com os batedores de carteira.

❻ Barri Gòtic ✴✴✴

Considerado como o maior quarteirão medieval habitado da Europa (e provavelmente o mais densamente povoado), o Bairro Gòtic, com seus becos estreitos, realmente merece, no mínimo, metade de um dia de exploração com calma. De noite, suas ruas iluminadas e os prédios dão ao bairro um toque mágico. Se você tiver somente um dia, a **Catedral** (veja a seguir; pág. 160) é uma visita obrigatória. Também imperdíveis são: a **Plaça del Rei** (pág. 161), no centro, com seus dois monumentos principais, o **Museu d'Història de la Ciutat** (pág. 161), construído em cima de uma cidade romana totalmente subterrânea, e o **Palau Reial Major** (pág. 161) em cujo **Saló del Tinell**, Colombo apresentou índios americanos aos monarcas espanhóis pela primeira vez.

❼ Catedral ✴✴✴

Construído originalmente dentro da antiga cidade romana, esse lugar monumental de veneração presenciou muitas mudanças ao longo dos séculos, embora tenha sido uma das poucas construções que felizmente foram poupadas da fúria destrutiva da Guerra Civil Espanhola. Aqui está enterrada a jovem Santa Eulália, cruelmente martirizada por protestar contra o tratamento de Diocleciano aos cristãos durante seu governo repressivo. Não deixe de ver os assentos do coral e a casa e o teto dos cônegos do século XIV (é necessário pagar a mais); ou o claustro inesperadamente agradável, que abriga palmeiras altas, um grupo de laranjeiras e um lago com gansos de esplendor Gótico e Renascentista.

☕ DÊ UMA PARADA

Para um almoço em um ambiente agradável, você não pode achar um lugar melhor que o restaurante mais antigo de Barcelona (fundado em 1786), o **Can Culleretes**, Quintana 5 ((☎ **93317-64-85**). Ele fica escondido em uma travessa secreta no coração do Barri Gòtic. Você não será o único visitante não catalão — o lugar é mencionado em muitos guias de viagem — ,mas o restaurante é um monumento, o serviço e a decoração são de outra época e a comida tradicional e os vinhos são excelentes. Veja pág. 126.

❾ Montjuïc ✴✴

Com um castelo imponente no topo que atualmente é um museu militar, essa colina, que se destaca no flanco oeste da cidade, também oferece algumas das mais belas vistas da capital catalã. Depois de melhorias radicais antes dos Jogos Olímpicos de 1992 (não se esqueça de dar uma olhada rápida no estádio), ela agora é também uma das maiores áreas verdes da cidade, com muitas trilhas, parques, áreas de recreação e atrações culturais a serem exploradas. Vá até lá de funicular a partir de Poble Sec ou pelo mais vertiginoso *teleféric*, que leva você a um ponto bem acima do porto. Veja pág. 181.

☕ DÊ UMA PARADA

Dentro do castelo, com um pátio onde você pode se sentar quando o tempo estiver bom, o **Montjuïc Castle Café** é um ótimo lugar para relaxar e saborear o ambiente antigo do *castell*.

O MELHOR DE BARCELONA EM 2 DIAS 55

⑪ Sagrada Família ★★

Esse é o lugar onde você vai querer começar sua noite. Abandonada durante décadas, essa catedral ainda inacabada finalmente foi restaurada e trabalhos de expansão foram executados quando seu arquiteto-eremita, Antoni Gaudí (atropelado por um bonde em 1926 e cujo túmulo pode ser visto da cripta), voltou a ficar na moda nos anos 90. Os quatro pináculos originais — projetados pelo próprio mestre — são geralmente reconhecidos por serem bem mais altos que o quarteto adicional. Hoje em dia você pode pegar um elevador até o topo de uma das torres e curtir a vista maravilhosa. Amado e criticado em igual medida, o prédio permanece único. No entanto, a construção atualmente continua de forma lenta, e até as previsões mais otimistas não acreditam que o projeto todo esteja terminado antes de pelo menos mais uma década. Veja pág. 175.

⑫ Parc Güell ★★

Você pode imaginar duendes morando nesse parque de contos de fadas sem igual, localizado na parte alta da cidade e amado pelas crianças e igualmente pelos adultos. Procure a serpente de mosaicos e as casas de João e Maria na entrada (uma das quais é um pequeno museu, o Centre d'Interpretació i Acollida, dedicado a mostrar os métodos de construção do criador, Gaudí). Ao centro, subindo alguns degraus, o Banc de Trencadís — um banco de cerâmica multicolorida — se curva por uma esplanada espaçosa, e, atrás dele, trilhas sobem para os bosques de pinheiros de Vallcarca e Monte Carmel, oferecendo vistas cênicas da cidade abaixo por entre as árvores. Veja pág. 179.

2 O Melhor de Barcelona em 2 Dias

No primeiro dia, siga o itinerário descrito acima. No segundo dia, passeie pelo **Parc de la Ciutadella**, cercado de lagos e jardins e, se o tempo permitir, faça uma visita ao zoológico. Depois, explore as ruelas estreitas de **La Ribera**, **Museu Picasso** e a imponente igreja **Santa Maria del Mar**, e caminhe até o quarteirão marítimo antigo (mas aburguesado) e vá até às praias de **La Barceloneta**, com sua moderna área adjacente do Port Olímpic. É o local ideal para um almoço com frutos do mar em um ambiente agradável. À tarde, dê uma caminhada pelo **Port Vell** e explore o bairro **El Raval**, que foi revitalizado.

❶ Parc de la Ciutatella ★★

Antigamente, o local onde ficava uma fortaleza (Ciutadella é a palavra catalã para fortaleza), esse parque verdejante é o local mais atraente e popular da parte baixa de Barcelona, completo por dois jardins botânicos magníficos, embora pequenos, uma fonte projetada por Gaudí (La Cascada) com uma estátua enorme de um elefante primitivo e um lago tranquilo, onde você pode remar. Outras atrações incluem o Castell dels Tres Dragons (Castelo dos Três Dragões) e o Parlement de Catalunya (Parlamento da Catalunha), que você pode visitar gratuitamente se tiver tempo para agendar. Vale a pena dar uma olhada no zoológico, não importa sua idade, embora a antiga atração principal, o Copito de Nieve (Floco de Neve), um gorila albino, tenha ido há muito tempo para a grande floresta do céu.

❷ La Ribera ★★

A parte ocidental da Ciutat Vella, na verdade, é formada por dois bairros: El Born e Sant Pere (que se referem à região da praça mais antiga e à área da igreja, respectivamente). O nome La Ribera realmente quer dizer "a costa", pois, antigamente, o mar chegava até sua extremidade sul. A Carrer Montcada, ao centro, está ladeada por museus e todo o antigo quarteirão medieval de mercadores é cheio de lojas tradicionais, pequenas praças e ruas estreitas que receberam o nome de vários comércios locais que funcionaram aqui — tais

56 CAPÍTULO 3 · ITINERÁRIOS SUGERIDOS EM BARCELONA

como Carrer Carders (aqueles que penteiam lã), Carrer Assaonadors (curtidores) e Carrer Flassaders (tecelões). Veja pág. 166.

❸ Museu Picasso ★★★

De longe, o museu de arte mais popular da cidade, o Picasso está espalhado com muito bom gosto por um quinteto de belas mansões antigas no coração de La Ribera. Vá preparado para filas longas, mas se você conseguir encaixá-lo em sua agenda apertada, não perca a versão do artista Malagueño de *La Meninas*, de Velázquez. O museu se concentra principalmente nos trabalhos mais convencionais e nas gravuras do Picasso adolescente, que chegou à cidade com sua família em 1895 e não perdeu tempo em abrir seu primeiro (e bem modesto) ateliê em Carrer de la Plata. Veja pág. 169.

☕DÊ UMA PARADA

Tèxtil Cafè, Carrer Montcada 12 (☎**93-268-25-98**), é um local charmoso abrigado no pátio de uma mansão do século XIV, e que contém o Museu Têxtil, a uma pequena distância do Museu Picasso. Desfrute um café com doces em um ambiente agradável durante o ano todo. Até mesmo no inverno — apesar dos raros dias chuvosos — você ainda pode se sentar do lado de fora, em baixo de aquecedores a gás.

---

❺ Igreja de Santa Maria Del Mar ★★★

Houve uma época em que essa igreja magnífica, com suas abóbadas altas e janelas maravilhosas de vitrais, ficava bem perto da costa do Mediterrâneo (como indica o nome do bairro, La Ribera). Ela era o ponto central da então vibrante vida marítima e do quarteirão do comércio, que eventualmente diminuíram, assim como o mar, que se afastou. Hoje, ela constitui um dos monumentos góticos mais bem preservados da cidade, e é menos lotada que alguns dos locais mais famosos para visitação. Veja pág. 166.

❻ La Barceloneta (e o Port Olímpic) ★

Construído no compacto triângulo de terra (um pântano recuperado) entre o Port Vell e a primeira das praias urbanas (Sant Sebas-

tiá), essa área de classe trabalhadora do século XVIII hoje se tornou mais burguesa e tem sido mais procurada por turistas e também pelos moradores. Sua praia, outrora negligenciada atualmente está bem cuidada e tem um passeio ladeado por palmeiras onde as pessoas caminham com seus cachorros. Os originais e adorados *chiringuitos* (cabanas), que ficavam na beira da praia e que serviam ótimos pratos de frutos do mar, foram demolidos logo antes de 1992 para abrir caminho para os estabelecimentos atuais mais salubres de hoje em dia (ainda conhecidos como *chiringuitos*), que vendem exatamente o mesmo tipo de comida a preços mais elevados. Mudando no decorrer do tempo, ele continua sendo um excelente local (agradável para parar e comer uma *paella*), assim como o vibrante Port Olímpic, ao lado, com seus longos passeios, praias, marinas e até mesmo restaurantes da moda e clubes noturnos.

☕DÊ UMA PARADA

Você não pode passar pela Barceloneta e não provar um de seus melhores — e definitivamente o mais antigo — restaurantes de frutos do mar, **Can Costa**, Passeig de Joan de Borbón (☎**93-221-59-03**). Ele está localizado a um quarteirão da praia, assim como estão todos os locais genuínos da área. Ele é verdadeiramente tradicional, com um excelente *fideuà de paella* (feito com macarrão, em vez de arroz) e lulas pequenas que fazem valer a pena sair de casa. Pode ficar bem movimentado durante o almoço, portanto chegue cedo — e isso significa qualquer horário antes das 14:00 na Espanha (pág.151).

---

❽ Marina Port Vell ★

O porto principal é a parte mais visivelmente alterada do litoral de Barcelona, que por décadas, notadamente "virou suas costas para o mar". Atualmente, a antiga área industrial cinzenta, onde pilhas de contêineres ficavam embaixo de palmeiras de aspecto triste, foi limpa, revitalizada e transformada. Na extremidade norte, a marina ampla, ao lado do antigo Moll de Barceloneta, fica cheia de embarcações internacionais de todas as formas e tamanhos. Um calçadão se estende para o sul circulando o porto e passando por dois píeres modernos: o Moll d'Espanya,

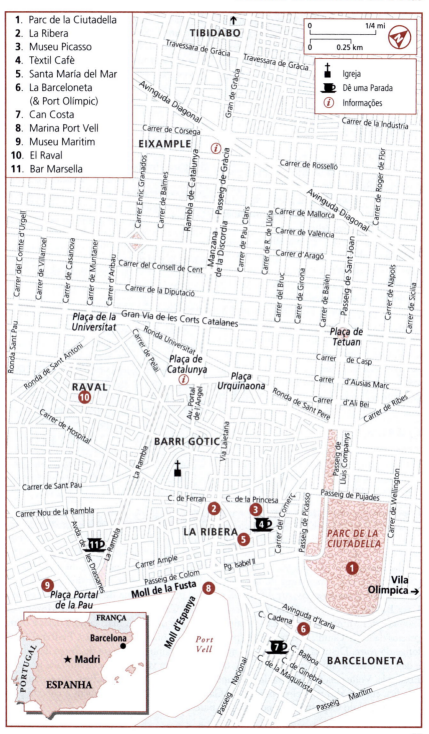

58 CAPÍTULO 3 · ITINERÁRIOS SUGERIDOS EM BARCELONA

cujo exclusivo Club Maritim, o aquário, o cinema IMAX e a zona Maremagnum, com lojas da moda e casas noturnas, estão todos ligados ao calçadão pela passarela curva Rambla de Mar; e o Moll de Barcelona, com seu moderno World Trade Center e a Torre de Jaume, do lado oposto ao Reials Drassanes (Estaleiros Reais) do século XIV (pág. 188 a seguir).

❾ Museu Maritim

Os arcos góticos no interior do prédio dos Estaleiros Reais assomam de forma impressionante sobre aquilo que provavelmente é o melhor museu náutico do Mediterrâneo: um testamento soberbo do grande passado naval de Barcelona. Dê uma olhada na maravilhosa coleção "Grandes Aventuras no Mar", com sua réplica em tamanho natural do Barco Real de Don Juan da Áustria, usado na decisiva Batalha de Lepanto, no século XVI quando a Espanha derrotou os otomanos. Existem modelos menores do *Santa María*, usado por Magalhães para dar a volta ao mundo, e de um dos primeiros submarinos, o *Ictíneo*; e do lado de fora, você pode subir a bordo da antiga embarcação *Santa Eulalia*, atracada em Moll de la Fusta. Veja pág. 187.

❿ El Raval

Antigamente, um bairro abandonado, decadente, com zonas de prostituição (algumas das quais ainda existem) e prédios arruinados, esse é outro canto revitalizado da cidade, mais poliglota que a maioria por causa da grande quantidade de imigrantes que moram aqui. Em 2000, o centro foi demolido para proporcionar um pouco mais de espaço necessário na forma de uma Rambla nova e completa com árvores, bancos e áreas de recreação para as crianças. Tudo isso fazia parte de um projeto ambicioso chamado "Raval obert al cel" (Raval se abre para o céu). Ao redor, espalharam-se algumas das galerias de arte mais interessantes da cidade, patrocinadas pelo MACBA (Museu de Arte Contemporânea de Barcelona). Ainda assim, ainda ocorre uma contínua proliferação de problemas que, para alguns, melhora a atração do bairro. E alguns prédios clássicos, como o Palau Güell, de Gaudí, e o Sant Pau del Camp românico que evocam uma sensação real de história nesse canto ocidental da Ciutat Vella, cheio de uma atmosfera agradável. (Veja pág. 172 e 173.)

⑪ DÊ UMA PARADA

É o final do seu segundo dia, então por que você não se dá ao luxo de tomar um bem merecido trago de *pastis* de anis no Bar Marsella, na Carrer Sant Pau 65 (☎**93-442-72-63**)? Um marco Provençal-cum-Catalão, do hedonismo, o bar é um oásis do século XIX com espelhos enormes, cortinas pesadas, vigas que rangem e candelabros altos. O lugar vem sendo administrado pela mesma família há cinco gerações. Dentre seus primeiros frequentadores estava jovem Jean Genet, divertindo-se na decadência dos antigos tempos de Raval.

3 O Melhor de Barcelona em 3 Dias

Passe os 2 primeiros dias como descrito nos dois itinerários acima. No terceiro dia, faça uma exploração matinal com calma no **L'Eixample**, o bairro do século XIX que expandiu a cidade para longe do congestionado Barri Gòtic e da Ciutat Vella. É aqui que você vai encontrar a avenida mais larga de Barcelona, a **Passeig de Gràcia**, e a maior concentração de arquitetura *moderniste* (*Art Nouveau*), realçada pela **Manzana de la Discordia**, onde a **Casa Batlló,** de Gaudí, a **Casa Amatller,** de Puig i Cadafalch, e a **Casa Lleo Morera,** de Domènech i Muntaner ficam bem próximas umas das outras. A mais famosa delas é outra preciosidade de Gaudí, a **Casa Milà** (popularmente conhecida como **La Pedrera**), bem longe do *paseo*. Dê uma passada rápida no Vinçon, o famoso empório de *design* da cidade, e depois continue até o bairro de Gràcia, que lembra um vilarejo, na extremidade norte de Eixample. Volte pela parte baixa de Eixample para almoçar na **Casa Calvet**, um restaurante que fica em um dos primeiros prédios de Gaudí. (Toda essa área também é coberta pelo Caminhada 4 do Capítulo 8, "Andando por Barcelona".)

CAPÍTULO 3 ·ITINERÁRIOS SUGERIDOS EM BARCELONA

À tarde, pegue o Metro até **Pedralbes** e visite o mosteiro e o palácio. Depois continue até **Tibidabo** com o funicular, para ter uma das melhores vistas panorâmicas da cidade e da costa que se estende ao norte em direção a **Costa Brava**. À noite, caminhe pelo **Parque Collserola**.

❶ Passeig de Gràcia

Em comparação com o colorido e a vida de La Rambla, essa avenida com 60m de largura (197 pés) — com seu centro ocupado pelo tráfego, dois pequenos-*paseos* para pedestres e quatro filas de árvores — é mais urbana e cosmopolita. Conhecida localmente como "Rainha dos Paseos", e ladeada por prédios elegantes, lojas da moda e restaurantes maravilhosos, ela surge suavemente da Plaza Cataluña em direção ao coração do Eixample do século XIX, terminando no bairro Gràcia, que lembra um vilarejo.

❷ Manzana de la Discordia

Perto do *paseo*, você encontrará esse notável quarteirão, com o seu trio de destaques da arquitetura *moderniste*: a inimitável **Casa Batlló,** de Gaudí, cheia de detalhes e curvas; o austero estilo flamengo da **Casa Amatller**, de Puig i Cadafalch; e a definitivamente excêntrica **Casa Lleo Morera,** de Domènech i Muntaner, que muitos comparam com um bolo de casamento desabado. Manzana significa tanto "quarteirão" quanto "maçã" em espanhol, de modo que o duplo sentido também poderia se referir ao místico Pomo da Discórdia que deveria ser dado à vencedora de um concurso de beleza julgado por Páris. Aqui você pode decidir por si mesmo qual prédio é o vencedor.

---

❸ DÊ UMA PARADA

Casa Alfonso, Roger de Llúria 6 ((℃)**93-301-97-83**) é um excelente bar de tapas que serve uma variedade enorme de petiscos e *raciones* de dar água na boca para satisfazer qualquer um com bom apetite pela manhã. Seu presunto Jabugo, da província de Huelva, é considerado por muitos como sendo o melhor da Espanha. A essa hora, porém, você pode simplesmente preferir um *café con leche* e admirar as filas aromáticas de carne de porco penduradas. Veja pág. 146.

---

❹ Casa Milá (La Pedrera)

Ainda falta muito para você terminar a parte da arquitetura *moderniste*. Isolada, um pouco mais longe na avenida, está o que muitos acham ser o prédio mais incrível de todos: a Casa Milà (novamente de Gaudí), também conhecida como "La Pedrera", ou A Pedreira, porque suas varandas curvas e as chaminés engraçadas são todas feitas de calcário do monte Montjuïc, esculpidos de forma bizarra. Na verdade, ela é um conjunto de apartamentos, o mais original de toda a cidade, e o ponto alto de qualquer visita acontece quando você chega até o telhado e desfruta da vista da cidade no estilo Mary Poppins, que pode ser vista por entre as espantosas chaminés.Veja. Pág. 174.

❺ Gràcia

Esse bairro íntimo e aconchegante na extremidade norte do Passeig de Gràcia, logo depois da Avinguda Diagonal, começou como um pequeno vilarejo construído em volta de um convento do século XVIII. Depois, durante a Revolução Industrial de Barcelona, ele se tornou um bairro de classe trabalhadora onde uma famosa revolta por causa da volta do recrutamento militar é lembrada por uma torre de sino bem alta que se encontra na Plaça Ruis i Taulet. Hoje é um bairro bastante procurado e uma área levemente aburguesada da cidade, onde muitas características tradicionais como *herbolarios* antigos (lojas de produtos homeopáticos) e quiromantes têm se perpetuado de forma interessante entre a grande quantidade de pequenas praças e ruas estreitas. Seu ar é vagamente boêmio, e muitos artistas optaram por estabelecer suas casas e ateliês aqui. O festival de agosto é uma grande folia de rua que dura uma semana. Então, se você estiver por aqui, não o perca. Veja pág. 179.

O MELHOR DE BARCELONA EM 3 DIAS 61

⑥ DÊ UMA PARADA

Volte para a parte baixa de Eixample para um lauto almoço (mas não muito lauto se você quiser sobreviver à tarde) na **Casa Calvet**, Carrer Casp 48 (☎**93-412-40-12**). Um restaurante térreo projetado por Gaudí, sua composição modernista é complementada por uma mistura entre o antigo e o novo no que há de melhor na cozinha catalã. Veja pág. 142.

❼ Monestir de Pedralbes

Situado na parte alta de um dos subúrbios mais elegantes da cidade, juntamente com uma igreja Catalã Gótica, essa preciosidade do século XIV, fundada pela Rainha Elisenda, é uma das construções religiosas mais atraentes e mais antigas de Barcelona. Uma vez estando dentro, dê uma olhada em seu jardim reservado e na fonte, explore o belo claustro de três andares, e visite a farmácia, a cozinha e o refeitório com uma abóbada alta com artefatos restaurados da vida diária do convento. Uma atração adicionada em 1993 é a magnífica coleção de arte Thyssen-Bornemisza de mestres europeus, na qual se destaca a emocionante *Madona da Humildade*, de Fra Angelico, e os murais de Ferrer Bassa na minúscula capela de Sant Miquel. Veja pág. 190.

❽ Tibidabo

Você pode chegar nessa estranha mistura de eclesiástico e pagão pelo Tramvia Blau ("Trem Azul"; no inverno, somente nos finais de semana) e pelo funicular, ou — de forma menos dramática — pegando um ônibus até o alto a partir da Plaza Dr. Andreu. No topo, a 488 m (1600 pés) acima do nível do mar, com vistas espetaculares da cidade e da costa, está um dos poucos lugares do mundo onde você encontrará uma igreja perto de um parque de diversões. A igreja, chamada de Sagrat Cor (Sagrado Coração), não é atraente, é cinzenta e neo-gótica e sua silhueta pode ser vista de tão longe que ela se tornou um dos principais marcos da cidade. O parque de diversões funciona há mais de

80 anos e suas atrações, verdadeiramente à moda antiga, incluem a montanha-russa barulhenta Aeromàgic e um simulador de voo de 1928. Diz-se que o nome vem das palavras proferidas pelo Diabo para Cristo: "*ti dabo*", que significa "Eu dou a você", representando Satã oferecendo a Jesus tudo o que ele podia ver diante dele se ele prometesse seguir o anjo caído. Bastante tentador quando você considera o panorama abaixo.

⑨ DÊ UMA PARADA

Merbeyé, Plaça Doctor Andreu, Tibidabo (☎**93-417-92-79**), é um bar e um café vistoso e colorido. Ele tem um saguão todo decorado com *jazz* como tema, com uma música agradável ao fundo e uma área de terraço ao ar livre mais tranquila, onde você pode se sentar e descansar depois do passeio do dia com um *daiquiri* ou um *café con leche* e apreciar a vista maravilhosa.

❿ Collserola Park

A sudoeste de Tibidabo, no mesmo maciço montanhoso, fica essa esplêndida área de 8.000 hectares (19.768 acres) de região selvagem, onde trilhas passam no meio das florestas de carvalhos e oferecem ocasionalmente vistas espetaculares. Dentro do parque você verá casas de fazenda, capelas e nascentes, incluindo a charmosa Font de la Budellera. Ao longo do caminho você também verá placas com versos do poeta catalão Jacint Verdaguer. (Veja o pequeno museu dedicado a ele dentro da Villa Joana, do século XVIII.) Uma construção mais recente que chama a atenção é a Torre de Collserola, que tem 15 anos, projetada por Norman Foster, com o formato de uma seringa gigante, que fica a apenas 5 minutos de caminhada de Tibidabo (veja anteriormente). Existe uma vista imbatível do alto, acessível por um elevador que causa vertigens. À noite, você pode ver suas luzes piscando de muito longe.

4

Conhecendo Barcelona

Abençoada com um solo rico e fértil, um porto excelente e uma população trabalhadora, Barcelona sempre foi próspera. Enquanto Madri ainda era apenas uma cidade atrasada de Castela, Barcelona já era uma capital poderosa, diversificada e influenciada pelos impérios que cobiçavam essa joia do Mediterrâneo. Roma, os muçulmanos do norte da África, os visigodos, a França da era de Carlos Magno e Castela, todos invadiram Barcelona e cada um deles deixou uma marca única e indelével na identidade da região.

Os próprios catalães também são caracterizados por uma personalidade distinta. De acordo com suas próprias palavras, eles são uma mistura de *seny* (senso comum) e *rauxa* (que pode ser mais bem traduzido como a prédisposição a momentos de loucura). Esses dois pólos são bem evidentes em quase todos os aspectos da vida barcelonesa: um grupo de empresários de terno e gravata cantando em um bar local, uma rua elegante que apresenta uma peça de escultura bizarra, ou a cidade toda parando para assistir ao amado time de futebol da cidade, o Barça, jogar contra seu arquirrival, o Madri. Tudo isso coloca Barcelona como uma metrópole europeia moderna e vibrante, e que tem um enorme respeito pela tradição e pela cultura.

Construções góticas marcantes e os excelentes museus de nível internacional enchem a cidade histórica de Barcelona, enquanto as criações extravagantes do movimento *moderniste* e a arquitetura contemporânea inovadora realçam a parte mais nova da cidade. E uma variedade de casas noturnas (Barcelona é um *grande* local festivo) e de opções para compras, mais os vinhedos nas proximidades, garantem que você terá diversão dia e noite. Esses locais são ótimos para turismo; você precisará de bastante tempo, não só para aproveitar todas as coisas, mas também para apreciar o charme único e oculto da cidade.

A intenção desse capítulo é apresentar você aos *barris*, ou bairros, com diversas facetas de Barcelona, e dar dicas de como ir de um lugar para outro usando transporte público (por um preço ótimo) ou a pé. A seção "Fatos Rápidos: Barcelona", no final, oferece os detalhes e lhe dá informações práticas sobre tudo, desde taxas locais até gorjetas.

1 Essenciais

INFORMAÇÕES AOS VISITANTES

Barcelona tem dois tipos de centros de informações turísticas. O escritório autônomo do governo (o Generalitat) lida com a **Catalunha** em geral. Seu escritório fica no imponente **Palau Robert**, Passeig de Gràcia 107 (✆**93-238-40-00**; www.gencat.net/probert), onde geralmente existem exposições sobre aspectos da cultura catalã. O local fica no cruzamento entre Passeig de Gràcia e Diagonal e abre diariamente das 10:00h às 19:00h. A Câmara Municipal (*Ajuntament*) administra o **Turisme de Barcelona**, a fonte de informações sobre a cidade. O escritório principal está localizado no subsolo da Plaça de Catalunya s/n (✆**80-711-72-22,** da Espanha, ou 93-368-37-30, do exterior; www.barcelonaturisme.com) e tem muitas informações sobre a cidade, um serviço para reserva de hotel, uma loja de lembranças e uma agência do banco Caixa de Catalunya, onde você pode trocar dinheiro. O escritório fica aberto diariamente das 09:00h às 21:00h.

ESSENCIAIS **63**

> ### *Dicas* Policial! Policial!
>
> Existem quatro forças policiais na Catalunha: a Guardia Urbana (cuja responsabilidade principal é o trânsito), a Polícia Nacional, a Guardia Civil (Guarda Civil) e os Mossos d'Escuadra (força policial autônoma da Catalunha). É mais provável que os turistas irão interagir com estes últimos no posto Turisme-Atenció, Les Ramblas 43 (☎ **93-344-13-00**). Ele fica aberto 24 horas e possui oficiais que falam vários idiomas. Aqui é o local onde você pode informar pequenos roubos para questões de seguros. Para mais informações sobre saúde e segurança, consulte a pág. 25.

A mesma organização tem um escritório na **Estació Central de Barcelona-Sants** (Estação Ferroviária Sants), Plaça dels Països Catalans (sem telefone; Metrô: Sants-Estació). No verão, fica aberto diariamente das 08:00h às 20:00h; fora da temporada, fica aberto de segunda a sexta, das 08:00h às 20:00h, sábados e domingos, das 08:00h às 14:00h. Outra filial está localizada na Plaça Sant Jaume (Carrer Ciutat 2), e fica aberta de segunda a sexta, das 09:00h às 20:00h, sábados, das 10:00h às 20:00h, e domingos e feriados, das 10:00h às 14:00h. Também existem outros escritórios no aeroporto de Barcelona nos terminais A e B, abertos diariamente das 09:00h às 21:00h. Nestes escritórios, você pode adquirir cartões para descontos turísticos, como o Cartão de Barcelona (ver a seguir). No verão, os Casaques Vermelles (Casacos Vermelhos) ficam nas ruas. São guias que falam vários idiomas, prontos para responder a qualquer pergunta que os turistas tiverem.

DISPOSIÇÃO DA CIDADE

PRINCIAPAIS PRAÇAS, RUAS E PASSAGENS Plaça de Catalunya (Plaza de Cataluña, em espanhol) é o coração da cidade; a mundialmente famosa **La Rambla**, também conhecida como Les Ramblas, é sua principal artéria. A La Rambla começa na Plaça Portal de la Pau, com um monumento de 49 m (161 pés) de altura de Colombo, em frente ao porto, e se estende para o norte em direção à Plaça de Catalunya. Ao longo do largo passeio você encontrará bancas de revistas, barraquinhas vendendo pássaros e flores, retratistas e mesinhas de café onde você pode se sentar e assistir ao desfile de pessoas. Seguindo a La Rambla em direção ao norte, a área à sua esquerda é **El Raval**, o maior bairro de Barcelona, e à sua direita está o **Barri Gòtic** (**Bairro Gótico**). Esses dois bairros, mais a área de **La Ribera**, que está mais distante, à direita, passando por outra via principal da cidade, a Vía Laietana, compõem a renomada **Ciutat Vella** (**Cidade Velha**). Dentro desses três bairros há duas sub-regiões. Uma é o deplorável **Barri Xinès**, ou **Barrio Chino** (literalmente, **Bairro Chinês**, embora não seja Chinatown; veja a seguir), próximo da extremidade leste de El Raval fazendo fronteira com La Rambla. A outra é El Born – próspera durante a Idade Média e, atualmente, o principal centro de diversões de Barcelona – que fica na parte mais baixa de La Ribera, ao lado do porto. Como toda esta área condensada e cheia de personalidade é grande — embora não tão grande quanto a Eixample, que se estende de maneira disforme (veja a seguir) — eu subdividi as suas atrações em El Raval, Barri Gòtic e La Ribera.

Depois da **Plaça de Catalunya**, La Rambla se torna **Rambla Catalunya** com o elegante **Passeig de Gràcia** correndo em paralelo, imediatamente à direita. Essas são as duas vias principais de **Eixample**, ou a Extensão. É aqui que a maior parte das joias do período *moderniste*, incluindo trabalhos importantes de Antoni Gaudí, está espalhada por esse charmoso bairro de classe média. As duas vias terminam na Diagonal, uma via importante que cruza a cidade e que também é o centro econômico e comercial. Em direção ao norte, depois da Diagonal, está o subúrbio de Gràcia. Antigamente um vilarejo separado, ele compensa a falta de monumentos notáveis com uma atmosfera original.

Grande Barcelona

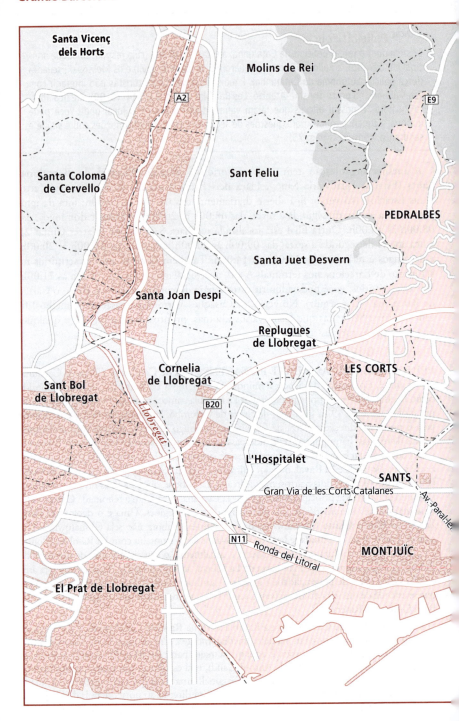

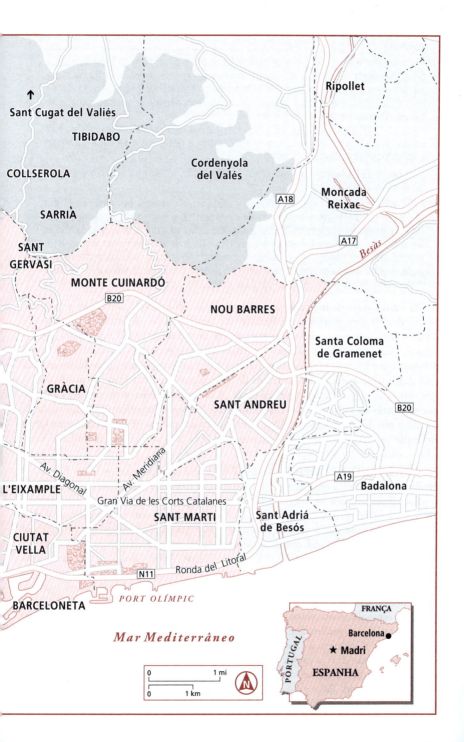

66 CAPÍTULO 4 ·CONHECENDO BARCELONA

> **Econômico** O Cartão de Barcelona
>
> Uma maneira ideal para apreciar melhor Barcelona e economizar dinheiro ao mesmo tempo é usando o Cartão de Barcelona, vendido nos centros de informações turísticas, no aeroporto El Prat, na estação de trem Sants, no terminal de ônibus Estació Nord e nas várias lojas Corte Inglés. É definitivamente um bom negócio se você permanecer na cidade por mais de uma tarde e fizer qualquer passeio turístico. Para adultos, o cartão custa 23 € (US$29) para 2 dias, 28 € (US$35) para 3 dias, 31 € (US$39) para 4 dias e 34 € (US$43) para 5 dias. Para crianças de 4 a 12 anos, o cartão custa 4 € (US$5) a menos para qualquer uma das opções acima.
>
> O cartão de 24 horas cobre uso ilimitado de todos os transportes públicos e é válido também para uma excursão gratuita a pé.
>
> Os ávidos por cultura que adquirirem o cartão podem conseguir descontos de 20% a 100% em todos os museus. Descontos em vários teatros, shows e atrações como o aquário e os barcos de passeio *Golondrinas* também estão na lista, assim como descontos em bares, restaurantes e em algumas lojas. Os locais onde eles podem ser usados estão especificados nos cartões. Para aqueles com mais de 65 anos, o cartão não vale tanto a pena, pois os idosos conseguem descontos em museus e galerias de qualquer maneira. É melhor adquirir somente um passe para transporte.

As outras áreas de interesse para visitantes são Montjuïc, a montanha a sudoeste da cidade, e a área marítima de Barceloneta com as praias. A primeira corresponde à maior área verde da cidade, contém alguns dos museus mais importantes e foi o cenário para os principais eventos dos Jogos Olímpicos de 1992. Barceloneta é uma península que há muito tempo, vem sendo a área de recreação mais popular da cidade, com dezenas de restaurantes de frutos do mar, alguns de frente para as praias que se estendem para o norte, ao longo da costa. A outra montanha mais alta é **Tibidabo**, que fica atrás da cidade em direção noroeste; dali tem-se excelentes vistas, tanto da cidade como do Mediterrâneo. Aqui também fica um parque de diversões e uma igreja em estilo pseudogótico de gosto questionável, que tem a intenção de imitar a Sacré Coeur, de Paris.

ENCONTRANDO ENDEREÇOS/MAPAS Encontrar um endereço em Barcelona geralmente não representa um grande problema. O bairro Eixample tem disposição regular, de modo que se você conhecer as ruas que cruzam, fica fácil encontrar o lugar que estiver procurando. Barcelona é delimitada de um lado pelo mar e pela montanha de Tibidabo (*montaña*) do outro lado, sendo assim, as pessoas frequentemente descrevem um local como sendo do lado da rua que dá para o *mar* ou para a *montaña* em L´Eixample. A Ciutat Vella ou Cidade Velha é um pouco mais confusa e você precisará de um bom mapa (disponível nas bancas de jornais ao longo da La Rambla) para encontrar lugares específicos. A designação S/N (*sin número*) significa que o prédio não tem número, embora isso esteja limitado principalmente a grandes edifícios e monumentos. Nos prédios de Barcelona, o símbolo "º" designa o andar (por exemplo: o primeiro andar é 1º). Os nomes das ruas são em catalão. Algumas pessoas ainda se referem a elas em espanhol, mas existe muito pouca diferença entre os dois e isso não deverá causar confusão. A palavra para "rua" (*carrer*, em catalão, e *calle*, em espanhol) é quase sempre removida; ou seja, Carrer Ferran é simplesmente chamada de Ferran. *Passeig* (*paseo* em espanhol) e *avinguda* (*avenida*, em espanhol), que significam "boulevard" e "avenida", quase sempre são mantidas, como em Passeig de Gràcia e Avinguda de Tibidabo. *Rambla* significa uma avenida longa, somente para pedestres, enquanto *plaça* (*plaza*, em espanhol) significa praça.

UM RESUMO SOBRE OS BAIRROS

Descrevi resumidamente a localização do bairros principais em "Disposição da Cidade", anteriromente; aqui descreverei o que distingue cada um deles.

Ciutat Vella (Cidade Velha)

Barri Gòtic A época de ouro de Barcelona foi entre os séculos XIII e XV, durante o período Gótico. A cidade se expandiu rapidamente no período medieval, de tal forma que ela não podia mais ficar dentro dos limites dos antigos muros romanos; novos muros foram construídos. Eles originalmente se estendiam para o norte a partir do porto, ao longo do que viria a ser La Rambla, pela Ronda Sant Pere até a Calle Rec Comtal, e de volta em direção ao mar novamente. Exceto por algumas partes que permaneceram ao longo da Vía Laietana, a maior parte desses muros foi destruída. Mas o conjunto de construções dos séculos XIII a XV que permaneceram compõem o Barri Gòtic (Bairro Gótico) mais completo do continente. Incluem prédios do governo, igrejas (também a catedral principal) e sedes de grêmios.

Os grêmios (*gremis*) foram os precursores dos sindicatos e a espinha dorsal da vida medieval de Barcelona. Muitos de seus brasões podem ser vistos em edifícios espalhados pelo Barri Gòtic, o que teria marcado a sede de cada categoria em particular. Muitas oficinas de artesãos também ficavam na área e, até hoje, muitos nomes de rua ostentam o nome das atividades que aconteceram lá durante séculos — como Escudellers (fabricantes de brasões), Assaonadors (curtidores), Carders (os que penteavam a lã) e Brocaters (fabricantes de brocado), para mencionar somente alguns. El Call, o gueto judeu original, também está localizado no interior do Barri Gòtic. Uma pequena área em volta da Carrer del Call e L'Arc de Sant Ramon del Call foi o palco do saque aos judeus pela multidão de cristãos no final do século XV.

Além das grandes atrações como a **Catedral de la Seu**, a **Plaça Sant Jaume** (que contém os dois prédios políticos calaláes, o Ajuntament e a Generalitat) e o palácio medieval da **Plaça del Rei**, onde Colombo foi recebido após regressar do Novo Mundo, o charme do Barri Gòtic está em seus detalhes. Praças pequenas, como a **Plaça Felip Neri,** com sua fonte central, o pátio que lembra um oásis do **Museu Frederic Marès**, gárgulas espiando de torres antigas e pequenas capelas ao lado de construções medievais, tudo isso torna essa área bem fascinante. Muitos destes locais só podem ser descobertos a pé, de preferência sob o pôrdosol quando a tênue luz do Mediterrâneo dá uma tonalidade suave às construções de pedras, e músicos, principalmente de estilo clássico, se reúnem para apresentações nos arredores da Catedral.

Alguns dos lugares no Barri Gòtic não são totalmente medievais (os puristas da arquitetura e da história argumentam que o nome foi mantido simplesmente por causa do turismo), embora sejam igualmente interessantes. O mais famoso é a chamado Ponta dos Suspiros (nada parecida com a original de Veneza) na Carrer del Bisbe, construída durante o Renascimento Gótico da década de 20. Mas mesmo as adições modernas não conseguem diminuir a personalidade do Barri Gòtic. Existe uma abundância de lojas especializadas, de leques antigos a fabricantes de alpargatas e roupas de grife modernas, sem mencionar dezenas de cafés ao ar livre onde você pode desfrutar um ou dois cafés enquanto observa um edifício antigo.

O amplo Barri Gòtic é delimitado de um lado pela Vía Laietana, feia e sempre movimentada, e pela **La Rambla** do outro lado.

O mais famoso passeio da Espanha, comparado ao Paseo del Prado, de Madri,

68 CAPÍTULO 4 ·CONHECENDO BARCELONA

já foi um esgoto. Atualmente, artistas de rua, vendedores de flores e jornais, fregueses de cafés e pedestres caminham ao longo de toda a sua extensão. A descida gradual de 1,5 km (1 milha) em direção ao mar muitas vezes é considerada uma metáfora para a vida porque seu movimento intenso combina vida cosmopolita com vitalidade selvagem.

La Rambla, na verdade, é formada por cinco partes, cada uma delas uma *rambla* em particular: Rambla de Canaletes, Rambla dels Estudis, Rambla de Sant Josep, Rambla dels Caputxins e Rambla de Santa Mónica. O calçadão sombreado para pedestres se estende da Plaça de Catalunya até o porto — até o Monumento de Colombo. Pelo caminho, você passará pelo **Gran Teatre del Liceu**, na Rambla dels Caputxins, uma das casas de ópera mais magníficas do mundo, restaurada em sua antiga glória depois de um incêndio devastador em 1994. Observe o gigantesco mosaico na calçada, de Miró, no meio do caminho, na Plaça de la Boqueria.

El Raval Do lado oposto de La Rambla fica El Raval, o maior bairro dentro de Barcelona. Nesse local, os planos mais ambiciosos para a "Nova Barcelona" pós-Olimpíadas estão mais evidentes: quarteirões inteiros de prédios de apartamentos úmidos foram demolidos para dar lugar a edifícios modernos, praças e grandes avenidas. El Raval é citado como o bairro com a maior diversidade cultural da Europa, fato confirmado por um rápido passeio pelo labirinto de ruas, onde comerciantes de tecidos paquistaneses e vendedores de temperos da América do Sul ficam lado a lado dos estabelecimentos tradicionais que vendem bacalhau seco e vinhos locais. O *Adhan* (a chamada dos mulçumanos para oração) se eleva das mesquitas localizadas em áreas térreas próximas a bares neo-hippies, escolas de ioga e galerias de arte contemporânea. A maior delas é o **MA-CBA** (**Museu de Arte Contemporânea**) um colosso branco luminoso criado pelo arquiteto americano Richard Meir. Ele fica em frente a uma enorme praça de concreto que se tornou o local de recreação mais popular do bairro desde sua inauguração em 1995. A qualquer hora do dia, o espaço fica cheio de crianças jogando críquete e futebol, skatistas cruzando as rampas do pátio do museu e donas de casa a caminho do mercado da **Boqueria** nas proximidades. Outro local favorito é a Rambla del Raval, uma avenida ampla e espaçosa para pedestres, que data do ano 2000, cercada de cafés e restaurantes de diversas nacionalidades (principalmente asiáticos).

Os sinais de sofisticação estão por toda a parte, e embora isso ainda atraia uma boa quantidade de críticas, ninguém pode negar os benefícios que o desenvolvimento mencionado acima provocou na qualidade de vida do bairro, o qual tem sido historicamente desprovido de luz e de espaço para respirar. A antiga reputação de bairro decadente da cidade tem diminuído gradualmente, embora a área ainda tenha seus problemas.

As mudanças ocorrem de forma mais lenta no bairro chamado **Barri Xinès** ou **Barrio Chino**, a parte baixa de El Raval, entre a costa e a Carrer de l' Hospital. Apesar do nome, que significa Bairro Chinês, aqui não é Chinatown. Na verdade, muitos atribuem seu apelido ao escritor Francisco Madrid, que em 1926 foi influenciado por um amigo jornalista que acreditava que a área lembrava a Chinatown de Nova York. Durante a década de 30, o escritor francês Jean Genet escreveu *Diário de um Ladrão* (Nova fronteira, 2005) durante uma estada em um dos prostíbulos de uma peseta por noite da área. Em algumas áreas do Chino, você será desculpado se achar que houve poucas mudanças; embora o tráfico de drogas tenha sido transferido para os subúrbios mais afastados, a pros-

UM RESUMO SOBRE OS BAIRROS   69

tituição ainda continua, assim como a miséria geral em muitas das ruas. Mas, como tudo na Cidade Velha, os lugares vão mudando com o tempo e você poderá se ver perambulando por aqui de noite para ir à inauguração de algum bar ou clube novo. Ladrões pequenos, prostitutas, traficantes de drogas e trombadinhas são apenas alguns dos "personagens" do bairro, portanto, seja cauteloso. Embora o Barri Xinès tenha um longo caminho pela frente, um programa de renovação urbana já acabou com algumas partes mais problemáticas do local.

La Ribera   Outro bairro que ficou estagnado durante anos, mas que está em pleno renascimento é La Ribera. Cruzando a turbulenta Vía Laietana e ao sul da Calle Princesa, esse pequeno bairro faz fronteira com o **Port Vell (Porto Velho)** e com o **Parc de la Ciutadella**. Como o Barrio Chino (anteriormente), **El Born** é um "bairro dentro do bairro" de La Ribera. Mas longe de ser um diamante bruto, El Born é uma imitação sofisticada da Cidade Velha, onde roupas de grife e vitrines de artigos para casa ocupam edifícios medievais e oficinas.

O ponto central é a imponente **Santa María del Mar**, uma formidável basílica totalmente gótica, construída com fundos dos ricos comerciantes que habitavam antigamente a área. Muitos deles moravam nas mansões e palacetes ao longo da Carrer de Montcada, locais onde hoje ficam três museus importantes, incluindo o Museu Picasso. A maioria das mansões dessa área foi construída durante uma das grandes expansões marítimas de Barcelona, principalmente nos anos 1200 e 1300. Naquela época, El Born era a principal área de comércio da cidade. A recentemente restaurada **La Llotja**, a primeira bolsa de valores da cidade, fica em seu limite mais externo na Plaça Palau; embora a fachada seja de 1802, o interior é puramente gótico catalão. O **Passeig del Born,** no centro, recebeu seu nome por causa dos combates medievais que costumavam acontecer aqui. Na extremidade mais ao norte, o Mercat del Born, de ferro batido era o principal mercado atacadista da cidade até meados dos anos 70. Trabalhos recentes de escavação revelaram ruas inteiras e casas datadas do século XVIII, selando o destino do edifício como um novo museu, por onde se pode ver as ruínas através do piso e dos corredores de vidro. Atrás do Mercat del Born, o Parc de la Ciutadella é um oásis tranquilo, com um lago artificial, trilhas arborizadas e mais museus.

Mais Sobre o Centro de Barcelona

Barceloneta, as Praias & o Porto Apesar de Barcelona ter uma longa tradição marítima, sua orla permaneceu decadente durante anos. Atualmente, o passeio na orla, o **Passeig del Moll de la Fusta,** é cheio de atividades. O melhor modo para ter uma visão panorâmica da área é pegando um elevador até o topo do Monumento de Colombo, na Plaça Portal de la Pau, no fim da La Ramba, onde fica o porto.

Perto do monumento estão os **Reials Drassanes,** ou estaleiros reais, um lugar próspero durante a Idade Média. Anos antes de Colombo desembarcar no Novo Mundo, navios partiam daqui, ostentando a bandeira amarela e vermelha da Catalunha. Hoje em dia, os Reials Drassanes abrigam o excelente Museu Maritim. No outro lado da rua, a ponte pênsil de madeira, conhecida como Rambla del Mar, leva você até o complexo de entretenimentos e lojas Maremagnum, passando por cima da água.

À leste está o magnífico **Port Vell (Porto Velho)**, que foi um dos principais projetos do esquema de renovação da cidade na época das Olimpíadas. Sua marina sofisticada para iates é semelhante a de outros grandes portos do Mediterrâneo como a de Marselha e a de Piraeus, e há extensas áreas de recreação ao ar livre, onde as pessoas podem sair

70 CAPÍTULO 4 ·CONHECENDO BARCELONA

e desfrutar o sol. É nesse local também que fica o aquário da cidade. Em um dos lados, fica o **Passeig Joan de Borbón**, a principal rua de **La Barceloneta** (Pequena Barcelona). Antigamente uma área de pescadores que data do século XVIII, o bairro é cheio de personalidade e continua sendo um dos melhores lugares da cidade para comer frutos do mar. Os quarteirões aqui são longos e estreitos — planejados desse modo pelos arquitetos para que todas as salas em todos os prédios ficassem de frente a uma rua. As ruas terminam na praia de Barceloneta que, como todas as praias da cidade, foi abandonada até o ponto de praticamente não existir mais no período anterior a 1992. A parte da frente do porto estava lotada de prédios industriais — muitos deles abandonados — e de *chiringuitos* (bares na praia) simples, mas bem frequentados, até que a região foi reformada, areias foram trazidas de fora e a cultura de praia voltou para Barcelona. Hoje elas são algumas das praias urbanas mais agradáveis da Europa. De Barceloneta, separadas pelo quebra-mar, nada menos do que sete praias se estendem para o norte. O **Port Olímpic**, dominado por um par de arranha-céus famosos voltados para o mar (em um deles fica o cinco estrelas Hotel Arts e o cassino da cidade) ainda ostenta outra marina e vários restaurantes e bares. Conheça tudo isso com calma durante seu passeio pelo Passeig Marítim (calçadão em frente ao mar).

L'Eixample Ao norte da Plaça de Catalunya está uma grande área de Barcelona (conhecida como Ensanche, em espanhol) que cresceu além das antigas muralhas medievais. Em meados dos anos 1800, Barcelona estava super povoada. As ruas úmidas e sinuosas da antiga cidade cercada por muralhas eram não apenas locais de proliferação de cólera e febre tifoide, mas também de revoltas populares constantes. Em vez de melhorar a Cidade Velha, as autoridades da cidade tinham um terreno em declive à disposição do lado de fora das muralhas, então contrataram o engenheiro socialista Idelfons Cerdà para lhes dar uma solução. Sua *Teoría de la Construción de Ciudades (TCC)*, escrita em 1855, tornou-se a primeira tentativa de estudar a paisagem viva de uma cidade: urbanização para você e para mim, um termo criado pelo próprio Cerdà durante esse processo.

Cerdà visitou centenas de casebres da Cidade Velha antes de elaborar planos para a Nova Cidade de Barcelona. Nem é preciso dizer que sua verificação dos fatos o levou diretamente às entranhas do sofrimento humano; ele descobriu que a expectativa de vida do proletariado era igual à metade da expectativa de vida da burguesia (apesar do fato de pagarem o dobro pelo metro quadrado pelos seus casebres em ruínas) e a taxa de mortalidade era mais alta nas ruas mais estreitas. Acima de tudo, ele concluiu que o ar e a luz do sol eram vitais para o bem-estar básico.

Hoje, pouca coisa restou dos planos mais radicais de Cerdà para o Eixample, exceto a regularidade precisa das ruas de 20 m (67 pés) de largura e os famosos pavimentos chanfrados. Os *modernistas* foram os primeiros arquitetos do bairro, enchendo os quarteirões com suas fantasias bem elaboradas, como La Sagrada Família, a Casa Milà e a Casa Batlló de Gaudí. L'Eixample é um verdadeiro museu vivo, com uma variedade de arquitetura Art Nouveau e detalhes que não são encontrados em nenhum outro lugar da Europa. Veja "Excursão a Pé Número 4: Rota Modernista (L'Eixample)", no capítulo 8.

De acordo com os planos básicos de Cerdà, as avenidas formam uma rede de ruas perpendiculares, cortadas por um majestoso boulevard — o **Passeig de Gràcia**, uma rua de compras elegante e ideal para caminhadas tranquilas. No perímetro norte de L'Eixample fica a **Avinguda Diagonal** (ou simplesmente a Diagonal), que faz a ligação com o centro da cidade e atua como centro financeiro e de negócios de Barcelona.

Gràcia Esse bairro charmoso estende-se ao norte do cruzamento entre o **Passeig de Gràcia** e a **Diagonal**. Sua atmosfera contida, semelhante a de um vilarejo origina-se do fato de que ela já foi uma cidade separada, ligada ao centro de Barcelona somente em 1897 com a construção do Passeig de Gràcia. O bairro tem uma forte história industrial e artesanal e muitas oficinas que ficavam no nível da rua ainda podem ser vistas. O charme de Gràcia não está nos monumentos ou museus, mas nas casas baixas e nas diversas praças, sendo a Plaça del Sol e a Plaça Ruis i Taulet, e sua torre com relógio que se destaca, as duas mais bonitas. Os próprios moradores têm um forte orgulho do bairro e um acentuado espírito independente, e suas festas anuais (pág. 21) são as mais animadas da cidade. Para o visitante casual, Gràcia é o lugar para se caminhar em busca de uma amostra da autêntica vida de *barri*.

Montjuïc & Tibidabo Os moradores locais os chamam de "montanhas", e embora o Tibidabo, mais ao norte, realmente tenha mais de 488 m (1.600 pés) de altitude, a colina do Montjuïc, do lado do porto, é um pouco menor. Ambos são ótimos lugares para apreciar lindas vistas panorâmicas e ar mais puro. O mais acessível, o Montjuïc (chamado de "Colina dos Judeus" por causa de um antigo cemitério judeu que ficava lá antigamente), ganhou destaque em 1929 como sede da Feira Mundial e, novamente, em 1992 como sede dos Jogos Olímpicos. Suas principais atrações são o Museu Joan Miró, as instalações olímpicas e o **Poble Espanyol (Vila Espanhola)**, um local de 2 hectares (5 acres) construído para a Feira Mundial. Exemplos de arte e arquitetura espanholas estão expostos tendo como pano de fundo uma tradicional vila espanhola. Do lado oposto à vila fica a

CaixaForum, uma das mais novas exposições de arte contemporânea da cidade, localizada em uma fábrica têxtil *moderniste* repaginada. Em uma tentativa recente de aumentar ainda mais o *status* do Montjuïc, foram criados 8.000 m^2 (86.111 pés2) de parques. Na base do Montjuïc está o bairro de classe trabalhadora Poble Sec e a Ciutat del Teatre, local da escola de teatro da cidade e um conglomerado de espaços para artes performáticas. Tibidabo (503 m/1.650 pés) é onde você deve ir para uma vista definitiva de Barcelona. Em dias claros você pode ver as montanhas de Maiorca, a cerca de 209 km (130 milhas) de distância. Acessível por trem, bonde elétrico e teleférico, Tibidabo é um local popular aos domingos, quando famílias barcelonesas rumam em direção ao seu parque de diversões.

Fora de Barcelona

Pedralbes Na extremidade ocidental da Diagonal, próximo à região nobre de Sant Gervasí e Putxet, fica essa área residencial igualmente elegante, onde mora a classe alta de Barcelona em blocos de apartamentos cheios de estilo, em *villas* do século XIX escondidas atrás de cercas ornamentais ou em maravilhosas construções *modernistas*. O Palau de Pedralbes, que fica dentro de um parque, na Av. Diagonal 686, foi construído nos anos 20 como um presente da cidade para Alfonso XIII, o avô do Rei Juan Carlos. Hoje ele tem uma nova identidade, como a sede dos Museus de Cerâmica e de Artes Decorativas. A Finca Güell também faz parte da propriedade, casa de campo do principal cliente de Gaudí, Eusebi Güell. Embora não fiquem abertos ao público, o portão principal e a portaria, ambos criados por Gaudí, são visíveis da rua.

O orgulho dessa área é a igreja e o convento góticos do século XIV, **Monestir de Pedralbes**, onde você não só pode visitar claustros adoráveis e cozinhas bem conservadas, mas também dar uma olhada em uma galeria de arte de prestígio mundial com mais de 70 obras doadas pelo Museu Thyssen-Bornemizca de Madri (pág. 190).

72 CAPÍTULO 4 ·CONHECENDO BARCELONA

2 Circulando por Aí

O principal aeroporto de Barcelona é o **El Prat**, a 13 km (8 milhas) do centro da cidade, e há várias opções que você pode usar para chegar ao centro. Visitantes que chegam da União Europeia em companhias aéreas de baixo custo, como a Ryanair, podem pousar no aeroporto de **Girona** (103 km/64 milhas a nordeste de Barcelona) ou no **Reus** (110 km/68 milhas a oeste da cidade).

DE ÔNIBUS O **Aerobús** parte do lado de fora dos três terminais do El Prat a cada 15 minutos, das 06:00 até meia noite. Ele gasta cerca de 20 a 25 minutos para chegar até a cidade (alguns minutos a mais para a viagem de volta) e custa 3,60€ (US$4,50). O ônibus para na Plaça Espanya, na Plaça Universitat e na Plaça de Catalunya, todos os quais são pontos principais para conexões com o metrô. O transporte do aeroporto de **Girona** até Barcelona é feito pela **Barcelona Bus** (©**902-361-550** ou 902-130-014), que para no Passeig de Sant Joan 52. Uma passagem só de ida custa 12€ (US$15); passagens de ida e volta (que devem ser compradas dentro do terminal) custam 21€ (US$26). O tempo de viagem é de 1h e 10 min. O transporte do aeroporto de **Reus** até Barcelona custa 11€ (US$14) só de ida e 18€ (US$23) se a viagem for de ida e volta. O tempo de viagem é de cerca de 1h 30 min. Para informações sobre ônibus entre Reus e Barcelona ligue para © **93-804-44-51**.

DE TREM El Prat também tem sua própria estação de trem. Embora isso seja conveniente para quem vai viajar para locais mais distantes de trem (a viagem termina em Sants, a principal estação da cidade, que também tem ligações com o metrô), a estação propriamente dita fica a uma caminhada curta do terminal do aeroporto, fazendo com que seja inconveniente para pessoas com muita bagagem. Os trens saem a cada 30 minutos, das 06:15 às 23:40 e a viagem de 25 minutos custa 2,75€ (US$3,45). De Girona e de Reus é bem mais barato pegar o trem para Barcelona (o custo médio da passagem só de ida é de 5€ (US$6,25), mas é um pouco incômodo ter que pegar um ônibus para umas das estações ferroviárias da cidade

DE TÁXI Existem filas de táxis do lado de fora de todos os terminais de El Prat, bem como em Girona e Reus (embora você não deva pegar um táxi diretamente de Girona ou Reus para Barcelona; a viagem poderia custar até 120€ (US$150). A viagem de 20 minutos de El Prat até o centro custa cerca de 25€ (US$31), incluindo a taxa adicional de 2,10€ (US$2,60) do aeroporto. Bagagens que vão no porta-malas custam 1€ (US$1,25) por unidade. ***Nota***: Têm havido relatos de motoristas de táxi inescrupulosos de Barcelona que esperam passageiros desembarcarem do Aerobus mencionado acima. Certifique-se de que o taxímetro seja ligado quando você entrar e que o motorista não está dando voltas desnecessárias até chegar ao seu destino.

CIRCULANDO EM BARCELONA

DE METRÔ Barcelona tem um excelente sistema de transporte público subterrâneo. O **Metro** vai para quase todos os lugares da cidade. É administrado pelo TMB (Transports Metropolitans de Barcelona), que também administra a frota de ônibus e o FGC (Ferrocarrils de la Generalitat), um sistema anterior ao metrô, parte subterrâneo, parte sobre a superfície.

É o sistema eficiente de metrô, no entanto, que a maioria dos visitantes da cidade usa. Existem 5 linhas identificadas pela cor e por números que saem do centro da cidade. As estações são identificadas por um sinal vermelho em forma de diamante, com a letra M no centro. Mapas estão disponíveis nas próprias estações e nos centros de informações turísticas. As estações Catalunya, Sants e Passeig de Gràcia se conectam com os trens RENFE.

Transporte Público de Barcelona

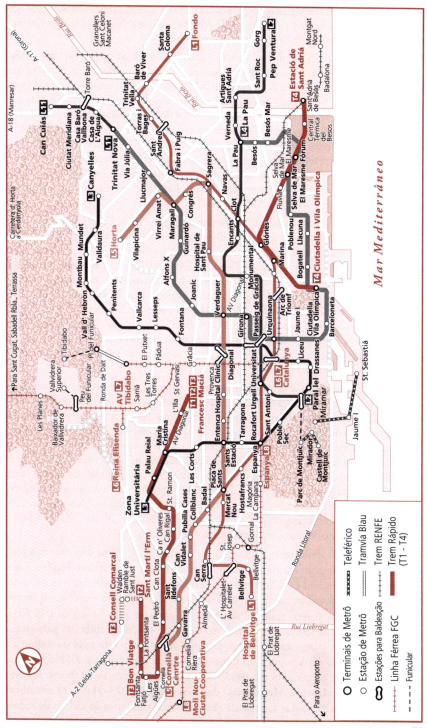

74 CAPÍTULO 4 ·CONHECENDO BARCELONA

Quando você comprar uma passagem para outra parte da Espanha ou da Catalunha (o que você pode fazer em qualquer escritório da RENFE nas estações Sants e Passeig de Gràcia), não se esqueça de perguntar de qual estação o trem parte.

Todos os bilhetes do metrô podem ser comprados no dia da viagem ou antecipadamente dentro da estação, em uma bilheteria ou em uma máquina eletrônica com tela sensível a toques. Várias opções estão disponíveis. Um bilhete único (*senzill* ou *sencillo*) custa 1,20€ (US$1,50). Opções mais econômicas incluem um T-10 a 6,65€ (US$8,30), que oferece 10 viagens que podem ser compartilhadas por duas ou mais pessoas, ou um T-Día para transportes ilimitados durante 24 horas no centro de Barcelona por 5€ (US$6,25). Cartões de Viagens para 2 e 3 dias (9,20€–13€ /US$12–US$16) também estão disponíveis. Você pode comprar bilhetes a preços reduzidos para períodos mais longos, mas para a maioria das visitas de curto período, o T-10 é a sua melhor aposta, com o T-Día de reserva para os dias mais cheios. Todos esses bilhetes são válidos para os sistemas de ônibus e o FGC, bem como para o Metro.

Note que mesmo com um bilhete *sencillo*, uma vez ativado, ele continua válido por até 75 minutos em uma forma de transporte diferente se você precisa fazer uma viagem que combine metrô/ônibus. O metrô funciona das 05:00h até 00:00h de domingo a quinta; e das 05:00h às 02:00h de sexta a sábado. O site da TMB é fácil de acessar (**www.tmb.net**) e tem muitas informações (em inglês e castelhano) sobre o sistema de transportes da cidade, incluindo quais estações de metrô e ônibus estão equipadas para aceitar cadeiras de rodas. Centros de serviços ao consumidor (℃ **93-318-70-74**) estão nas estações Universitat, Sagrada Família, Sants e Diagonal. Embora seja tentador entrar e sair toda hora do metrô quando visitar os pontos turísticos, lembre-se de que as estações geralmente ficam a cerca de 5 a 10 minutos de caminhada; um bom par de sapatos é a melhor maneira de andar pelo centro de Barcelona!

DE ÔNIBUS Ônibus são abundantes, mas menos convenientes que o metrô porque eles estão à mercê do infamame trânsito da cidade. A maior parte das rotas de ônibus param na Plaça de Catalunya, também o ponto de parada final para o Aerobus (veja "Indo do "Aeroporto ao Centro da Cidade", no capítulo 2) e para os ônibus turísticos (veja a seguir). Rotas estão claramente marcadas em cada parada, assim como os horários, mas muitas paradas de ônibus funcionam bem antes dos metrôs fecharem. Um serviço de ônibus que é particularmente útil é a Nitbus, que funciona das 23h00 até as 04h00, e é muitas vezes a única alternativa para escassez de táxi das 02h00 às 03h00. Nitbus é amarelo brilhante, claramente marcado com um N e muitos partem da Plaça de Catalynua. Note que os Cartões de Viagens e outros passes TMB não são válidos no Nitbus. Bilhetes (€1,20 / $1,50 de ida) são comprados diretamente com o motorista.

DE TÁXI Táxis são abundantes e ainda têm preços razoáveis. Na maioria das vezes você simplesmente acena para um na rua (uma luz verde indica sua disponibilidade). Táxis têm taxímetros, mas não cometa o erro de confundir a tarifa mais barata durante o dia (Bandeira 2) com as tarifas mais caras, depois das 20:00h (Bandeira 1). A lista de preços e sobretarifas ficam visíveis (por lei) na janela do passageiro do banco de trás. Existem relatos de alguns taxistas inescrupulosos cobrando tarifas exorbitantes para curtas distâncias, mas isso parece estar restrito, principalmente, ao ponto final do ônibus da Ryanair (veja "Indo do Aeroporto ao Centro da Cidade", no capítulo 2). No entanto, certifique-se de que o taxímetro seja ligado no início de seu percurso. Se desejar reservar um táxi, ligue para **Institut Metropolità del Táxi** em ℃**93-223-51-51**. Eles também podem dar informações sobre reservas de táxis acessíveis a usuários de cadeira de rodas.

OUTRAS FORMAS DE TRANSPORTE   75

> ⌒*Dicas* **Todos a Bordo!**
>
> A maneira mais conveniente de conhecer toda a cidade de Barcelona, especialmente se seu tempo for limitado, é subindo (e descendo) do Bus Turístic (✆ **93-318-70-74**; www.tmb.net/en_US/turistes/busturistic/busturistic.jsp). Esse ônibus turístico de dois andares com a parte de cima aberta faz viagens para todas as principais áreas e pontos turísticos; você pode optar por desembarcar ou continuar sua viagem. Existem dois itinerários: a rota vermelha, ou Nord (Norte), que cobre L'Eixample e Tibidabo, com as principais obras de Gaudí (incluindo a Sagrada Família) como destaque, ou a rota azul, ou Sur (Sul), que permite conhecer a Cidade Velha e o Montjuïc, ambos com comentários em vários idiomas ao longo do caminho. O principal ponto de embarque fica na Plaça de Catalunya, do lado externo da loja de departamentos El Corte Ingles. O preço é de 17 € (US$21) para um passe de um dia (10€/US$13 para crianças de 4 a 12 anos) e 21 € (US$26) para o passe de dois dias (13€/US$16 para crianças de 4 a 12 anos). As passagens podem ser adquiridas a bordo ou no Centro de Informações Turísticas na Plaça de Catalunya. O serviço funciona diariamente das 09:00h às 21:30h. Não funciona no Natal e no Ano Novo.

DE BICICLETA Uma forma crescente de transporte pela cidade é a bicicleta — existem diversas ciclovias no centro de Barcelona. Você pode alugar bicicletas em **Un Coxte Menys**, Esparteria 3 (✆ **93-268-21-05**) ou no **Biciclot**, Verneda 16 (✆ **93-307-74-75**). Você não é obrigado a usar capacete por lei (embora fosse prudente fazê-lo).

OUTRAS FORMAS DE TRANSPORTE

Em algum ponto de sua viagem, pode ser que você queira visitar a montanha de Tibidabo. Um bonde com um século de vida chamado **Tramvía Blau** (**Bonde Azul**) vai da Plaça Kennedy até a parte inferior do funicular para Tibidabo. O sistema funciona diariamente das 10:00h às 20:00h, de meados de junho a meados de setembro; e das 10:00h às 18:00h, nos fins de semana durante o resto do ano.

Ao final da viagem, você pode fazer o restante do percurso até o topo de funicular. O topo da montanha fica a uma altitude de 503 m (1.650 pés), e oferece uma vista panorâmica deslumbrante de Barcelona. O funicular funciona somente quando o Parque de Diversões em Tibidabo está aberto. Os horários de funcionamento variam de acordo com a época do ano e com as condições meteorológicas. Como regra, o funicular começa a funcionar 20 minutos antes do parque de diversões abrir, e depois funciona a cada meia hora. Durante os horários de pico, ele funciona a cada 15 minutos. A passagem custa 2,10€ (US$2,60) só de ida e 3,10€ (US$3,90) de ida e volta.

O **Tibibus** vai da Plaça de Catalunya, no centro da cidade, para Tibidabo em horários limitados, dependendo novamente dos horários em que o parque abre e fecha. A tarifa só de ida custa 2,10€ (US$2,60). Ligue para o número de informações da prefeitura (✆ **010**) para saber mais sobre os horários.

Para chegar a Montjuïc, local das Olimpíadas de 1992, pegue o **Montjuïc funicular**. Ele faz a ligação com a linha 3 do metrô na estação de metrô Paral.lel. O funicular funciona diariamente das 09:00h às 20:00h, no inverno; e das 09:00h às 22:00h, no verão. A tarifa de ida e volta custa 2,10€ (US$2,60).

A forma mais nova de transporte público em Barcelona é o elegante e confortável Tramvía Baix, um bonde moderno que serve principalmente os subúrbios. Ele é prático para quem quer chegar até os limites mais distantes da Diagonal e o Palau de Pedralbes (pág. 71). Pegue o bonde na Plaça Francesc Macia.

76 CAPÍTULO 4 · CONHECENDO BARCELONA

FATOS RÁPIDOS: Barcelona

Acesso à Internet O acesso à Internet é pleno, tanto em cybercafés como frequentemente em hotéis.

Achados & Perdidos Certifique-se de informar todas as empresas de seus cartões de crédito no instante em que você perceber que perdeu sua carteira ou que ela foi roubada e faça um boletim de ocorrência no distrito policial mais próximo. A empresa ou seguradora do cartão pode exigir o número do boletim de ocorrência policial ou um registro da perda. A maior parte das empresas de cartões de crédito possui um número gratuito para chamadas de emergência caso seu cartão seja perdido ou roubado; eles podem enviar um adiantamento em dinheiro imediatamente ou entregar um cartão de crédito de emergência em um ou dois dias. O número de emergência da Visa no Brasil é ✆ **0800 891 3680** e nos Estados Unidos é ✆ **800/847-2911**, ou **90-099-11-24**, na Espanha. Proprietários de cartões American Express e os que tiverem cheques de viagem devem ligar para ✆ **0800 891 2614** no Brasil, e ✆ **800/221-7282,** nos Estados Unidos, ou **90-237-56-37**, na Espanha. Titulares de MasterCard devem ligar para **0800-891-3294** no Brasil, e ✆ **800/307-7309** nos EUA, ou para **90-097-12-31,** na Espanha. Para outros cartões de crédito, faça uma ligação gratuita para o número de auxílio à lista ✆ **800/555-1212**.

Se você precisar de dinheiro com urgência durante o fim de semana quando todos os bancos e escritórios da American Express estão fechados, você pode fazer com que seja feita uma transferência monetária para você por intermédio da **Western Union** (✆ **900 983273** ; www.westernunion.com).

Roubo de identidade e fraudes são complicações possíveis se você perder sua carteira, especialmente se for a de motorista, juntamente com seu dinheiro e seus cartões de crédito. Notifique as principais agências de cobranças imediatamente; colocar um alerta de fraude em seus registros pode protegê-lo contra responsabilidades por atividades criminosas. As três principais agências de cobrança nos Estados Unidos são **Equifax** (✆ **800/766-0008**; www.equifax.com), **Experian** (✆ **888/397-3742**; www.experian.com) e **TransUnion** (✆ **800/680-7289**; www.transunion.com). Por último, se você perder todos os documentos de identificação com fotos, ligue para sua companhia aérea e explique a situação; eles podem permitir que você embarque se tiver uma cópia do seu passaporte ou a certidão de nascimento e uma cópia do boletim de ocorrência.

Água Apesar de a água em Barcelona ser segura para beber, a maioria das pessoas acha o sabor desagradável e, sendo assim, compram água mineral.

Aluguel de Carro Veja "Circulando Por Aí", anteriormente.

American Express Existem dois escritórios da American Express em Barcelona: um no Passeig de Gràcia 101 (✆ **93-415-23-71**) e outro em **Les Ramblas** 74 (✆ **93-301-11-66**).

Banheiros Na Catalunha eles são chamados de *aseos, servicios* ou *lavabos* e têm uma placa de *caballeros* para homens e damas, ou *señoras,* para mulheres.

Código de Área O código de área de Barcelona é 93.

Correio Enviar uma carta via aérea para o Brasil custa 0,78 € (98 ¢). Carta via aérea para a Grã-Bretanha ou para outros países da União Europeia custa 0,57 € (71 ¢) até 20 gramas; cartas dentro da Espanha custam 0,38 € (48 ¢). Assim como nas *oficinas de correos* (agências dos correios), selos podem ser comprados também em *estancos* (tabacarias

FATOS RÁPIDOS: BARCELONA 77

licenciadas pelo governo, facilmente reconhecíveis pelo logotipo marrom e amarelo). Cartões postais custam o mesmo que cartas. Deposite suas cartas nas próprias agências dos correios ou nas caixas amarelas chamadas *buzones*. Leva cerca de 8 dias para entregas na América do Norte, e geralmente menos para o Reino Unido; em alguns casos, as cartas levam 2 semanas para chegar na América do Norte. Os preços mudam frequentemente, portanto verifique em seu hotel antes de mandar qualquer coisa pelo correio. No que diz respeito a transporte não aéreo para a América do Norte, esqueça. Provavelmente, você estará em sua casa bem antes das cartas. Para mais informações, dê uma olhada na página dos Correios da Espanha: **www. correios.es**.

Eletricidade A maioria dos hotéis usa 220 volts AC (50 ciclos). Alguns lugares mais antigos usam 110 ou 125 volts AC. Leve seu adaptador e sempre confirme na recepção do hotel antes de ligar qualquer aparelho elétrico. É melhor viajar com equipamentos que funcionam com bateria.

Embaixada & Consulados Se você perder seu passaporte, ficar seriamente doente, tiver problemas legais ou algum outro problema sério, sua embaixada ou consulado podem ajudar. Estes são os endereços e horários de funcionamento em Barcelona: **Consulado-Geral do Brasil**, Av. Diagonal, 468, 2º andar — 08006 — Barcelona (✆ **(34) 93-488-22-88;** Metrô: Diagonal (Linhas 3 e 5); Ônibus: diversas linhas, atendimento ao público: de 9h30min às 13h. Atendimento por telefone: até às 17h. O **United States Consulate** (Consulado dos Estados Unidos), Passeig de Reina Elisenda 23 (✆**93-280-22-27;** FGC: Reina Elisenda), fica aberto de segunda a sexta, das 09:00h às 13:00h. O **Canadian Consulate** (Consulado Canadense), Carrer de Elisenda Pinós 10 (✆**93-204-27-00;** FGC: Reina Elisenda), fica aberto de segunda a sexta, das 10:00h às 13:00h. O **United Kingdom Consulate-General** (Consulado Geral do Reino Unido), Diagonal 477 (✆**93-366-62-00;** Metrô: Hospital Clinic), fica aberto de segunda a sexta, das 09:30h às 15:00h. A **República da Irlanda** tem um pequeno consulado na Gran Vía Carles III 94 (✆**93-491-50-21;** Metrô: María Cristina); fica aberto de segunda a sexta, das 10:00h às 13:00h. No edifício adjacente fica o **Australian Consulate** (Consulado Australiano), Gran Vía Carles III 98 (✆ **93-490-90-13;** Metrô: María Cristina). Fica aberto de segunda a sexta, das 10:00h ao meio-dia. Cidadãos da Nova Zelândia têm um consulado na Travesera de Gràcia 64 (✆ **93-209-03-99;** FGC: Gràcia); fica aberto de segunda a sexta , das 09:00h às 14:00h e das 16:00h às 19:00h.

Emergências Para pedir uma ambulância, ligue para ✆ **061;** em caso de incêndio, ligue para ✆ **080**.

Etiqueta A Barcelona contemporânea é a cidade mais descontraída e liberal de todas as cidades espanholas. Na época de Franco, muitos visitantes poderiam ser presos por causa de trajes curtos e ousados usados nas ruas da cidade, mas nos dias de hoje ninguém vai dar a mínima de atenção se você usar *short* e sandálias em Les Ramblas. Embora se você se misturar aos habitantes locais, considere reservar suas roupas curtas para a praia. Os funcionários das igrejas não impedirão você de visitá-las se você estiver vestido com roupas curtas, mas novamente, tente estar o mais de acordo possível com os costumes locais. As mulheres podem se cobrir quando necessário nos meses de verão carregando um casaco leve ou um xale na bolsa.

Apesar do que você já ouviu falar dos tempos passados, quando os espanhóis chegavam aos compromissos com 2 ou 3 horas de atraso, a maioria dos cidadãos agora chega no horário, assim como ocorre no restante dos países da União Europeia. É sempre aconselhável que os homens usem ternos em reuniões de negócios. A forma familiar *tú*, agora é amplamente usada na Espanha, um sinal de que o país está deixando para trás a imagem da velha escola. Mas, por garantia, estrangeiros que falam espanhol devem se dirigir a desconhecidos, particularmente pessoas mais velhas, usando o formal *usted*. Beijar em ambas as faces é reservado aos amigos ou a pessoas apresentadas pelos seus amigos. Apertos de mão são mais comuns no mundo dos negócios.

78 CAPÍTULO 4 ·CONHECENDO BARCELONA

O nacionalismo catalão é um assunto extremamente delicado e frequentemente evitado até mesmo entre os próprios catalães. A menos que você seja um especialista no assunto, fique longe dele. Se você for convidado para jantar na casa de alguém, não é esperado que você leve uma garrafa de vinho, embora um pequeno presente como chocolates ou flores será apreciado. Os espanhóis e catalães são explicitamente afetuosos. Você não deve se sentir ofendido ou incomodado se as pessoas o tocarem nas costas, nos braços e assim por diante. Recomendo a leitura de *Culture Shock*! *Spain: Guide to Customs and Etiquette* (Graphic Arts Centre Publishing).

Feriados   Veja "Calendário de Eventos de Barcelona" no capítulo 2.

Fumantes   Não é permitido fumar nos aeroportos, bancos, correios e outros edifícios "públicos". Áreas para não fumantes em bares e restaurantes são raras. A maior parte dos bons hotéis tem quartos para não fumantes.

Gorjeta   Os restaurantes mais caros adicionam uma taxa de 7% na conta e os mais baratos a incorporam em seus preços. Isso *não* é uma taxa de serviços, e uma gorjeta de 5% a 10% é esperada nesses estabelecimentos. Para cafés e lanches, a maioria das pessoas simplesmente deixa algumas moedas ou arredondam para o valor mais próximo em euros. Táxis não esperam gorjetas.

Embora dar gorjetas não seja obrigatório para funcionários do hotel, saiba que os salários no setor de turismo são extremamente baixos, de modo que qualquer complemento será mais do que bem-vindo. Dê gorjetas para carregadores e porteiros de hotel no valor de 0,80 € (US$1) a 1 € (US$1,25) e camareiras com o mesmo valor por dia.

Herbolistarias (lojas de ervas) também são comuns, e muitos espanhóis as usam como remédios naturais para doenças mais corriqueiras como resfriados e distúrbios estomacais. Assim como nas *farmacias*, seus funcionários são treinados para diagnosticar e prescrever de forma adequada.

Horário   A Espanha está 4 horas à frente do Brasil (Horário de Brasília) e a 6 horas à frente do Eastern Standard Time (Fuso Horário da Costa Leste) dos Estados Unidos. O horário de verão entra em vigor no último domingo de março e vai até o último domingo de outubro.

Horário Comercial   Bancos abrem de segunda a sexta, das 08:30 às 14:00. A maioria dos escritórios abrem de segunda a sexta, das 09:00h às 18:00h ou 19:00h. Em julho, muda para 08:00h às 15:00h, em muitos dos negócios, especialmente os do setor público. Em agosto, o comércio fica com o quadro de funcionários reduzido, se não estiver completamente fechado. Em restaurantes, o almoço geralmente vai das 14:00h às 16:00h e o jantar das 21:00h às 23:30h ou até a meia-noite. Não há regra fixa para os horários de abertura de bares e tavernas. Muitos abrem às 08:00h, outros ao meio-dia e a maioria permanece aberta até meia-noite ou mais tarde. As principais lojas abrem de segunda a sábado, das 09:30h ou 10:00h às 20:00h; no entanto, os funcionários de estabelecimentos menores geralmente fazem a *siesta*, abrindo para negócios das 09:30h às 14:00h e das 16:30h às 20:00h ou 20:30h. Os horários podem variar de loja para loja.

Hospitais   Em Barcelona, o **Centre d'Urgències Perecamps**, localizado próximo a Les Ramblas, na Av. de las Drassanes 13-15, é uma boa opção.

Idiomas   Existem dois idiomas oficiais na Catalunha: castelhano e catalão. Depois de passar anos na ilegalidade durante a ditadura de Franco, o catalão retornou à Barcelona e à Catalunha, com o idioma e suas variantes faladas em todo os *Països Catalans* (Países Catalães), que são a Catalunha, Valência, *Ilhas Balearas* (incluindo Maiorca, apesar dos nativos de lá afirmarem que falam *mallorquín*), e áreas do sul da França e de Aragão. Apesar das placas nas ruas e os meios de comunicação serem em catalão, não se espera que nenhum turista fale o idioma, mas você terá uma recepção calorosa se dominar pelo menos algumas frases. As descrições nos museus estão em catalão e em espanhol com algumas também em inglês. Muitos restaurantes têm um menu em inglês.

FATOS RÁPIDOS: BARCELONA

Impostos Os impostos sobre as vendas internas (conhecido na Espanha como IVA) variam de 7% a 33%, dependendo da mercadoria vendida. Alimentação, vinho e necessidades básicas são tributados em 7%; a maioria dos bens e serviços (incluindo aluguéis de automóveis) em 13%; itens de luxo (joias, todos os tipos de tabacos, bebidas alcoólicas importadas) em 33%; e hotéis em 7%.

Se você não for um residente da União Europeia e fizer compras na Espanha no valor superior a 90 € (US$113), você pode obter uma restituição de impostos. Para isso, você deverá preencher três vias de um formulário que a loja lhe dará, detalhando a natureza de suas compras e seu valor. Cidadãos de países que não fazem parte da União Europeia devem apresentar as compras e os formulários no escritório da alfândega espanhola. A loja deve reembolsar a quantia que deve a você. Pergunte como eles vão fazer isso no momento da compra, e pergunte em que moeda seu reembolso estará disponível.

Informações Veja "Informações aos Visitantes", anteriormente neste capítulo.

Jornais & Revistas Jornais e revistas estrangeiras estão disponíveis nas bancas de revistas ao longo de Les Ramblas. *Catalonia Today* é um folhetim gratuito em inglês publicado pelo jornal catalão *El Punt*. *Barcelona Metropolitan* é uma revista mensal em inglês com muitas informações sobre eventos, bem como sobre aspectos da vida em Barcelona. Você pode adquiri-los em bares e *pubs*. O *Guía del Ocio* é o mais completo guia sobre "o que está acontecendo". Existe uma pequena seção em inglês na parte de trás.

Lavanderia Automática Existem algumas lavanderias *self-service* e outras com funcionários na Cidade Velha, incluindo a **Tigre**, Carrer de Rauric 20; e a **Lavamax**, Junta de Comerç 14. Algumas lavanderias que fazem lavagem a seco (*tintorerías*) também fazem lavagem de roupa.

Leis para Bebidas Alcoólicas A idade legal para tomar bebida alcoólica é 18 anos. Bares, tavernas e lanchonetes costumam abrir às 08:00h da manhã e muitos servem bebidas alcoólicas até à meia-noite ou mais tarde. Geralmente, você pode comprar bebidas alcoólicas em praticamente qualquer loja.

Linha Direta Ligue para o serviço de informações da prefeitura no ✆ **010** para os horários de abertura e fechamento das atrações, eventos especiais e outras informações difíceis de serem encontradas.

Moeda Corrente Veja "Dinheiro", no capítulo 2.

Passaportes Para Residentes do Brasil: Para obter informacões sobre como tirar o passaporte Brasileiro, acesse o site da Polícia Federal, **www.dpf.gov.br** 'ou ligue **0800-9782336**. (Brasileiros não precisam de visto para entrar na Espanha.)

Para Residentes dos Estados Unidos: Independente de estar solicitando pessoalmente ou pelo correio, você pode fazer download dos formulários para passaporte a partir da página de Internet do Departamento de Estado dos Estados Unidos em **http://travel.state.gov/passport_services. html.** Para achar o escritório regional para passaportes, dê uma olhada no site do Departamento de Estado dos Estados Unidos ou ligue para o número gratuito do **National Passport Information Center** (Central Nacional para Informações sobre Passaportes), (&877/487-2778) para informações automáticas.

Para Residentes do Canadá: Formulários para passaporte estão disponíveis em agências de viagens em todo o Canadá ou no Passport Office (Escritório para Passaportes) central, Department of Foreign Affairs and International Trade, Ottawa, ON K1A 0G3 (✆ 800/567-6868; www.ppt.gc.ca).

Para Residentes do Reino Unido: Para pegar um formulário para um passaporte padrão com validade de 10 anos (passaportes de 5 anos para menores de 16 anos), visite o escritório

80 CAPÍTULO 4 ·CONHECENDO BARCELONA

mais próximo de passaportes, as principais agências dos correios ou agências de viagens, ou entre em contato com o **United Kingdom Passport Service** no ✆ **0870/521-0410** ou pesquise em seu site em www.ukpa.gov.uk

Para Residentes da Irlanda: Você pode solicitar um passaporte com validade de 10 anos no **Passport Office**, Setanta Centre, Molesworth Street, Dublin 2 (✆ **01/671-1633**; www.irlgov.ie/iveagh). Aqueles com menos de 18 anos ou mais de 65 anos devem solicitar um passaporte com validade de 3 anos. Você também pode fazer o pedido em 1A South Mall, Cork (✆ **021/272-525**) ou nas principais agências dos correios.

Para Residentes da Austrália: Você pode pegar um formulário em sua agência local dos correios ou em qualquer escritório da Passports Australia, mas você deve agendar uma entrevista no escritório de passaportes para apresentar seus formulários de solicitação. Ligue para **Australian Passport Information Service** no ✆ **131-232**, ou visite a página de Internet do governo em www.passports.gov.au.

Para Residentes da Nova Zelândia: Você pode pegar um formulário para solicitação de passaporte em qualquer Passports Office da Nova Zelândia ou baixá-lo de sua página de Internet. Entre em contato com o **Passports Office** em ✆ **0800/225-050** na Nova Zelândia, ou 04/474-8100, ou faça login em www.passports.govt.nz.

Polícia   O número nacional de emergência da polícia é ✆ **091**, embora a maioria das questões relacionadas a turistas seja tratada pela polícia local, a Guardia Urbana (✆ **092**).

Redes de Caixas Eletrônicos   Cartões Maestro, Cirrus e Visa são amplamente aceitos em todos os caixas eletrônicos.

Regras de Trânsito   Veja "Circulando Por Aí", anteriormente.

Seguro   Veja "Saúde e Segurança", no capítulo 2.

Telefones   Se não fala espanhol, você achará mais fácil fazer ligação do seu hotel, mas lembre-se de que isso geralmente é muito caro porque os hotéis cobram uma tarifa adicional sobre cada ligação efetuada com a assistência de uma telefonista. Em alguns casos, a sobre-tarifa pode chegar a 40% ou mais. Nas ruas, cabines telefônicas (conhecidas como *cabinas*) têm instruções para discagem em inglês — poucas aceitam moedas. Em vez disso, compre uma *tarjeta telefónica* em uma banca de revistas ou em uma tabacaria. Se você precisar fazer uma ligação internacional longa, um *locutorio* (centros para ligações telefônicas) é a sua melhor opção. Localizados em toda a Cidade Velha, esses centros para ligações as melhores tarifas e oferecem cabines para mais privacidade. Os *locutorios* também vendem cartões telefônicos fornecidos pelas operadoras privadas. Você pode comprar até 3 horas de ligações para o Brasil por apenas 6 € (US$7,50), embora você tenha que pagar uma taxa de ligação (o custo de uma chamada local) adicional . Esses cartões podem ser utilizados a partir de telefones fixos e móveis e devem ser usados dentro de um mês após a primeira ligação.

Quando estiver na Espanha, o número de acesso para um *calling card* da **AT&T** é ✆ **800/CALL-ATT**. O número de acesso para a *Sprint* é ✆ **800/888-0013.**

Mais informações também estão disponíveis no site da Telefónica em www.telefonica.es.

Para auxílio à lista: Disque ✆**11818** para números na Espanha, e ✆**11825** para o resto do mundo.

Para auxílio de telefonista: Se você precisar de auxílio da telefonista ao fazer ligações internacioais, disque ✆**1008** para a Europa, e ✆**1005** para o resto do mundo.

FATOS RÁPIDOS: BARCELONA 81

Números gratuitos: Números começados com **900** na Espanha são gratuitos, mas ligar para um número 1-800 da Espanha para o Brasil não é gratuito. Na verdade, isso custa o mesmo que uma ligação internacional.

Em Barcelona, muitos estabelecimentos pequenos, especialmente bares, discotecas e alguns restaurantes informais não têm telefones. Além disso, muitos bares e discotecas que abrem somente no verão providenciam um telefone somente para a temporada e, depois, adquirem um número novo na próxima temporada. Muitas atrações, tais como igrejas pequenas ou até mesmo museus menores, não têm funcionários para atender ligações do público.

Em 1998, todos os números de telefones na Espanha mudaram para um sistema de 9 dígitos ao invés do método de 6 ou 7 dígitos utilizado anteriormente. Cada número agora é precedido pelo código de área para chamadas locais, nacionais e internacionais. Por exemplo, todos que ligarem dentro de Barcelona e para Barcelona devem discar 93, e depois o antigo número de 7 dígitos. Se você tiver um número que não tenha um 93 na frente, adicione-o e disque antes de descartá-lo como incorreto.

Para ligar para a Espanha: Se você estiver ligando do Brasil para a Espanha:

1. Disque o código de acesso internacional: **0021**.

2. Disque o código do país para a Espanha: **34**.

3. Disque o código da cidade para a Espanha e depois o número. Portanto, o número inteiro que você irá discar é 0021-34-93-000-0000. (Via Embratel.)

Para fazer ligações internacionais: Via Embratel, disque **900990055** informando ao operador o nome ou o código DDD da cidade brasileira que deseja falar e o número do telefone. Você será atendido em português. Para fazer ligações para outros países, primeiro disque 00 e, em seguida, o código do país (1 para Estados Unidos e Canadá, 44 para Reino Unido, 353 para Irlanda, 61 para Austrália, 64 para Nova Zelândia). A seguir, disque o código de área e o número de telefone.

Telefones Úteis: **Aeroporto de Barcelona** ✆**93-298-38-38**, **Emergências** (telefone único) ✆**112, informação turística** ✆**93-368-97-00, Serviço de Atenção Jurídica ao Estrangeiro** ✆**93-423-98-28, Urgências Médicas** ✆**061**.

5

Onde Ficar

Barcelona pode ser uma das cidades mais caras da Espanha, mas os preços de seus hotéis de luxo e de primeira classe podem ser uma pechincha se comparados com os de hotéis das outras principais cidades europeias, como Paris e Londres. Isso faz de Barcelona um bom lugar para esbanjar, especialmente com muitos hotéis se segurando para não aumentar os preços (ou até mesmo baixando-os) por causa da competição acirrada. Não deixe de dar uma olhada em pacotes promocionais de fim de semana na internet e sempre pergunte sobre ofertas especiais quando ligar para fazer reservas.

Segurança é um fator importante na escolha de acomodações, e um fator negativo no passado em relação a hotéis mais baratos era o fato de ficarem em regiões menos desejáveis da cidade. Hoje, entretanto, esses bairros não são mais como costumavam ser, e *hostales* econômicos muitas vezes podem ser encontrados ao lado de hotéis de alto padrão em *barris* antes definitivamente considerados como não chiques — como El Raval.

Uma clara tendência em hotéis por toda a cidade hoje, e um representante de grande parte da melhoria geral em qualidade de hospedagem, é a inclusão obrigatória de instalações de Internet de "alta tecnologia" tais como ADSL de alta velocidade e conexões Wi-Fi. Normalmente fornecidas de graça, elas são mais ou menos padronizadas em todos os níveis de hospedarias que estão surgindo atualmente. Da mesma forma, estabelecimentos mais antigos também percebem a necessidade de se atualizarem para permanecerem competitivos. Confira o Petit Palace Opera Garden Ramblas (p. 94), no coração da Cidade Velha, para um exemplo de acomodações do século XXI.

ECONOMIZANDO COM SEU QUARTO DE HOTEL

A tarifa de balcão é a tarifa máxima que um hotel cobra por um quarto. A verdade é que *dificilmente alguém paga tarifas de balcão* e, com exceção dos pequenos B&Bs, você pode normalmente pagar muito menos que as tarifas mostradas a seguir. Se você decidir vir para Barcelona durante os meses mais quentes de julho e agosto (na verdade, a "baixa temporada"), você geralmente conseguirá ótimos negócios nos hotéis mais caros, com tarifas mais baixas que aquelas que listamos oficialmente aqui. Dê uma olhada nos sites dos hotéis, ou percorra o banco de dados do site **www.venere.com**, regularmente atualizado, o qual, ao eliminar os agentes de viagens, é capaz de conseguir algumas das tarifas mais competitivas disponíveis. As épocas mais caras são a Páscoa e o Natal, assim, evite esses períodos se puder.

Este é o modo como organizei as categorias de preços:

- **Muito Caros**, US$350 ou mais
- **Caros,** de US$250 a US$349
- **Moderados,** de US$130 a US$249
- **Baratos,** menos de US$130

ONDE FICAR **83**

Esses são os preços da alta temporada, sem descontos aplicados. Mas *sempre* examine a categoria que estiver acima do preço desejado — é possível encontrar o local perfeito, especialmente se você seguir os conselhos a seguir. ***Nota para viajantes desacompanhados:*** Tarifas de quartos para uma pessoa podem estar disponíveis em algumas das acomodações listadas neste capítulo — ligue diretamente para o hotel e informe-se. Para reduzir o custo do seu quarto:

- **Pergunte por tarifas especiais ou outros descontos.** Sempre pergunte se um quarto mais barato que o primeiro citado está disponível, ou se alguma tarifa especial se aplica a você. Você pode qualificar-se para descontos corporativos, para estudantes, militares, idosos ou outros. Mencione se você é associado da AAA, AARP, de programas de milhagens de companhias aéreas ou de sindicatos trabalhistas, que também podem lhe dar direito a descontos especiais. Descubra a política do hotel em relação a crianças — crianças ficam de graça no quarto ou existe alguma tarifa especial?

- **Ligue diretamente.** Quando reservar um quarto em um hotel pertencente a uma rede, você muitas vezes conseguirá um melhor negócio ligando diretamente para o balcão de reservas do próprio hotel em vez de ligar para o número principal da rede.

- **Reserve pela internet.** Muitos hotéis tem descontos somente pela internet, ou oferecem quartos pela Priceline, Hotwire ou Expedia a tarifas muito mais baixas que aquelas que você pode conseguir no próprio hotel. Compare preços. E se você tem necessidades especiais — um quarto mais silencioso, um quarto com vista panorâmica — ligue diretamente para o hotel e as informe depois de ter feito a reserva pela internet.

- **Lembre-se da lei da oferta e da procura.** Hotéis de lazer geralmente ficam mais cheios, consequentemente mais caros, nos finais de semana, e, sendo assim, eles geralmente dão descontos para estadas no meio da semana. Hotéis empresariais no centro da cidade ficam mais ocupados durante a semana, portanto você pode esperar grandes descontos durante o fim de semana. Muitos hotéis têm preços de alta e de baixa temporada, de modo que fazer reservas depois do final da "alta temporada" pode significar bons descontos.

- **Procure descontos para grupos ou para estadas longas.** Se você fizer parte de um grupo grande, é possível negociar uma tarifa mais vantajosa, pois o hotel poderá garantir a ocupação de diversos quartos nesse período. Do mesmo modo, se você está planejando uma estadia longa (pelo menos 5 dias), é possível qualificar-se para um desconto. Como regra geral, espere 1 noite de graça depois de uma estada de 7 noites.

- **Evite tarifas adicionais e custos escondidos.** Quando reservar um quarto, pergunte se o hotel cobra pelo estacionamento. Use seu próprio celular, telefones públicos ou cartões de telefone pré-pagos em vez de discar diretamente dos telefones do hotel, os quais normalmente, possuem taxas exorbitantes. E não caia na tentação de consumir o que está disponível nos minibares dos quartos: a maioria dos hotéis cobra preços exorbitantes por água, refrigerante e petiscos. Por último, informe-se sobre impostos locais e taxas de serviço que podem aumentar o custo de um quarto em até 15% ou mais. Se um hotel insistir em cobrar uma "tarifa adicional de energia" que não havia sido mencionada no *check-in* ou uma "tarifa de recreação" por confortos que você não usou, geralmente você pode reclamar e conseguir que sejam removidas.

- **Considere os prós e contras dos *resorts* com tudo incluso em relação aos hotéis.** O termo "com tudo incluso" significa diferentes coisas em diferentes hotéis. Muitos hotéis com tudo incluso incluirão três refeições diárias, equipamentos esportivos, entrada no *spa* e outras cortesias; outros podem incluir todas as bebidas ou boa parte delas. Em

84   CAPÍTULO 5 · ONDE FICAR

geral, você economizará dinheiro se optar pelo "com tudo incluso" — desde que você use as instalações oferecidas. A desvantagem é que suas opções ficam limitadas e você acaba comendo e se divertindo em um só lugar enquanto durarem suas férias.

- **Reserve um apartamento eficiente.** Um quarto com uma pequena copa-cozinha permite que você compre mantimentos e prepare suas próprias refeições. Essa é uma boa maneira de economizar dinheiro, especialmente para famílias em estadias longas.

QUAL REGIÃO ESCOLHER PARA FICAR PLENAMENTE SATISFEITO?

O **Barri Gòtic** (**Quarteirão Gótico**) é bom para *hostales* (não confundir com albergues) e pensões mais baratas, e você pode ficar e fazer suas refeições gastando bem menos aqui do que em qualquer outra parte de Barcelona, bem como economizar dinheiro com transporte porque a maioria das atrações pode ser visitada a pé. No entanto, tome cuidado com seus pertences — roubo de bolsas é comum aqui, na área nobre de El Born, assim como no ainda problemático El Raval. Embora seja pouco provável que você sofra qualquer agressão física, tenha cuidado ao voltar tarde da noite para o seu hotel.

Acomodações mas modernas, porém mais caras, podem ser encontradas ao norte do Barri Gòtic no bairro **Eixample**, entre as estações de metrô Plaça de Catalunya e Universitat. Muitos edifícios neste lugar têm estilo *modernista*, das últimas décadas do século XIX. Tome cuidado porque, às vezes, os elevadores e os encanamentos são igualmente antigos. Mas o Eixample é um bairro bastante recomendável e seguro, especialmente ao longo das suas avenidas largas e arborizadas, e tem muitos restaurantes bons. O único problema que você pode encontrar aqui é o barulho do tráfego.

A área ao redor de **Sants** e da **Plaça Espanya** é o centro principal de hotéis empresariais e é conveniente para conferências, reuniões e convenções. É uma área prática também para ir e vir do aeroporto (só 20 min de táxi), e os hotéis dessa região tendem a ser muito bons caso você precise de quartos para famílias. Porém, a maioria dos viajantes que fazem turismo, provavelmente, achará que estão muito longe do centro da cidade.

Mais distante, ao norte, acima da Avinguda Diagonal, você entrará na área de Gràcia, onde é possível desfrutar a vida do bairro distintamente catalão. Ele passa a impressão de ser uma pequena aldeia, com prédios baixos e muitas praças ensolaradas cheias de estudantes. As principais atrações ficam um pouco distantes, mas podem ser facilmente alcançadas usando o transporte público, porém, ainda assim, o bairro tem uma atmosfera eclética que é única, e que faz com que valha a pena explorá-lo. Acima desse local, os bairros de Sarrià e Sant Gervasi são áreas residenciais principalmente da classe alta, com vários bares e restaurantes de primeira.

A orla de Barcelona nunca foi uma região de grandes hotéis. No entanto, depois de décadas praticamente ignorando a região da costa, a cidade recentemente a transformou em um calçadão bem ativo na beira da praia. Os poucos hotéis que existem por aqui geralmente são de quatro ou cinco estrelas, embora a área de **Poble Nou** (reformada na época do Fórum 2004) esteja se tornando cada vez mais popular entre os novos investidores, e é uma boa opção para qualquer um que queira afastar-se de locais muito cheios, ao mesmo tempo em que fica perto da praia.

Outra opção a ser considerada são os **apart-hotéis** e **apartamentos** alugados por períodos curtos (acomodações particulares), que estão se tornando mais e mais populares. Eles lhe dão independência, uma cozinha onde você pode preparar suas próprias refeições e a sensação de estar em casa longe de casa. Por último, há uma nova geração de **acomodações** *bed-and-breakfast*. Praticamente desconhecidas há 2 ou 3 anos, essas pensões administradas por famílias (geralmente não têm mais do que dois ou três quartos) oferecem uma alternativa bem personalizada e barata.

OS MELHORES HOTÉIS **85**

Mas, seja qual for a opção escolhida, é *imprescindível* reservar com bastante antecedência para ter algo na sua lista de primeiras opções. Nem pense em chegar na cidade sem uma reserva — se o fizer, você poderá se ver empurrado em direção aos subúrbios mais distantes ou totalmente para fora de Barcelona. E isso não é válido somente nos meses de verão: o turismo aqui ocorre durante o ano todo.

Muitos dos hotéis de Barcelona foram construídos antes da invenção do automóvel e até mesmo os mais modernos raramente têm garagem. Quando há estacionamento disponível no hotel, indico o preço; do contrário, o pessoal do hotel lhe indicará um estacionamento. Espere pagar acima de 14€ (US$18) por 24 horas, e se você tiver um carro, também poderá estacioná-lo e deixá-lo parado porque dirigir pela cidade pode ser um tormento. Na verdade, se você não planeja sair de Barcelona, não será necessário alugar um carro.

1 Os Melhores Hotéis

- **O Melhor para uma Viagem Romântica:** Pombinhos terão bons motivos para não sair do **Gran Hotel La Florida**, Carretera de Tibidabo s/n (② **93-259-30-00**), um hotel histórico fabuloso — e nem todos os motivos serão encontrados nos quartos. A piscina de aço inoxidável para exercícios, o *spa* e os jardins que oferecem vistas extensas da cidade são tentações suficientes para mantê-lo dentro do hotel por dias. Veja pág. 116.

- **O Melhor para Amantes da Arte:** Tão elegante como qualquer outro lugar da cidade, o **Hotel Claris,** Pau Claris 150 (② **93-487-62-62**), tem quartos e saguões cheios de obras de arte e artefatos do antigo Egito, tapetes kilim turcos do século XIX e até mesmo alguns mosaicos romanos, resultados da paixão do proprietário por coleções. Veja pág. 98.

- **O Melhor para Viajantes a Negócios:** No coração do bairro empresarial, o **AC Diplomatic**, Pau Claris 122 (② **93-272-38-10**), esbanja eficiência. O interior de muito bom gosto e as instalações têm o equilíbrio perfeito entre capricho e funcionalidade, permitindo que aqueles que precisam trabalhar o façam com conforto. Veja pág. 102.

- **O Melhor para Ver Celebridades:** A escolha preferida das *top models* e das estrelas de rock temperamentais (P. Diddy, segundo boatos, deu uma festa de arromba quando veio a Barcelona para apresentar o *MTV Awards 2002*), o **Hotel Arts**, Marina 19-21 (② **93-221-10-00**), continua sendo um playground de ricos e famosos e símbolo da "Barcelona *cool*" por mais de uma década. Veja pág. 112.

- **O Melhor Serviço:** Além de ser um hotel altamente considerado, o **Prestige**, Passeig de Gràcia 62 (② **93-272-41-80**), oferece um serviço exclusivo aos seus clientes. O papel do recepcionista é substituído pelo "Peça-me", funcionários especialmente treinados para dar informações, e que trabalham para responder aos pedidos mais desafiadores possíveis: desde como adquirir ingressos para um jogo de futebol até onde encontrar restaurantes *halal* (que preparam alimentos de acordo com as leis islâmicas). Veja pág. 101.

- **O Mais Tradicional:** Desde sua inauguração em 1919, o **Hotel Ritz** da cidade, Gran Vía 668 (② **93-318-52-00**), sobreviveu a uma guerra civil, uma guerra mundial, uma ocupação anarquista e à queda de uma ditadura — durante todo esse tempo manteve um nível impecável de serviço e tradição. Hóspedes distintos como o Duque de Windsor, Ava Gardner e Salvador Dalí escolheram permanecer em suas instalações douradas e de mármore, e se refugiar no elegante salão de chá e restaurante. Veja pág. 100.

CAPÍTULO 5 · ONDE FICAR

- **O Melhor Restaurante Local:** Quando o famoso *chef* Fermin Puig assumiu o departamento de refeições do altamente considerado **Majestic**, Passeig de Gràcia 70 (© **93-488-17-17**), ele não só revolucionou o que era servido aos clientes no café da manhã, mas também criou o **Drolma**, um dos restaurantes de gastronomia sofisticada mais famosos do país. A interpretação feita por Puig da arte culinária tradicional catalá e do sul da França vem impressionando até mesmo os *gourmand* mais exigentes. Veja pág. 100.

- **O Melhor Hotel Histórico:** A obra-prima *modernista* **Hotel Casa Fuster**, Passeig de Gràcia 132 (© **93-225-30-00**), era uma construção emblemática antes de ter sido convertida em um hotel de luxo. Os quartos foram restaurados para ter a opulência da virada do século XX, mas todos têm instalações modernas esperadas pela alta sociedade de hoje. Veja pág. 97.

- **O Melhor Design Moderno:** Talentos locais juntaram forças para criar o **Hotel Omm**, Rosselló 265 (© **93-445-40-00**), que foi concebido como uma homenagem à vibrante cultura de *design* da cidade. Prevalecem os conceitos ousados, desde a fachada de metal até as suítes elegantes sem divisórias com terraços privados. No andar térreo, o restaurante do Omm, o Moo, está se tornando rapidamente o lugar para ver e ser visto entre os membros da elite artística de Barcelona. Veja pág. 100.

- **O Melhor em Clima de Época:** Se você curte a glória de tempos passados então a escolha certa é o **Hotel España**, Sant Pau 11 (© **93-318-17-58**). Projetado por um contemporâneo de Gaudí, a sala de jantar no nível da rua, decorado com motivos florais e acessórios de bronze, transportará você de volta ao início do século XX, quando ficava cheio de clientes conversando enquanto ceavam depois de ter ido à ópera ao lado. Veja pág. 96.

- **O Mais Bem Localizado:** O Colón, Av. de la Catedral 7 (© **93-301-14-04**), é o hotel com a localização mais invejável na cidade. Ele fica bem em frente à entrada principal da catedral, de frente para uma extensa praça movimentada dia e noite, com muita cor e vivacidade. Peça um quarto de frente com uma sacada quando fizer reservas aqui. Veja pág. 88.

- **O Melhor para Fãs de Arquitetura:** Inaugurado no início dos anos 50, o **Park Hotel**, Av. Marquès de L'Argentera 11 (© **93-319-60-00**), foi o primeiro exemplo da arquitetura *modernista* pós-guerra na cidade. A restauração realizada quatro décadas mais tarde contribuiu mais ainda com seu estilo singular. Entre seus destaques está uma das escadarias mais notáveis existentes. Veja pág. 94.

- **O Melhor Boutique Hotel:** O conceito de boutique hotel levou um tempo para chegar a Barcelona. O precursor do movimento foi o **Banys Orientals**, Argenteria 37 (© **93-268-84-60**), e ele continua sendo o melhor. O hotel tem uma localização perfeita no meio do bairro El Born, o centro urbano chique de Barcelona. Veja pág. 95.

- **O Melhor Hotel Pequeno:** Hostal D'Uxelles, Gran Vía 688 e 667 (© **93-265-25-60**), parece ter saído diretamente das páginas de uma dessas revistas de decoração rústica. Localizado no primeiro andar de dois edifícios adjacentes, o Hostal D'Uxelles tem 30 quartos, cada qual com uma personalidade distinta. Todos os quartos, entretanto, possuem camas cobertas com dossel, mobília antiga e banheiros com cerâmica de estilo andaluz. Veja pág. 106.

- **O Melhor com Vista para o Mar:** Imagine sair de um cruzeiro de luxo e ir diretamente para um hotel de primeira classe. Isso é possível no **Hotel Grand Marina**, World Trade Center, Moll de Barcelona (© **93-603-90-00**). Ele está localizado na ala ocidental do World Trade Center da cidade, em um píer extenso que, na verdade, é uma ilha artificial no porto. De suas janelas e terraços você pode desfrutar algumas vistas esplêndidas do Mediterrâneo. Veja pág. 114.

CIUTAT VELLA (BARRI GÒTIC, EL RAVAL & RIBEIRA)

- **O Hotel Mais Barato:** Serenidade e personalidade são abundantes no Hotel Peninsular, Sant Pau 34–36 (℃ **93-302-31-38**), um convento que virou hotel. Localizado em uma rua colorida próxima de Les Ramblas, o hotel — com seu elevador *Art Nouveau*, corredores longos em tons de verde e branco e o pátio interno — é um oásis no meio da agitação do lado de fora. Mas reserve antecipadamente. Veja pág. 96.

- **O Melhor para Famílias Que Não Querem Gastar Muito:** Administrado por uma família, o **Marina Folch**, Carrer del Mar 16 (℃ **93-310-37-09**), está localizado em Barceloneta, que tem muitos bares ao ar livre e espaços abertos para as crianças correrem livremente. Peça um quarto na parte da frente, com sacada que tenha vista para o porto. Veja pág. 115.

- **O Melhor *Hostal*:** Esqueça cortinas desbotadas e papéis de parede florais. **Gat Raval**, Joaquín Costa 44 (℃ **93-481-66-70**), é um *hostal* contemporâneo, pintado de verde-limão e preto, que foi concebido para atender o viajante moderno que não quer gastar muito. Pleno acesso à Internet e toques de arte abstrata contribuem para criar um ambiente contemporâneo, e o saguão está sempre cheio de viajantes trocando informações. Veja pág. 94.

2 Ciutat Vella (Barri Gòtic, El Raval & La Ribeira)

A **Ciutat Vella** (**Cidade Velha**) forma o centro monumental de Barcelona, compreendendo Les Ramblas, Plaça de Sant Jaume, Vía Laietana, Passeig Nacional, Passeig de Colom e os bairros Raval e La Ribera, cheios de personalidade. Ela contém alguns dos hotéis com os melhores preços da cidade. A maioria dos hotéis mais sofisticados e mais caros está localizada no Eixample e além.

MUITO CARO

Le Meridien Barcelona ★★★ Originalmente construído em 1956, esse é o melhor hotel da Cidade Velha, como a lista de hóspedes famosos (por exemplo Michael Jackson) pode atestar. Ele é superior em termos de conforto em relação aos seus dois rivais mais próximos na área, o Colón e o Rivoli Ramblas (e também mais caro). Os quartos dos hóspedes são espaçosos e confortáveis, com camas extragrandes e pisos aquecidos nos banheiros, que têm banheira e chuveiro. Todos os quartos têm janelas com vidros duplos, mais elas não evitam totalmente o barulho de Les Ramblas. O Renaissance Club, um andar executivo popular entre empresários, proporciona luxos extras. O hotel foi reformado no final de 2006.

Les Ramblas 111, 08002 Barcelona ℃ **888/250-8577,** nos EUA, ou 93-318-62-00. Fax 93-301-77-76. www. meridienbarcelona.com. 233 unidades. 400€–450€ (US$500– US$563) duplo; 500€–2.000€ (US$625 – US$2.500) suíte. AE, DC, MC,V. Estacionamento 20€ (US$25). Metrô: Liceu ou Plaça de Catalunya. **Instalações e serviços:** Restaurante; bar; academia de ginástica; serviço de quarto limitado; babá; serviço de lavanderia; lavagem a seco. *Nos quartos:* A/C, TV, Wi-Fi grátis, minibar, secador de cabelos, cofre.

CAROS

Duquesa de Cardona ★★★ (Momentos) Esse pequeno boutique hotel — popular para casais em lua-de-mel — fica do outro lado da rua do Port Vell, e o terraço na cobertura e a pequena piscina com Jacuzzi oferecem vistas esplêndidas dos barcos de veraneio que ancoram aqui durante o ano todo. Muitas das características *Art Déco* do palácio do século XIX que o hotel ocupa foram preservadas e misturadas com elementos de estilo moderno para garantir o máximo de conforto. Áreas comuns incluem uma sala de estar elegante com confortáveis sofás cor de creme e um fino restaurante Mediterrâneo com piso de mármore original. Os quartos têm um ar de aconchego e romance, e todos eles têm banheiros bem equipados com banheira e chuveiro. Porém, se você está acostumando com quartos no estilo americano, eles podem parecer um pouco apertados (especialmente os de fundos). Vale a pena pagar um pouco a mais para ter um quarto de frente com vista para o porto.

88 CAPÍTULO 5 · ONDE FICAR

Passeig Colom 12, Barri Gòtic, 08002 Barcelona. ✆ **866/376-7831** nos EUA e Canadá, ou 93-268-90-90. Fax 93-268-29-31. www.hduquesadecardona.com. 250€ (US$313) duplo; 360€ (US$450) suíte júnior; extra se for com vista para o mar 35€ (US$44). 44 unidades. AE, DC, MC, V. Estacionamento público nas proximidades 20€ (US$25). Metrô: Jaume I ou Drassanes. **Instalações e serviços:** Restaurante; 2 salas de estar; piscina externa; solário; *business center*; serviço de quarto 24 horas; serviço de babá; serviço de lavanderia; lavagem a seco; quartos para não fumantes. *Nos quartos:* A/C, TV, minibar, secador de cabelos, cofre, acesso à Internet.

Hotel Colón ⭐⭐ *(Crianças)* O Colón está no coração da Ciutat Vella de Barcelona — uma

boa opção se essa é a parte da cidade que você veio conhecer — embora ele possa parecer um pouco antiquado, com mobília e instalações tradicionais e sem qualquer concessão para modernidades. Situado do lado oposto à entrada principal da catedral (os melhores quartos no sexto andar têm pequenas varandas com vistas esplêndidas), esse hotel tem uma fachada neoclássica distinta. Lá dentro você encontrará dependências comuns conservadoras e ligeiramente antiquadas, funcionários atenciosos e quartos de hóspedes de bom tamanho com móveis confortáveis. Apesar das recentes reformas, a decoração ainda é bastante antiquada, com cortinas e estofados de padrões exagerados. Todos os quartos possuem seu próprio banheiro contendo uma banheira e chuveiro. Nem todos os quartos têm vistas, mas os dos fundos são mais silenciosos. Alguns dos quartos dos andares mais baixos são bem escuros. Geralmente as famílias podem conseguir quartos mais espaçosos se pedirem, e o hotel muitas vezes têm ofertas para o Natal, Ano Novo e para a temporada de verão.

Av. de la Catedral 7, 08002 Barcelona. ✆ **800/845-0636** nos EUA, ou 93-301-14-04. Fax 93-317-29-15. www.hotelcolon.es. 145 unidades. 250€ (US$313) duplo; a partir de 400€ (US$500) suíte. AE, DC, MC, V. Ônibus: 16, 17, 19 ou 45. **Instalações e serviços:** Restaurante; bar; serviço de quarto limitado; babá; serviço de lavanderia/lavagem a seco. *Nos quartos:* A/C, TV, dataport, minibar, secador de cabelos, cofre.

Hotel NH Calderón ⭐ Administrado de modo eficiente e com uma boa equipe de funcionários

que falam vários idiomas, esse hotel oferece exatamente o que promete: acomodações confortáveis de forma bem planejada e padronizada, semelhante a muitos outros hotéis modernos pelo mundo. Construído originalmente nos anos 60, esse hotel de 10 andares não era particularmente diferenciado naquele tempo, mas foi melhorado no início dos anos 90, depois que foi comprado pelo NH Hotel Group, com reformas frequentes desde então. As acomodações possuem mobílias confortáveis, de aparência contemporânea com uma ponta de *design high-tech*, boa iluminação, bastante madeira envernizada e estofados coloridos. Todas as unidades têm banheiros com banheira e chuveiro.

Rambla de Catalunya 26, 08007 Barcelona. ✆ **93-301-00-00**. Fax 93-412-41-93. www.nh-hoteles.es. 253 unidades. Seg–qui 250€ (US$313) duplo; sex–dom 180€ (US$225) duplo. AE, DC, MC, V. Estacionamento 15€ (US$19). Metrô: Passeig de Gràcia. **Instalações e serviços:** Restaurante; bar; piscina interna e externa; academia de ginástica; sauna; *business center*; serviço de quarto limitado; serviço de lavanderia; lavagem a seco; quartos para não fumantes. *Nos quartos:* A/C, TV, minibar, secador de cabelos, cofre, acesso à Internet.

Rivoli Ramblas Atrás de uma distinta construção *Art Déco* na parte superior de La

Rambla, um quarteirão ao sul da Plaça de Catalunya, este hotel reformado incorpora muitos belos exemplos do *design* catalão vanguardista em seu interior elegante. As áreas comuns têm uma imensa quantidade de mármore polido e é uma opção popular entre os hóspedes que estão na cidade a negócios. Um dos destaques do Rivoli é o belo terraço na cobertura com deque de madeira — um lugar agradável para começar o dia. Os quartos dos hóspedes são acarpetados, à prova de som e elegantes, porém, bastante apertados. Todos têm banheiros bem conservados, com banheira e chuveiro.

La Rambla 128, 08002 Barcelona. ✆ **93-302-66-43**. Fax 93-317-50-53. www.rivolihotels.com. 129 unidades. 250€ (US$313) duplo; a partir de 300€–725€ (US$375– US$906) suíte. AE, DC, MC, V. Metrô: Catalunya ou Liceu. **Instalações e serviços**: Restaurante; bar; spa; sauna; solário; aluguel de carro; serviço de quarto limitado; babá; serviço de lavanderia; lavagem a seco; quartos para não fumantes. *Nos quartos:* A/C, TV, minibar, secador de cabelos, cofre, acesso à Internet (em alguns).

Acomodações na Ciutat Vella

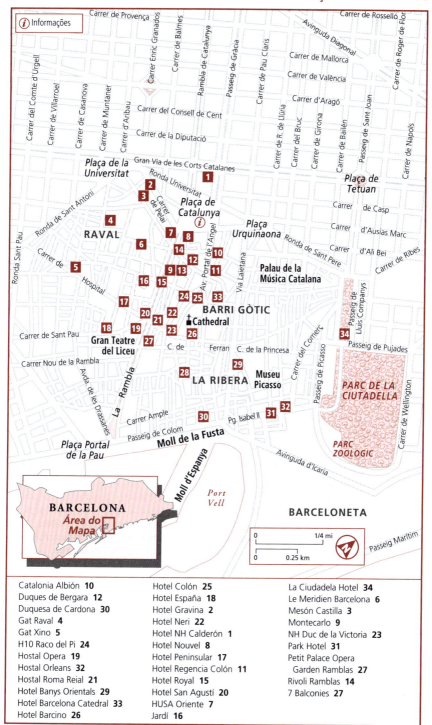

Catalonia Albión **10**
Duques de Bergara **12**
Duquesa de Cardona **30**
Gat Raval **4**
Gat Xino **5**
H10 Raco del Pi **24**
Hostal Opera **19**
Hostal Orleans **32**
Hostal Roma Reial **21**
Hotel Banys Orientals **29**
Hotel Barcelona Catedral **33**
Hotel Barcino **26**

Hotel Colón **25**
Hotel España **18**
Hotel Gravina **2**
Hotel Neri **22**
Hotel NH Calderón **1**
Hotel Nouvel **8**
Hotel Peninsular **17**
Hotel Regencia Colón **11**
Hotel Royal **15**
Hotel San Agustí **20**
HUSA Oriente **7**
Jardí **16**

La Ciudadela Hotel **34**
Le Meridien Barcelona **6**
Mesón Castilla **3**
Montecarlo **9**
NH Duc de la Victoria **23**
Park Hotel **31**
Petit Palace Opera
  Garden Ramblas **27**
Rivoli Ramblas **14**
7 Balconies **27**

89

90   CAPÍTULO 5 · ONDE FICAR

MODERADOS

Catalonia Albioni ✦✦★ A escolha ideal para compradores compulsivos, o Albioni fica no meio da Portal de l'Angel, onde você encontrará várias lojas de moda espanholas lado a lado, como Zara e Mango, bem como o El Corte Inglés (a maior loja de departamentos da Espanha) de um lado e butiques e lojas de variedades no outro. Localizado em um antigo palácio datado de 1876, foi convertido em um hotel em 1998. O hotel permanece na lista de heranças artísticas de Barcelona e muitas das suas características românticas e barrocas originais foram muito bem preservadas. Não menos impressionantes são o elegante saguão de entrada de mármore e o imponente pátio interior, onde o bar e a área de recepção estão localizados. Todos os 74 quartos luxuosos têm pisos de madeira polida, camas confortáveis e banheiros de mármore no quarto, com banheira e chuveiro. O café da manhã (caro) é servido em uma tenda que lembra aquelas usadas em casamentos.

Av. Portal de l'Angel 17, Barri Gòtic. 08002 Barcelona. ☎ **93-318-41-41**. Fax 93-301-26-31. www.hotelescatalonia.es. 74 unidades. 130€–180€ (US$163–US$225) duplo. AE, DC, MC, V. Estacionamento público nas proximidades 20€ (US$25). Metrô: Catalunya. **Instalações e serviços:** Cafeteria; aluguel de carro; serviço de quarto limitado; babá; serviço de lavanderia; lavagem a seco; computadores com Internet. *Nos quartos:* A/C, TV, minibar, secador de cabelos, cofre.

Duques de Bergara ✦✦★ Esse hotel de prestígio elevado ocupa uma residência de 1898 construída para o Duque de Bergara pelo arquiteto Emilio Salas y Cortés (um protegido de Gaudí). Muitos toques modernistas elegantes continuam existindo, inclusive o teto original com contornos de madeira e uma cúpula rosa no primeiro andar e um punhado de obras de arte originais da época. Na área da recepção, dê uma olhada nos painéis com vitrais exibindo o brasão original do primeiro ocupante do edifício e homônimo, o Duque de Bergara. Em 1998, a construção original de cinco andares mais que dobrou de tamanho com a adição de uma nova torre de sete andares. Todos os quartos de hóspedes possuem as mesmas instalações conservadoras e tradicionais, e além de camas grandes e confortáveis com colchões excelentes, roupas de cama elegantes e boa iluminação. Os banheiros espaçosos de mármore são equipados com banheira e chuveiro.

Bergara 11, 08002 Barcelona. ☎ **93-318-41-41**. Fax 93-317-34-42. www.hoteles-catalonia.es. 149 unidades. 180€–250€ (US$225–US$313) duplo; 225€–295€ (US$281–US$370) triplo. AE, DC, MC, V. Estacionamento público nas proximidades 18€ (US$23). Metrô: Catalunya. **Instalações e serviços:** Restaurante; café/bar; piscina externa; serviço de quarto limitado; serviço de lavanderia; lavagem a seco; acesso à Internet. *Nos quartos:* A/C, TV, minibar, secador de cabelos, cofre.

Hotel Barcino ✦ *(Achados)* Por razões desconhecidas, esse hotel fino de quatro estrelas, muito próximo da Plaza Jaume I — sede do governo regional e da prefeitura de Barcelona — raramente é mencionado nos guias de viagem. Apesar disso, este deve ser um dos hotéis mais bem localizados e sofisticados da cidade. Todas as atrações principais do Barri Gòtic estão a uma pequena distância a pé, incluindo alguns dos melhores lugares para comer tapas (**Taller de Tapas**; pág. 134), comida catalá contemporânea (**Café de l'Academia**; pág. 124) e coquetéis (**Ginger**; pág. 237). Os funcionários são corteses e agradáveis; os quartos são decorados de forma clássica e têm banheiros com banheira e chuveiro. Os melhores quartos possuem banheiras de hidromassagem (grandes o suficiente para compartilhar) e terraços privativos com vistas acima dos telhados das casas e da catedral, perfeito para um drink antes do jantar. O hotel oferece um *buffet* de café da manhã bem caro, a 15€ (US$19). No entanto, há inúmeros cafés locais bem próximos da entrada do hotel que servem café fresco e algo para comer. Levando tudo isso em consideração, essa é uma boa escolha se você quiser estar no centro do movimento.

Jaume I n°. 6, Barri Gòtic, 08002 Barcelona. ☎ **93-302-20-12**. Fax 93-301-42-42. www.hotelbarcino.com. 53 unidades. 225€ (US$281) duplo. AE, DC, MC, V. Estacionamento público nas proximidades 15€ (US$19). Metrô: Jaume I ou Catalunya. **Instalações e Serviços:** Restaurante; café/bar; serviço de quarto limitado; babá; serviço de lavanderia. *Nos quartos:* A/C, TV, mini-bar, secador de cabelos, cofre, acesso à Internet.

CIUTAT VELLA (BARRI GÒTIC, EL RAVAL & RIBEIRA) 91

Hotel Gravina *(Econômico)* Parte da confiável cadeia H10, o Gravina é um hotel três estrelas em uma rua sossegada perto da universidade. Isso significa que ele é apropriado quando se trata de transporte público, pontos turísticos e compras, mas distante o suficiente da principal rua dos turistas para oferecer um pouco de tranquilidade diante do alvoroço da Ciutat Vella. A fachada do século XIX promete grandes surpresas do lado de dentro, mas não fique muito animado. O interior foi construído de acordo com o modelo H10 padrão e, por essa razão, não apresenta uma atmosfera autêntica. Apesar disso, é um bom negócio, com funcionários simpáticos e prestativos, e quartos confortáveis totalmente equipados. Vale a pena especificar que você quer um quarto maior. Todos eles têm janelas à prova de som e banheiros no próprio quarto com banheira e chuveiro. Uma opção especialmente interessante para quem viaja a negócios, mas não quer gastar muito.

Gravina 12, 08001 Barcelona. ☎ **93-301-68-68**. Fax 93-317-28-38 www.hotel-gravina.com. 82 unidades. 140€–200€ (US$175–US$250) duplo; 210€–350€ (US$263–US$438) suíte. AE, DC, MC, V. Estacionamento público nas proximidades 24€ (US$30). Metrô: Universitat ou Catalunya. **Instalações e serviços:** Restaurante; café/bar; serviço de quarto limitado; serviço de lavanderia; lavagem a seco; quartos para não fumantes; acesso à Internet. *Nos quartos:* A/C, TV, minibar, secador de cabelos, cofre.

Hotel Neri ★★★ O Hotel Neri é um palácio gótico localizado na encantadora Plaça Felip Neri, próxima à catedral. Com suas cortinas de veludo e corredores suavemente iluminados que fazem eco, ele está ganhando rapidamente a reputação de ser um dos lugares mais românticos da cidade. Os quartos são luxuosos, com lençóis de algodão bem macios, fronhas de seda colorida, mantas e tapetes. O minibar tem todas as bebidas habituais, além de incenso e velas. Alguns quartos têm banheira e também um chuveiro. O Neri tem somente 2 suítes (uma das quais foi ocupada por John Malkovich durante um mês, enquanto sua peça *Hysteria*, estava sendo apresentada em um teatro local). De fato, espaço é muito importante no apertado Barri Gòtic e o Neri tem um terraço como bônus adicional para um café e coquetéis na praça, além de um jardim na cobertura, cheio de jasmins e trepadeiras. Pena que eles acharam necessário lotar o lugar com espreguiçadeiras e isso pode dar certa impressão de piscina pública quando o lugar fica cheio de gente. O restaurante *gourmet* da "nova culinária catalã", que é um tanto quanto caro, é um bônus a mais para os admiradores do *superchef* de cozinha Ferran Adrià.

Sant Sever 5, Barri Gòtic, 08002 Barcelona. ☎ **93-304-06-55**. Fax 93-304-03-37. www.hotelneri.com. 22 unidades. 180€–190€ (US$225–US$238) duplo; 200€–225€ (US$250–US$281) suíte. AE, DC, MC, V. Estacionamento público nas proximidades 20€ (US$25). Metrô: Jaume I ou Liceu. **Instalações e serviços:** Restaurante; café/bar; serviço de quarto limitado; serviço de babá; serviço de lavanderia; lavagem a seco; quartos para não fumantes; biblioteca de livros/CDs. *Nos quartos:* A/C, TV, minibar, secador de cabelos, cofre, acesso à Internet.

Hotel Nouvel *(Momentos)* O Nouvel é um hotel elegante, com ambiente agradável, tem muitos de seus ornamentos *modernistas* originais, e constitui um refúgio encantador no coração da Cidade Velha. Ele é maravilhoso para os amantes do estilo *Art Déco* com muitos painéis de madeira entalhada originais, divisórias de vidro fumê e ladrilhos cheios de detalhes nos pisos. Os quartos oferecem uma mistura de acomodações recentemente renovadas, embora aqueles com mais personalidade sejam os de estilo mais antigos, com os ladrilhos originais. Todos os quartos têm banheiros modernizados recentemente com banheira e chuveiro. Os melhores têm sacadas e vale a pena pedir um quarto dos fundos se o barulho da rua incomodar você.

Santa Ana 20, Barri Gòtic, 08002 Barcelona. ☎ **93-301-82-74**. Fax 93-301-83-70. www.hotelnouvel.com. 54 unidades. 175€ (US$219) duplo. Tarifa inclui café da manhã. MC,V. Estacionamento público nas proximidades 24€ (US$30). Metrô: Catalunya. **Instalações e serviços:** Restaurante (almoço diariamente, jantar qui–sab); babá; serviço de lavanderia; lavagem a seco; quartos para não fumantes. *Nos quartos:* A/C, TV, minibar, cofre em alguns quartos, acesso à Internet.

Hotel Regencia Colón *(Econômico)* Esse imponente edifício de pedra de seis andares está localizado logo atrás do Hotel Colón mais caro, e, sombra da catedral. O Regencia Colón atrai grupos de excursão porque tem um bom preço em se tratando de Barcelona. O

92 **CAPÍTULO 5 · ONDE FICAR**

lobby formal parece um pouco sombrio, mas os quartos bem mantidos são confortáveis e geralmente espaçosos, embora um tanto desgastados. Os quartos têm proteção contra barulho e 40 deles têm banheiros completos com banheiras (o restante tem apenas chuveiros). Todos possuem camas confortáveis e música ambiente. O principal atrativo do hotel é a sua localização.

Sagristans 13–17, 08002 Barcelona. ✆ **93-301-82-74**. Fax 93-317-28-22. www.hotelregenciacolon.com. 50 unidades. 160€ (US$200) duplo; 185€ (US$231) triplo. AE, DC, MC, V. Estacionamento público 18€ (US$23). Metrô: Catalunya ou Urquinaona. **Instalações e serviços:** Restaurante; bar; aluguel de carro; babá; serviço de lavandaria; lavagem a seco. *Nos quartos:* A/C, TV, minibar, secador de cabelos, cofre, acesso à Internet.

Hotel Royal *Econômico* A frente lotada de apartamentos desse hotel, com suas sacadas em vidro, parece mais um bloco de escritórios em comparação com a arquitetura mais cheia de detalhes da cidade — mas não deixe isso dissuadir você. Suas reformas de bom gosto em alto estilo significam que ele nunca esteve tão bem equipado, oferecendo quartos espaçosos com camas e móveis confortáveis, assim como instalações modernas. Todos os quartos têm banheiros no próprio quarto com banheira e chuveiro, e os melhores quartos possuem sacadas que oferecem vistas fabulosas do teatro vivo da vida real de Barcelona: La Rambla.

La Rambla 117, Barri Gòtic, 08002 Barcelona. ✆ **93-304-12-12**. Fax 93-317-31-79. www.hroyal.com. 108 unidades. 150€– 225€ (US$188–US$281) duplo. AE, DC, MC, V. Estacionamento 14€ (US$18). Metrô: Catalunya. **Instalações e serviços:** Restaurante; café/bar; business center; serviço de quarto (07:00h à meia-noite); serviço de babá; serviço de lavandaria; lavagem a seco; quartos para não fumantes. *Nos quartos:* A/C, TV, minibar, secador de cabelos, cofre.

Hotel San Agustí Esse hotel pode ser considerado o de maior prestígio em El Raval (embora possa, em breve, enfrentar uma competição acirrada, à medida que o bairro continua se tornando uma área mais nobre). Esse hotel de cinco andares, reformado com bom gosto, está localizado no centro da Cidade Velha, em um bonito quarteirão próximo ao mercado da Boqueria, em frente a um muro de tijolos de uma igreja Românica inacabada. Os quartos de hóspedes pequenos são confortáveis e modernos e possuem banheiros com azulejos, além de banheira e chuveiro. O café ao ar livre é um bom lugar para se refrescar em uma tarde quente, e a vizinhança está cheia de personalidades fora do comum que estão fazendo com que El Raval seja o lugar mais badalado de Barcelona no momento. Algumas unidades possuem instalações para viajantes com deficiência.

Plaça de San Agustí 3, El Raval, 08001 Barcelona. ✆ **93-318-16-58**. Fax 93-317-29-28. 76 unidades. www.hotelsa.com. 100– 150€ (US$125–US$188) duplo; 165€–180€ (US$206– US$225) triplo; 185€–195€ (US$231– US$244) quádruplo; 225€–240€ (US$281– US$300) unidades familiares com 2 quartos. Tarifa inclui café da manhã. AE, DC, MC, V. Metrô: Liceu. **Instalações e serviços:** Restaurante; sala de estar; serviço de quarto (somente de manhã); serviço de lavandaria; Internet grátis. *Nos quartos:* A/C, TV, secador de cabelos, cofre, acesso à Internet.

H10 Raco Del Pi ✪ Não se consegue uma localização melhor do que a desse hotel, bem próximo à praça mais bonita da Cidade Velha, que, na maioria dos dias, é agitada com cafés, feiras nos fins de semana e artistas de rua. O próprio hotel tem bastante personalidade, além de ser pequeno e aconchegante, com funcionários atenciosos que fazem certas gentilezas como oferecer um copo de *cava* (vinho espumante) para hóspedes na chegada. Eles também servem um bom *buffet* de café da manhã, oferecendo uma variedade de produtos caseiros. Os quartos tendem a ser compactos e escuros (uma desvantagem de ficar no Barri Gòtic), mas esse parece ser um baixo preço a pagar por ficar em um lugar tão aconchegante e em um canto tão desejável do centro da cidade. Todos os quartos têm banheiros no próprio quarto com mosaicos de ladrilhos, além de banheira e chuveiro.

Del Pi 7, Barri Gòtic, 08002 Barcelona. ✆ **93-342-61-90**. Fax 93-342-61-91. www.hotelracodelpi.com. 37 unidades. 175€ (US$219) duplo. AE, DC, MC, V. Estacionamento público nas proximidades 20€ (US$25). Metrô: Liceu. **Instalações e serviços:** Restaurante; café/bar; aluguel de carro; *business center;* serviço de quarto limitado; serviço de lavandaria; lavagem a seco; quartos para não fumantes. *Nos quartos:* A/C, TV, minibar, secador de cabelos, cofre, acesso à Internet, balança.

CIUTAT VELLA (BARRI GÒTIC, EL RAVAL & RIBEIRA)

HUSA Oriente Localizado em um monastério franciscano, bem ao lado da agitada Rambla, o Oriente foi um dos "grandes hotéis" originais de Barcelona, datando de 1842. Sua importância era tal nos anos 50 que atraía pessoas como Toscanini e Maria Callas. Ele se tornou parte da lenda de Hollywood quando Errol Flynn uma vez ficou tão bêbado que desmaiou no bar. O gerente pediu que dois garçons o levassem escada acima onde eles foram instruídos a tirar as roupas do astro fanfarrão. O gerente então mandou avisar os hóspedes lá embaixo que eles poderiam ver o astro nu. As pessoas fizeram fila durante a noite toda para vê-lo, e quando Flynn acordou na manhã seguinte, não sabia de nada. Reformas melhoraram as instalações do hotel, mas ainda lhe falta a elegância e o carisma de seus dias de glória do passado, e atualmente ele atrai principalmente viajantes que não querem gastar muito. O antigo salão de baile, com seus arcos, foi transformado em uma sala de estar agradável, e a sala de jantar ainda tem uma certa sofisticação. Os quartos simples, mas confortáveis possuem banheiros com azulejos e chuveiro.

Rambles 45, 08002 Barcelona. ✆ **93-302-25-58**. Fax 93-412-38-19. www.husa.es. 142 unidades. 175€ (US$219) duplo; 190€ (US$238) triplo. AE, DC, MC, V. Metrô: Liceu. **Instalações e serviços:** Restaurante (apenas no verão); bar; serviço de lavanderia. *Nos quartos:* A/C, TV, cofre.

Mesón Castilla ★ *Econômico* Esse hotel de duas estrelas classificado pelo governo, um antigo prédio de apartamentos, agora pertencente à cadeia de hotéis espanhola HUSA, tem uma fachada castelhana com riqueza de detalhes *Art Nouveau* no interior. Cheio de antiguidades e elementos decorativos peculiares, é um dos melhores lugares para se ficar na cidade. Também fica bem localizado, perto das famosas lojas de artigos de segunda-mão e discos da Raval superior, do MACBA e do CCCB. Os quartos de tamanho médio são confortáveis — as camas têm cabeceiras decoradas em estilo catalão — e alguns abrem-se para uma varanda espaçosa. Os banheiros com azulejos são equipados com banheira e chuveiro.

Valldoncella 5, 08001 Barcelona. ✆ **93-318-21-82**. Fax 93-412-40-20. hmesoncastilla@teleline.es. 57 unidades. 130€ (US$163) duplo; 175€ (US$219) triplo. Tarifas incluem café da manhã. AE, DC, MC, V. Estacionamento 20€ (US$25). Metrô: Catalunya ou Universitat. **Instalações e serviços:** Salão de café da manhã; sala de estar; serviço de quarto; babá; serviço de lavanderia; lavagem a seco, cofre. *Nos quartos:* A/C, TV, minibar, secador de cabelos.

Montecarlo ★★★ A fachada fabulosamente ornamentada desse hotel de La Rambla é de 200 anos atrás, da época em que era uma residência particular opulenta e sede do Círculo Artístico Real de Barcelona. As áreas comuns incluem alguns dos acessórios originais do edifício, com portas entalhadas, uma lareira impressionante e lustres de cristal. Nos anos 30, ele foi transformado no hotel simples e confortável que você encontrará hoje. Esse hotel oferece um nível de conforto superior em relação à maioria dos seus concorrentes. Cada um dos quartos de hóspedes médios é decorado de forma elegante, com extras que fazem toda a diferença, como camas ajustáveis, banheiros grandes em mármore com *Jacuzzi*, roupões e chinelos. O serviço é exemplar e você não encontrará grandes problemas, seja para fazer reservas em uma excursão a um vinhedo ou simplesmente para estacionar seu carro.

La Rambla 124, 08002 Barcelona. ✆ **93-412-04-04**. Fax 93-318-73-23. www.montecarlobcn.com. 55 unidades. 160€–340€ (US$200– US$425) duplo; 395€ (US$494) suíte. AE, DC, MC,V. Estacionamento 18€ (US$23). Metrô: Catalunya. **Instalações e serviços:** Sala de estar; bar; serviço de quarto limitado; babá; serviço de lavanderia; lavagem a seco; solário no terraço; Internet grátis. *Nos quartos:* A/C, TV, minibar, secador de cabelos, cofre, acesso à Internet.

NH Duc de la Victoria *Econômico* Parte da rede NH Hotel que visa a oferecer acomodações simples e confortáveis a preços médios, esse hotel moderno está bem localizado em uma rua tranquila no coração do Barri Gòtic. Com um padrão um pouco mais alto que a maioria dos *hostales* da região, ele é um ótimo lugar para visitantes espertos que querem ter fácil acesso a todos os lugares do centro. É um local bem limpo e tem poucas áreas comuns, com exceção da sala de café da manhã, mas dada a sua localização, isso tem

94 CAPÍTULO 5 · ONDE FICAR

pouca importância. Os quartos, com um tamanho decente, têm pisos bacanas de taco e todos possuem banheiros compactos com banheira e chuveiro. Os quartos do quinto andar com sacadas privativas são os melhores.

Duc de la Victoria 15, Barri Gòtic, 08002 Barcelona. ℂ **93-270-34-10**. Fax 93-412-77-47. www.nh-hotels-spain.com. 156 unidades. 180€ (US$225) duplo; 250€ (US$313) suíte. AE, DC, MC, V. Estacionamento público nas proximidades 15€ (US$19). Metrô: Catalunya. **Instalações e serviços:** Restaurante; café/bar; serviço de quarto limitado; serviço de babá; serviço de lavanderia; lavagem a seco; quartos para não fumantes. *Nos quartos:* A/C, TV, mini-bar, secador de cabelos, cofre, acesso a Internet.

Park Hotel ✭ Um hotel descontraído próximo à Estació de Franca, este edifício é um exemplo único da arquitetura racionalista da metade do século XX. O interior é dominado por uma escadaria em espiral impressionante, o saguão de entrada por um bar elegante com mosaico feito de ladrilhos. Este local também tem um dos melhores restaurantes da cidade, o **Abac** (pág. 131) e está situado nos limites de El Born, com numerosos bares, restaurantes e lojas com roupas de grife bem próximos. O Parc de la Ciutadella (a área mais verde do centro de Barcelona) fica logo do outro lado da rua e 10 minutos de caminhada o levarão à praia em Barceloneta. Os quartos são elegantes (embora ligeiramente pequenos), confortavelmente decorados com cores suaves e mobília de bom gosto. Todos têm banheiros no próprio quarto com banheira e chuveiro.

Av. Marquès de l'Argentera 11, Born, 08003 Barcelona. ℂ **93-319-60-00**. Fax 93-319-45-19. www.parkhotelbarcelona.com. 91 unidades. 110€–190€ (US$138–US$238) duplo. AE, DC, MC, V. Estacionamento 12€ (US$15). Metrô: Barceloneta ou Jaume I. **Instalações e serviços:** Restaurante; sala de estar; serviço de quarto limitado; serviço de lavanderia; lavagem a seco; quartos para não fumantes. *Nos quartos:* A/C, TV, mini-bar, secador de cabelos, cofre, acesso a Internet

Petit Palace Opera Garden Ramblas ✭ *Achados* Aberto em setembro de 2006, esse bem equipado membro da rede de hotéis de alta tecnologia Petit Palace está magnificamente localizado no coração de La Rambla, perto de dois marcos famosos de Barcelona: o Teatro Liceu e o enorme mercado Boqueria. É a escolha ideal tanto para viajantes a negócios como para turistas que simplesmente querem ficar em contato com as pessoas em casa; todos os quartos bem equipados possuem *laptop* com conexões Wi-Fi grátis. As acomodações atendem a todos, desde executivos desacompanhados até famílias de quatro pessoas (com camas *king-size*), e todos possuem chuveiros com hidromassagem (quartos maiores também têm saunas). Instalações gerais incluem um *business center* no saguão principal, assim como um bar/cafeteria e uma sala de jantar *gourmet*.

Carrer La Boqueria 10, Ramblas 78, 8002 Barcelona. ℂ **93-302-00-92**. Fax 93-302-15-66. www.hthoteles.com. 70 unidades (27 de alta tecnologia, 31 executivos, 22 para famílias). 200€ (US$250) solteiro; 275€ (US$344) quarto com alta tecnologia; 300€ (US$375) duplo; 320€ (US$400) para famílias, com 4 camas. AE, DC, MC, V. Metrô: Liceu. **Instalações e serviços:** Restaurante; cafeteria; sala de estar; *business center*; sala de reunião; serviço de lavanderia; quartos e áreas para não fumantes. *Nos quartos:* A/C, TV, minibar, cofre, acesso à Internet.

BARATO

Gat Raval ✭✭ *Econômico* De sombrio e precário para agradável e cheio de vida, o Gat Raval é o primeiro a fazer parte do extraordinário mini-império dessa pequena cadeia e foi pioneiro em dar às acomodações do tipo *hostal* uma cara totalmente nova. O Gats (catalão para "gatos") é tão febrilmente *cool*, que até *hipsters* que normalmente ficariam em lugares como o Omm e o Prestige estão se hospedando aqui, ao mesmo tempo em que economizam alguns euros. Decorado com verde-limão brilhante e contornos pretos foscos, conexões de Internet no *lobby* e quartos limpos decorados com trabalhos originais da escola de arte local dão ao local uma impressão *Boho* vibrante. Só alguns quartos são suítes (peça um quando fizer sua reserva) e as dependências comuns são tão limpas que você poderia comer no chão.

Joaquín Costa 44, 08001 Barcelona. ℂ **93-481-66-70**. Fax 93-342-66-97. www.gataccommodation.com. 24 unidades. 60€ (US$75) duplo com lavabo; 75€ (US$94) duplo com banheiro. MC, V. Metrô: Universitat. **Instalações e serviços:** Cofre; serviço de Internet. *Nos quartos:* TV.

CIUTAT VELLA (BARRI GÒTIC, EL RAVAL & RIBEIRA) 95

Gat Xino ⭐⭐ *Achados* Aqueles que desejam experimentar o mesmo *uber-coolness* do Gat, com um toque a mais de luxo, devem optar pelo Gat Xino, aberto em 2004, para visitantes um pouco mais maduros e mais ricos. Esse lugar da moda tem um elegante salão para café da manhã e um terraço na cobertura para aproveitar a luz do sol. Todos os quartos têm banheiros próprios cor de maçã-verde com chuveiros e alguns extras, como TV de tela plana e caixas de luz sobre as cabeceiras da cama que mostram visões fotográficas abstratas da cidade. É tudo incrivelmente legal, sem mencionar que é acessível também.

Hospital 149–155, 08001 Barcelona. ☎ **93-324-88-33**. Fax 93-324-88-34. www.gataccomodation.com. 35 unidades. 90€ (US$113) duplo. Tarifas incluem café da manhã. MC, V. Metrô: Liceu. **Instalações e serviços:** Cofre (2€/US$2,50 por dia); serviço de Internet. *Nos quartos:* A/C, TV.

Hostal Opera *Econômico* Barato e vibrante, esse *hostal* seguro e bem administrado é bom para aqueles que viajam com um orçamento apertado ou sozinhos. Mas não se engane, pois são acomodações básicas sem frescuras: as paredes são finas (os que têm sono leve devem viajar com tampões de ouvido) e não há nenhum luxo, mas, apesar disso, é um lugarzinho agradável com uma personalidade jovem e "pra cima". No entanto, alguns quartos são melhores que outros e se você chegar sem reserva, peça para dar uma olhada primeiro. Do contrário, escolha um quarto dos fundos com banheiro privativo (só chuveiro) porque a rua do lado de fora pode ser barulhenta até o amanhecer.

Sant Pau 20, El Raval, 08001 Barcelona. ☎ **93-318-82-01**. www.hostalopera.com. 69 unidades. 60€ (US$75) duplo. MC, V. Metrô: Liceu. **Instalações e serviços:** Cofre; serviço de Internet. *Nos quartos:* A/C, telefone para receber chamada.

Hostal Orleans *Econômico* Localizado logo em frente a uma das igrejas mais antigas e mais imponentes de Barcelona, Santa María del Mar, esse hotel modesto combina localização desejável (El Born) com tarifas bastante acessíveis. Alguns dos quartos foram redecorados em um passado não muito distante, e se isso for importante para você, vale a pena pedir um quarto mais novo. Por outro lado, ainda que seja imaculadamente limpo, o Hostal Orleans está repleto de objetos e combinações de cores que o levam de volta aos anos 70. A maioria dos quartos é pequena, mas as camas são confortáveis, e todos possuem banheiros privativos (também pequenos) com espaço suficiente apenas para banheira e chuveiro. Os melhores quartos têm sacadas com vista para a rua, o que é formidável para ver o mundo passar, embora não tão bom para uma noite de sono tranquila. A sala de estar comum é agradável, bem servida de revistas em inglês e um ótimo lugar para conhecer outros hóspedes. Outras vantagens são os serviços feitos com simpatia e uma vibração genuinamente catalá.

Av. Marquès de l'Argentera 13, 1° andar, El Born, 08003 Barcelona. ☎ **93-319-73-82**. Fax 93-319-22-19. www.hostalorleans. com. 27 unidades. 60€ (US$75) duplo. MC, V. Metrô: Barceloneta ou Jaume I. **Instalações e serviços:** sala de estar com TV. *Nos quartos:* adicional de 6€ (US$7,50) para A/C, TV.

Hostal Roma Reial Uma boa opção para aqueles que querem sair para ir de bar em bar e ir aos clubes durante boa parte da noite, e para quem não se incomoda com um pouco de barulho (a Plaza Reial é um imã para cantores iniciantes e amantes de festa com pouca disposição para voltar para casa). Se essas coisas não o aborrecerem, o Roma Reial é um negócio vantajoso — amigável e barato. Além do mais, cada um dos quartos grandes tem seu próprio banheiro (incomum para um *hostal* desse gênero).

Plaza Reial 11, Barri Gòtic, 08002 Barcelona. ☎ **93-302-03-66**. Fax 93-301-18-39. hotelromareial@hotmail.com. 61 unidades. 70€ (US$88) duplo. Tarifas incluem café da manhã, dependendo da estação. MC, V. Metrô: Liceu. **Instalações e serviços:** Cafeteria; cofre. *Nos quartos:* A/C, TV.

Hotel Banys Orientals ⭐⭐ *Achados* Ele pode não ter piscina, sala de ginástica ou minibar à vista, mas isso não impediu o incrível sucesso desse pioneiro boutique hotel. Isso ocorreu devido à sua localização (El Born) e o fato de estar alguns pontos acima em termos de qualidade e conforto em relação aos concorrentes como o Orleans (anteriormente). O hotel fica em uma mansão do século XIX e os adornos originais dos quartos amplos deram espaço a uma decoração suave e sofisticada que poderia estar de acordo com um

96   **CAPÍTULO 5 · ONDE FICAR**

hotel quatro vezes mais caro. Também incomum é o fato de o edifício ser compartilhado com **Senyor Parellada**, um clássico restaurante barcelonês que agora funciona em parte como o restaurante do próprio hotel. Um *buffet* de café da manhã é servido em seu mezanino e os hóspedes também podem almoçar/jantar aqui. A parte negativa de tudo isso é que o ruído da agitação dos pedestres que passam embaixo aumenta de forma crescente durante os meses de verão, embora isso possa ser muitas vezes evitado pedindo-se um quarto nos fundos. Naturalmente, aqueles que querem estar no meio disso tudo irão adorar ter as lojas e os bares mais legais da cidade logo ao lado, e, provavelmente, eles mesmos farão parte das atividades noturnas nas ruas. A maioria dos boxes dos chuveiros é espaçosa; se você realmente quiser uma banheira, peça na ocasião da reserva.

Argenteria 37, 08003 (La Ribera) Barcelona. ☎ **93-268-84-60.** Fax 93-268-84-61. www.hotelbanysorientals.com. 43 unidades. 100€ (US$125) duplo. AE, DC, MC, V. Estacionamento público nas proximidades 18€ (US$23). Metrô: Jaume I. **Instalações e serviços:** Restaurante; serviço de quarto limitado; serviço de lavanderia; quartos para não fumantes; minibar grátis para algumas bebidas. *Nos quartos:* A/C, TV, secador de cabelos, cofre, acesso à Internet.

Hotel Barcelona Catedral

Um dos hotéis mais novos de Barcelona, inaugurado em outubro de 2006, o Barcelona Catedral — elegante, porém caro — pretende proporcionar acomodações de qualidade a preços acessíveis. Está localizado de maneira ideal, em uma rua estreita perto da catedral e de todos os pontos turísticos da Ciutat Vella. Os confortos do local variam desde piscina e área de terraço, para "dar aquela relaxada", até acesso pleno à Internet e quartos para hóspedes com mobilidade limitada. Serviços especiais incluem aulas de culinária, degustações de vinhos e excursões aos domingos pelo Barri Gòtic. Todos os quartos têm banheiro privativo e chuveiro.

Capellans 4, Ciutat Vella, 08002 Barcelona. ☎ **93-304-22-55.** 80 unidades. 140€–160€ (US$175– US$200) duplo. AE, DC, MC, V. Estacionamento 30€ (US$38) por dia. Metrô: Jaume 1. **Instalações e serviços:** Restaurante; bar no terraço; academia de ginástica; acesso gratuito de alta velocidade à Internet; recepção 24 horas; serviço de quarto VIP; *business center*; lavanderia; lavagem a seco. *Nos quartos:* A/C, TV, rádio, minibar, cofre, conexão ADSL para Internet mais Wi-Fi.

Hotel España *(Econômico)*

Embora os quartos desse hotel que reconhece seu preço não tenham nada da grandeza arquitetônica *modernista* que caracteriza o saguão de entrada e a sala de jantar com sua esplêndida elegância, eles são bem limpos, confortáveis no tamanho e equipados com mobília funcional e banheiros bem conservados contendo banheira e chuveiro. O próprio edifício é uma relíquia do esplendor da virada do século XX, construído em 1902 pelo famoso arquiteto Doménech i Montaner, desenhista e arquiteto do Palau de la Música, e patrocinado por pessoas como Salvador Dalí. Um elevador um pouco antigo serve os quatro andares do edifício e os funcionários prestativos não têm problemas com visitantes que não falam espanhol. A parte baixa de Rambla, próxima de onde está situado hotel, desperta fascinação cultural ou indignação, dependendo de quão urbanizado você é. De qualquer maneira, em geral o Hotel España é uma opção aceitável, historicamente rica e bem administrada, e que tem um preço relativamente razoável.

Carrer Sant Pau 11, El Raval, 08001 Barcelona. ☎ **93-318-17-58.** Fax 93-317-11-34. www.hotelespanya.com. 60 unidades. 100€ (US$125) duplo; 150€ (US$188) triplo. Tarifas incluem café da manhã. AE, DC, MC, V. Metrô: Liceu ou Drassanes. **Instalações e serviços:** 3 restaurantes. *Nos quartos:* A/C, TV, secador de cabelos, cofre.

Hotel Penisular *(Econômico)*

À pequena distância de La Rambla, esse hotel em estilo *Art Noveau* é um refúgio bem-vindo para o viajante que não quer gastar muito. Construído dentro da estrutura de um monastério que costumava ter uma ligação com a igreja Sant Agustí, o hotel foi totalmente modernizado no início dos anos 90. O uso de mobílias feitas de vime lhe dá um ar colonial e seu pátio interno cercado de plantas é sua característica mais encantadora. No típico estilo *modernista* da época, o Peninsular tem corredores longos, entradas e tetos altos. O quartos são básicos, mas limpos, e os melhores têm banheiros no próprio quarto, com chuveiros.

Sant Pau 34–36, El Raval, 08001 Barcelona. ☎ **93-302-31-38.** Fax 93-412-36-99. 70 unidades. 75€ (US$94) duplo; 90€ (US$113) triplo. Tarifas incluem café da manhã. MC, V. Metrô: Liceu. **Instalações e serviços:** Balcão que serve café da manhã; cofre. *Nos quartos:* A/C.

Jardi *(Econômico)* Tendo uma das localizações mais desejáveis de Barcelona, no coração da Ciutat Vella, esse pequeno hotel se abre diante da bem arborizada Plaça Sant Josep Oriol, onde cafés se amontoam ao redor da igreja gótica medieval de Santa María del Pi. O hotel de cinco andares recebeu melhorias nos últimos anos com a instalação de um elevador, embora para alguns, a iluminação excessiva acabe com o seu charme. Muito da elegância arquitetônica original continua existindo, e embora os quartos sejam um pouco austeros, são confortáveis e equipados com banheiros que têm banheira e chuveiro. As unidades mais silenciosas ficam nos andares mais altos e cinco acomodações possuem terraços privados, enquanto 26 têm sacadas pequenas. Com administrações separadas, o **Bar del Pi,** no térreo, é o preferido de artistas e estudantes que moram nas proximidades.

Plaça Sant Josep Oriol 1, 08002 Barcelona. ✆ **93-301-59-00**. Fax 93-342-57-33. hoteljardi@retemail.es. 40 unidades. 80€–100€ (US$90–US$125) duplo; 120€ (US$150) triplo. MC, V. Metrô: Liceu. *Nos quartos:* A/C, TV, cofre.

La Ciudadela Hotel ✮ *(Achados)* Construído em 2005, esse pequeno hotel aconchegante, administrado por família e que fica em uma área tranquila na extremidade norte do Parque Ciutatela, oferece acomodações a preços bons. Daqui você pode simplesmente atravessar a rua para chegar ao parque ou andar 5 minutos a oeste em direção ao popular bairro de La Ribera. Além do restaurante do próprio hotel (que existia 30 anos antes do hotel) há um café no terraço onde você pode relaxar ao sol no verão. Os quartos simples, porém confortáveis, são todos equipados com banheiros privativos com banheira e chuveiro. Pela localização e pelo preço, esse lugar genial é um achado espetacular.

Paseo Lluis Companys 2 (esquina Pasje Pujols 5), 08018 Barcelona. 13 unidades. ✆ **93-309-95-57**. Fax 93-528-63-35. www.ciudadelaparc.com. 65€–75€ (US$81–US$94). MC, V. Estacionamento público. Metrô: Arc de Triomf. **Instalações e serviços:** Restaurante; terraço com café. *Nos quartos:* A/C, TV, telefone, cofre, acesso grátis à Internet.

7. Balconies ✮ *(Achados)* Essa hospedaria antiga e encantadora com 3 quartos de hóspedes é da mesma família há mais de um século, e tem um ambiente agradável e convidativo que faz você imediatamente se sentir em casa. Não espere uma instalação moderna; ao contrário, esse é um refúgio aconchegante, conservado em sua forma original repleto de mobílias antigas, ladrilhos *Art Déco* desbotados, fotografias de familiares em preto e branco e roupas de cama imaculadas de algodão. A suíte tem dois quartos (um dos quais tem um sofá-cama) e os outros dois compartilham um banheiro. Poucos lugares superam este quando se trata da atmosfera.

Cervantes 7, Barri Gòtic, 08002 Barcelona. ✆ **65-423-81-61**. Fax 93-302-07-52. www.7balconies.com. 3 unidades. 80€–120€ (US$100–US$150). MC,V somente para depósito pelo quarto. Pagamentos pelo quarto somente em dinheiro. Estacionamento nas proximidades 20€ (US$25). Metrô: Liceu ou Jaume I. **Instalações e serviços:** Sala de chá. *Nos quartos:* TV, geladeira, cofre.

3 L'Eixample

Se o seu negócio for arquitetura *moderniste*, lojas de grife e restaurantes sofisticados, então Eixample ("Extensão" em catalão) é o lugar certo para você. A área foi construída na metade do século XIX para resolver o problema de superlotação da Ciutat Vella e tem mantido sua essência de bairro residencial de classe média.

MUITO CAROS

Hotel Casa Fuster ✮✮✮ *(Momentos)* Aberto em 2004 pela primeira vez como hotel, a Casa Fuster é uma das construções *moderniste* mais emblemáticas da cidade. No início do século XX, ela serviu de residência particular para a família Fuster antes de ser comprada por uma companhia elétrica estatal em 1960. Recentemente adquirida pelo Center Group, que investiu 68 milhões de euros (US$78,2 milhões) em seu ambicioso projeto de restauração, a Casa Fuster atualmente é classificada como um hotel de luxo cinco estrelas. O resultado é uma combinação de luxo total com instalações de última geração. A restauração foi

98 **CAPÍTULO 5 · ONDE FICAR**

meticulosa no saguão e no Café Viennese, no térreo, antigamente um lugar famoso onde se reuniam os intelectuais da cidade. A combinação de cores da *Belle Époque* em lilás, magenta e marrom-acinzentado foi adotada nos quartos, muitos dotados de sacadas com vista para o elegante Passeig de Gràcia. Para ficar de acordo com a arquitetura da época, cortinas, almofadas e estofados são abundantes, dando ao hotel uma impressão um pouco exagerada para alguns. Mas se você está procurando por uma total indulgência, além de uma chance de viver como a burguesia da virada do século XX, a Casa Fuster oferece tudo o que você poderia querer: desde artigos de toalete Loewe até chuveiros com hidromassagem e uma relação extremamente alta de funcionários para cada hóspede. Diferente de outros hotéis de luxo como o Arts (pág. 112) ou La Florida (pág. 116), a Casa Fuster também tem a vantagem adicional de estar localizada no centro da cidade, com algumas das melhores lojas e pontos turísticos bem próximos. Consulte o site do hotel a procura de promoções.

Passeig de Gràcia 132, 08008 Barcelona. ✆ **90-220-23-45** para reservas, ou 93-255-30-00. Fax 93-255-30-02. www.hotelcasafuster.com. 105 unidades. 380€–475€ (US$475–US$594) duplo; 550€–1.950€ (US$687–US$2.312) suíte. AE, DC, MC, V. Estacionamento com manobrista 25€ (US$31). Metrô: Diagonal. **Instalações e serviços:** Restaurante; bar; salas de estar; piscina; academia de ginástica; *Jacuzzi*; sauna; solário, business center; serviço de quarto 24 horas; serviço de babá; serviço de lavanderia; lavagem a seco; quartos para não fumantes; serviço gratuito de jornais; serviço de equipamentos audiovisuais. *Nos quartos:* A/C, TV, minibar, secador de cabelos, cofre, acesso à Internet.

Hotel Claris ✪✪✪ Esse hotel pós-moderno altamente individualizado é uma das poucas
propriedades genuinamente de luxo no centro da cidade. Um edifício do século XIX (o Palácio Verdruna), que é um marco histórico, com uma fachada historicamente importante, ele reúne cedro, mármore, aço e vidro em suas mobílias e na decoração. Muitos consideram o Claris como o melhor hotel da cidade, embora alguns achem os banheiros um pouco pequenos. Inaugurado em 1992 (a tempo para as Olimpíadas), o hotel é uma construção de sete andares com uma piscina e um jardim em sua cobertura. Há um pequeno museu de antiguidades egípcias da coleção do proprietário no segundo andar. Os quartos de hóspedes azuis-violeta contêm os mais modernos acessórios eletrônicos , bem como objetos de arte incomuns — *kilims* turcos, antiguidades inglesas, esculturas hindus, pedras esculpidas e gravuras egípcias. Os quartos espaçosos estão entre os mais opulentos da cidade, com marchetaria e painéis em madeira, mobílias personalizadas, cofres e algumas das camas mais suntuosas da cidade. Os banheiros são espaçosos, repletos de artigos de toalete de luxo, com banheira e chuveiro. Se dinheiro não for problema, reserve uma das 20 unidades duplex individualmente projetadas.

Pau Claris 150, 08009 Barcelona. ✆ **93-487-62-62**. Fax 93-215-79-70. www.derbyhotels.com. 120 unidades. 300€–395€ (US$375–US$494) duplo; 475€ (US$594) suíte. AE, DC, MC, V. Estacionamento com manobrista opcional 20€ (US$25). Metrô: Passeig de Gràcia. **Instalações e serviços:** 2 restaurantes; 2 bares; piscina externa; academia de ginástica; sauna; *business center*; serviço de quarto limitado; babá; serviço de lavanderia; lavagem a seco; quartos para não fumantes; museu particular. *Nos quartos:* A/C, TV, minibar, secador de cabelos, cofre, acesso à Internet.

Hotel Condes de Barcelona ✪ Localizada no esplêndido Passeig de Gràcia, em termos de
arquitetura, esta antiga *villa* privativa (que data de 1895) é um dos hotéis de qualidade mais fascinantes de Barcelona. Os negócios estavam indo tão bem que foi inaugurada uma extensão com 74 quartos a mais do outro lado da rua (**Carrer Majorca**), que, infelizmente, não tem o encanto original. O hotel ostenta uma fachada neomedieval única que mostra forte influência de Gaudí, e atrações modernas incluem jantar na cobertura com uma banda de *jazz* ao vivo. Todos os confortáveis quartos de hóspedes de tamanho médio possuem banheiros em mármore com banheira e chuveiro, reproduções de pinturas espanholas e janelas a prova de som. O Condes continua sendo uma das opções mais populares no Eixample.

Passeig de Gràcia 73–75, 08008 Barcelona. ✆ **93-488-22-00**. Fax 93-467-47-81. www.condesdebarcelona.com. 183 unidades. 175€–350€ (US$219–US$438) duplo; 495€ (US$619) suíte. AE, DC, MC, V. Estacionamento 16€(US$20). Metrô: Passeig de Gràcia. **Instalações e serviços:** Restaurante; café; bar; piscina externa; business center; serviço de quarto limitado; babá; serviço de lavanderia; lavagem a seco; quartos para não fumantes. *No quarto:* A/C, TV, minibar, secador de cabelos, cofre, acesso à Internet.

Acomodações no L'Eixample

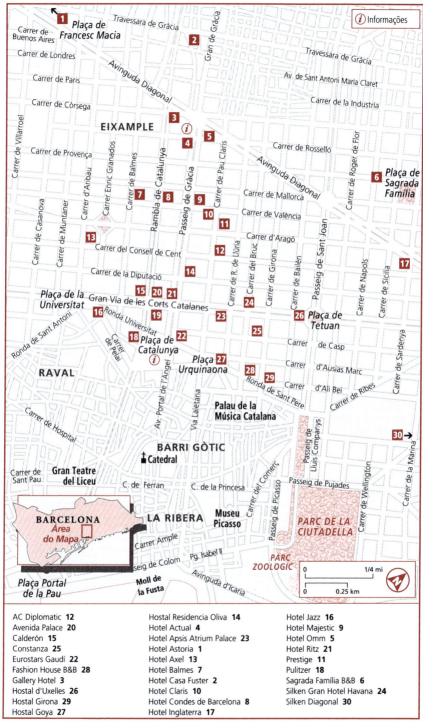

AC Diplomatic **12**	Hostal Residencia Oliva **14**	Hotel Jazz **16**
Avenida Palace **20**	Hotel Actual **4**	Hotel Majestic **9**
Calderón **15**	Hotel Apsis Atrium Palace **23**	Hotel Omm **5**
Constanza **25**	Hotel Astoria **1**	Hotel Ritz **21**
Eurostars Gaudí **22**	Hotel Axel **13**	Prestige **11**
Fashion House B&B **28**	Hotel Balmes **7**	Pulitzer **18**
Gallery Hotel **3**	Hotel Casa Fuster **2**	Sagrada Família B&B **6**
Hostal d'Uxelles **26**	Hotel Claris **10**	Silken Gran Hotel Havana **24**
Hostal Girona **29**	Hotel Condes de Barcelona **8**	Silken Diagonal **30**
Hostal Goya **27**	Hotel Inglaterra **17**	

99

100 CAPÍTULO 5 · ONDE FICAR

Hotel Majestic ✦✦✦ Esse hotel é um dos marcos mais visíveis de Barcelona e tem sido assim desde 1920, quando ele foi construído nesse local bem procurado que se encontra à 10 minutos de caminhada da Plaça de Catalunya. No início dos anos 90, foi radicalmente reformado e melhorado, adquirindo *status* de luxuoso, mas, ao mesmo tempo, conservando a magnificência digna das dependências comuns, porém com um colorido adicional nos quartos. Atualmente, cada um dos quartos está decorado com um padrão de cores diferente, em geral monocromático, com carpetes, obras de arte e estofados. Todas as unidades possuem banheiros com banheira e chuveiro. Os funcionários são trabalhadores e cuidadosos, embora, às vezes, extremamente atarefados com os ônibus de excursão que trazem inúmeros clientes todos de uma só vez. Seu restaurante, o **Drolma** (pág. 139), tem uma estrela no famoso guia Michelin.

Passeig de Gràcia 68, 08007 Barcelona. ✆ **93-488-17-17**. Fax 93-488-18-80. www.hotelmajestic.es. 303 unidades. 200€–375€ (US$250–US$469) duplo; 450€–625€ (US$563–US$781) suíte. AE, DC, MC,V. Estacionamento 16€ (US$20). Metrô: Passeig de Gràcia. **Instalações e serviços:** 2 restaurantes; 2 bares; piscina externa; academia de ginástica; sauna; *business center*; serviço de quarto limitado; serviço de lavanderia; lavagem a seco; carro de cortesia para hóspedes em suítes e apartamentos. *Nos quartos:* A/C, TV, minibar, secador de cabelos, cofre, acesso à Internet.

Hotel Omm ✦✦✦ Esse hotel é o queridinho do cenário de hotéis em Barcelona atualmente. Desde que foi inaugurado em 2002, estrelas de rock, arquitetos, atores e pessoas da mídia que acham hotéis clássicos como o Ritz ou o Majestic um pouco antigos demais têm ficado aqui. É o primeiro projeto de hotelaria do grupo Tragaluz, o mais famoso proprietário de restaurantes de Barcelona, e naturalmente, por esse motivo, o restaurante da casa, o **Moo** (pág. 143), é de primeira classe e o coquetel bar no saguão é um dos lugares mais badalados para um drinque antes do jantar. Exageros à parte, o Omm é um exemplo excelente de *design* inteligente e bem executado. A impressionante fachada formada por "wafers de pedra" já se tornou um marco, e a nata do talento em *design* da cidade foi contratada para o interior. Em contraste com os corredores escuros e com pouca iluminação, os quartos são banhados por luz natural e fazem uso ao máximo de seus espaços. Tendo em mente que a maioria dos hóspedes seriam grandes compradores (e estariam sempre carregando muitas sacolas de compras), o hotel disponibilizou um amplo espaço de armário e de guarda-roupa que não chega a ser intrusivo. Adicione a isso uma combinação de cores cinza-metálico e azul, uma TV de tela plana, DVD, som estéreo e todas as demais conveniências de última geração que possa imaginar e você terá um hotel que é difícil de superar em termos de total conforto e eficiência. Da piscina da cobertura você pode ver La Pedrera de Gaudí; e o deque para tomar sol é um lugar privilegiado onde você pode matar o tempo nas lânguidas noites barcelonesas.

Rosselló 265, 08008 Barcelona. ✆ **93-445-40-00**. Fax 93-445-40-04. www.hotelomm.es. 59 unidades. 320€–375€ (US$400–US$470) duplo; 500€ (US$625) suíte. AE, DC, MC, V. Estacionamento 22€ (US$28). Metrô: Diagonal. **Instalações e serviços:** Restaurante; coquetel bar; sala de ginástica; business center; serviço de quarto; serviço de babá; serviço de lavanderia; lavagem a seco; quartos para não fumantes. *Nos quartos:* A/C, TV, minibar, secador de cabelos, cofre, acesso à Internet.

Hotel Ritz ✦✦✦ Reconhecido por muitos como sendo o hotel de maior prestígio e aquele com a arquitetura mais notável em Barcelona, o Ritz em estilo *Art Déco* data de 1919. Ricamente reformado durante os anos 80, esse hotel já recebeu mais milionários, pessoas famosas e aristocratas (e seus cônjuges oficiais ou não) que qualquer outro hotel do nordeste da Espanha. Uma de suas características mais interessantes é o saguão neoclássico creme e dourado onde o chá da tarde é servido ao som de um quarteto de cordas. Os quartos suntuosos são formais na medida certa, com pé direito alto e ricamente mobiliados. Alguns têm mobiliário em estilo *Regency*, banheiros com detalhes em mosaico e chuveiros com banheiras inspiradas na Roma antiga. Você tem todos os confortos aqui: roupas de cama elegantes, colchões de luxo e toalhas felpudas.

Gran Vía de les Corts Catalanes 668, 08010 Barcelona. ✆ **93-318-52-00**. Fax 93-318-01-48. www.ritzbcn.com. 122 unidades. 400€ (US$500) duplo; a partir de 495€ (US$619) suíte. AE, DC, MC, V. Estacionamento 21€ (US$26). Metrô: Passeig de Gràcia. **Instalações e serviços:** 3 restaurantes; bar; academia de ginástica; aluguel de carro; business center 24 horas; serviço de quarto limitado; babá; serviço de lavanderia; lavagem a seco. *Nos quartos:* A/C, TV, minibar, secador de cabelos, cofre, acesso à Internet.

L'EIXAMPLE 101

Prestige ✦✦✦ Inaugurado em maio de 2002 em meio à pompa semelhante à de uma nova coleção de alta costura que acaba de sair da passarela e foi bem recebida, o Prestige já tem seu lugar garantido no cenário de tudo que é elegante e fabuloso. Ele tem alguns toques agradáveis como o bar **Zeroom** para café da manhã e uma biblioteca onde você pode curtir as manhãs descansando no jardim oriental, e, ao mesmo tempo, tomar um café entre espreguiçadeiras de marfim e bambus ornamentais. Existe uma ética no serviço "Peça-me" — funcionários prometem conseguir qualquer tipo de informação que você precisar sobre a cidade, seja sobre o horário de abertura de um museu, seja o restaurante *kosher* mais próximo. Os quartos inspirados em estilo japonês são elegantes e espaçosos com todos os extras que você poderia possivelmente precisar para uma boa noite de sono. Sem dúvida, esse é um hotel que leva seu nome realmente a sério. A única coisa que falta é um bom restaurante com um *chef* de cozinha famoso à frente.

Passeig de Gràcia 62, 08007 Barcelona. ✆ **93-272-41-80**. Fax 93-272-41-81. www.prestigepaseodegracia.com. 45 unidades. 195€–265€ (US$244–US$331) duplo; a partir de 420€ (US$525) suíte. AE, DC, MC, V. Estacionamento com manobrista 2€t (US$2,50)/hora. Metrô: Diagonal. **Instalações e serviços:** Café/bar; sala de estar; salão de beleza e academia; *Jacuzzi*; sauna; *business center*; serviço de quarto 24 horas; serviço de babá; serviço de lavanderia; lavagem a seco; quartos para não fumantes; engraxate; serviço gratuito de jornal; jardim privativo; biblioteca sobre Barcelona e música. *Nos quartos:* A/C, TV, minibar, secador de cabelos, cofre, acesso à Internet

Pulitzer ✦✦ *Achados* Outro recém-chegado no cenário de grife de Barcelona, o supermoderno Pulitzer, fica bem pertinho da Plaça Catalunya. Os hotéis nesse quarteirão geralmente são mais uniformes e voltados para negócios. Mas não é assim, com seus sofás de couro brancos, ornamentos em mármore preto e salas de estar com estantes que vão do chão ao teto com títulos como *California Homes, Moroccan Interiors* e *The World's Greatest Hotels*. Há também um elegante coquetel bar — o tipo de lugar que você esperaria encontrar as garotas de *Sex and the City* — um restaurante elegante e um terraço agradável iluminado com velas na cobertura. Os quartos seguem o padrão de cores preto e grafite (alguns são um pouco pequenos) e possuem estofados e roupas de cama suntuosos: de couro, de seda e travesseiros de pena de ganso. Os banheiros vistosos são equipados com banheira e chuveiro e possuem artigos de toalete em abundância.

Bergara 8, Eixample Esquerra, 08002 Barcelona. ✆ **93-481-67-67**. Fax 93-481-64-64. www.hotelpulitzer.es. 91 unidades. 150€–225€ (US$188–US$281) duplo. AE, DC, MC, V. Estacionamento público nas proximidades 24€ (US$30). Metrô: Catalunya. **Instalações e serviços:** Restaurante; coquetel bar; sala de estar; academia de ginástica externa; solário; *business center*; serviço de quarto 24 horas; serviço de babá; serviço de lavanderia; lavagem a seco; quartos para não fumantes; biblioteca. *Nos quartos:* A/C, TV, minibar, secador de cabelos, cofre, acesso à Internet.

Silken Gran Hotel Havana ✦ Situado em frente ao Ritz, o Havana é um pouco menos tradicional que seu vizinho famoso. Ele ocupa uma construção do século XIX que foi totalmente reformada em 1991 e tem um ar de coisa nova, combinando agradavelmente com a arquitetura e o *design moderniste*. Em termos de serviços e qualidade das acomodações, ele é praticamente o que qualquer um esperaria de um hotel 4 estrelas: quartos espaçoso e bem equipados; decoração moderna com banheiros amplos de mármore italiano, box para chuveiro e banheira, além de artigos de toalete que são reabastecidos diariamente. Os melhores quartos são as suítes executivas no sexto andar que têm terraços privativos com vistas formidáveis. Tome cuidado com os quartos de frente para a rua; embora teoricamente sejam à prova de som, eles podem ser um pouco barulhentos para pessoas de sono leve. A piscina e o terraço na cobertura constituem um bônus adicional.

Gran Vía de les Corts Catalanes 647, Eixample Dreta, 08010 Barcelona. ✆ **93-412-11-15**. Fax 93-412-26-11. www.silkengranhavana.com. 145 unidades. 195€ (US$244) duplo; 210€–360€ (US$262–US$450) suíte. AE, DC, MC, V. Estacionamento 18€ (US$23). Metrô: Passeig de Gràcia, Tetuan ou Girona. **Instalações e serviços:** Restaurante; bar; piscina; *business center*; serviço de quarto; serviço de babá; serviço de lavanderia; lavagem a seco; quartos para não fumantes. *Nos quartos:* A/C, TV, minibar, secador de cabelos, cofre, acesso à Internet.

102 CAPÍTULO 5 · ONDE FICAR

CAROS

Avenida Palace ✦✦ Esse esplêndido hotel fica atrás de um par de torres pseudofortificadas em um invejável bairro do século XIX cheio de lojas elegantes e prédios de apartamentos. Apesar de sua relativa modernidade (data de 1952), o hotel evoca um senso de charme de outras épocas, parte por causa dos funcionários atenciosos, parte por causa das flores, das antiguidades e dos acessórios da década de 50 que enchem as áreas comuns. Hóspedes famosos vêm se hospedando durante décadas neste hotel e os Beatles ficaram aqui — na suíte master — depois do concerto de verão em 1965. Os quartos comuns são solidamente tradicionais e tranquilos, com alguns deles reservados para não fumantes. Os quartos à prova de som variam de medianos a espaçosos e têm camas confortáveis e mobílias principalmente de madeira. Os banheiros são bem equipados, com pias duplas, banheira/chuveiro e aquecedores.

Gran Vía de les Corts Catalanes 605 (no Passeig de Gràcia), 08007 Barcelona. ☎ **93-301-96-00**. Fax 93-318-12-34. www.avenidapalace.com. 160 unidades. 225€–250€ (US$281–US$313) duplo; 325€ (US$406) suíte. AE, DC, MC, V. Estacionamento 16€ (US$20). Metrô: Passeig de Gràcia. **Instalações e serviços:** 2 restaurantes; bar; salão de beleza; serviço de quarto (7:00h–23:00h); babá; serviço de lavandaria; lavagem a seco; câmbio. *Nos quartos:* A/C, TV, minibar, secador de cabelos, cofre.

Calderón Se levarmos em conta o padrão de hotéis empresariais, o Calderón tem duas coisas a seu favor, e sendo assim, financeiramente é uma boa opção: em primeiro lugar, sua localização — está situado bem no passeio arborizado de Rambla de Catalunya com seus cafés na calçada e bares de tapas, e está somente a alguns minutos do Barri Gòtic. Em segundo lugar, seu tamanho — ele é enorme, com abundância de instalações para os que precisam de conforto para se sentirem em casa, com quartos imensos, bem iluminados e arejados e muitas instalações modernas, além de banheiros espaçosos no próprio quarto.

Rambla de Catalunya 26, 08007 Barcelona. ☎ **93-301-00-00**. Fax 93-412-41-93. www.nh-hotels.com. 253 unidades. 235€ (US$294) duplo; 550€ (US$687) suíte. AE, DC, MC, V. Estacionamento 16€ (US$20). Metrô: Catalunya. **Instalações e serviços:** Restaurante; bar; cafeteria; sala de estar; piscina interna/externa, sauna; sala de ginástica; solário; *business center*; serviço de quarto; serviço de babá; serviço de lavandaria; lavagem a seco; quartos para não fumantes. *Nos quartos:* A/C, TV, minibar, secador de cabelos, cofre, acesso à Internet.

MODERADOS

AC Diplomatic ✦ Esse quatro estrelas de primeira classe com frente de vidro esbanja estilo, embora seja predominantemente um hotel empresarial. Se você observar bem o foco no agradável *design* Zen e os detalhes que fazem a diferença — como o serviço de lavandaria 24 horas, o minibar grátis e quartos para não fumantes — você perceberá que somente essas características já o destacam da maioria dos hotéis que fazem parte de cadeias. O restaurante, com sua aura de vanguarda, oferece um cardápio *sanísimo* (de baixa caloria), em vez do habitual bife com fritas. Os quartos são de bom tamanho e decorados de forma aconchegante com painéis de madeira, assoalho e uma saleta. Todos têm banheiro no próprio quarto com chuveiro e/ou banheira.

Pau Claris 122, 08009 Barcelona. ☎ **93-272-38-10**. Fax 93-272-38-11 www.achoteldiplomatic.com. 211 unidades. 170€ (US$213) duplo; 290€ (US$363) suíte. AE, DC, MC, V. Estacionamento 20€ (US$25). Metrô: Passeig de Gràcia. **Instalações e**

🅒Crianças Hotéis Ideais Para Famílias

Hotel Colón (p.88) Famílias que pedirem, geralmente conseguem quartos espaçosos nesse hotel, em frente à catedral no Quarteirão Gótico.

Hotel Fira Palace (p.110) Na base do Montjuïc, uma das área verdes que mais crescem na cidade. Áreas onde as crianças podem correr livremente ficam a uma curta distânc

Citadines (p.118) t Uma cozinha interna e serviços de camareira oferecem um suporte a mais nos cuidados com as crianças pequenas.

serviços: Restaurante; bar; sala de estar; piscina externa; sala de ginástica; sauna; serviço de quarto limitado; serviço de massagem; serviço de babá; serviço de lavandaria; lavagem a seco; quartos para não fumantes; cofre. *Nos quartos:* A/C, TV, minibar, secador de cabelos, acesso à Internet.

Constanza Um boutique hotel elegante a uma curta distância a pé das compras e das atrações culturais e culinárias de La Ribera, o recém-reformado Constanza combina estilo e juventude vibrante com uma boa quantidade de substância para sua faixa de preços. É verdade que ele não tem piscina na cobertura ou vistas da cidade, mas é elegante e confortável com um ambiente moderno e "pra cima". O *lobby* tem sofás brancos espaçosos e decoração em vermelho, e o hotel tem um salão para café da manhã minimalista, decorado com estampas florais. Os quartos do primeiro andar são bem iluminados e arejados com linhas retas e mobília com detalhes em couro, almofadas em abundância e lençóis brancos de algodão. Todos os quartos possuem banheiro próprio com chuveiro. Alguns são bem pequenos e os que ficam na frente podem ser barulhentos, mas se você puder reservar um quarto com um terraço privativo, esse lugar será um excelente negócio.

Bruc 33, 08010 Barcelona. ☎ **93-270-19-10.** Fax 93-317-40-24. www.hotelconstanza.com. 20 unidades. 90€ (US$113) duplo; 100€ (US$125) suíte; 120€ (US$150) apto. AE, MC, V. Estacionamento público nas proximidades 20€ (US$25). Metrô: Urquinaona. **Instalações e serviços:** sala de ginástica; serviço de quarto; serviço de lavandaria; lavagem a seco; cofre. *Nos quartos:* A/C, TV, minibar, secador de cabelos, acesso à Internet.

Euostars Gaudí Não confunda esse com o hotel Gaudí na parte baixa do Quarteirão Gótico. Esse membro recente do altamente prestigiado grupo Eurostars foi inaugurado em junho de 2005, e está situado no coração do Eixample, a noroeste da principal arena de touradas da cidade, a Monumental. É um hotel contemporâneo com senso de espaço, decoração relaxante e padrão de cores. A equipe de funcionários é agradável e atenciosa. A radiante e espaçosa sala de jantar oferece uma cozinha de qualidade internacional, além de *buffets* de café da manhã. Casais que se hospedarem nos quartos Duplos Românticos recebem uma garrafa de *cava* de cortesia na chegada. A partir do terraço na cobertura, você tem excelentes vistas da cidade que abrangem a Sagrada Família nas proximidades. Todos os quartos são elegantes, confortáveis e possuem banheiros, próprios, com banheira/chuveiro.

Consell de Cent. 498–500, 08013 Barcelona. ☎ **93-232-02-88.** Fax 93-232-02-87. www.eurostarsgaudihotel.com. 45 unidades. 150€–220€ (US$188–US$275) duplo. AE, DC, MC, V. Metrô: Monumental. **Instalações e serviços:** Restaurante, bar; sala de estar; terraço com vista panorâmica; instalações para visitantes com deficiência; serviço de lavandaria; lavagem a seco; recepção 24 horas. *Nos quartos:* A/C, TV de tela plana, Wi-Fi, minibar, secador de cabelos, cofre, acesso para cadeira de rodas.

Gallery Hotel Esse hotel recebeu seu nome por causa de um bairro próximo onde ficam as principais galerias de arte. É moderno, elegantemente decorado e fica entre o Passeig Gràcia e a Rambla de Catalunya, logo abaixo da larga avenida Diagonal, na região superior do Eixample. O Gallery foi totalmente reformado em 2002 e os quartos são, em sua maior parte, de tamanho médio, decorados com bomgosto e toques agradáveis como flores frescas ao lado da cama e roupas de cama imaculadas. Todos os quartos têm um banheiro pequeno com banheira e chuveiro. O restaurante do hotel é famoso pela sua saborosa culinária mediterrânea.

Calle Rosello 249, 08008 Barcelona. ☎ **93-415-99-11.** Fax 93-415-91-84. www.galleryhotel.com. 110 unidades. Seg–qui 200€ (US$250) duplo, 330€ (US$412) suíte; sex–dom 130€ (US$163) duplo, 155€ (US$194) suíte. AE, DC, MC, V. Estacionamento 18€ (US$23). Metrô: Diagonal. **Instalações e serviços:** Restaurante; bar; academia de ginástica; business center; sauna; solário; serviço de quarto 24 horas; babá; serviço de lavandaria/lavagem a seco; quartos para não fumantes. *Nos quartos:* A/C, TV, minibar, secador de cabelos, cofre, acesso à Internet.

Hotel Actual *(Econômico)* Situado em frente ao ultrassofisticado Hotel Omm (veja anteriormente), não é surpresa que o Actual fique de certa forma um pouco ofuscado. Porém, você pode

104   CAPÍTULO 5 · ONDE FICAR

economizar alguns euros ficando nesse elegante três estrelas em vez de ficar do outro lado da rua, e é claro, ainda pode fazer uso do maravilhoso bar e restaurante do Omm. Painéis de madeira pequenos, mas perfeitamente compostos e janelas amplas dão ao hotel uma sensação de bem arejado e bem iluminado, com um toque de sofisticação. Os quartos são simples, mas elegantemente decorados com mobílias leves em tons de marrom-chocolate, paredes e roupas de cama simples e brancas. Todos os quartos têm banheiros compactos com banheira/chuveiro.

Rosselló 238, Eixample Esquerra, 08008 Barcelona. ✆ **93-552-05-50**. Fax 93-552-05-55. www.hotelactual.com. 29 unidades. 200€ (US$250) duplo. AE, DC, MC, V. Estacionamento público 22€ (US$28). Metrô: Diagonal. **Instalações e serviços:** Cafeteria; sala de estar; piscina externa; serviço de quarto; serviço de babá; serviço de lavanderia; lavagem a seco; quartos para não fumantes. *Nos quartos:* A/C, TV, minibar, secador de cabelos, cofre, acesso à Internet.

Hotel Apsis Atrium Palace ★★★ *Achados* Esse hotel fabulosamente moderno, de linhas elegantes e decoração em mármore bege, orgulha-se de suas instalações de alta tecnologia. Internet sem fio está disponível por todo o edifício (eles disponibilizam até mesmo um cartão para Wi-Fi) e a biblioteca mais o *business center*, com seus sofás macios e espaçosos, além de chá e café à disposição, oferece vários monitores de tela plana para uso dos hóspedes. Máquinas para xerox, impressoras e uma variedade de jornais internacionais também estão disponíveis nesse admirável mundo novo de instalações empresariais de cortesia. O restaurante do hotel é suavemente iluminado, possui um teto ondulado, piscina *indoor* e *Jacuzzi* cercadas por um deque de madeira, que são muito elegantes e imensamente bem-vindas nos meses de inverno quando Barcelona fica um tanto fria. Os quartos são notavelmente espaçosos (28–32 m^2 /301–344 pés2 em média), com mantas bordadas e pequenas áreas para se sentar, além de pequenos extras bem pensados como uma cota diária grátis de água mineral e suco de fruta. Os banheiros são de mármores com banheira/chuveiro. Além disso as suítes do último andar têm o máximo em termos de conforto: sala de estar separada, duas televisões, um terraço privado com espreguiçadeiras, banheira com controle de temperatura e vistas panorâmicas. É um ótimo negócio financeiramente, e o local ideal para combinar negócios com lazer.

Gran Vía de les Corts Catalanes 656, Eixample Esquerra, 08010 Barcelona.✆ **93-342-80-00.** Fax 93-342-80-01. www.hotel-atriumpalace.com. 71 unidades. 120€–250€ (US$150–US$313) duplo; 275€–320€ (US$344–US$400) suíte. AE, DC, MC, V. Estacionamento 22€ (US$28). Metrô: Passeig de Grácia ou Catalunya. **Instalações e serviços:** Restaurante; bar; piscina; sala de ginástica; *business center*; serviço de quarto limitado; serviço de babá; serviço de lavanderia; lavagem a seco; quartos para não fumantes; biblioteca Barcelona. *Nos quartos:* A/C, TV, minibar, secador de cabelos, cofre, acesso à Internet.

Hotel Axel ★★★ O que começou como um hotel dirigido a um público metropolitano gay tornou-se um lugar de destaque para todos os viajantes de estilo que não querer esbanjar, mas para quem vale tudo, desde que seja elegante. Embora continue único por enquanto, provavelmente não demorará muito para que outros tentem imitar o seu sucesso. Ele tem um agradável coquetel bar e restaurante pintado de escarlate no *lobby* e uma piscina com deque na cobertura. Se você não tiver nada que seja de seu agrado para vestir, dê uma olhada na loja de roupas masculinas de grife logo ao lado (administrada, não coincidentemente pelo Axel). Um pequeno toque extra agradável é a disponibilidade de garrafas de água mineral gratuitas nas geladeiras em todos os andares. Todos os quartos são à prova de som e têm camas *king-size* com muitos travesseiros macios. (Definitivamente, há uma ênfase na qualidade de vida na cama aqui.) A arte é erótica, e os elegantes banheiros privativos foram projetados para dois, com banheira/chuveiro. (Quartos de mais alto padrão possuem *Jacuzzi*.)

Aribau 33, Eixample Esquerra, 08011 Barcelona. ✆ **93-323-93-93**. Fax 93-323-93-94.www.hotelaxel.com. 66 unidades. 180€–225€ (US$225–US$281) duplo; a partir de 300€ (US$375) suíte. AE, DC, MC, V. Estacionamento 15€ (US$19). Metrô: Universitat. **Instalações e serviços:** Restaurante; bar; sala de estar; piscina externa; solário; sala de ginástica; serviço de massagem; *Jacuzzi*; sauna; *hammam* (casa de banho estilo Árabe); serviço de quarto limitado; serviço de lavandaria; lavagem a seco; quartos para não fumantes; cofre; biblioteca. *Nos quartos:* A/C, TV, minibar, secador de cabelos, acesso à Internet.

Hotel Inglaterra *Econômico* Apesar do nome, esse hotel elegante e distinto tem uma decoração exótica suave inspirada no estilo japonês. Ele foi um dos primeiros boutique hotéis da cidade e faz um bom uso dos espaços comuns, com salas de estar confortáveis, salão para café da manhã e bar atraentes e um terraço bem equipado na cobertura para tomar sol e ler. Os quartos espaçosos e minimalistas têm banheiros privados com banheira/chuveiro. Levando tudo isso em conta, esse é um hotel de qualidade; descontraído e um excelente preço.

Pelayo 14, Eixample Esquerra, 08001 Barcelona. ✆**93-505-11-00**. Fax 93-505-11-09. www.hotel-inglaterra.com. 55 unidades. 190€ (US$238) duplo. AE, DC, MC, V. Estacionamento público nas proximidades 24€ (US$30). Metrô: Catalunya ou Universitat. **Instalações e serviços:** Restaurante; sala de estar; serviço de quarto; serviço de lavanderia; lavagem a seco; cofre. *Nos quartos:* A/C, TV, minibar, secador de cabelos, acesso à Internet.

Hotel Jazz Logo depois da esquina da Plaça Catalunya, o Jazz está situado numa região de hotéis de *designers* famosos. Bastante discreto apesar de seu nome, o hotel se destaca como uma alternativa modestamente atraente e tentadora em relação aos competidores oficialmente de mais alto padrão. A decoração, com pisos de madeira claros e a pintura em tons de bege, pode ser um pouco comum, mas não se pode considerar isso como defeito, e os quartos são bastante espaçosos, todos são suítes e à prova de som — definitivamente um bônus nessa área agitada. A grande vantagem está na cobertura, onde você encontrará uma piscina e um terraço com piso de madeira, que é mais do que os vizinhos mais caros podem oferecer.

Pelai 3, 08001 Barcelona. ✆ **93-552-96-96**, 0870-120-1521 (U.K.), ou 207/580-2663 (EUA). Fax 93-552-96-97. www.nnhotels.es. 180 unidades. 140€–195€ (US$175–US$244) duplo; 175€–220€ (US$219–US$275) suíte. AE, DC, MC, V. Estacionamento 20€ (US$25) por dia. Metrô: Catalunya ou Universitat. **Instalações e serviços:** Cafeteria; sala de estar; piscina externa; solário; business center; serviço de quarto; serviço de babá; serviço de lavanderia; lavagem a seco; quartos para não fumantes. *Nos quartos:* A/C, TV, mini-bar, secador de cabelos, cofre, acesso a Internet.

Hotel Onix ★ *Econômico* Elegante e minimalista, o Onix Rambla Catalunya foi inaugurado em 2003 com todas as instalações de um hotel mais caro, incluindo atrativos como um terraço ensolarado, bastante espaçoso e uma piscina na cobertura. Cheio de trabalhos discretos de arte moderna, é uma boa escolha para qualquer um que queira ficar em um hotel de grande design sem pagar preços de grandes designs. O hotel tem um agradável salão de café da manhã e uma lanchonete de vanguarda no local. Os quartos são decorados com bom gosto, em madeira, couro e ladrilhos e todos têm banheiros privativos com banheira/chuveiro.

Rambla Catalunya 24, Eixample Esquerra, 08007 Barcelona. ✆ **93-342-79-80**. Fax 93-342-51-52. www.hotels.onix.com. 40 unidades. 160€ (US$200) duplo. AE, DC, MC, V. Metrô: Passeig de Gràcia ou Universitat. **Instalações e serviços:** Cafeteria; sala de estar; piscina externa; sala de ginástica; solário; business center; serviço de quarto; serviço de babá; serviço de lavanderia; lavagem a seco; quartos para não fumantes. *Nos quartos:* A/C, TV, minibar, secador de cabelos, cofre, acesso à Internet.

Silken Diagonal Inaugurado em dezembro de 2004, essa aquisição da prestigiada cadeia Silken está situada na extremidade sudeste de Eixample, próxima ao extraordinário edifício Torre Agbar. O hotel foi projetado pelo arquiteto local Juli Capella e ostenta uma fachada impressionante em preto e branco, e uma decoração interior sutil de muito bom gosto que faz uso máximo da luz natural. Suas áreas comuns espaçosas incluem 4 salas de estar e acesso sem fio à Internet. Há instalações para não fumantes e hóspedes com deficiência e todos os quartos e suítes têm banheiros privados com banheira/chuveiro. Piano, o restaurante do hotel, é especializado em culinária sofisticada, combinando as melhores especialidades catalãs e bascas. Os *buffets* de café da manhã são servidos no café Tecla. Você terá vistas maravilhosas da cidade a partir da piscina (um pouco pequena), que fica na cobertura, e do solário ao redor, com piso de madeira , onde você também pode pedir refeições no bar adjacente. Recepções de negócios, de casamento e coquetéis são frequentes aqui.

106 CAPÍTULO 5 · ONDE FICAR

> ## *Dicas* Boom dos Apartamentos Particulares em Barcelona
>
> Novos hotéis, particularmente de três e quatro estrelas, estão surgindo em Barcelona a uma velocidade surpreendente, sendo mais de 300 hotéis abertos só em 2008. Porém, muitos viajantes ainda optam por acomodações particulares de qualidade, que permitem aos visitantes mais flexibilidade e independência em relação aos hotéis.
>
> Se você já teve a curiosidade de ver os simpáticos apartamentos na Cidade Velha, com seus tetos curvos iluminados e sacadas cheias de samambaias, ou os apartamentos com ladrilhos na entrada e fachadas em estilo *Art Nouveau* no *L'Eixample*, essa é a sua chance de conhecê-los mais de perto. Ande pelo Barri Gòtic hoje em dia e você verá muitos apartamentos residenciais disponíveis para alugar a preços razoáveis por dia (normalmente um mínimo de 3 dias), por semana ou por mês, fazendo com que os visitantes possam ter a verdadeira experiência de morar na cidade: fazer compras nos mercados, preparar sua própria comida e celebrar com vinho à mesa de jantar.
>
> Pesquise por "acomodações particulares Barcelona" no Google e você encontrará muitas páginas com várias opções que atendem todos os caprichos e orçamentos. A variedade de apartamentos oferecidos vai de pequenos e práticos estúdios para casais a apartamentos de luxo e coberturas para famílias ou grupos de amigos.
>
> Se você estiver procurando algo cultural e não convencional, uma das opções mais interessantes é **La Casa de les Lletres** (Casa das Letras; ✆ **93-226-37-30**; www.cru2001.com), um conjunto temático de apartamentos que prestam homenagem a escritores como George Orwell, e ao jornalista catalão que escreveu sobre comidas, Josep Pla, que teve uma relação especial com a cidade. As acomodações misturam instalações de última geração com uma atmosfera intelectual boêmia. Poesia e prosa estão literalmente escritas nas paredes. Localizado em uma residência elegante na bonita Plaza Antonio López, o local não podia ser melhor, a apenas alguns minutos de Barceloneta e do Barri Gòtic.

Diagonal 205, 08018 Barcelona. ✆ **93-489-53-09**. Fax 93-489-53-09. www.hoteldiagonalbarcelona.com. 240 unidades. 200€–250€ (US$250–US$313) duplo. AE, DC, MC, V. Metrô: Glòries. **Instalações e serviços:** restaurante; cafeteria/bar; salas de estar; piscina e solário com lanchonete na cobertura; áreas para não fumantes; lavagem a seco; serviço de lavanderia. *Nos quartos:* A/C, TV, minibar, secador de cabelos, tábua de passar roupa, cofre, acesso à Internet.

BARATOS

Fashion House B&B ⚞ *Achados* Acomodações do tipo *bed-and-breakfast* ainda são um conceito relativamente novo em Barcelona. Ainda sim, você encontrará acomodações confortáveis com bons preços para aqueles que preferem um ambiente mais acolhedor. O Fashion House fica em uma residência elegantemente restaurada do século XIX, decorada com estuques e frisos, acrescentando um elemento de classe à atmosfera geral do lugar. Existe um banheiro compartilhado a cada dois quartos, e todos são bem iluminados e bem decorados em tons pastéis. Os melhores quartos possuem varandas. La Suite pode ser também um apartamento do tipo flat, fazendo com que seja uma boa opção para famílias que precisam de um pouco mais de espaço; ela também tem acesso privado para o terraço comum, que é bem servido de mesas e cadeiras nas sombras com muita área verde. O café da manhã é servido aqui no verão.

Bruc 13 Principal, 08010 Barcelona. ✆ **63-790-40-44**. Fax 93-301-09-38. www.bcn-fashionhouse.com. 8 unidades. 70€ (US$88) duplo; 85€ (US$106) duplo com sacada; 80€ (US$100) triplo; 100€ (US$125) triplo com sacada; 120€ (US$150) suíte. Tarifas incluem café da manhã. Adicional de 10€ (US$13) na alta temporada. MC, V. Metrô: Urquinaona. **Instalações e serviços:** Salão de café da manhã. *Nos quartos:* A/C, TV (só suíte), cozinha pequena (só suíte).

Hostal d'Uxelles ⚞ *Achados* Esse *hostal* de cartão-postal era mencionado no passado por causa das atitudes ocasionalmente grosseiras dos funcionários, embora isso pareça ser a exceção e não a regra atualmente. Tons pastéis e cortinas luxuosas colaboram para aumentar o charme rústico do lugar e todos os quartos são individualmente decorados com painéis de madeira em estilo *Art Déco* e com detalhes românticos, como cortinas com arcos de Cupido acima da cama. Cada quarto tem seu próprio banheiro completo com azulejos da Andaluzia, além de banheira e chuveiro, e os melhores possuem sacadas privativas com plantas, que são grandes o bastante para acomodar uma mesa e duas cadeiras.

Acomodações mais básicas podem ser encontradas em **www.nivellmar.com**, que oferece apartamentos no litoral — ou que pelo menos ficam a uma distância inferior a 200 m (600 pés) da praia — desde Barceloneta até Poble Nou. Os lugares oferecidos tendem a considerar mais a funcionalidade do que a forma, mas são razoavelmente decorados, limpos e com preços razoáveis. São ideais para viajantes jovens, ou para aqueles com crianças pequenas que simplesmente querem ficar perto do mar.

Para apartamentos com personalidade que não custam muito caro, dê uma olhada em **www.visit-bcn.com** que oferece de tudo, desde casas no Barri Gòtic, como as adoráveis **Dos Amigos** no coração da Cidade Velha, até apartamentos minimalistas em estilo *loft*.

Se é luxo que você está procurando, tente **www.friendlyrentals.com**; eles oferecem proprieda-des chiques a preços surpreendentemente bons. Todos os lugares listados estão classificados de acordo com sua personalidade artística (por exemplo, Rembrandt, **modernista**, Impressionista, Romântico ou *Art Déco*) e estão descritos e fotografados em detalhes. Muitos possuem terraços privativos e/ou pisci-nas e são consideravelmente mais baratos que um hotel da mesma classe.

A maioria dos apartamentos particulares, alugados por meio de uma agência ou diretamente com o proprietário, exige um depósito de uma noite e possivelmente um depósito de garantia, ambos pagos com cartão de crédito ou PayPal. Você deve prestar atenção em custos "ocultos" como taxas de limpeza e extras para pessoas a mais. Em geral, se comparados com os hotéis, os apartamentos têm um custo muito melhor, especialmente para permanências mais longas. Não se esqueça, entretanto, de que você estará por conta própria — não haverá porteiro para ajudá-lo a encontrar uma farmácia no meio da noite, ou dar instruções sobre onde fica o Museu Picasso.

Gran Vía de les Corts Catalanes 667 (Hostal 2) e 668 (Hostal 1), Eixample Dreta, 08010 Barcelona. ☎ **93-265-25-60**. Fax 93-232-85-67. www.hotelduxelles.com. 30 unidades. 75€–90€ (US$94–US$113) duplo; 100€–115€ (US$125–US$144) triplo; 140€–185€ (US$175–US$231) quádruplo. AE, DC, MC, V. Estacionamento nas proximidades 18€ (US$23). Metrô: Tetuan ou Girona. **Instalações e serviços:** sala de TV; serviço de quarto; serviço de lavanderia; cofre. *Nos quartos:* TV.

Hostal Girona ★★ *(Econômico)* Um dos *hostales* mais cheios de personalidade da cidade, o Girona, é decorado com tapeçarias nas paredes, tapetes, quadros com molduras douradas e lustres de cristais que destacam de maneira formosa a decoração *moderniste*. O resultado é um lugar que o faz sentir-se em casa e não é surpresa que esse local tenha um público fiel. O Girona oferece uma variedade de acomodações, desde quartos para uma só pessoa, sem banheiro, a quartos duplos mais luxuosos com banheiros, além de banheira/chuveiro e sacada. Todos são confortáveis e foram pintados recentemente, e possuem roupas de cama imaculadamente brancas. Uma pechincha.

Girona 24 1–1, Eixample Dreta, 08010 Barcelona. ☎ **93-265-02-59**. Fax 93-265-85-32. www.hostalgirona.com. 19 unidades. 60€–75€ (US$75–US$94) duplo. MC, V. Metrô: Girona ou Urquinaona. **Instalações e serviços:** Cofre. *Nos quartos:* A/C, TV.

Hostal Goya ★★ *(Achados)* Quando se trata de alojamentos do tipo *hostal*, esse é um dos melhores negócios da cidade: um lugar charmoso e simpático que se destaca em relação aos demais em termos de decoração, limpeza e serviço (a asa Principal recentemente reformada é a mais tranquila e tem quartos arejados e decorados de modo elegante). Lembre-se, entretanto, de que isso é um *hostal* e não um hotel, portanto a clientela tende a ser mais jovem e, às vezes, barulhenta quando chega tarde da noite. Para a maioria, isso não é problema e o lugar é bom o suficiente para quem gosta de diversão. Esse hostal oferece vários quartos diferentes sendo que os melhores são os duplos com sacadas espaçosas e ensolaradas; os piores são os quartos internos, pequenos e escuros (o que significa que não têm iluminação natural) para viajantes desacompanhados, e algumas acomodações não têm banheiro privativo. Um bônus adicional inclui uma saleta de aparência escandinava onde há chá, café e chocolate quente disponíveis o dia todo, sem custo adicional. Dada a sua localização central e devido aos bons preços, não é surpresa que ele fique lotado bem depressa, portanto faça sua reserva com bastante antecedência.

108 CAPÍTULO 5 · ONDE FICAR

Pau Claris 74, Eixample Dreta, 08010 Barcelona. ✆ **93-302-25-65**. Fax 93-412-04-35. www.hostalgoya.com. 19 unidades. 60€ (US$75) duplo sem banheiro; 80€ (US$100) duplo com banheiro; 95€ (US$119) suíte com banheiro e terraço privativo. MC, V. Metrô: Urquinaona ou Catalunya. **Instalações e serviços:** sala de TV. *Nos quartos:* A/C em algumas unidades.

Hostal Residencia Oliva *(Econômico)* A maioria dos lugares no Eixample é cara. Não é assim no Oliva, onde você encontrará um dos melhores preços de toda a cidade. Não espere nada luxuoso (somente os melhores quartos ficam de frente para a rua de compras de Barcelona e possuem seus próprios banheiros), mas são ideais se você quiser economizar seu dinheiro para outras coisas e estiver procurando simplesmente um lugar para dormir à noite. Na parte superior, teto alto e os pisos com ladrilhos são cheios de personalidade, mas podem ser barulhentos (traga protetores de ouvido) e os quartos internos mais escuros são bastante sombrios.

Passeig de Gràcia 32, Eixample, 08007 Barcelona. ✆ **93-488-01-62**. Fax 93-487-04-97.www.lasguias.com/hostaloliva/ homepageingles.htm. 16 unidades. 60€ (US$75) duplo sem banheiro; 75€ (US$94) duplo com banheiro. Não aceita cartões de crédito. Metrô: Passeig de Gràcia. **Instalações e serviços:** Sala de estar. *Nos quartos:* TV.

Hotel Astoria ✭ *(Econômico)* Outro hotel de qualidade da rede Derby (eles também são proprietários do Balmes e do Claris), essa unidade que data dos anos 50 (reformado nos anos 90) está na parte alta do Eixample, perto de onde a Carrer Enric Granados encontra a Diagonal. A fachada em estilo *Art Déco* faz com que ele pareça mais velho do que realmente é, e o tetos alto, as formas geométricas e os detalhes em latão nas áreas comuns têm uma forte influência dos estilos mouro e andaluz. Todos os quartos de hóspedes são confortáveis, de tamanho médio e à prova de som, com armários ventilados lisos e paredes bem brancas. As acomodações possuem banheiros privativos com chuveiros. As unidades mais antigas possuem texturas suaves de cedro aparente, bem como acessórios modernos e elegantes originais. Adições recentes que foram bem-vindas incluem a piscina e a sauna na cobertura. O Astoria tem um preço excepcional.

París 203, 08036 Barcelona. ✆ **93-209-83-11**. Fax 93-202-30-08. www.derbyhotels.es. 115 unidades. 140€–195€ (US$175– US$244) duplo; 225€ (US$281) suíte. AE, DC, MC, V. Estacionamento nas proximidades 18€ (US$23). Metrô: Diagonal. **Instalações e serviços:** Bar; sala de estar; piscina e sauna na cobertura; serviço de quarto limitado; serviço de lavanderia; lavagem a seco. *Nos quartos:* A/C, TV, minibar, secador de cabelos, cofre.

Hotel Balmes Localizado em um prédio de sete andares dos anos 80, esse hotel pertencente a uma rede de hotéis combina com sucesso uma decoração conservadora com acessórios modernos e uma equipe de funcionários bem treinados e simpáticos. Os quartos possuem um padrão de cores suave com ricos detalhes em terracota e amarelo brilhante que iluminam um interior branco. Banheiros com frisos de mármore estão equipados com banheira/chuveiro e todas as acomodações possuem espaço suficiente para permitir que os hóspedes,a maioria a negócios, vivam e trabalhem confortavelmente. Se você estiver procurando paz e tranquilidade, os quartos dos fundos dão para um pequeno jardim e uma piscina, e são mais sossegados e relaxantes do que de frente para a rua movimentada.

Majorca 216, 08008 Barcelona. ✆ **93-451-19-14**. Fax 93-451-00-49. www.derbyhotels.es. 100 unidades. 150€–220€ (US$188–US$275) duplo; 195€–250€ (US$244–US$313) triplo. AE, DC, MC, V. Estacionamento 16€ (US$20). Metrô: Diagonal. **Instalações e serviços:** Restaurante; bar; piscina externa; serviço de quarto; serviço de lavanderia; lavagem a seco. *Nos quartos:* A/C, TV, minibar, secador de cabelos, cofre.

Sagrada Família B&B ✭✭ *(Achados)* Esse é um pequeno *bed-and-breakfast* administrado por família, que tem somente três quartos agradavelmente decorados, com camas *queen-size* e sacadas privativas. Uma boa escolha para viajantes que procuram o conforto que os façam sentirem-se em casa. Realmente, o que torna esse lugar especial é a sala de estar grande com uma lareira aberta, perfeita para se aconchegar nas noites frias de inverno.

Nápols 266, Eixample Dreta, 08025 Barcelona. ✆ **65-189-14-13**. www.sagradafamilia-bedandbreakfast.com. 3 unidades. 60€–70€ (US$75–US$88) duplo. Não aceita cartões de crédito. Metrô: Diagonal. **Instalações e serviços:** sala de estar; cozinha.

4 Sants, Paral.lel & Montuïc

O local ideal para viajentes de negócios, é o eixo fora da cidade que possui hotéis quatro estrelas, o Fira (centro de exibições da Praça de Espanha), e o World Trade Center na parte inferior do Paral.el. No entanto, existe um pequeno turismo na zona morta, com pequenas idas atrás de galerias de arte e parques de Montjuïc.

Acomodações em Sants, Paral.lel & Montjuïc

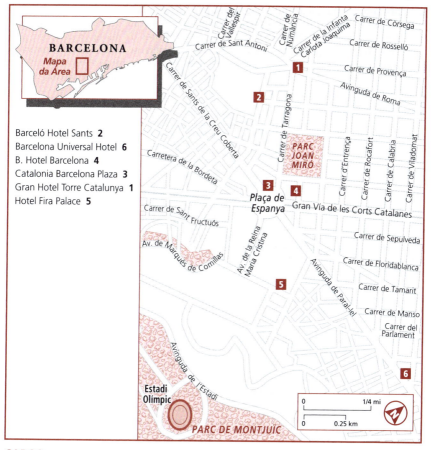

Barceló Hotel Sants **2**
Barcelona Universal Hotel **6**
B. Hotel Barcelona **4**
Catalonia Barcelona Plaza **3**
Gran Hotel Torre Catalunya **1**
Hotel Fira Palace **5**

CAROS

Catalonia Barcelona Plaza ✪ Localizado em uma praça movimentada em frente a um shopping center que antigamente foi a arena de tourada Arenas, esse hotel enorme atende principalmente viajantes a negócios que compareçem às várias conferências e convenções que acontecem do outro lado da rua. É muito conveniente em termos de acesso ao aeroporto (aproximadamente 20 min. de táxi) e tem espaço para realizar reuniões com até 700 pessoas. Fora isso, é um hotel empresarial padrão: grande, vistoso e confortável com todas as instalações necessárias, inclusive agência de viagens e banco no local. Os quartos são bem padronizados e os que ficam mais embaixo recebem certa quantidade de barulho do trânsito, mas conseguem oferecer uma boa noite de sono e todos têm banheiros privativos com banheira/chuveiro. A piscina na cobertura (coberta no inverno) oferece algumas vistas panorâmicas belas e inesperadas que abrangem o Montjuïc e o distante Tibidabo.

Plaça Espanya 6–8, 08014 Barcelona. ✆ **93-426-26-00**. Fax 93-426-04-00. www.hoteles-catalonia.com. 338 quartos. 175€–290€ (US$219–US$362) duplo; 310€–380€ (US$387–US$475) suíte. AE, DC, MC, V. Estacionamento 16€ (US$20). Metrô: Plaça Espanya. **Instalações e serviços:** Restaurante; sala de estar; bar; piscina; solário; sala de ginástica; *business center*; serviço de quarto; babá; serviço de lavanderia; lavagem a seco; quartos para não fumantes. *No quarto:* A/C, TV, minibar, secador de cabelos, cofre, acesso à Internet.

Gran Hotel Torre Catalunya ✪✪ Um hotel enorme, em estilo arranha-céu, perto da estação ferroviária Sants e da Plaça Espanya, esse moderno quatro estrelas é de longe o

110 CAPÍTULO 5 · ONDE FICAR

mais luxuoso da área, oferecendo instalações de estilo americano em termos de tamanho dos quartos (grandes), serviço excelente e ambiente moderno. Extras incluem serviços de quarto, chocolates nos travesseiros e enormes banheiros de mármore com box para chuveiro e banheiras grandes. O **Ciudad Condal**, restaurante no 23º andar, tem vistas impressionantes da cidade e vale a pena visitá-lo só por esse motivo. A recente inclusão de instalações de *spa* com cabines para massagens, *Jacuzzi*, banho turco e piscina coberta aumentaram os atrativos do hotel.

Av. De Roma 2–4, Sants, 08014 Barcelona. ℰ **93-325-81-00**. Fax 93-325-51-78. www.expogrupo.com. 272 unidades. 110€–240€ (US$138–US$300) duplo; 170€–290€ (US$212–US$362) suíte. AE, DC, MC,V. Estacionamento grátis. Metrô: Sants Estació. **Instalações e serviços:** Restaurante; bar; piscina; academia de ginástica; spa com cabines para massagens, ducha gelada e sauna; banho turco; business center com 7 salas de conferência; serviço de quarto limitado; serviço de lavanderia; lavagem a seco; quartos para não fumantes; recepção 24 horas. *Nos quartos:* A/C, TV, CD player, conexão ADSL para Internet, minibar, secador de cabelos, cofre.

Hotel Fira Palace ⍟⍟ *Crianças* Altamente popular entre viajantes a negócios por causa de suas instalações luxuosas para conferências e fácil acesso aos centros de convenções da Plaça Espanya, esse hotel bem equipado foi inaugurado especialmente para as Olimpíadas de 1992. A principal desvantagem para os viajantes a passeio é a distância até o centro de cidade e até os pontos turísticos principais. Apesar disso, se você estiver viajando com crianças, o Fira oferece algumas das melhores acomodações para famílias, incluindo quartos enormes com banheiro separado e chuveiro. Ele também fica perto dos jardins da colina Montjuïc, dos parques e das trilhas para caminhadas. O Fira tem todas as dependências comuns que alguém esperaria em um hotel desse porte, incluindo dois restaurantes caros (é mais econômico comer fora do hotel), um conjunto de instalações para ginástica e para saúde e uma piscina *indoor* (fechada aos domingos).

Av. Ruis I Taulet 1–3, 08004 Barcelona. ℰ **93-426-22-23**. Fax 93-425-50-47. www.fira-palace.com. 276 unidades. 225€–290€ (US$281–US$362) duplo; 340€–390€ (US$425–US$487) suíte. AE, DC, MC, V. Estacionamento 16€ (US$20). Metrô: Plaça Espanya. **Instalações e serviços:** 2 restaurantes; piano bar; piscina coberta; sauna; sala de ginástica; business center; serviço de quarto limitado; massagem; serviço de babá; serviço de lavanderia; lavagem a seco; quartos para não fumantes; jardim interno. *Nos quartos:* A/C, TV, minibar, secador de cabelos, cofre, acesso à Internet.

Hotel Miramar ⍟ Um dos membros mais recentes do prestigiado grupo SLH (Small Luxury Hotels of the World), o Miramar tem uma localização privilegiada, próximo ao Jardim Botânico Montjuïc i Llobera, com vista para a cidade e para o Mediterrâneo. Originalmente um palácio dos anos 20, foi inteligentemente restaurado e convertido em hotel em 2006, mantendo a privacidade, o estilo e o charme da construção original, ao mesmo tempo em que introduziu uma decoração de vanguarda que chama a atenção e instalações de última geração que incluem salões de conferência bem equipados (um dos quais está integrado aos jardins do hotel). durante as refeições, o restaurante Forestier, ao lado do reservado Pátio de los Naranjos (Pátio das Laranjeiras) do antigo palácio oferece uma mistura criativa de pratos catalães e internacionais. Todos os quartos são confortáveis e decorados com bom gosto, possuem banheiros privativos com terraço e jardim ou vista panorâmica do mar. Alguns são acessíveis a cadeiras de rodas.

Plaça Carlos Ibáñez 3, 08068. ℰ **93-281-16-00**. Fax 93-281-66-01. www.slh.com/miramar. 75 unidades. 240€ (US$300) solteiro; 260€ (US$325) duplo ou com 2 camas; 750€ (US$940) suíte. Camas extras disponíveis para famílias: 140€ (US$175). Berço grátis. AE, DC, MC, V. Estacionamento nas proximidades 20€ (US$25). Metrô: Paral.lel ou Drassanes. **Instalações e serviços:** Restaurante; bar; sala de estar; piscinas interna e externa; salas de conferência; cabeleireiro; serviço de quarto 24 horas. *Nos quartos:* TV, CD player, minibar.

MODERADOS

B. Hotel Barcelona Inaugurado em abril de 2005 pelo mesmo grupo inovador que criou o elegante Hotel Jazz, esse local moderno e discreto é uma alternativa confortável e de preço acessível em relação aos hotéis empresariais caros que tendem a se proliferar na área de Sants. A decoração é minimalista moderna e as instalações locais incluem um bar/cafeteria que servem lanches e *buffets* completos de café da manhã. Há também uma piscina na cobertura e uma academia de ginástica. A colina de Montjuïc, com seus

BARRIO ALTO & GRÀCIA   111

jardins e parques, fica a alguns minutos de caminhada (conveniente para famílias com crianças). Todos os quartos da frente têm boas vistas da Plaça Espanya e todos os quartos possuem banheiros privativos com chuveiro.

Gran Vía de les Cortes Catalanes 389, 08015 Barcelona. © **90-0214-15-15**. 84 unidades. 120€–175€ (US$150–US$219). AE, DC, MC, V. Metrô: Plaça Espanya. **Instalações e serviços:** Bar/cafeteria; piscina na cobertura; salas de conferência; solário; academia de ginástica; serviço de lavandaria; lavagem a seco; recepção. *Nos quartos:* A/C, TV, minibar, cofre, conexões ADSL e Wi-Fi para Internet.

Barceló Hotele Sants Qual é a principal razão para se hospedar nesse hotel bem administrado e solidamente equipado? É prático, está localizado bem na Estació de Sants — a principal estação ferroviária de Barcelona — e não poderia ser mais conveniente se você chegar tarde da noite ou tiver que partir bem cedo pela manhã. Indiscutivelmente comercial, o Barceló Hotel Sants não faz nenhuma tentativa para deslumbrar os hóspedes com história ou cultura, mas em vez disso, oferece camas grandes e realmente confortáveis, quartos bem equipados e limpos, além de banheiros funcionais com banheira/chuveiro.

Plaça dels Països Catalans s/n, 08014 Barcelona. © **93-503-53-00**. Fax 93-490-60-45. www.bchoteles.com. 377 unidades. 85€–190€ (US$106–US$238) duplo; 125€–240€ (US$156–US$300) suíte. AE, DC, MC, V. Estacionamento 13€ (US$16). Metrô: Sants Estació. **Instalações e serviços:** 2 restaurantes; bar; piscina; sauna; sala de ginástica; *business center*; serviço de quarto limitado; massagem; serviço de babá; serviço de lavandaria; lavagem a seco; quartos para não fumantes. *Nos quartos:* A/C, TV, minibar, secador de cabelos, cofre, acesso à Internet.

Barcelona Universal Hotel Predominantemente dedicado a viajantes a negócios que participam de reuniões empresariais, o bem equipado Universal oferece instalações elegantes e modernas com fácil acesso ao World Trade Center e aos centros de Exposições da Plaza Espanya. Bônus incluem um pequeno terraço na cobertura com deque elevado de madeira e uma piscina. Os quartos são espaçosos e confortáveis e todos têm banheiros no próprio quarto com banheira/chuveiro. Apesar de os quartos serem teoricamente à prova de som, o barulho das ruas movimentadas pode ser um problema, portanto peça um quarto nos fundos onde haverá menos chances de você ser perturbado.

Av. Paral.lel 76–78, 08001 Barcelona. © **93-567-74-47**. Fax 93-567-74-40. www.hotelbarcelonauniversal.com. 167 unidades. 140€–190€ (US$175–US$237) duplo; 240€–300€ (US$300–US$375) suíte. AE, DC, MC, V. Estacionamento 20€ (US$25). Metrô: Paral.lel. **Instalações e serviços:** Restaurante; bar; piscina; solário; sala de ginástica; *business center*; serviço de quarto limitado; babá; serviço de lavandaria; lavagem a seco; quartos para não fumantes. *Nos quartos:* A/C, TV, minibar, secador de cabelos, cofre, acesso à Internet.

5 Barrio Alto & Gràcia

O Alto representa a parte *pijo* (elegante) da cidade, com restaurantes sofisticados e bares de coquetel, mansões de milionários e Mercedes; por outro lado, Gràcia tem uma atmosfera mais eclética, um jeito de vilarejo com suas casas de dois andares, praças ensolaradas e a agitação dos estudantes e boêmios.

CARO

Hotel Meliá Barcelona Sarrià ⭐ A um quarteirão da junção da Avinguda Sarrià com a Avinguda Diagonal, no coração do distrito empresarial, esse hotel ainda faz jus à sua classificação de altopadrão feita pelo governo e concedida quando foi inaugurado, em 1976. Alguns quartos foram reformados do início a meados dos anos 90, mas outros parecem um pouco desgastados. O Barcelona Sarrià oferece quartos com estofados e carpetes confortáveis em estilo neutro e padrão internacional moderno. Todos têm camas largas com colchões firmes e banheiros com banheira/chuveiro. Membro da ilustre rede Meliá, o Barcelona Sarrià atende tanto os viajantes empresariais quanto os que estão a passeio.

112 CAPÍTULO 5 · ONDE FICAR

Av. Sarrià 50, 08029 Barcelona. ℂ **800/336-3542** os EUA, ou **93-410-60-60**. Fax 93-410-77-44.www.solmelia.com. 314 unidades. 210€–290€ (US$262–US$362) duplo; 350€–450€ (US$437–US$562) suíte. AE, DC, MC, V. Estacionamento 19€ (US$24). Metrô: Hospital Clinic. **Instalações e serviços:** 2 restaurantes; bar; *business center*; serviço de quarto limitado; babá; serviço de lavanderia; lavagem a seco; quartos para não fumantes. *Nos quartos:* A/C, TV, minibar, secador de cabelos, cofre, acesso à Internet.

BARATOS

Acropolis Guest House ⚝ O Acropolis é bastante fora do convencional e um tanto caótico, mas tem um charme próprio, com suas colunas caindo e as pinturas descascando e vale a pena hospedar-se nele se você for amante de "novas experiências" em hotéis. Se você planeja viajar com seu animal de estimação, também é um dos poucos lugares em Barcelona que o aceitará. O enorme jardim e a cozinha rústica são de uso comum e os quartos são simples, mas confortavelmente decorados. Metade deles tem banheiros privativos, mas o lugar é imaculadamente limpo e ter de compartilhar não seria um problema. O melhor quarto tem seu próprio terraço com vistas maravilhosas.

Verdi 254, Gràcia, 08024 Barcelona. ℂ /fax **93-284-81-87**. acropolis@telefonica.net. 8 unidades. 60€ (US$75) duplo com banheiro; 50€ (US$63) duplo sem banheiro. Não aceita cartões de crédito. Metrô: Lesseps. **Instalações e serviços**: sala de TV; cofre.

Hostal Putxet Reformado pela última vez em abril de 2006, esse *hostal* simples tem uma das localizações mais privilegiadas da cidade, na parte alta em uma área residencial tranquila, perto da entrada do Parc Güell — e ainda tem acesso fácil ao centro da cidade, a apenas cinco paradas do metrô. (Há também um ponto de parada do Ônibus Turístico a aproximadamente 100 m do hotel.) O serviço é útil e agradável e as comodidades incluem salas de leitura com informações sobre a cidade. Bares e lugares para comer estão a uma curta distância a pé. Os quartos são modestos, mas limpos e todos têm seu próprio banheiro com banheira/chuveiro.

Ballester 11–13, 08023 Barcelona. ℂ **93-212-03-50**. www.hostalputxet.com. 24 unidades. 70€–100€ (US$88–US$125) duplo. AE, DC, MC, V. Metrô: Lesseps. **Instalações e serviços:** serviço de lavanderia; recepção. *Nos quartos:* A/C, TV via satélite, cofre, serviços de Internet, CD player (a pedido).

6 Barceloneta, Vila Olímpica & Poble Nou

MUITO CAROS

Hotel Arts ⚝⚝⚝ Administrado pela rede Ritz-Carlton, esse hotel ocupa 33 andares de um dos edifícios mais altos da Espanha e um dos arranha-céus mais marcantes de Barcelona. Ele fica a aproximadamente 2,5 km (1,6 milhas) a sudoeste do centro histórico de Barcelona, voltado para o mar e para a Vila Olímpica. Planejado como um dos projetos mais importantes para os Jogos Olímpicos de 1992 (mas que não terminou a tempo), o Arts vestiu o manto de hotel de luxo e permaneceu como o exemplo mais radiante da "Nova Barcelona" por mais de uma década. Todos os seus quartos foram recentemente reformados e novas instalações como um luxuoso *spa* (pág. 113) foram adicionadas. Vários clientes privilegiados se hospedam aqui por causa da incrível vista da silhueta dos prédios e do Mediterrâneo, os salões de clube com bares ao ar livre e petiscos gratuitos, as suítes executivas de última geração, os artigos de toalete da Aqua de Parma e um milhão de outros detalhes que fazem desse hotel o melhor de sua categoria. Sua decoração é contemporânea e elegante. Os quartos de hóspedes, espaçosos e bem equipados têm móveis embutidos, espaço amplo de escrivaninha e camas grandes, luxuosas, com TVs de tela plana, DVD players e sistema de som B&O. (Quatro unidades possuem facilidades para hóspedes com deficiência.) Revestido com mármore rosa, os banheiros de luxo têm roupões macios, toalhas belgas, pias duplas e telefones. O hotel tem a única piscina ao lado da praia — em frente à escultura de bronze *Peix* (peixe), de Frank Gehry — e seus novos bares e restaurantes locais, como o **Arola** (pág. 154), fazem parte da vida noturna agitada dentro da negligenciada Marina Olímpica. A equipe de funcionários jovens é polida e trabalhadora, resultado do treinamento do Ritz-Carlton.

Carrer de la Marina 19–21, 08005 Barcelona. ℂ **800/241-3333** nos EUA, ou **93-221-10-00**. Fax 93-221-10-70. www. ritzcarlton.com/hotels/barcelona. 482 unidades. 350€–800€ (US$437–US$1.000) duplo; 500€–2.000€ (US$625–US$2.500)

BARCELONETA, VILA OLÍMPICA & POBLE NOU   113

Luzes Brilhantes, Cidade do *Spa*

Barcelona nunca foi uma cidade de muitos *spas*, apesar do aumento meteórico de procura destino internacional significar que os hotéis estão oferecendo instalações cada vez mais luxuosas para seduzir os que visitam a cidade. Primeiro foram os restaurantes *gourmets* e bares de coquetel das estrelas de cinema, em seguida vieram as suítes com aparelhos controlados pelo bater de palmas e piscinas na cobertura, mas a última coisa a chegar no circuito de hotéis em Barcelona (e já era hora!) foram os *spas*.

Parece bastante estranho que os *spas* tenham demorado tanto a chegar à Barcelona cosmopolita, mas, de alguma maneira, os europeus do sul parecem nunca terem abraçado totalmente a ideia de *spa* de forma tão apaixonada quanto seus vizinhos americanos (e os europeus do norte). O mercado crescente, porém, apresenta alguns locais novos bastante elegantes como **Alquimia** (Pau Claris 104), **Aqua Urban Spa** (Gran de Gracia 7) e **Pedralbes Wellness Center** (Eduardo Conde 2–6) que prometem fazer mais do que simplesmente dar descanso e rejuvenescimento aos corpos cansados dos viajantes. Veja www.esteticahidrotermal.net para uma lista completa de *spas*.

O primeiro no cenário dos *spas* foi o **Royal Fitness Center,** no cinco estrelas, até certo ponto exagerado, Rey Juan Carlos I Hotel (pág. 116), que recentemente recebeu melhorias em sua aparência por meio de tecnologias bem complexas de fitness e uma nova linha de massagens afrodisíacas com chocolate, mel ou pedras vulcânicas. Quem disse que o romance está fora de moda?

Para quem está procurando algo totalmente fabuloso, o *spa* no **Gran Hotel La Florida** (pág. 116) oferece um tratamento divino, de alto padrão, bem acima do corre-corre da cidade lá em baixo. Os tratamentos aqui incluem banhos turcos a vapor em belos aposentos com ladrilhos que formam mosaicos, uma sauna finlandesa, uma banheira quente borbulhante e uma piscina infinita de aço inoxidável com 37 m de comprimento (121 pés) meio interna/meio externa em forma de L, e que avança para o lado da montanha. Todos os tratamentos de beleza Natura Bissé são oferecidos aqui, incluindo remodelação corporal e terapias com lama e alga que prometem tirar os anos e os quilos em excesso. Os amantes de *spas* podem adquirir um pacote de 3 noites chamado "Relaxamento e Beleza", com preços que começam em 900€ (US$1.125). Aqueles que não são hóspedes podem usar as instalações do *spa* do La Florida por 100€ (US$125) ao dia.

Seguindo de perto no quisito grandeza, o **Hotel Arts** (pág. 112) de propriedade do Ritz-Carlton abriu seu *spa* com vista para o mar na cobertura, no 42° andar, em 2006, combinando *design* elegante com o que há de mais novo em termos de tratamentos de luxo. Eles se associaram ao premiado Six Senses Spa para levar aos clientes uma variedade exclusiva de tratamentos de beleza holísticos e naturais em pacotes de meio dia, um dia ou um fim de semana, incluindo máscaras para o corpo inteiro ou faciais, pedicures, manicures, e também uma grande variedade de massagens terapêuticas. Instalações com água incluem ducha gelada, *hammam*, sauna e piscina; enquanto no andar de baixo, as salas para tratamento (oito ao todo) são refúgios de tranquilidade onde são servidos chás, sucos frescos e frutas em áreas de relaxamento ou no deque. O ambiente aconchegante da cobertura, com vista para o Mediterrâneo, oferece um dos lugares mais espetaculares da Espanha em termos de mimos e caprichos. Os tratamentos custam a partir de 95€ (US$119) a hora.

Nesse meio tempo, o **Hotel Omm** (pág. 100) também adicionou instalações para *spa* em 2006. Assim como o restante do hotel, o *spa* tem um *design* de última geração combinado com a loucura mediterrânea e todo o conforto que o dinheiro pode comprar. Basta dizer *sp-aah!*

114 CAPÍTULO 5 · ONDE FICAR

suíte. AE, DC, MC, V. Estacionamento 20€ (US$25). Metrô: Ciutadella–Vila Olímpica. **Instalações e serviços:** 4 restaurantes; café; 2 bares; piscina externa; academia de ginástica; *business center;* cabeleireiro; serviço de quarto limitado; babá; serviço de lavanderia; lavagem a seco; quartos para não fumantes. Nos quartos: A/C, TV, minibar, secador de cabelos, ferro de passar roupa, cofre, acesso de alta velocidade à Internet.

Hotel Front Marítm ★ *Econômico* O Front Marítim, reformado e com fachadas brancas, é o destaque de um desenvolvimento turístico importante ao redor da praia Nueva Mar Bella, 10 minutos a pé do Port Olímpic. Os quartos possuem um tamanho médio e são decorados de forma atraente e confortável, e cada um deles tem seu próprio banheiro com azulejos, além de chuveiro ou banheira. O hotel oferece diversas instalações, incluindo uma sala de estar com TV de tela grande, um restaurante a la carte e uma academia de ginástica bem equipada. Tudo isso por um preço muito razoável.

Poble Nou, Diagonal Mar, 08019 Barcelona. ✆ **93-303-44-40**. 177 unidades. 100€–120€ (US$125–US$150) duplo; 150€ (US$188) superior duplo. AE, DC, MC, V. Estacionamento 12€ (US$15). Metrô: Selva de Mar. **Instalações e serviços:** restaurante; bar; academia de ginástica; sauna; TV com tela grande; serviço de quarto limitado; serviço de lavanderia/lavagem a seco; quartos para não fumantes; quartos para quem tem mobilidade limitada. *Nos quartos:* A/C, TV, dataport, secador de cabelos.

Hotel Grand Marina ★★★ Ficar aqui é como estar em um dos luxuosos navios de cruzeiro que você vê ancorado no porto, mas sem os enjoos. O hotel fica, no World Trade Center, no píer grande (Moll de Barcelona), em frente ao Museu Marítimo Drassanes. Nenhum outro hotel da cidade fica tão perto do mar e poucos podem se comparar a ele um local quando se trata de *design.* Seus arquitetos foram Henry Cobb e I. M. Pei — o homem responsável pela pirâmide do Louvre — e o hotel está cheio de obras de artes e esculturas combinadas com detalhes arquitetônicos em mármore e vidro que lhe dá um ar distinto de século XXI. Um testamento ao minimalismo, o aspecto geral é de bem iluminado e arejado, dando uma grande sensação de espaço. Todos os quartos têm banheiros privativos e *Jacuzzis,* e foram projetados de modo elegante e confortável sem ser claustrofóbico. A Suíte Presidencial na cobertura tem vistas magníficas do porto e da cidade.

World Trade Center, Moll de Barcelona, 08039 Barcelona. ✆ **93-603-90-00**. Fax 93-603-90-90. www.grandmarinahotel.com. 278 unidades. 240€–350€ (US$300–US$438) duplo; 400€–800€ (US$500–US$1.000) suíte. AE, DC, MC, V. Estacionamento 16€ (US$20). Metrô: Drassanes. **Instalações e serviços:** Restaurante; sala de estar; piano bar; cafeteria; piscina externa; sala de ginástica; *Jacuzzi;* sauna; *business center;* serviço de quarto; serviço de massagem; babá; serviço de lavanderia; lavagem a seco; quartos para não fumantes. *Nos quartos:* A/C, TV, minibar, secador de cabelos, cofre, acesso à Internet.

MODERADOS

Vincci Marítimo Hotel ★★ *Achados* Esse hotel genuinamente do século XXI com ênfase no *design* interno — muitos painéis de vidro, madeira polida e aço escovado — não é diferente do prédio da Lighthouse, um marco de Glasgow. Mas pelo fato de estar distante, na parte baixa da cidade, poucas pessoas o descobriram. Sua vantagem, além do fato de ser uma pedra preciosa a ser descoberta, está em sua localização próxima ao mar (excelente para praias da cidade como Bogatell e Mar Bella), o que é excelente se o objetivo de sua viagem for banhos de sol durante o dia, "banhos de lua" e ouvir os talentosos DJs locais à noite. Porém, se você quiser explorar os pontos turísticos e absorver a atmosfera da antiga Barcelona, são apenas 20 minutos de táxi — ou um pouco mais se for de metrô. Os quartos são elegantes e espaçosos, todos com banheiros privativos bem iluminados e muitos têm vistas para o mar. Dependências comuns incluem um jardim japonês, onde você pode tomar um café da manhã relaxante ou um coquetel no começo da noite, e um elegante restaurante de vanguarda. Dê uma olhada no site em busca de promoções. Com quartos que em geral custam menos de 100€ (US$125) por noite, o local é um excelente negócio.

Llull 340, Poble Nou, 08019 Barcelona. ✆ **93-356-26-00**. Fax 93-356-06-69. www.vinccihoteles.com. 144 unidades. 140€– 190€ (US$175–US$237) duplo; 180€–225€ (US$225–US$281) suíte. AE, DC, MC, V. Estacionamento 14€ (US$18). Metrô: Poble Nou. **Instalações e serviços:** Restaurante; bar; serviço de quarto; serviço de lavanderia; lavagem a seco; quartos para não fumantes; serviço de Internet; jardim. *Nos quartos:* A/C, TV, minibar, secador de cabelos, cofre, acesso à Internet.

NAS ÁREAS MAIS DISTANTES 115

Dicas Uma Piscina com Vista Panorâmica

Se você estiver procurando um hotel onde possa nadar, considere os locais abaixo, cujas piscinas também oferecem belas vistas panorâmicas:

- **Hotel Balmes** (p.108), um oásis no meio de Eixample.
- **Hotel Arts** (p.112), o único hotel da cidade na beira da praia.
- **Hotel Omm** (p.100), para uma vista imbatível dos telhados de Gaudí.
- **Hotel Claris** (p. 98), para design de alta tecnologia, muitos metros quadrados de aço e deque de madeira.
- **Hotel Duquesa de Cardona** (p. 87), para uma vista dos barcos e dos iates de luxo do Port Vell a partir da cobertura.

BARATOS

Marina Folch ✴ *Achados* Essa hospedaria pequena e informal está ganhando cada vez mais adeptos leais entre os visitantes que querem estar perto do mar sem gastar muito. Por incrível que pareça, Barceloneta (a antiga vila de pescadores) não possui muitos lugares a preços razoáveis para se hospedar, e o agradável Marina Folch é um achado. Todos os 10 quartos têm banheiros privativos com chuveiro, e são decorados de forma simples, frescos, limpos e confortáveis. O hotel é exatamente o que deveria ser: uma acomodação barata e razoável, um refúgio genuíno do alvoroço da vida diária, mas sem os caprichos muitas vezes exagerados das acomodações de mais alto padrão. A única desvantagem é que ele fica em cima de um restaurante (mesma administração), de modo que nos horários das refeições fica barulhento.

Mar 16, Barceloneta, 08003 Barcelona. ✆ **93-310-37-09**. Fax 93-310-53-27. 10 unidades. 60€–65€ (US$75–US$81) duplo. AE, DC, MC,V. Estacionamento 19€ (US$24). Metrô: Barceloneta. **Instalações e serviços:** Restaurante; serviço de quarto; serviço de lavanderia. *Nos quartos:* A/C, TV.

Marina View B&B Logo em frente ao Port Vell (Porto Velho) e no meio do caminho entre a Vía Laietana e Les Ramblas, esse acolhedor *bed-and-breakfast* está em um lugar privilegiado para tirar o máximo proveito dos principais pontos turísticos da cidade, bem como de suas praias. Os quartos são relativamente pequenos, mas decorados de modo agradável e todos têm banheiros privativos com chuveiro, assim como alguns extras, como chá e café de cortesia. O proprietário José María é o anfitrião mais simpático e receptivo que alguém poderia esperar, e irá oferecer até mesmo café da manhã na cama para quem o quiser.

Passeig de Colom s/n, Barri Gòtic, 08002 Barcelona. ✆ **60-920-64-93**. www.marinaviewbcn.com. 5 unidades. 100€–120€ (US$125–US$150) duplo; 150€ (US$188) triplo (inclui café da manhã). MC,V somente para pagamento da entrada. Estacionamento público nas proximidades 20€ (US$25). Metrô: Drassanes. **Instalações e serviços:** Sala de estar; serviço de lavanderia. *Nos quartos:* A/C, TV, minibar, café/chá, acesso à Internet.

7 Nas Áreas Mais Distantes

MUITO CAROS

Barcelona Hilton ✴✴ Com 11 andares, essa propriedade cinco estrelas–classificada pelo governo–localizada em uma das principais artérias da cidade, faz parte de um enorme complexo comercial com um prédio empresarial adjacente. O *lobby* logo na entrada é incrivelmente elegante com muitas cadeiras de veludo. A mobília das áreas comuns é padronizada ao estilo do Hilton, mas a maioria dos aposentos grandes e bem equipados possui carpetes grossos, decoração rica em madeira e algumas das melhores combinações de banheiros na cidade com todos os adicionais, incluindo pias duplas e roupões. Algumas unidades são reservadas exclusivamente para mulheres.

Av. Diagonal 589–591, 08014 Barcelona. ✆ **800/445-8667** nos EUA e Canadá, ou 93-495-77-77. Fax 93-495-77-00. www. hilton.com. 287 unidades. 310€–375€ (US$388–US$469) duplo; 340€–445€ (US$425–US$556) suíte. AE, DC, MC, V. Esta-

116   CAPÍTULO 5 · ONDE FICAR

cionamento 28€ (US$35). Metrô: María Cristina. **Instalações e serviços:** 3 restaurantes; café; bar; academia de ginástica; *business center*; serviço de quarto; babá; serviço de lavanderia; lavagem a seco; quartos para não fumantes. *No quarto:* A/C, TV, minibar, secador de cabelos, ferro de passar roupa, cofre, acesso à Internet

Gran Hotel La Florida ✪✪✪ Se houvesse uma eleição popular, o Gran Hotel La Florida provavelmente ganharia o título de melhor hotel de Barcelona. E se ele realmente ganhasse, seria pela segunda vez. Quando foi inaugurado nos anos 20, esse hotel era a escolha favorita da aristocracia espanhola, das estrelas do cinema e da monarquia, que vinham à procura do ar fresco do topo da montanha de Tibidabo. Foi subsequentemente usado como um hospital durante a Segunda Guerra Mundial e não recebeu mais hóspedes até 2003. Depois de uma reforma completa feita por alguns dos artistas e *designers* mais prolíficos do mundo, ele está atualmente cheio de obras de arte que fariam inveja a muitas galerias de alto padrão e ostenta muitas suítes de *designer*. A sensação de estar em algum lugar especial começa logo na chegada, quando os hóspedes são recebidos com copos de água de pétalas de rosas antes de serem conduzidos aos quartos relaxantes, em tons de areia, banheiros espaçosos de mármore equipados com banheira separada do chuveiro. (A maioria dos quartos também tem vistas magníficas.) O hotel fica a 20 minutos de táxi do centro de cidade, mas muitos visitantes simplesmente preferem ficar aqui e desfrutar o local e as instalações maravilhosas que incluem um restaurante de classe internacional, o L'Orangerie (pág. 150), um *spa* com piscina infinita, jardins com terraços e serviços que fazem você realmente achar que morreu e foi para o céu.

Carretera Vallvidrera (al Tibidabo) 83–93, 08035 Barcelona. ☎ **93-259-30-00.** Fax 93-259-30-01. www.hotellaflorida.com. 74 unidades. 320€–610€ (US$400–US$762) duplo; 660€–890€ (US$825–US$1.112) suíte. AE, DC, MC, V. Estacionamento 18€ (US$23) por dia. 7 km (4 milhas) de Barcelona. **Instalações e serviços:** Restaurante; discoteca; piscina interna e externa; academia de ginástica; *Jacuzzi*; sauna; solário; banho turco; *business center*; serviço de quarto; babá; serviço de lavanderia; lavagem a seco; quartos para não fumantes. *Nos quartos:* A/C, TV, minibar, secador de cabelos, ferro de passar, cofre, acesso à Internet.

Rey Juan Carlos I ✪✪✪ Esse hotel cinco estrelas, classificado pelo governo, recebeu seu nome em homenagem ao rei espanhol que participou da inauguração e se hospedou nele várias vezes; o hotel compete efetivamente com outros lugares lendários como o Ritz, o Claris e o Hotel Arts. Inaugurado um pouco antes das Olimpíadas, ele tem 17 andares e fica na extremidade norte da Diagonal em um bairro de alto padrão cheio de sedes de empresas, bancos e lojas elegantes, e fica a 15 minutos de metrô das principais atrações do centro de Barcelona. Entre seus destaques mais notáveis em termos de *design* está um incrível pátio interno de elevadores com paredes de vidro. Os quartos, de médios a espaçosos, possuem aparelhos eletrônicos adicionais, mobílias confortáveis e conservadoras e camas enormes. Muitos possuem vistas para Barcelona e para o mar. Toques atenciosos incluem boa iluminação, espaço adequado para trabalhar, armários amplos e cortinas com blecaute, além de banheiros de mármore com banheira/chuveiro.

Av. Diagonal 671, 08028 Barcelona. ☎ **800/445-8355** nos EUA, ou 93-364-40-40. Fax 93-364-42-64. www.hrjuancarlos. com. 412 unidades. 375€ (US$469) duplo; 505€–995€ (US$631–US$1.243) suíte. AE, DC, MC, V. Estacionamento 15€ (US$19). Metrô: Zona Universitària. **Instalações e serviços:** 2 restaurantes; 2 bares; piscina interna; piscina externa; sala de ginástica; aluguel de carro; *business center*; salão de beleza; babá; serviço de quarto; serviço de lavanderia/passadeira; lavagem a seco; quartos para não fumantes. *Nos quartos:* A/C, TV, minibar, secador de cabelos, cofre, acesso à Internet.

CARO

Relais d'Orsa ✪✪✪ Aqueles que procuram um lugar especial para se hospedar não precisam procurar mais depois de ver o Relais d'Orsa: um refúgio autêntico e romântico na minúscula vila de Vallvidrera, a alguns minutos do mais conhecido Gran Hotel La Florida (veja anteriormente). O d'Orsa, mais tranquilo e mais retirado, ocupa uma mansão do século XIX que foi restaurada para criar um espaço aconchegante, decorado com antiguidades e tecidos reunidos pelo proprietário francês e provenientes de todas as partes da Europa. Escondido em uma floresta com vastos jardins cuidadosamente mantidos, cheios de locais

NAS ÁREAS MAIS DISTANTES 117

sombreados e flores, e uma piscina relaxante cercada por um deque de cedro, é o lugar perfeito para relaxar e descansar com qualidade. E, pelo fato de ter apenas seis quartos, o hotel passa a impressão de uma residência particular. Os quartos com ladrilhos em preto e branco, com camas antigas e móveis e roupas de cama em estilo provençal francês, são sublimes, com janelas que vão do chão até o teto garantindo bastante iluminação e vistas fabulosas. Além disso, os banheiros possuem banheira/chuveiro, flores frescas, velas e produtos da L'Occitane com cheiros maravilhosos, também de Provence. Um café da manhã com compotas locais, pães e guloseimas é servido na sala de jantar ou debaixo de uma tenda sombreada no verão.

Mont d'Orsa 35, 08017 Barcelona. ☎ **93-406-94-11**. Fax 93-406-94-71. www.relaisdorsa.com. 6 unidades. 220€ (US$275) duplo; 375€ (US$469) suíte. AE, DC, MC, V. Estacionamento grátis. Fechado 24 dez – 6 jan. De Barcelona, pegue a Av. Vallvidrera ao norte da cidade; do aeroporto Saída 9 (Ronda de Dalt) e depois a Av. Vallvidrera. **Instalações e serviços:** Cafeteria; piscina externa; serviço de quarto; babá; serviço de lavanderia; lavagem a seco; jardins privados. *Nos quartos:* A/C, TV, minibar, secador de cabelos, ferro de passar, cofre, acesso à Internet.

MODERADO

Abba Garden Hotel Aberto em 2002, esse grande hotel de terracota avermelhada no cume do morro fica a menos de 2 quilômetros do estádio de futebol de Barcelona — o Camp Nou — fazendo do Abba a primeira opção dos fãs de *fútbol*. Sua distância do centro da cidade (6 km/3,75 milhas) significa que ele é bastante espaçoso, com jardins planejados, quadra de tênis e uma enorme piscina ao ar livre. É também muito bem localizado se você planeja passar seu tempo indo e voltando de campos de golfe fora de Barcelona. A desvantagem é que você pode se ver gastando muito com táxis até a cidade. Se for fazer suas refeições no hotel, dê uma olhada no restaurante e no bar, que são razoavelmente bons. Os quartos são espaçosos e foram recentemente decorados com tecidos de estampas florais e todos têm banheiros no próprio quarto com banheira/chuveiro. Vinte e nove dos quartos são para não fumantes.

Santa Rosa 33, Esplugues de Llobregat, 08950 Barcelona. ☎ **93-503-54-54**. Fax 93-503-54-55. www.abbahotels.com. 138 unidades. 95€–160€ (US$118–US$200) duplo. AE, DC, MC, V. Estacionamento 14€ (US$18). Metrô: Zona Universitària; RENFE: Reina Elisenda. De Barcelona, pegue a Av. Diagonal para fora do centro em direção à área de Pedralbes e procure por placas com o Hospital St. Jean de Deu próximo ao hotel. **Instalações e serviços:** Restaurante; cafeteria; bar; academia de ginástica; sauna; solário; quadra de tênis; aluguel de carro; *business center*; serviço de quarto; babá; serviço de lavanderia; lavagem a seco; quartos para não fumantes; jardim privado. *Nos quartos:* A/C, TV, minibar, secador de cabelos, cofre, acesso à Internet.

Hesperia Sarrià 🔆 Crianças Esse hotel na extremidade norte da cidade, a 10 minutos de táxi do centro, está situado em um dos bairros residenciais mais agradáveis de Barcelona. Construído nos anos 80, o hotel foi reformado pela última vez antes das Olimpíadas de 1992. Você passará por uma formação de pedra japonesa para chegar à área da recepção com piso de pedras e seu bar adjacente. A luz do sol inunda os quartos monocromáticos (que são quartos para solteiro, duplos — com preços iguais aos de solteiro — e suítes). Embora a maioria dos quartos tenha tamanho médio, eles têm espaço suficiente para uma cama extra, o que o torna uma boa opção para famílias. As camas têm colchões de qualidade e boas roupas de cama, e os banheiros têm um bom suprimento de toalhas grandes, além de banheira/chuveiro. Os funcionários uniformizados prestam um bom serviço.

Los Vergós 20, 08017 Barcelona. ☎ **93-204-55-51**. Fax 93-204-43-92. www.hoteles-hesperia.es. 134 unidades. 145€–210€ (US$181–US$262) duplo; 180€–240€ (US$225–US$300) suíte. AE, DC, MC, V. Estacionamento 14€ (US$18). Metrô: Tres Torres. **Instalações e serviços:** Restaurante; bar; *business center*; serviço de quarto; serviço de lavanderia; lavagem a seco; quartos para não fumantes. *Nos quartos:* A/C, TV, minibar, secador de cabelos, cofre, acesso à Internet.

Tryp Barcelona Aeroporto Como sugere o nome, a razão principal para ficar nesse hotel é estar perto do aeroporto. O Tryp (parte do grupo Sol Meliá) é uma cadeia de hotéis quatro estrelas confiável e excelente em termos de instalações empresariais. Esse hotel é relativamente novo, com instalações totalmente modernizadas. Todos os quartos confortáveis e espaçosos, têm banheiros grandes de mármore com banheira/chuveiro. Um *buffet* de café da manhã está incluído no preço do quarto duplo e existe um serviço gratuito de ônibus 24 horas para translado até o aeroporto.

118 CAPÍTULO 5 · ONDE FICAR

Plaça del Pla De l'Estany 1–2, Polígono Mas Blau II, Prat de Llobregat, 08820 Barcelona. ☏ **93-378-10-00**. Fax 93-378-10-01. www.trypbarcelonaaeropuerto.solmelia.com. 205 unidades. 100€–135€ (US$125–US$169) duplo; 175€ (US$219) suíte. AE, DC, MC, V. Estacionamento com manobrista 16€ (US$20). 1,5km (1 milha) do aeroporto; 10 km (6 milhas) de Barcelona. **Instalações e serviços:** Restaurante; cafeteria; bar; sala de ginástica; aluguel de carro; serviço de translado ao aeroporto; *business center*; serviço de quarto limitado; serviço de lavanderia; lavagem a seco; quartos para não fumantes; cofre. *Nos quartos:* A/C, TV, minibar, secador de cabelos, acesso à Internet.

8 Apartamentos & Apart-hotéis

Aparthotel Silver ★★ *Achados* Localizado no coração de Gràcia, com seu aspecto de vilarejo, os apartamentos Silver são uma base perfeita para aquelas que querem ficar um pouco longe do agito do centro da cidade. Com suas casas baixas, praças ensolaradas encantadoras, bares e restaurantes ecléticos e vida boêmia, Gràcia é um dos bairros menos conhecidos de Barcelona — e que realmente vale a pena conhecer. Os 49 apartamentos do tipo estúdio do Silver são decorados de forma elegante, com bastante espaço para guardar suas coisas, camas confortáveis e roupas de cama limpas. Eles vêm com uma cozinha pequena que tem um fogão elétrico e uma geladeira, e todos têm banheiros privados com banheira/chuveiro. O edifício também tem um jardim privativo e gramado com mesas. Esse lugar é uma pechincha, especialmente para casais que buscam um pouco de independência.

Bretón de los Herreros 26, Gràcia, 08012 Barcelona. ☏ **93-218-91-00**. Fax 93-416-14-47. www.hotelsilver.com. 49 unidades. 70€–80€ (US$88–US$100) apto. AE, DC, MC, V. Metrô: Fontana. Estacionamento 10€ (US$13). **Instalações e serviços:** Cafeteria; bar; serviço de quarto; serviço de lavanderia; acesso à Internet; jardim privado. *Nos quartos:* A/C, TV, cozinha pequena com geladeira, cofre.

Citadines *Crianças* Moderno, limpo e bem iluminado, esse apart-hotel é uma boa escolha para quem quer ficar na La Rambla com a opção de preparar suas próprias refeições (o maravilhoso mercado de produtos frescos La Boqueria está logo mais adiante). Particularmente popular entre grupos e famílias com crianças, ele oferece cozinhas completamente equipadas, serviço opcional de empregada e quartos grandes e confortáveis com sofás-cama na sala de estar. Os banheiros são limpos e modernos também. Uma coisa que dá ao Citadines uma grande vantagem em relação a vários apartamentos particulares na cidade é o terraço na cobertura no nono andar que oferece uma visão de 360 graus de toda a cidade.

La Rambla 122, 08002 Barcelona. ☏ **93-270-11-11**. Fax 93-412-74-21. www.citadines.com. 115 estúdios; 16 aptos. 150€–180€ (US$187–US$225) apto para 2 pessoas; 240€–260€ (US$300–US$325) apto para 4 pessoas. AE, DC, MC, V. Estacionamento 20€ (US$25). Metrô: Plaça Catalunya. **Instalações e serviços:** Bar; solário; serviço de lavanderia; serviço de empregada; salas de reunião. *Nos quartos:* A/C; TV; cozinha pequena com micro-ondas, máquina de lavar louça e geladeira; secador de cabelos; cofre; acesso à Internet; estéreo.

Hispanos Siete Suiza ★★★ De todos os apart-hotéis de Barcelona, o Suiza é de longe o mais glamuroso — uma verdadeira casa longe de casa, combinada com os confortos de um hotel de luxo. Todos os apartamentos têm piso de madeira com dois quartos, dois banheiros, uma sala de estar confortável e aconchegante, e uma cozinha. Um café da manhã continental está incluído no preço. Vale a pena saber que **La Cupula** (o restaurante local) é administrado por Carles Gaig, um renomado chefe de cozinha catalão. O que torna o Siete Suiza verdadeiramente especial é sua história surpreendente. Um médico catalão, o ginecologista Melchor Colet Torrabadella, originalmente era o proprietário da casa. Ele também foi escritor, poeta e filantropo e tinha um grande interesse pelas artes, bem como por belos carros antigos (uma coleção de sete lindos automóveis dos anos 20, de onde o hotel ganhou seu nome, decora o *lobby*). Quando a esposa de Colet morreu de câncer, ele criou uma fundação em sua memória, a **Fundación Dr. Melchor Colet** e parte dos lucros do hotel vão para essa causa.

Sicilia 255, Eixample Dreta, 08025 Barcelona. ☏ **93-208-20-51**. Fax 93-208-20-52. www.hispanos7suiza.com. 19 unidades. 140€–195€ (US$175–US$244) aptos de 2 quartos para 2, com adicional de 40€ (US$50) para 3 ou 4 hóspedes. AE, DC, MC, V. Estacionamento 14€ (US$18). Metrô: Sagrada Família. **Instalações e serviços:** Restaurante; coquetel bar; serviço de quarto; serviço de lavanderia; cofre; lojas; quartos para hóspedes com deficiência; aluguel de DVD player/Playstation. *Nos quartos:* A/C, TV, cozinha com máquina de lavar roupa e secadora, minibar, cofre, acesso à Internet.

6

Onde Fazer Suas Refeições

Seja com uma refeição farta em uma taverna de estilo tradicional, uma ceia mais tardia em um dos novos restaurantes de vanguarda, uma ou duas tapas no balcão de um bar ou com uma *paella* ao ar livre, Barcelona pode atendê-lo de forma bastante satisfatória. A cidade não só tem uma tradição culinária muito diferente do restante da Espanha, mas também usurpou da França o título de local gastronômico mais badalado do continente, com a nova geração de *chefs*, liderada por Ferran Adrià, do famoso **El Bulli** (pág. 285). A virada aconteceu em 2002, quando a edição daquele ano do *Le Guide des Gourmands*, a bíblia da culinária francesa sobre onde comprar e onde comer os melhores produtos, elegeu Barcelona a cidade mais "gourmand" da Europa – a primeira vez que uma cidade não francesa foi citada em seus 15 anos de publicação. Os critérios para a eleição consistem na disponibilidade de produtos, na qualidade do vinho local, no produtos do mercado e no restaurantes, e no espírito do *bon vivant*; na sensibilidade da população local em relação ao que vai para o seu estômago. Barcelona triunfou em todas as áreas.

O termo da moda no mundo gastronômico da metrópole é "fusão eclética", o que significa, de modo geral, combinar um prato de uma região (como Navarra) com um prato de outra região (como Astúrias), e adicionar algumas ervas, especiarias e *je ne sais quoi*; ou misturar pratos locais tradicionais como pombo com, digamos, peras ou cerejas com anis, ou pés de porco com caranguejo, criando pratos inesperados. O "plato híbrido" geralmente resulta em uma experiência nova e deliciosa. É uma característica que você encontrará em lugares como **Gaig** (pág. 142) e **Hisop** (pág. 143) que ficam anos-luz das simples *botifarras* (linguiças) e *estofats* (cozidos) do passado.

1 Refletindo sobre a Comida

O QUE É A COZINHA CATALÃ?

Muito do que esses novos *chefs* fazem é colocar um toque de vanguarda na tradicional cozinha catalã. Mas o que é essa cozinha, exatamente? O que os catalães comem é reconhecidamente diferente da cozinha do resto da Espanha, e varia de acordo com a região, desde a costa do Mediterrâneo e as ilhas até os vilarejos no interior e nos Pirineus. Sem dúvida, a cozinha catalã é mais influenciada pelo eixo da Europa (especialmente pela França) e do Mediterrâneo do que por Castela. O escritor Colman Andrews, em *Catalan Cuisine*, seu livro definitivo em inglês sobre o assunto (Grub Street, 1997), a chama de "O Último Grande Segredo Culinário da Europa". Muitas das técnicas e receitas básicas remontam à época medieval e, como todo catalão está sempre disposto a afirmar, a qualidade dos produtos procedentes dos *Països Catalans* (países catalães) é uma das melhores disponíveis. O mesmo vale para os vinhos produzidos localmente. Os D.Os. (*domaines ordinaires*) das regiões de Penedès e Priorat são atualmente tão famosos internacionalmente quanto os La Rioja e as *cavas* locais (vinho espumante, do tipo champagne), e estão presentes nas mesas festivas, de Melbourne a Manchester.

120 CAPÍTULO 6 · ONDE FAZER SUAS REFEIÇÕES

Se existe uma comida que simboliza a cozinha catalã, é o *pa amb tomàquet*. Originalmente inventado como uma forma de amolecer o pão amanhecido durante os tempos difíceis da guerra civil, dificilmente há um restaurante na Catalunha, desde a cantina mais humilde de operários até um palácio com estrelas do Michelin, que não possua esse prato no seu menu. Em sua forma mais simples, consiste em uma fatia de pão branco rústico que foi esfregada com a polpa de um tomate cortado e recebeu um fio de azeite. Às vezes, especialmente quando o pão é torrado, você recebe um tomate para fazer isso sozinho e um dente de alho para adicionar um sabor a mais. Nestas ocasiões, você coloca no pão: queijo, patê, *chorizo* (ou qualquer outra carne defumada) ou presunto ibérico, criando aquilo que é conhecido como *torrada*.

A cozinha catalã é marcada por combinações que, à primeira vista, parecem estranhas: carne vermelha e peixe são cozidos no mesmo prato, castanhas são trituradas para molhos, aves são cozidas com frutas, pratos com leguminosas (feijões) nunca são vegetarianos, e não há uma parte sequer do porco que não seja consumida. Preparações que você sempre verá nos cardápios incluem *zarzuela* (um cozido rico de peixe), *botifarra amb mongetes* (linguiça de porco com feijão branco), *faves a la catalana* (favas com presunto ibérico), *samfaina* (um molho de berinjela, pimentão e abobrinha), *esqueixada* (uma salada de bacalhau salgado), *fideuà* (semelhante à *paella*, mas com macarrão no lugar do arroz), e *miel i mato* (um queijo suave com mel). São refeições fartas e muito mais elaboradas que a comida do sul da Espanha. Em sua forma mais tradicional, ela não combina com apetites para comidas leves, razão pela qual muitos dos moradores locais fazem apenas uma refeição principal ao dia (normalmente o almoço), talvez com uma ceia leve com *torrada* à noite. O café da manhã também é algo leve: um café com leite (*café con leche* em espanhol, *café amb llet* em catalão), com um *croissant* ou rosquinha é o que a maioria das pessoas come até a hora do almoço. Muitos bares oferecem suco de laranja natural.

A QUE HORAS VOCÊ FAZ SUAS REFEIÇÕES EM BARCELONA

Os catalães geralmente almoçam entre 14:00h e 16:00h e jantam depois das 21:00h. A maioria das cozinhas fica aberta de noite até lá pelas 23:00h. É altamente recomendável que você faça de seu almoço a refeição principal e aproveite o *menú del día* (prato do dia) que é oferecido na maioria dos restaurantes. Normalmente é formado por três pratos (vinho e/ou café e sobremesa incluídos) e como custa de 8€ a 12€ (US$10–US$15) por pessoa, o prato tem um custo-benefício excelente e é uma ótima maneira de conhecer alguns dos estabelecimentos mais caros. Gorjetas parecem sempre confundir os visitantes, principalmente porque alguns restaurantes colocam os 7% de IVA (imposto sobre vendas) separadamente na conta. Essa não é a taxa de serviços; na verdade, é ilegal que os restaurantes cobrem por isso. Como regra geral, gorjetas (em dinheiro) de cerca de 5% devem ser deixadas em restaurantes baratos ou moderados, e de 10% nos mais caros. Nos bares, basta deixar algumas moedas ou arredondar sua conta até o valor em euros mais próximo. Se você realmente não estiver satisfeito com o serviço ou com a comida e achar que uma reclamação é necessária, você pode pedir uma *hoja de reclamación* (formulário de reclamação) para a gerência. Elas são analisadas posteriormente por auditores independentes.

Em geral, os vegetarianos não comem bem por aqui. Restaurantes vegetarianos são mais comuns do que costumavam ser há 10 ou 15 anos, mas com algumas exceções notáveis (como o **Organic**; pág. 137), "cozinha criativa" com "ausência de carne" não é uma combinação muito praticada em Barcelona. Lugares contemporâneos, tais como o **Pla** (pág. 127), o **Anima** (pág. 135) e o **Juicy Jones** (pág. 128) são boas opções, sempre com algumas opções vegetarianas no cardápio. Exceto pelas *tortillas*, não espere comida

OS MELHORES RESTAURANTES   121

> **Dicas** Cenário Verde de Barcelona
>
> Ser "vegetariano" não significa mais ser um estranho na capital catalã. Na última década, a tradicional predominância dos estabelecimentos dedicados a carnívoros vem sendo desafiada por um pequeno, mas crescente, número de restaurantes vegetarianos. Neste capítulo, você encontrará alguns dos melhores.
>
> No entanto, você não precisa se limitar aos estabelecimentos 100% vegetarianos para fazer suas refeições pois muitos restaurantes catalães oferecem uma grande variedade de *platos* sem carne.
>
> Além das *tortillas* encontradas em qualquer lugar (feitas, naturalmente, com ovos ao estilo espanhol, e não de farinha de milho, ao estilo mexicano), procure pratos como *escalivada* (salada de pimentões vermelhos e verdes grelhados), *berengenas al horno* (berinjelas assadas no forno), *calabaza guisada* (cozido de abóbora), *setas al jerez* (cogumelos cozidos no xerez) e *pisto* (resposta da Espanha ao *ratatouille*, com tomates, pimentões, berinjelas, abobrinha e cebolas cozidas em alho e óleo, mas evite a versão Manchego, pois ela contém pedaços de presunto). *Jamón* (Montanhês ou cozido, Serrano ou York), dificilmente é considerado carne "de verdade" na Espanha e pode aparecer até mesmo em pratos aparentemente inocentes como o caldo, portanto confirme com o garçom antes de fazer seu pedido.
>
> Restaurantes árabes, indianos e italianos também podem oferecer o que você está procurando, com suas enormes variedades criativas de *couscous*, arroz e massas, e se peixe for uma opção aceitável, obviamente há uma abundância de restaurantes de frutos do mar entre os quais escolher, embora sejam um pouco caros.

vegetariana em tavernas tradicionais e conservadoras, e sempre confirme antes; a palavra catalã *carn* (carne em espanhol) refere-se somente à carne vermelha. Pedir um prato "sem" (sens em catalão, sin em espanhol) não garante que ele virá sem peixe ou frango. Restaurantes e bares com mais de 100 m^2 (1.076 pés2) possuem áreas para não fumantes, embora nos bares a fumaça muitas vezes se espalhe vindo das áreas maiores para fumantes. Por garantia, tente um dos terraços externos para conseguir uma refeição ou um *drink* sem fumaça (ou sem poluição).

Uma pequena seleção das centenas de restaurantes, cafés e bares de Barcelona está listada a seguir. Quando decidir onde fazer suas refeições, saiba que Barcelona é uma vítima de sua própria popularidade. O constante fluxo de turistas significa que muitos locais (especialmente em Les Ramblas e nas proximidades) não fazem nada além de oferecer uma paella de micro-ondas ou cobram 10 vezes mais que a média por uma xícara de café. Mas, nas ruas menores do Barri Gòtic e nos quarteirões da região do Eixample (que tem escapado mais dos efeitos colaterais do turismo de massa) ainda existem vários estabelecimentos com preços justos que têm muito orgulho em apresentá-lo às delícias da culinária local. E se você se cansar da comida local, é possível encontrar lugares mais baratos para comer em El Raval, o bairro mais multicultural da cidade, onde dezenas de restaurantes são administrados por paquistaneses, marroquinos e sul-americanos. ¡*Bon profit!*

2 Os Melhores Restaurantes

- **O Chef Mais Badalado:** Carles Abellán tem sido aclamado como o mais novo garoto prodígio da *nouvelle cuisine* catalã. Seu restaurante, o **Comerç 24**, foi concebido para ser uma experiência divertida em relação a tudo o que há de novo no mundo das tapas. Delícias como o "kinder ovo surpresa" (um ovo quente com gema perfumada com trufas) e a pizza de sashimi de atum aguardam os mais aventureiros. Veja pág. 132.

CAPÍTULO 6 · ONDE FAZER SUAS REFEIÇÕES

- **O Melhor Recém-Chegado:** Lá em cima do lado da Diagonal, na Eixample, uma dupla de jovens *chefs* altamente profissionais achou que seria uma boa ideia abrir um local elegante e discreto onde eles produziriam sutilmente pratos da cozinha catalã moderna com sabores incríveis. A notícia logo se espalhou e atualmente o **Hisop** é um dos lugares mais "na moda" para se comer em Barcelona. Veja pág. 143.

- **O Melhor Local para uma Comemoração:** Você pode fazer quanto barulho quiser no **Mesón David**, um restaurante tradicional com um cardápio interminável de pratos de todas as regiões da Espanha. Existe uma grande chance de você se sentar próximo a um grupo barulhento comemorando um aniversário ou noivado com os próprios garçons muitas vezes fazendo parte da agitação. Veja pág. 137.

- **A Melhor Carta de Vinhos:** Você terá uma infinidade de opções em **La Vinya del Senyor**, um maravilhoso bar de vinhos em frente à torre da igreja Santa María del Mar. Dê uma boa olhada nas 300 variedades oferecidas enquanto admira sua fachada a partir do terraço lá fora, e depois peça algumas das deliciosas tapas para acompanhar o seu *vino*. Veja pág.157.

- **A Melhor Paella:** A *paella* na praia é uma das experiências mais típicas de Barcelona e não existe lugar melhor para fazer isso do que no **Can Majó**. Bem em frente ao mar, esse restaurante se orgulha de suas *paellas* e *fideuàs* (que substitui o arroz por macarrão) e tem lugar garantido como favorito entre as famílias mais abastadas da cidade. Veja pág. 155.

- **A Melhor Cozinha Catalã Moderna:** Com mais de 10 restaurantes, o famoso grupo Tragaluz vem revolucionando o panorama gastronômico de Barcelona. Seu restaurante **Tragaluz**, o carro-chefe do grupo, define não somente o *design* estético contemporâneo da cidade, mas também sua culinária "de mercado". Veja pág. 145.

- **A Melhor Cozinha Catalã Tradicional:** O **Via Veneto** esbanja classe à moda antiga e serve uma das melhores comidas catalãs existentes. Alguns dos métodos de servir, como a prensa de pato de prata legítima, parecem pertencer a outro século (assim como alguns dos clientes). Veja pág. 158.

- **O Melhor para Crianças:** As crianças são bem-vindas em quase todos os restaurantes espanhóis, mas por que não lhes dar um tratamento especial indo para o **La Paradeta**? É o mais próximo que você terá da versão catalã do bife com fritas, e o restaurante oferece todos os tipos de frutos do mar expostos sobre gelo, que você vê logo na entrada. Você escolhe o que quiser e poucos minutos depois, sua refeição vem quentinha em uma caixa de papelão. Veja pág. 133.

- **A Melhor Cozinha de Combinação:** O chefe de cozinha Jordi Artal, nascido na Catalunha, mas criado no Canadá, instintivamente sabe como combinar as cozinhas do Velho e do Novo Mundo. O menu de degustação com 5 pratos em seu luxuoso **Cinc Sentits** é uma forma memorável de experimentar seu talento. Veja pág. 142.

- **O Melhor para Tapas:** O **Taller de Tapas** foi concebido para desvendar os mistérios das tapas. Funcionários que falam várias línguas, assim como menus em diversos idiomas garantem que você não terá bochechas de porcos quando pedir alho-poró e os pratos maravilhosos são uma perfeita iniciação para os novatos. Veja pág. 134.

- **O Melhor para Observar Pessoas:** A comida pode não ganhar prêmios, mas isso não impede que estrelas do futebol, modelos e várias outras pequenas celebridades apareçam no **CDLC**, que fica na Vila Olímpica, bem em frente ao mar, com decoração *fashion* imitando o estilo tailandês. A verdadeira diversão começa na discoteca depois do jantar, e você não consegue saber se a brisa está vindo do Mediterrâneo ou dos inúmeros beijinhos de pessoas se cumprimentando. Veja pág. 155.

- **O Melhor Para Jantar ao Ar Livre:** Além de ser um dos restaurantes com os melhores preços da cidade, o **Café de L'Academia** é abençoado com um dos cenários mais boni-

CIUTAT VELLA: BARRI GÒTIC **123**

tos: uma praça encantadora na Cidade Velha rodeada de construções góticas e uma fonte antiga. À noite, o brilho suave das velas nas mesas tremula nas paredes de pedra, garantindo que você ficará um bom tempo mesmo depois do último licor. Veja pág. 124.

- **Com a Melhor Vista:** Jante no topo do mundo, ou pelo menos a 75 m (246 pés) na **Torre d'Alta Mar**, localizado em uma torre de teleférico. A vista não poderia ser mais impressionante, permitindo que você tenha uma visão panorâmica de quase 360 graus da cidade e do mar em volta. Veja pág. 154.

- **O Melhor para Frutos do Mar:** Embora frutos do mar de boa qualidade sejam abundantes em Barcelona, muitos juram que os melhores produtos acabam no **Cal Pep**, um pequeno bar perto do porto. Montanhas de mariscos são preparadas na sua frente por funcionários rápidos como um raio e suas habilidades serão postas à prova ao tentar não dar uma cotovelada em seu vizinho enquanto descasca seus camarões. Veja pág. 132.

- **O Melhor Bar de Vinhos:** Pintado de vermelho bordô, com janelas grandes em forma de arco que dão para uma praça tranquila, o **Vinissim** tem uma coleção incrível de vinhos de todos os cantos do planeta, além de uma esplêndida variedade de tapas para acompanhá-los. Veja pág. 131.

- **O Melhor Para o Almoço de Domingo:** Isso diz tudo: o **7 Portes**, um dos restaurantes mais antigos de Barcelona, é uma tradição aos domingos. Famílias enormes degustam pratos excelentes de carne e de peixe em uma atmosfera da virada do século XX. Veja pág. 153.

- **O Melhor Restaurante Vegetariano:** Restaurantes realmente vegetarianos ainda são muito raros em Barcelona. Agradeça a Deus pelo **Organic**, um lugar que lembra um galpão com mesas comunitárias de madeira, um *buffet* de saladas onde você pode se servir à vontade, e pratos tentadores de arroz, massas e tofu. Veja pág. 137.

- **O Melhor para Doces:** Doce, mas nunca enjoativo, o **Espai Sucre** talvez seja o único restaurante no mundo que oferece um cardápio composto totalmente de sobremesas. Os amantes de comida deliram com esse local, e sua reputação tem se espalhado como sendo uma experiência gastronômica única. Alguns pratos salgados estão disponíveis. Veja pág. 132.

- **O Melhor para Chá da Manhã ou da Tarde:** A minúscula rua Petritxol na Cidade Velha é famosa pelas granjas, pelos cafés especializados em bolos, pelos doces e pelo chocolate quente. Além de tudo isso, o **Xocoa** fabrica seus próprios chocolates de dar água na boca. Veja pág. 213.

- **O Mais Consistente:** O **Pla** consegue criar um equilíbrio perfeito entre elegante e altamente criativo, sem assustar você. O cardápio foca nos produtos do mercado local com um toque asiático e árabe e os funcionários são surpreendentemente simpáticos e prestativos. Veja pág. 127.

- **O Melhor Lanche para Viagem:** Antes de começar uma visita ao Museu de Arte Contemporânea, recarregue as energias no **Foodball**, um novo conceito em *fast food*. Bolinhos de arroz integral recheados com tofu, cogumelos silvestres, grão-de-bico e coisas do gênero, além de sucos naturais e *milk-shakes* são servidos em um ambiente peculiar; você também pode comer no local. Veja pág. 130.

3 Ciutat Vella: Barri Gòtic

CARO

Agut d'Avignon * CATALÃO
Um dos meus restaurantes favoritos em Barcelona fica em um beco minúsculo perto da Plaça Reial. A explosão de restaurantes na cidade tirou o Agut d'Avignon de sua posição de melhor da cidade, mas ele ainda continua sendo muito bom depois de mais de 4 décadas e possui uma clientela fiel. O restaurante atrai

124 CAPÍTULO 6 · ONDE FAZER SUAS REFEIÇÕES

políticos, escritores, jornalistas, investidores, impresários e artistas — e até mesmo o rei e seus ministros de gabinete, juntamente com visitantes ilustres. Desde 1983, Mercedes Giralt Salinas e seu filho Javier Falagán Giralt vêm administrando o restaurante. Um pequeno vestíbulo do século XIX leva à área de jantar com vários níveis, com duas sacadas e um *hall* principal que lembra uma cabana de caça. Você poderá precisar de ajuda para traduzir o cardápio em catalão. As especialidades tradicionais geralmente incluem sopa de abóbora servida na casca, sopa de frutos do mar com torrada de alho, hadoque recheado com mariscos, linguado com *nyoca* (uma mistura de nozes), camarões grandes com molho aioli, pato com figos e filé ao molho de xerez.

Trinitat 3, na Carrer d'Avinyó. ✆ **93-302-60-34**. Recomendável fazer reservas. Pratos principais 15€–25€ (US$19–US$31); menu de almoço14€ (US$18). AE, DC, MC, V. Diariamente 13:00h–16:30h e 21:00h–00:30h. Metrô: Jaume I ou Liceu.

MODERADOS

Agut ⍟ *Achados* CATALÃO Em um edifício histórico no Barri Gòtic, a 3 quadras do porto, o Agut resume a atmosfera boêmia que cerca essa área de personalidade marcante. Durante três quartos de século, esse vem sendo um negócio familiar, sendo María Agut García a atual soberana. (Não confunda o Agut com o mais famoso Agut d'Avignon, nas proximidades.) Sua aura evoca os anos 40 e 50, com um pequeno bar aconchegante à direita de quem entra. Os quadros nas paredes são de artistas catalães bem conhecidos de meados do século XX. Comece com o *mil hojas de botifarra amb zets* (camadas de massa folhada recheadas com linguiça catalã e cogumelos), ou a *terrine de albergines amb formtage de cabra* (terrina de berinjelas com queijo de cabra gratinado). Um dos nossos pratos preferidos é o *soufle de rape amb gambes* (suflê de tamboril com camarão). Somente para os *gourmets*, experimente o *pie de cerdo relleno con foie amb truffles* (pés de porco recheados com fígado de pato e trufas). Ou se você estiver com muita fome, tente o *chuletón de buey* (lombo de boi) para dois, que vem bem grosso e suculento, acompanhado por uma mistura de legumes frescos. Para sobremesa, se você pedir o sortido, você terá um prato com uma variada combinação de pequenos bolos caseiros.

Gignàs 16. ✆ **93-315-17-09**. Necessário fazer reservas. Pratos principais 9€–18€ (US$11– US$23); menu de preço fixo do almoço ter–sex 12€ (US$15). AE, DC, MC, V. Ter–dom 13:30h–16:00h; ter–sáb 21:00h–00:00h. Fechado em agosto. Metrô: Jaume I.

Café de L'Academia ⍟⍟ *Econômico* CATALÃO/MEDITERRÂNEO No centro do Barri Gòtic a uma curta distância a pé da Plaça Sant Jaume, esse restaurante com 28 mesas parece ser caro, mas na verdade é um dos melhores e mais acessíveis da cidade medieval. O edifício data do século XV, mas o restaurante foi fundado somente em meados da década de 80. O proprietário Jordi Casteldi oferece um ambiente elegante em um local com paredes de pedras marrons e colunas de madeira antigas. Em um bar pequeno você pode examinar o cardápio variado e analisar os vinhos oferecidos. Pratos dessa qualidade normalmente custam três vezes mais em Barcelona. O *chef* se orgulha de sua "cozinha do mercado", sugerindo que só os ingredientes mais frescos comprados no dia são utilizados. Experimente delícias como *bacallà gratinado i musselina de carofes* (bacalhau seco gratinado com mousse de alcachofra) ou *terrina d'berengeras amb formtage de cabra* (terrina de berinjelas com queijo de cabra). Uma especialidade deliciosa que, às vezes, está disponível é *codorniz rellena en cebollitas tiernas y foie de pato* (perdiz recheada com cebolas macias e fígado de pato). Em noites mais quentes, use uma das mesas iluminadas com velas do lado de fora, na agradável praça dominada por uma igreja gótica.

Carrer Lledó 1, Plaça Sant Just. ✆ **93-315-00-26**. Necessário fazer reservas. Pratos principais 10€–16€ (US$13–US$20); menu de preço fixo do almoço 13€ (US$16). AE, MC, V. Seg–sex 09:00h–12:00h, 13:30h–16:00h e 21:00h–23:30h. Fechado de 2–3 semanas em agosto. Metrô: Jaume I.

Jantando na Ciutat Vella

Abac **35**	Comerç 24 **43**	La Paradeta **44**	Restaurant Hoffmann **40**
Agut **38**	El Salón **34**	La Rosca **24**	Romesco **17**
Anima **6**	Els Quatre Gats **25**	Las Campañas	Salsitas **18**
The Bagel Shop **23**	Els Tres Tombs **1**	(Casa Marcos) **32**	Sandwich & Friends **45**
Bar del Pi **22**	Espai Sucre **42**	Los Caracoles **19**	Santa María **33**
Bodega la Plata **33**	Foodball **8**	Lupino **7**	Schilling **21**
Café de l'Academia **30**	Garduña **16**	Mama Cafe **9**	Senyor Parellada **37**
Cafe de la Opera **16**	Gente de Pasta **47**	Mesón David **3**	Taller de Tapas **36**
Ca l'Estevet **41**	Iposa **7**	Murivecchi **46**	Umita **13**
Cal Pep **42**	Juicy Jones **20**	Organic **14**	Vinissim **28**
Can Culleretes **27**	Kasparo **10**	Pla **29**	
Can L'isidre **2**	La Cuineta **26**	Pla de la Garsa **39**	
Casa Leopoldo **5**	La Dentellière **31**	Quo Vadis **12**	

125

126   CAPÍTULO 6 · ONDE FAZER SUAS REFEIÇÕES

Can Culleretes CATALÃO   Fundado em 1786 como uma *pastelería* (confeitaria) no Barri Gòtic, o restaurante mais antigo de Barcelona preserva muitas de suas características arquitetônicas originais. Todos os três salões de jantar são decorados com rodapés de azulejos e candelabros de ferro fundido. A comida bem preparada apresenta pratos autênticos do nordeste da Espanha, incluindo linguado ao estilo romano, *zarzuela a la marinera* (mistura de mariscos), canelone, *paella* e pratos especiais de caça, incluindo *perdiz*. O serviço é à moda antiga, e, às vezes, fica mais cheio de turistas do que de moradores locais, mas o restaurante mantém toques autênticos o suficiente para dar a impressão de que ele realmente é genuíno. Fotografias autografadas por celebridades, artistas de flamenco e toureiros que passaram por lá decoram as paredes.

Quintana 5. ℂ **93-317-64-85**. Recomendável fazer reservas. Pratos principais 8€–16€ (US$10–US$20); menu de preço fixo ter–sex 15€ (US$19). MC, V. Ter–dom 13:30h–16:00h; ter–sáb 21:00h–23:00h Fechado em julho. Metrô: Liceu. Ônibus: 14 ou 59.

El Salón 〈Momentos〉 MEDITERRÂNEO/COMBINAÇÃO Dominado por um enorme espelho dourado e com iluminação suave, El Salón há muito tempo é o favorito entre os casais que procuram um lugar romântico para jantar. O cardápio, que muda diariamente, leva bem a sério a definição de eclético, com influências asiática, italiana e especialmente francesa em cima dos produtos do mercado local. O restaurante já existe a tempo suficiente para ter seus seguidores firmes e fiéis, especialmente entre a comunidade estrangeira, mas o padrão varia. Quando ele é bom, é realmente muito bom. Mas quando a noite é ruim... bem, você ainda voltará só pelo charme do lugar.

L'Hostal d'en Sol 6–8. ℂ **93-315-21-59**. Recomendável fazer reservas. Pratos principais 9€–18€ (US$11–US$23); jantar de preço fixo 20€ (US$25). AE, DC, MC, V. Diariamente das 21:00–00:00. Metrô: Jaume I.

Els Quatre Gats ⚑ 〈Momentos〉 CATALÃO   Este restaurante tem sido uma lenda em Barcelona desde 1897. Os "Quatro Gatos" (gíria catalá para "apenas algumas pessoas") era um favorito de Picasso, Rusiñol e outros artistas que no passado penduravam seus trabalhos nas paredes do local. (Reproduções ainda as decoram.) Em uma rua estreita de paralelepípedos no Barri Gòtic, o café do *fin de siècle* já foi o palco para leitura de poesias de Joan Maragall, concertos de piano de Isaac Albéniz e Ernie Granados e murais de Ramón Casas. Ele serviu de base para integrantes do movimento *modernista* e fazia parte da vida intelectual e boêmia da cidade.

Nos dias de hoje, o café-restaurante reformado continua sendo um lugar popular para encontrar pessoas. Considerando-se a localização do restaurante, a refeição com preço fixo é um dos melhores negócios da cidade e jantar é uma boa pedida, dada a grandiosidade geral do lugar. A cozinha catalá caseira aqui é chamada de *cucina de mercat* (baseada no que quer que esteja fresco no mercado), mas sempre incluirá clássicos como *suquet de peix* (um cozido de peixe com batatas) e *faves a la catalana* (favas novas com presunto Serrano). O cardápio constantemente variável reflete as estações. Para um ambiente melhor, venha no almoço — de noite, às vezes ele fica muito voltado para turistas, com músicos tocando canções pop banais espanholas dos anos 60.

Montsió 3. ℂ **93-302-41-40**. Necessário fazer reservas. Pratos principais 14€–22€ (US$18–US$28); menu de preço fixo do almoço 12€ (US$15). AE, DC, MC, V. Diariamente das 13:00h –01:00h. Café, diariamente, das 08:00–02:00. Metrô: Plaça de Catalunya.

Garduña CATALÃO   Esse é o restaurante mais famoso do mercado coberto de Barcelona, La Boqueria. Originalmente concebido como um hotel, ele começou a se concentrar em comida nos anos 70. Antiquado, quase caindo e um pouco claustrofóbico, o restaurante é *fashion* com um ambiente artístico que poderia ter sido considerado boêmio em outra época. Ele está próximo da parte de trás do mercado, de modo que você passará por inúmeras filas de produtos frescos, queijos e carnes antes de chegar até lá. Você pode jantar na parte de baixo, perto de um bar movimentado, ou na parte de cima, um pouco mais formal. A comida é ultra fresca — os *chefs* certamente não precisam ir muito longe para obter os ingredientes. Você pode experimentar os *hors-d'oeuvres* do mar, canelones Rossini, merlúcio (peixe) grelhado

CIUTAT VELLA: BARRI GÒTIC   127

> ### Vamos! Rápido!
>
> Tinha que acontecer. Seja por causa da demanda turística ou por causa da população que tem cada vez menos tempo para se sentar e desfrutar e uma refeição no meio do dia, estabelecimentos do tipo *fast food* estão se tornando cada vez mais comuns. McDonald's e Dunkin' Donuts agora ocupam propriedades em locais privilegiados, mas por que não experimentar algumas comidas locais para levar para casa? Por toda a cidade, **Pans & Company e Bocata** fazem *bocatas* (rolinhos crocantes) frescas recheadas com saborosas combinações quentes e frias. Por todo lado, também podemos encontrar unidades franqueadas de **La Baguetina Catalana**, um fantástico local para forrar o estômago, com montanhas de bolos cheios de carboidratos e doces que você pode levar para casa. Um favorito entre os mochileiros que se preocupam com a saúde, o **Maoz** (principalmente na Cidade Velha) faz *falafels* feitos na hora, os quais você complementa com o máximo possível de salada que couber no pão de pita. Ao longo do calçadão, a **Rambla del Raval** (e nas ruas dos dois lados), existem dúzias de lugares para enormes *sharwamas*: sanduíches gigantescos recheados com frango ou cordeiro assados no espeto e salada.

com ervas, *rape* (tamboril) marinera, *paella*, *brochettes* de vitela, filé com pimenta verde, arroz com frutos do mar ou *zarzuela* (cozido) de peixe fresco com temperos.

Jerusalém 18. ✆ **93-302-43-23**. Recomendável fazer reservas. Pratos principais 8€–28€ (US$10–US$35); almoço de preço fixo 10€ (US$13); jantar de preço fixo 15€ (US$19).DC, MC, V. Seg–sáb 13:00h–16:00h e 20:00h–00:00h. Metrô: Liceu.

La Cuineta *(Econômico)* CATALÃO Esse restaurante perto dos escritórios do governo catalão é um destaque culinário do Barri Gòtic. Decorado em estilo regional típico, ele dá prioridade à culinária local. O cardápio de preço fixo tem preço bom, ou você pode pedir a la carte. A entrada mais cara é a *bellota* (presunto cujo porco é alimentado com bolotas), mas eu sugiro um prato catalão de produtos frescos, como *favas* cozidas com *botifarra*, uma deliciosa linguiça local apimentada.

Pietat 12. ✆ **93-315-01-11**. Recomendável fazer reservas. Pratos principais 16€–38€ (US$20–US$48); menu de preço fixo 12€–26€ (US$15–US$33). AE, DC, MC, V. Diariamente das 13:00h–16:00h e 20:00h–00:00h. Metrô: Jaume I.

Los Caracoles *(Momentos)* CATALÃO Esse restaurante deve ser um dos mais fáceis de ser encontrados em Barcelona. À medida que você caminha pela Escudellers, reconhecidamente uma das ruas menos salubres da cidade, você é atraído pelo aroma de frango assado. Esse restaurante clássico os prepara em espetos do lado de fora de um braseiro ao lado do edifício. Você entra pela cozinha principal onde panelas fumegantes cercam cozinheiros morrendo de calor. Lá dentro é um labirinto: escadarias conduzem a outras salas de jantar, nichos com uma única mesa escondem-se debaixo da escada e existem cerâmicas coloridas, tetos com vigas de madeira e antiguidades em todos os lugares. O lugar é cheio de atmosfera e a culinária é catalã caseira: *arroz negre* (arroz cozido em tinta de lula), lula grelhada e, é claro, frango assado. Existe sempre uma boa quantidade de turistas e a comida nem sempre faz jus ao que deveria, mas considerando que a amostra autêntica da cultura local, definitivamente vale a pena conhecê-lo.

Escudelleres 1. ✆ **93-302-31-85**. Recomenda-se reservar. Pratos principais 8€-28€ ($10-$35). AE, DC, MC, V. Diariamente 13h00-meia-noite. Metrô: Drassanes.

Pla ✪✪ MEDITERRÂNEO O Pla é popular tanto entre os moradores locais como entre os visitantes pelo seu consistente alto padrão de *carpaccios*, ampla variedade de saladas com produtos frescos do mercado que apresentam combinações apetitosas como espinafre, cogumelos e camarões, e pratos principais com toques asiáticos e árabes que quase sempre incluem um *curry* tailandês ou um prato de *couscous* marroquino. Os funcionários são simpáticos, bilíngues e informais e não o apressarão enquanto você faz o seu pedido.

128 CAPÍTULO 6 · ONDE FAZER SUAS REFEIÇÕES

Bellafila 5. ☏ **93-412-64-52**. Necessário fazer reservas. Pratos principais 7€–15€ (US$8,75– US$19). DC, MC, V. Dom–qui 21:00h–00:00h; sex–sáb 21:00h–01:00h. Fechado de 25–27 de dezembro. Metrô: Jaume I.

BARATOS

Iposa *Econômico* FRANCÊS/MEDITERRÂNEO O Iposa é outro ponto de encontro barato e alegre de Raval, com um terraço externo arborizado que é disputado nas tardes ensolaradas de sábado. O *chef* francês da casa garante que há sempre algo um pouco diferente sendo oferecido em vez da refeição "do Mercado Mediterrâneo" de sempre, mas antes de perguntar como eles conseguem servir um prato principal, bebida e café na hora do almoço por meros 6€ (US$7,50), saiba que as porções são pequenas, de modo que você poderá precisar pedir uma entrada também. A comida muda diariamente e inclui coisas como *couscous* vegetariano, peixe fresco grelhado ou uma sopa quente de *hummus*.

Floirestes de La Rambla 14. ☏ **93-318-60-86**. Pratos principais 6€–10€ (US$7,50 –US$13); almoço de preço fixo 8€ (US$10). V. Set–jul seg–sáb 13:30h–16:00h e 21:00h–00:00h; agosto diariamente 21:00h–00:00h. Metrô: Liceu.

Juicy Jones *Achados* VEGETARIANO Uma mistura brilhante e colorida de tiras de quadrinhos com decoração de quarto infantil dá as boas-vindas nesse lugar simpático administrado por dinamarqueses, onde garçons jovens e internacionais são amistosos, mas, às vezes, dão a impressão de estar somente de passagem. Pouco convencional no estilo ou na comida, o Juicy Jones oferece *couscous* a preços bem razoáveis, além de uma grande variedade de pratos criativos acompanhados de arroz que variam desde brotos de feijão e *escalivada* (cebola grelhada, berinjela e pimentões vermelhos e verdes) até tofu e saladas de gengibre. A incrível variedade de sucos naturais inclui sucos de pera, de manga e de *grapefruit* em copos grandes (4€/5€) ou pequenos (3€/$3,75€) e ele tem também *milk-shakes* de soja, vinhos orgânicos e cerveja. Você pode se sentar no balcão estreito perto da entrada ou em baixo, no restaurante reservado nos fundos.

Cardenal Casañas 7. ☏ **93-302-43-30**. Pratos principais 6€–9,50€ (US$7,50–US$12); menu de almoço 8,50€ (US$11) nos dias de semana. Não aceita cartões de crédito. Diariamente 12:00h–00:00h. Metrô: Liceu.

La Dentellière ⭐ *Achados* FRANCÊS/INTERNACIONAL Charmoso e bem dentro da estética francesa, esse bistrô tem uma decoração moderna e elegante. Lá dentro, você encontrará um cantinho da França provinciana, graças ao esforço dedicado de Evelyne Ramelot, a escritora francesa que é proprietária do local. Depois de um aperitivo no sofisticado coquetel bar, você pode fazer o pedido a partir de um cardápio bem criativo que inclui uma lasanha feita de tiras de bacalhau salgado, pimentões e molho de tomate, e um delicioso *carpaccio* de carne com pistaches, suco de limão, vinagrete e queijo parmesão. A carta de vinhos é particularmente variada, com boas safras principalmente da França e da Espanha.

Ample 26. ☏ **93-218-74-79**. Recomendável fazer reservas nos fins de semana. Pratos principais 8€–14€ (US$10–US$18). MC, V. Ter–dom 20:30h–00:00h. Metrô: Drassanes.

La Rosca CATALÃO/ESPANHOL Por mais de meio século, o proprietário Don Alberto Vellve vem dando as boas-vindas aos clientes nesse pequeno restaurante no Barri Gòtic, perto da Plaça de Catalunya. Em uma rua pequena, o lugar é meio difícil de ser encontrado, exceto pelos devotos que o frequentam há décadas. Vá até lá se você quiser ver o tipo de lugar onde as pessoas faziam refeições baratas na época de Franco. Essa casa serve uma mistura de cozinha catalá e cozinha espanhola moderna. O local é pequeno e tem um estilo rústico antigo com tetos altos e paredes brancas. A decoração tem toques nostálgicos, como cartazes de antigas touradas e fotos de Barcelona em meados do século XX. Há 60 mesas simples que os clientes lotam rapidamente para tirar proveito do menu de almoço barato contendo três pratos. Estão incluídas opções como cozido de vitela ou peixes e moluscos variados nessas refeições fartas. Filhotes de lula são cozidos em sua própria tinta e um dos melhores pratos é feijão branco *sauté* com presunto e linguiça catalá. Para um verdadeiro banquete, peça *rape a la plancha* (tamboril grelhado).

Juliá Portet 6. ☏ **93-302-51-73**. Pratos principais 8€–14€ (US$10–US$18); menu de preço fixo 9€–12€ (US$11–US$15). Não aceita cartões de crédito. Dom–sex 09:00h–21:30h. Fechado de 20–30 de agosto. Metrô: Urquinaona ou Catalunya.

CIUTAT VELLA: BARRI GÒTIC 129

Romesco *(Econômico)* CATALÃO/MEDITERRÂNEO Frequentado pelos moradores locais e viajantes que não querem gastar muito, o Romesco nunca ganhará uma estrela do Michelin, mas ele oferece o tipo de comida caseira que está desaparecendo rapidamente das imediações turísticas de La Rambla. A iluminação é boa, as mesas são cobertas com plásticos, os garçons e a comida não têm frescuras e são servidas em porções generosas. O prato mais sofisticado é um pedaço de atum grelhado servido com uma salada simples, e o mais simples é o arroz à *la cubana* (uma cura para ressaca que consiste em arroz branco, molho de tomate, um ovo frito e uma banana frita — pra dizer a verdade, muito bom). As sobremesas incluem um cremoso *crema catalana* (creme *brûlée*) ou um pudim de arroz. Finalizar tudo com um café forte certamente completa o quadro.

Sant Pau 28. ☎ **93-318-93-8**1. Pratos principais 6€–14€ (US$7,50 –US$18). Não aceita cartões de crédito. Seg–sex 13:00h–00:00h; sáb 13:00h–18:00h e 20:00h–00:00h. Fechado em agosto. Metrô: Liceu.

Salsitas MEDITERRÂNEAO O *restaurclub* pioneiro em Barcelona, o Salsitas faz comidas muito boas antes de se transformar em uma boate animada à 01:00h da manhã. Sente-se em uma das cadeiras de ferro fundido entre as palmeiras de plástico e você terá uma seleção de comidas "leves" (quem quer ver uma barriga protuberante na pista de dança?), como uma sopa de abóbora seguida de salmão grelhado. Um DJ faz uma seleção de músicas de fundo durante o jantar.

Nou de la Rambla 22. ☎ **93-318-08-40**. Recomendável fazer reservas nos fins de semana. Pratos principais 6€–18€ (US$7,50–US$23). AE, DC, MC, V. Ter–sáb 20:30h–00:00h. Metrô: Liceu.

LANCHES, TAPAS & BEBIDAS

Bar del Pi TAPAS Um dos bares mais famosos do Barri Gòtic, esse estabelecimento fica entre duas praças medievais, de frente para uma igreja gótica. Tapas típicas, canapés e rolinhos estão disponíveis. A maioria dos visitantes vem para tomar café, cerveja ou vinhos locais, sangrias da casa e *cavas*. No verão você pode se refrescar com *horchata* (um *milk-shake* feito com certo tipo de amêndoas) ou uma bebida bem gelada. Sente-se lá dentro em uma das mesas apertadas de madeira, ou fique de pé no balcão lotado. Se estiver quente, pegue uma mesa debaixo do único plátano da praça famosa. Essa praça geralmente atrai um grupo interessante de tipos boêmios jovens, turistas e músicos.

Plaça Sant Josep Oriol 1. ☎ **93-302-21-23**. Tapas 2,50€–6€ (US$3,10–US$7,50). Não aceita cartões de crédito. Seg–sex 09:00h–23:00h; sáb 09:30h–22:30h; dom 10:00h–22:00h. Metrô: Liceu.

Bodega la Plata TAPAS Criado nos anos 20, La Plata é um dentre um trio de bodegas famosas nessa rua medieval estreita. Essa aqui ocupa um prédio de esquina — cujos dois lados abertos permitem que os deliciosos aromas da cozinha se espalhem pela vizinhança — e tem um balcão de mármore e mesas superlotadas. A especialidade culinária consiste em *raciones* (pratos pequenos) de sardinha frita — com cabeça e tudo. Você pode fazer uma refeição com duas porções, acompanhadas pela salada da casa com tomate, cebola e anchovas frescas. O encorpado vinho da casa dos Penedés vem em três versões: *tinto, blanco e rosado* e custa 80 centavos um copo.

Mercé 28. ☎ **93-315-10-09**. Tapas/raciones 2€– 4€(US$2,50 –US$5). Não aceita cartões de crédito. Seg–sáb 09:00h–15::30h e 18:00h–23:00h. Metrô: Barceloneta.

Café de la Opera CAFÉ/TAPAS Esse é um dos poucos cafés emblemáticos da cidade que conseguiu resistir às ondas de modernização. O nome vem do Liceu Opera House, localizado diretamente do outro lado da La Rambla. Antigamente os clientes se reuniam aqui para um aperitivo antes das apresentações. Embora tenha sido reformado no decorrer dos anos, o interior ainda mantém detalhes da *Belle Epoque*. É um ótimo lugar para ler um livro durante os períodos mais sossegados do dia e é também tem um terraço se você for do tipo que prefere observar pessoas. As tapas são limitadas, mas os bolos são divinos. O serviço é sério demais, transparecendo uma formalidade forçada para combinar com o ambiente.

130   **CAPÍTULO 6 · ONDE FAZER SUAS REFEIÇÕES**

Les Ramblas 74.℃ **93-302-41-80**. Tapas a partir de 3€ (US$3,75) Bolos a partir de 4€ (US$5). Não aceita cartões de crédito. Seg–sex 08:30h–02:00h; sáb–dom 08:30h–03:00h. Metrô: Liceu.

Foodball   ✪ COMIDA SAUDÁVEL

O Foodball é o mais recente conceito da empresa de calçados **Camper** (pág.226), cujo objetivo é transportar toda a sua cultura de atacadista para a indústria da alimentação. É um café e um local que vende comida para levar para casa, localizado perto do museu MACBA, e sua clientela reflete a vibração neo-hippie do bairro. Os bolinhos a que se referem o nome do local são bolinhos de arroz integral recheados com cogumelos orgânicos, grão-de-bico, tofu e alga ou frango. Você pode levá-los para casa em caixas de papelão recicláveis ou pode optar por se acomodar nos assentos que lembram uma arquibancada. O interior, com sua abundância de cores orgânicas e sinalizações que lembram imagens de uma barbearia africana, é de autoria do excêntrico catalão Martí Guixé, que também é responsável por muitas das lojas de calçados Camper. Além dos bolinhos, as únicas coisas disponíveis são frutas frescas e secas, sucos e água filtrada. Se tudo isso soa um pouco certinho demais, não desanime; *fast food* saudável em Barcelona é mais raro que dentes em galinhas . Os bolinhos de arroz são realmente muito, muito gostosos. É um conceito brilhante.

Elisabets 9. ℃**93-270-13-63**. Foodballs 2€ (US$2,50) cada. Menu de preço fixo 6€ (US$7,50). Diariamente 12:00h–23:00h. Metrô: Liceu.

Las Campañas (Casa Marcos) TAPAS

Da rua (não há uma placa), Las Campañas parece mais um armazém de presuntos defumados e garrafas de vinho. Os clientes se amontoam em pé no longo balcão por causa do *chorizo* servido entre dois pedaços de pão. As linguiças normalmente são consumidas com cerveja ou vinho tinto. O lugar foi aberto em 1952 e desde então nada mudou. Um gravador toca músicas nostálgicas favoritas, de Edith Piaf até Andrews Sisters.

Mercé 21. ℃ **93-315-06-09**. Tapas 3€–12€ (US$3,75–US$15). Não aceita cartões de crédito. Qui–ter 12:30h–16:00h e 19:00h–02:00h. Metrô: Jaume I.

Schlling CAFÉ

Em uma rua onde o mercado de *fast foods* e franquias estão aos poucos tomando conta do lugar, o Schilling é uma exceção bem-vinda. Mais Bruxelas que Barcelona, ele é todo cheio de sofás aconchegantes e mesas de madeira, convidativos para leitura de jornais durante o dia, o que o torna um ótimo lugar para descansar seus pés e curtir um sanduíche e café com alguns bolos que são muito bons. À noite, o movimento aumenta e o Schilling recebe muita gente para um drink antes ou depois do jantar.

Ferran 23. ℃ **93-317-67-87**. Sanduíches quentes e frios 4€–9€ (US$5–US$11). MC, V. Set–jul diariamente 10:00h–02:30h; ago diariamente 17:00h–02:30h. Metrô: Liceu.

The Bagel Shop CAFÉ

Se você estiver louco por um bagel, vá para esse café simples perto do final da La Rambla. Todas as variedades estão aqui: gergelim, sementes de papoula, mirtilo e mais algumas versões europeias como de azeitonas pretas. Recheios variam de mel a salmão e *cream cheese* e eles também têm uma deliciosa seleção de *cheesecakes*. Você pode levar para viagem.

Canuda 25. ℃ **93-302-41-61**. Bagels 1,75€–5,75€ (US$2,20 –US$7,20). Não aceita cartões de crédito. Seg–sáb 09:30h–21::30h; dom 11:00h–16:00h. Metrô: Liceu.

Venus Delicatessen CAFÉ

Esse café agradável fica em uma das ruas de compras de moda alternativa no centro da cidade. É um bom ponto de parada para um chá ou café, bem como para bolos e doces. A "delicatessen" no nome gera um pouco de confusão (não há nenhum balcão de comidas *deli* à vista), mas o que o café faz muito bem são comidas leves como saladas e quiches, do meio-dia à meia-noite. Vários

CIUTAT VELLA: LA RIBERA 131

jornais internacionais estão disponíveis para serem folheados e trabalhos de artistas locais estão nas paredes para serem admirados.

Avinyó 25. ℂ **93-301-15-85**. Pratos principais 6€–10€ (US$7,50–US$13); almoço de preço fixo 10€ (US$13). Não aceita cartões de crédito. Seg–sáb 12:00h–00:00h. Metrô: Jaume I.

Vinissim ★★ VINHOS/TAPAS Um interior de tijolos aparentes em tons avermelhados é o pano de fundo perfeito para esse aconchegante bar de vinhos em uma bela praça na região de El Call no Barri Gòtic. O local oferece uma variedade de mais de 50 vinhos cuidadosamente selecionados — em taça ou garrafas — de todas as regiões da Espanha, e algumas das melhores tapas da cidade, que podem incluir um prato de queijo de cabra artesanal, uma mistura de tomates secos e cebolas carameladas e um *raclette* de batata com queijo. Experimente um excelente Finca Lobieira *albariño* da Galícia quando provar esses pratos. As melhores sobremesas incluem um pudim de tâmaras — de preferência com creme fresco — e um esplêndido *cheesecake* de chocolate branco. Você pode acompanhar qualquer um desses pratos com um Etim Moscatel 2001, cuja doçura vem de suas uvas que ficam pelo menos 6 meses sob o sol valenciano. Levando tudo isso em consideração, os bares de vinhos não são muito melhores que isso.

Sant Domenec del Call 12. ℂ **93-301-45-75**. Tapas 3,50€–10€ (US$4,35 –US$13); menu de degustação 20€ (US$25); almoço de preço fixo 14€ (US$18). AE, DC, MC, V. Seg–sáb 12:00h–16:00h e 20:00h–00:00h. Metrô: Liceu.

4 Ciutat Vella: La Ribera

CARO

Abac ★ ⓐchados INTERNACIONAL Esse restaurante é a vitrine de um *chef* de cozinha cheio de personalidade, Xavier Pellicer, que cria uma *cuisine d'auteur*, nome criado por ele mesmo, que significa um cardápio de pratos totalmente originais. Dentro do Park Hotel de 1948, seu restaurante minimalista atraiu até mesmo membros da família real espanhola, curiosos para ver o que Pellicer estava cozinhando em determinada noite. Alguns de seus pratos podem ser experimentais demais para certos clientes, mas eu achei seu paladar ousado muito agradável. Ele é mestre em equilibrar sabores, e seus pratos aguçam o paladar e até mesmo o desafia de vez em quando. Ele dá ênfase na cor e na textura e seus molhos são perfeitamente equilibrados. Você nunca sabe para onde sua inspiração culinária o conduziu em certa noite. Talvez um *tartare* de cogumelos aparecerá no seu prato, ou então um aveludado *foie gras* cozido no vapor. Perca assada aparece com pimientos doces e cercefi com leitão ibérico são cozidos e temperados à perfeição, assim como seu ravióli de erva-doce com "frutos do mar".

Carrer del Rec 79-89. ℂ **93-319-66-00**. Necessário fazer reservas. Pratos principais 25€–35€ (US$31–US$44); menu de degustação 85€ (US$106). AE. DC, MC, V. Ter–sáb 13:30h–15:30h; seg–sáb 20:30h–22:30h. Fechado em agosto. Metrô: Jaume I ou Barcelonesa.

Restaurant Hoffmann ★★ CATALÃO/FRANCÊS/INTERNACIONAL Esse restaurante é um dos mais famosos de Barcelona, em parte por causa de sua cozinha criativa, e em parte por causa de sua forte associação com uma respeitada escola que treina funcionários para a indústria hoteleira e gastronômica da Catalunha. A força culinária e empresarial atrás disso é o alemão/catalão Mey Hoffmann, cujo restaurante fica diante da fachada de uma das igrejas góticas mais amadas de Barcelona, Santa María del Mar. Quando o tempo está bom, as mesas ficam em três pátios. As opções do cardápio mudam a cada 2 meses e geralmente possuem ingredientes franceses. Exemplos incluem um *fine tarte* soberbo com sardinhas desossadas, *foie gras* embrulhado em massa folhada, John Dory (peixe-galo) assado com batatas novas e *ratatouille*, um ragu de lagostim com risoto verde, pés de

132 CAPÍTULO 6 · ONDE FAZER SUAS REFEIÇÕES

porco suculentos com berinjela e costeletas de cordeiro com legumes grelhados. De sabor especial se você aprecia carne de vaca, é um filé cozido em Rioja e servido com *confit* de cebolinha e batata gratinada. O *fondant* de chocolate é uma sobremesa magnífica.

Carrer Argentina 74–78. ✆ **93-319-58-89**. Recomendável fazer reservas. Pratos principais 16€–40€ (US$20–US$50); menu de degustação 35€ (US$44). AE, DC, MC, V. Seg–sex 13:30h–15:15h e 21:00h–23:15h. Fechado em agosto e na semana do Natal. Metrô: Jaume I.

MODERADOS

Cal Pep 🎯 *Achados* CATALÃO   O Cal Pep fica logo ao norte da Plaça de Palau, do lado de uma minúscula praça de cartão-postal. O local geralmente fica lotado, e a comida é uma das melhores de La Ribera. De fato, há mesmo um Pep, e ele é um grande anfitrião, circulando entre os clientes para ver se todos estão satisfeitos com suas refeições. Na parte de trás há uma pequena sala de jantar (faça reservas se você pretende comer aqui), mas a maioria dos fregueses prefere ocupar um dos lugares no balcão em frente. Experimente as alcachofras fritas ou a mistura variada de frutos do mar que inclui sardinhas pequenas. Vôngoles minúsculos vêm nadando em um caldo bem temperado e que ganha um pouco mais de sabor se você adicionar uma pitada de pimenta. Um delicioso prato de atum vem com um molho de gergelim, e o salmão fresco é temperado com ervas como manjericão — fica sublime.

Plaça des les Olles 8. ✆ **93-310-79-61**. Necessário fazer reservas. Pratos principais 14€–20€ (US$18–US$25). AE, DC, MC, V. Seg 20:30h–23:30h; ter–sáb 13:00h–16:30h e 20:30h–23:30h. Fechado em agosto. Metrô: Barceloneta ou Jaume I.

Comerç 24 ★★ *Achados* CATALÃO/INTERNACIONAL Encare um jantar aqui como uma oportunidade para experimentar a visão culinária de um verdadeiro artista. O *chef* é Carles Abellán, que trabalhou com Ferran Adriá do famoso El Bulli por uma década. Ele deu sua interpretação criativa e distinta a todos os pratos tradicionalmente favoritos da Catalunha. Com seu *design* minimalista de vanguarda, o restaurante oferece um ambiente tranquilo para sua cozinha. O *chef* usa produtos frescos da época, molhos equilibrados e combinações ousadas, mas nunca ultrajantes, e ele acredita em pratos rápidos. Comece talvez com seu atum fresco em cubos marinado com gengibre e molho de soja, e Abellán imediatamente conquistará você. Talvez, em seguida, você poderá provar seu salmão fresco "perfumado" com baunilha e servido com iogurte. A berinjela assada com Roquefort, pinoli e cogumelos frescos do campo é um banquete vibrante com sabor natural. Somente a grande estrela Marlene Dietrich poderia fazer uma omelete de batatas melhor que Abellán. E acredite ou não, ele serve o tradicional lanche que costumava ser oferecido às crianças catalás quando elas chegavam em casa da escola: uma combinação de chocolate, sal e pão aromatizado com azeite. É surpreendentemente bom!

Carrer Comerç 24. ✆ **93-319-21-02**. Necessário fazer reservas. Pratos principais 11€–25€ (US$14–US$31); menu de degustação 48€ (US$60). AE, DC, MC, V. Ter–sáb 13:30h–15:30h e 20:30h–00:30h. Fechado na semana do Natal e nas últimas 3 semanas de agosto. Metrô: Jaume I.

Espai Sucre ★★ *Achados* SOBREMESAS   O Espai Sucre (Espaço do Açúcar) é a sala de jantar mais incomum de Barcelona, com uma decoração minimalista e 30 lugares. Para os amantes de sobremesas, é como entrar em um céu criado pela própria fada do açúcar. O lugar tem algum encantamento, e ele funciona. O cardápio é dedicado às sobremesas. Há uma lista pequena dos chamados pratos "salgados" para aqueles que quiserem dar um tempo com o açúcar. Na verdade, esses pratos são muito bons e preparados de forma criativa, e incluem opções como o *couscous* de gengibre com abóbora e arraia grelhada ou creme de alcachofra com ovo de codorna cozido e presunto serrano. O guisado de lentilhas com *foie gras* é de primeira, assim como as condimentadas "bochechas" de vitela com maçãs verdes.

CIUTAT VELLA: LA RIBERA   133

Esqueça tudo sobre os pratos comuns que você encontraria em uma confeitaria qualquer. As sobremesas aqui são criações originais. Sua "salada" seria algo como pequenos cubos de pudim de leite sobre palitos de maçã verde com folhas novas de rúcula, caramelo picante, um pouquinho de lima kaffir e creme de limão, com um traço de doce de leite. Já provou uma sopa de lichia, aipo, maçã e eucaliptos? Se não, você pode experimentá-la aqui. Se algumas das combinações forem demais para o seu paladar, você encontrará conforto nas opções mais familiares — creme de baunilha com *sorbet* de café e banana caramelada. Toda sobremesa vem com uma recomendação sobre o vinho mais apropriado para acompanhá-la.

Princesa 53. ☎ **93-268-16-30**. Necessário fazer reservas. Pratos principais 9,50€–12€(US$12–US$15); prato com 3 sobremesas 28€(US$35); prato com 5 sobremesas 35€ (US$44). MC, V. Ter–sáb 21:00h–23:30h. Fechado em meados de agosto e na semana do Natal. Metrô: Arc de Triomf.

Gente de Pasta ITALIANO Se você tiver dificuldade em encontrar uma mesa na elegante extremidade sul de La Ribera, não seria uma má ideia ir até esse restaurante gigantesco especializado (como o nome sugere) em massas. Só não espere toalhas xadrezes e cestas de vinho feitas de vime; o interior que lembra um armazém industrial nada tem em comum com uma *trattoria* típica. Em noites movimentadas, as paredes e o chão simples fazem da acústica um pesadelo para quem tem ouvidos mais sensíveis, e o tamanho grande do local significa que os garçons normalmente não estão por perto quando e onde forem necessários. Apesar disso, as massas e os demais pratos são perfeitamente passáveis, com atrações adicionais como a salada *caprese* com anchovas e um risoto de erva-doce com camarões.

Passeig de Picasso 10. ☎ **93-268-70-17**. Recomendável fazer reservas nos fins de semana. Pratos principais 7€–18€ (US$8,75– US$23); almoço de preço fixo 10€ (US$13). AE, MC, V. Diariamente das 13:00h–16:00h e 21:00h–00:00h. Metrô: Jaume 1 ou Barceloneta.

Re-Pla ✿✿★ MEDITERRÂNEO A popularidade do restaurante Pla no Barri Gòtic (pág. 127) era tal que seus proprietários abriram essa segunda unidade na vizinha La Ribera, oferecendo uma mistura igualmente deliciosa de produtos frescos com pratos orientais e árabes exóticos em seu cardápio variado. O serviço é cordial e atencioso. Já foi comprovado que conseguir uma mesa aqui é tão difícil quanto no Pla, o que não é surpresa.

Montcada 2. ☎ **93-268-30-03**. Necessário fazer reservas. Pratos principais 7€–15€ (US$8,75 –US$19). DC, MC, V. Diariamente das 13:00h–16:00h e 21:00h–00:00h. Fechado 25–27 de dezembro. Metrô: Jaume I.

Senyor Parellada CATALÃO/MEDITERRÂNEO O interior desse lugar, com aspecto radiante e contemporâneo, contrasta bastante com a fachada de uma construção que tem pelo menos um século de idade. Por dentro, em um par de salas de jantar amarelo-limão e azul, você encontrará itens no cardápio tais como canelones em estilo italiano, repolho recheado, bacalhau como era preparado pelos monges do monastério de Poblet, tamboril cozido com molho de alho e mostarda, pato assado com figos e costeletas de cordeiro assadas ao molho de vinho tinto. Os clientes se reúnem fielmente nesse bistrô, sabendo que desfrutarão de uma culinária tradicional do nordeste da Espanha juntamente com produtos locais de boa qualidade. Os *chefs* parecem saber como extrair o máximo de sabor dos ingredientes de primeira.

Carrer Argenteria 37. ☎ **93-310-50-94**. Recomendável fazer reservar. Pratos principais 8€–15€ (US$10–US$19). AE, DC, MC, V. Diariamente das 13:00h–16:00h e 20:30h–00:00h. Metrô: Jaume I.

BARATOS

La Paradeta *Econômico* *Crianças* FRUTOS DO MAR A maioria dos pratos com *marisco* (frutos do mar) podem custar uma fortuna em Barcelona. Isso não acontece nesse restaurante movimentado que tem mais coisas em comum com um mercado de peixes do que com os restaurantes da moda da região de El Born em La Ribera. (Talvez por causa do dinheiro que eles economizam com os garçons.) Os frutos do mar — caranguejos, camarões, lulas

134 CAPÍTULO 6 · ONDE FAZER SUAS REFEIÇÕES

e assim por diante — ficam expostos em bacias grandes de plástico. Você escolhe o que quiser no balcão, onde tudo é pesado e depois servido em travessas fumegantes. Os vinhos disponíveis incluem alguns *albariños* brancos excelentes e outras variedades locais boas e confiáveis. É bem divertido, mas peça tudo de uma só vez porque geralmente é preciso esperar pelo prato e pela bebida em uma fila, especialmente nos fins de semana.

Comercial 7. ✆ **93-268-19-39**. Peixes cobrados por quilo (variam). Preço médio com vinho 18€–22€ (US$23–US$28). Não aceita cartões de crédito. Ter–qui 20:00h–23:30h; sex 20:00h–00:00h; sáb 13:00h–16:00h e 20:00h–00:00h; dom 13:00h–16::00h. Fechado 22/12–22/01. Metrô: Arc de Triomf.

Murivecchi *(Crianças)* *(Econômico)* ITALIANO   Se esse restaurante administrado pela família ficasse a cerca de cem metros mais adiante em direção ao centro do bairro El Born, você provavelmente nunca conseguiria uma mesa. Sua decoração discreta tampouco lhe favorece em algo, mas a comida é excelente e o preço é ótimo. Ele tem um forno à lenha para fãs da verdadeira pizza napolitana e as massas são igualmente deliciosas: *tagliatelle al funghi porcini, spaghetti vongole* e *linguini al pesto* são apenas alguns exemplos. Some-se a isso uma lista de *antipasti, risotti* e *carpacci,* pratos do dia especiais e um tiramisu pecaminoso — e você terá uma das melhores cozinhas italianas desse lado de Roma.

Princesa 59. ✆ **93-315-22-97**. Recomendável fazer reservas nos fins de semana. Pratos principais 9€–14€ (US$11–US$18); almoço de preço fixo seg–sex 10€ (US$13). MC, V. Diariamente das 13:00h–16:00h e 20:00h–00:00h. Metrô: Arc de Triomf.

Pla de la Garsa ★ *(Econômico)* MEDITERRÂNEO/CATALÃO   Localizado do lado leste de La Ribera, essa construção histórica foi totalmente reformada mas ainda preserva algumas instalações do século XIX, como uma escada de ferro fundido em espiral usada para se chegar a outra área de jantar no andar de cima. O andar térreo é mais interessante. Aqui você conhecerá o dono, Ignacio Sulle, um colecionador de antiguidades que lotou seu estabelecimento com uma coleção intrigante de objetos de arte. Ele ostenta uma das melhores cartas de vinho da cidade e tem uma variedade diária de pratos tradicionais cataláes e mediterrâneos favoritos. Comece com um dos patês, como o de ganso ou um *confit* de coxas de pato. Você também pode pedir patês de carne e de peixe. Uma surpresa é a terrina de azeitonas pretas e anchovas. Para o prato principal você pode pedir um bife *bourguignon* perfeitamente preparado ou *fabetes fregides amb menta i pernil* (feijão com carne e presunto serrano em cubos). A seleção de queijos é uma das melhores que eu encontrei na cidade, especialmente generosa em queijo de cabra catalão, incluindo o Serrat Gros, proveniente dos Pirineus.

Assaonadors 13. ✆ **93-315-24-13**. Recomendável fazer reservar nos fins de semana. Pratos principais 6€–14€ (US$7,50–US$18). AE, DC, MC, V. Diariamente das 20:00h–01:00h. Metrô: Jaume I.

LANCHES, TAPAS & BEBIDAS

Sandwich & Friends CAFÉ   Onde mais, exceto em El Born, um sanduíche seria considerado chique? Na rua principal do quarteirão mais sofisticado da cidade, o Sandwich & Friends se destaca em relação aos demais graças ao seu mural enorme na parede, de autoria do ilustrador local, mas internacionalmente famoso, Jordi Labanda. Seu retrato de uma reunião social de jovens brilhantes reflete a própria clientela, que vem aqui por causa da variedade impressionante de mais de 50 sanduíches do café, todos nomeados em homenagem a "amigos": *Marta* é um sanduíche de filé de porco, tomate e azeite de oliva; *Daniel* é recheado com salsicha alemã, bacon e mostarda. Há também uma variedade de saladas se você for um contador de calorias.

Passeig del Born 27. ✆ **93-310-07-86**. Sanduíches e saladas 3,75€–8€ (US$4,70–US$10). MC, V. Diariamente das 9:30h–01:00h. Metrô: Jaume I ou Barceloneta.

Taller de Tapas ★★ TAPAS   Para um estrangeiro, pedir tapas pode ser algo desanimador. Um dos problemas é fazer se ouvir com todo o barulho, e há também a falta de cardápios por escrito. O Taller de Tapas (Oficina de Tapas) foi concebido para acabar com a dificuldade

CIUTAT VELLA: EL RAVAL 135

do *tapeando*. Cercado por uma decoração agradável de tijolos à vista e vigas (ou no terraço externo), os clientes sentam-se nas mesas e pedem a partir de um cardápio trilíngue. As tapas são preparadas em uma cozinha aberta onde não se pode ver um único microondas sequer. Os donos estão sempre a procura de novos ingredientes que combinem com tapas, o que significa que toda semana existe um menu com tapas especiais. O cardápio regular é formado por inúmeras tapas deliciosas de toda a Espanha; anchovas marinadas de L'Escala na Costa Brava, camarões de Palamós com ovos mexidos, fígado de pato grelhado, chorizo frito cozido na cidra: está tudo aqui. Para aqueles que gostam de alguma coisa mais substancial para o café da manhã, o Taller de Tapas tem um cardápio matutino de tortillas.

L'Argentaria 51. ✆ **93-268-85-59**. Tapas 3€–10€ (US$3,75–US$13). AE, DC, MC, V. Seg–qui 8:45h–00:00h; sex–sáb 8:45h–00:30h; dom 12:00h–00:00h. Metrô: Jaume I. Há outro na Plaça Sant Josep Oriol 9, Barri Gòtic (✆ **93-301-80-20**; Metrô: Liceu).

5 Ciutat Vella: El Raval

CAROS

Ca L'Isidre ✪ CATALÃO   Apesar de sua localização precária (pegue um táxi à noite!), esse talvez seja o bistrô catalão mais sofisticado de Barcelona. Aberto em 1970, já serviu o Rei Juan Carlos e a Rainha Sofía, Julio Iglesias e o famoso líder de banda catalá, Xavier Cugat. Isidre Gironés, com o auxílio de sua esposa, Montserrat, é conhecido por sua comida feita na hora, muito bem preparada e servida. Experimente os caranguejos-aranha com camarões, uma salada de *foie gras*, pâncreas com vinho do porto e cogumelos silvestres, ou *carpaccio* de vitela, estilo Harry's Bar. A seleção de vinhos espanhóis e catalães é excelente.

Les Flors 12. ✆ **93-441-11-39**. Necessário fazer reservas. Pratos principais 18€–45€ (US$23–US$56). AE, DC, MC, V. Seg–sáb 13:30h–16:00h e 20:30h–23:00h. Fechado sáb–dom de jun–jul e todos dias em agosto. Metrô: Paral.lel.

Casa Leopoldo ✪✪ *Achados* FRUTOS DO MAR   Uma excursão pelas ruas mais rústicas do Barri Xinès faz parte de experimentar a Casa Leopoldo. À noite, é mais seguro vir de táxi. Fundado em 1939, esse restaurante colorido com suas atraentes paredes ladrilhadas e vigas de madeira no teto serve alguns dos frutos do mar mais frescos da cidade para uma clientela fiel. Há um bar popular de tapas onde se come em pé na parte da frente e duas salas de jantar. Especialidades incluem enguia com camarão, *barnacles* (molusco), *choco* (molusco), sopa de frutos do mar com mariscos e enguias fritas bem longas.

Sant Rafael 24. ✆ **93-441-30-14**. Recomendável fazer reservas. Pratos principais 25€–40€ (US$31–US$50); menu de degustação 45€ (US$56). AE, DC, MC, V. Ter–dom 13:30h–16:00h; ter–sáb 21:00h–23:00h. Fechado em agosto e na semana da Páscoa. Metrô: Liceu.

Quo Vadis ✪ ESPANHOL/CATALÃO   Elegante e impecável, esse é um dos melhores restaurantes de Barcelona e um dos favoritos dos frequentadores de ópera da Casa de Ópera Liceu, ao lado. Em uma construção de um século de idade próximo às bancas do mercado de alimentos Boqueria, ele foi fundado em 1967 e, desde então, tem um negócio discreto, porém próspero. As quatro salas de jantar com painéis transbordam charme conservador. As criações culinárias incluem um guisado de cogumelos da época, fígado de ganso frito com ameixas, filé ao molho de vinho e uma variedade de peixes grelhados ou flambados. O restaurante tem uma grande variedade de sobremesas feitas com frutas da época importadas de toda a Espanha.

Carme 7. ✆ **93-302-40-72**. Recomendável fazer reservas. Pratos principais 18€–26€ (US$23–US$33); menu de preço fixo 30 (US$38). AE, DC, MC, V. Seg–sáb 13:15h–16:00h e 20:30h–23:30h. Fechado em agosto. Metrô: Liceu.

MODERADOS

Anima MEDITERRÂNEO/COMBINAÇÃO   Localizado próximo ao Museu de Arte Moderna MACBA, o Anima é mais um da nova geração de restaurantes de Raval. Seu interior minimalista de cores brilhantes e uma olhada rápida no cardápio poderiam levá-

136 CAPÍTULO 6 · ONDE FAZER SUAS REFEIÇÕES

lo a pensar que a cozinha também não daria muita atenção aos detalhes. Mas a comida aqui é altamente satisfatória, especialmente quando servida no terraço ao ar livre no verão. Debaixo dos plátanos, você pode se servir de bolas de *mozzarella* no *gazpacho*, filé de avestruz com amoras carameladas e trufas de chocolate cristalizadas de sobremesa. Se tudo isso soar um pouco arriscado demais, aposte no cardápio do almoço que tem um preço ótimo antes de mergulhar de cabeça.

Angels 6. ✆ **93-342-49-12**. Recomendável fazer reservas. Pratos principais 9€–16€ (US$11–US$20); almoço de preço fixo 10€ (US$13). AE, DC, MC, V. Seg–sáb 13:00h–16:00h e 21:00h–00:00h. Metrô: Liceu.

Lupino COMBINAÇÃO DO MEDITERRÂNEO O Lupino foi um dos primeiros da

nova onda de restaurantes *cool* de Barcelona. Os garçons pareciam modelos vestidos de preto, havia um DJ e a decoração lembrava uma passarela. Muitos anos depois, restou somente ela. O Lupino deixou de ser tão formal e já existe há tempo suficiente para saber que não se pode viver só de estilo. A comida é uma mescla de mediterrâneo, de francês, de creole e do norte da África; entrecote grelhado com couscous, bacalhau com ratatouille e molho de coco, carne de porco recheada com queijo de cabra e lascas de mandioca para acompanhar. . . já deu pra entender. O restaurante é muito bom e seu cardápio do almoço é um dos melhores negócios da redondeza. Um terraço nos fundos dá para a parte de trás do mercado Boqueria (na verdade para uma área de estacionamento, mas guarda-sóis enormes bloqueiam as partes menos apresentáveis), e o DJ agora só faz apresentações às sextas e aos sábados para coquetéis mais tarde da noite.

Carme 33. ✆ **93-412-36-97**. Recomendável fazer reservas nos fins de semana. Pratos principais 14€–20€ (US$20–US$25); almoço de preço fixo seg–sex 9€ (US$11), sáb–dom 13€ (US$16). AE, MC, V. seg–qui 13:00h–16:00h e 21:00h–00:00h; sáb–dom 13:30h–16:30h e 21:00h–03:00h. Metrô: Liceu.

Mama Cafe COMBINAÇÃO DO MEDITERRÂNEO No meio da grande variedade

de restaurantes peculiares em El Raval, essa é uma das opções mais seguras, onde estilo não dá lugar à essência. A multidão de pessoas *fashion* é recebida por funcionários urbanoides, que trazem pratos de uma cozinha aberta frenética. A qualidade dos hambúrgueres aqui é incomum em Barcelona (o que significa dizer que são muito bons), as saladas (quase sempre com uma fruta ou queijo de cabra) têm ingredientes frescos, e as massas (com salmão e alcaparras) superam as expectativas. Mama Cafe é um dos poucos restaurantes do centro velho que abre segunda-feira.

Doctor Dou 10. ✆ **93-301-29-40**. Recomendável fazer reservas nos fins de semana. Pratos principais 9€–17€ (US$11–US$21); almoço de preço fixo 12€ (US$15). AE, MC, V. Diariamente das 13:00h–16:00h e 21:00h–00:00h. Metrô: Liceu.

Umita SUSHI Onde mais, a não ser em Barcelona, você encontraria um sushi com grife?

Onde mais, a não ser no caldeirão cultural de Raval, ele seria feito não por nascidos no Japão, mas na região nãonipônica do Peru? Há uma razão para isso — os milhares de japoneses que imigraram para a América do Sul tiveram uma profunda influência dos *chefs* locais. Os puristas serão tentados a desconsiderar esse local. Mas você não deveria! Os amantes de sushi não ficarão desapontados, já que o padrão de peixes frescos disponíveis em Barcelona, somado à criatividade dos maestros do sushi, criam uma refeição memorável. Frutos do mar, verduras, abacate e outras frutas em combinações delicadas fazem parte da equação. O lugar é minúsculo, por isso reserve uma mesa. Melhor ainda, pegue um banquinho no bar para assistir aos mestres trabalhando.

Pintor Fortuny 15. ✆ **93-301-23-22**. Recomendável fazer reservar nos fins de semana. Pratos principais 7€–18€ (US$8,75–US$23); almoço de preço fixo 19€ (US$24). AE, MC, V. Diariamente das 13:00h–16:00h e 21:00h–00:00h. Metrô: Catalunya.

BARATOS

Ca l'Estevet CATALÃO/ESPANHOL Esse restaurante de um século de idade é uma

verdadeira instituição em El Raval, onde a família Estevat vem recebendo de bom grado uma mistura de estudantes, jornalistas e turistas intrépidos durante décadas. O ambiente

CIUTAT VELLA: EL RAVAL **137**

cordial e acolhedor combina com pratos catalães tradicionais como *caracoles* (lesmas), *exqueixada* (salada de bacalhau salgado desfiado), *botifarra negre* (linguiça preta) e *conill* (coelho). Os almoços nos dias de semana são o principal negócio aqui, mas o restaurante pode ficar bem cheio, por isso é melhor aparecer um pouco mais cedo pelos padrões espanhóis (isto é, por volta das 13:30h).

Carrer de Valdonzella 46. ✆ **93-302-41-86**. Pratos principais 8€–14€ (US$10–US$18); cardápio de preço fixo do almoço 12€ (US$15). Seg–sáb 13:30h–16:00h e 21:00h–00:00h. Metrô: Universitat.

Mesón David ESPANHOL Não venha aqui se quiser uma noite tranquila. O Mesón David é absolutamente uma confusão: garçons gritam uns com os outros, gorjetas são reconhecidas pelo som de uma campainha de vaca, grupos de clientes cantam e de alguma maneira você precisa se fazer ouvir. Mas o esforço vale a pena. A comida é rápida, furiosa e excelente, e as especialidades regionais variam desde truta de Navarra recheada com presunto serrano, polvo grelhado ao estilo da Galícia, até o tradicional leitão assado castelhano. Obviamente, não é um lugar para uma refeição leve. Mas é bem divertido por um preço que é incrivelmente baixo para o centro de Barcelona. Em noites movimentadas, pode ser que você precise esperar por uma mesa no bar — e ser convidado a se retirar enquanto ainda está tomando seu último gole de café.

Carretes 63. ✆ **93-441-59-34**. Recomendável fazer reservas. Pratos principais 6€–10€ (US$7,50–US$13); almoço de preço fixo seg–sex 8€ (US$10). AE, DC, MC, V. Qui–ter 13:00h–16:30h e 20:00h–00:00h. Metrô: Paral.lel ou Sant Antoni.

Organic VEGETARIANO Elegante e hippie, o Organic é um dos poucos restaurantes vegetarianos em Barcelona que não passa a impressão de um convento quando você entra. Na hora do almoço, uma equipe de garçons bem-humorados conduzirá você até as mesas comunais e lhe explicará o sistema; o primeiro prato é uma sopa e um bufê de saladas *self-service*, tudo muito saboroso e cultivado organicamente. O segundo prato (o qual você pede) pode ser uma pizza vegetariana, massa ou talvez um refogado. As sobremesas, que são *self-service*, incluem torta de maçã, mousse de alfarroba (tipo de vagem) e iogurte fresco (menus menores disponíveis). À noite, o cardápio é à la carte e nos fins de semana há música brasileira ao vivo. Uma pequena seleção de comidas saudáveis também está disponível, incluindo o pão caseiro deles, e um massagista local está lá para oferecer seus serviços para as várias pessoas que aparecem na hora do almoço.

Junta de Comerç 11. ✆ **93-301-09-02**. Pratos principais 6€–12€ (US$7,50–US$15); almoço de preço fixo 6,50€–9€ (US$8,10–US$11). AE, DC, MC, V. Diariamente das 12:30h–00:00h. Metrô: Liceu.

LANCHES, TAPAS & BEBIDAS

Els Tres Tombs CAFÉ/TAPAS Els Tres Tombs é um dos bares mais versáteis que existem. Atende não só às donas de casa descansando um pouco das compras no mercado Sant Antoni nas proximidades, mas também às pessoas jovens que param para um café da manhã depois de uma noite se divertindo nos clubes. A fachada é puro anos 70, os garçons são distintamente conservadores e a localização do terraço garante que ele receba mais luz solar direta que praticamente qualquer outro bar em Barcelona. Lá dentro há desde variadas comidas para café da manhã até montes de tapas para satisfazer qualquer ânsia de fome a qualquer hora do dia. É uma instituição da cidade.

Ronda Sant Antoni 11. ✆ **93-443-41-11**. Tapas 2,50€–11€ (US$3,10–US$14); almoco de preço fixo 8€ (US$10). Não aceita cartões de crédito. Diariamente das 06:00h–02:00h. Metrô: Sant Antoni.

Kasparo CAFÉ/TAPAS Esse lugar tem um dos terraços mais apreciados de todos os tempos: arborizado, com um pórtico e bem pertinho do MACBA (Museu de Arte Moderna). De fato, esse local é tão popular que é muito comum ver muita gente por lá, como quem não quer nada, somente a espera para agarrar a próxima mesa livre. Não há nenhuma boa razão

138 CAPÍTULO 6 · ONDE FAZER SUAS REFEIÇÕES

Mais Tapas

Tradicionalmente, os barceloneses não vão de tapas em tapas com tanta frequência como seus primos de Madri ou da Andaluzia. Eles preferem se sentar à moda antiga, com três pratos, muitas toalhas de linho e uma garrafa de vinho. Mas a tendência de comer em porções pequenas e a influência de novos *chefs* como Carles Abellán, do Comerç 24 (pág. 132), tem despertado um interesse elevado nessa culinária artística.

Para tapas espanholas clássicas no coração da Cidade Velha, experimente o **Taller de Tapas**, Calle de l'Argenteria 51 (℗ **93-268-85-59**). Para uma lista encorpada de 50 petiscos, todos preparados na hora, o Cal Pep, Plaça de les Olles 8 (℗ **93-310-79-61**) chega perto do divino quando estamos falando de frutos do mar excepcionalmente frescos (pág. 132); ou tem também o Bar Celta, Calle Mercè 16 (℗ **93-315-00-06**) — um dos botecos de tapas mais antigos da cidade — para tentáculos de polvo roxos, lábios e orelhas de porco e deliciosos pimentões verdes conhecidos como pimientos del padrón. Na mesma rua, você também pode beber cidras artesanais rústicas, comer chourizo grelhado e pedaços bem servidos de cecina (carne defumada) escura nas poucas sidrerías (bar de tapas asturianos) que ainda existem.

Em La Ribera e El Born, o **Mosquito**, Calle Carders 46 (℗ **93-268-75-69**), prepara uma variedade de pratos bem elaborados da Índia, Tailândia, Malásia e Indonésia, além de bolinhos *gyoza* e cervejas orgânicas a preços imbatíveis. Pode-se ter refeições mais finas das mãos sempre criativas de Paco Guzmán, no **Santa María**, Calle Comerç 17 (℗ **93-315-12-27**). Pense em combinação de espanhol e asiático em termos de frutas locais recheadas com amendoins tailandeses temperados, perca do mar crua com maracujá, tomate e vinagrete de lima e leitão com wasabi e soja.

Se você estiver indo para a cidade, evite os celeiros monstruosos no Passeig de Gràcia e opte pelo **Ciudad Condal**, Rambla de Catalunya 18 (℗ **93-318-19-97**), que pode-se dizer, é o bar de tapas mais visitado da cidade devido às patatas bravas, ao peixe frito e às anchovas. Depois, continue subindo em direção à **Cervecería Catalana**, Carrer Majorca 236 (℗ **93-216-03-68**), para fatias suculentas de filé no espeto com pimentões e brochettes de camarões gigantes. (Nota: Essas tapas são anotadas com giz no quadro-negro, e não no menu permanente.)

Termine com um prato de pudim, cortesia de Jordi Butrón no **Espai Sucre**, Calle Princesa 53 (℗ **93-268-16-30**; pág. 132). Por muitos anos, esse foi o único restaurante de pudins o mundo. Butrón já não pode mais reivindicar esse título, mas esse continua sendo o ponto final para quem vai de tapas em tapas no século 21.

para isso (exceto pela sua localização), já que as tapas são bem básicas e os pratos do dia, tais como a salada grega ou um prato de massa são bons, mas um pouco caros demais. Mas se você conseguir uma mesa, é provável que você fique nesse local por um bom tempo.

Plaça Vicenç Matorell 4. ℗ **93-302-20-72**. Tapas 3,50€–6,50€ (US$4,35–US$8,10). Não aceita cartões de crédito. Diariamente das 09:00h–13:00h (café da manhã) e das 13:00h–23:00h. Fechado 24/12–24/01. Metrô: Catalunya.

6 Poble & Monjuïc

BARATOS

La Belle Napoli TALIANO Do mesmo jeito que La Bodegueta (a seguir), esse restaurante de Poble Sec, também passou por reformas nos últimos anos, mas com resultados mais devastadores. Felizmente, ainda sobrou bastante personalidade na comida, que é italiana autêntica, desde a lasanha até o tiramisu. Porém, a maioria das pessoas vem pelas pizzas de massa fina, tiradas de um forno à lenha, perfeitamente crocantes e prontas para serem devoradas. Refeições para viagem estão disponíveis.

Margarit 12. ☏ **93-442-50-56**. Necessário fazer reservas. Pratos principais 10€–35€ (US$13–US$44). AE, DC, MC, V. Ter 20:30h–00:00h; qua–dom 13:30h–16:00h e 20:30h–00:00h. Fechado em agosto e na semana do Natal. Metrô: Paral.lel ou Poble Sec.

La Bodegueta TAPAS Essa bodega é típica (ou o que era típico) desse bairro da classe trabalhadora e a favorita por muito tempo. Até mesmo depois de sua revisão alguns anos atrás, a personalidade do período permanece, como faz o piso ladrilhado de pétalas de rosa original. A dona, Eva Amber, está à disposição para recomendar a culinária da casa dela, que inclui os favoritos como lentilhas com *chourizo* e canelones catalães. Carne *a al brasa* (assada na brasa) e *torrades* (pão torrado com *charcuterie*) também estão disponíveis.

Blai 47. ☏ **93-442-08-46**. Tapas 2.25€–12€ ($2.80–$15). MC, V. Seg–Sex 12h00–16h00 e 19h00–22h30; Sab 12h00–16h00. Fechado em Agosto. Metrô: Poble Sec.

Quimet & Quimet ☆ TAPAS/QUEIJOS Esse é um excelente bar de tapas, especialmente para queijos, os quais tem a melhor seleção de Barcelona. Construído na virada do século XX, a taverna na área de Poble Sec ainda é administrada pela quinta geração dos Quimets. A adega de vinhos é uma das que têm o melhor estoque entre todos os bares de tapas, e a seleção de queijos é variada. Uma noite provei quatro no mesmo prato, incluindo *nevat* (queijo de cabra com sabor forte), *cabrales* (queijo tipo gorgonzola espanhol intenso), *zamorano* (queijo forte de leite de ovelha com sabor de nozes) e *torta del Casar* (queijo de fazenda macio e cremoso). Se eu fosse um pouco mais aventureiro, poderia ter provado o *tou dels tillers*, queijo recheado com ovas de truta e trufas. É claro que você também pode pedir outras delícias como mexilhões com *confit* de tomate e caviar, mariscos-faca e até mesmo esturjão.

Poeta Cabanyes 25. ☏ **93-442-31-42**. Tapas 2,25€–12€ (US$2,80–US$15). MC, V. Seg–sex 12:00h–16:00h e 19:00h–22:30h; sáb 12:00h–16:00h. Fechado em agosto. Metrô: Paral.lel.

7 L'Eixample

MUITO CAROS

Beltxenea ☆☆ BASCO/INTERNACIONAL Em um edifício originalmente projetado no final do século XIX para ser um prédio de apartamentos residenciais, esse restaurante celebra a culinária basca. Os bascos se destacam como os melhores *chefs* de cozinha da Espanha, e sua culinária é servida aqui, em um dos restaurantes mobiliados de forma mais elegante e confortável na cidade. Programe uma refeição para uma noite especial — vale o preço. O cardápio pode incluir merlúcio frito com alho ou guarnecido com mariscos e servido com caldo de peixe. Cordeiro assado, coelho grelhado e faisão são bem preparados e suculentos, assim como as sobremesas. Há um local formal para jantar no jardim do lado de fora durante o verão.

Majorca 275. ☏ **93-215-30-24**. Recomendável fazer reservas. Pratos principais 18€–48€ (US$23–US$60); menu de degustação 55€ (US$69). AE, DC, MC, V. Seg–sex 13:30h–15:30h; seg–sáb 20:30h–23:30h. Fechado na semana da Páscoa, 3 semanas em agosto e na semana do Natal. Metrô: Passeig de Gràcia ou Diagonal.

Drolma ☆☆☆ INTERNACIONAL Em atividade desde 1999, esse é um dos melhores restaurantes de cozinha sofisticada de Barcelona. Fermin Puig é um dos *chefs* de cozinha mais aclamados da Espanha, e a mostra de sua culinária encontra-se no Hotel Majestic. O nome do restaurante significa o lado feminino de Buda em sânscrito. Eu não sei o que isso tem a ver. Ele poderia muito bem ter chamado seu restaurante de "Majestic" (Majestoso), como sua comida certamente atesta. Somente os ingredientes mais frescos fazem parte de seus pratos cuidadosamente equilibrados, baseados nos produtos de época do mercado. Eu gosto especialmente da interpretação pessoal que ele dá aos pratos sazonais juntamente com as opções sofisticadas apresentadas todas as noites. Que cliente não iria amar o *chef* de cozinha que apresenta um prato de canelone recheado com faisão em um molho de *foie gras* aveludado, com o prato delicadamente salpicado com a rara trufa negra? O *pregado selvagem* (peixe) é acentuado com cogumelos do campo frescos dos campos da Catalunha

140 **CAPÍTULO 6 · ONDE FAZER SUAS REFEIÇÕES**

e camarões com pontas de aspargos frescos em molho de azeite preservam o sabor natural de cada ingrediente. O cordeiro é aromaticamente grelhado com ervas frescas, dando à carne uma dimensão pungente e refrescante. O cabrito assado com batatas e cogumelos é ousado, porém, de sabor delicado.

No Hotel Majestic, Passeig de Gràcia 68. ✆ **93-496-77-10**. Necessário fazer reservas. Pratos principais 35€–109€ (US$44–US$136). AE, DC, MC, V. Seg–sáb 13:00h–15:30h e 20:30h–23:00h. Fechado em agosto. Metrô: Passeig de Gràcia.

Jaume de Provença ✿✿✿ CATALÃO/FRANCÊS
Esse restaurante pequeno e aconchegante com sua decoração rústica fica pertinho da estação ferroviária Estació Central de Barcelona-Sants, na extremidade oeste de L'Eixample. O restaurante tem o nome de seu proprietário e *chef* de cozinha, Jaume Bargués, e oferece interpretações modernas da culinária catalá tradicional e do sul da França. Exemplos incluem gratinado de mariscos com espinafre, uma salada com duas espécies diferentes de lagosta , foie gras e trufas, e pés de porco com ameixas e trufas. Ou você pode pedir lasanha de caranguejo, bacalhau com molho de açafrão, linguado com cogumelos ao molho de vinho do porto ou uma especialidade, que é uma sobremesa artística, o mousse de laranja.

Provença 88. ✆ **93-430-00-29**. Recomendável fazer reservas. Pratos principais 11€–38€ (US$14–US$48). Menu de preço fixo 45€ (US$56); menu de degustação 60€ (US$75). AE, DC, MC,V. Ter–sáb 13:00h–16:00h e 21:00h–23:15h; dom 13:00h–16::00h. Fechado na semana da Páscoa e em agosto. Metrô: Entença.

La Dama ✿✿✿ CATALÃO/INTERNACIONAL
Esse é um dos poucos restaurantes em Barcelona que tem e merece uma estrela no Michelin. Em uma das imponentes construções do século XIX pelas quais Barcelona é famosa, esse restaurante elegante e bem administrado serve uma clientela de moradores locais e cidadãos importantes. Você pega um elevador *Art Nouveau* (ou a escada sinuosa) para subir um andar até a sala de jantar. As especialidades incluem filé de salmão com vinagre de *cava* (vinho espumante) e cebola, sopa creme de batata aromatizada com caviar, uma salada de lagostim com vinagre aromatizado de laranja, um prato abundante de cogumelos de outono, e preparações suculentas de cordeiro, peixes, moluscos, carne bovina, cabrito e vitela.

Diagonal 423. ✆ **93-202-06-86**. Recomendável fazer reservas. Pratos principais 15€–38€ (US$19–US$48); menu de preço fixo 55€ (US$69); menu de degustação 75€ (US$94). AE, DC, MC, V. Diariamente das 13:30h–15:30h e das 20:30h–23:30h. Metrô: Provença.

CAROS

Alkimia ✿✿ MEDITERRÂNEO
O Alkimia é um dos restaurantes mais distintos e altamente considerados de Barcelona. O proprietário Jordi Vilà — um *chef* de *chef* de cozinha, se é que já existiu algum — é um dos proponentes da Nova Culinária Catalá, a onda culinária que começou com Ferran Adrià (pág. 285), que tem tomado conta da cidade nos últimos anos. A decoração minimalista tem a intenção de não desviar seu foco da comida, já que você precisa ter paladar e a imaginação totalmente centrados quando provar esses pratos desafiadores. Experimente, de entrada, a versão diferenciada do simples, mas tradicional *pa amb tomàquet* (pão branco esfregado com polpa de tomate e azeite de oliva), na qual Vilà filtra o tomate, separa o suco — onde está todo o sabor — e então adiciona um pouco de azeite e migalhas de pão torrado, servindo-o com um pouco de salame *lloganissa*. Outras versões incomuns de pratos tradicionais de Vilà incluem barriga de atum em vez de presunto ibérico com *faves a la catalana* (favas ao estilo catalão), trufas adicionadas a um prato de repolho, batata e linguiça, e ovos fritos com linguiça de Maiorca servidos com marmelo em conserva. Excepcional entre suas sobremesas está uma combinação criativa de sopa de lichia, aipo glaçado e sorvete de eucalipto.

Industria 79. ✆ **93-207-61-15**. Necessário fazer reservas. Pratos principais 14€–28€ (US$18–US$35). Menu de degustação 42€ (US$53) e 56€ (US$70). DC, MC, V. Seg–sex 13:30h–16:00h; sáb 8:00h–12:00h. Fechado na semana da Páscoa e de 8–31 de agosto. Metrô: Sagrada Família.

Refeições em L'Eixample

Alkimia **14**	Cervecería Catalana **9**	Hisop **18**	Moo **13**
Bar Turò **1**	Cinc Sentits **8**	Il Giardinetto **4**	Neichel **1**
Beltxenea **15**	Ciudad Condal **19**	Jaume de Provença **7**	Reno **3**
Casa Alfonso **22**	Drolma **17**	La Bodegueta **11**	Rosalert **16**
Casa Calvet **21**	El Caballito Blanco **10**	La Dama **5**	Tragaluz **12**
Casa Tejada **2**	Gorría **20**	L'Olive **6**	

141

142 **CAPÍTULO 6** · ONDE FAZER SUAS REFEIÇÕES

Casa Calvet ⭐⭐ MEDITERRÂNEO   Provavelmente a experiência Gaudíana mais íntima que você poderia ter em Barcelona é comer nessa sala de jantar suntuosa. A Casa Calvet, uma das primeiras encomendas do arquiteto, foi construída para o magnata da indústria têxtil Pere Calvet. Atualmente, é constituído por apartamentos privados, e o edifício não está aberto ao público, mas um restaurante ocupa os antigos escritórios do andar térreo de Calvet. Repleto de cortinas de veludo, vitrais floridos, ladrilhos atraentes, mobília projetada por Gaudí e outras coisas dignas de serem lembradas, a única coisa que o leva de volta ao século XXI é o traço contemporâneo da excelente culinária catalá de Miguel Alija, tais como camarões gigantes com azeite perfumado com alecrim ou o fígado de pato com laranjas. Embora o ambiente histórico garanta uma boa quantidade de turistas, a Casa Calvet também é muito popular entre os moradores locais. Felizmente, os funcionários tratam todos que entram pelo portal de madeira esculpida com doses iguais de hospitalidade.

Carrer Casp 48. ☏ **93-412-40-12**. Recomendável fazer reservas. Pratos principais 20€–32€ (US$25–US$40); menu de degustação 50€ (US$63). AE, DC, MC, V. Seg–sáb 13:00h–15:30h e 20:30h–23:00h. Metrô: Passeig de Gràcia.

Cinc Sentits ⭐⭐ MEDITERRÂNEO   O Cinc Sentits é relativamente novo no pedaço, mas isso não o impediu de balançar os círculos culinários. O *chef* Jordi Artal passou a maior parte de sua vida no Canadá antes de voltar às suas raízes para abrir esse restaurante moderno que visa a estimular os *cinc sentits* (cinco sentidos). Ele recomenda o menu de degustação *Gourmet* deste modo: "Quando você se senta para comer e tem diante de si um prato grande de comida, a primeira garfada é excelente, a segunda é boa, mas quando você chega na quinta ou sexta, seu paladar se cansa e você já perdeu o interesse." Aqui você pode comer um *crème fraîche* ou uma sopa de caviar. A culinária de Artal é uma combinação de conhecimento da cozinha catalá com a sagacidade do Novo Mundo. Uma sopa de alho branco comum é agraciada com lagosta grelhada, um tamboril é salpicado com bacon em "pó" ou um ovo quente é servido com geleia de tomate. O Cinc Sentits é um exemplo de como pode ser uma fusão de pratos, combinando os melhores ingredientes com inteligência.

Aribau 58. ☏ **93-323-94-90**. Necessário fazer reservas. Pratos principais 12€–26€ (US$15–US$33); menu de degustação 40€ (US$50) e 55€ (US$69). AE, DC, MC, V. Seg 13:30h–15:30h; ter–sáb 13:30h–15:30h e 20:30h–23:00h. Fechado na semana da Páscoa e de 8–31 de agosto. Metrô: Passeig de Gràcia.

Gaig ⭐⭐⭐ CATALÃO MODERNO   Uma das amostras mais brilhantes da culinária de Barcelona, o Gaig foi fundado há cerca de 130 anos pela bisavó do proprietário atual, Carlos Gaig. Naquela época, o local era uma *fonda* fora da cidade, ou uma pequena hospedaria para viajantes. Agora é um local novo no centro da cidade com um interior elegante e luxuoso. O restaurante é aclamado localmente pela qualidade e pelo frescor de sua comida. Os ovos vêm de galinhas que são vistas perambulando pelo pátio, onde os clientes geralmente fazem suas refeições ao ar livre nos meses de verão. A culinária de Gaig concentra-se nas receitas tradicionais catalás transformadas e alteradas para agradar os paladares mais leves e modernos. Entre os pratos de destaque estão *arroz del delta con pichón y zetas* (arroz com perdiz e cogumelos), *rape asado a la catalana* (tamboril grelhado com ervas locais) *e els petits filet de vedella amb prunes i pinyons* (filés pequenos de vitela com ameixas e pinoli). Um dos pratos mais saborosos é o pernil de porco marinado e assado. Sobremesas incluem *crema de Sant Joseph* (um flan morno com morangos silvestres por cima), chocolates caseiros e uma variedade de tortas.

Aragó 214. ☏ **93-429-10-17**. Recomendável fazer reservas. Pratos principais 28€–40€ (US$35–US$50); menu de degustação 75€ (US$94). AE, DC, MC, V. Seg–sáb 13:30h–15:30h e 21:00h–23:00h; dom 21:00h–23:00h. Fechado por 3 semanas em agosto e na semana da Páscoa. Metrô: Passeig de Gràcia.

Gorría ⭐ *Achados* BASCO/NAVARRO   Se você é devoto da arte culinária de Navarra e do litoral do país basco, no norte da Espanha, marque um encontro com o Gorría. Esse restaurante está em atividade desde meados dos anos 70, e fica somente a 200 m (656 pés) de La Sagrada Família e a apenas 50 m (164 pés) da Plaza de Toros Monumental (a principal arena de touradas de Barcelona). Javier Gorría, que aprendeu a cozinhar com seu pai mais famoso, o *chef* Fermin Gorría, está no comando, e ele é tão bom quanto seu pai. Nesse ambiente residencial no coração do Eixample, Gorría exibe suas criações todas as noites, tentando seu paladar. Ele dá um tratamento de primeira à sua clientela regular, formada principalmente por pessoas de Navarra e do País Basco que estão longe e com saudades de casa. Nenhum prato é melhor do que o cordeiro aromatizado com ervas assado em um forno à lenha. O clássico prato basco, o merlúcio, vem com um molho de ervas verdes com alho, mexilhões frescos e aspargos perfeitamente cozidos para acompanhar. O *pregado* (peixe) grelhado é simples e feito na hora, levado à perfeição com seu tempero de alho, azeite de oliva e um pouco de vinagre. A carne de porco também é assada em forno à lenha, e eu poderia fazer uma refeição completa com suas *ponchas* (feijões brancos). Outro prato favorito é a travessa de alcachofras recheadas com camarões e cogumelos selvagens.

Diputació 421. ☎ **93-245-11-64**. Recomendável fazer reservas. Pratos principais 18€–30€ (US$23–US$38). AE, DC, MC, V. Seg–sáb 13:00h–15:30h e 21:00h–23:30h. Fechado em agosto. Metrô: Monumental.

Hisop ✦ CATALÃO MODERNO Em 2001, Guillem Pla e Oriol Ivem, dois ex-*chefs* do prestigiado restaurante Neichel (veja a seguir), inauguraram esse restaurante ousado na Diagonal superior onde a ênfase na nova culinária catalã está em pratos leves com uma complexidade de sabores. Em um ambiente minimalista bem bacana, com tetos altos de madeira, decoração vermelha e preta e paredes brancas cercadas de vasos finos — cada qual contendo uma única rosa vermelha — você pode desfrutar de iguarias como *suquet* de robalo com *trompet*, escalope com figos e presunto Jabugo, e sobremesas de dar água na boca, que incluem pêssegos com gengibre e erva-doce. O restaurante também tem uma carta de vinhos excelente favorecendo as melhores safras do Rioja e dos vinhedos locais de Penedés.

Passatge Marimón 9. ☎ **93-141-32-33**. www.hisop.com. Pratos principais 21€–29€ (US$26–US$36); menu de degustação 48€ (US$60). AE, DC, MC,V. Seg–sex 13:30h–16:00h e 21:00h–00:00h; sáb 21:00h–00:00h. Fechado dom e nas 2 últimas semanas de agosto. Metrô: Hospital Clinic.

Moo ★★★ MEDITERRÂNEO MODERNO Os famosos irmãos Roca primeiro lançaram sua culinária primorosa no **El Cellar de Can Roca** (pág. 271), um restaurante com estrelas do Michelin perto de Girona. O Moo, seu segundo restaurante, está localizado no aclamado **Hotel Omm** (pág. 100) de Barcelona. O serviço, feito por funcionários na maioria jovens, é atencioso e eficiente, e todos os pratos, desde o frango orgânico com azeitonas e manga ou o tamboril com cogumelos selvagens, estão disponíveis em meias porções, permitindo que você crie seu próprio *menú de degustación*. Você pode experimentar o menu "Joan Roca" predeterminado — cinco pratos deliciosos com vinho do talentoso sommelier do Moo, Jordi Paronella. Você pode começar, por exemplo, com um patê de fígado em forma de meia-lua, guarnecido com figos e coberto com uma gelatina de vinho doce Pedro Ximénez, seguido primeiro por uma lagosta, rosas e curry com alcaçuz, e depois por um filé de robalo sobre uma camada de ervilhas e pinoli. É difícil resistir ao cabrito assado em mel e alecrim em cima de uma camada de espuma de leite de cabra. Acompanhe esses pratos com excelentes vinhos brancos de Penedés. Para sobremesa você pode optar pelo *Bvlgari*, uma mistura de creme de bergamota, sorvete de limão e flores de *pensamiento* ou uma mistura de dar água na boca de bolo de chocolate, gengibre e sorvete com 70% de chocolate. Acompanhar tudo isso com uma taça de vinho moscatel San Emilio dará um final adequado à sua experiência *gourmet* nesse refúgio dos irmãos Roca.

Rosselló 265. ☎ **93-445-40-00**. Recomendável fazer reservas. Pratos principais 16€–25€ (US$20–US$31); Menu "Joan Roca" (acompanhado de vinho) 85€ (US$107); menu do dia 45€ (US$56). AE, DC, MC, V. Diariamente das 13:30h–16:00h e das 20:30h–23:00h. Metrô: Diagonal.

144 **CAPÍTULO 6 · ONDE FAZER SUAS REFEIÇÕES**

Neichel ✸✸✸ FRANCÊS/MEDITERRÂNEO   O proprietário Jean Louis Neichel, nascido na Alsácia, é conhecido como o mais brilhante embaixador que a culinária francesa já teve na Espanha. Neichel é quase obsessivamente preocupado com a gastronomia — com a apresentação apetitosa de alguns dos pratos mais comentados de frutos do mar, aves e sobremesas da Espanha.

Sua refeição pode incluir um "mosaico" de *foie gras* com vegetais, tiras de salmão marinado em gergelim e servido com molho *escabeche* (vinagrete), ou fatias de salmão cru e defumado recheado com caviar. A premiada terrina de caranguejos vem em cima de uma camada de molho frio de frutos do mar que forma uma decoração suntuosa. Passe para o *escalope* de *pregado* (peixe) servido com *coulis* (purê) de ouriço-do-mar, fricassê de frango Bresse com lagostas cheias de espinhos, perca do mar com molho de trufas, cordeiro espanhol alimentado com leite, servido com o suco de cogumelos Boletus, ou costelas de cordeiro gratinadas em uma massa crocante perfumada com ervas. A seleção de queijos europeus e o conjunto de sobremesas variadas, preparadas no dia, são simplesmente espetaculares.

Beltrán i Rózpide 1–5. ✆ **93-203-84-08**. Necessário fazer reservas. Pratos principais 20€–40€ (US$25–US$50); almoço de preço fixo 42€ (US$53); menu de degustação 55€ (US$70). AE, DC, MC,V. Ter–sáb 13:30h–15:30h e 20:30h–23:00h. Fechado em agosto. Metrô: Palau Reial ou María Cristina.

Reno ✸ CATALÃO/FRANCÊS   Um dos melhores e mais antigos restaurantes de alta culinária em Barcelona, o Reno fica atrás de janelas que vão do chão ao teto com cortinas delicadas de renda para proteger os clientes de olhares curiosos na praça octogonal do lado de fora. Os funcionários, de modos impecáveis, são formais, mas não intimidadores. Especialidades de época podem incluir perdiz cozida em molho de vinho ou de vinho do porto, uma travessa de peixes variados, defumados no local, merlúcio com molho de anchova, ou filé de linguado recheado com *foie gras* e trufas ou grelhado com molho de anchovas. Sobremesas apetitosas circulam de mesa em mesa em um carrinho. A sobremesa também pode ser crepes flambados na sua mesa.

Tuset 27. ✆ **93-200-91-29**. Recomendável fazer reservas. Pratos principais 15€–28€ (US$19–US$35); almoço de preço fixo 32€(US$40); menu de degustação 48€ (US$50). AE, DC, MC, V. Seg–sex 13:00h–16:00h e 21:00h–23:30h; sáb 21:00h–23:30h. Fechado em agosto. Metrô: Diagonal.

MODERADOS

Il Giardinetto ✸ *Momentos* ITALIANO   Esse restaurante, favorito de sempre dos apreciadores de arte, ganhou um prêmio de destaque em *design* quando foi inaugurado em 1973, e o ambiente de "floresta da fantasia" não mudou nada. O restaurante está dividido em dois níveis, e o espaço é dominado por colunas com motivos de galhos pintados, as paredes são cobertas com recortes simples de folhagens, e os tetos baixos exibem ramagens de folhas verdes bem claras. Depois de observar tudo isso, acomode-se em uma das banquetas aveludadas verde-azuladas e examine o cardápio de pratos italianos clássicos. Você pode querer se deliciar com um de seus destacados risotos de trufa preta ou branca (quando for época) ou massas, ou com um *carpaccio* de atum ou *tagliatelle* com vegetais de sabor delicado e tiras de presunto Jabugo para algo mais leve. Saladas de rúcula e *radicchio* e uma mistura de folhas verdes são também tão boas quanto qualquer outra coisa servida nas *hosterías* da região do Vêneto e os pratos principais são bem preparados e generosos no tamanho. A casa tem um pianista durante a noite, e o serviço é tradicional sem ser exagerado.

La Granada del Penedès 22. ✆ **93-218-75-36**. Recomendável fazer reservas. Pratos principais 14€–20€ (US$18–US$25); almoço de preço fixo 20€ (US$25). AE, DC, MC, V. Seg–sex 13:30h–16:30h e 20:30h–01:30h; sáb 20:30h–02:00h. Fechado em agosto. Metrô: Diagonal.

L'Olive ✸ CATALÃO/MEDITERRÂNEO   Você acha que esse restaurante de dois andares tem esse nome por causa do azeite que aparece de forma tão proeminente em sua culinária,

L'EIXAMPLE   145

mas na verdade, o nome é por causa de seu proprietário, Josep Olive. Nenhum proprietário de restaurante do Mediterrâneo teria um nome mais apropriado. O edifício foi projetado em estilo catalão moderno com paredes decoradas com reproduções de pintores espanhóis famosos como Miró, Dalí ou Picasso. As mesas têm tampos de mármore, o piso é impecavelmente polido. Há seções em ambos os andares onde é possível ter alguma privacidade, e de modo geral, a sensação é de elegância com um toque de intimidade. É altamente improvável que você fique desapontado por qualquer coisa do cardápio — certamente não com o *bacallà a la llauna* (bacalhau salgado assado) ou com o *filet de vedella al vi negre al forn* (filés de vitela ao forno no molho de vinho tinto), e o *salsa maigret* de pato com molho de morangos. Tamboril temperado com alho assado é um deleite para o paladar, e você pode terminar com uma *crema catalana* ou com um dos deliciosos doces catalães.

Calle Balmes 47. ✆ 93-452-19-90.Recomendável fazer reservas. Pratos principais 14€–22€ (US$18–US$28); menú completo 38€ (US$48). AE, DC, MC, V. Seg–sáb 13:00h–16:00h e 20:30h–00:00h; dom 13:00h–16:00h. Metrô: Passeig de Gràcia.

Rosalert ✪ CATALÃO/FRUTOS DO MAR   Situado na esquina da Carrer Napols perto de La Sagrada Família, esse restaurante tem sido o domínio de Jordi Alert por mais de 4 décadas. Ele se especializou em *comida del mar a la plancha* (frutos do mar grelhados), e os prepara em um ambiente típico, com pisos de tábua corrida e paredes de cerâmica. Os frutos do mar e os crustáceos são grelhados sobre uma chapa de ferro quente sem mais nada além disso. Não há outro tanque de vidro com peixes mais impressionante em Barcelona. Você escolhe seu peixe, que então é retirado com uma rede e lançado na grelha. E é claro que você encontrará todos os produtos típicos, como polvos minúsculos, mexilhões suculentos, camarões grandes, lulas, ostras frescas e lagostins. Se você for ousado, poderá pedir frutos do mar mais incomuns como *dátiles*, um delicioso molusco cujo formato lembra uma tâmara (daí o nome). Comece com uma das tapas preparadas na hora, como bacalhau salgado ao vinagrete ou favas com alho e azeite de oliva virgem. Sua melhor escolha pode ser a *parrillada* (peixes variados e mariscos grelhados). Uma das melhores opções é o *pregado* preparado na grelha com batatas e cogumelos frescos.

Diagonal 301. ✆ **93-207-10-19**. Recomendável fazer reservas. Pratos principais 12€–25€ (US$15–US$31); almoço de preço fixo 20€ (US$25); menu de degustação 48€ (US$60). AE, DC, MC, V. Ter–dom 9:00h–17:00h e 20:00h–02:00h. Fechado de 10–30 de agosto. Metrô: Verdaguer/Sagrada Família.

Tragaluz ✪ MEDITERRÂNEO   Esse é o restaurante carro-chefe do grupo proprietário de restaurantes mais respeitado da cidade. Ele oferece três salas de jantar de aparência bem contemporânea em andares separados, com diversas peças de arte ecléticas espalhadas e iluminação bastante inteligente. Os itens do cardápio resultam de ingredientes frescos

---

✐Crianças   Restaurantes para Famílias

Dulcinea Esse café/*snack bar* favorito há muito tempo, na Petrixol 2 (✆ **93-302-68-24**), é um ótimo lugar para forrar o estômago a qualquer hora do dia — garantia de satisfação para qualquer chocólatra. Muitos outros doces e bebidas também são oferecidos.

La Paradeta (pág. 133) Maneira divertida de comer peixe com batatas fritas: crianças que gostam de peixe escolhem o que querem comer e vêem tudo ser preparado.

Mesón David (pág. 137) Você não precisa se preocupar com crianças fazendo muito barulho aqui — o restante dos clientes e funcionários são igualmente barulhentos.

Murivecchi (pág. 134)   Restaurante italiano simpático, administrado pela própria família com vários pratos de massa para agradar os pequenos.

Poble Espanyol (pág. 185) Uma boa introdução à comida espanhola. Todos os restaurantes na "Vila Espanhola" servem comidas de mesmo padrão a preços parecidos — deixe as crianças escolherem o que comer.

146 CAPÍTULO 6 · ONDE FAZER SUAS REFEIÇÕES

que variam de acordo com a estação. Dependendo do mês de sua visita, você pode encontrar terrina de fígado de pato, merlúcio estilo Santurce (com alho e ervas), filé de linguado recheado com pimentões vermelhos, e lombo bovino ao molho de vinho Rioja. Uma das melhores sobremesas é a fatia mais ou menos macia de bolo de chocolate deliberadamente pouco assado. Clientes que procuram pratos de baixa caloria encontrão lugar aqui, assim como os vegetarianos. Os vegetais servidos são os melhores e os mais frescos do mercado naquele dia. No andar de baixo você encontrará o Tragarapíd, uma versão mais casual e rápida do que está no andar de cima, enquanto do outro lado da rua está um restaurante japonês incrivelmente popular, administrado pelo mesmo grupo. Os *chefs* do Tragaluz são adeptos de pegar produtos locais e transformá-los em pratos saborosos, cuidadosamente preparados.

Passatge de la Concepció 5. ☎ **93-487-06-21**. Recomendável fazer reservas. Pratos principais 16€–30€ (US$20–US$38); almoço de preço fixo 23€ (US$29); menu de degustação 55€ (US$69). AE, DC, MC, V. Dom–qua 13:30h–16:00h e 20:30h–00:00h; qui–sáb 13:30h–16:00h e 20:30h–01:00h. Metrô: Diagonal.

BARATOS

El Caballito Blanco FRUTOS DO MAR/INTERNACIONAL   Esse local de Barcelona é famoso pelos frutos do mar e popular entre os moradores locais. A área de jantar com luzes fluorescentes não oferece um ambiente muito bom, mas a comida é boa, variada e relativamente barata (a menos que você peça lagosta ou outro crustáceo mais caro). O "Cavalinho Branco", na área do Passeig de Gràcia, oferece uma enorme variedade de pratos, incluindo tamboril, mexilhões à marinara e camarões com alho. Se você não quiser peixe, experimente as costeletas de cordeiro grelhadas. O restaurante oferece diferentes patês e saladas. Há um bar à esquerda da área de jantar.

Mallorca 196. ☎ **93-453-10-33**. Pratos principais 9€–30€ (US$11–US$38). AE, DC, MC, V. Ter–sáb 13:00h–15:45h e 21:00h–22:45h; dom 13:00h–15:45h. Fechado em agosto. Metrô: Hospital Clinic e Diagonal.

LANCHES, TAPAS & BEBIDAS

Bar Turò TAPAS/CATALÃO Localizado em um bairro residencial de classe alta ao norte da Velha Cidade, o Bar Turò serve algumas das melhores tapas da cidade. No verão você pode se sentar do lado de fora ou se refugiar nos fundos, na parte mais estreita do bar. Você faz seu pedido dentre cerca de 20 diferentes tipos de tapas, incluindo salada russa, lula frita e presunto serrano.

Tenor Viñas 1. ☎ **93-200-69-53**. Tapas 2,50€–12€ (US$3,10–US$15); pratos principais 6€–18€ (US$7,50–US$23). MC, V. Seg–sáb 08:30h–00:00h; dom 10:00h–16:00h. Fechado nos fins de semana de agosto. Metrô: Hospital Clinic.

Casa Alfonso TAPAS   Os espanhóis amam seu presunto montanhês, que vem de várias regiões diferentes. O melhor dentre os melhores é o *jamón Jabugo*, o único vendido nesse estabelecimento tradicional. Presuntos inteiros ficam pendurados em ganchos de aço. Eles são tirados, cortados e dispostos em fatias bem finas. Essa forma particular de presunto curado, genericamente chamado de *jamón serrano*, vem de porcos que são alimentados com frutos de carvalho em Huelva, bem no interior da Andaluzia. Os amantes de pratos suínos subirão aos céus com o aroma de carne de porco. Também são servidas saladas e pratos de carne grelhada.

Roger de Llúria 6. ☎ **93-301-97-83**. Tapas 4,50€–12€ (US$5,60–US$15); menu de degustação 16€ (US$20). AE, DC, MC, V. Seg–ter 09:00h–00:00h; qua–sáb 09:00h–01:00h. Metrô: Urquinaona.

Casa Tejada TAPAS Coberta com estuque rústico e decorada com presuntos pendurados, a Casa Tejada (fundada em 1964) oferece algumas das melhores tapas. Organizadas atrás de um mostruário de vidro, elas incluem pratos como atum fresco marinado, salada de batata estilo alemão, salada de presunto e cinco modos de preparo diferentes da lula (incluindo uma que é recheada). Em termos de variedade, quantidade e qualidade, esse lugar é difícil de ser superado. O jantar é servido do lado de fora no verão.

GRÀCIA 147

Tenor Viñas 3. ☎ **93-200-73-41**. Tapas 3€–17€ (US$3,75–US$21). MC, V. Diariamente das 07:00h–01:30h. Fechado de 8–21 de agosto. Metrô: Hospital Clinic.

La Bodegueta TAPAS   Fundado em 1940, essa antiga taverna de vinhos é uma das opções mais autênticas nesse elegante boulevard de restaurantes de franquias. Ela é especializada em linguiça catalá (*botifarra*), salames e queijos. Acompanhe esses pratos com *vermut* ou vinhos espanhóis baratos de barril. O local é barulhento, sem frescuras e favorito entre os estudantes.

Rambla de Catalunya 100. ☎ **93-215-48-94**. Tapas de 1,95€–15€ (US$2,45–US$19). Não aceita cartões de crédito. Seg–sáb 07:00h–01:30h; dom 19:00h–01:00h. Fechado de 8–22 de agosto. Metrô: Diagonal.

8 Gràcia

CAROS

Botafumeiro ★★★ FRUTOS DO MAR   Embora a competição seja acirrada, essa *marisquería* clássica constantemente põe à mesa os melhores frutos do mar de Barcelona. Muito da atração vem da atenção dos funcionários vestidos de paletó branco. Você pode comer no bar. Ou, se você se aventurar na parte de trás, poderá encontrar uma série de salas de jantar atraentes com destaque para a facilidade com que aparentemente se fecham negócios aqui durante a hora do almoço. Empresários internacionais se reúnem com frequência, e o rei da Espanha algumas vezes também é cliente.

Itens do cardápio incluem frutos do mar frescos preparados em uma cozinha reluzente e moderna, visível de algumas das partes da sala de jantar. O estabelecimento orgulha-se de seus peixes frescos de água salgada, vôngoles, mexilhões, lagostas, lagostins, vieiras e da variedade de crustáceos — como os *percebes* (goose barnacles) — que podem lhe ser desconhecidos. Armazenados vivos em tanques ou em enormes engradados perto da entrada, muitas dessas criaturas são trazidas diariamente da Galícia, terra natal do proprietário Moncho Neira. Com cerca de 100 pratos de peixe, o cardápio tem somente quatro ou cinco pratos de carne, incluindo três tipos de filés, carne de vitela e uma versão tradicional de carne de porco com nabos. A carta de vinhos oferece uma grande variedade de *cavas* da Catalunha e ótimas opções de bebidas da Galícia, em particular o altamente considerado vinho branco *Albariño*.

Gran de Gràcia 81. ☎ **93-218-42-30**. Recomendável fazer reservar para as salas de jantar. Pratos principais 24€–40€ (US$30–US$50). AE, DC, MC, V. Diariamente das 13:00h–01:00h. Metrô: Fontana.

Jean Luc Figueras ★★★ CATALÃO   Para uma experiência culinária ao estilo *Kama Sutra*, vá até essa elegante casa no Gràcia que já foi o estúdio de Balenciaga no passado. Mesmo se os críticos de gastronomia estreitassem a lista de restaurantes para somente cinco, o *chef* e proprietário Jean Luc Figueras provavelmente apareceria na lista. O ambiente é moderno e refinado, a comida é tradicional e inovadora, visto que Figueras coloca seu toque pessoal em todos os seus pratos. Altamente dedicado a ficar entre os melhores, Figueras busca constantemente os melhores ingredientes no mercado de Barcelona, e o cardápio é ajustado para tirar proveito dos melhores produtos de cada estação. A ênfase está nos frutos do mar frescos, embora os pratos de carne também sejam sublimes. Seu camarão frito com massa salpicada de gengibre em molho de manga com mostarda fariam os deuses chorarem, e sua perca do mar com bacalhau e chouriço não ficam atrás. Suas papilas gustativas entrarão em órbita se você for sábio o bastante para escolher pratos de vanguarda inspiradores como camarão com um molho cremoso de abóbora, aveludado e dourado ou a carne de porco com um queijo de cabra picante enriquecido com mel de pêssego. As sobremesas são caseiras e certamente suntuosas.

Santa Teresa 10. ☎ **93-415-28-77**. Necessário fazer reservas. Pratos principais 23€–50€ (US$28–US$63); menu de degustação 80€ (US$100). AE, DC, MC, V. Seg–sáb 13:30h–15:30h e 20:30h–23:30h. Metrô: Diagonal.

Refeições em Gràcia

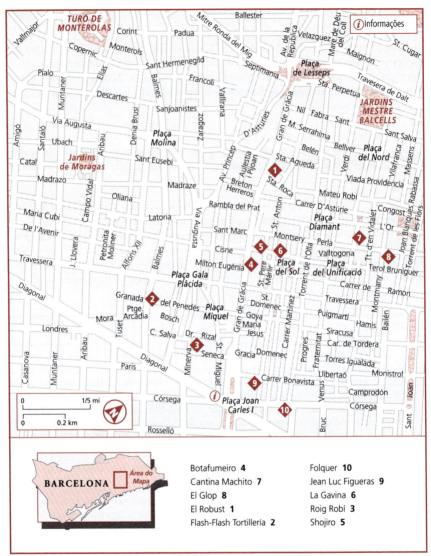

Botafumeiro **4**	Folquer **10**
Cantina Machito **7**	Jean Luc Figueras **9**
El Glop **8**	La Gavina **6**
El Robust **1**	Roig Robí **3**
Flash-Flash Tortillería **2**	Shojiro **5**

Roig Robi ✶ INTERNACIONAL Este restaurante — em catalão, o nome significa "vermelho rubi" (a cor de um Rioja perfeitamente amadurecido) — serve comida excelente vinda de uma cozinha criativa com uma recepção calorosa. Embora eu não esteja tão entusiasmado assim em relação a esse restaurante como já fui no passado, ele permanece como uma das opções mais seguras da cidade. Peça um aperitivo no bar de carvalho em forma de L, depois siga por um longo corredor até um par de salas de jantar cheias de flores. Quando o tempo estiver quente, portas de vidro se abrem para um pátio verdejante cercado. Itens do cardápio incluem feijões frescos com molho de pinoli, *hake al Roig Robí*, salada de cogumelos frescos com vagens e tomates frescos e mariscos da Costa Brava. O tamboril vem com vieiras e *confit* de cebola, o ravióli é recheado com ervas frescas e o frango é recheada com *foie gras*. A salada de crista-de-galo (planta) está disponível para aqueles com paladares mais ousados.

GRÀCIA **149**

SSéneca 20. ✆ **93-218-92-22**. Necessário fazer reservas. Pratos principais 15€–40€ (US$19–US$50); menu de degustação 65€ (US$81); cardápio de preço fixo 48€ (US$60). AE, DC, MC, V. Seg–sex 13:30h–16:00h; seg–sáb 21:00h–23:30h. Fechado de 8–21 de agosto. Metrô: Diagonal.

MODERADOS

El Glop CATALÃO

Esse lugar vem sendo uma instituição de Gràcia há décadas, e oferece uma culinária local acessível a preços ótimos. Ele fica em um prédio de esquina com vigas aparentes e um pátio interno. Muitas pessoas aparecem para algumas *torrades* rápidas, pão torrado rústico esfregado com tomate e coberto com todos os tipos de queijos, salames e presuntos. Refeições mais substanciais incluem *botifarras* (linguiças catalãs), costeletas, frango e outros gêneros de carnes preparadas na brasa e servidos com aioli cremoso e escargots. É animado, informal e sempre movimentado, e um bom lugar para levar crianças.

Montmany 46. ✆ **93-213-70-58**. Recomendável fazer reservar. Pratos principais 6€–24€ (US$7,50–US$30); menu de preço fixo 9€ (US$11); menu de degustação a partir de 25€ (US$31). MC, V. Diariamente das 13:00h–16:00h e 20:00h–01:00h. Metrô: Joanic. Outra unidade está localizada na Caspe 21 (✆ **93-318-75-75**; Metrô: Catalunya).

Flash-Flash Tortillería *(Momentos)* OMELETES/HAMBÚRGUERES

Hambúrgueres, saladas com filé e mais de 70 tipos de *tortillas* são servidas em um ambiente *pop-art* com murais preto e branco originais e banquetas de couro branco. O local é totalmente autêntico; o Flash-Flash abriu em 1970 e o interior não foi alterado desde então. A modelo extremamente magra que enfeita as paredes do local é a esposa de Leopoldo Pomés, um fotógrafo de moda famoso da época e coproprietário. A comida é muito boa. As tortillas saem frescas e macias e os hambúrgueres sem pão são uns dos melhores da cidade. É um dos favoritos entre pessoas de negócios do subúrbio, alguns dos quais vêm aqui desde que o lugar foi inaugurado.

Granada de Penedès 25. ✆ **93-237-09–90**. Recomendável fazer reservas. Pratos principais 9€–25€ (US$11–US$31). AE, DC, MC, V. Diariamente das 13:00h–01:30h. FGC: Gràcia.

Folquer *(Achados)* CATALÃO/ESPANHOL

Com decoração luminosa e ensolarada e clientela animada — principalmente catalã — o Folquer passa uma impressão boêmia artística. Localizado discretamente na extremidade sul de Gràcia, é um lugar acolhedor com pratos criativos e saborosos que fazem uso de ingredientes de primeira e tem dois menus de almoço a preços particularmente bons: o padrão e o Executivo. Os pratos regionais dominam a lista à la carte. Experimente seu pungente *suquet de pop* (cozido de polvo).

Torrent de l'Olla 3. ✆ **93-217-43-95**. Pratos principais 15€–20€ (US$19–US$25). Almoço predeterminado 14€ (US$18); almoço executivo 16€ (US$20). AE, DC, MC, V. Seg–sex 13:00h–16:00h, 21:00h–23:30h; sáb 21:00h–23:30h. Fechado dom e 2 últimas semanas de agosto. Metrô: Diagonal ou Verdaguer.

Shojiro COMBINAÇÃO ASIÁTICA

Com restaurantes japoneses sendo agora a regra geral em Barcelona, não iria demorar muito para que a culinária japonesa se fundisse com a cozinha local. Esse restaurante peculiar, sob direção de Shojiro Ochi, um nativo do Japão que chegou em Barcelona em 1979, faz exatamente isso. Ochi apresenta seus pratos em menus de quatro e cinco pratos com preços definidos. Essas deliciosas guloseimas incluem *bonito* (um tipo de atum classe A) conservado em um *escabeche* catalão, atum reduzido com xerez, ou peito de pato com cogumelos shitake. As sobremesas incluem mais delícias não convencionais como um bombom de *foie* e *tataki* de avestruz.

Ros de Olano 11. ✆ **93-415-65-48**. Almoço de preço fixo 18€ (US$23); jantar de preço fixo 32€–40€ (US$40–US$50). AE, DC, MC, V. Seg–sáb 13:30h–15:30h; ter–sáb 21:00h–00:30h. Metrô: Fontana ou Joanic.

150 CAPÍTULO 6 · ONDE FAZER SUAS REFEIÇÕES

Comendo ao Ar Livre

É mais fácil falar em encontrar um excelente terraço para se sentar ao ar livre do que fazê-lo. Há, literalmente, centenas de café nas calçadas, onde você pode beber seu cappuccino ao ruído ensurdecedor da passagem do tráfego, e praças cheias de turistas cercadas por restaurantes que servem as mesmas velhas *paellas* de micro-ondas. Mas um jardim reservado, um terraço tranquilo ou um refúgio próximo ao mar — bem, isso é algo totalmente diferente .

O **Café de L'Academia**, Calle Lledó 1 (☏ **93-319-82-53**; pág. 124), está localizado em uma das praças mais bonitas de Barcelona, a Plaça Sant Just. Com uma igreja imponente de mesmo nome em frente, o local é supostamente o mais antigo de Barcelona, e de acordo com a lenda, se acredita que corre risco de vida, você ainda pode fazer um testamento legal no altar, tendo um amigo como testemunha. Foi também nessa praça que os romanos executaram os primeiros cristãos. Apesar dos fantasmas do passado, atualmente ela é uma das praças mais calmas e bem preservadas da Cidade Velha. Em Born, o **Tèxtil Cafè**, Calle Montcada 12 (☏ **93-268-25-98**), é um oásis de tranquilidade dentro do pátio de um palácio do século XVIII. Contanto que você não esteja com pressa (o serviço é notoriamente descontraído), é um lugar idílico para forrar o estômago com chá, café e almoços fartos na sombra de guarda-sóis brancos grandes ou no calor de aquecedores a gás externos no inverno.

Existe uma abundância de restaurantes com terraços de frente ao mar em Barcelona, mas para algo um pouco mais reservado, continue em direção ao chamado Parc del Port Olímpic, que fica entre duas rodovias movimentadas. Aqui, escondido da vista e do barulho do tráfego, está o deslumbrante **Anfiteatro**, Av. Litoral 36 (☏ **65-969-53-45**; pág. 151) — um restaurante moderno que serve pratos mediterrâneos criativos e que tem um terraço espaçoso que fica ao redor de uma piscina ornamental. Outro jeito de escapar das multidões é subir até a cobertura em **La Miranda del Museu**, Museu d'Història de Catalunya, Plaça Pau Vila 3 (☏ **93-225-50-07**), que tem vistas fabulosas dos iates em Port Vell. Infelizmente, o terraço é só para bebidas, assim vá a tempo para um aperitivo e desfrute um café sem pressa.

Indo um pouco mais longe e a meio caminho da colina de Montjuïc, **La Font del Gat**, Passeig Santa Madrona 28 (☏ **93-289-04-04**), é um jardim secreto e um lugar para almoçar, incrustado na montanha e abaixo da famosa Fundação Joan Miró. Quanto mais distante você for, mais bonitas são as redondezas, e se você está realmente procurando sossego (sem mencionar exclusividade), os restaurantes nos subúrbios são aqueles que realmente se destacam. Em Horta, **Can Travi Nou**, Jorge Manrique, Parc de la Vall d'Hebron (☏**93-428-04-34**), é uma casa de fazenda do século XIV transformada, com áreas espaçosas, dois ou três terraços amplos e jardins para passear. É excelente para almoços longos de domingo ou noites sob as estrelas, e serve carne assada, pratos de peixe e *paella* decentes, apesar de caros.

Finalmente, se você está procurando um tratamento especial para si mesmo (ou para outra pessoa) vá ao Restaurante **L'Orangerie**, Gran Hotel La Florida, Carretera de Vallvidrera al Tibidabo 83–93 (☏ **93-259-30-00**). Esse fabuloso restaurante está situado no cume mais alto do Collserola com vistas impressionantes de Barcelona. Os jardins perfumados e terraços fazem dele um dos destinos mais espetaculares para refeições na cidade.

BARATOS

Cantina Machito MEXICANO Geralmente é considerado o melhor restaurante mexicano de Barcelona. É difícil conseguir uma mesa, principalmente quando chega a multidão do cinema ao lado, mas a espera vale a pena. O que eles servem está longe de ser a comida tex-mex básica.

BARCELONETA & VILA OLÍMPICA   151

Os tacos e *tortillas* e um guacamole marcante estão todos presentes, assim como um "mole" de frango e *sopa malpeña*, uma sopa revigorante de grãos-de-bico, tomates e frango, além de uma lima incomum e mousse de tequila para sobremesa. As margaritas são famosas, assim como suas festas em feriados e *fiestas* nacionais mexicanas.

Torrijos 47. ✆ **93-217-34-14**. Recomendável fazer reservas. Pratos principais 7,50€–14€ (US$9,35–US$18). MC, V. Diariamente das 13:00h–16:30h e 19:00h–01:30h. Metrô: Fontana ou Joanic.

El Robust CATALÃO   Habitantes locais que desejam fugir do calor da noite clamam pelo lindo jardim do pátio do El Robust, repleto de limoeiros e pinheiros. A comida aqui é verdadeiramente catalã: carne orgânica *a la brasa* (grelhado na brasa) e frios de Vic, a cidade do interior famosa por suas carnes curadas. Os vegetarianos serão agraciados com uma boa variedade de saladas e outros petiscos como Camembert frito.

Gran de Gràcia 196. ✆ **93-237-90-46**. Pratos principais 8€–14€ (US$10–US$18). MC, V. Seg–sáb 12:00h–16:00h e 20:30h–00:00h. Fechado de 8–31 de agosto. Metrô: Fontana.

La Gavina PIZZA   Esse lugar é imensamente popular pelas pizzas, desde seu tipo mais básico de mozzarella e tomate até uma versão mais requintada com frutos do mar e caviar. O que vale bastante a pena experimentar são os *payes*, fatias finíssimas de batata, alecrim e azeite de oliva. O proprietário evidentemente é obcecado por corpos celestes pois milhares de anjos, virgens e outras divindades religiosas estão penduradas por todos os lados dando um efeito de loja de quinquilharias chique.

Ros de Olano 17. ✆ **93-415-74-50**. Recomendável fazer reservas. Pratos principais 7,50€–12€ (US$9,35–US$15). Não aceita cartões de crédito. Diariamente das 13:00h–01:00h; jul–set diariamente das 18:00h–01:00h. Metrô: Fontana.

9 Barceloneta & Vila Olímpica

CAROS

Anfiteatro ✭ *Momentos* MEDITERRÂNEO Apesar da descendência *fashion*, é surpreendente como esse restaurante consegue passar despercebido por tanta gente — talvez porque fique escondido no nível subterrâneo de um boulevard na Vila Olímpica. Projetado pelo estúdio de Oriol Bohigas, um dos principais arquitetos da cidade que também foi o responsável pela própria Vila Olímpica, esse restaurante caracteriza-se por linhas racionalistas que são suavizadas por uma abundância de mosaicos e por uma lagoa central cercada por mesas. Nesse ambiente único de romantismo urbano, você pode experimentar a perca do mar com uvas e molho de vinho do porto ou ravióli de choco e caranguejo. Se houver espaço para a sobremesa, experimente o sorvete de creme com mascarpone e purê de manga.

Parc del Port Olímpic, Av. Litoral 37 (do lado oposto à Calle Rosa Sensat). ✆ **65-969-53-45**. Recomendável fazer reservar nos fins de semana. Pratos principais 16€–35€ (US$20–US$44); menu de preço fixo de almoço 32€ (US$40); menu de degustação 40€ (US$50) e 55€ (US$69). AE, MC, V. Ter–sáb 13:00h–16:00h e 20:30h–00:00h; dom 13:00h–16:00h. Fechado na semana da Páscoa. Metrô: Port Olímpic.

Can Costa ✭ FRUTOS DO MAR   Fundado no início dos anos 30, o Can Costa é um dos mais antigos restaurantes de frutos do mar dessa cidade com tradição marítima. Possui duas salas de jantar movimentadas, funcionários experientes e um terraço ao ar livre, embora um armazém bloqueie a vista do porto. Frutos do mar frescos preparados de acordo com receitas tradicionais predominam no cardápio, que inclui os melhores filhotes de lula da cidade — sauteados rapidamente de forma que tenham um sabor de quase grelhado, em geral nunca cozidos demais ou borrachudos. Uma especialidade antiga do chefe de cozinha é o *fideuà de peix*, um parente da clássica *paella* Valenciana de frutos do mar, com macarrão em vez de arroz. As sobremesas são preparadas diariamente.

Refeições em Barceloneta

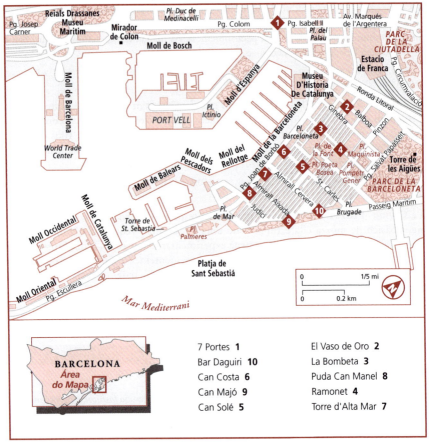

7 Portes	**1**	El Vaso de Oro	**2**
Bar Daguiri	**10**	La Bombeta	**3**
Can Costa	**6**	Puda Can Manel	**8**
Can Majó	**9**	Ramonet	**4**
Can Solé	**5**	Torre d'Alta Mar	**7**

Passeig de Joan de Borbón 70. ✆ **93-221-59-03**. Recomendável fazer reservar. Pratos principais 16€–30€ (US$20–US$38). MC, V. Qui–ter 12:30h–16:00h e 20:00h–23:30h; qua 12:30h–16:00h. Metrô: Barceloneta.

Can Solé ✯ CATALÃO   Localizado em uma atmosfera adequada na área do porto de Barceloneta, o Can Solé ainda honra as tradições dessa antiga vila de pescadores. Para o meu gosto, muitos dos restaurantes de frutos do mar aqui são voltados demais para turistas, mas esse aqui é autêntico e tem um preço que vale a pena. A decoração é rústica e um pouco bagunçada, com barris de vinho, muito barulho e comida excelente. Comece com as deliciosas vieiras minúsculas ou as tortinhas de bacalhau, ou talvez com *bouillabaisse*. Lagostins pequenos são sempre bem-vindos, porém caros, e tudo é aromatizado com alho fresco. Você também poderia provar um dos pratos ricos em frutos do mar. As sobremesas são tão boas que vale a pena reservar um espaço para elas, especialmente para o pudim de laranjas ou o sorvete de *praliné*.

Carrer Sant Carles 4. ✆ **93-221-50-12**. Necessário fazer reservas. Pratos principais 10€–45€ (US$13–US$56). AE, DC, MC, V. Ter–sáb 13:00h–16:00h e 20:30h–23:00h; dom 13:00h–16:00h. Metrô: Barceloneta.

Els Pescadors   ✯✯ FRUTOS DO MAR   Geralmente considerado um dos melhores restaurantes de peixes de Barcelona. O fato de estar localizado um pouco fora da rua principal, no subúrbio de classe trabalhadora de Poble Nou, ao lado da praia, não impede que os clientes venham até aqui. O restaurante tem essencialmente dois ambientes: um é conservador —

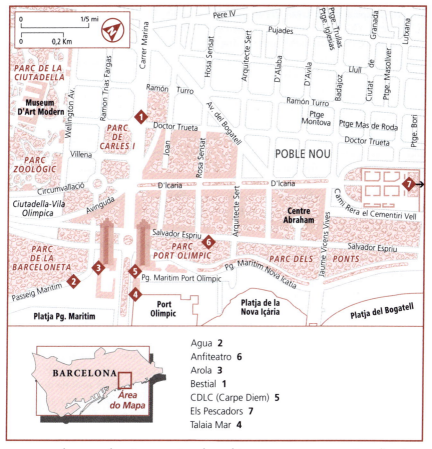

Refeições na Vila Olímpica

com mesas de tampo de mármore e vigas de madeira — enquanto o outro é mediterrâneo moderno. Mas ninguém vem para ficar observando os ambientes. O único objetivo aqui (como tem sido por muitas gerações) é desfrutar dos frutos do mar mais frescos de Barcelona, preparados nos modos clássicos com toques surpreendentes. Camarões da região são servidos com grãos-de-bico fumegantes, ou um peixe assado, o que quer que tenha sido pescado no dia, com vôngoles e feijões brancos pequenos.

Plaça Prim 1. ✆ **93-225-20-18**. Recomendável fazer reservar nos fins de semana. Pratos principais 15€–35€ (US$19–US$44). AE, DC, MC, V. Diariamente das 13:00h–15:45h e 20:30h–00:00h. Fechado na semana da Páscoa. Metrô: Poble Nou.

7 Portes ★ *Momentos* CATALÃO   Festivo e elegante, o 7 Portes está presente na cidade desde 1836, o que o torna um dos restaurantes mais antigos de Barcelona. Praticamente toda a cidade já jantou nesse lugar ao longo dos anos. Embora nos dias de hoje seja mais turístico que aristocrático, ele ainda tem bastante do charme autêntico na decoração (e nos clientes) para fazer valer uma visita. Os funcionários de aventais brancos estão constantemente em atividade, o que de certo modo dá a impressão de uma cantina de prestígio elevado. Entretanto, não há nada feito às pressas em relação à comida: os pratos regionais incluem arenque fresco com cebolas e batatas, uma *paella* diferente todos os dias (às vezes, com mariscos, por exemplo, ou com coelho), e uma grande variedade de peixes frescos, com as espinhas e a pele habilmente removidas à mesa. Você pode pedir ostras suculentas ou um guisado de feijões pretos com carne

154 **CAPÍTULO 6 · ONDE FAZER SUAS REFEIÇÕES**

de porco temperado com ervas para acompanhar, ou feijões brancos com linguiça. As porções são enormes. O nome do restaurante significa "7 Portas", e ele realmente tem sete portas debaixo de pórticos encantadores que são típicos nessa área da região do porto de Barcelona.

Passeig d'Isabel II 14. ✆ **93-319-30-33**. Necessário fazer reservas. Pratos principais 18€–35€ (US$23–US$44). AE, DC, MC, V. Diariamente das 13:00h–01:00h. Metrô: Barceloneta.

Torre d'Alta Mar MEDITERRÂNEO   O Alta Mar é uma espécie de clube gastronômico que fica em um local bem alto. A localização sem igual fica na Torre de Sant Sebastián, a 75m de altura (246 pés), uma das três torres que servem o teleférico que carrega turistas para fazer a travessia do porto (pág. 186). Mas não se preocupe em esbarrar com mochileiros quando entrar nesse restaurante exclusivo; os clientes são prontamente conduzidos a um elevador de vidro *high-tech* privativo para serem saudados por uma vista de 360 graus da cidade e do mar, que é de tirar o fôlego. Depois que seu queixo parar de cair e você estiver acomodado em meio à decoração elegante, você pode jantar com estilo servindo-se de um cardápio predominantemente de peixes que inclui invenções como merlúcio, *porcini* e alcachofras refogadas, tamboril cozido ao molho romesco ou *brema* (peixe) assada com sal.

Passeig de Joan de Borbón 88. ✆ **93-221-00-07**. Recomendável fazer reservas. Pratos principais 22€–34€ (US$28–US$43). Diariamente das 13:00h–15:30h e 20:45h–23:30h. Metrô: Barceloneta.

MODERADOS

Agua ✪ MEDITERRÂNEO   Ele é movimentado, elegante e serve peixes e mariscos bem preparados em um ambiente moderníssimo em frente à praia. O terraço atrai qualquer um que queira uma vista mais próxima do mar, mas se estiver soprando um vento frio, você pode se refugiar na sala de jantar azul e amarela com janelas grandes, e entre caixas expostas que mostram a pesca do dia, e pedir porções grandes de carnes e peixe para serem grelhados diretamente no fogo. Opções favoritas incluem frango, peixe-espada, camarões e uma versão particularmente suculenta de lula recheada. A maioria dos pratos é servida com o mínimo possível de frescuras e de molhos, permitindo que o frescor e o sabor dos ingredientes básicos sejam totalmente evidenciados por meio da parte externa grelhada. Risotos, alguns deles guarnecidos com mariscos frescos e ervas, geralmente são os campeões, com muitas versões adequadas aos vegetarianos. O único problema aqui é sua popularidade; certifique-se de fazer reservas nos fins de semana.

Passeig Marítim de la Barceloneta 30 (Vila Olímpica). ✆ **93-225-12-72**. Recomendável fazer reservas. Pratos principais 8€–18€ (US$10–US$22). AE, DC, MC,V. Diariamente das 13:30h–16:00h e 20:30h–00:00h (até 01:00 sex–sáb). Metrô: Ciutadella–Vila Olímpica.

Arola ✪ CATALÃO/ESPANHOL   Agraciado com duas estrelas no Michelin — sem mencionar que é bonito — Sergi Arola é uma das novas estrelas jovens do mundo da culinária espanhola. Ele é originário da Catalunha, mas esse é o seu primeiro restaurante em Barcelona (outro, La Broche, fica em Madri) e sua localização fica no não menos luxuoso Hotel Arts, na Vila Olímpica. O que Arola almeja fazer em meio a uma decoração *pop-art* peculiar em roxo e verde-limão é oferecer uma cara moderna ao *pica-pica*. Pica-pica pode ser melhor traduzido como "bocadas", e podem ser porções bem pequenas de queijo Manchego, presunto ibérico, mariscos em conserva ou sofisticados atuns em conserva. Assim, é provável que sua refeição no Arola comece com *patatas bravas* cortadas e arrumadas em um prato para que se pareçam com dúzias de seios femininos, minúsculos *berbigões* (mariscos) que surgem meticulosamente de uma tigela refinada de temperos picantes, e pontas de aspargos perfeitas que repousam languidamente em um camada de molho romesco. Pratos principais incluem padrões mediterrâneos com um toque da magia de Arola: mexilhões no vapor com molho cítrico e açafrão, croquetes de queijo gorgonzola,

BARCELONETA & VILA OLÍMPICA 155

camarões grelhados com creme frio de batata, e perca do mar com uma emulsão de agrião, para citar apenas alguns. A sobremesa de queijo de cabra, macadâmia, geleia de tomate e creme de marmelo deve convencê-lo do talento de Arola.

Hotel Arts, Marina 19–21. ☎ **93-483-80-90**. Necessário fazer reservas. Pratos principais 10€–32€ (US$13–US$40); menu de degustação 48€ (US$60). AE, DC, MC, V. Ter 20:30h–23:00h; qua 13:30h–15:30h; qui–sex 13:30h–15:30h e 20:30h–23:30h; sáb–dom 14:00h–16:00h e 20:30h–23:00h. Fechado em janeiro (mês em que fica fechado pode variar a cada ano). Metrô: Ciutadella–Vila Olímpica.

Bestial MEDITERRÂNEO/ITALIANO   Uma das conquistas mais recentes do grupo Tragaluz (pág.145) é um moderno restaurante mediterrâneo, o Bestial. Felizmente irreconhecível como local ocupado anteriormente pelo Planet Hollywood, o restaurante traz certa classe bem necessária à gastronomicamente comum Marina Olímpica, e o cardápio foi criado para ser uma alternativa de influência italiana às dúzias de restaurantes de *paellas* de pacotes da vizinhança. O que parece bom no papel frequentemente não é bem refletido à mesa. Atum grelhado rapidamente com risoto de azeitonas pretas é uma boa opção — sem miséria no tamanho dos pedaços de peixe aqui. O ambiente ao ar livre, com seu deque de madeira que absorve o barulho e guarda-sóis enormes, é bem elegante (e funcional), mas sentar-se à sala de jantar interna é como estar em um terminal rodoviário de ficção científica.

Ramón Trias Fargas 30 (Vila Olímpica). ☎ **93-224-04-07**. Pratos principais 9€–20€ (US$11–US$25). AE, DC, MC, V. Seg–sex 13:30h–16:00h e 20:30h–00:00h (até 01:00 na sex); sáb 13:30h–17:00h e 20:30h–01:00h; som 13:30h–17:00h e 20:30h–00-:00h. Metrô: Ciutadella–Vila Olímpica.

Can Majó ✦✦ FRUTOS DO MAR   Localizado próximo ao porto, esse é um dos melhores restaurantes de frutos do mar de Barcelona. No verão, uma mesa no terraço aqui é um lugar tão desejável quanto qualquer outro lugar no porto para comer. O interior convidativo está decorado no estilo de taverna rústica. Pinturas cobrem as paredes, e os funcionários exalam uma aura amigável e hospitaleira ao mesmo tempo em que oferecem um serviço excelente, embora algumas vezes apressado. A comida abrange opções bem familiares, mas quando é boa, é boa, e pode realmente ser muito boa. O peixe é fresco, comprado todas as manhãs. Aberto há cerca de 4 décadas, o restaurante ainda serve uma das melhores *sopa de pescado y marisco* (sopa de peixes e mariscos) da região. Sua lula sautée é uma refeição divina, ou nas palavras de um cliente: "Um dia sem calamares é um dia no inferno." O *bacalao* (bacalhau seco) aparece em um molho verde saboroso com vôngoles pequenos nas próprias conchas. As *paellas* são tão boas quanto as servidas nos restaurantes de Valência, e o *bouillabaisse* de lagosta é extremamente suculento.

Almirall Aixada 23. ☎ **93-221-54-55**. Necessário fazer reservas. Pratos principais 14€–25€ (US$18–US$31). AE, DC, MC, V. Ter–sáb 13:00h–16:00h e 20:30h–23:30h; dom 13:00h–16:00h. Metrô: Barceloneta.

CDLC (Carpe Diem) COMBINAÇÃO MEDITERRÂNEA   Antes da sua transformação noturna em um clube para gente *guapa* (pessoas bonitas; pág. 241), o CDLC funciona como um restaurante normal de qualidade. Em vez da comida ou do serviço impecável, a atração aqui é seu terraço de frente para o mar. Não que sua culinária, com forte influência tailandesa e japonesa, seja de alguma forma inaceitável, mas verdadeiros apreciadores de comida podem ficar desconfiados do fato de que um prato de sushi possa chegar à sua mesa em menos de 30 segundos. Pode ser melhor optar pelo horário do almoço, que inclui saladas, sanduíches e hambúrgueres a preços bastante razoáveis. No verdadeiro estilo ostensivo, a carta de vinhos inclui algumas ofertas com preços para impressionar. Por exemplo, você poderia presentear sua companhia com uma garrafa de champanhe Cristal a 306€ (US$383), e se isso não for suficiente, escolha o Sant Emilion Cheval Blanc de 1996 a 496€ (US$620).

156 CAPÍTULO 6 · ONDE FAZER SUAS REFEIÇÕES

Passeig Marítim 32. ☎ **93-224-04-70**. Necessário fazer reservas. Pratos principais 12€–25€ (US$15–US$31); almoço de preço fixo 18€ (US$22). AE, DC, MC, V. Diariamente das 12:00h–03:00h. Metrô: Ciutadella–Vila Olímpica.

Puda Can Manel ☞ MEDITERRÂNEO/ESPANHOL Um dos aspectos mais aborrecedores de caminhar pelo calçadão principal de Barceloneta é que os garçons tentam incessantemente persuadi-lo a entrar em seus restaurantes ao ar livre, geralmente medíocres e caros. A razão pela qual nada disso acontece com o Puda Can Manel é que ele está em um nível consideravelmente acima dos outros ao longo desse trecho turístico. Nas tardes de domingo, você verá habitantes locais esperando pacientemente por uma mesa enquanto seus vizinhos permanecem vazios. Eles esperam por *paellas* e *fideuàs* (que substituem arroz por macarrão) suculentos e saborosos, pelo rico *arroz negri* (arroz cozido em tinta de lula) e pelos calamares fritos à perfeição, tudo a preços razoáveis.

Passeig de Joan de Borbón 60 (Barceloneta). ☎ **93-221-50-13**. Necessário fazer reservas. Pratos principais 9,50€–16€ (US$12–US$20). AE, DC, MC, V. Ter–dom 13:00h–16:00h e 19:00h–23:00h. Metrô: Ciutadella–Vila Olímpica.

Ramonet ☞ FRUTOS DO MAR Desde 1763 esse restaurante bom, porém caro, vem servindo uma grande variedade de frutos do mar frescos em uma *villa* de estilo catalão próxima ao porto. A sala da frente, com mesinhas para tapas de frutos do mar, cerveja e vinhos regionais, onde se come em pé, geralmente fica abarrotada, e nas duas salas de jantar você pode escolher entre uma variedade de pratos com frutos do mar como camarão, merlúcio e tamboril. Outras delícias oferecidas incluem anchovas de aroma penetrante, cogumelos grelhados, arroz negro, alcachofras refogadas, *tortilla* com espinafre e feijões e mexilhões "da praia".

Carrer Maquinista 17. ☎ **93-319-30-64**. Recomendável fazer reservas. Pratos principais 12€–26€ (US$15–US$33). DC, MC, V. Diariamente das 12:00h–00:00h. Metrô: Barceloneta.

Talaia Mar MEDITERRÂNEO Esse é o melhor restaurante no Porto Olímpico, e tem um dos cardápios mais inovadores da Catalunha. Javier Planes, o *chef*, inventa cardápios únicos e serve comidas que são ao mesmo tempo incríveis e saborosas. As apresentações geralmente são simples, porém elegantes. Para descobrir o talento desse *chef*, prove seu cardápio de preço fixo, que ele chama, muito apropriadamente, de festival gastronômico. Para um prato principal, prove seu tartare de atum com guacamole e ovos de salmão ou seus brochettes de lagosta. A trufa preta, cada vez mais rara, aparece em alguns dos seus risotos aveludados e suaves. Ele faz um maravilhoso merlúcio no vapor reduzido balsâmico, bem como perca do mar grelhada com camarões, que é aromatizada com suco de aspargos, dentre outras delícias. Peixes frescos chegam diariamente do mercado e são grelhados à perfeição, assim como as costelas de cordeiro aromaticamente assadas. Eu poderia voltar aqui noite após noite e sempre achar algum prato novo para tentar o paladar. O restaurante fica em um nível acima do porto, ao lado de duas torres, Hotel Arts e Torre Mapfre.

Marina 16. ☎ **93-221-90-90**. Necessário fazer reservas. Pratos principais 18€–28€ (US$22–US$35); menu de preço fixo 55€ (US$69). AE, DC, MC, V. Ter–dom 13:00h–16:00h e 20:00h–00:00h. Metrô: Ciutadella–Vila Olímpica.

LANCHES, TAPAS & BEBIDAS

Bar Daguiri CAFÉ Esse bar-café com uma vibração boêmia fica bem na praia, um local invejável para muitos proprietários de restaurantes. Serve refeições leves como saladas, aperitivos com molhos frios e sanduíches, bem como café e bebidas, e, do lado de fora, no terraço, há sempre um músico de rua fazendo sua arte. O serviço pode ser irritantemente inadequado, mas tudo faz parte da cultura descontraída de praia dessa redondeza. Uma vantagem é o acesso grátis à Internet — traga seu laptop e eles o conectarão. Há música gratuita (principalmente jazz e latina) nas noites de quinta. A grande variedade de jornais diários estrangeiros também constitui um toque bem-vindo.

Grau i Torras 59. ☎ **93-221-51-09**. Lanches 6€–9€ (US$7,50–US$11). MC, V. Diariamente das 10:00h–00:00h. Metrô: Barceloneta.

BARRIO ALTO 157

Momentos O Endereço Secreto Para Apreciadores de Vinhos

Não há nada melhor em Barcelona que uma tarde no terraço de **La Vinya del Senyor**, Plaça Santa María 5 (**93-310-33-79**), apreciando a gloriosa fachada gótica de Santa Maria del Mar. Você poderia até mesmo levar um conhecedor de vinhos como Mel Brooks (quando ele não estiver contabilizando seus lucros com *Os Produtores*), e eu acho que até esse homem difícil de agradar ficaria satisfeito. A carta de vinhos é de causar admiração. Por exemplo, imagine 13 Priorats, 31 Riojas e mais de uma dúzia de safras do lendário Vega Sicilia. Ao todo, há mais de 300 vinhos e cavas selecionadas, xerez e moscatells, e a lista é constantemente variada, de modo que você sempre pode esperar alguma nova surpresa na carta. Se você não quiser uma garrafa, é possível encontrar umas duas dúzias de vinhos oferecidos em taças, incluindo um Jané Ventura Cabernet Sauvignon 1994 sublime. Para acompanhar seu vinho, são servidas tapas tentadoras, incluindo rolinhos de nozes com azeite de oliva, presunto ibérico curado e queijo francês. O custo das tapas varia de 2,50€–6,50€ (US$3,15–US$8,15). American Express, Diners Club, MasterCard e Visa são aceitos. Os horários vão de terça a sábado, das 12:00h até 01:30h e domingo, das 12:00h até meia-noite. Metrô: Jaume I ou Barceloneta.

El Vaso de Oro ✪ TAPAS   Esse é outro bar de tapas muito bom de Barcelona, e que também faz sua própria cerveja. O lugar é absurdamente estreito, fazendo com que seja um desafio não dar uma cotovelada em seu vizinho quando levantar seu copo. Porém, a maioria das pessoas considera isso parte da diversão, enquanto devoram o mais suculento *solomillo* servido com *pimientos del padrón* (pimentões verdes minúsculos), os croquetes mais leves, ou uma salada russa cremosa. Se você não quer gastar muito, preste atenção no que come pois as porções aqui são bem pequenas, e a conta tende a aumentar, de forma inesperada.

Balboa 6 (Barceloneta). ☎ **93-319-30-98**. Tapas 4,50€–15€ (US$5,60–US$19). MC, V. Diariamente das 09:00h–00:00h. Metrô: Barceloneta.

La Bombeta ✪ TAPAS   Esse lugar é uma verdadeira mostra da vida local e um dos melhores bares de tapas da cidade. Ele se parece com uma versão ligeiramente modernizada de uma taverna, e a especialidade da casa são bombas, bolinhos fritos de purê de batata servidos com um molho brava picante. Outras tapas incluem mexilhões suculentos, cozidos no vapor ou com um molho marinara, camarões gigantes grelhados, pratos de fatias bem finas de presunto serrano e pedaços pequenos de lulas fritas que se chamam *rabas*. Nem é preciso dizer que, quando acompanhados por uma excelente jarra de sangria da casa, vira uma refeição altamente satisfatória.

Maquinista 3 (Barceloneta). ☎ **93-319-94-45**. Tapas 4,50€–14€ (US$5,60–US$18). MC, V. Qui–ter 10:00h–00:00h. Metrô: Barceloneta.

10 Barrio Alto

MODERADOS/CAROS

La Balsa INTERNACIONAL   Localizado no andar mais alto de uma torre circular construída como uma cisterna, La Balsa oferece uma vista linda da cidade ao redor. Para chegar até lá, você vai até a cobertura original da construção, onde é provável que seja cumprimentado pelo proprietário e fundador Mercedes López. Os pratos surgem de uma cozinha apertada, mas bem organizada, que fica vários andares abaixo. (Os garçons reconhecidamente são os mais atléticos de Barcelona, uma vez que eles precisam correr pelas escadas carregando pratos fumegantes.) O restaurante serve pratos como *judías verdes* (favas) com tiras de salmão ao vinagrete de limão, cozido de vitela com cogumelos selvagens, uma salada de lentilhas quentes com anchovas e

158 **CAPÍTULO 6 · ONDE FAZER SUAS REFEIÇÕES**

picles de salmão fresco com cebolinha. *Maigret* (peito) de pato meio cozido é servido com *foie gras* levemente cozido e fresco, e merlúcio assado (vindo da Galícia) é preparado com molho de tinta de lula. O restaurante fica a 2 km (1,25 milhas) ao norte do centro da cidade — você precisará de um táxi — na região de Tibidabo, perto do Museu de Ciência (Museu de la Ciência). Geralmente, deve ser reservado com vários dias de antecedência.

Infanta Isabel 4. ✆ **93-211-50-48**. Necessário fazer reservas. Pratos principais 12€–27€ (US$15–US$34). AE, DC, MC, V. Seg 21:00h-23:30h; ter–sáb 14:00h-15:30h e 21:00h–23:30h. Em agosto, bufê somente das 21:00h–23:30h. Fechado na semana da Páscoa.

El Mató de Pedralbes CATALÃO
O Mató é o termo em catalão para queijo cottage — nesse caso, preparado pelas freiras do Mosteiro de Pedralbes (pág. 190), que fica logo depois da esquina desse restaurante de comida caseira. Situado em uma casa antiga com várias áreas para refeições nessa área residencial tranquila da cidade, ele fica bem distante da fumaça e do tumulto do tráfego. Realmente, El Mató é ideal para um almoço relaxante, em estilo tradicional. Exemplos de pratos cataláes vão desde a velha receita comum de *truite de patata i cebra* (omelete espanhola com batatas e cebolas), até os mais exclusivos *escudella barejada* (caldo com pedaços de vitela) e *escargols a la llauna* (escargots ao molho de óleo, tomilho e alho). Um terraço interno oferece belas vistas panorâmicas. O serviço é agradável e atencioso.

Bisbe Català 10. ✆ **93-204-79-62**. Pratos principais 15€–30€ (US$19–US$38). AE, DC, MC, V. Seg–sáb 13:00h–15:45h e 20:30h–23:45h. Fechado aos domingos e durante 15 dias em agosto. Metrô: Reina Elisenda.

Via Veneto ✪✪✪ CATALÃO
Dada a sua cozinha consistentemente bem preparada e a classe geral, esse restaurante de alto nível — que vem se mantendo firme durante cerca de 4 décadas — misteriosamente tende a passar despercebido. Não que isso aborreça a gerência, que está ocupada atendendo clientes regulares e eventuais estrelas do mundo dos esportes. O nome, aliás, faz alusão ao *glamour* associado à famosa avenida romana em meados dos anos 60 (a notória era da Dolce Vita, de Fellini), e não tem nada a ver com o estilo da comida, que tem suas raízes firmemente na Catalunha. Ele tem a reputação de servir a melhor *caza* (caça) e os melhores cogumelos da região. Você pode pedir um delicioso prato de *rovellons* e *ceps*, ambos cogumelos silvestres das florestas catalás, cozidos à perfeição no azeite e sal grosso. Há também o filé de coelho recheado com *foie* e servido sobre uma camada de maçãs assadas, ou o pato que leva a assinatura do Via Veneto — um filhote de pato inteiro é assado lentamente, trazido à mesa e desossado. Os ossos são então colocados em uma antiga prensa de prata, extraindo o suco saboroso, que acompanha a carne em uma cerimônia culinária que parece pertencer a outra época. A carta de vinhos é lendária (e do tamanho de uma enciclopédia), portanto peça a José, o sommelier simpático, para recomendar uma de suas cobiçadas Vega Sicilias (caso dinheiro não seja problema!) ou outra dentre as cerca de 10.000 garrafas que eles têm em sua adega subterrânea. As refeições podem ser terminadas com um prato de queijos ou uma estupenda combinação de sobremesas como mousse de chocolate temperado com uma mistura de pimentas e soverte de canela.

Ganduxer 10. ✆ **93-200-72-44**. Necessário fazer reservas. Pratos principais 20€–45€ (US$25–US$56); menu de degustação 65€ (US$81). AE, DC, MC, V. Seg–sex 13:15h–16:00h e 20:30h–23:30h; sáb 20:30h–23:30h. Fechado de 1–20 de agosto. Metrô: FGC La Bonanova.

11 Fora da Cidade

MUITO CARO

El Racó de Can Fabes ✪✪✪ MEDITERRÂNEO
Esse é um dos grandes restaurantes da Espanha — alguns o consideram o melhor. Se você não se importar com os 30 minutos de carro ou 45 minutos de trem de Barcelona, uma distância de 52 quilômetros (32 milhas), você será transportado para um refúgio gastronômico, que fica em uma construção

de 3 séculos de idade no centro de Sant Celoni, uma vila catalá de 1.700 habitantes. Esse restaurante com 3 estrelas do Michelin (seu mais elevado índice de avaliação) é administrado com extremo cuidado e dedicação. O restaurante é elegante e requintado, embora ainda preserve uma aura rústica. Um exemplo típico de seus pratos inspiradores é a cavala quente e fria com creme de caviar e pombos macios com tartare de pato. Outra combinação divina é *foie gras* picante com Sauterne e um *coulis* (purê) de pimentões doces vermelhos e verdes. Duas diferentes formas de preparar os lagostins, ambas uma delícia, são crus e cozidos. O pombo assado é preparado de forma a corresponder com as estações do ano e de acordo com o "humor do *chef*". Para a sobremesa, não há nada melhor do que o "Festival de chocolate".

Sant Joan 6 (Sant Celoni). ✆ **93-867-28-51**. Necessário fazer reservas. Pratos principais 30€–60€ (US$38 – US$75); menu de degustação 130€ (US$163). AE, DC, MC, V. Ter–sáb 13:30h–15:30h e 20:30h–22:30h; dom 13:30h–15:30h. Fechado de 28/01–11/02, 24/06– 08/07. Pegue qualquer trem da RENFE na estação Passeig de Gràcia rumo à França e desembarque em Sant Celoni.

CARO

Sant Pau ✪✪✪ CATALÃO   Se Picasso estivesse vivo hoje, aposto que ele seguiria a trilha culinária até a porta de Carme Ruscalleda, a *chef* de cozinha líder da Espanha, que é proprietária desse restaurante *fashion* no charmoso *resort* de Maresme, em Sant Pol de Mar, a 45 minutos de carro ao norte de Barcelona. Até mesmo alguns dos melhores *chefs* de cozinha da França estão cruzando a fronteira espanhola para experimentar sua cozinha. O Michelin lhe concedeu duas estrelas, mas acho que ela certamente merece três. Sua técnica virtuosa traz requinte à comida e até mesmo um toque de fantasia a alguns de seus pratos. Ela tem a habilidade de pegar os produtos mais frescos e adicionar a quantidade exata de condimentos ou temperos para maximizar o sabor.

Carrer Nou 10 (Sant. Pol de Mar). ✆ **93-760-06-62**. Necessários fazer reservas. Pratos principais 35€–55€ (US$44– US$69). AE, DC, MC, V. Ter–dom 13:30h–15:30h; ter–sáb 21:00h–23:00h. De Girona, pegue a N-I, a cerca de 55 km (34 milhas) ao sul.

7

O Que Ver e Fazer

Por muito tempo sendo um centro de comércio do Mediterrâneo, Barcelona é também um dos pontos de destaque para o turismo europeu, um papel estimulado pelos Jogos Olímpicos de 1992. A segunda maior cidade da Espanha é também a mais cosmopolita e vanguardista.

Por causa de sua história rica, Barcelona é cheia de construções antigas e museus de prestígio mundial, incluindo a famosa Sagrada Família, de Antoni Gaudí, o Museu Picasso, a catedral Gótica e La Rambla (também conhecida com Les Ramblas), o passeio que corta o coração da Cidade Velha com suas múltiplas facetas e cercado de árvores.

Você também pode fazer um passeio fora de Barcelona até um dos locais de interesse nos arredores, incluindo as praias de Lloret e Tossa de Mar, ao norte, e Sitges, ao sul; o mosteiro em Montserrat; os vinhedos de Penedé;s e os Pirineus. (veja capítulo 11).

No entanto, inicialmente você vai querer absorver a aura artística e intelectual dessa cidade de tradição marítima. Os moradores têm motivos para ter orgulho de sua herança catalá e estão ansiosos para compartilhá-la. Muitos desses pontos turísticos podem ser visitados a pé e o capítulo 8 inclui um passeio assim pela Cidade Velha.

1 Ciutat Vella (Cidade Velha)

A Ciutat Vella (Cidade Velha) é onde ficam as atrações turísticas mais importantes e se você tem pouco tempo é aqui que você vai querer gastar a maior parte dele. A catedral gótica, as fundações romanas, o bairro Raval rústico e o bairro Ribera original estão todos localizados dentro desta parte grande da paisagem da cidade que, devido à sua abundância de ruas de mão única e calçadões, é melhor percorrida a pé. Parece um pouco desanimador no começo, mas marcos impressionantes como a catedral da cidade, o MACBA (Museu de Arte Moderna) e a Plaça del Rei o ajudarão a se localizar pelos labirintos. Para facilitar as coisas, eu dividi as atrações em três subareas: o Barri Gòtic (a leste de La Rambla), El Raval (a oeste de La Rambla) e La Ribera (a oeste da Vía Laietana). Para mais informações sobre esses bairros, veja o capítulo 4.

BARRI GÒTIC ★★★

O antigo Quarteirão Gótico original é a principal atração urbana de Barcelona. A maior parte dele sobreviveu intacta desde a Idade Média. Gaste pelo menos 2 ou 3 horas explorando suas ruelas e praças, que formam uma área vibrante e cheia de vida. Uma caminhada noturna, quando as ruas e praças estão iluminadas, acrescenta uma atmosfera mais dramática ao local. Os edifícios são austeros e sóbrios em sua maioria, a catedral sendo o exemplo mais evidente. Ruínas romanas e vestígios de muros do século III deixam o local ainda mais interessante. Essa área é intricadamente detalhada e cheia de atrações que são fáceis de deixar passar. (Siga A Excursão a Pé número 1, no Capítulo 8, para uma descrição detalhada).

CIUTAT VELLA (CIDADE VELHA) 161

⎛*Fatos Interessantes* Como o Ovo Dança

Durante a festa de Corpus Christi, em junho, uma tradição catalã única pode ser vista no claustro da catedral. *L'uo com balla* (o ovo que dança) é uma casca de ovo vazia que é colocada em cima dos jatos de água da fonte e deixada lá para "dançar". O costume remonta o ano de 1637, embora seu significado seja controverso. Alguns dizem que o ovo simplesmente representa a primavera e o início de um novo ciclo de vida, enquanto para outros, a sua forma representa a Eucaristia.

Catedral de Barcelona ✶✶✶ A catedral de Barcelona é um famoso exemplo da arquitetura gótica catalã. Seus pináculos podem ser vistos de quase todos os pontos do Barri Gòtic, e a grande praça na qual ela está localizada, a Plaça de la Seu, é um dos principais pontos de passagem do bairro. Esse ponto elevado sempre foi o centro de reverência de Barcelona: antes da catedral atual havia um templo romano e, mais tarde, uma mesquita. A construção da catedral começou no final do século XIII, sob o reinado de Jaume II. (Na parte externa do transepto sul, na Plaça de Sant Lu, existe um portal comemorativo do início do trabalho.) Os bispos da época encomendaram uma nave grande, capelas com 28 lados e um oratório com uma passagem atrás de um altar mais alto. O trabalho foi finalmente concluído em meados do século XV (embora as fachada ocidentais sejam do século XIX). A nave, limpa e iluminada, tem alguns detalhes góticos esplêndidos. Com suas torres grandes de sinos, a mistura de estilos medieval e renascentista, altar alto, coro lindamente esculpido e arcos góticos, ela está entre as catedrais mais impressionantes da Espanha. A capela mais interessante é a Cappella de Sant Benet, atrás do altar, com a sua magnífica interpretação da crucificação datada do século XV, de Bernat Martorell. É o claustro, no entanto, que encanta a maior parte dos visitantes. Formado por galerias abobadadas decoradas com grades de ferro, ele é cheio de laranjeiras, pés de nêspera e palmeiras, e tem um lago central com chafariz coberto de musgos, e é (inexplicavelmente) o lar de um grupo de gansos brancos. Abaixo de seu piso de pedras desgastado, estão enterrados membros importantes de grêmios antigos do Barri Gòtic. O historiador Cirici chamou esse lugar de "o mais adorável oásis de Barcelona". Em seu lado norte, a capela da catedral ocupa o museu cujo destaque é *La Pietat,* de Bartolomé Bermejo, do século XV. Outra área da catedral que vale a pena conhecer é o sarcófago de alabastro de Santa Eulàlia, a copadroeira da cidade. A mártir, supostamente uma filha virgem de uma família abastada de Barcelona, foi queimada na fogueira pelo governador romano por se recusar a renuncia às suas crenças cristãs. É possível pegar um elevador até o telhado onde você terá uma vista maravilhosa da Barcelona gótica, mas somente de segunda a sábado. Ao meio-dia de domingo, você pode ver a sardana, uma dança folclórica catalã, que acontece em frente à catedral.

Plaça de la Seu s/n. ☎ **93-315-15-54**. Entrada gratuita na catedral; museu 1€ (US$1,25). Elevador até o telhado:10:30h–13:30h e 17:00h–18:00h, 2€ (US$2,50). Bilhete global para visitas guiadas ao museu, coro, terraços na cobertura e torres, das 13:00h–16:30h 4€ (US$5). Catedral diariamente das 09:00h–13:00h e 17:00h–19:00h; museu no claustro diariamente das 10:00h–13:00h e 16:00h–18:30h. Metrô: Jaume I ou Liceu.

Conjunt Monumental de la Plaça del Rei (Museu d'Història de la Ciutat e Palau Reial Major) ✶✶✶ Esses dois museus são vistos como duas atrações e ambos ficam na Plaça del Rei, que fica em baixo de uma parte que sobrou das antigas muralhas da cidade. Os visitantes entram pela Casa Clariana Padellàs, uma mansão gótica que estava originalmente localizada na Career Mercaders, nas proximidades, e foi trazida para cá quando a construção da Vía Laietana passou pelo Barri Gòtic no início dos anos 30. O piso térreo é dedicado a exposições temporárias sobre a cultura ibérica e mediterrânea, com uma mostra permanente de realidade virtual sobre a história da cidade. O destaque, porém,

Atrações de Barcelona

- CaixaForum **47**
- Casa Amatller **12**
- Casa Batlló **11**
- Casa Lleó Morera **13**
- Catedral de Barcelona **26**
- Centre de Cultura Contemporània (CCCB) **15**
- CosmoCaixa (Museu de la Ciència) **2**
- Foment d'les Arts Decoratives (FAD) **17**
- Fundació Antoni Tàpies **10**
- Fundació Francisco Godia **9**
- Fundació Joan Miró **45**
- Galería Olímpica **42**
- Gran Teatre del Liceu **39**
- L'Aquarium de Barcelona **34**
- La Hospital de la Santa Creu i San Pau **2**
- La Mercè **35**
- La Pedrera **7**
- La Sagrada Família **5**
- Mercat del Born **21**
- Mirador de Colón **37**
- Museu Barbier-Mueller Art Precolombí **30**
- Museu d'Arqueologia de Catalunya **46**
- Museu d'Art Contemporani de Barcelona (MACBA) **16**
- Museu de Calçat **25**
- Museu de Carrosses Fúnebres **14**
- Museu de Ciències Naturals de la Ciutadella **22**
- Museu de la Cera **36**
- Museu de la Xocolata **23**
- Museu de L'Esport Dr. Melcior Colet **3**
- Museu d'Història de Catalunya **33**
- Museu d'Història de la Ciutat **19**
- Museu d'Textil i d'Indumentària **31**
- Museu Egipci de Barcelona **8**
- Museu Etnològic **44**
- Museu FC Barcelona **1**
- Museu Frederic Marès **24**
- Museu Marítim **32**
- Museu Militar de Montjuïc (Castell de Montjuïc) **43**
- Museu Nacional d'Art de Catalunya (MNAC) **49**
- Museu Picasso **29**
- Museu Tauri **6**
- Old Synagogue **28**
- Palau de la Música Catalana **20**
- Palau de la Virreina **18**
- Palau Güell **38**
- Palau Reial **19**
- Parc Güell **4**
- Plaça Sant Jaume **27**
- Poble Espanyol **48**
- Santa Maria del Pí **40**
- Sant Pau del Camp **41**
- Torre Agbar **6**

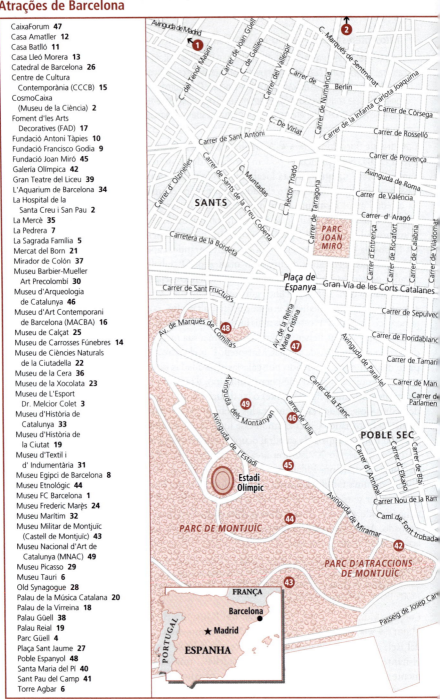

162

164 **CAPÍTULO 7 · O QUE VER E O QUE FAZER**

fica no subsolo, debaixo da própria Plaça del Rei. Trabalhos de escavação realizados para mudar a Casa Clariana Padellàs de lugar revelaram um pedaço grande do Barcino, a antiga cidade romana. Os trabalhadores descobriram fórum, ruas, praças, casas, lojas e até mesmo lavanderias e barris enormes utilizados na produção de vinho. Uma rede de passagens bem inteligentes foi construída sobre as relíquias, permitindo que você aprecie plenamente o vai e vem da vida quotidiana no antigo Barcino. Esteja atento para muitos mosaicos maravilhosos, *in situ*, do que restou das antigas residências familiares.

A visita continua na superfície, no Palácio Real medieval. O complexo data do século X, quando foi o palácio dos condes de Barcelona, e mais tarde se tornou a residência dos reis de Aragão. O último degrau de sua entrada principal é supostamente o local onde o Rei Ferdinand e a Rainha Isabella receberam Colombo depois que ele retornou do Novo Mundo. Logo ao entrar, a capela do palácio, Capella de Santa Agüeda, também é utilizada para exposições temporárias. Adjacente à capela está o Saló del Tinell, uma obra importante do período com os maiores arcos de pedra de toda a Europa. Outro destaque do palácio é o Mirador del Rei Martí (Torre de Vigia do Rei Martin). Construída em 1555, foi adicionada posteriormente ao palácio, mas sob vários aspectos, um dos seus pontos mais interessantes. O Rei Martin foi o último da linhagem dos reis-condes da cidade e esta torre de 5 andares foi construída para vigiar invasores estrangeiros e revoltas de camponeses que aconteciam com frequência na praça em baixo.

Plaça del Rei s/n. ☎ **93-315-11-11**. Entrada 4€ (US$5) adultos, 2,50€ (US$3,10) estudantes, grátis para crianças menores de 16 anos. Jun–set, ter–sáb 10:00h–20:00h; out–mai, ter–sáb 10:00h–14:00h e 16:00h–20:00h; domingos durante o ano todo das 10:00h–15:00h. Metrô: Liceu ou Jaume I.

La Mercè A igreja de La Mercè tem lugar especial no coração do povo de Barcelona. Nossa Senhora da Misericórdia (La Mercè) é a santa padroeira da cidade; ela ganhou esse privilégio depois de supostamente enxotar uma praga de gafanhotos em 1637. Assim, a principal festa da cidade (24 de setembro) é comemorada em sua homenagem e muitas mulheres nascidas em Barcelona chamam-se Mercè (entre os homens há uma abundância de Jordis — ou Jorge — o santo padroeiro da Catalunha). A própria igreja é a única da cidade com fachada barroca. Bem no topo está uma estátua de nossa senhora de La Mercè, uma imagem importante no panorama da cidade. O edifício fica em uma praça elegante com uma fonte central de Netuno.

Plaça de la Mercè 1 ☎ **93-315-27-56**. Entrada gratuita. Diariamente das 10:00h–13:00h e 18:00h–20:00h. Metrô: Drassanes.

Mirador de Colón Esse monumento a Cristóvão Colombo foi erguido no porto de Barcelona por ocasião da Exposição Universal de 1888. É constituído por três partes, a primeira sendo uma estrutura circular sustentada por quatro escadarias (6 m/20 pés de largura) e oito leões de ferro suntuosos. Na base estão oito baixo-relevos de bronze representando as principais proezas de Colombo. (Tratam-se cópias; os originais foram destruídos.) A parte seguinte é a base da coluna, formada por um polígono de oito lados, quatro dos quais atuam como reforço; cada um dos lados contém esculturas. A terceira parte é a coluna de 50 m (164 pés), que tem estilo coríntio. Ela tem representações da Europa, Ásia, África e América — todas ligadas. Por último, em cima de uma magnífica coroa e de um hemisfério em homenagem à recém-descoberta parte do globo, está uma estátua de bronze de Colombo com 7,5 m de altura (25 pés) — supostamente apontando para o Novo Mundo, mas na realidade, em direção às Ilhas Baleares — de Rafael Ataché. Dentro da coluna de ferro, um pequeno elevador sobe até o mirador. Nesse ponto, abre-se uma vista panorâmica de Barcelona e do porto.

Portal de la Pau s/n. ☎ **93-302-52-24**. Entrada 2,40€ (US$3) adultos, 1,40€ (US$1,75) crianças de 4–12 anos, grátis para crianças com menos de 4 anos. Jun–set 09:00h–20:30h; out–mai 10:00h–18:30h. Metrô: Drassanes.

CIUTAT VELLA (CIDADE VELHA) 165

Museu de la Cera *(Crianças)* Pode não ser o Madame Tussaud, mas o Museu da Cera de Barcelona ainda tem um bocado de charme. Localizado em uma construção do século XIX que foi um banco, a escadaria em espiral e os afrescos são detalhes adequados para a série de personagens históricos e culturais catalães e espanhóis, além de Drácula, Frankenstein e os suspeitos habituais. Ao lado, o café do museu, El Bosc de les Fades, tem uma decoração em estilo "floresta das fadas" com espelhos mágicos, riachos borbulhantes e portas secretas, dando mais vida ao já fantástico ambiente.

Passatge de la Banca 7. ℂ **93-317-26-49**. Entrada 6,65€ (US$8,25) adultos; 3,75€ (US$4,70) crianças de 5–11anos, estudantes e idosos. Out–jun seg–sex 10:00h–13:30h e 16:00h–19:30h, sáb–dom e feriados 11:00h–14:00h e 16:30h–20:30h; jul–set diariamente das 10:00h–22:00h. Metrô: Drassanes.

Museu Frederic Marès ✪✪ Esse interessante museu é um dos maiores repositórios de esculturas medievais da região, e está situado logo atrás da catedral. Marès foi um escultor e um colecionador obsessivo, e os frutos dessa paixão estão armazenados em um palácio antigo com lindos pátios internos, pedras esculpidas e tetos altos. Ele reuniu uma coleção de esculturas religiosas e de imagens que simplesmente desafiam o intelecto. No andar de baixo, as peças datam dos séculos III e IV, e depois são seguidos pelos crucifixos policromáticos chamativos e pelas estátuas da Virgem Maria dos períodos românico e gótico. No andar de cima, a coleção continua, passando pelo Barroco e pelo Renascimento antes de se tornar o chamado Museu Sentimental, uma coleção de objetos e parafernálias do quotidiano que ilustram a vida em Barcelona durante os últimos 2 séculos. A Sala de Entretenimento mostra brinquedos e autômatos e o Quarto de Mulher tem leques vitorianos, pentes e outros objetos considerados como de "uso exclusivo de mulheres". Do lado de fora, o Café d'Estiu no pátio é um lugar agradável para descansar antes de continuar.

Plaça de Sant Iú 5–6. ℂ **93-310-58-00**. www.museumares.bcn.es. Entrada 3€ (US$3,75) adultos, grátis para crianças com menos de 12 anos. Ter–sáb 10:00h–19:00h; dom 10:00h–15:00h. Gratuito qua 15:00h–19:00h. Metrô: Jaume I.

Plaça Sant Jaume ✪ A Plaça Sant Jaume é o centro nervoso político de Barcelona. Separado por uma vasta extensão de piso de pedras polidas, a Casa de la Ciutat, sede do *ajuntament* (prefeitura), dá de frente para o Palau de la Generalitat, sede do governo autônomo da Catalunha. A praça propriamente dita frequentemente é palco de protestos, celebrações animadas (como quando um time local vence alguma disputa esportiva) e tradições locais como os espetaculares *castellers* (torres humanas).

Os edifícios raramente são abertos ao público, mas se acontecer de você estar aqui quando eles forem abertos, definitivamente dê uma olhada no Palau de la Generalitat ✪✪. Apesar de o órgão administrativo da Catalunha ter suas origens em 1283, sob o reinado de Pere II, somente depois do século XV é que ele recebeu uma sede permanente. O núcleo se espalha a partir do Pati de Tarongers (Pátio de Laranjeiras), um elegante pátio interno com colunas rosa renascentistas com gárgulas das figuras folclóricas históricas da Catalunha no topo.

Outro destaque é a Capella de Sant Jordi (Capela de São Jorge), resplandecente com mobília e objetos que representam a lenda do santo padroeiro da Catalunha, cuja imagem é um tema recorrente em toda a Generalitat. As paredes do Salão Dourado estão cobertas com tapeçarias flamengas do século XVII.

Do outro lado da praça está a Casa de la Ciutat ✪, do final do século XIV, corredor de poder do *ajuntament*. Atrás da sua fachada neoclássica está um exemplo primoroso da arquitetura civil gótica no estilo mediterrâneo catalão. A construção tem um magnífico pátio com escadarias. Seus principais destaques arquitetônicos são o Salón de Ciento (Salão dos 100 Jurados) do século XV, com arcos gigantescos apoiando um teto com vigas,

166 **CAPÍTULO 7 · O QUE VER E O QUE FAZER**

e o mármore preto do Salón de las Crónicas (Salão das Crônicas). Os murais aqui foram pintados em 1928 por Josep Maria Sert, o artista catalão que depois decorou o Rockefeller Center, em Nova Iorque.

Capella de Sant Jordi: Plaça de Sant Jaume s/n. ℂ **93-402-46-17**. Entrada gratuita. Segundo e último domingo de cada mês, 25/04 e 24/09 das 10:30h–13:30h. Casa de la Ciutat: Plaça de Sant Jaume s/n. ℂ **93-402-70-00**. Entrada gratuita. Dom 11:00–15:30. Metrô: Jaume I ou Liceu.

Santa Maria del PI Essa igreja ganhou seu nome por causa do enorme pinheiro do lado de fora da sua entrada principal. Construída entre o início do século XIV e final do século XVI, ela fica em uma das praças mais encantadoras (de mesmo nome), no Barri Gòtic. Há sempre alguma coisa acontecendo na praça (que, na verdade, se divide em duas outras praças pequenas), seja uma feira de arte (dom), uma feira de queijos locais e artesanatos organizada por vendedores de comidas (qui–sáb), músicos de rua chamando a atenção para suas apresentações ou pessoas perambulando pelos diversos cafés ao ar livre.

A igreja em si é um exemplo típico do gótico catalão, senão o mais completo. Sua única nave ampla ocupa quase dois terços do comprimento do edifício, dando à igreja uma aparência baixa. Acima da entrada principal está uma gigantesca janela rosa. Por dentro, ela é igualmente austera, mas vale a pena inspecionar o engenhoso arco de pedra que vem dando apoio à estrutura durante séculos.

Plaça del Pi 7. ℂ **93-318-47-43**. Entrada gratuita. Diariamente das 09:00h–13:00h e 16:00h–21:00h. Metrô: Liceu.

LA RIBERA

Menor que o Barri Gòtic, o bairro La Ribera tem duas atrações principais: o Museu Picasso e a imponente igreja gótica de Santa María del Mar. Outros tesouros menores são abundantes em suas ruas cheias de atmosfera na forma de cafés, ateliês de artesãos e butiques acolhedoras. É um lugar maravilhoso para caminhar, olhar vitrines e comer algo, e é compacto o suficiente para cobrir em uma tarde. À noite, os bares e cocktelerías abrem suas portas e muita gente aparece.

El Palau de la Música Catalana ★★★ Não estritamente dentro das fronteiras de La Ribera, mas ao norte da Calle Princesa, no bairro La Pere, o Palau de la Música, para muitos, é a contribuição mais importante do movimento modernista. Declarado como Patrimônio Mundial pela UNESCO em 1997, ele foi projetado por Lluis Domènech i Montaner — um contemporâneo de Gaudí que também foi responsável pelo magnífico Hospital Sant Pau (pág. 174).

Em 1891, foi decidido que o Orfeó Catalan (Sociedade de Coral da Catalunha) precisava de uma sede permanente. O Orfeó tinha um papel importante em La Renaixença, um clima político e cultural importante para o renovado nacionalismo catalão e para o desenvolvimento artístico (com os dois intimamente entrelaçados). O Orfeó, que ainda faz apresentações regulares no Palau, vinha visitando áreas rurais catalãs, executando músicas folclóricas cheias de catalanismo, muito aclamadas. A opinião geral era que eles mereciam o próprio "Palácio de Música". Domènech i Montaner foi o responsável.

Cheio de simbolismo, o Palau de la Música Catalana, construído entre 1905 e 1908, é um banquete para os sentidos. A fachada caracteriza-se por uma escultura ondulada que representa a música popular catalá e é coroada por um mosaico alegórico de Orfeó embaixo, que abriga bustos de compositores como Bach, Beethoven e o compositor mais popular do período, Wagner. O saguão é ligado à rua por um

CIUTAT VELLA (CIDADE VELHA)

El Call: O Quarteirão Judeu

Antes dos monarcas católicos Ferdinand e Isabella resolverem sistematicamente perseguir todas as comunidades judaicas da Península Ibérica em finais do século XV, os judeus de Barcelona viveram harmoniosamente durante séculos ao lado de cristãos e tinham um *status* especial no governo autônomo da cidade. Os judeus Sefarditas de Barcelona floresceram na Idade Média, chegando a quatro milhões de pessoas no século XIII — 15% da população total da cidade. Eles eram respeitados por suas habilidades financeiras, pelo entendimento da lei e pelas personagens instruídas, incluindo o poeta Ben Ruben Izahac e o astrônomo Abraham Xija. A comunidade vivia no bairro da cidade chamado El Call (pronuncia-se "cai") supostamente proveniente da palavra hebraica *kahal*, que significa "comunidade" ou "congregação". A área estava delimitada pelas muralhas antigas a oeste e a leste, e sua entrada era por meio da Plaça Sant Jaume. Hoje, esse bairro minúsculo e antigo é marcado pelas ruas estreitas e originais com prédios dos séculos XIV a XVI, alguns com vestígios de seus antigos moradores. O maior e o mais completo deles é a principal sinagoga na Calle Marlet, nº 5. Formada por dois quartos abaixo do nível da rua que lembram porões, o espaço era virtualmente desconhecido, servindo como um armazém até 1995 quando o edifício, com seus quatro andares acrescidos emcima foi posto à venda. Ele foi adquirido pela Asociación Call de Barcelona (a seguir) que embarcou em um processo meticuloso de restauração.

Na mesma rua, na direção do Arc de Sant Ramón, existe uma placa de parede de 1314 contendo a inscrição (em hebraico) "Fundação Santa do Rabino Samuel Hassardi cuja vida é eterna". As ruínas de um local de banho público judeu para mulheres podem ser vistas nas redondezas, no porão do agradável Café Caleum no cruzamento das ruas Banys Nous (que significa "Novos Banhos") e Palla. O local de banho dos homens fica escondido na parte de trás da loja de móveis S'Olivier (Banys Nous 10), e você precisa pedir permissão ao proprietário para dar uma espiada.

---

arco e apresenta colunas deslumbrantes de mosaico. Entretanto, é no auditório do primeiro andar que os excessos do *modernisme* chegam ao ponto máximo. Usando os melhores artesãos da época, Domènech i Montaner ordenou que quase todas as superfícies fossem decoradas com os detalhes mais extraordinários. O teto caracteriza-se por um domo de vitral invertido com a principal fonte de luz do auditório, cercada por 40 cabeças femininas, representando um coro. Na parede de trás do palco estão as Muses del Palau, uma série de donzelas delicadas portando instrumentos, em terracota e trencadis (colagem de mosaico quebrado). O *pièce de rèsistance* é a área que envolve os palcos. Executado por Pau Gargallo, à esquerda está o diretor do Orfeó, Josep Clavé, surgindo em meio às "Flores de Maio", uma árvore que representa uma canção folclórica catalá popular. No lado oposto, Beethoven espia por entre uma multidão de Valquírias de Wagner.

Em 2003, o arquiteto local Oscar Tusquets completou sua expansão sensível de El Palau, disponibilizando um espaço extra para ensaios, uma biblioteca e outro auditório subterrâneo. Vale a pena dar uma olhada em sua programação quando estiver na cidade; concertos variam de orquestras internacionais e solistas a jazz e às vezes *world music*. Ingressos para apresentações locais geralmente têm preços bem razoáveis. Caso contrário, há excursões diárias para o edifício; a seguir. Recomenda-se compra antecipada para as apresentações.

168 CAPÍTULO 7 · O QUE VER E O QUE FAZER

Career de Sant Francesc de Paula 2. ✆ **93-295-72-00** para informações, ou 902-442-882 para comprar ingressos. Excursão 8€ (US$10) para adultos, 7€ (US$8,75) para estudantes. Ingressos podem ser comprados com até 1 semana de antecedência na loja adjacente ao prédio. Excursões guiadas diariamente a cada meia hora das 10:00h–15:30h. Metrô: Urquinaona.

Mercant del Born No final do Passeig del Born, no belo calçadão, que é o coração do bairro, está o Mercat del Born, o hino em aço e vidro à era industrial da cidade. Inspirado pelo Les Halles, de Paris, ele funcionou como o mercado atacadista da cidade até 1973 e seu fechamento marcou o início do declínio do bairro antes do seu atual renascimento. Tendo permanecido no abandono por mais de 3 décadas, uma decisão foi tomada em 2003 para transformar o edifício em uma biblioteca e um centro cultural. Quando o trabalho de reforma começou, as ruínas de ruas inteiras e casas das ordens de demolição de Phillipe V (ver Parc de la Ciutadella a seguir) foram descobertas embaixo. Os trabalhos ainda continuavam na época em que este guia foi escrito e incluíam planos para ver essas ruínas importantes através de pisos de vidro.

Carrer Comerç s/n. Interior fechado ao público.

Museu Barbier-Mueller Art Precolombí ✶ Inaugurado em 1997, esse museu é um primo menor do museu de mesmo nome em Genebra, que tem uma das coleções mais importantes de arte pré-colombiana do mundo. No restaurado Palácio Nadal, que foi construído durante o período gótico, a coleção contém quase 6.000 peças de arte tribal e antiga. Josef Mueller (1887–1977) adquiriu as primeiras peças em 1908. As culturas pré-colombianas representadas criaram objetos religiosos, funerários e decorativos de grande variedade estilística usando meios relativamente simples. Esculturas de pedra e objetos de cerâmica são especialmente notáveis. Por exemplo, os olmecas, que habitavam o Golfo do México no início do 1º milênio a.C., criaram notáveis esculturas monumentais de pedra e figuras magníficas em jade. Muitas exibições focam na cultura maia, a mais homogênea e popular do seu tempo, datando de 1000 a.C. Os artesãos maias dominavam a pintura, a cerâmica e a escultura. Preste atenção no trabalho dos fabricantes de cerâmicas do baixo Amazonas, particularmente da Ilha de Marajó e os adornos de ouro de mil anos atrás do norte do Peru.

Carrer de Montcada 12–14. ✆ **93-310-45-16**. Entrada 3€ (US$3,75) adultos, 1,50€ (US$1,85) estudantes, grátis para crianças menores de 16 anos. Ter–sáb 10:00h–18:00h; dom 10:00h–15:00h. Grátis no 1º domingo do mês. Metrô: Jaume I.

Museu de Ciències Naturals de la Ciutadella (Geologia e Zoologia) Estes dois museus, que podem ser visitados com o mesmo ingresso, ficam dentro do elegante Parc de la Ciutadella (veja a seguir). O mais cheio é o Museu de Zoologia ✶, que fica em um prédio extravagante concebido pelo arquiteto *moderniste* Lluis Domènech i Montaner. Ele foi criado (mas não terminado no prazo) a fim de ser um café para a Feira Mundial de 1887 a 1888, que teve lugar principalmente em torno do parque. Conhecido na época como o Castell de Tres Dragons (Castelo dos Três Dragões), é um exemplo da ousadia do *modernisme* de inspiração medieval com torres que lembram fortes, as quais possuem cerâmicas majestosas, janelas Mudéjar e paredes de tijolos aparentes. No interior, apesar de extremamente alterado, as exposições estão em cabines de vidro e madeira em estilo vitoriano. As espécies incluem sapos Golias, caranguejos gigantes e uma seção sobre a flora catalá. Localizado em uma estrutura neoclássica colonial, o local do Museu Geológico é um pouco menos inspirador. No entanto, ele foi o primeiro edifício da cidade a ser construído especificamente para um museu, e ainda detém a maior coleção geológica do país. A ala esquerda exibe vários granitos, quartzos e rochas naturalmente radiativas. A ala direita mais interessante contém fósseis com algumas ilustrações nostálgicas ao estilo Júlio Verne, feitas na década de 50, que retratam a vida pré-histórica.

CIUTAT VELLA (CIDADE VELHA)   169

Parc de la Ciutadella, Passeig Picasso 1. ☎ **93-319-68-95** (Museu de Geologia) ou ☎ **93-319-69-12** (Museu de la Zoologia). Entrada (para ambos) 3,50€ (US$4,35) adultos, gratuito para crianças menores de 16 anos. Ter–sáb 10:00h–19:00h; dom 10:00h–15:00h. Metrô: Barceloneta ou Arc de Triomf.

Museu de la Xocolata ⚘ *Crianças* Inaugurado em 2000 em um antigo convento, esse museu

é uma iniciativa dos fabricantes de doces e chocolates da cidade. Mais como um manual gigante e prático, a exposição conduz você pela descoberta da semente de cacau pelos exploradores do Novo Mundo e sua comercialização, descrevendo o chocolate como uma forma de arte. Todos os anos, na Páscoa, o museu é o ponto de encontro da competição anual de mona. As monas, uma invenção catalá, são esculturas elaboradas de chocolate, geralmente de edifícios famosos, pessoas ou personagens de desenho animado. Os fabricantes de chocolate as exibem em vitrines durante a semana da Páscoa e tentam superar uns aos outros com muita criatividade e inventividade. Uma vez que o seu apetite tenha sido estimulado, você pode desfrutar de uma xícara de chocolate quente ou pegar alguns bombons no café do museu.

Antic Convent de Sant Augustí, Comerç 36. ☎ **93-268-78-78**. Entrada 3,80€ (US$4,75), grátis para crianças menores de 7 anos. Seg–sáb 10:00h–19:00h; dom 10:00h–15:00h. Metrô: Jaume I ou Arc de Triomf.

Museu d'Textil i d'Indumentària Localizado no maravilhoso Palau dels Marquesos de Lió,

uma mansão Gótica adjacente ao Museu Barbier-Mueller Art Precolombí (veja a seguir), o museu têxtil da cidade é um pouco descuidado, mas globalmente interessante com exibição permanente de tecido e rendas trabalhadas com técnicas e fantasias. O primeiro andar abrange os períodos góticos da Regência, composto de roupas de baixo e de espartilho, mais uma maravilhosa seleção de fãs e construção de vidros. No andar de cima você encontra exibições do século XX, que incluem conjuntos do criador Basco Cristóbel Balenciaga, bem como Paco Rabanne e o proprietário Pedro Rodríguez de Barcelona. Exposições temporárias têm se estendido de joias catalás para vestimentas australianas *enfant terrible* de Leigh Bowery. Há um grande café no pátio e uma loja de *souvenires*.

Montcada 12–14. ☎ **93-319-76-03**. Entrada 3,50€ (US$4,40) adultos, grátis para menores de 16 anos. Ter–sáb 10:00h–18- :00h; dom10:00h–15:00h. Metrô: Jaume I.

Museu Picasso ⚘⚘⚘ Cinco palácios medievais nessa rua contêm esse museu das obras de

Pablo Picasso (1881–1973). A maior parte das obras de arte foi doada por Jaume Sabartés y Gual, um amigo de longa data do artista. Embora tenha nascido em Málaga, Picasso mudouse para a capital catalá em 1895 depois que seu pai conseguiu um trabalho como professor da Academia de Belas Artes em La Llotja, na cidade. A família se estabeleceu na Calle Merce e quando Picasso ficou um pouco mais velho, ele se mudou para Nou de Les Ramblas, no Barrio Chino. Embora tenha deixado a Espanha permanentemente por ocasião da Guerra Civil — e tenha se recusado a retornar enquanto Franco estava no poder — ele simpatizava de forma especial com Barcelona, onde passou seus anos de formação pintando o lado mais decadente da cidade e convivendo com os boêmios do local. Como sinal de seu amor pela cidade e somado ao enorme legado de Sabartés, Picasso doou cerca de 2.500 pinturas, gravuras e desenhos ao museu em 1970. Todos eles foram executados em sua juventude (na verdade, algumas das pinturas foram feitas quando ele tinha apenas 9 anos), e a coleção é particularmente forte no que se refere aos seus períodos Azul e Rosa. Muitas obras mostram quanto o artista deve a Van Gogh, El Greco e Rembrandt.

O destaque da coleção é, sem dúvida, Las Meninas, uma série de 59 interpretações da obra-prima de Velázquez. Outra obra importante é O Arlequim, uma pintura claramente influenciada pelo tempo que o artista passou com o Balé Russo em Paris. Foi seu primeiro legado a Barcelona. Além das principais obras, muitos visitantes ficam encanta-

170 CAPÍTULO 7 · O QUE VER E O QUE FAZER

dos com seus cadernos contendo dezenas de esboços de cenas de rua e de personagens de Barcelona — prova do seu talento extraordinário para desenhar, que muitas vezes passa despercebido. Pelo fato de suas obras estarem organizadas, de modo geral, em ordem cronológica, você pode ter uma ótima percepção sobre o desenvolvimento de Picasso e observar quando ele descobria uma tendência ou tinha uma ideia nova, dominava-a, ficava entediado com ela e, em seguida, partia para algo novo. Você descobrirá que Picasso foi um mestre retratista que fez muitas obras tradicionais representativas antes de dar asas à sua imaginação fantasiosa. As exposições na seção final ("Os Últimos Anos") foram doadas por sua viúva, Jacqueline, e incluem cerâmica e obras de colagem pouco conhecidas.

Montcada 15–23. ✆ **93-319-63-10**. Entrada 5€ (US\$6,25) adultos, 2,50€ (US\$3,10) estudantes e pessoas com menos de 25 anos, grátis para menores de 16 anos. Ter–sáb 10:00h–20:00h; dom 10:00h–15:00h. Metrô: Jaume I, Liceu ou Arc de Triomf.

Parc de la Ciutadella 🌟🌟 A praça mais formal de Barcelona também é a mais rica em história. Antigamente, a área era uma fortaleza abominável, construída por Phillip V depois que ganhou a Guerra da Sucessão Espanhola (Barcelona estava do lado perdedor). Ele ordenou que o subúrbio residencial dos "traidores" fosse nivelado. Entre 1715 e 1718, mais de 60 ruas e residências foram demolidas para abrir caminho para a estrutura, sem nenhuma compensação para os proprietários (embora muitos tivessem sido transferidos para o bairro de Barceloneta). Ela nunca funcionou de verdade como fortaleza, mas foi usada como uma prisão política durante revoltas subsequentes e ocupações. Depois que a decisão de demolir as antigas muralhas da cidade foi tomada em 1858, o governo decidiu que a fortaleza também deveria deixar de existir. O trabalho no parque começou em 1872, e em 1887 e 1888 a Feria Mundial foi realizada nesse local, com o vizinho Arc de Triomf servindo como a entrada principal para o grandioso evento.

Hoje, lagos, jardins e passeios ocupam a maior parte do parque, que também tem um zoo (veja a seguir). Quando era estudante, Gaudí contribuiu com a monumental fonte em estilo italiano do parque; os postes de luzes também são dele. Outros destaques incluem o Hivernacle, uma estufa elegante em estilo inglês com um café adjacente, e o não convencional Umbrale, uma estufa que não contém vidro, mas cujas fachadas são de tijolos aparentes com aberturas para ventilação em madeira. Ambas as estruturas ficam no Passeig de Picasso, ao lado do parque. No lado oposto, nos limites da Calle Wellington, fica o antigo arsenal, onde agora fica o Parlamento da Catalunha.

Entradas pelo Passeig de Picasso e Passeig Pujades. Diariamente do nascer ao pôr do sol. Metrô: Arc de Triomf.

Parc Zoològic 🌟 *(Crianças)* Uma boa parte do Parc de la Ciutadella é ocupada pelo jardim zoológico da cidade. Até recentemente, a principal atração era o Copito de Nieve (Floco de Neve), o único gorila albino em cativeiro em todo o mundo. Ele morreu de câncer de pele em 2003, mas deixou para trás uma grande família com filhos e netos, nenhum dos quais felizmente (ou infelizmente, para o mundo científico) herdou sua condição. Apesar de o zoológico ter perdido sua atração principal, ainda existem muitas outras razões para visitá-lo, uma delas sendo o agradável (pelo menos para os humanos) jardim arborizado. Muitas das áreas cercadas não possuem grades e os animais são mantidos em seus lugares por meio de um fosso. Isso parece humano até você perceber o pouco espaço que as criaturas realmente têm à disposição em suas "ilhas." Para ser justo, o zoológico de Barcelona é provavelmente muito mais progressista do que muitos outros no continente, e mesmo que você tenha a firme convicção de que não exista algo como um "bom" jardim zoológico, você, e especialmente as crianças, irão se encantar com as cabras montanhesas, as lhamas, os leões, os ursos, os hipopótamos, a enorme comunidade de primatas e as dezenas de outras espécies. Há também um show de golfinhos, uma área cercada de bom tamanho para répteis e uma exposição sobre a extinção de gorilas em memória a Copito de Nieve, da época em que ele

CIUTAT VELLA (CIDADE VELHA) **171**

foi capturado na Guiné Equatorial, em 1966, até ele adquirir *status* de celebridade como mascote da cidade.

Parc de la Ciutadella. ℂ **93-225-67-80**. Entrada 14€ (US$18) adultos, 8,50€ (US$11) estudantes de 3–12 anos. Diariamente no verão das 10:00–19:00; fora da temporada diariamente das 10:00h–18:00h. Metrô: Ciutadella ou Arc de Triomf.

EL RAVAL

El Raval é um bairro de contrastes. Aqui, prédios novos e criativos e projetos urbanos estão sendo criados nas ruas do maior bairro do centro velho da cidade. Historicamente de classe trabalhadora, o bairro está claramente se tornando mais nobre em muitas áreas, enquanto outras partes descuidadas continuam notadamente sendo negligenciadas. Para muitos, El Raval simboliza o século XXI progressista de Barcelona com uma nova mistura poliglota das culturas catalã, árabe, do Oriente Médio e sul-americana, evidentes em todos os cantos.

Centre de Cultura Contemporània (CCCB) ✦ Adjacente ao MACBA (veja a seguir), o CCCB
é um espaço para exposições temporárias localizado no que foi um albergue para indigentes no século XIX. A construção foi engenhosamente adaptada para sua função atual. A extensão é uma estrutura impressionante com paredes externas totalmente de vidro que dão apoio a um espelho enorme que reflete os telhados ao redor. Você entra no prédio por um bonito pátio e há um jardim externo que tem uma lanchonete do lado de fora. As exposições aqui tendem a se concentrar em escritores e no mundo da literatura ou em movimentos culturais/políticos como situacionismo ou surrealismo parisiense. O lugar fica cheio de gente em meados de junho quando o Sonar, o festival anual de *dance music* apresenta eventos aqui durante o dia e outros minifestivais como o de cinema alternativo e o de artes plásticas também fazem parte de seu calendário vibrante.

Montalegre 5. ℂ **93-306-41-00**. Entrada 6,50€ (US$8,10) adultos, 4€ (US$5) estudantes, grátis para crianças menores de 14 anos. Ter e qui–sex 11:00h–14:00h e 16:00h–20:00h; qua e sáb 11:00h–20:00h; dom e feriados 11:00h–19:00h. Metrô: Catalunya ou Universitat.

Foment de les Arts Decoratives i del Disseny (FAD) O FAD é a máquina de 100 anos
de idade que direciona a cultura ativa de *design* da cidade, encarregado de distribuir prêmios e reconhecimentos de *design* e de arquitetura, promovendo seus artistas na Espanha e no resto do mundo. Seu quartel-general, facilmente identificável pelas enormes letras de aço mostrando seu nome na parte de fora da entrada principal, fica em um convento gótico convertido em frente ao MACBA e exposições contínuas ocorrem na nave de tijolos à vista. Elas variam desde os vencedores de suas várias competições até objetos utilitários do quotidiano do mundo todo. Coisas interessantes incluem o Tallers Oberts, quando os artesãos de Raval abrem seus ateliês para o público e *mercadillos* onde os *designers* jovens vendem suas mercadorias a preços promocionais.

Plaça dels Angels. ℂ **93-443-75-20**. Entrada gratuita. Seg–sáb 11:00h–20:00h. Metrô: Catalunya ou Universitat.

Gran Teatre del Liceu ✦✦ A casa de ópera de Barcelona, El Liceu, foi inaugurada com
grande pompa em 1847 e novamente em 2000 quando uma versão nova e melhorada foi terminada depois que um incêndio devastador destruiu o original 6 anos antes. Durante sua primeira vida, El Liceu tinha sido um símbolo da burguesia da cidade, frequentemente provocando a ira do proletariado. (Uma nota reveladora é que em 1893, um anarquista lançou duas bombas na plateia, de uma sacada do primeiro andar, matando 22 pessoas.) O local era o principal ponto de encontro da loucura Wagneriana que tomou conta da cidade em finais do século XIX. Durante sua segunda encarnação, El Liceu consolidou sua reputação como uma das melhores casas de ópera do mundo. O *design* original — baseado no La Scala, de Milão — tinha uma capacidade para quase 4.000 assentos. O incêndio de 1994 (que começou com faíscas do maçarico de um funcionário que trabalhava nos palcos) destruiu tudo, exceto a fachada e a sala da diretoria. A renovação subsequente presenciou

172 CAPÍTULO 7 · O QUE VER E O QUE FAZER

a demolição de edifícios vizinhos para novos espaços para ensaios e salas de trabalho (para horror dos grupos de atuação da vizinhança, provocando forte antagonismo) e o auditório voltou à sua glória antiga, coberta de dourado, veludos vermelhos e mármore. Ingressos para os concertos, pelo menos para as apresentações noturnas, são bastante caros, mas, como acontece com o Palau de la Música, excursões guiadas pelo prédio estão disponíveis.

La Rambla 51–59. ✆ **93-485-99-00**. Excursões guiadas dependem da temporada. Informações disponíveis no Espai Liceu, na livraria do teatro e no café do saguão. Metrô: Liceu.

Museu d'Art Contemporani de Barcelona (MACBA) ✹✹ Um imponente edifício branco
no renovado bairro Raval, antigamente decadente, o Museu de Arte Contemporânea é para Barcelona o que o Centro Pompidou é para Paris. Projetado pelo arquiteto americano Richard Meier, o prédio em si é uma obra de arte, manipulando a luz solar para oferecer boa iluminação natural no interior. A coleção permanente, que está sendo sempre expandida, exibe o trabalho de muitas estrelas internacionais modernas como Broodthaers, Klee, Basquiat e muitos outros. A maior parte do museu, porém, é dedicada a movimentos artísticos catalães, como o Grup del Treball, que foi um grupo de reacionários que produzia arte conceitual criticando a ditadura de Franco com documentos enormes promovendo a independência da Catalunha. Fotografias de Oriol Maspons e Leonardo Pómes ilustram a vida nas ruas de Barcelona e dos boêmios do Gouche Divine (a Esquerda Divina) nos anos 70. Dau al Set, um movimento surrealista conduzido pelo brilhante "poeta visual" Joan Brossa, enquanto isso, provoca pensamentos e reflexões por meio da justaposição de artigos do cotidiano. Os artistas contemporâneos mais famosos da Catalunha, Tàpies e Barcelò, estão também representados. Exposições temporárias dão destaque a artistas internacionais ou a uma apresentação monográfica sobre uma cidade ou um movimento político em particular. O museu tem biblioteca, livraria e lanchonete. Do lado de fora, a enorme praça tornou-se um ponto de encontro para *skatistas* locais e internacionais que fazem uso da rampa lisa do MACBA, supostamente com a permissão da administração.

Plaça dels Angels 1. ✆ **93-412-08-10**. Entrada 8,50€ (US$11) adultos, 6€ (US$7,50) estudantes, grátis para crianças menores de 14 anos. Somente qua 3€ (US$3,75). Seg e qua–sex 11:00h–19:30h; sáb 10:00h–20:00h; dom 10:00h–15:00h. Metrô: Catalunya ou Universitat.

Palau Güell ✹✹ Essa mansão é um trabalho importante do período inicial de Antoni Gaudí.
Construído entre 1885 e 1889, foi a primeira encomenda importante que o arquiteto recebeu de Eusebi Güell, o rico industrial que se tornou amigo e cliente de Gaudí.

O local foi escolhido perto de Les Ramblas, na parte baixa de Raval, mais pela sua proximidade da residência do pai de Güell que por qualquer outro motivo, e Gaudí recebeu carta branca. Embora muito do mármore para a residência tenha sido fornecido pela própria pedreira de Güell, diz-se que seus contadores criticaram o arquiteto em mais de uma ocasião devido a seus gastos enormes. Porém, o próprio Sr. Güell, um amante das artes tanto quanto Gaudí, queria impressionar sua família e a alta sociedade de Barcelona com algo extravagante. Ele conseguiu o que queria. Às vezes, exagerado nos detalhes, a genialidade da obra está em sua disposição e nos inspiradores espaços interconectados.

A fachada do prédio é em estilo veneziano e marcado por duas enormes entradas em arco protegidas por intrincados portões de ferro forjado e um brasão da Catalunha, dando-lhe uma aparência de fortaleza. O interior do Palau Güell só pode ser visto em excursões com guias. Primeiro você verá os estábulos na parte de baixo, que apresentam as colunas características do artista obcecado pela natureza com topos em forma de cogumelos, depois você subirá novamente para ver os andares interligados. O primeiro, uma sala de espera, é na realidade formada por quatro salões. A maior parte das superfícies é escura, dando uma sensação de peso aos quartos, com predominância de detalhes em estilo mouro por toda parte. A leveza aparece na forma de um sistema engenhoso que filtra a luz natural por meio de uma constelação de estrelas perfuradas em uma cúpula parabólica acima do *hall* central.

Também notável é a galeria com persianas voltada para a rua que ocupa toda a altura da fachada, permitindo luz em todos os salões, exceto no "salão das senhoras", onde as visitas femininas faziam seus retoques antes de serem recebidas pelo Sr. Güell. O teto do primeiro andar, em carvalho e maçaranduba, está graciosamente decorado com folhagens, que começam como brotos no primeiro salão e estão totalmente desabrochados quando chegam no quarto salão. A sala de jantar e os apartamentos privados contêm algumas das mobílias originais, uma suntuosa escadaria de mármore e uma lareira magnífica projetadas pelo arquiteto Camil Oliveras, um colaborador regular de Gaudí. Mas os visitantes normalmente ficam mais impressionados com o telhado, com sua grande quantidade de chaminés cobertas de trecadis como se fossem um exército de centuriões. Essas chaminés, juntamente com o restante do edifício, foram reformadas em meados dos anos 90 e suas cerâmicas foram restauradas; veja se você consegue achar um fragmento do mascote das Olimpíadas, Cobi. **Nota**: Na época em que isto foi escrito, o edifício estava fechado para reformas programadas para terminar em breve.

Nou de la Rambla 3–5. ☎ **93-317-39-74**. Entrada 3€ (US$3,75), grátis para crianças menores de 7 anos. Seg–sáb. 10:00h–18:15h. Metrô: Drassanes.

Palau de la Virreina Construído por volta de 1770, esse edifício foi a antiga residência de Manuel d'Amat, um rico vice-rei que fez fortuna na América. Um pouco afastada da rua, essa construção grandiosa é marcada pelo aspecto pesado tipicamente espanhol. Lá dentro existe um pátio com colunas e uma escadaria à direita conduz ao interior, onde a maior parte não está aberta ao público. À esquerda, um espaço grande é reservado para exposições temporárias, predominantemente sobre algum aspecto de Barcelona. Uma das recentes exposições mais memoráveis que aconteceram aqui — de novembro de 2006 a março de 2007 — foi a de impressionantes fotografias da Guerra Civil Espanhola de Agustí Centelles. Uma excelente loja de *souvenirs* e um centro de informações culturais estão no andar térreo.

Les Ramblas 99. ☎ **93-316-10-00**. Entradas variam. Ter–sáb 11:00h–20:30h; dom 11:00h–15:00h. Metrô: Catalunya ou Liceu.

Sant Pau del Camp ✶✶ A arquitetura do período românico é abundante na zona rural da Catalunha, o que faz com que a presença dessa igreja em uma rua do centro velho da cidade seja ainda mais surpreendente. Seu nome ("São Paulo do campo") origina-se do fato de que a igreja já foi cercada de campos verdes do lado de fora das muralhas da cidade e é a igreja mais antiga de Barcelona. Considerando sua idade, a Sant Pau permanece notavelmente intacta. Restos da estrutura original do século IX podem ser vistos nas partes superiores das colunas e nas bases do portal. A igreja foi reconstruída nos séculos XI e XII e tem o formato de uma cruz grega com três oratórios. A porta externa ocidental mostra uma inscrição latina que se refere a Cristo, São Pedro e São Paulo. Na sala capitular do século XIV fica a tumba de Guífre Borrell, conde de Barcelona do início do século X. O pequeno claustro porém, é o destaque principal, com seus arcos mouros e a fonte central.

Sant Pau 99. ☎ **93-441-00-01**. Entrada para o claustro 2€. (US$2,50). Seg–sex 12:00h–14:00h e 17:00h–20:00h. Metrô: Paral.lel.

2 L' Eixample

A "nova cidade" de Barcelona, sua extensão além das muralhas da cidade velha, na verdade, contém um glorioso arranjo de edifícios dos séculos XVIII e XIX, inclusive os exemplos mais vibrantes do movimento *moderniste*. O famoso Quadrat d'Or (Quadrilátero de Ouro), uma área delimitada pelas ruas Bruc, Aribau, Aragó e a Diagonal, foi chamada de o maior museu vivo do mundo da arquitetura da virada do século XX. A maioria das construções principais está dentro desses quarteirões extremamente não convencional da cidade, incluindo La Pedrera, de Gaudí, e o cartão-postal *moderniste* definitivo, a Manzana de la

174 CAPÍTULO 7 · O QUE VER E O QUE FAZER

Discordia (veja a seguir). Muitos deles ainda servem ao seu uso original: são apartamentos de luxo para os novos ricos do século XIX da cidade. Outros são edifícios comerciais e até mesmo lojas (o Passeig de Gràcia, o principal boulevard do bairro, é o mais famoso local para compras). Caso você esteja se perguntando, os azulejos azuis hexagonais no caminho são reproduções de azulejos usados por Gaudí em La Pedrera e na Casa Batlló.

L'EIXAMPLE DRETA

L'Hospital de la Santa Creu i San Pau ★★★ A Avenida Gaudí, um elegante calçadão para pedestres, estende-se em direção ao norte da Sagrada Família; do outro lado fica outro marco importante do movimento *moderniste*, quase tão estimado quanto a obra-prima de Gaudí. O Hospital San Pau (como é mais comumente conhecido) é um trabalho notável do arquiteto Domènech i Montaner. Muitas vezes, ele é referenciado como o segundo arquiteto moderniste mais importante (depois de Gaudí) e seu magnífico Palau de la Música Catalana (pág.166) é uma das peças mais marcantes do movimento.

O Hospital San Pau foi encomendado por Pau Gil i Serra, um rico banqueiro catalão que queria criar um hospital baseado no modelo "cidade jardim". Enquanto os pacientes ficavam em edifícios semelhantes a prisões na virada do século XX, Gil i Serra teve a então revolucionária ideia de tornar seus ambientes os mais agradáveis possíveis. Ele concebeu uma série de pavilhões coloridos, cada um deles (como uma ala de hospital) servindo a um propósito específico, espalhados por áreas como se fossem parques. Ele só conseguiu a metade do que ambicionava. Embora a primeira pedra fosse assentada em 1902, por volta de 1911 os fundos tinham se esgotado e somente 8 dos 48 pavilhões projetados foram terminados. Domènech morreu em 1930. A obra foi conduzida mais tarde por seu filho.

O Hospital San Pau é um lugar inspirador para dar um passeio. O interior dos pavilhões não é acessível, mas suas fachadas deslumbrantes em estilo bizantino e mouro e a decoração, com gárgulas e anjos e uma fauna e flora deslumbrantes, o cumprimentam em todos os lugares. Pode-se entrar e explorar o pavilhão maior, que é o Pavilhão da Administração. Sua fachada brilha com murais de mosaico que contam a história do tratamento hospitalar, e dentro do edifício existem bonitas colunas com pontas florais e um luxuoso e empoeirado teto de azulejos cor-de-rosa.

Sant Antoni María Claret 167–171. ℭ **93-488-20-78.** www.santpau.es. Entrada 5€ (US$6,25) adultos, 3€ (US$3,75) estudantes, grátis para menores de 15 anos. Gratuito para caminhadas discretas ao redor. Excursões com guias sáb–dom 10:00h–14:00h. Metrô: Hospital San Pau.

La Pedrera (Casa Milà) ★★★ Comumente conhecida como La Pedrera (A Pedreira), o verdadeiro nome dessa obra espetacular de Antoni Gaudí é Casa Milà. O apelido origina-se da aparência de pedras, lembrando uma fortaleza, muito ridicularizada na época, mas que hoje se apresenta como o maior exemplo da arquitetura modernista. O edifício inteiro foi restaurado em 1996, o Espai Gaudí — um museu didático — foi instalado no sótão e um dos apartamentos foi remobiliado para parecer como se fosse do início do século XX.

O edifício foi encomendado por Pere Mila i Camps, um rico investidor que tinha acabado de se casar com uma viúva mais rica ainda. Ele queria a peça mais extravagante do elegante Passeig de Gràcia, assim Gaudí, tendo acabado de terminar a Casa Batlló (veja a seguir), era a escolha óbvia.

La Pedrera fica em uma esquina, e sua fachada sinuosa e ondulada tem um contraste marcante com seus vizinhos neoclássicos. Na realidade, ela é diferente de qualquer peça

L'EIXAMPLE 175

de arquitetura em qualquer parte do mundo. La Pedrera parece ter sido moldada em vez de construída. Suas paredes massivas e ondulantes como cortinas são de pedra calcária do Montjuïc e as balaustradas de ferro das sacadas parecem massas de algas. Por dentro, assim como do lado de fora, não há uma única parede ou ângulo retos, dando uma aparência de caverna a La Pedrera. (Em uma anedota famosa, depois que o presidente francês Georges Clemenceau visitou o edifício, ele disse que em Barcelona se construíam cavernas para dragões.) Os apartamentos (muitos deles ainda residências privadas) estão no centro de dois pátios cujas paredes estão decoradas com murais sutis que parecem joias. O ponto mais alto da visita (literalmente!) é a cobertura espetacular. Ela tem um conjunto de chaminés que lembram centuriões, engenhosamente restaurados e que ficam sobre uma superfície sinuosa, refletindo os arcos do sótão abaixo, com vistas impressionantes do bairro, da Sagrada Família e do porto. Nos meses de verão, concertos de jazz e de flamenco acontecem nesse cenário único. Todo o primeiro andar foi dedicado a um espaço para exposições (espetáculos passados incluíram artistas do calibre de Dalí e Chillida). A entrada está incluída no ingresso de La Pedrera.

Provença 261–265 (na esquina do Passeig de Gràcia). ✆ **93-484-59-80** ou 93-484-59-00. Entrada 8€ (US$10) adultos, 4,50€ (US$5,60) estudantes, grátis para menores de 12 anos. Diariamente das 10:00h–19:30h; excursões em inglês seg–sex 18:00h. Metrô: Diagonal.

La Sagrada Família ★★★ (Momentos) A obra-prima incompleta de Gaudí é uma das criações mais peculiares da cidade — se você tiver tempo para ver apenas um marco histórico catalão, você deve escolher esse. Começado em 1882 e incompleto na ocasião da morte do arquiteto em 1926, esse incrível templo — a Igreja da Sagrada Família — é uma maravilha bizarra. A estrutura lânguida e amorfa incorpora a essência do estilo de Gaudí, que alguns descreveram como *Art Nouveau* de forma selvagem.

A Sagrada Família tornou-se uma grande obsessão de Gaudí nos últimos anos de vida desse homem profundamente religioso. A encomenda partiu dos Josephines, uma facção direitista e altamente pia da Igreja católica. Eles acreditavam que a cidade decadente precisava de um templo expiatório (para redenção) onde seus habitantes poderiam fazer penitências por seus pecados. Gaudí, cuja visão da suposta decadência de Barcelona refletia-se largamente na opinião dos Josephines, tinha carta branca para tudo; dinheiro não era problema, nem havia um prazo final. Como dizem que Gaudí costumava falar, "Meu cliente [Deus] não tem pressa nenhuma".

Literalmente recheada de simbolismos, a Sagrada Família foi concebida para ser um "catecismo em pedra". O estilo básico seguido foi o de uma igreja gótica, com transeptos, corredores e uma nave central. Além de uma abundância de esculturas de pedra, a grandeza da estrutura vem das torres compridas: quatro sobre cada uma das três fachadas (representando os apóstolos) alcançando 100 m (329 pés), com mais quatro (os evangelistas) se destacando da seção central a uma altura de 170 m (558 pés). As palavras SANCTUS, SANCTUS, SANCTUS, HOSANNA IN EXCELSIUS (Santo, Santo, Santo, Glória a Deus nas Alturas) estão escritas, embelezados ainda mais com trabalhos em cerâmicas coloridas geométricas. A última torre, construída em cima do oratório, será ainda mais alta e dedicada à Virgem Maria. São as duas fachadas completas, entretanto, que mais satisfazem a multidão. A mais velha, e a única a ser terminada enquanto o arquiteto ainda estava vivo, é a Fachada da Natividade, na Carrer Marina. Ela é tão rica em detalhes, que, à primeira, vista parece uma parede de cera derretida. Como sugere o nome, o trabalho representa o nascimento de Jesus; toda a sua extensão está cheia de personagens da Sagrada Família,

176 CAPÍTULO 7 · O QUE VER E O QUE FAZER

Momentos Lugar de Descanso de Gaudí

Antes de deixar a Sagrada Família, certifique-se de fazer uma visita até a cripta, o lugar de descanso de Gaudí. O arquiteto passou os últimos dias de sua vida nesse local, vivendo uma existência quase eremita em uma sala de trabalho e dedicando todo o seu tempo ao projeto. Os fundos tinham finalmente se esgotado e o movimento *moderniste* tinha saído de moda. Em geral, a Sagrada Família estava começando a ser vista como um monumental elefante branco.

Em 1926, a caminho das vésperas, o homem velho não viu o bonde de número 30 correndo pela Gran Vía. Ele foi atingido e levado em seguida para um hospital para pobres (em seu estado precário ninguém reconheceu o grande arquiteto), onde ele agonizou durante 3 dias antes de morrer. De modo conveniente, foi colocado para descansar debaixo de uma lápide simples na cripta da Sagrada Família.

Em contraste com o restante da Sagrada Família, a cripta é construída em estilo neogótico. A primeira parte do edifício a ser completada, foi o trabalho de Francesc de Villar, o arquiteto inicialmente responsável pelo projeto até Gaudí assumir (Villar demitiu-se por razões desconhecidas). Durante a "Semana Trágica" de 1936, quando os anarquistas fizeram um protesto anticlerical na cidade, a cripta foi saqueada. A única coisa que permaneceu intacta foi o túmulo de Gaudí.

anjos com trombetas e uma abundância de flora e fauna. A natureza era a paixão de Gaudí; ele gastava horas estudando suas formas nos campos de seu local de origem, Reus, ao sul de Barcelona, e muitos dos seus trabalhos foram inspirados na natureza. Na fachada da Natividade, ele adicionou pássaros, cogumelos e até mesmo uma tartaruga junta-se ao restante das imagens religiosas. A parte central corresponde à "Árvore da Vida", um cipreste com ninhos de pombas brancas espalhadas.

No lado oposto, a Fachada da Paixão é uma contrapartida pesada para a fluidez da Fachada da Natividade. É o trabalho de Josep M. Subirachs, um famoso escultor catalão que, como Gaudí, criou um ateliê dentro da igreja para terminar seu trabalho. Suas figuras alongadas altamente estilizadas são da paixão e morte de Cristo, da Última Ceia até a Crucificação. O trabalho, iniciado em 1952, tem sido altamente criticado. Em seu livro, *Barcelona*, o crítico de arte Robert Hughes chamou isso de "a massa mais gritante de clichês *moderniste* malassimiladas a serem jogadas em um edifício notável com memória viva".

Apesar de sua voz e de dúzias de dissidentes, o trabalho continua. Em 1936, anarquistas atacaram a igreja (como fizeram com muitas outras na cidade), destruindo os planos e modelos que Gaudí tinha deixado para trás. Os arquitetos atuais, auxiliados pela tecnologia moderna, estão trabalhando a partir de fotografias desses modelos. A nave central está começando a tomar forma e a Fachada da Glória está avançando devagar. Calcula-se que a coisa toda estará terminada por volta de 2026 (no centenário da morte de Gaudí), totalmente custeada pelos visitantes e por doações de particulares.

O ingresso inclui um vídeo de 12 minutos sobre os trabalhos religiosos e seculares de Gaudí, bem como a entrada para o museu, onde reconstruções fascinantes dos modelos originais de Gaudí estão em exibição.

Mallorca 401. ☎ **93-207-30-31**. Entrada 8€ (US$10) adultos, 5€ (US$6,25) estudantes, guia/guia de áudio 3€ (US$3,75), elevador até o topo (cerca de 60 m/197 pés) 2€ (US$2,50). Nov–mar diariamente das 9:00h–18:00h; abr–set diariamente das 9:00h–20:00h. Metrô: Verdaguer ou Sagrada Família.

L'EIXAMPLE **177**

L'EIXAMPLE ESQUERRA

Casa Amatller ✪✪ Construída com um *design* cúbico e um frontão holandês, esse edifício foi criado por Puig i Cadafalch em 1900 e foi o primeiro edifício na Manzana. Ele se destaca em contraste gritante com relação à sua vizinha, a Casa Batlló projetada por Gaudí (veja a seguir). A arquitetura da Casa Amatller, imposta a um edifício pré-existente, é uma visão de cerâmica, ferro fundido e esculturas. A estrutura combina notas elegantes de gótico flamengo — especialmente nos acabamentos da fachada — com elementos da arquitetura catalã. O telhado do lado de fora tem estilo flamengo. Procure pelas esculturas de animais soprando vidro e tirando fotos, ambos passatempos do arquiteto. Eles foram executados por Eusebi Arnau, um artista de muito destaque entre os modernistas.

Passeig de Gràcia 41. ☎ **93-216-01-75**. Andar térreo aberto ao público seg–sáb 10:00–19:00. Metrô: Passeig de Gràcia.

Casa Batlló ✪✪✪ Vizinha à Casa Amatller, a Casa Batlló foi projetada por Gaudí em 1905 e é certamente superior entre os três trabalhos na Manzana. Usando curvas sensuais em ferro e pedra e trencadis brilhantes e luminosos na fachada, a Casa Batlló é comumente imaginada como sendo a representação da lenda de São Jorge (o santo protetor da Catalunha) e seu dragão. As sacadas são protegidas com formações imponentes que lembram crânios e apoiam-se em colunas que lembram vértebras, representando as vítimas do dragão, enquanto o telhado espetacular representa as costas curvas e cheias de escamas brilhantes do dragão. São Jorge pode ser visto na pequena torre, sua lança é coroada por uma cruz. O edifício foi aberto ao público em 2004, e embora o preço do seu ingresso seja alto comparado a muitas outras atrações de Gaudí, o interior do edifício não é menos espetacular que a parte de fora, com escadarias sinuosas, painéis de tábuas corridas e uma galeria de vitrais sustentada por colunas que se parecem mais com ossos. Móveis projetados por Gaudí feitos sob encomenda estão espalhados por todos os lugares.

Passeig de Gràcia 43. ☎ **93-488-06-66**. Entrada 17€(US$21) adultos, 14€ (US$18) crianças e estudantes, grátis para crianças menores de 5 anos. Diariamente das 9:00h–20:00h. Metrô: Passeig de Gràcia.

Casa Lleó Morera ✪✪ O último edifício do trio, na esquina da Carrer del Consell de Cent, está a Casa Lleó Morera. Esse trabalho cheio de ornamentos, completado por Domènech i Montaner em 1906, talvez seja menos desafiador dos três, pois representa um estilo mais internacional de *Art Nouveau*. Uma das suas características mais extravagantes é a pequena torre em forma de bolo de casamento amarrada e a abundância de ornamentação. Procure na fachada uma lâmpada incandescente e um telefone (ambos são invenções da época), e um leão e uma amoreira (por causa do nome do dono: em catalão, leão é lleó e amora é morera). Tragicamente, o andar térreo foi destruído por seu inquilino que tirou os detalhes da parte de baixo da fachada colocando painéis de vidro. O interior da loja que não está em melhor situação, é a única parte do edifício aberta ao público.

PPasseig de Gràcia 35. Metrô: Passeig de Gràcia.

La Manzana de la Discordia

O incrível mostruário da arquitetura *moderniste* é a chamada Manzana de la Discordia (Illa de la Discordia). O "Quarteirão da Discórdia", que está no Passeig de Gràcia entre Consell de Cent e Aragó, é formado por três trabalhos de três mestres arquitetos do movimento: Josep Puig i Cadafalch, Lluis Domènech i Montaner e Antoni Gaudí. Embora bastante diferentes uns dos outros, eles oferecem uma visão coerente da linguagem estilística do período. A Casa Amatller é sede do Centre del Modernisme, um centro de informações sobre os modernistas e o movimento (veja a seguir).

178 CAPÍTULO 7 · O QUE VER E O QUE FAZER

Fundació Antoni Tàpies ✴ Quando foi aberto em 1990, este local tornou-se o terceiro museu de Barcelona dedicado ao trabalho de um único e prolífico artista (os outros são os museus para Miró e Picasso). Em 1984, o artista catalão Antoni Tàpies criou uma fundação que leva o seu nome e a cidade de Barcelona doou um local ideal: o edifício da antiga editora Montaner i Simon. Um dos edifícios mais marcantes da cidade, a estrutura de tijolo e ferro foi construída entre 1881 e 1884 por esse importante expoente da arquitetura catalá *moderniste*, Lluis Doménech i Montaner, também autor da Casa Lleó Morera, na esquina (veja anteriormente). A parte principal do museu é formada por uma coleção de trabalhos de Tàpies (a maioria doada pelo artista) cobrindo estágios de sua carreira à medida que ela evoluía para o expressionismo abstrato. Aqui você pode ver o espectro completo dos meios em que ele trabalhava: pintura, montagem, escultura, desenho e cerâmica. Sua parceria com Picasso e Miró é evidente. A maior das obras está na parte de cima do edifício: uma escultura gigantesca bastante controversa, Nuvem e Cadeira, feita com 2.700 m (8.858 pés) de fios de metal e tubos. O andar mais baixo é usado para exposições temporárias, quase sempre sobre arte contemporânea e fotografia, e o andar superior tem uma biblioteca com uma seção bastante impressionante sobre arte oriental, uma das inspirações do artista.

Aragó 255. ℂ **93-487-03-15**. Entrada 4,20€(US$5,25) adultos, 2,10€ (US$2,60) estudantes, grátis para menores de 16 anos. Ter–dom10:00h–20:00h. Metrô: Passeig de Gràcia.

Fundació Francisco Godia *Achados* Localizado no coração de Barcelona, esse museu abrangente exibe a famosa coleção de arte de Francisco Godia Sales, um empresário e amante de arte catalão. É uma das maiores exposições do país. Godia (1921–90) combinou desejo pela arte com a cabeça para negócios e a paixão por corridas de carros. Quando não estava dirigindo a toda velocidade ("a coisa mais maravilhosa no mundo"), ele estava reunindo sua coleção. Ao juntar esses tesouros, ele demonstrou um gosto apurado e uma enorme sensibilidade.

Godia reuniu uma coleção esplêndida de esculturas medievais e cerâmicas, mas mostrou um instinto mais apurado para comprar grandes pinturas. Ele adquiriu trabalhos de alguns dos artistas mais importantes do século XX, incluindo Julio González, María Blanchard, Joan Ponç, Antoni Tàpies e Manolo Hugué, um grande amigo de Picasso. Desde o início, Godia percebeu a importância artística do *modernisme* catalão e colecionou obras de escultores como Josep Llimona e célebres pintores *modernistes* como Santiago Rusiñol e Ramon Casas. Godia também mergulhou fundo no passado, adquirindo trabalhos, por exemplo, de dois dos artistas mais importantes do século XVII: Jacob van Ruysdael e Luca Giordano.

> ⌐ *Dicas* **Fazendo a Excursão Moderniste**
>
> Como a maioria do legado *moderniste* de Barcelona está no bairro de L'Eixample, faz sentido visitá-los a pé. O Centre del Modernisme na Casa Amatller, Passeig de Gràcia 41 (ℂ 93-488-01-39; seg–sáb 10:00h–19:00h, dom 10:00h–14:00h; Metrô: Gràcia; também tem unidades no Hospital Sant Pau e no Finca Güell, em Pedralbes), é um centro de informações onde você pode encontrar tudo sobre o movimento. Eles criaram a "rota do modernismo", uma excursão pelas 100 construções mais emblemáticas de *Art Noveau* da cidade. Você pode pegar um mapa grátis ou pode comprar um livro mais bem produzido e explicativo (12€ /US$15) que inclui um livreto de cupons que oferecem descontos entre 15% a 50% nas atrações que cobram ingressos, como a Casa Batlló e La Pedrera de Gaudí.
>
> Se você deseja explorar o *modernisme* além dos limites de Barcelona, o centro também pode oferecer informações sobre cidades como Reus (o local de nascimento de Gaudí) e Terrassa, que tem uma coleção importante de prédios industriais *moderniste*. Também são oferecidas excursões. (Veja a Excursão a Pé nº 4 que nós recomendamos no capítulo 8).

GRÀCIA **179**

Carrer Valencia 284. ✆ **93-272-31-80**. Entrada 4,50€ (US$5,60) adultos, 2,10€ (US$2,60) estudantes e idosos, grátis para crianças menores de 5 anos. Qua–seg 10:00–20:00. Metrô: Passeig de Gràcia.

Museu Egipci de Barcelona O único museu da Espanha dedicado à egiptologia contém mais de 250 peças da coleção pessoal do fundador Jordi Clos (o dono do Hotel Claris). Em exposição encontram-se sarcófagos, joias, hieróglifos, esculturas e obras de arte. As exibições estão focadas na vida cotidiana dos antigos egípcios, inclusive educação, costumes sociais, religião e comida. O museu tem seu próprio laboratório para restaurações. Uma biblioteca com mais de 3.000 obras está aberta ao público.

Valencia 284. ✆ **93-488-01-88**. Entrada 5,50€ (US$6,85) adultos, 4,50€ (US$5,60) estudantes e crianças. Seg–sáb 10:00–20:00; dom 10:00–14:00. Excursões com guias sáb. Metrô: Passeig de Gràcia.

3 Gràcia

Localizado acima da Diagonal e l'Eixample Esquerra, Gràcia é um bairro grande que tem uma personalidade distinta, resultado de quando era uma cidade completamente separada. Embora atrações notáveis aqui não sejam abundantes, vale a pena visitar Gràcia para ter a sensação de uma autêntica vida de barri. A vida social para compras e cafeterias é particularmente boa ao redor da Calle Verdi e da Plaça del Sol e a atividade noturna aqui é cheia de vida. Gràcia ostenta uma mistura única de moradores orgulhosos que viveram aqui a vida inteira e aqueles que adoram a vida urbana, são jovens e progressistas. Esse caldeirão cultural se reflete na vida pelas ruas.

Casa Vicens ✸✸ Apesar do fato de esse trabalho das primeiras fases de Gaudí só poder ser visto de fora, a exuberância de sua fachada e a sua forma faz com que a viagem valha a pena. O arquiteto aceitou a encomenda para uma residência de verão do fabricante de azulejos Manuel Vicens i Montaner, em 1883, fazendo da Casa Vicens um dos primeiros exemplos de *Art Nouveau*, não só em Barcelona, mas também em toda a Europa.

Como a casa foi projetada para ser um expoente dos negócios do Sr. Vicens, a fachada inteira foi coberta de azulejos cheios de detalhes e de cores vivas. Na ocasião, Gaudí foi profundamente influenciado pela arquitetura do norte da África e do Oriente Médio e isso pode ser visto na forma da casa. Sua opulência geral e a excentricidade, com minaretes e suportes, lembram o estilo Raj indiano. Por dentro, influências otomanas, muçulmanas e andaluzes também podem ser vistas em toques excêntricos como a sala para fumar em estilo turco. A residência, em uma rua estreita de Gràcia, é de propriedade dos descendentes do Sr. Vicens e continua sendo uma residência privada (embora eles pareçam não fazer nenhuma objeção a máquinas fotográficas de turistas). No entanto, o interior já foi bastante fotografado e sempre aparece em livros sobre Gaudí.

Carrer de les Carolines 18–24. Metrô: Fontana.

Parc Güell ✸✸✸ Depois do simbolismo religioso abundante da Sagrada Família e do opressivo Palau Güell, o extravagante Parc Güell de Gaudí geralmente representa um certo alívio e, para muitos, esse é seu trabalho favorito e mais acessível. Embora agora seja oficialmente um parque público, em 1900 o Parc Güell começou como um investimento imobiliário para um amigo, o famoso industrial catalão, Conde Eusebi Güell (veja caixa de informações a seguir), que planejava transformá-lo em uma comunidade modelo com uma cidade-jardim com 60 habitações, tendo mercado e á igreja. Ele nunca foi completado e a cidade assumiu o controle da propriedade em 1926.

Espalhado por vários hectares de bosques bem distantes do centro de Barcelona, com vistas maravilhosas de todos os lados, o Parc Güell é uma das paisagens artificiais mais incomuns do planeta. Ele é cheio das visões únicas do arquiteto e das habilidades em encontrar soluções criativas impostas pelas demandas do projeto.

180 CAPÍTULO 7 · O QUE VER E O QUE FAZER

Chegando à entrada principal, na Carrer Olot, você é cumprimentado por duas portarias em estilo biscoito de gengibre. Na ocasião em que eles foram construídos, Gaudí estava trabalhando em alguns *designs* do *set* para a ópera João e Maria na Casa de Ópera Liceu, assim, presume-se que a inspiração para essas estruturas extravagantes vieram de lá. Ambos são radiantes, com colagens de mosaico quebrado, e possuem chaminés no alto, na forma de cogumelos selvagens e venenosos. Muito foi dito sobre o simbolismo do Parc Güell, e foi até sugerido que essas chaminés refletissem a propensão de Gaudí para substâncias alucinógenas. O fato é que visitar os cogumelos é um passatempo nacional e o trabalho reflete um nacionalismo profundo e um respeito pela natureza e pela história da Catalunha.

O caminho principal até a Sala Hipóstila (praça do mercado) mostra um espetacular lagarto de ladrilhos, a peça central do parque. O que seria um mercado coberto, sustenta uma grande plataforma em cima das 86 colunas dóricas conectadas por abóbadas rasas. Supõem-se que esse espaço de aspecto pagão tenha sido inspirado pelas origens romanas de Barcelona. O telhado é decorado com quatro discos em formato de sóis que representam as estações do ano. Acima, na praça elevada, um banco sinuoso, diz-se ser o mais longo no mundo, vai dando voltas ao redor do perímetro. A decoração dessa peça bem elaborada foi feita pelo arquiteto e artesão Josep Marià Jujol. A história conta que todos os trabalhadores no parque receberam ordens para trazer a Jujol todos os fragmentos de louça de barro e vidro quebrados que eles pudessem conseguir, o que explica a extraordinária mistura de cores e texturas do trabalho. Palmeiras e vistas panorâmicas do horizonte dão ainda mais efeito ao local.

Três quilômetros (2 milhas) de trilhas e pórticos de inspiração mais rústicas, usando materiais obtidos do próprio local, permeiam o restante do parque, que tem bastante vegetação mediterrânea. No estilo típico de Gaudí, esculturas e estatuetas aparecem nos lugares mais surpreendentes. Vale a pena procurar a Capela Fechada no ponto mais alto do parque, uma estrutura arcaica, com seis lobos, coroada com uma cruz que parece ter sido inspirada em antigas torres de vigia de pedra ou em templos druidas, que não são incomuns nas Ilhas Baleares.

Somente duas casas foram construídas na colônia, nenhuma delas por Gaudí. Uma, projetada pelo arquiteto Ramón Berenguer, tornou-se residência de Gaudí na última fase de sua vida. Atualmente, é a Casa-Museu Gaudí, Carrer del Carmel 28 (☎ 93-219-38-11), que contém mobílias projetadas pelo arquiteto, desenhos e outros objetos

⌐Fatos Interessantes Cliente de Gaudí

Eusebi Güell i Bacigalupi, o homem que lançou a carreira de Gaudí e se tornou um amigo de toda a vida, era um produto da nova elite rica da cidade. Estudou artes, poesia e teologia em Paris e em Londres e, ao voltar para Barcelona, colocou seu senso apurado para negócios em prática nos setores de navegação, negócio bancários, ferrovias e têxteis — toda a indústria que direcionou a Revolução Industrial da Catalunha nos final dos anos 1800.

Incrivelmente bem respeitado, Güell era cheio de princípios e levava seu dever cívico extremamente a sério. Ele se sentia comprometido a melhorar a vida dos habitantes da cidade (de todas as classes) apor meio da arte e de melhores condições de trabalho. Parece que o primeiro encontro de Güell com Gaudí foi em uma exposição de carpintaria que Gaudí tinha projetado como uma vitrine para uma loja de luvas de Barcelona, e logo depois Güell viu o trabalho sendo exibido na Exposição Internacional de Paris em1878. O fruto da relação materializou-se em maravilhas como o Parc Güell, o Palau Güell, e a igreja para a ambiciosa Colônia Güell, fora de Barcelona. Um pouco antes de sua morte em 1918, o Rei Alfonso XIII fez de Güell um conde.

pessoais, muitos deles organizados do mesmo jeito que estavam quando o arquiteto viveu sua vida reclusa nesse local. A entrada para a casa custa 4€ (US$5). A abre diariamente das 10:00–18:00.

Carrer del Carmel 28. ✆ **93-424-38-09**. Entrada gratuita. Diariamente das 10:00–pôr do sol. Metrô: Lesseps (depois uma caminhada de cerca de 15 min). Ônibus: 24.

4 Montjuïc

Para muitos visitantes e certamente para aqueles que chegam pelo mar, a montanha de Montjuïc é a primeira coisa que se vê em Barcelona. Projetando-se sobre o porto de um lado e de frente para a monumental Plaça Espanya do outro, o Montjuïc tem uma posição estratégica como um local recreativo e a falta de uma fonte de água constante felizmente intimidou o desenvolvimento residencial. Em vez, disso o local tornou-se o ponto principal de dois importantes eventos internacionais da cidade: primeiro, a Feira Mundial de 1929, da qual muitas estruturas ainda continuam existindo, e o segundo os Jogos Olímpicos de 1992.

É a maior "zona verde" da cidade. As florestas e os parques do Montjuïc sempre foram populares entre corredores, ciclistas e pessoas que gostam de caminhadas. Nos últimos anos, o conselho da cidade abraçou um projeto para dar uma melhorada no local, criar passagens e escadas rolantes e restaurar algumas pedras preciosas esquecidas nesse processo. Uma delas é a Font del Gat, Passeig Santa Madrona 28 (✆ 93-289-04-04), um café elegante no passado, construído pelo arquiteto *moderniste* Josep Puig i Cadalfach, que agora funciona como centro de informações para o Montjuïc e restaurante. Museus de alta qualidade nas faces da colina, como a Fundação Miró e o MNAC, são outras boas razões para deixar para trás o alvoroço da cidade e fazer a subida recompensadora até lá.

CaixaForum ✪✪ Um dos espaços de arte contemporânea mais incríveis da cidade, tanto em termos de sua localização quanto pelo que está lá dentro. Inaugurado em 2002 no Casaramona, uma antiga fábrica têxtil modernista projetada por Puig i Cadalfach que foi utilizada como quartéis da polícia nos anos 30, o edifício cheio de vida apresenta uma fachada de tijolos vermelhos e uma torre singular, à qual o arquiteto japonês Arata Isozaki acrescentou uma passagem ousada, um pátio e uma entrada. (Isozaki é o *designer* responsável pelo Palau St. Jordi, um dos principais pontos de encontro para música e reuniões, bem longe, no alto da colina do Montjuïc.) Lá dentro, depois de passar pelo enorme mural abstrato de Sol Lewitt, o elevador conduz você a três espaços para exposições, ligados por *halls* externos. Elas mudam constantemente, o que significa que normalmente, três exibições bem diversificadas podem ser vistas ao mesmo tempo. A exposição L'Art Nouveau, em 2006, apresentou a coleção do século XIX do negociante de artes Siegfried Bing, que cobria desde obras de arte japonesas e de outras regiões da Ásia, até Van Gogh e Toulouse-Lautrec. A fundação organiza um calendário animado de eventos e espetáculos relacionados, um dos últimos estava focado em *world music* e dança moderna. Existe uma livraria excelente no saguão.

Av. Marquès de Comillas 6–8. ✆ **93-476-86-00**. Entrada gratuita. Ter–dom 10:00h–20:00h. Metrô: Espanya. FGC: Espanya.

Fundació Joan Miró ✪✪✪ Nascido em 1893, Joan Miró foi um dos maiores artistas da Espanha, e junto com Tàpies, o mestre indiscutível da arte contemporânea catalá. Sua obra é conhecida pelas suas formas abstratas extravagantes, cores brilhantes e surrealismo. Cerca de 10.000 obras, incluindo pinturas, gráficos e esculturas estão reunidas aqui. Construído no início dos anos 70, o edifício foi desenhado pelo arquiteto catalão Josep Lluis Sert, um amigo próximo de Miró (ele também projetou a sala de trabalho do artista em Maiorca). Instalado no parque do Montjuïc, o museu é formado por uma sequência de galerias

182 CAPÍTULO 7 · O QUE VER E O QUE FAZER

brancas em estilo racionalista com pisos de terracota. Claraboias garantem que o espaço seja banhado por luz natural. Sua localização no alto de uma colina permite algumas vistas maravilhosas de Barcelona, especialmente do terraço na cobertura que também serve como um jardim de esculturas.

A coleção, doada pelo próprio artista, é tão grande que apenas uma parte dela pode ser exibida de cada vez. Existe também uma galeria reservada para exposições temporárias, dedicada a determinado aspecto do trabalho de Miró ou a um artista contemporâneo ou movimento. Nos meses de verão, são apresentados concertos nos jardins.

A primeira galeria contém dois dos tesouros da coleção: a magnífica Tapeçaria da Fundação, de 1979, que Miró fez especialmente para esse espaço, e a extraordinária Fonte de Mercúrio, um trabalho de seu amigo, o escultor americano Alexander Calder. Em contraste com a pintura de Miró, que quase sempre foi feita com uma paleta de cores primárias, há uma enorme coleção de desenhos dos seus dias como estudante. É evidente que, mesmo quando jovem, ele tinha um profundo senso de identidade nacional e "Catalanismo", que (logicamente) mais tarde levou a um horror extremo diante da Guerra Civil Espanhola. A principal obra dessa época é o marcante *Homem e Mulher em Frente a uma Pilha de Excrementos* (1935), na Galeria Pilar Juncosa, uma das chamadas *"Pinturas Selvagens."* Muitos dos trabalhos de Miró, no entanto, são fantasiosos e otimistas, com o sol, a lua e outros corpos celestes representados várias vezes. Note o poético *O Ouro do Azul* (1967) na mesma galeria: uma nuvem azul hipnótica sobre um fundo dourado, com pontos e pinceladas representando os planetas e as estrelas.

Mesmo que você já esteja familiarizado com o trabalho de Miró, os comentários excelentes fornecidos pelos guias de áudio (disponíveis na bilheteria) lhe darão uma percepção especial sobre esse artista fascinante.

Parc de Montjuïc s/n. ☎ **93-443-94-70**. Entrada 7,20€ (US$9) adultos, 3,90€ (US$4,85) estudantes, grátis para menores de 14 anos. Jul–set ter–qua e sex–sáb 10:00h–20:00h; out–jun ter–qua e sex–sáb 10:00h–19:00h; durante o ano todo qui 10:00h–21:30h e dom 10:00h–14:30.h Ônibus: 50 na Plaça d'Espanya ou 55; Funicular de Montjuïc.

Galería Olímpica Uma entusiástica celebração dos Jogos Olímpicos de 1992, esse é um dos poucos museus na Europa dedicado aos esportes. A exposição inclui fotografias, trajes e recordações, com a intensa ênfase no esplendor dos eventos, números de visitantes que ocupam e os famosos jogos em Barcelona. De interesse para os estatísticos, planejadores cívicos e entusiastas esportivos, a galeria contém informação audiovisual sobre a construção de programas que a cidade preparou para o ataque dos visitantes. Há instalações para conferências, auditório, gravações de eventos esportivos e arquivos. No porão sudeste do perímetro do Estádio Olímpico, o museu é mais facilmente alcançado pela entrada do estádio do portão Sul (Porta Sud).

Passeig Olímpic s/n, Estadí Olímpic. ☎ **93-426-06-60**. Entrada 2,70€ (US$3,35) adultos, 1,50€ (US$1,85) crianças e idosos. Abr–set seg–sex 10:00h–14:00h e 16:00h–19:00h; out–mar, ter–sáb 10:00h–13:00h e 16:00h–18:00h. Metrô: Espanya, depois caminhada de 15 min, ou pegue o ônibus nº 13 ou 50 na Plaça Espanya.

Museu d'Arqueologia de Catalunya ✦ O Museu d'Arqueologia ocupa o antigo Palácio de Artes Gráficas, construído para a Feira Mundial de 1929. Foi restaurado de forma atraente, com alguns aposentos mantendo seu toque *Art Déco*. Os artefatos, que estão arrumados em ordem cronológica, refletem a longa história dessa cidade portuária do Mediterrâneo e da província ao redor, começando com artefatos pré-históricos ibéricos. A coleção inclui objetos dos períodos grego, romano e cartaginês. Algumas das relíquias mais interessantes foram escavadas da antiga cidade greco-romana de L'Empúries, no norte da Catalunha.

MONTJUÏC **183**

Os gregos em especial desenvolveram aqui um porto estratégico para comércio com outros povos do Mediterrâneo, e navios, urnas e outros utensílios de uso diário que eles deixaram para trás são fascinantes de se ver.

Mas, sem dúvida, o destaque da coleção são os artefatos romanos. O Império Romano (usando Empúries como ponto de entrada) iniciou sua conquista da Península Ibérica em 218 a.C, e objetos de vidro, candelabros, objetos pessoais e utensílios que vemos aqui são realmente notáveis. Os mosaicos, muitos deles impressionantemente intactos, foram colocados no chão e os visitantes são convidados a pisar neles.

Passeig de Santa Madrona 39-41, Parc de Montjuïc. ✆ **93-424-65-77**. Entrada 2,40€ (US$3) adultos, 1,80€ (US$2,25) estudantes, grátis para menores de 16 anos. Ter–sáb 9:30h–19:00h; dom 10:00h–14:30h. Metrô: Espanya.

Museu Militar de Motjuïc ⭐

Embora a coleção do museu da cidade seja bastante interessante, a maioria das pessoas acaba vindo para cá por causa das vistas panorâmicas. Encravada na face do Montjuïc que dá para o mar, essa fortaleza (Castell de Montjuïc) remonta a 1640 e foi reconstruída e ampliada em meados de 1800. Suas celas sombrias serviram como prisão militar durante a Guerra Civil, fazendo com que merecesse a indiferença, senão a hostilidade, por parte da população de Barcelona. Embora tenha havido rumores de que o governo local alteraria o foco do museu para algo mais pacífico e voltado à reflexão, ele permanece praticamente igual à época em que foi aberto, logo depois que o exército saiu, em 1960.

A coleção do museu contém o sortimento habitual de pinturas que marcaram eventos militares, assim como dezenas de salas de armaduras, uniformes, armas e instrumentos de guerra. Uma das exposições mais interessantes (Sala 8) contém milhares de miniaturas que formam uma divisão espanhola, e que foi apresentada pela primeira vez na Feira Mundial de 1929.

Os terraços e os pontos mais altos do castelo-fortaleza em forma de estrela e os caminhos que o rodeiam oferecem algumas vistas magníficas do Mediterrâneo e da paisagem de Barcelona. Atualmente, o parque ao redor do castelo está sendo nivelado para ficar mais acessível e mais fácil de andar por lá. Se você não se importar com um passeio colina acima, note que a maneira mais espetacular de chegar aqui é pelo teleférico (ver a seguir) que cruza o porto. Na caminhada, a partir do ponto em que se desce do teleférico, você passará pela famosa estátua de La Sardana, a tradicional dança catalá, que está representada em vários cartões-postais da cidade. Caso contrário, pegue o funicular na estação Paral.lel do metrô, que o deixa praticamente na porta.

Parc de Montjuïc s/n. ✆ **93-329-86-13**. Entrada para o museu e o castelo 2,50€ (US$3,10), castelo e arredores 1€ (US$1,25), grátis para menores de 14 anos. Nov– meados de mar, ter–dom 09:30h–17:30h; meados de mar–out, ter–dom 09:30h–20:00h. Transbordador Aeri (teleférico; pág. 186) de Barceloneta para Montjuïc, depois caminhada colina acima. Ônibus: PM (Parc Montjuïc); saída da Plaça Espanya 08:00–21:20 sáb–dom e feriados nacionais. Metrô: Paral.lel, depois funicular (tram) até o topo 09:00h–20:00h (até 22:00h jul–set).

Museu Nacional d'Art de Catalunya (MNAC) ⭐⭐⭐

Este museu, que recentemente sofreu enormes transformações e expansão, é o principal depósito de arte catalá. Apesar de sua enorme coleção, abrange também o período gótico e os séculos XIX e XX, o MNAC é talvez o mais importante centro da arte românica em todo o mundo. A maioria das esculturas, imagens e afrescos foram retiradas de Igrejas em ruínas nos Pyrènèes, restauradas e montadas com habilidade e reproduzidas nas cúpulas abside (pórtico em forma de arco). Obras maiores são mostradas com fotografias das igrejas e com um mapa apontando sua localização, levando você a aprofundar-se neste fascinante movimento dos séculos XI ao XIII. Simplista e impressionante, a arte românica está marcada por formas alongadas, cores vívidas e expressividade. O que mais se destaca é o *abside* de **Santa Maria de Taüll** (em Âmbito

184 CAPÍTULO 7 · O QUE VER E O QUE FAZER

Uma Bicicleta para Dois

Uma das estrelas da coleção *moderniste* do MNAC é um autoretrato de Ramón Casas e de seu amigo pintor Pere Romeu andando em uma bicicleta de dois lugares. Essa obra que é um ícone foi feita originalmente para o Els Quatre Gats (pág. 126), que é essencialmente uma taverna que servia como sede de fraternidade para os impulsionadores do movimento *moderniste*, boêmios, intelectuais e poetas. O jovem Picasso fez o design do menu (e realizou sua primeira exposição aqui) e diversas outras obras doadas pelos proprietários ainda enfeitam as paredes, embora, atualmente, a maioria dos trabalhos, como o retrato de Casas pedalando, sejam reproduções dos originais. O vibrante Casas, que tinha vivido muitos anos nos círculos artísticos de Montmartre, foi um notável artista à sua maneira. Suas interpretações do *fin de siècle de* Barcelona oferecem uma visão muito valiosa desse importante período.

[Galeria] V) com um ar sereno nos olhos de Cristo rodeado pelos apóstolos. O Lápis-lazúli foi utilizado para criar o intenso azul na peça. Também observe uma seqüência de pinturas no teto, Aragonês. Em um esquema de cores sutil, elas remetem a pintura em miniatura de Tudor (Âmbito XI). A coleção inteira está em ordem cronológica, dando ao espectador um passeio pela arte romanesca desde as suas origens até os mais avançados românico tardio e início do gótico.

Na próxima seção você visita a parte do período gótico, composto de peças dos séculos XIII e XV. Todos os estilos que foram adotados na Catalunha estão representados: Italiano gótico, Flamenco gótico e de uma forma mais linear, o estilo gótico local. Esteja atento a retablos de Jaume Huguet (Sala XIII). O principal artista na Escola Catalão, Huguet mescla influências flamencas e italianas com convenções locais romanescas. A coleção gótica também inclui alguns Bairros Góticos Barceloneses, grandes artefatos como objeto-sinais (feita para uma população analfabeta) que é usado para pendurar fora das oficinas (sapatos, tesoura, e afins) e outras peças decorativas. A seção termina com a coleção gótico Cambó. Uma herança de um empresário local, a seleção das pinturas dos séculos XIV a XIX inclui obras de Rubens, El Greco e Goya.

Graças as mais recentes aquisições do MNAC—peças de artes decorativas e de pinturas dos séculos XIX e XX, a maioria parte da cidade impulsionada a partir de todo o importante movimento modernista a coleção agora passa de um milênio. Enquanto a arquitetura modernista da cidade é abundante, a maior parte das construções tem tido seu interior despojado de seus espelhos, candelários, esculturas e mobiliário, muitos projetos de arquitetos como Gaudí. Até meados de 2004 estavam em exposição no Museu de Arte Moderna, no Parc de la Ciutadella. No MNAC têm uma deslumbrante novo lar.

Destaques desta coleção, que abrange o neoclássico, Art Nouveau (ou modernista) e posterior nou-centista (ou fin de siècle) além de são numerosos movimentos. Fique atento para as peças em marchetaria de Gaspar Homar (um mestre marceneiro moderniste) e Rodin influenciado pelo escultor Josep Clara. O maravilhoso oratório privado de Joan Busquests vai deixar você sem fôlego com os excessos da Art Nouveau e do artesanato. Há também muitas peças retiradas do interior das casas da Manzana de la Discordia (anteriormente neste capítulo).

Palau Nacional, Parc de Montjuïc. ✆ **93-622-03-60**. www.mnac.es. Entrada 4,80€ ((US$6) adultos, 3,30€ ((US$4,10) estudantes e jovens de 7–21 anos, grátis para crianças menores de 7 anos. Exibições temporárias: 4,20€ (US$4,80). Ter–sáb 10:00h–19::00h; dom 10:00h–14:30h. Metrô: Espanya.

Pavelló Mies van der Rohe ★★ Exatamente do outro lado da rua, em frente ao CaixaForum, esse edifício sereno dá as boas-vindas de forma contrastante com o estilo *moderniste* da Casaramona e com o falso tradicionalismo do Poble Espanyol. Projetado pelo arquiteto alemão Mies van der Rohe, o prédio foi originalmente construído como o Pavilhão Alemão para a Feira Mundial de 1929 e foi o último trabalho do arquiteto antes de ir para

MONTJUÏC **185**

os Estados Unidos. É considerada uma obra importante do arquiteto e do movimento de "Estilo Internacional" pelo qual van der Rohe e outros, como Frank Lloyd Wright, se tornaram famosos. A estrutura horizontal simples mostra as marcas do artista: precisão, fluidez do espaço e abundância de materiais "puros" — nesse caso, diferentes tipos de mármore e vidro. A estrutura é construída em torno de uma piscina rasa com uma estátua de Georg Kolbe, o escultor alemão conhecido pelos nus femininos. No interior, fica Cadeira de Barcelona original criada por van der Rohe e vista (em sua maior parte, na forma de reproduções) em todos os lugares da cidade nas áreas de recepção. Apesar de o pavilhão estar atualmente em sua localização original, esse nem sempre foi o caso. Depois da Feira Mundial, ele havia sido banido para o subúrbio, sendo resgatado e reconstruído somente em 1985, graças a iniciativa de um grupo de arquitetos proeminentes da cidade.

Av. Marquès de Comillas s/n. ℂ **93-423-40-16**. Entrada 3,50€ (US$4,40) adultos, grátis para crianças menores de 18 anos. Diariamente das 10:00h–20:00h. Metrô: Espanya. FGC: Espanya.

Poble Espanyol ★★ *Crianças* Essa recriada vila espanhola, construída para a Feria Mundial de 1929, provoca sentimentos mistos: puristas a veem como *kitsch*, enquanto outros sentem-se na Disneyland. Mas a questão permanece: Onde mais você encontrará mais de 100 estilos de arquitetura espanhola dentro de um lugar muito agradável? Para o Levante da Galícia, do Castelhano gótico para humildes moradias pintadas de branco e para o sul casas coloridas bascas—como tudo aqui. Na entrada, para começar, existe um fac-símile da porta de entrada da grande murada da cidade de Avila. No centro da aldeia em um café ao ar livre, onde se pode sentar e beber, e em vários outros locais, incluindo a excelente taberna flamenca, o **Tablao de Carmen** (p. 235) e um par de outras casas noturnas da moda. Os grandes nomes do festival de julho El Grec também reproduzido, na principal praça, no interior das portas. Tal como foi inicialmente, ainda inúmeras lojas vendem artesanato e lembranças de iténs provinciais e em algumas delas você pode ver os artistas no local de trabalho, impressão de tecido, fazendo cerâmica, e soprando vidro. Se você for sortudo e a sua visita coincidir em maio com um casamento no falso mosteiro Sant Miquel, um dos mais populares lugares na cidade para se casar. Há alguns anos atrás, o Poble Espanyol acrescentou a **Fundació Fran Daural** (diariamente das 10:00h-19:00h), uma coleção de arte contemporânea com obras catalás por Dalí, Picasso, Barceló, e Tàpies. Observe muitas famílias no falso espaço espanhol, mas o mais discriminante encontrá uma parte da armadilha de turista.

> *Momentos* **A Fonte Mágica**
>
> Sem sombra de dúvida, a atração mais popular tanto para jovens e idosos na área do Montjuïc é a Font Màgica (Fonte Mágica). Durante o dia, a fonte grandiosa, na base da escada para o MNAC, se parece com qualquer outra, mas, à noite, ela assume uma personalidade diferente. A intervalos regulares, a fonte apresenta um show espetacular. Música, que varia de baladas *pop* a clássicos, se espalha pelos dos alto-falantes e muitas luzes brilham de dentro da própria fonte. Os jatos de água, controlados externamente, "dançam" com a mistura de luzes e sons. Supostamente a única do gênero no mundo, essa fonte foi desenhada pelo engenheiro visionário Carles Buïgas para a Feira Mundial de 1929, antecipando atrações ao estilo de Las Vegas por décadas. É gratuito e nunca deixa de encantar. Sente-se em um dos cafés ao ar livre nas proximidades. Fica na Plaça Carles Buïgas 1. Metrô: Espanya. O show de som e luzes acontece de maio até o início de outubro, de quinta a domingo às 21:30h, 22:00h, 22:30h, 23:00h e 23:30h. No restante do ano, de sexta a sábado às 19:00h, 19:30h, 20:00h e 20:30h.

186 CAPÍTULO 7 · O QUE VER E O QUE FAZER

Dicas Balançando Sobre o Porto

A menos que você sofra de vertigem, a forma mais espetacular para chegar ao Castell de Montjuïc e às outras atrações que ficam do lado da montanha de Montjuïc voltado para o mar é pelo teleférico que atravessa o porto. O Transbordador Aeri começa na Torre de Sant Sebastián, bem no fim do Passeig de Joan de Borbó, em Barceloneta (ônibus nº 17, 64 ou 39), para no World Trade Center no caminho e termina na subida para o pico do Montjuïc. O teleférico faz a viagem a cada 15 minutos diariamente das 10:30h às 19:00h. Custa 6€ (US$7,50) só a ida, 7,20€ (US$9) ida e volta.

Av. Marquès de Comillas s/n, Parc de Montjuïc. ☎ **93-508-63-00**. Entrada 7,50€ (US$9,40) adultos, 5,50€ (US$6,85) de 7–12, grátis para crianças menores de 7 anos, 15€ (US$19) bilhete familiar, 2€ (US$2,50) excursões guiadas. Seg 09:00h–20:00h; ter-qui 09:00h–02:00h; sex–sáb 09:00h–04:00h; dom 09:00h–00:00h. Metrô: Espanya, depois 10 min. de caminhada colina acima, ou pegue o ônibus nº 13 ou 50 na Plaça Espanya.

Jardí Botànic ✪ Logo atrás do Castell de Montjuïc, o Jardim Botânico da cidade foi inaugurado em 1999 e tem recebido elogios internacionais por causa de seu paisagismo de vanguarda. A vegetação é focada em espécies de plantas, flores e árvores que florescem em clima do tipo mediterrâneo (todas estão claramente identificadas em latim, catalão, espanhol e inglês). O parque é dividido em seções que representam cada uma dessas regiões. A antena *sci-fi* para telecomunicações que você vê a uma curta distância foi projetada pelo arquiteto Santiago Calatrava, nascido em Valência, para os Jogos Olímpicos. Essa estrutura engenhosa tem uma base decorada com azulejos quebrados (uma homenagem a Gaudí, um dos que mais influenciaram o arquiteto) e sua posição, inclinada no mesmo ângulo da colina, significa que ele também funciona como um relógio de sol.

Doctor Font i Quer s/n, Parque de Montjuïc. ☎ **93-426-49-35**. Entrada 4€ (US$5,25), grátis para menores de 16 anos. Jul–set, seg–sáb 10:00h–20:00h; restante do ano seg–sáb 10:00h–17:00h; dom10:00h–15:00h. Transbordador Aeri (teleférico; veja a seguir) de Barceloneta para Montjuïc, depois uma caminhada colina acima. Ônibus: PM (Parc Montjuïc) sai da Plaça Espanya 08:00h–21:20h sáb–dom e feriados nacionais. Metrô: Paral.lel, depois funicular (tram) até o topo 09:00h–20:00h (até às 22:00 jul–set).

5 Em Frente ao Porto

Para uma cidade que durante séculos "dava as costas para o mar", Barcelona agora tem o espetacular porto recreativo mais movimentado do Mediterrâneo e quilômetros de praias urbanas. A reconstrução do porto comercial e a via expressa litorânea, além da demolição de edifícios industriais que bloqueavam a vista para o mar, foram estimulados pelos Jogos Olímpicos de 1992. Sem dúvida, a recuperação da costa da cidade foi a mudança mais marcante na qualidade de vida que Barcelona viu no último século. Começando no Monumento de Colombo, você pode seguir pela costa por passarelas e esplanadas até a Vila Olímpica e mais além. No caminho, você passará por uma marina moderna, o Port Vell, e pela antiga vila de pescadores, La Barceloneta, terminando na famosa escultura de peixe de Frank Gehry, no Porto Olímpico.

L'Aquarium de Barcelona ✪✪ Um dos testemunhos mais impressionantes da vida marinha no mundo foi inaugurado em 1996, no Port Vell de Barcelona, uma caminhada de 10 minutos do final da La Rambla. Esse aquário é o maior da Europa e contém 21 tanques de vidro em ambos os lados de um corredor largo e sinuoso. Cada tanque representa um diferente habitat marinho, com ênfase em tudo, desde peixes multicoloridos e corais até larvas marinhas e tubarões. O destaque é um enorme "oceanarium" que representa o Mediterrâneo como sendo um ecossistema autossustentável. Você o vê de dentro de um túnel com telhado e laterais de vidro que percorre toda a sua extensão, dando a impressão de que peixes, enguias e tubarões estão nadando ao seu redor. Crianças podem gastar um pouco

EM FRENTE AO PORTO 187

de energia na seção Explora, uma coleção de mostras educativas com as quais elas podem interagir, sobre a Costa Brava da Catalunha e o Delta do Ebro.

Moll d'Espanya-Port Vell. ✆ **93-221-74-74**. Entrada 15€ (US$19) adultos, 9,50€ (US$12) de 4–12 e estudantes, grátis para criança menores de 4 anos. Jul–ago diariamente 09:30h–23:00h; set–jun seg–sex 09:30h–21:00h, sáb–dom 09:30h–21:30h. Metrô: Drassanes ou Barceloneta.

Museu d'Història de Catalunya ✸✸ O Museu de História da Catalunha está localizado no Palau del Mar, um armazém enorme do final do século XIX. Muitos edifícios semelhantes ficavam perto daqui antes que essa parte do porto fosse remodelada para os Jogos Olímpicos de 1992, criando a marina e as áreas para recreação que agora o cercam.

O museu, dividido em oito seções, procura promover um passeio pela história e isso resume bem o que ele faz. É um passeio muitas vezes cansativo e altamente didático sobre o país. "Raízes", "Nascimento de uma Nação" e "Nosso Mar" focam nos antepassados da Catalunha, no próspero período românico e no comércio marítimo catalão-aragonês. "Na Periferia de um Império", "Bases da Revolução" e "Vapor e Nação" estudam o declínio da Catalunha sob o governo dos Habsburgos e a subsequente recuperação econômica e cultural da era industrial. Por último, "Os Anos Elétricos" (que é sem dúvida uma das partes mais interessantes da exposição) e "Derrota e Recuperação" tratam do século XX, da Guerra Civil Espanhola, a ditadura de Franco e as primeiras eleições democráticas depois de sua morte.

Há muitas áreas ainda por cobrir e o museu usa uma mistura de multimídia, recriações, modelos e outros dispositivos interativos, na maioria das vezes com resultados efetivos. Como todas as explicações que acompanham estão em catalão, você recebe uma tradução (em forma de livro) na entrada.

As exibições temporárias no andar térreo são menos pesadas e já incluíram algumas mostras excelentes das culturas mediterrâneas e o relacionamento entre o famoso poeta Federico García Lorca e Salvador Dalí.

Depois de tudo isso, você pode precisar de um descanso. O café do museu oferece uma comida excelente e uma vista maravilhosa do porto. Há também vários restaurantes de frutos do mar ao ar livre.

Plaça de la Pau Vila 3. ✆ **93-225-47-00**. Entrada 3€ (US$3,75) adultos, 2,10€ (US$2,50) de 7–18 e estudantes. Ter–sáb 10:00h–19:00h (qua até às 20:00h); dom 10:00h–14:30h. Metrô: Barceloneta.

Museu Marítim ✸✸✸ *Crianças* Localizado nos antigos Estaleiros Reais (Drassanes Reials), o Museu Marítimo da cidade é o melhor do seu gênero na Espanha e possivelmente do mundo. As cidades de tradição marítima como Veneza, Gênova e Valência tiveram arsenais impressionantes, mas restam somente vestígios. Em contraste, os estaleiros de Barcelona, com seus arcos majestosos, colunas e abóbadas gigantescas, são um exemplo preciosamente intacto da arquitetura cívica medieval. Esse complexo, que antes do litoral ter retrocedido ficava bem na beira da água, era usado com o objetivo de atracar navios para manutenção, construção e reparo pelos governantes catalão-aragoneses. Durante o século XVIII, o lugar entrou em declínio, principalmente devido à decadência da construção naval. Até a Guerra Civil Espanhola, serviu como quartel do exército; e se transformou em um museu nos anos 70.

Sua coleção intitulada "A Grande Aventura do Mar" é uma homenagem à história marítima da Catalunha. A exibição mais impressionante ocupa uma baía inteira. É uma réplica de La Galería Real de Don Juan da Áustria, um barco a remo real suntuoso. Em 1971, seguindo extensas documentações, esse modelo foi construído em comemoração ao

188 CAPÍTULO 7 · O QUE VER E O QUE FAZER

feito mais glorioso da embarcação ocorrido há 400 anos. O navio liderou um grupo de embarcações da Espanha, de Veneza, de Malta e do Vaticano em uma batalha sangrenta contra uma esquadra turca. A chamada "Liga Santa" venceu, acabando efetivamente com o domínio otomano no Mediterrâneo. Há um excelente filme que recria a batalha, ao qual você assiste a bordo. Você também pode ver o casco, o compartimento de carga e o deque bem elaborados do navio, em que cada um de seus 59 remos eram controlados pelos marinheiros.

Outras exibições demonstram as tradicionais técnicas de pesca e de velejar por esporte por meio de pequenas caravelas e barcos de pesca, barcos a vela e chalupas. A arte de construir navios de madeira, o mapeamento dos oceanos e a entrada na era do vapor também estão cobertos. A coleção do final do século XIX de mastros, instrumentos de navegação e modelos da frota da Compañía Trasmediterránea (essa empresa local que ainda opera na rota Barcelona–Ilhas Baleares) é particularmente interessante. A coleção também ostenta um pequeno modelo do Ictíneo, um dos primeiros submarinos do mundo projetado pelo visionário catalão Narcís Monturiol.

Av. de les Drassanes s/n. ☎ **93-342-99-20**. Entrada 6€ (US$7,50) adultos, 3€ (US$3,75) de 7–16 anos. Diariamente das 10:00h–19:00h. Metrô: Drassanes.

6 Mais Distante do Centro de Barcelona

Os subúrbios de Barcelona são mais residenciais. Antes eram consideradas áreas rurais, mas foram anexadas ao longo dos anos pelo crescimento contínuo da cidade. Desse modo, há uma grande quantidade de construções notáveis que antes ficavam em uma vila ou propriedade rural. O barri de Sarrià, ao qual chegar facilmente pela estação de FGC, manteve um clima particularmente autêntico de vilarejo. Localizado na base do Tibidabo, é um lugar agradável para dar uma volta e respirar um pouco de ar puro.

Colònia Güell ★★ Para muitos, o trabalho mais prolífico de Gaudí não fica dentro de Barcelona, mas fora dela. Ele projetou a igreja para a Colònia Güell, um plano ambicioso de Eusebi Güell que fica a 20 minutos de trem do centro da cidade. Güell era um homem progressista e desejava criar uma colônia para os trabalhadores de sua tecelagem, que havia sido transferida do centro de Barcelona para cá. A colônia teria hospital, biblioteca, residências, e igreja. Somente a cripta foi terminada antes da morte de Güell.

A estrutura assustadora, semelhante a uma gruta, fica em uma parte elevada da colònia, cercada por uma floresta de pinheiros. Suas dimensões cavernosas e o interior com floresta de pedras são um método engenhoso que o arquiteto empregou nas fases de planejamento, que está em exposição nos museus da Sagrada Família e em La Pedrera. Gaudí criava os modelos para o seu trabalho usando vários fios conectados a pesos, com os pesos absorvendo a tensão, fotografava as partes, então invertia as fotografias. O que era côncavo ficava convexo, como em um arco. Assim, ele era capaz de medir os ângulos, construir o andaime, e prever as formas e se antecipar aos desenhos tridimensionais feitos por computador em cem anos. O trabalho é um dos mais orgânicos de Gaudí: as paredes se dobram e se curvam em ângulos impossíveis e janelas se abrem como se fossem asas de besouros.

Também vale a pena fazer um passeio pelo resto da colônia. As construções *moderniste* de tijolos avermelhados foram projetadas pelos arquitetos Francesc Berenguer e Joan Rubió Bellver. A tualmente, a maioria das construções são residências privadas. Muitas das outras construções, a fábrica e os armazéns foram abandonados, o que dá ao lugar um ar de cidade-fantasma.

MAIS DISTANTE DO CENTRO DE BARCELONA 189

Claudi Güell s/n, Santa Coloma de Cervelló. ☎ 93-630-58-07. Entrada 4€ (US$5), grátis para crianças menores de 10 anos. Seg–sáb 10:00h–14:00h e 15:00h–19:00h; dom 10:00h–15:00h (missa às 11:00h e 13:00h). FGC: Colònia Güell. Linhas S33, S34, S8 e S7 (todas saem da Plaça Espanya).

CosmoCaixa (Museu de la Ciència) ★★★ *Crianças* Esse espetacular Museu de Ciências é uma versão muito maior e melhorada em relação à versão original de 1980. Fundado por um banco importante (La Caixa), o Museu de la Ciència fechou em 1998 e começou uma reforma de 6 anos. O resultado foi o melhor, mais *high-tech* e certamente o mais interativo museu de ciências da Europa.

Como o original, El Museu de la Ciència ocupa uma construção *moderniste* (originalmente um albergue para mendigos) ao pé do Tibidabo, mas tem uma expansão subterrânea ousada e a reforma da construção original efetivamente quadruplicou seu espaço de exposições para 3.700 m2 (39.826 pés2).

O local ganhou um novo centro de pesquisas biológicas, e da mesma forma, a coleção permanente foi totalmente renovada. Por meio de uma combinação criativa de materiais originais e multimídia os jovens são conduzidos em um *tour* abrangente sobre princípios científicos. A coleção está dividida em quatro categorias: "Material Inerte" trata do Big Bang até os primeiros sinais de vida, "Material Vivo" trata do nascimento da espécie humana, "Materiais Inteligentes" foca no desenvolvimento da inteligência humana e "Materiais Civilizados" na história e na ciência dos primórdios até a era do computador.

O que mais encanta as pessoas é "A Floresta Inundada", uma floresta tropical amazônica viva e que respira dentro do museu com mais de 100 espécies de animais e plantas. As crianças entram em contato íntimo com a vida animal na seção "Toca Toca", que tem ratos, rãs, aranhas e outras espécies da fauna de diversos ecossistemas, alguns dos quais podem ser tocados. Existe um planetário 3-D e a extraordinária "Parede Geológica" que explica, por meio de uma rota interativa, a história do mundo a partir de uma perspectiva geológica. Considerando tudo isso, o novo Museu de Ciência é uma janela única e altamente interessante para o mundo da ciência.

Teodor Roviralta 55. ☎ 93-212-60-50. Entrada gratuita. Planetário 2€ (US$2,50), "Toca Toca" (crianças entram em contato com aminais) 2€ (US$2,50). Ter–dom 10:00h–20:00h. FGC: Avinguda Tibidabo (depois 10 min. de caminhada). Ônibus: 17, 22, 58 ou 73.

Finca Güell ✦ A Finca Güell, ou propriedade rural de Eusebi Güell, caracteriza três trabalhos de Antoni Gaudí, o arquiteto favorito do industrialista. Ainda em uma propriedade privada, elas só podem ser vistas da rua, mas isso não diminui o impacto que elas dão ao espectador. Eusebi Güell pediu para Gaudí criar um portão de entrada, uma portaria e estábulos. O primeiro provavelmente é uma das partes mais atordoantes do trabalho feito de ferro batido no mundo. Localmente conhecido como o Drac de Pedralbes (o Dragão de Pedralbes), um enorme réptil literalmente pula em você, a língua dele estendida está pronta para o ataque. As habitações são menos poderosas. Como a **Casa Vicens** (p. 179), elas foram projetadas no começo da carreira de Gaudí, quando ele foi influenciado pela arquitetura islâmica e pelas características torres e paredes brancas diferenciando dos brilhantes azulejos coloridos. O pavilhão à direita é uma biblioteca e um centro de pesquisa Gaudíana.

Gaudí levou a inspiração para a *finca* do mito grego de Hesperides. O ominoso dragão é uma metáfora para a besta que Hercules batalhou e embora elas estejam um pouco em estado precário, os jardins atrás do portão eram viçoso e cheio de árvores cítricas—os próprios jardins legendários de Hesperides.

Av. Pedralbes 7. Metrô: Palau Reial.

190 CAPÍTULO 7 · O QUE VER E O QUE FAZER

Monestir de Pedralbes ✪✪ A construção mais antiga em Pedralbes (a área residencial mais rica da cidade) é esse mosteiro fundado em 1326 por Elisenda de Montcada, esposa de Jaume II. A brigava as freiras da Ordem de Santa Clara (que agora ocupam um edifício adjacente muito menor), e após a morte do rei, a rainha Elisenda se mudou para o convento. Ela está enterrada na igreja gótica ao lado (onde as freiras ainda cantam suas vésperas), em um lindo túmulo cercado por belas imagens de anjos.

Depois de passar pelo portão de entrada, você chega a um claustro sereno com fonte central, poço, jardins de ervas e outras áreas verdes. Há quase duas dezenas de arcos elegantes de cada lado, somando três andares. Imediatamente à sua direita está uma pequena capela contendo o principal tesouro do mosteiro, a Capela de São Miguel, incrivelmente intacta. Por dentro, ela é decorada com murais de Ferrer Bassa, um grande artista da Catalunha nos anos 1300, representando a Paixão de Cristo.

A residência original das freiras abriga uma exposição que recria a vida monástica do século XIV: o que elas comiam, como elas se vestiam, as horas de oração e a rotina diária. Algumas das câmaras contêm artefatos originais do monestir, embora os aposentos mais evocativos sejam a cozinha e o refeitório, e a sala de jantar comunitária, onde a Madre Superiora rompia seu voto de silêncio no púlpito de madeira, com leituras da Bíblia durante as refeições.

No dormitório reformado das freiras existe um presente para os amantes da arte: 70 pinturas impressionantes da coleção do Thyssen-Bornemizca, que incluem obras de Rubens, Tiziano e Velázquez, bem como esculturas e pinturas renascentistas e barrocas.

Baixada del Monestir 9. ✆ **93-203-92-82**. Entrada 5,50€ (US$6,90) adultos, 3,50€ (US$4,35) estudantes e idosos, grátis para menores de 16 anos. Ter–dom 10:00h–14:00h. FGC: Reina Elisenda.

Museu de les Arts Decoratives/Museu de Ceràmica ✪ Os museus de artes decorativas e de cerâmica da cidade ocupam o Palau de Pedralbes e podem ser vistos juntos. O palácio fica em um jardim elegante que, no passado, pertencia a Finca Güell, a propriedade rural do cliente e amigo de Gaudí, Eusebi Güell.

A residência neoclássica foi adquirida pelo rei Alfonso XIII (que quase nunca a usou) em 1920, e 10 anos depois, ele a entregou ao governo local, que a transformou em um espaço para exposições de artes decorativas. Durante a ditadura,o General Franco fez dela sua residência em Barcelona, antes de finalmente recuperar seu *status* de museu em 1960.

No interior, os luxuosos salões dourados, com mármore e afrescos, criam um pano de fundo pitoresco para as duas coleções. De longe, o melhor dos dois é o Museu de Cerâmica, cuja coleção, organizada por região, vai desde o século XI até os dias atuais. Particularmente impressionantes são os trabalhos Mudéjar e de incrustação de metal do sul e as peças barrocas e renascentistas de Castela. Uma peça extraordinária da Catalunha em exposição é uma placa enorme do século XVIII retratando um banquete de chocolate no campo.

Em comparação com a coleção de artes decorativas do MNAC (pág. 183), a pequena exposição deixa um pouco a desejar. O nome engana, uma vez que o foco aqui, pelo menos na última parte da coleção, é realmente no *design*, em oposição aos objetos decorativos que podem ou não ser funcionais. Apesar disso, a herança de *design* da Catalunha é importante e existem muitas peças do *boom* de *design* da cidade dos anos 80 e do início dos anos 90 apresentando nomes importantes como Javier Mariscal e Oscar Tusquets. No futuro, essa coleção pode fazer parte do Museu de Design, um projeto que atualmente está na prancheta.

MAIS DISTANTE DO CENTRO DE BARCELONA 191

> ### Mes Que un Club (Mais do que um Clube)!
>
> Ao lado do Picasso, o museu mais visitado da cidade é o Museu FC Barcelona, ou o museu do querido time de futebol da cidade, o Barça. Ele fica dentro da sede do time, o Camp Nou, o maior estádio da Europa, com capacidade para 120.000 pessoas. Apesar de seu tamanho, ingressos para os jogos são uma raridade. A maior parte dos assentos é ocupada pelos *socis* (sócios) do clube mais rico do mundo. Como diz seu slogan, o Barça é "Mes que un club" (Mais do que um clube). O título do clube, que geralmente passa de geração em geração, é uma marca do catalanismo (identidade catalã). Durante a ditadura, a guerra se estendeu também ao campo de futebol, com a equipe da capital vista como representante do odiado governo central. Madri ainda é o arqui-inimigo do Barça (antigos rancores perduram no futebol) e quando os dois se encontram no Camp Nou, a cidade toda para.
>
> Juntamente com o museu, você pode optar por ver o estádio (vazio), a capela onde os jogadores fazem uma oração antes de um grande jogo, o clube e a sala de imprensa, e o túnel pelo qual os jogadores entram em campo. A coleção é formada por fotografias, troféus, documentos, uniformes e outras parafernálias que contam a dramática história do clube, desde as suas origens em 1899 até o presente. É divertido, é uma opção mais leve que ajuda a dar uma folga em relação às outras opções culturais mais intelectualizadas, e não é apenas para os aficionados em futebol.
>
> Estádio Camp Nou, portões de acesso 7 e 9. Arístides Maillol s/n. ✆ **93-496-36-09**. Entrada para o museu e para o estádio: visita Gguiada: 9,50€ (US$12) adultos, 6,50€ (US$8,10) crianças com menos de 13 anos. Só o museu: 6,50€ (US$8,10) adultos, 3,70€ (US$4,60) crianças com menos de 13 anos. Seg–sáb 10:00h–18:30h; dom 10:00h–14:00h. Metrô: Collblanc.

Av. Diagonal 686. ✆ **93-280-16-21**. Entrada (para ambos) 3,50€ (US$4,40) adultos, 2€ (US$2,50) estudantes, grátis para menores de 16 anos. Ter–sáb 10:00h–18:00h; dom 10:00h–15:00h. Metrô: Palau Reial.

Parc d'Atraccions Tibidabo ★★ *Crianças* A montanha de Tibidabo tem sido um refúgio popular entre os barceloneses desde 1868, quando foi construída uma estrada ligando-o à cidade. Você chega lá no antigo funicular que chacoalha — ou de forma menos dramática, de ônibus — para se achar diante de um parque de diversões que combina tradição com modernidade. No verão, o lugar tem um ar de carnaval, a maior parte do crédito pode ser atribuída a um rico fabricante de pílulas chamado Dr. Andreu que acreditava (de forma muito lógica) que o ar fresco da montanha era bom para a sua saúde. Ele criou a Sociedad Anónima de Tibidabo, que promovia as encostas como se fosse um jardim público e foi importante para a instalação tanto do bonde azul quanto do anteriormente citado funicular que o levam até lá (pág. 75). Algumas das atrações do parque são da época de Andreu. **L'Avio**, por exemplo, é uma curiosa réplica do primeiro avião que fazia a rota Barcelona-Madri. Na versão do Tibidabo, você gira sobre o cume em um brinquedo que é um aparelho suspenso por um eixo central. Outra atração da época concebida para lhe dar muita emoção é o **Aeromàgic**, uma montanha russa de tirar o fôlego que fica melhor ainda por causa da posição elevada do próprio parque. Em nível mais sossegado, você também pode visitar um charmoso museu de robôs da época.

A igreja próxima ao parque de diversões é o **Temple de Sagrat Cor**, um edifício feio e de muito mau gosto de 1902 que foi concebido para dar a Barcelona o seu próprio Sacré Coeur. Sua silhueta que se destaca no topo da montanha pode ser vista de toda a cidade.

192 CAPÍTULO 7 · O QUE VER E O QUE FAZER

> **_Dicas_ Pequenos, Mas Bons: Outros Museus de Barcelona**
>
> Há dezenas de pequenos museus privados em Barcelona, alguns frutos de uma paixão obsessiva de colecionadores, outros que exibem a arte de um antigo grêmio. Muitos são gratuitos, outros cobram uma taxa mínima para entrada ou pedem donativos. O encantador **Museu de Calçat**, Plaça Sant Felip Neri 5 (✆ **93-301-45-33**; 2,50€ (US$3,10) ter–dom 11:00h–14:00h; Metrô: Liceu), está situado na antiga sede do grêmio dos sapateiros da cidade. A coleção abrange desde sandálias romanas até as botas do famoso violoncelista catalão Pau Casals. O **Museu de Carrosses Fúnebres (Museu de Carruagens Fúnebres)**, Sancho d'Avilla 2 (✆ **93-484-17-00**; seg–sex 10:00h–13:00h e 16:00h–18:00h, sáb–dom 10:00h–13:00h; Metrô: Marina), também tem uma localização incomum: o porão do necrotério da cidade.
>
> Embora as touradas não sejam populares na Catalunha, exceto entre uma minoria de obstinados aficionados, La Monumental, a arena de touradas de Barcelona, é uma estrutura exótica que também abriga o **Museu Tauri**, Gran Vía 749 (✆ **93-310-45-16**; abr–set, ter–sáb 10:30h–14:00h e 16:00h–19:00h, dom 10:00h–13:00h; Metrô: Monumental), um pequeno museu de recordações, vestuários e outros itens relacionados. As culturas mais sagradas do mundo são exploradas no **Museu Etnológic**, Passeig de Santa Madrona s/n (✆ **93-424-64-02**; ter–dom 10:00h–14:00h; Metrô: Espanya). Na mesma linha, peças etnográficas reunidas pelas freiras capuchinhas na região amazônica podem ser vistas em seu convento no **Museu Etnogràfic Andino-Amazónic**, Cardenal Vives i Tutó 2–16 (✆ **93-204-34-58**; somente com agendamento; Metrô: María Cristina). Em 1982, o proeminente médico barcelonês Melcior Colet doou sua casa, uma habitação _moderniste_ projetada por Puig i Cadafalch e reuniu recordações desportivas para a cidade. O resultado, o **Museu de L'Esport Dr. Melcior Colet**, Buenos Aires 56–58 (✆ **93-419-22-32**; seg–sex 10:00h–14:00h e 16:00h–20:00h; ônibus: 7, 15, 33, 34 ou 59), é uma coleção de objetos relacionados com as conquistas esportivas catalãs.
>
> Em um parque nos arredores de Barcelona, uma extraordinária coleção de carruagens de época, adornos e uniformes usados pelos cocheiros estão no **Museu de Carruatges**, Plaça Josep Pallach 8 (✆ **93-427-58-13**; seg–sex 10:00h–13:00h; Metrô: Mundet). Um dos museus privados mais bonitos da cidade fica na parte de trás de uma loja de perfumes. **O Museu del Perfum**, Passeig de Gràcia 39 (✆ **93-216-01-21**; seg–sex 10:30h–13:00h e 17:00h–20:00h, sáb 11:00h–13:30h; Metrô: Passeig de Gràcia), tem mais de 5.000 exemplares de garrafas de perfume, frascos e objetos da época dos egípcios até os dias atuais. Preste atenção no _Le Roi de Soleil_, criado por Dalí.

Plaça Tibidabo 3. ✆ **93-211-79-42**. 22€ (US$28) para uso ilimitado do parque, 11€ (US$14) para 6 brinquedos, 9€ (US$11) crianças com menos de 1,2 m (4 pés.), grátis para crianças menores de 3 anos. No verão, diariamente das 12:00h–22:00h; baixa temporada sáb–dom 12:00h–19:00h. Ônibus: 58 na Avingunda Tibidabo Metro, depois pegue o Tramvía Blau, que deixa você no funicular. Ida e volta 3,10€ (US$3,60).

7 Parque e Jardins

Os museus não são a única atração de Barcelona e, ao contrário da primeira impressão, ela não é apenas uma cidade de ruas de pedra e praças de concreto. Com um ótimo clima mediterrâneo, a vida tem lugar ao ar livre, em parques e jardins únicos, muitos dos quais foram projetados pelos arquitetos mais importantes da cidade durante o frenesi de renovação que tomou conta da cidade na ocasião dos Jogos Olímpicos. Os mais populares são o arborizado e formal **Parc de la Ciutadella** (pág. 170), **Parc Güell** (pág. 179) e a montanha de **Montjuïc** (pág. 181). Mas existem muitos outros parques, jardins, amplos espaços abertos e refúgios arborizados para um pouco de solidão ou um contato direto com a natureza. A maior parte dos parques está aberta das 9:00h até o pôr do sol.

AO AR LIVRE & PARA OS AMANTES DE ESPORTES 193

O **Parc de Joan Miró**, Aragó 1 (Metrô: Espanya) não é exatamente um parque, mas uma grande praça aberta e uma das mais famosas "praças de concreto" da cidade; ele ocupa um quarteirão inteiro de L'Eixample e já foi o matadouro da cidade. Suas principais características são uma esplanada e uma lagoa onde está uma imponente escultura de Miró, *Mulher e Pássaro*. Palmeiras, pinheiros e eucaliptos, assim como parques infantis e pergolados completam o cenário. Ali perto, o enorme Parc de l'Espanya Industrial, próximo à estação ferroviária Sants (acesso pela Plaça dels Països Cataláes), é um cenário surrealista de assentos que lembram os de um anfiteatro, torres de vigia e esculturas pós-modernas em meio a áreas com mais vegetação na parte de trás. No lado oposto da L'Eixample, o **Parc de L'Estació del Nord**, Nápoles 70 (Metrô: Arc de Triomf ou Marina), é um pedaço extravagante de paisagem jardinada apresentando esculturas e "artes com a natureza", da artista americana Beverly Pepper.

Outro espaço urbano ousado é o **Parc de la Crueta del Coll**, perto do Parc Güell, Castellterçol 24 (Metrô: Penitents). Situado em uma antiga pedreira, esse pátio urbano possui uma piscina artificial e uma enorme escultura de metal enferrujado, a Elogia del Agua, do escultor basco Eduardo Chillida. Como se fosse uma garra enorme, ela fica teatralmente suspensa saindo da face de uma colina. Mais distante, ao norte, está **Collserola**, um parque natural com cerca de 1.800 hectares (4.446 acres). Pessoas da cidade vêm em massa até aqui nos fins de semana para andar de bicicleta, fazer uma caminhada ou fazer piquenique. A melhor maneira de chegar aqui é pegar o FGC de Catalunya até Baixador de Vallvidrera (que tem um centro de informações sobre o parque) ou Les Planes.

Para quem prefere os parques mais tradicionais, o romântico **Parc del Laberint** (Passeig de Castanyers s/n; Metrô: Mundet), no distante subúrbio de Horta é o mais antigo e, sendo assim, o mais tradicional da cidade. Como o nome sugere, há um labirinto central de ciprestes e o restante do espaço tem terraços espalhados, com estátuas em estilo italiano e balaustradas.

8 Ao Ar Livre & Para os Amantes de Esportes

GOLFE

Um dos melhores campos de golfe da cidade, o **Club de Golf Vallromanes Afueras** s/n, Vallromanes, Barcelona (✆ **93-572-90-64**), está ao norte, a 20 minutos de carro do centro da cidade. Não sócios que reservarem horários com antecedência para jogar golfe são bem-vindos. As taxas para os campos custam 75€ (US$94) em dias de semana, 125€ (US$156) nos finais de semana. O clube abre de quarta a segunda, das 09:00 às 21:00. Fundado em 1972, é aqui que ocorre o torneio de golfe mais importante da Espanha.

O **Reial Club de Golf El Prat**, El Prat de Llobregat (✆ **93-379-02-78**), é um clube de prestígio, que permite que não sócios joguem sob duas condições: eles precisam de um handicap emitido pelo órgão que rege o golfe em seu país natal e devem provar que são sócios de algum clube de golfe em seu país. O clube tem dois campos par 72 com 18 buracos. Taxas para uso do campo custam 60€ (US$75) de segunda a sexta-feira. Os fins de semana são apenas para os associados. De Barcelona, siga pela Avinguda Once de Septiembre passando pelo aeroporto em direção ao Barrio de San Cosme. De lá siga as placas ao longo da Carrer Prat até o campo de golfe.

NATAÇÃO

Nade onde ocorreram algumas das competições das Olimpíadas, na **Piscina Bernardo Picornell**, Av. de Estadí 30-40, em Montjuïc (✆ **93-423-40-41**). Adjacente ao Estádio Olímpico, ela engloba duas das melhores piscinas da Espanha (uma coberta e uma externa). Construída de forma personalizada para os Jogos Olímpicos, elas ficam abertas ao público de segunda a sexta, das 07:00h à meia-noite, sábados das 07:00h às 21:00h e do-

194 CAPÍTULO 7 · O QUE VER E O QUE FAZER

mingos das 07:00 às 16:00. A entrada custa 8,50€ (US$11) para adultos e 4€ (US$5) para crianças e permite usar a piscina o dia inteiro, bem como a academia de ginástica, a sauna e as *jacuzzis*. O ônibus número 61 faz percursos constantes a partir da Plaça d'Espanya.

TÊNIS

O **Centre Municipal de Tennis**, Passeig Vall d'Hebron 178 (℃ **93-427-65-00**; Metrô: Montbau), tem sido o local de treinamento para alguns dos principais jogadores do país. Ele tem 17 quadras de saibro e 7 de grama em uma área encantadora, mas você precisará trazer sua própria raquete e as bolas.

Dicas Aja Como um Atleta Olímpico

Um dos mais prestigiados centros de *fitness* da cidade, a **Piscina Bernardo Picornell** (veja "Natação", anteriormente), fica ao lado do Estádio Olímpico em um complexo *indoor/outdoor*, cujas principais atrações são as duas piscinas lindamente projetadas. Construída para os Jogos Olímpicos de Verão de 1992, a instalação contém *health club* e academia, e está aberta ao público.

CAVALGADAS

Localizado no alto da cidade, na montanha de Montjuïc, é aqui que fica uma famosa escola de equitação. A **Escola Municipa d'Hípica**, Av. Muntayans 14–16 (℃ **93-426-10-66**; Metrô: Espanya) oferece aulas para todas as idades a partir de 15€ (US$19) a hora.

SURF & WINDSURFING

Quando o vento sopra, as praias de Barcelona oferecem boas condições para *windsurfing*, *kitesurfing* e *surf*, o qual tem se popularizado. *Wind 220°*, na esquina do Passeig Marítim com Pontevedra (℃ **93-221-47-02**; Metrô: Barceloneta), bem na praia de Barceloneta, tem todos os equipamentos necessários para alugar, além de locais para guardar suas coisas, um café, informação e cursos.

BARCOS DE PASSEIO

Las Golondrinas (Swallow Boats; ℃ **93-442-31-06**) são pequenos barcos de dois andares que levam você em um passeio recreativo pelo porto da cidade, ou em uma combinação do porto mais a costa norte. Os barcos partem do lado do porto da Plaça Portal de la Pau, bem em frente à estátua de Colombo. O passeio, somente pelo porto, sai de hora em hora (somente nos fins de semana) entre 11:45h e 18:00h e a excursão que inclui o porto e a costa parte diariamente às 11:00h, 12:20h, 13:15h e 15:30h. Os preços para adultos custam 3,80€ (US$4,75) somente para o porto e 9,20€ (US$12) para o porto e a costa; menores de 4 a 14 anos pagam 1,90€ (US$2,40).

Crianças Alegria, Alegria!

Happy Park é a solução perfeita para crianças que precisam gastar um pouco de energia. É com se fosse um enorme labirinto coberto, cheio de aparatos para balançar, tocar, sentir, pular e escorregar para que os pequenos se esbaldem. Monitores estão à disposição e o local tem uma área especial fechada para os menores. Existem dois em Barcelona: um em Comtes de Bell-lloc 74-78 (℃ **93-490-08-35**; Metrô: Sants), e a outro na Pau Claris 97 (℃ **93-317-86-60**; Metrô: Urquinaona). Ambos abrem de segunda a sexta, das 17:00h às 21:00h e nos fins de semana, das 11:00h às 21:00h. O custo é de 4€ (US$5) por hora para crianças, gratuito para adultos.

Caminhando por Barcelona

8

Da mesma forma que ocorre em várias outras grandes cidades do mundo, vale muito mais a pena conhecer Barcelona a pé. Idealmente localizada na beira do mar e delimitada por colinas em dois de seus lados, a cidade tem uma variedade bem rica de bairros, desde um centro medieval com ruas estreitas, bairros residenciais do século XIX com avenidas largas, até um litoral ladeado de marinas e com praias restauradas. Explore essas áreas tranquilamente usando nosso quarteto bem abrangente de excursões a pé que você mesmo pode fazer.

EXCURSÃO A PÉ 1   BARRI GÒTIC (QUARTEIRÃO GÓTICO)

Início:	Plaça Nova (Metrô: Jaume I).
Fim:	Mesmo local na Plaça Nova ou na Vía Laietana em frente ao Port Vell (Metrô: Barceloneta).
Duração:	2 a 3 horas.
Melhores horários:	Qualquer dia ensolarado ou antes de anoitecer.

Comece na:

❶ Plaça Nova

Localizada à sombra da catedral, essa é a maior área aberta do Quarteirão Gótico. Atrás de você, a fachada do Collegi de Architects, a escola de arquitetura da cidade, apresenta um friso criado (mas não executado) por Picasso. Da Plaça Nova, suba pela inclinada rua estreita e asfaltada (Carrer Del Bisbe).

Ao se aproximar da primeira rua à direita, a Carrer de Montjuïc del Bisbe de Santa Llúcia, vire à direita e siga essa rua sinuosa até a:

❷ Plaça de Sant Felip Neri

Essa praça pequena, geralmente é citada como a mais charmosa do Barri Gòtic. Embora nenhuma das construções seja realmente gótica (e algumas foram trazidas de outras partes da cidade), a fonte central, as árvores majestosas e a tranquilidade geral mais do que a qualificam para seu *status* de "oásis urbano". Os buracos que você vê nos trabalhos em pedra da fachada mais embaixo da igreja do século XVII (a qual infelizmente perdeu muitas de suas características barrocas no final do século XVIII), foram causadas por uma bomba lançada por tropas fascistas que mataram 20 crianças que estavam em uma escola ao lado. Do lado oposto, o prédio mais antigo tem estilo renascentista e serve como sede do grêmio dos sapateiros com um Museu do Calçado lá dentro.

Caminhe de volta até a Carrer Del Bisbe. Volte para a esquerda, depois pegue a próxima à direita, a Carrer de Santa Llúcia. Isso o levará até a:

❸ Casa de L'Ardiaca (Casa do Arquidiácono)

Construída no século XV como residência do Arquidiácono Despla, o prédio gótico tem detalhes esculturais com motivos renascentistas e do início do século XX. Em seu pátio, que lembra um claustro, estão uma fonte e uma palmeira. Observe a caixa de correios, criada pelo arquiteto modernista Domènech i Montaner, onde 5 andorinhas e uma tartaruga esculpidas em pedra espe-

Excursão a Pé 1: Barri Gòtic (Quarteirão Gótico)

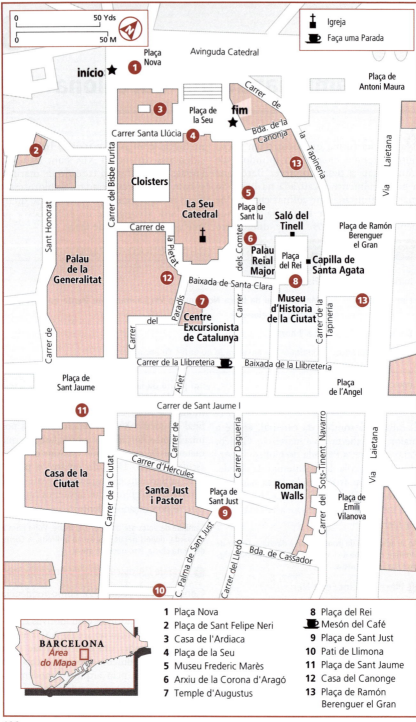

196

BARRI GÒTIC (QUARTEIRÃO GÓTICO) 197

ram a chegada de mensagens importantes. Esse lindo local atualmente guarda os arquivos da cidade, mas você pode ver o pátio e a área externa.

Depois de sair da Casa do Arquidiácono, continue na mesma direção por vários passos até chegar à:

❹ Plaça de La Seu

Essa praça fica em frente à entrada principal da Catedral de Barcelona (pág. 161). Se você estiver aqui nas duas primeiras semanas de dezembro, terá a sorte de conhecer o animado Mercat de Santa Llúcia, um mercado ao ar livre que vende árvores de Natal, decorações e estatuetas como a do *caganer* Catalão (pág. 21).

Depois de fazer um *tour* pela catedral, saia pela mesma porta pela qual você entrou e vire à direita na Carrer dels Comtes admirando as gárgulas pelo caminho. Depois de cerca de 100 passos à esquerda, você chegará ao:

❺ Museu Frederic Marès

Esse museu maravilhoso possui uma coleção extraordinária de artefatos religiosos românicos e góticos (pág. 165). Mesmo que você não entre, vale a pena admirar o pátio desse antigo palácio de um bispo do século XIII. O café ao ar livre é um ótimo lugar para dar uma descansada.

Saia pela mesma porta que você entrou e continue seu passeio na mesma direção. Você passará pelo portal do lado direito da catedral, onde as cabeças de dois anjos um tanto abstratos ficam ao lado do trono de uma santa. Alguns passos a mais à esquerda, e observe a fachada de pedras do:

❻ Arxiu de La Corona d'Aragó

Esse é o antigo prédio de arquivos da coroa de Aragão e da Catalunha. Antigamente chamado de Palau del Lloctinent (Palácio dos Delegados), esse prédio gótico é um trabalho de Antonio Carbonell. Ele não fica aberto ao público, mas você pode dar uma olhada em seus pátios e arcos superiores, admirando as vinhas centenárias.

Depois que sair do pátio, você vai se ver de volta à Carrer dels Comtes. Pegue a rua à sua frente, a Carrer de La Pietat, que segue a fachada de trás da catedral e depois a primeira rua à sua esquerda, a Carrer Del Paradis. No número 10 fica um dos segredos mais bem guardados do Barri Gòtic, o:

❼ Temple d'Augustus

Dentro do pátio dessa construção medieval, estas 4 colunas coríntias majestosas são tudo o que sobrou do principal templo da Barcelona romana. Muitos historiadores acreditam que ele foi dedicado ao imperador César Augustus, daí o seu nome. Certo é que, estando no ponto mais alto da cidade, ele foi o importante local onde ficava o Fórum Romano no passado. De junho a setembro, o templo fica aberto de terça a sábado, das 10:00h às 20:00h, domingo das 10:00h às 14:00h; no restante do ano, abre de terça a sábado, das 10:00h às 14:00h e das 16:00h às 20:00h, domingos das 10:00h às 14:00h.

Volte pela Carrer de La Pietat até o Palau del Lloctinent. Continue na mesma direção na mesma rua e você será conduzido até uma das praças mais famosas do Quarteirão Gótico:

❽ Plaça del Rei

O Grande Palácio Real, um prédio resultante da expansão do que originalmente era a residência dos condes de Barcelona, domina esse quarteirão. Aqui você pode visitar tanto o Palau Reial quanto o Museu d'História de La Ciutat (pág. 161). À direita da praça fica a Capela Palaciana de Santa Ágata, um templo gótico do século XIV que faz parte do Palau Reial. Nessa capela está preservado o altar do Grande Condestável, um trabalho de Jaume Huguet, do século XV.

Saia da Plaça del Rei pelo lado sul. Vire à esquerda pela inclinada Baixada de Llibretería. No número 7, você verá a linda loja de velas, Cereria Subira, o estabelecimento de atacado contínuo mais antigo de

---

FAÇA UMA PARADA

Mesón Del Café, Llibretería 16 (✆ **93-315-07-54**), fundada em 1909, é especializada em café e em cappuccino. Um dos cafés mais antigos da redondeza, às vezes com até 50 pessoas em seus recintos apertados. Alguns clientes regulares se sentam nas banquetas do bar e pedem o café da manhã. O café custa 1,20€ (US$1,50) e um cappuccino sai por 2,20€ (US$2,75). O café fica aberto de segunda a sábado, das 07:00h às 21:30h.

198 CAPÍTULO 8 · CAMINHANDO POR BARCELONA

Barcelona. Poucos passos adiante, vire à esquerda, cruzando a movimentada Carrer Ferran. Continue pela Carrer de La Dagueria. Isso o levará até à:

❾ Plaça de Sant Just

A praça é dominada pela entrada da Església dels Sants Just i Pastor. Acima do portal de entrada, uma Virgem em um trono está cercada por um par de anjos protetores. A inscrição em latim a aclama como VIRGO NIGRA ET PULCHRA, NOSTRA PATRONA PIA (Virgem Negra e Maravilhosa, Nossa Santa Padroeira). Essa igreja data do século XIV, embora o trabalho continuasse até o século XVI. Algumas autoridades alegam que a igreja, considerando uma manifestação anterior da presente estrutura no século IV, é a mais antiga de Barcelona. Você verá que suas portas ficam geralmente fechadas, exceto durante a missa de domingo.

Em frente à igreja, na Plaça de Sant Just 4, fica o Palau Moixó do século XVIII, uma residência aristocrática coberta de afrescos desbotados, mas ainda elegantes, de anjos brincando entre guirlandas. Em sua base existe uma fonte pública, a fonte de água mais antiga da cidade.

Continue andando na mesma direção descendo a Carrer de La Dagueria, que muda de nome para Carrer de Lledó. Se quiser, faça um desvio para a rua paralela à sua esquerda, a Carrer dels Sorts-Tinent Navarro; aqui você verá as ruínas de antigas muralhas romanas. Caso contrário, pegue a segunda rua à direita, a Carrer Cometa (cujo nome se deve a um cometa visto aqui em 1834). Vire à direita novamente na Carrer Del Regomir. No número 3 fica o:

❿ Pati de Llimona

Esse centro comunitário animado, cujo nome deve-se ao pátio interno e ao limoeiro, tem uma linda galeria do século XV e vestígios do antigo sistema de esgotos romano mostrados embaixo de um piso de vidro. Ao lado, a minúscula capela de São Cristóvão do século XVI, que é aberta, fica protegida da rua por um portão de ferro. Vale a pena dar uma olhada em quais exposições estão acontecendo no centro, normalmente de artistas e fotógrafos locais.

Continue subindo a Carrer Regomir (que muda de nome para Carrer de La Ciutat) até chegar na:

⓫ Plaça de Sant Jaume

Sob vários aspectos, esta praça é o coração político da cultura catalã. Do outro lado da praça, construída em um local onde antigamente ficava o cruzamento de duas ruas romanas, ficam os políticos e burocratas do governo catalão. Nas noites de domingo, você pode ver a sardana, a dança nacional da Catalunha. Muitos bares e restaurantes ficam nas ruas laterais que saem desta praça.

Na praça, com suas costas para a rua que você acabou de deixar (Carrer de La Ciutat), você verá um pórtico dórico imediatamente à direita, que é do Palau de La Generalitat, o parlamento da Catalunha. A construção desse trabalho extraordinário, com seu pátio enorme e suas escadarias ao ar livre, juntamente com galerias de arcos duplos em estilo catalão gótico, começou na era de Jaume I. Uma característica especial dessa construção é a Capela de São Jorge, construída em estilo gótico flamboyant entre 1432 e 1435 e expandida em 1620 com a adição de nichos e uma cúpula com pilastras penduradas. A parte de trás da construção possui um pátio com laranjeiras, iniciado em 1532. No Salão Dourado, foi assinada a Proclamação da República. Do outro lado da praça ficam as colunas jônicas da Casa de La Ciutat/Ayuntamiento, a Prefeitura de Barcelona. Ambos os prédios são abertos apenas de tempos em tempos ao público (pág. 165).

Com suas costas para a Casa de La Ciutat, cruze a praça à direita e vire à esquerda, novamente na Carrer del Bisbe. Logo à sua direita estará a:

⓬ Casa Del Canonge (Casa do Canhão)

Essa série de prédios, antigamente um grupo de casas de canhões, data do século XIV e foram restauradas em 1925; ainda restam brasões dos séculos XV e XVI. Preste atenção nos símbolos reais da Barcelona medieval nas placas de pedra do prédio — torres gêmeas sendo suportadas por cabras aladas com pés de leão. Na mesma fachada, preste atenção também na representação de anjos gêmeos. O prédio atualmente é usado como residência do Presidente da Generalitat.

LA RIBERA (EL BORN & SANT PERE)   199

Conectando-o ao Palau de La Generalitat do outro lado da rua está uma ponte de pedra charmosa, esculpida com padrões rendados, que também data dos anos 20.

Continue caminhando pela Carrer del Bisbe até alcançar seu ponto de início, a Plaça Nova. Se você quiser continuar sua caminhada, cruze a praça à direita até a movimentada Vía Laietana. Aqui você verá a:

⓭ Plaça de Ramón Berenguer el Gran

Uma estátua de cavalo dedicada a esse herói (1096–1131) é cercada pelo cascalho de um parque semicircular, cujo pano de fundo é formado pelas paredes de um antigo forte romano e nas proximidades, por uma torre gótica. Continue descendo a Vía Laietana em direção ao porto e você verá mais desses. Conhecidas como Las Murallas em espanhol, elas foram construídas entre 270 e 310 d.C. Os muros seguiam um curso retangular, e foram construídos de modo que suas partes fortificadas ficassem de frente para o mar. Por volta dos séculos XI e XII, Barcelona tinha ultrapassado há muito seus limites. Jaime I ordenou a abertura das Muralhas Romanas e a expansão que se seguiu da cidade, virtualmente as destruiu, exceto pelas fundações que você vê nos dias de hoje.

EXCURSÃO A PÉ 2   LA RIBERA (EL BORN & SANT PERE)

Início:	Plaça de l'Angel (Metrô: Jaume I).
Fim:	Arc de Triomf na extremidade norte do Parc de La Ciutadella (metrô Arc de Triomf).
Duração:	2 a 3 horas.
Melhores Períodos:	Qualquer dia ou antes de anoitecer.

Comece na:

❶ Plaça de l'Angel

Conhecida nos períodos medievais como a Plaça del Blat (Praça do Trigo), pois todas as vendas de gráos eram feitas aqui, essa pequena praça fica no cruzamento movimentado da Jaume 1 com Laietana, no limite oriental do Barri Gòtic.

Da Plaça de l'Angel, pegue a Carrer Boria a leste, depois vire para o norte na Carrer Mercaderes e imediatamente para leste novamente chegando à Plaça Santa Caterina e ao:

❷ Mercat de Santa Caterina

Esse é o mercado mais antigo em funcionamento nessa área. Ele ocupa o local original onde ficava o convento medieval de Santa Catarina e oferece a variedade usual bem rica de produtos do Mediterrâneo. Em 2005, depois de um longo período de reformas, o mercado foi aberto novamente. O mercado tem um incrível *design moderniste*, do falecido Enric Miralles, cujo telhado colorido e ondulado deve muito a Gaudí.

Do lado do mercado que dá para o sul, pegue a Carrer Sant Jacint, vire para leste em direção a Carrer Corders, e depois para o sul na Placeta d'en Marcus.

❸ Capella d'en Marcus

Vale a pena dar uma espiada nessa minúscula capela do século XII, alojada na pequena praça Placeta d'en Marcus, próximo ao cruzamento da Calle Montcada com Calle Carders (Rua dos Penteadores de Lã). Originalmente concebida por um tal de Bernat Marcus como santuário para os viajantes infelizes que chegavam à cidade depois que os portóes já estavam fechados, também dizem que foi a sede do primeiro serviço postal do país.

Continue para o sul cruzando a Carrer Princesa para chegar à:

❹ Carrer Montcada

Essa rua deve seu nome ao poderoso comerciante Guillem de Montcada, que construiu um palácio aqui em 1153, há muito desaparecido. Essa charmosa rua medieval já seria suficientemente interessante para se dar uma

Excursão a Pé 2: La Ribera (El Born & Sant Pere)

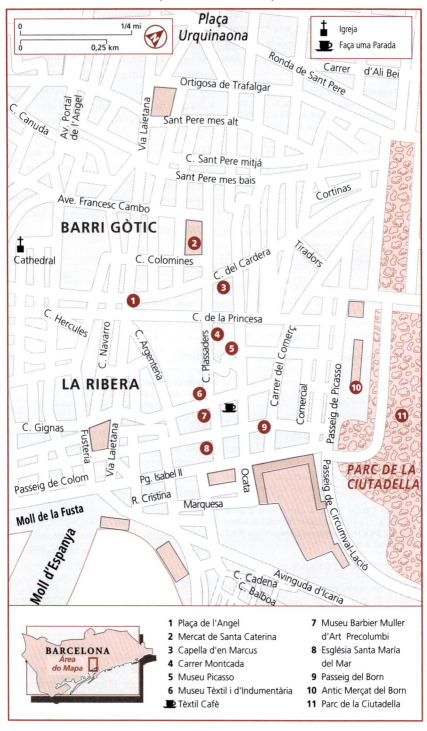

LA RIBERA (EL BORN & SANT PERE)

passeada mesmo que não contivesse três dos museus mais interessantes da cidade (ao quais, infelizmente, você não será capaz de fazer justiça, se quiser terminar essa caminhada em um único dia). As construções elegantes nessa rua são recordações do tempo em que esse local era um centro comercial próspero, onde fortunas enormes eram feitas por comerciantes espertos e ambiciosos.

❺ Museu Picasso

Localizado em nada menos do que cinco antigos palácios na Carrer Montcada, o Picasso geralmente é considerado o museu mais popular da cidade. Em sua essência, ele cobre "O Artista Quando Jovem", e até mesmo as obras mais antigas em exibição foram criadas quando o malagueño tinha meros 20 e poucos anos. A exposição tem desde notas e esboços até litografias, cerâmicas e óleos sobre tela. Os destaques são Las Meninas (interpretação de Picasso da obra de Velázquez) e O Arlequim e apesar do tempo ser curto, procure pela La Ciencia y la Caridad (Ciência e Caridade), uma obra-prima criada quando o artista ainda estava na escola.

❻ Museu Tèxtil i d'Indumentària

Mais de mil anos de moda enchem os salões desse extraordinário museu, espalhado pelo Palau dels Marquesos de Llio, que possui um teto medieval original. As exposições mais antigas são da época do antigo Egito, mas os estilos flamboyant barroco, Regência e do século XX são os que realmente chamam a atenção.

FAÇA UMA PARADA

Tèxtil Cafè, Carrer Montcada (✆ **93-268-25-98**), é um lugar conveniente para um descanso entre museus. Este pequeno café elegante está alojado em um pátio escondido de paralelepípedos nos terrenos do próprio Museu Tèxtil. Um local ideal para relaxar com um café llet (café con leche) e um folheado dinamarquês.

---

❼ Museu Barbier Muller d'Art Precolumbi

Atmosfericamente alojado no Palau Nadal do século XV, perto dos dois museus acima, esse braço do grande museu de Genebra oferece uma das melhores exposições de arte pré-colombiana do mundo e tem atraído uma multidão desde sua inauguração em 1997. Entre seus destaques está uma coleção deslumbrante de ouro, joias e máscaras.

Continue descendo a Carrer Montcada até o Passeig del Born. Vire para oeste (direita) na Carrer de Santa María.

❽ Església de Santa María del Mar

Construída no século XIV durante um período de pouco mais de 50 anos (rápido para a época), essa grandiosa basílica de abóbadas altas, homenageando a santa padroeira dos marinheiros, costumava ficar na beira do mar, quando esse chegava mais para o interior. Como o bem-estar dos marinheiros dependia principalmente da clemência e da proteção de "Nossa Senhora do Mar", naquela época um grande número de pessoas sem recursos trabalhava de graça em sua construção. Figuras de bronze de dois porteiros comemoram isso, enquanto o portal a oeste é ladeado por estátuas de Pedro e Paulo.

Hoje ela é uma das estruturas góticas mais imponentes de Barcelona, destacando-se por suas colunas imponentes e uma aura de local espaçoso sem muitos detalhes. Preste atenção nos estupendos vitrais das janelas, especialmente nas janelas do século XV em forma de rosa acima da entrada principal. (Uma adição posterior a 1997, em contrapartida, não impressiona em nada.) Eventualmente, você poderá querer voltar aqui para um concerto à noite — particularmente por uma apresentação de Handel. Em um ambiente atemporal como esse, será uma experiência inesquecível.

Volte para leste novamente até o:

❾ Passeig del Born

Esse *passeig*, ou avenida, curto e largo, já foi um centro de torneios e combates. (O nome "Born" em catalão significa, entre outras coisas, a ponta de uma lança de combate.]) No período medieval, quan-

202 CAPÍTULO 8 · CAMINHANDO POR BARCELONA

do a Catalunha tinha um grande poderio naval, a fama do *passeig* era tal que a frase "Roda el món i torna al Born" ("Viaje pelo mundo e volte para Born") tornou-se bem popular. Ele foi o coração espiritual da cidade do século XIII até o século XVIII, quando La Rambla assumiu esse papel. Hoje, a agitação de Born assume uma forma mais moderna e noturna, centralizada principalmente em torno dos vários bares e cafés que enchem as movimentadas ruas laterais.

No fim da avenida está o:

🔟 Antic Merçant del Born

Essa construção enorme, com seu telhado de ferro fundido, já esteve entre os maiores mercados atacadistas da cidade. Fechado desde a década de 70, está previsto para reabrir como um museu e um centro cultural — ele está localizado em cima de uma zona de escavações do século XVIII, que pode ser vista por meio do piso de vidro.

Cruze o Passeig de Picasso logo depois da extremidade leste do mercado e você entrará no:

🔟 Parc de la Ciutadella

Construído no local onde ficava uma fortaleza de Bourbon muito odiada no século XVIII, que foi destruída pelo general Prim, em 1878 (ver sua estátua), esse oásis de 30 hectares (75 acres) de área verde foi introduzido no final dos anos de 1890, logo depois de ter servido como local para a Exposição Universal. Os seus muitos destaques incluem estátuas, fontes (uma desenhada pelo jovem Gaudí), um lago para barcos, uma cascata (La Cascada), com uma escultura gigantesca de um mamute peludo, o Castell dels Tres Dragons (Castelo dos Três Dragões) projetado por Domènech i Muntaner, que abriga o museu de zoologia, dois *arboretums* e um pequeno jardim botânico. Existe também um Museu de Ciências e, por último, mas não menos importante, o parlamento catalão, que está localizado no arsenal da antiga fortaleza e pode ser visitado se for agendar antes. Caminhe para a extremidade norte do parque para ver o Arc de Triomf de estilo *moderniste* com neo-Mudéjar, que serviu de entrada para a Exposição Universal.

Caminhe ao norte na La Rambla e depois vire à esquerda na Carrer Nou de la Rambla. Quase imediatamente à sua esquerda está o:

EXCURSÃO A PÉ 3   EL RAVAL

Início:	Mirador de Colón (Metrô: Drassanes)
Fim:	Universidat (Metrô: Universidat)
Duração:	2 a 3 horas
Melhores Períodos:	Qualquer dia ensolarado ou bem cedinho ao anoitecer.

---

❶ Palau Güell

Primeira criação arquitetônica de Gaudí — na verdade, uma extensão da antiga casa de seus pais, que desde então foi transformada em um hotel — essa construção *moderniste* parece uma fortaleza, situada a uma curta distância de La Rambla. O trabalho atual de renovação deve estar concluído em breve e, por enquanto, você pode admirar sua fachada veneziana, os arcos da entrada e o conjunto bizarro de chaminés da rua.

Continue pela Carrer Nou de la Rambla. Quando chegar na larga e movimentada Avinguda del Paral.lel, vire à direita em direção à Carrer de l'Abat Safont e

depois à direita novamente na Carrer de Sant Pau. Logo à sua direita estará a:

❷ Eglésia de Sant Pau de Camp

Esse raro exemplo urbano de arquitetura românica (oficialmente declarado como um monumento nacional) é, na realidade, a mais antiga de todas as igrejas de Barcelona, cheia de pequenas esculturas e figuras grotescas fascinantes. Quando ela foi originalmente construída pelos monges no século IX, a área em volta era formada por campos e bosques (daí o seu nome "São Paulo do Campo"). A construção atual um tanto baixa é uma mistura deliciosa de estilos dos séculos XI a 14, incluindo algumas decorações visigóticas, todas as quais se destacam por causa de um belo claustro minúsculo com arcos mouros e uma fonte de pedra.

Continue ao longo da Carrer de San Pau até a:

❸ Rambla de Raval

Um dos mais novos *paseos* da cidade, criado em 2000 quando um grande quadrado de becos congestionados e residências insalubres foram removidos como parte de um plano recomendável e necessário chamado "Raval se abre para o céu". Hoje ela é uma área ensolarada para pedestres onde as crianças brincam e os moradores locais podem relaxar sob as palmeiras de aspecto um pouco inquietantes. Cercado por uma nova mistura de restaurantes, incluindo diversos locais que vendem *kabob*, abertos por imigrantes paquistaneses, o local agora transborda uma aura internacional, embora alguns dos antigos problemas continuem existindo. Mais mudanças estão sendo planejadas à medida que a área se torna cada vez mais nobre e cosmopolita. Procure pela enorme estátua de um gato preto no extremo sul.

Na extremidade norte da Rambla de Raval, vire à direita na Carere de l'Hospital. Depois de cerca de 180 metros à sua esquerda está o:

❹ Antic Hospital de Santa Cruz

O nome pode enganar porque o famoso hospital de antigamente — um dos maiores da Espanha na Idade Média — deixou de cuidar dos doentes e necessitados há mais de 80 anos, quando um de seus últimos pacientes foi Gaudí. Hoje, em vez disso, ele fornece cuidados para a mente. Sua mistura de estilos gótico, barroco e neoclássico se espalha por vários edifícios, que foram transformados em 2001, depois de um intenso trabalho de restauração, em uma variedade de instituições culturais, incluindo a principal biblioteca catalá localizada na Escola de Artes Massana.

À direita do Antic Hospital está a:

❺ Carrer d'en Robador

Essa rua estreita e sinuosa que não recebe a luz do sol fica no coração do velho Barrio Chino (ou Barri Xino como é conhecido atualmente), e já foi um famoso território não de ladrões (*robadors*), mas de pontos onde ficavam prostitutas de todas as formas e tamanhos, as quais ocupavam todas as entradas e ficavam em todas as esquinas. Atualmente é uma área mais discreta, embora não esteja totalmente livre da prostituição, uma esquina um pouco perigosa da crua Barcelona medieval.

No final da Carrer d'en Robador vire à direita na San Pau e continue até o final e você chegará na La Rambla e no:

❻ Gran Teatre del Liceu

Tragicamente destruída há mais de uma década por um incêndio, essa casa de ópera magnífica e tradicional, com vista para a La Rambla, surgiu das cinzas como uma fênix e, atualmente, recebe de novo algumas das melhores apresentações clássicas do mundo. Sua nova fachada abriga um interior opulento de cores ricas e escuras e esculturas intrincadas onde um ambiente do século XIX foi recriado, juntamente com o acréscimo de vários equipamentos modernos.

Continue à esquerda subindo a La Rambla até o:

❼ Mercant de Boqueria

Com uma classe própria, esse mercado, sempre colorido e dinâmico está entre os maiores e melhores da Europa. Sob seu teto alto de ferro trabalhado, várias barracas vendem uma mistura caleidoscópica de frutos do mar do Atlântico e do Mediterrâneo, carne de Castela, frutas de Valência e legumes e verduras locais. As bancas de cartão-postal na frente tendem a ser mais caras, por isso admire-as e depois vá para os fundos para obter itens com preços melhores.

Quase do lado da Boqueria está o:

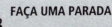

FAÇA UMA PARADA

Dentro do mercado você encontrará diversos bares e cafés com preços bons, onde moradores locais chegam cedo para o café da manhã ou para uma bebida, ou onde *chefs* de restaurantes de primeira param para um café, enquanto fazem suas compras. Pode-se não dar muito pelos bares, mas eles servem um dos melhores cafés da cidade.

Excursão a Pé 3: El Raval

ROTEIRO MODERNISTE (L'EIXAMPLE) 205

⑧ Palau dela Virreina

Construído em 1770, esse palácio barroco clássico recebeu seu nome por causa da viúva de um vice-rei que regressou para Barcelona como um homem rico depois de um período bem-sucedido prestando serviços no Peru. Hoje o local é um centro cultural de eventos, principalmente privativo, mas com exposições públicas ocasionais dedicadas à história e às tradições de Barcelona. Geralmente, vale a pena dar uma olhada nas mostras de fotografias no andar de baixo. Você também pode comprar *souvenirs* aqui, e consultar o balcão de informações sobre as datas dos eventos culturais que estão por vir.

Vire à oeste afastando-se da La Rambla pela Carrer Carmé e pegue a quarta à esquerda na Carrer del Angel para chegar à Plaça dels Angels (que não deve ser confundida com a Plaça de l'Angel, na excursão de La Ribera). Aqui você verá um trio de centros de arte de vanguarda. Bem à sua frente, do outro lado da praça está o:

⑨ MACBA (Museu d'Art Contemporani de Barcelona)

Inaugurado em 1995, esse empório com paredes de vidro cujo *design* foi feito por um americano — com suas paredes brancas brilhantes, rampas planejadas de forma intrincada e um átrio triplo — ilumina agora sua coleção mais ousada de obras de arte modernas com luz natural. Ao lado de celebridades internacionais, existe uma forte presença de artistas catalães que refletem diversos movimentos reacionários, tanto em pinturas como em fotografias. As exposições estão em cons-

tante evolução e as exposições temporárias mostram novos trabalhos criativos.

À sua esquerda fica o:

⑩ FAD (Foment de les Arts i Dissenys)

Localizado no antigo Convent dels Angels, logo em frente ao MACBA, esse órgão essencialmente administrativo promove artistas talentosos e concede prêmios a novos artistas promissores, ao mesmo tempo em que organiza muitas exposições próprias. Oficinas e "mercados de arte" também dão uma oportunidade para os novos artistas venderem seus trabalhos.

Atrás do MACBA, indo pela Carrer Montealegra, está o:

⑪ CCCB (Centre de CulturaContemporànea de Barcelona)

Construído no local onde anteriormente ficava a espaçosa Casa de Caritat (Casa de Caridade), esse é o maior centro cultural da Espanha. Seu *design* — de autoria de Viaplana e Piñón, que também criaram o centro comercial Maremagnum no porto — é formado principalmente por um conglomerado moderno de aço e vidro, embora o pátio e a fachada do antigo edifício tenham permanecido. Ele oferece uma mistura eclética de shows de cinema e vídeos, exposições de arte, conferências e cursos, música e apresentações de dança e até mesmo passeios organizados em áreas incomuns da cidade. Há também uma livraria bem provida e um bar/restaurante.

Depois vire à direta na Carrer Valldoncella, e então à esquerda na Carrer dels Tallers, depois da Plaça de Castella, até a Praça da Universidade e a estação do metrô.

EXCURSÃO A PÉ 4 — ROTEIRO MODERNISTE (L'EIXAMPLE)

Início:	Plaça Urquinaona (Metrô: Urquinaona).
Fim:	Plaça Catalunya (Metrô: Cataluña).
Duração:	2 a 3 horas
Melhores Horários:	Qualquer dia ensolarado ou antes de anoitecer.

CAPÍTULO 8 · CAMINHANDO POR BARCELONA

Comece na Plaça Urquinaona e siga em direção à Carrer Sant Francesc de Paula até o:

❶ Palau de la Musica Catalana

Esse refúgio para amantes da música em Barcelona, projetado por Domènech i Mantaner e que fica logo depois de La Ribera, vale um pequeno desvio antes de você começar seu passeio por L'Eixample. Com decoração extravagante, seus destaques incluem bustos de Palestrina, Bach e Beethoven, mosaicos multicoloridos e colunas, e um friso alegórico grande do Orfeu Català de Lluis Bru. O certo a fazer, naturalmente, é voltar uma noite para desfrutar um concerto em seu interior, mais magnífico ainda.

Volte para Urquinaona e caminhe para leste ao longo da Carrer Ausias March até o número 31, onde você encontrará a:

❷ Farmacia Nordbeck

Construída em 1905, esse é um dos melhores exemplos de farmácia construída em estilo *moderniste* completo, com janelas com vitrais e madeira macia e escura. Por toda L'Eixample você perceberá drogarias semelhantes e exóticas — como o Argelaguet na Carrer Roger de Llúria — enfatizando a ligação entre curar o corpo e satisfazer a alma.

E depois de três edifícios descendo a rua (no mesmo lado), você verá:

❸ Cases Tomàs Roger

Esse par de casas nos números 37 e 39, projetadas por Enric Sagnier no fim do século XIX, destacam-se pelas suas arcadas elegantes e pelo sgraffito bem restaurado.

Volte para a Plaça Urquinaona e siga ao norte pela Carrer Roger de Llúria. No número 85, você encontrará:

❹ Queviures Murrià

Administrado pela mesma família por mais de um século e meio, esse maravilhoso armazém também é uma obra de arte impressionante. A apresentação dos produtos lá dentro é complementada pelo exterior luxuoso de autoria do pintor *moderniste* Ramón Casas.

Continue subindo a Roger de Llúria até a Carrer de Mallorca. Vire à direita e siga até o número 291 para encontrar:

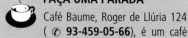

FAÇA UMA PARADA

Café Baume, Roger de Llúria 124 (☎ **93-459-05-66**), é um café tradicional onde você pode por seus pés em cima de cadeiras de couro antiquadas, gastas pelo uso. Desfrute um café matutino ou chá durante o intervalo do exaustivo trabalho de ver as atrações artísticas da área. Nos domingos, o lugar é particularmente popular entre os moradores locais que vêm relaxar e ler sobre os mais recentes escândalos e brigas com Madri no La Vanguardia.

❺ Bd. Ediciones de Diseño

Uma das mais finas lojas de *design* de interiores que você encontrará, esse edifício elegante — conhecido como Casa Tomas — foi projetado não por um, mas por vários arquitetos *moderniste* importantíssimos, incluindo o grande Domènech i Mantaner. Dê uma olhada na coleção de reproduções chiques (extremamente caras) e mobílias de pessoas como Dalí e Gaudí.

Continue subindo a Roger de Llúria e depois vire à direita na larga Avinguda Diagonal. No lado oposto (norte) da avenida nos números 416-420 está a:

❻ Casa de les Punxes (Casa Terrados)

Conhecida localmente como a "Casa das Estacas" por causa de suas torres bem pontudas, essa excentricidade parecida com um castelo neogótico, construída por Puig i Cadafalch em 1905, tem quatro torres e um trio de entradas separadas (uma para cada filhas da família). Seus painéis de cerâmica têm temas patrióticos. Controversa no passado (um político proeminente da época, Alejandro Lerroux, a chamou de "um crime contra a nação"), hoje ela é considerada um dos grandes marcos do *modernisme*.

Mais distante, na Avinguda Diagonal, no número 442 está a:

❼ Casa Comalat

Projetado pelo arquiteto influenciado por Gaudí, Salvador Valeri i Popurull, essa casa incomum tem duas fachadas distintas, uma formal na frente e outra menos sóbria na

ROTEIRO MODERNISTE (L'EIXAMPLE) 207

parte de trás. A primeira tem diversas sacadas sinuosas de pedra com parapeitos de ferro forjado; a segunda, que se abre para a Carrer Corséga, caracteriza-se pelo trabalho de cerâmica policromática e pelas galerias de madeira. Embora não esteja aberta ao público, vale a pena dar uma olhada do lado de fora.

Agora caminhe para oeste ao longo da avenida até o:

⑧ Palau de Baró de Cuadras

Construído em 1904 de acordo com um projeto do sempre presente Puig i Cadalfalch, essa mansão caracteriza-se pelas fachadas duplas sem igual, que combinam estilos plateresco e gótico no lado que dá de frente para a Diagonal; a fachada traseira, mais séria, reflete o fato que o edifício era essencialmente um simples bloco de apartamentos de frente para a Carrer Rosselló. Por dentro, a decoração é predominantemente árabe com uma riqueza de mosaicos, sgraffito e madeiramento policromático. Ele abriga a exposição Casa Asia (www.casaasia.es; acesso gratuito), que tem o objetivo de fomentar relações culturais e econômicas entre Ásia e Europa.

Retorne a oeste pela Diagonal até a Plaça Joan Carles 1 e vire à esquerda no Passeig de Gràcia. Desça em direção ao sul dessa avenida até o cruzamento com a Carrer Provença, onde você encontrará a:

⑨ Manzana de la Discordia

Essa pequena área do Eixample é o ponto alto da visita de qualquer entusiasta *moderniste*. Aqui você tem trabalhos, quase um em cima do outro, não só de um grande arquiteto, mas de três. (Manzana, por acaso, significa tanto "pedaço de terra" como "maçã" em espanhol, assim, seu duplo sentido sugere de maneira intrigante o mito grego no qual Páris tem que escolher qual beldade ganhará o cobiçado Pomo da Discórdia.)

Se há um único vencedor aqui, geralmente é reconhecido como sendo a exoticamente curvilínea Casa Battló (no número 43) de Gaudí, que começou a permitir a entrada do público somente em 2002. Permanentemente iluminada à noite, ela é afetuosamente conhecida pelos catalães como a "casa dels ossos" (casa dos ossos) — e, às vezes, também de "casa del drach" (casa do dragão) — e caracteriza-se por uma mistura irregular de azulejos fragmentados em tons de azul, verde e malva cobertos por um telhado cheio de chaminés de cor azul celeste igualmente extravagantes, que em 2004 também foi aberto ao público.

Em seguida, vem a Casa Amettler, de estilo cúbico de Puig i Cadalfach (número 41), com sua fachada brilhante de cerâmica, um frontão triangular gótico flamengo e pequenas estátuas bizarras de animais precocemente talentosos (um deles soprando vidro), de autoria de Eusebio Arnau. Por último, a Casa Lleo Morera, de Doménech i Mantaner (número 35) cuja torre dominante lembra um bolo de casamento derretendo (azul-claro) sobre um mar de ornamentações esotéricas que incluem modelos de um leão (lleo) e de uma amoreira (morera).

Continue subindo alguns quarteirões até:

⑩ La Pedrera (Casa Milà)

Criada entre 1905 e 1910, depois de La Sagrada Família, esse edifício é o trabalho mais extraordinário de Gaudí. A Casa Milà — o nome original do edifício — pode ser simplesmente um bloco de apartamentos, mas não existe nenhum outro parecido no mundo. A fachada de pedra calcária sinuosa, toda esculpida, deu o apelido ao lugar, La Pedrera (pedreira), enquanto suas formidáveis sacadas de ferro forjado, arcos parabólicos e chaminés retorcidas de contos de fadas evocam algo fantástico. O próprio telhado é fascinante e, além da vista panorâmica que ele proporciona, acontecem concertos nos fins de semana do verão.

O quarto andar compreende um apartamento *moderniste* completo, o Pis de Pedrera — pis significa apartamento em catalão — cujos quartos estão carregados de bugigangas maravilhosas e antiguidades. No sótão você pode ver o Espai Gaudí (Espaço Gaudí), o qual resume de forma abrangente o estilo de trabalho de Gaudí.

Excursão a Pé 4: Roteiro Moderniste (L'Eixample)

9

Fazendo Compras

As possibilidades para compras em Barcelona são suficientes para satisfazer os consumidores mais exigentes. Suas lojas estão no mesmo nível que as das grandes cidades do mundo e os fashionistas aqui tendem a olhar para fora (para outras partes da Europa) em busca de inspiração, e não para o resto da Espanha.

Ainda em relação à crescente publicidade que a cidade recebe, muitos visitantes ainda chegam com uma imagem na cabeça de alguns estabelecimentos antigos empoeirados e lojas de departamentos. Assim, as avenidas resplandecentes com boutiques de nomes famosos, lojas exclusivas refinadas e bem mantidas, vitrines de *designers* que são de vanguarda, mercados fascinantes e shoppings modernos constituem uma surpresa agradável. Alguns dos principais nomes mundiais da moda (Zara e Camper, para citar duas) são de fato espanhóis, e possuem uma grande variedade de ofertas — a preços mais competitivos — em Barcelona.

Viajantes não *au fait* com o cenário de Barcelona tendem a gastar até o limite de seus cartões de créditos em Londres ou Paris e depois se arrependem muito por não terem esperado chegar até a cidade onde, além de ter lojas de nível internacional à disposição, o euro vale muito mais. Portanto, se você foi sensato o suficiente para ter deixado fundos de reserva, poderia muito bem se ver gastando mais tempo fazendo compras a ficar andando de galeria em galeria — é claro que não há nenhuma razão para se sentir culpado com relação a isso!

1 O Cenário Para Compras

O elegante Passeig de Gràcia contém alguns dos espaços onde estão as lojas mais caras da Espanha. Ao longo de suas largas calçadas de cerâmicas octogonais, os grandes nomes da moda estabeleceram suas lojas em prédios maravilhosos dos séculos XIX e XX; Chanel, Max Mara e Loewe disputam sua atenção ao lado de Benetton, Zara e Diesel. Por toda a avenida, há dezenas de cafés ao ar livre para você relaxar, desfrutar uma ou duas tapas e admirar suas aquisições. A Rambla de Catalunya, que corre paralela ao Passeig de Gràcia, possui estabelecimentos menos internacionalmente conhecidos — mas igualmente glamurosos — mais focados em artigos domésticos, livros e produtos de beleza. Não deixe de ver as travessas que ficam entre as duas avenidas, pois elas também possuem algumas das lojas mais sofisticadas da cidade espalhadas por lá, especialmente Valencia, Provença e Consell de Cent, última famosa pelas suas lojas caras de antiguidades e galerias de arte. O final do Passeig de Gràcia cruza com El Diagonal, uma das principais vias da cidade. Aqui você encontrará a gigante das lojas de utensílios domésticos, a Habitat, o mega-shopping L'Illa e várias outras boutiques. O metrô não atende essa parte da cidade e as lojas estão espalhadas, mas não se desespere: o tombus é um confortável micro-ônibus que faz "a linha das compras" ao longo da Diagonal; suba em qualquer ponto de ônibus regular.

A multidão chega ao Portal d'Angel e Portaferrisa no final do Barri Gòtic nas noites de sexta e aos sábados, procurando novidades da moda de nomes famosos como H&M,

210 CAPÍTULO 9 · FAZENDO COMPRAS

Levi's, Benetton e outras marcas mundiais. Com a grande loja de departamentos El Corte Inglés nas proximidades, essas duas ruas (que se cruzam) compõem o maior, mais central, mais conveniente e mais popular eixo de compras da cidade.

Mais distante, no Quarteirão Antigo (El Raval, El Born e Barri Gòtic), é onde você encontrará lojas mais originais. Um novo eixo promissor está situado ao redor do MACBA, o museu de arte contemporânea da cidade em El Raval. Galerias menores surgem (e desaparecem) de tempos em tempos, e existem lojas de moda e de *design* aparecendo o tempo todo. Na direção do porto, lojas nas ruas que saem de La Rambla (especialmente Carme e Hospital) refletem a natureza do caldeirão cultural do bairro: lojas de vinhos estão lado a lado com açougues *halal* e padarias catalãs tradicionais; outras lojas parecem ter sobrevivido durante séculos vendendo tesouras. Aqui você verá aqueles empórios tradicionais e empoeirados do passado, do tipo que infelizmente desapareceu de cidades como Londres e Nova Iorque. Embora não se esteja fazendo muito por aqui para proteger sua herança, muitos ainda estão conseguindo sobreviver à invasão dos shoppings. Pelo menos por enquanto.

Catalunha tem resistido bastante ao apelo do comércio aos domingos, principalmente por insistência dos sindicatos. A boa notícia é que a maior parte das lojas do centro (Passeig de Gràcia, Portal d'Angel e Portaferrisa) permanece aberta na hora do almoço e geralmente não fecha até às 21:00h, mesmo aos sábados, com as lojas de departamentos estendendo horário até às 22:00. Como regra geral, lojas menores ficam abertas de segunda a sábado das 09:30 ou 10:00 até às 13:30 ou 14:00 e depois abrem novamente à tarde das 16:00 ou 16:30 às 20:30. Você sempre encontrará exceções à regra, especialmente à medida que o comércio turístico se espalha pela cidade. É possível se deparar com algumas que não abrem nas manhãs de segunda, o que pode ser frustrante, ou que decidem adotar uma pausa de 3 horas à tarde, mas mesmo isso faz parte da experiência única de Barcelona ser uma cidade moderna que conserva seu lado retrô charmoso.

Cartões de crédito são aceitos em quase toda parte, até mesmo para compras pequenas. Note porém, que você (assim como qualquer outra pessoa) precisa mostrar alguma forma de identidade com foto (passaporte ou carteira de motorista) quando fizer uma compra com seu cartão de crédito. Não se sinta ofendido quando o vendedor lhe pedir isso; é uma prevenção eficaz contra o uso fraudulento de cartões de crédito.

O imposto sobre vendas é chamado de IVA; para alimentação, geralmente são cobrados 7%, subindo para 16% para a maioria das outras mercadorias. Recibos do caixa mostrarão valor de forma separada (se não o fizerem, peça). Se você vir um *sticker* "Compra Libre de Tasas" (Loja Livre de Impostos) sendo mostrado em uma loja e se você não for residente da União Europeia, poderá solicitar um formulário para isenção de impostos sobre compras acima de 90€ (US$113). Apresente isso no balcão de Restituição do aeroporto (Terminal A) quando sair da União Europeia e você receberá uma restituição em dinheiro. As restituições também podem ser feitas no seu cartão de crédito ou por meio de cheque. Para mais informações, consulte www.globalrefund.com.

As promoções (*rebajas* ou *rebaixes*) começam no início de julho e no início de janeiro. Os descontos são extraordinários, muitas vezes começando em 50%, mas surpreendentemente você nunca vê correrias. Em geral, fazer compras em Barcelona é algo sofisticado; pequenos negócios e o comércio têm sido historicamente um importante meio de sustentação da economia e muitos estabelecimentos por aqui, tanto em termos de serviço como de apresentação, ainda se sentem como uma parte da história viva.

COMPRAS EM GERAL **211**

O QUE COMPRAR

Roupas e calçados elegantes e artigos de couro são os itens a serem comprados em Barcelona. Sapatos, cintos, jaquetas e casacos de couro particularmente constituem boas compras; não importa se você quer uma marca sofisticada como a Loewe ou se vai sucumbir ao vendedor ambulante de couros na La Rambla, a qualidade e o valor dos artigos de couro são excelentes. Barcelona sempre foi famosa pela sua habilidade quanto ao *design* e tem uma cultura vibrante de *design* apoiada pelo governo local. Objetos decorativos e utensílios domésticos aqui são originais e bem acabados e podem ser encontrados nas lojas ao redor do MACBA e do Museu Picasso. Peças artesanais como azulejos de cerâmica, tigelas e pratos de cerâmica são baratos e abundantes. Utensílios domésticos, louças, taças de vinho e utensílios em geral constituem uma ótima compra; uma espiada em uma humilde loja de ferramentas também pode revelar ótimos achados.

O que se segue é apenas uma seleção limitada de algumas das centenas de lojas em Barcelona.

2 Compras em Geral

ANTIGUIDADES

Colecionadores sérios devem dar uma olhada no labirinto de ruas ao redor da Calle Palla, perto da Plaça de Pi, no Barri Gótic; embora existam poucas pechinchas, você encontrará de tudo, desde bugigangas até pôsteres antigos e rendas. O Consell de Cent na Eixample, tem uma série de lojas vendendo objetos antigos finos e antiguidades. Toda quinta-feira, muitos desses comerciantes montam barracas do lado de fora da catedral, mudando-se para o Port Vell (o final da La Rambla do lado do porto) nos fins de semana.

Angel Batlle ★★ *(Achados* Essa loja tem uma coleção imbatível de pôsteres antigos de viagens, propagandas, música e esportes, postais, gravuras, mapas, santinhos — realmente tudo o que for impresso. Alguns deles podem se transformar em um *souvenir* maravilhoso ou em uma lembrança; talvez você prefira levar para casa um pôster de xerez dos anos 50 em vez de uma gravura de Picasso ou Miró. Palla 23. ✆ **93-301-58-84. Metrô: Liceu**.

El Bulevard des Antiquaris Esse mercado *indoor* com 70 unidades perto de uma das avenidas mais aristocráticas da cidade possui uma coleção enorme de obras de arte, antiguidades, bugigangas e objetos comuns organizados em uma série de estandes e lojas pequenas. É um ótimo lugar para olhar, embora os horários irregulares de abertura (os donos das barracas definem seus próprios horários) possam levá-lo à loucura. Passeig de Gràcia 55. Sem telefone. Metrô: Passeig de Gràcia.

L'Arca de l'Aviva ★★ *(Momentos* Essa loja maravilhosa vende roupas de cama, cortinas, anáguas e lenços de renda e de linho, e outros têxteis variados dos séculos XVIII até o início do século XX. Alguns dos artigos bordados usados por Kate Winslet no filme Titanic foram adquiridos em sua requintada coleção de roupas de época. As peças não são baratas, mas a qualidade da coleção é insuperável. Banys Nous 20. ✆ **93-302-15-98**. Metrô: Liceu.

Sala d'Art Artur Ramón ★★ Um dos melhores antiquários e negociadores de arte em Barcelona pode ser encontrado nesse empório de três andares. Instalado em uma rua estreita de paralelepípedos, perto da Plaça del Pi (o centro do bairro de antiguidades), ele fica em frente a uma pequena praça, a Placeta al Carrer de la Palla. A loja, que vem sendo administrada por quatro gerações de homens chamados Artur Ramón, também opera filiais por perto e é conhecida por suas pinturas e esculturas dos séculos XIX e XX, seus desenhos e gravuras dos séculos XIX e XX e pelas artes decorativas e objetos de arte dos séculos XVIII XIX. Além

212 CAPÍTULO 9 · FAZENDO COMPRAS

disso, eles possuem cerâmicas raras, porcelana e peças de vidro. Os preços são elevados, como era de se esperar, mas os itens são de alta qualidade e bastante duráveis. Palla 23. ℂ **93-302-59-70**. Metrô: Jaume I.

Urbana *(Achados)* Urbana vende uma série de resquícios arquitetônicos (normalmente de mansões demolidas), móveis antigos e reproduções de artigos de bronze. Há antiguidades e reproduções de consolos de mármore, portões de ferro fundido e assentos de jardins, e até mesmo lareiras entalhadas de madeira com aparência *moderniste*. É um conjunto de mercadorias impressionante, embora caro. Còrsega 258. ℂ **93-218-70-36**. Metrô: Hospital Sant Pau.

LIVROS

Altaïr Essa loja excelente e moderna tem sua matriz aqui e uma filial no Palau Robert (pág. 62). Os funcionários são simpáticos e atenciosos, e a vasta coleção de livros — a maioria em espanhol, mas também alguns em inglês — cobrem natureza, antropologia, história e viagens pelo mundo. Existem boas opções de materiais sobre Barcelona, é claro, bem como livros infantis, quadrinhos, CDs e DVDs. Gran Vía de las Cortes Catalanes 616. ℂ **93-342-71-71**. www.altair.es. Metrô: Universitat.

BCN Books Embora o conteúdo principal dessa livraria, que tem livros em inglês, seja materiais para aprendizado de idiomas, que incluem gramática básica, e livros de expressões idiomáticas e uma grande variedade de dicionários, ela também tem uma boa coleção de livros de viagens, ficção contemporânea e romances clássicos. (Você pode visitar outra loja na Carrer Rosselló 24, também no Eixample.) Roger de Llúria 118. ℂ **93-457-76-92**. Metrô: Passeig de Gràcia.

Buffet y Ambigú *(Achados)* Essa livraria única fica em meio às barracas de *deli* na parte de trás do mercado Boqueria. A banca vende livros de receitas para atender a quase todos os gostos, desde as melhores receitas de tapas até manuais para *chefs* e edições especiais, como a enciclopédia do El Bulli, que explica as técnicas do super-chef catalão Ferran Adriá. Muitos dos livros estão em inglês. Mercat de la Boqueria, Parada 435. Sem telefone. Metrô: Liceu.

Casa del Llibre *(Econômico)* Esse enorme galpão de livros cobre todos os gêneros, de romances a autoajuda, livros de viagem e técnicos. Existem seções para livros em línguas estrangeiras, incluindo inglês, e os preços aqui tendem a ser os mesmos que você pagaria no seu país de origem. Passeig de Gràcia 62. ℂ **93-272-34-80**. Metrô: Passeig de Gràcia.

Cooperativa d'Arquitectes Jordi Capell Para livros sobre arquitetos espanhóis e sobre *design* de interiores, vá até o andar de baixo da escola de arquitetura da cidade. Essa livraria tem uma enorme variedade de livros técnicos para arquitetos, bem como monografias e livros ilustrados dos trabalhos dos principais arquitetos, de Gaudí a Gehry. Plaça Nova 5. ℂ **93-481-35-62**. Metrô: Liceu.

FNAC *(Econômico)* Essa mega loja da Plaça Catalunya de música e entretenimento tem uma sólida seção de livros em inglês. A maioria dos romances são *best-sellers* (ou *best-sellers* recentes) e uma grande variedade de guias atuais de viagem para Barcelona e para o resto da Espanha estão disponíveis. Existe também uma seção de dicionários bilíngues e livros para estudar idiomas. El Triangle, Plaça Catalunya. ℂ **93-344-18-00**. Metrô: Catalunya.

Hibernian Books Já no seu segundo ponto em Gràcia depois de abrir em 2004 no barri que parece uma vila, essa livraria simpática, de livros usados em inglês, é uma das favoritas de moradores e visitantes. Os livros abrangem temas que vão desde saúde a passatempos; trocas e descontos generosos estão disponíveis. A loja também oferece detalhes sobre acontecimentos sociais e sobre o teatro anglo-irlandês na cidade. Um

COMPRAS EM GERAL 213

canto para crianças e um serviço de chá e café complementam o ambiente caseiro, além, de poltronas onde você pode se sentar e dar uma olhada antes de comprar. Carrer Montseny. ✆ **93-217-46-96**. www.hibernianbooks.com. Metrô: Fontana.

LAIE ✪✪ Uma boa seleção de livros em inglês, incluindo literatura contemporânea, mapas de viagem e guias, pode ser encontrada na LAIE. A livraria tem um café com jornais internacionais e um terraço no andar de cima. Ela serve café da manhã, almoço (*buffet* de saladas) e jantar. O café fica aberto de segunda a sábado das 9:00h à 01:00h. A loja também organiza eventos culturais, incluindo exposições de arte e apresentações literárias. Pau Claris 85. ✆ **93-318-17-39**. Metrô: Catalunya ou Urquinaona.

CHOCOLATES E BOLOS

Cacao Sampaka ✪✪ Se houvesse algo como *haute chocolat*, esse estabelecimento seria a Christian Dior. Usando os melhores cacaus disponíveis, uma seleção bem pensada de doces é classificada em "coleções": "flores e ervas", "licores e digestivos", "inovações gastronômicas" e "especiarias das Américas", para citar apenas alguns. A embalagem elegante os transforma em verdadeiros objetos de desejo, e há um bar/café onde se pode desfrutar uma xícara de chocolate quente cremoso, folhados e sanduíches calóricos, todos feitos com ingredientes da mais alta qualidade a preços não diferentes daqueles encontrados em outros locais mais comuns. Consell de Cent 292. ✆ **93-272-08-33**. Metrô: Passeig de Gràcia.

Escribà ✪ *Achados* Você já pode ter visto a fachada reluzente dessa bela loja *Art Nouveau* em cartões-postais. Mas longe de ser uma relíquia curiosa, ela vende os produtos de uma das melhores famílias de fabricantes de chocolates e bolos da cidade. Você pode entrar para um café e um *croissant* (existem mesas do lado de fora no verão) ou pegar uma caixa de bombons ou uma garrafa de vinho para sobremesa e levar para casa. Na Páscoa, as vitrines expõem as monas, esculturas elaboradas de chocolate decoradas com joias e penas. La Rambla 83. ✆ **93-301-60-27**. Metrô: Liceu.

Xocoa ✪ Os irmãos Marc e Miguel Escurell conseguiram modernizar totalmente o negócio familiar de cem anos de idade empregando artistas gráficos famosos para fazer o *design* de suas embalagens e descobrir algumas ideias inovadoras, como velas de chocolate, incenso e até mesmo um CD para amantes do chocolate. Experimente a especialidade da casa, o Ventall, um bolo delicioso com doce de amêndoas e trufa de chocolate. Petritxol 11. ✆ **93-301-11-97**. Metrô: Liceu. Existe também uma loja na Roger de Llúria 87 (sem telefone; Metrô: Girona).

LOJAS DE DEPARTAMENTOS

El Corte Inglés A principal unidade em Barcelona da maior rede de loja de departamentos da Espanha — que atualmente tem poucos concorrentes fortes — vende uma ampla variedade de mercadorias, que vão de artesanatos tradicionais a itens da moda, músicas em espanhol e comida. A loja tem um restaurante-café e oferece serviços aos consumidores, como um agente de viagens. Ela também tem um departamento que poderá enviar suas compras pelo correio. E não é só isso: você pode consertar calçados, fazer tratamentos de beleza e cuidar dos cabelos, e ela serve comida e bebida no café que fica na cobertura. O supermercado (somente na loja da Plaça Catalunya) no subsolo é o melhor lugar para selecionar vinhos e outros produtos alimentares para levar para casa. Aberto de segunda a sábado das 10:00 às 22:00. Plaça de Catalunya 14. ✆ **93-306-38-00**. www.elcorteingles.es. Metrô: Catalunya. Outras localidades em Barcelona estão na Av. Diagonal 617-619 (✆ **93-366-71-00**; Metrô: María Cristina) e Av. Diagonal 471 (✆ **93-493-48-00**; Metrô: Hospital Clinic).

CAPÍTULO 9 · FAZENDO COMPRAS

UTENSÍLIOS DOMÉSTICOS DE GRIFE

BD Ediciones de Diseño ⊛⊛⊛ Fundada por um grupo de importantes arquitetos cataláes, essa loja maravilhosa, que fica em um edifício *moderniste* suntuoso, oferece somente as melhores peças contemporâneas juntamente com reproduções de pessoas como Gaudí, Dalí e Mackintosh. Itens de Oscar Tusquets, um dos fundadores da loja e um dos mais importantes *designers* da Catalunha também podem ser encontrados. Os produtos englobam móveis, acessórios e tapetes, além de itens menores facilmente embaláveis como utensílios de cozinha e objetos decorativos. Elegante e sério, o BD é o bastião da cultura de *design* de Barcelona. Casa Tomás, Mallorca 291. ✆ **93-458-69-09**. Metrô: Passeig de Gràcia.

Dom A estética pop está realmente viva nessa loja de utensílios domésticos e objetos. Cortinas com contas, móveis infláveis, banquetas de plástico, lâmpadas cromadas e utensílios de cozinha em cores ousadas, além de uma seleção bem pensada de revistas de *design* internacionais e bugigangas garantem que existe alguma opção para todos os bolsos. O resultado é algo extremamente moderno ou de um mau gosto horrível, dependendo do seu gosto e da sua idade. A loja fica aberta de segunda a sábado das 10:30h às 21:00h. Provença 249-251. ✆ **93-487-11-81**. Metrô: Passeig de Gràcia. Há outra loja na Avinyó 7 (✆ **93-342-55-91**; Metrô: Jaume I).

Gotham *(Achados* Embora a loucura por peças de *design* retrô tenha se estabelecido na Espanha, essa loja foi uma das pioneiras. Móveis dos anos 50 a 60 estão presentes aqui, bem como cerâmicas, louças, vasos, lustres e outros itens da mesma época. Os preços não são baixos, mas a maioria dos objetos foi restaurada ou está em perfeito estado. Cervantes 7. ✆ **93-412-46-47**. Metrô: Jaume I.

Ici Et Là ⊛ O *design* artesanal e peculiar caracteriza as peças em exibição nessa loja de esquina no coração das ruas de compras de El Born. A maioria das peças é de edição limitada de artistas locais, mas eles também recebem lotes regulares, digamos, de cadeiras do Nepal, cestos da África ou tecidos da Índia. Os itens de vidro também têm forte presença, de castiçais a taças de vinho delicadamente decoradas. Quase tudo nessa loja poderia ser descrito como "digno de ser comentado". Plaça Sant Maria 2. ✆ **93-268-11-67**. Metrô: Jaume I ou Barceloneta.

Vinçón ⊛⊛ O Vinçón, de Fernando Amat, é o melhor empório de *design* da cidade, com 10.000 produtos — tudo, desde utensílios domésticos até os melhores móveis contemporâneos da Espanha. Sua missão é oferecer um bom *design* e ponto final. Localizado na antiga casa do artista Ramón Casas — um contemporâneo de Picasso durante sua estada em Barcelona — o *showroom* está cheio daquilo que a Espanha tem de melhor. Só o que está na vitrine sempre criativa vale a visita: espere qualquer coisa. Passeig de Gràcia 96. ✆ **93-215-60-50**. Metrô: Diagonal.

Vitra ⊛⊛ A famosa empresa suíça de *design* contemporâneo tem um *showroom* formidável de dois andares em Barcelona, apresentando peças únicas de Charles e Ray Eames, Phillipe Starck, Alváro Siza e Frank Gehry para citar apenas alguns. Os preços podem ser restritivos, e o tamanho da maior parte dos itens significa que eles não caberão em sua bagagem, mas não há nenhum problema em sonhar, certo? Plaça Comercial 5. ✆ **93-268-72-19**. Metrô: Jaume I ou Arc de Triomf.

TÊXTEIS EM GERAL & DECORAÇÕES

Antiga Pasamaneria J. Soler *(Achados* Se franjas, fitas, cadarços, borlas e cordões interessam a você, então pare de procurar. Esse local vende esses artigos desde 1898 e tem um mostruário que vai de parede a parede com tudo, desde delicadas fitas de gorgorão francesas até espessos tapetes trançados e debruados. Plaça del Pi 2. ✆ **93-318-64-93**. Metrô: Liceu.

COMPRAS EM GERAL   215

Coses de Casa ✪ Tecidos atraentes e tecelagens ficam em exposição nessa loja do século XIX, chamada simplesmente de "Coisas de Casa". Muitos são tecidos à mão em Maiorca, com padrões geométricos ousados inspirados em motivos árabes de séculos atrás. O tecido, na maior parte, é 50% algodão, 50% linho; muitos deles dariam excelentes materiais para estofados. Almofadas, cobertas e mantas podem ser feitas por encomenda. Plaça de Sant Josep Oriol 5. ✆ **93-302-73-28**. Metrô: Jaume I ou Liceu.

Gastón y Daniella ✪✪ Esse empresa que tem um século de vida veio originalmente de Bilbao, embora nos dias de hoje, o nome seja sinônimo de tecidos finos para estofados e cortinas em toda a Espanha. Cada um de seus tecidos adamascados, algodões finos, brocados e tapeçarias é extremamente luxuoso, mais adequado a uma época em que as marcas de dedo de crianças e pelos de gato não eram problema. É um ótimo lugar para dar uma olhada, mesmo que seja para comprar apenas um detalhe para uma nova capa de almofada. Pau Claris 171. ✆ **93-215-32-17**. Metrô: Diagonal.

MODA

Adolfo Domínguez ✪ Essa loja, um dos muitos *outlets* em toda a Espanha e Europa, apresenta uma moda que lhe deu o título de "Armani espanhol". Há uma grande diferença: os ternos masculinos e femininos de Domínguez, ao contrário dos de Armani, são feitos para pessoas elegantes com orçamento limitado. E eles abrangem todas as idades em suas lojas, incluindo o mercado jovem. Como disse um crítico de moda sobre seus produtos: "Eles são austeros, mas não sérios demais, cortados em tons terra urbanos, o que é perdoável." Passeig de Gràcia 32. ✆ **93-487-41-70**. Metrô: Passeig de Gràcia.

Antonio Miró ✪ Essa loja é dedicada exclusivamente ao *design* de roupas de Miró, mas sem a marca Groc. Ela tem moda masculina e feminina. Antes de comprar qualquer coisa na Groc, pesquise os artigos dessa loja, que parecem ser até mesmo mais elegantes. Consell de Cent 349. ✆ **93-487-06-70**. Metrô: Passeig de Gràcia.

Comité *(Achados)* Essa loja é típica de iniciantes no mundo da moda que ficam nas ruas ao redor do MACBA. O interior tem uma charmosa decoração em tons pastéis e metros de cortinas brancas. Muitas roupas são feitas com itens reciclados: um lençol bordado ou uma toalha de mesa é transformada em uma saia ou vestido de amarrar, ou uma camisa listrada masculina é reformada e transformada em uma blusa. Notariat 8. ✆ **93-317-68-83**. Metrô: Catalunya ou Liceu.

Commercial Woman ✪ Essa boutique de propriedade francesa tem um estoque de vestuários lindamente detalhados e altamente femininos, para dia e noite, de tipos como Cacharel, Paul&Joe, Comme des Garçon e Jocomomola que é da própria Espanha. Há também uma seleção de perfumes artesanais parisienses e acessórios da marca de bijuterias Scooter. Um *outlet* de roupas masculinas fica do outro lado da rua. Calle Rec 52. ✆ **93-319-34-63**. Metrô: Jaume I ou Barceloneta.

Custo-Barcelona ✪ Primeiro foi Hollywood, com pessoas como Julia Roberts e Drew Barrymore sendo vistas usando as camisetas Custo. Agora, elas estão em todo o mundo, com lojas em Chicago, Perugia e Xangai. Como o nome sugere, no entanto, esses tops e camisas, saias e calças em misturas loucas de tecidos e enfeitados com motivos retrô dos anos 60 são produtos da terra e se tornaram símbolos da "Barcelona *cool*". Plaça de les Olles 6. ✆ **93-268-78-93**. Metrô: Jaume I ou Liceu. Há outra unidade na Calle Ferran 36 (✆ **93-342-66-98**; Metrô: Jaume I ou Barceloneta).

216 CAPÍTULO 9 · FAZENDO COMPRAS

El Mercadillo Esse é o templo de cultura alternativa de Barcelona, com DJs da casa, salões de piercing, dezenas de barracas vendendo roupas urbanas e de clubes, casacos de couro e de camurça, discos e roupas usadas. A garotada adora, mas você não curtirá muito se tiver um tamanho pós-30 anos ou pós-adolescente. Portaferrisa 17. ✆ **93-301-89-13**. Metrô: Liceu.

Giménez & Zuazo ✦ Peculiares, coloridas e muito "barcelonesas", as criações de Giménez & Zuazo são caracterizadas pela ousadia das estampas e pelos tecidos incomuns. Suas saias podem ter a silhueta de uma mulher muito magra destacando-se na parte da frente, ou a gola de uma camisa pode ser bordada com um ponto-cruz contrastante. Suas camisetas Boba, com imagens pintadas à mão, praticamente se tornaram uma peça *cult*. Elisabets 20. ✆ **93-412-33-81**. Metrô: Catalunya ou Liceu. Há outra unidade na Rec 42 (✆ **93-310-67-43**; Metrô: Jaume I ou Barceloneta).

Jean-Pierre Bua ✦✦ Outra pioneira, essa boutique foi a primeira a importar moda parisiense de nomes famosos para Barcelona. Eles possuem um bom estoque de Gaultier (o francês *enfant terrible* e Bua são amigos pessoais); Comme des Garçon; Sybilla, o *designer* mais internacional da Espanha; e Bruxelas está representada por Dries van Noten. Apesar dos preços, os funcionários são descontraídos e ninguém parece se incomodar se você gastar um tempinho simplesmente olhando. Diagonal 469. ✆ **93-439-71-00**. Ônibus: 5, 7, 15, 33 ou 34.

A Zaravolución

Muitos visitantes na Espanha já estão familiarizados com a marca de roupas Zara. Atualmente, com mais de 800 pontos de vendas (2.100, contando as marcas originárias da Zara) em 50 países, incluindo mega-lojas nas capitais da moda como Milão, Paris, Londres e Nova Iorque, a Zara é difícil de ser ignorada. Mas muitos não sabem e, provavelmente, ficarão surpresos ao saber que a Zara é de propriedade espanhola.

Essa loja teve início no começo dos anos 70 por iniciativa de um jovem industrial galego, Amancio Ortega, atualmente o homem mais rico da Espanha. Ele viu a necessidade de ter casacos elegantes para as mulheres de sua vila rural usar em casa, e a partir disso um império foi criado. Hoje, a Zara é um dos poucos impérios da moda no mundo que controla verticalmente todo o processo, desde a fabricação dos tecidos, a produção e a comercialização. Usando uma rede mundial de compradores e de observadores de tendências, eles interpretam (muitos dentro da indústria usam o termo "fazem plágio") peças que acabaram de sair das passarelas para homens, mulheres e crianças a preços incrivelmente acessíveis. Eles despertam o interesse de todo mundo, de todas as gerações e locais, desde tribos urbanas a executivos. O calendário da Zara não é formado por apenas quatro estações; eles produzem e distribuem roupas durante o ano todo a partir de seu enorme quartel-general na terra natal de Ortega, a Galícia, e em Zaragoza. Modelos novos, nunca repetidos chegam todos os dias, o que significa lucros retornando mais e mais e mais...

Uma revolução precisa de um líder carismático e Ortega não é uma exceção. Até ele tornar a empresa pública em 2001, a imprensa possuía apenas uma foto de um homem cujo valor era estimado em US$10,3 bilhões. Ele impôs uma rígida política de "sem imprensa" para seus funcionários e nunca dá entrevistas. Ele nunca aceita nenhuma das dezenas de prêmios atribuídos a ele pessoalmente. O que ele fez, em menos de uma geração, é democratizar a moda e tornar possível se vestir como uma estrela de cinema gastando pouco. *¡Viva la Revolución!*

Localizada na Pelayo 58 (✆ **93-301-09-78**; Metrô: Catalunya), Passeig de Gràcia 16 (✆ **93-318-76-75**; Metrô: Passeig de Gràcia), bem como em outros lugares pela cidade.

COMPRAS EM GERAL 217

Josep Font ★★ Com uma visão magistral para os tecidos e atenção aos detalhes que lembram St. Laurent *vintage*, o estilista catalão Josep Font tem uma classe própria. Sua loja suntuosa conservou muitas de suas características originais *Art Nouveau*, personalizadas com a peculiaridade típica de Font. Ousado, mas feminino, com apenas uma ligeira inclinação para as tendências atuais, seus *designs* continuam sendo para qualquer época. Provença 30. ✆ **93-487-21-10**. Metrô: Passeig de Gràcia.

La Boutique del Hotel No *lobby* do Hotel Axel, o "Hotel Gay" de Barcelona (pág. 104), a Boutique armazena (como seria talvez de se esperar) os melhores e mais brilhantes nomes da moda masculina: John Richmond, Helmut Lang e Rykiel Homme para citar apenas alguns. Em uma cidade que de certo modo tem falta de lojas de moda masculina de vanguarda, essa loja é frequentada igualmente por homo, hetero e metrossexuais. Aribau 33. ✆ **93-323-93-98** Metrô: Passeig de Gràcia.

Loft Avignon Esse empório foi um dos grandes responsáveis por converter essa rua decadente do Barri Gótic no centro de moda que ela é hoje em dia. As roupas para homens e mulheres ostentam marcas como Vivienne Westwood, Gaultier e Bikkembergs. Fique sabendo, porém, que os funcionários são implacáveis e você poderá se ver entregando o seu cartão de crédito para comprar uma microssaia que você nunca teve intenção de comprar. Avinyó 22. ✆ **93-301-24-20**. Metrô: Jaume I ou Liceu.

Mango *Econômico* Além da Zara (veja anteriormente), outra principal exportadora de moda da Espanha é a Mango, que em outros países geralmente leva o nome de MNG. Seu negócio são roupas jovens, da moda e com preços médios e embora sua variedade não seja tão ampla como a de seu principal concorrente (e eles não fazem roupas masculinas nem infantis), é um dia triste no Mundo das Compras quando você não consegue encontrar nada aqui para usar naquela noite especial. Se sua visita coincidir com o inverno, realmente vale a pena considerar seus casacos de camurça e de couro. Portal de l'Angel 7. ✆ **93-317-69-85**. Metrô: Catalunya. Existem outras unidades em toda Barcelona, incluindo uma no Passeig de Gràcia 65 (✆ **93-215-75-30**; Metrô: Passeig de Gràcia).

On Land *Econômico* Embora a On Land esteja cercada de boutiques da moda, as roupas masculinas e femininas aqui são altamente adequadas para todas as idades, sem deixar de ser de vanguarda. Sua marca própria apresenta algumas calças e casacos com bons cortes, e quando complementados com uma das camisetas pintadas à mão de Monte Ibáñez, você terá uma roupa de destaque. Os preços são bons e os tamanhos (felizmente) são bem variados. Princesa 25. ✆ **93-310-02-11**. Metrô: Jaume I.

Textil i d'Indumentaria Funcionando como um mostruário do *design* catalão e da genialidade do Museu Têxtil e de Moda de Barcelona, e localizada em uma rua medieval em frente ao Museu Picasso, essa loja orgulhosamente exibe e vende roupas e acessórios para homens, mulheres e crianças, todas com *design* ou pelo menos a fabricação aqui na região. Os produtos incluem sapatos, roupas esportivas e formais masculinas e femininas, joias, ursinhos de pelúcia, malas e bolsas, sombrinhas e toalhas, tudo modelado e confeccionado por catalães promissores. Dois dos mais famosos *designers* incluem o especialista em roupas masculinas Antonio Miró (ele não tem nenhum parentesco com o artista Joan Miró dos anos 50 e 60) e a *designer* de moda feminina Lydia Delgado. Montcada 12. ✆ **93-310-74-04**. Metrô: Jaume I.

La Boqueria: Um dos Melhores Mercados do Mundo

O mercado Boqueria, La Rambla 91-101 (☎ **93-318-25-84**; seg–sáb das 08:00h–20:00h; Metrô: Liceu), é o maior mercado da Europa (e provavelmente o melhor do mundo) e um local de visita obrigatório na capital catalã. Ele está localizado bem no meio do destino famoso de qualquer visitante: o conhecido boulevard La Rambla. Embora muitos vendedores do mercado tenham pouco a oferecer a um visitante em termos de compras práticas, a Boqueria tem alguns dos melhores bares e cafés da cidade e oferece a oportunidade de esbarrar com pessoas que estão ajudando a colocar a cidade na vanguarda da cozinha mediterrânea.

Sua localização central está associada a uma eventualidade histórica: em meados dos anos 1800, teve início a demolição das muralhas medievais da cidade. Pageses (camponeses catalães) vendiam sua produção no local onde fica o mercado atual (originalmente um dos portões da cidade) e em torno do perímetro do vizinho Convent de Sant Josep durante séculos, e as autoridades não viram nenhuma razão para movê-los dali quando o trabalho começou. Quando o convento se incendiou totalmente em 1835, o mercado se expandiu e 30 anos depois, o engenheiro Miquel de Bergue terminou seus planos para um mercado grandioso, de ferro forjado com cinco alas suportadas por colunas metálicas, um projeto que não foi concluído até 1914. O nome oficial do mercado é Mercat de Sant Josep (uma referência à antiga residência das freiras capuchinhas), embora o termo boquería (que significa abbatoir, ou açougue, em catalão) tem sido usado desde o século XIII, quando o local era um matadouro.

As 330 barracas da Boqueria são uma prova da fertilidade da península (a Espanha tem a maior variedade de produtos agrícolas em toda a Europa) e dos mares que a cercam. O que pode ser encontrado lá dentro é uma cornucópia gastronômica que muda de estação em estação. No início do outono vemos as tonalidades de amarelo escuro, laranja e marrom no aglomerado de barracas que vendem as dezenas de variedades de bolets, cogumelos silvestres das encostas e florestas da Catalunha. Na primavera, as doces cores dos morangos frescos e pêssegos maduros, e no início do verão, os verdes de uma dúzia de alfaces diferentes, maços crespos de escarola, pequenas cabeças de endívias e cogollos (coração de alface) marcam presença. A seção de peixes e frutos do mar tem lugar importante na parte central conhecida como Isla del Pescado (Ilha do Pescado), um local bonito de mármore e aço brilhante que teve prioridade na recente reforma da Boqueria. A variedade aqui é impressionante — de carcaças gigantes de atum que fazem com que os turistas japoneses corram com suas câmeras fotográficas, até o feio, mas saboroso, peixe-escorpião, camarões do tamanho de bananas, lagostins vivos, polvos, garoupas com olhos arregalados e inúmeras outras espécies. Outras bancas oferecem caças, iguarias e existem até mesmo negócios impressionantes que sobrevivem especializando-se em um único produto, sejam alfaces, batatas ou salmão defumado.

O melhor horário para visitar a Boqueria é no início da manhã, assim que ela começa a funcionar. Homens musculosos arrastam carrinhos com produtos até as bancas, enquanto as mulheres os organizam em padrões e combinações que se aproximam da arte com comida. Tome o café da manhã no Pinotxo, logo à direita da entrada principal. Aqui você vai esbarrar com os principais *chefs* da cidade antes que eles iniciam seus banquetes diários. Se você quiser fazer algumas compras, evite as bancas da frente a menos que queira pagar preços "de turista".

COMPRAS EM GERAL **219**

COMIDAS & VINHOS FINOS

Caelum *(Achados)* Tudo nessa loja foi produzido em mosteiros e conventos pela Espanha: geleias e frutas em conserva, bolos e biscoitos de qualidade, marzipã e licores. As embalagens ornamentadas e eclesiásticas fazem delas ótimos presentes, e há um café no andar de baixo onde você pode experimentar antes de comprar. Palla 8. ℰ **93-302-69-93**. Metrô: Liceu.

E & A Gispert Se você tiver dificuldade em encontrar essa loja atrás da igreja Santa María del Mar, basta ir pelo cheiro. Café e nozes são torrados diariamente aqui (experimente as amêndoas que acabaram de sair do forno) e vendidos juntamente com frutas secas e cristalizadas de todos os tipos: figos turco, damascos, groselhas e passas, e até mesmo o marron glacé francês. Às vezes as filas alcançam a rua, tal é a qualidade de tudo que se vende nessa loja que tem um século de idade. Sombrerers 23. ℰ **93-319-75-35**. Metrô: Jaume I.

La Botifarreria de Santa María ✦ Se você ainda não tinha percebido que quando ofereceram um filé rib-eye e uma botifarra (salsicha), os catalães escolhem essa última, então visite a loja em frente à igreja gótica Santa María del Mar. Assim como fazem suas próprias botifarras (com a fama de serem as melhores do mundo) no próprio local, eles vendem o mais rico *jamón* Jabugo (presunto de porcos alimentados com bolotas), queijos raros, deliciosos *fuet* (um salame fino) da região central da Catalunha, e outras iguarias a base de carne. Eles embalam seus pacotes de comestíveis para viagem a vácuo (verifique se você pode levá-los ao seu país natal), ou leve alguns de seus produtos para o Parc de Ciutadella nas proximidades para um piquenique. Santa María 4. ℰ **93-319-91-23**. Metrô: Jaume I ou Barceloneta.

Lavinia ✦✦ Um tipo de megaloja de vinhos, a Lavinia facilita a seleção porque todos os seus produtos estão exibidos de acordo com o país de origem: da Alemanha ao Uruguai, da Austrália à Califórnia. Como era de se esperar, a seção da Espanha é a maior, cheia de Riojas, Priorats, cavas, albariños e xerez. A loja tem um serviço de entregas que é prático, pois muitas garrafas saem mais baratas se compradas por dúzia (verifique as leis do seu país sobre o que/quanto você pode levar de volta). Diagonal 605. ℰ **93-363-44-45**. Metrô: María Cristina.

Origins 99.9% ✦ Fornecedores de produtos alimentícios finos, exclusivamente catalães (0,1% sendo a margem de erro, supostamente), essa loja vende azeites de Lleida, mató (um queijo fresco, semelhante à ricota) das montanhas e vinhos das regiões de Penedès e Priorat. . Há um café ao lado onde você pode experimentar antes de comprar. Esse é um bom lugar para selecionar presentes para apreciadores de comida lá em casa. (Verifique as regras legais sobre o que você pode levar para o seu país!) Vidrería 6-8. ℰ **93-310-75-31**. Metrô: Jaume I ou Barceloneta.

Vina Viniteca ✦✦ Essa impressionante loja de vinhos no coração do bairro El Born abastece a maior parte dos restaurantes da área. A seleção aqui pode ser assustadora para quem não é conhecedor de vinhos, mas aqueles que conhecem irão à loucura nesse local. Existem 4.500 vinhos, xerez, cavas, licores e destilados diferentes de todas as regiões da Espanha, muitos dos quais são exclusivos da loja. Confira a cesta de promoções no balcão, onde os últimos itens das caixas são vendidos com ótimos preços. Agullers 7-9. ℰ **93-310-19-56**. Metrô: Jaume I ou Barceloneta.

GALERIAS

Apesar de mostrar o trabalho de alguns dos melhores artistas do mundo, galerias pequenas têm uma grande dificuldade para sobreviver em Barcelona. Pode ser por causa da instabilidade de suas localizações. No momento, o eixo das galerias inclui as ruas ao redor do Museu Picasso, do museu MACBA e a Calle Petritxol no Barri Gòtic.

Art Picasso Aqui você pode conseguir boas reproduções litográficas das obras de Picasso, Miró e Dalí, bem como camisetas com os desenhos dos mestres. Azulejos geralmente carregam pinturas de paisagens provocativas. Tapinería 10. ✆ **93-310-49-57**. Metrô: Jaume I.

Iguapop *Achados* A empresa Iguapop é uma das principais promotoras da música contemporânea em Barcelona. Não é de se surpreender, portanto, que a ênfase esteja firmemente colocada na cultura jovem em sua primeira galeria. Grafite e vídeos, *design* de revistas e fotografia contemporânea de jovens tanto da Espanha como de fora podem ser vistos em seu espaço branco e espaçoso, próximo ao Parque Ciutadella. Existe uma loja adjacente que vende moda *streetwear cult* e acessórios. Comerç 15. ✆ **93-310-07-35**. Metrô: Jaume I.

Sala Parés ✪✪ Fundada em 1840, essa é uma instituição de Barcelona. A família Maragall reconhece e promove o trabalho de pintores e escultores espanhóis e cataláes, muitos dos quais se tornaram famosos. As pinturas são exibidas em um anfiteatro de dois andares, com sacadas *high-tech* de aço apoiadas em um quarteto de colunas de aço lembrando Gaudí. As exposições de artes mais vanguardistas de Barcelona mudam a cada 3 semanas. Petritxol 5. ✆ **93-318-70-20**. Metrô: Plaça de Catalunya.

CHAPÉUS

Sombrería Obach *Achados* Essa loja à moda antiga no bairro Call (antigo bairro judeu) possui a maior variedade de cores de boinas no planeta, bem como panamás, bonés Kangol, chapéus de palha e uma série de outros tipos de chapéus para homens e mulheres. Dê uma olhada no clássico sombrero espanhol: de abas largas, preto e muito elegante. Carrer del Call 2. ✆ **93-318-40-94**. Metrô: Jaume I ou Liceu.

ERVAS & ALIMENTOS SAUDÁVEIS

Comme-Bio Comme-Bio é um local onde você pode encontrar todas as frutas e vegetais orgânicos, comidas saudáveis, tofu e outros substitutos para carne, além de cosméticos naturais. Não se surpreenda com os preços; a procura por alimentos saudáveis está apenas começando, portanto espere pagar mais do que no Reino Unido ou nos EUA. Próximo ao supermercado está um bar de sucos e um restaurante aberto para almoço e jantar, embora a comida aqui seja um pouco comum demais. Vía Laietana 28. ✆ **93-319-89-68**. Metrô: Jaume I.

Mantantial de Salud Essa loja de época vende ervas medicinais secas, pílulas e poções aromáticas e sua própria linha de produtos de beleza naturais, todos organizados em lindos armários de vidro verde-claro ou em grandes urnas de cerâmica. Muitos moradores locais aparecem à procura de uma cura natural para suas enfermidades. Os funcionários são extremamente conhecedores e acostumados a lidar com estrangeiros, embora seja melhor você dar uma olhada de antemão em algumas palavras-chave em seu dicionário. Xucla 23. ✆ **93-301-14-44**. Metrô: Liceu.

JOIAS

Forvm Ferlandina ★★ Joias e acessórios contemporâneos de mais de 50 designers estão à mostra aqui em minúsculas caixas em forma de cubo que dão à loja uma impressão de galeria contemporânea. Ourivesaria, trabalhos esmaltados, pedrarias e a maioria das técnicas estão presentes. Particularmente encantadores são os broches de buquê de flores de feltro, anéis e enfeites para o cabelo que são fabricados no ateliê nos fundos. Ferlandia 31. ℰ **93-441-80-18**. Metrô: Liceu ou Catalunya.

Platamundi *Econômico* A rede de lojas Platamundi oferece peças de prata de altíssima qualidade a preços extremamente acessíveis, tanto importadas quanto de *designers* locais como Ricardo Domingo, responsável pelo setor de joias do FAD, o comitê de *design* da cidade. Procure peças que combinem prata com trabalhados esmaltados em tons mediterrâneos. Hospital 37. ℰ **93-317-13-89**. Metrô: Liceu. Existem outras lojas em Montcada 11 (Metrô: Jaume I), Plaça Santa María 7 (Metrô: Jaume I) e Portaferrisa 22 (Metrô: Liceu).

Tous Dependendo do seu ponto de vista, as joias e objetos feitos por essa família catalã são algo obrigatório ou valorizado demais. O tema recorrente da Tous é o ursinho, e os pequenos amiguinhos aparecem em tudo, desde brincos, chaveiros até cintos e pulseiras. Eles são adorados pelos VIPs da cidade e a sua popularidade cresceu de tal forma que agora você vê versões piratas. Tudo na Tous é fabricado com padrões muito elevados, em metais preciosos e pedras semipreciosas. Passeig de Gràcia 75. ℰ **93-488-15-58**. Metrô: Passeig de Gràcia.

COURO

Acosta ★ Fundada nos anos 50, essa rede espanhola que produz cintos e bolsas de couro cheias de estilo, atualmente tem 37 lojas por toda a Espanha, uma em Lisboa e outra em Bruxelas. Ainda é administrada pela própria família, o que talvez seja o motivo pelo qual tudo o que é vendido tenha um ar de ter sido confeccionado com muito carinho e de forma bastante meticulosa. Os preços são excelentes, levando em conta a qualidade geral. Diagonal 602. ℰ **93-414-32-78**. Ônibus: 5, 7, 15, 33 ou 34.

Loewe ★★★ A maior loja dessa prestigiada cadeia espanhola que vende artigos de couro em Barcelona fica em uma das construções modernistas mais conhecidas da cidade. Tudo é de alto nível, do elegante *showroom* até as mercadorias caras. Os vendedores são atenciosos. A empresa exporta seus produtos para lojas em toda a Ásia, Europa e América do Norte. Com o *designer* José Enrique Ona Selfa agora na direção, sua linha de vestuários está melhor do que nunca. Passeig de Gràcia 35. ℰ **93-216-04-00**. Metrô: Passeig de Gràcia.

Lupo ★★ O nome atual em artigos de couro de luxo é Lupo. Vendendo seus produtos em uma loja minimalista de cores prata e branco na L'Eixample, bolsas e cintos levam a arte da confecção ao limite, moldando e dobrando o couro para criar formas incríveis e utilizando novas técnicas de tingimento para criar as cores mais vivas possíveis. O mundo notou sua presença e a empresa agora exporta para os EUA, o restante da Europa e o Japão. Maiorca 257, baixos. ℰ **93-487-80-50**. Metrô: Passeig de Gràcia.

CAMA, MESA & BANHO

El Indio *Achados* Fundada em 1870 e facilmente reconhecível por causa da fachada cheia de detalhes e das janelas arqueadas, essa loja vende todos os tipos de produtos têxteis, de lençóis a toalhas de chá e de mesa. O serviço e os ambientes decorados em madeira são encantadoramente tradicionais e o leque de ofertas é brilhante: de lençóis baratos de poliéster até os

222 CAPÍTULO 9 · FAZENDO COMPRAS

Vender, Vender...

Existem vários mercados ao ar livre nas ruas de Barcelona. Pratique seu dom de pechinchar antes de ir até o mercado de pulgas El Encants, que acontece toda segunda, quarta, sexta e sábado na Plaça de les Glòries Catalanes (Metrô: Glòries). Vá a qualquer hora do dia para dar uma pesquisada na variedade de roupas novas e usadas, móveis de época e verdadeiras bugigangas (embora os vendedores tentem convencê-lo do contrário). Moedas e selos postais são comercializados e vendidos na Plaça Reial aos domingos, das 10:00h às 20:00h. Fica perto do lado sul da La Rambla (Metrô: Drassanes). Um comércio de livros (a maioria em espanhol) e de moedas é realizado na Ronda Sant Antoni todos os domingos das 10:00h às 14:00h (Metrô: Universitat), com um comércio animado de softwares e DVDs piratas acontecendo na periferia. Todos os tipos de itens finos de antiquários podem ser encontrados no Mercat Gòtic todas as quintas das 09:00h às 20:00h, na Plaça Nova do lado de fora da principal catedral da cidade (Metrô: Liceu), mas não espere nenhuma pechincha. Mais parecido com uma enorme feira ambulante é o Encants del Gòtic, Plaça George Orwell; sábados das 11:00h às 16:00h (Metrô: Drassanes). O largo passeio da Rambla del Raval (Metrô: San Antoni) fica cheio de comerciantes hippies durante todo o dia aos sábados, vendendo roupas artesanais, joias e outros objetos. Nas proximidades, os vendedores de roupas vintage e retrô da Riera Baixa (Metrô: San Antoni) arrastam suas mercadorias para as ruas (é possível encontrar verdadeiras pechinchas aqui). Mais de 50 pintores vendem seus produtos todos os fins de semana na bela Plaça del Pi (Metrô: Liceu) na Mostra d'Art que, surpreendentemente, tem um alto padrão. Se você é mais do tipo que gosta de comidas, mais de uma dúzia de fornecedores de queijos artesanais, mel, bolachas, azeitonas, chocolates e outras iguarias catalãs também podem ser encontradas na Plaça del Pi, no primeiro e no terceiro final de semana de cada mês, das 10:00h às 22:00h.

melhores guardanapos de linho. Se eles não tiverem o produto, provavelmente é porque ele não existe. Carme 24. ℂ **93-317-54-42**. Metrô: Liceu.

Ràfols ✯ Essa loja tem lindas roupas de cama, toalhas de banho, toalhas de mesa e outros itens para o seu enxoval, feitos sob medida e bordadas à mão. Os funcionários ágeis criarão qualquer desenho que você quiser, e os tecidos de puro algodão e linhos usados são divinos. Bori i Fontestà 4. ℂ **93-200-93-52**. Metrô: Diagonal.

LINGERIE

Le Boudoir *(Achados)* Essa loja pode se parecer com uma sofisticada *sex shop* (e sob diversos aspectos ela é) mas, na realidade, as paredes vermelho-escarlate da casa abrigam uma coleção maravilhosa de sedas e lingeries de renda, e acessórios de cama estimulantes: de algemas cobertas de pele a CDs de música criados para "colocar você no clima" e outros objetos para momentos íntimos. No verão, eles possuem uma linha de roupas de banho exclusivas. Malicioso, mas muito, muito bom. Canuda 21. ℂ **93-302-52-81**. Metrô: Catalunya.

Women's Secret *(Econômico)* Essa cadeia de lojas de lingeries, roupas íntimas e pijamas fará você desejar que houvesse uma delas em sua cidade natal. As estampas são modernas e coloridas, os *designs* são originais e os preços são bem acessíveis. De sua linha básica de sutiãs e camisolas de puro algodão até os pijamas listrados e conjunto de calcinhas com chinelos combinando e sacolas para artigos de toalete, isso é o que há de inteligente no conceito de vendas. Há várias lojas no centro da cidade; as maiores ficam na Portaferrisa 7-9 (ℂ **93-318-92-42**; Metrô: Liceu), Puer-

COMPRAS EM GERAL **223**

ta de l'Angel 38 ((𝄢 **93-301-07-00**; Metrô: Catalunya), Diagonal 399 ((𝄢 **93-237-86-14**; Metrô: Diagonal) e Fontanella 16 ((𝄢 **93-317-93-69**; Metrô: Urquinaona).

MAPAS

Llibreria Quera *(Achados)* Esse estabelecimento foi inaugurado em 1916 pelo lendário aventureiro Josep Quera, que cobriu praticamente todas as partes da Catalunha e de Andorra durante sua vida. Não importa se você está indo fazer caminhadas nos Pirineus, dirigindo ao longo da costa ou escalando montanhas no interior, você pode planejar sua viagem aqui com uma seleção de livros especializados e mapas. Petritxol 2. (𝄢 **93-318-07-43**. Metrô: Liceu.

MÚSICA

Casa Beethoven *(Achados)* Fundada em 1920, essa loja possui a mais completa coleção de partituras da cidade. A coleção naturalmente foca nas obras de compositores cataláes e espanhóis. Amantes da música podem fazer algumas descobertas raras. La Rambla 97. (𝄢 **93-301-48-26**. Metrô: Liceu.

Discos Castelló Com seis lojas em Barcelona, a Castelló praticamente domina o mercado de CDs. Metade delas está localizada na Calle Tallers, uma rua com lojas de música e discos de vinil de ponta a ponta. Inaugurada em 1934, o carro-chefe da loja fica no número 7 e é principalmente de *pop rock*. Do lado, o "Overstocks" tem mais das mesmas seções de jazz, *world music*, músicas espanholas e *country*. Músicas clássicas são vendidas no número 3. Calle Tallers. (𝄢 **93-318-20-41**. Metrô: Catalunya.

FNAC *(Econômico)* Se você não quiser nada muito fora da tendência do mercado, o melhor local para comprar músicas é na megaloja da FNAC no centro de Barcelona. O segundo andar tem CDs de todos os tipos: *rock, pop, jazz*, clássico e uma seleção tentadora formada principalmente por lançamentos não muito recentes de artistas atuais a preços mínimos. Você pode pedir para ouvir antes de comprar, o que é cômodo para fazer compras de músicas espanholas e de flamenco. Abre de 10:00h às 22:00h, de segunda a sábado. Plaça de Catalunya 4. (𝄢 **93-344-18-00**. Metrô: Catalunya.

OUTLETS & USADOS

Contribución y Moda *(Achados)* Essa loja grande de vários andares vende roupas de *design*, masculinas e femininas, da última estação ou de estações anteriores. É o tipo de lugar onde você poderá comprar uma calça de lá Vivienne Westwood por algo em torno de 100€ (US$125), ou se perguntar se a saia Gaultier realmente custava 250€ (US$312) no total. Contudo, você normalmente consegue encontrar pelo menos um item que combine com seu gosto e orçamento (especialmente no início da estação), mas os diferentes padrões de tamanhos podem enlouquecer você. Riera de Sant Miquel 30. (𝄢 **93-218-71-40**. Metrô: Diagonal.

La Roca Village Somente verdadeiros caçadores de pechinchas se darão ao trabalho de fazer essa viagem até essa "vila de outlet" distante do centro de Barcelona. Mas aqueles que o fizerem serão recompensados com até 60% de desconto em mais de 50 marcas, desde etiquetas famosas como Roberto Verino, Versace e Carolina Herrera, sapatos da Camper, artigos luxuosos de couro da Loewe e Mandarina Duck, e até mesmo roupas esportivas do tipo Billabong e Timberland. O ambiente é bastante agradável, com um playground para as crianças, cafés e coisas do tipo, e a economia aqui é lendária. Aberta diariamente das 11:00h às 21:00h. La Roca del Vallès. (𝄢 **93-842-39-00**. De carro: Vá pela AP-7 até a Saída 12, siga em direção a Cardedeu e depois para o Centre Comercial. De trem: pegue o trem na Estação Sants para Granollers Center (os trens saem a cada meia hora; tempo de viagem: 35 min.). Da estação, um ônibus vai para La Roca Village de hora em hora, hora cheia mais 23 min.; um táxi vai

224 CAPÍTULO 9 · FAZENDO COMPRAS

lhe custar 10€ (US\$13). De ônibus: a Sagalés (**☎ 93-870-78-60**) tem linha de ônibus diretamente para La Roca Village do terminal rodoviário Fabra i Puig (Passeig Fabra i Puig, perto da entrada do metrô). Ônibus (4€ /US\$5 ida e volta) sai de seg-sex às 09:00h, 12:00h, 16:00h e 20:00h (tempo de viagem: 50 min.).

MNG Outlet *(Econômico)* A MNG é a Mango, uma das maiores redes de moda jovem da Espanha. Suas lojas de outlet possuem itens com taras (defeitos de tamanhos variados) e estoques da última coleção a preços incríveis. Não é incomum conseguir um jeans aqui a 10€ (US\$13) ou uma camiseta por meros 5€ (US\$6,25). Eles também têm uma boa variedade de sapatos e bolsas a preços mínimos. A loja fica terrivelmente movimentada aos sábados. Algumas outras lojas de outlet ficam nas imediações. Girona 37. Sem telefone. Metrô: Tetuan ou Urquinaona.

112 Pessoas com um fetiche por pés irão amar essa loja no Barrio Alto que vende sapatos, botas e bolsas da última coleção com descontos de 50%. Marc Jacobs, Givenchy, Emma Hope, Emilio Pucci, Robert Clegerie e Rossi são apenas alguns dos nomes. Laforja 105. **☎ 93-414-55-13**. FGC: Gràcia.

PERFUMES & COSMÉTICOS

La Galeria de Santa María Nouvella *(Achados)* Esse é o *outlet* de Barcelona da famosa Officina Profumo-Farmaceutica di Santa Maria Novella, em Florença, a botica mais antiga e possivelmente a mais luxuosa do mundo. Os perfumes e as colônias possuem aromas puros de flores, especiarias e frutas; os sabonetes são artesanais e as embalagens parecem inalteradas desde o século XVIII. Os preços são elevados. Espasería 4-8. **☎ 93-268-02-37**. Metrô: Jaume I ou Barceloneta.

Regia ⭐ Essa sofisticada loja de perfumes e cosméticos tem um segredo: passe pelas prateleiras cheias de Chanel e Dior e você chegará a uma pequena porta que o levará a um museu sem igual (entrada grátis). Existem mais de 5.000 exemplares de garrafas e frascos de perfumes dos tempos da Grécia até os dias de hoje. A estrela da coleção é o dramático "Le Rei Soleil" de Salvador Dalí. Passeig de Gràcia 39. **☎ 93-216-01-21**. Metrô: Passeig de Gràcia.

Sephora Viciados em cosméticos podem ser perdoados por pensar que morreram e foram para o céu quando entrarem nessa megaloja maravilhosa. Todas as marcas desejadas estão aqui: Clarins, Dior, Arden, Chanel e coisas do gênero, além de marcas mais difíceis de encontrar como Urban Decay e Phytomer. A linha de maquiagem com a marca da casa tem preços ótimos e a Sephora afirma que não são preços de promoção. El Triângulo, Pelayo 13-37. **☎ 93-306-39-00**. Metrô: Catalunya.

PORCELANA

Kastoria Essa loja grande perto da catedral é um revendedor autorizado da Lladró, e possui uma grande coleção de porcelanas famosas. Ela também tem muitos artigos de couro, incluindo carteiras, malas, casacos e jaquetas. Av. Catedral 6-8. **☎ 93-310-04-11**. Metrô: Plaça de Catalunya.

CERÂMICAS

Artesana i Coses Se você estiver nas imediações do Museu Picasso, dê um pulinho nessa loja abarrotada que vende cerâmicas e porcelana de todas as principais regiões da Espanha. A maioria das peças é pesada e com bordas espessas e você pode escolher uma caneca de café por cerca de dois euros. Placeta de Montcada 2. **☎ 93-319-54-13**. Metrô: Jaume I.

COMPRES EM GERAL   **225**

Lojas Especializadas no Barri Gòtic

As ruas ao redor do Barri Gòtic estão lotadas de estabelecimentos tradicionais especializados em tudo, de bacalhau seco a sapatos de dança, alguns dos quais remanescentes da época em que as atividades mercantis e de comércio eram a vida de Barcelona. Se você vir uma vitrine que o atraia, não fique intimido; a maioria dos comerciantes dá boas-vindas aos turistas curiosos e uma conversa rápida com um deles pode ser uma daquelas experiências rápidas de viagem que você apreciará muito tempo depois.

Datada de 1761, a Cereria Subira, Baixada de Llibreteria 7 (✆ **93-315-26-06**), tem a honra de ser a loja contínua mais antiga de Barcelona. Ela é especializada em velas, do tipo brancas e longas usadas em missas, até criações mais elaboradas. Vale a pena aparecer por lá só para ver as duas estátuas Maure segurando tochas. Mágicos e ilusionistas amam o Rei de la Magia, Princesa 11 (✆ **93-319-39-20**), uma loja de truques e mágicas de 1881. Atrás da fachada *Art Nouveau* da Alonso, Santa Ana 27 (✆ **93-317- 60-85**), encontram-se dúzias de luvas, de delicadas peles de bezerro a luvas mais ásperas para dirigir, além de leques bonitos e mantillas (xales espanhóis) de renda. Trajes espanhóis mais tradicionais podem ser encontrados na Flora Albaicín, especializada em sapatos de dança flamenca e saias e vestidos rodados de bolinhas. A Herbolisteria del Rei, del Vidre 1 (✆ **93-318-05-12**), é outra loja mergulhada em história; ela vem fornecendo ervas, remédios naturais, cosméticas e chás desde 1823. A Casa Colmina, Portaferrisa 8 (✆ **93-412-25-11**), faz seus próprios *turrones*, blocos de nougat e marzipã que são delícias tradicionais no Natal. Pessoas habilidosas amarão a Antiga Casa Sala, Call 8 (✆ **93-381-45-87**) que tem uma enorme variedade de contas e quinquilharias simplesmente implorando para serem transformadas em um acessório original. No eixo dos produtos alimentícios no velho Born, o Angel Jobal, Princesa 38 (✆ **93-319-78-02**), é o mercado de temperos mais famoso da cidade, e tem açafrão espanhol, pimenta da Índia e orégano do Chile. A Ganiveteria Roca, Plaça del Pi 3 (✆ **93-302-12-41**), tem uma variedade enorme de facas, lâminas, tesouras e todos os tipos de instrumentos cortantes para qualquer tipo de tarefa. A Xancó Camiseria, La Rambla 78–80 (✆ **93-318-09-89**), é uma das poucas lojas de época que continuam existindo na La Rambla: eles fazem camisas clássicas masculinas em algodão, lã e linho desde 1820. Se você for pego de surpresa pela chuva, vá até a Paraguas Rambla de Las Flores, La Rambla 104 (✆ **93-412-72-58**) que tem todos os tipos de guarda-chuvas e bengalas. E, finalmente, você nunca sabe quando pode precisar de uma pena de galinha; a Casa Morelli, Banys Nous 13 (✆ **93-302-59-34**), tem sacos delas, para simples enchimentos ou para decorar uma roupa de festa.

Art Escudellers Essa é uma loja única, que não tem vergonha de ser voltada para o mercado turístico, mas, na verdade, ela tem uma grande variedade de vasos e cerâmicas de toda a Espanha. Você verá as peças mais coloridas do sul, pintadas à mão, até as peças marrons e verdes mais orgânicas do norte, objetos de uso cotidiano, e peças que merecem ser mencionadas. A loja tem um serviço de despacho e centenas de vinhos espanhóis para provar e comprar. Escudellers 23-25. ✆ **93-412-68-01**. Metrô: Drassanes.

Baraka O proprietário do Baraka percorre regularmente as *souks* de Marrocos e traz de volta as aquisições para essa pequena loja na moderna área de Born. Ela tem uma variedade encantadora de vasos e cerâmicas coloridos e com figuras, além dos tradicionais *dhurries* (tapetes artesanais), chinelos bubucha, cerâmicas tagines, luminárias e outras parafernálias do norte da África. Canvis Vells 2. ✆ **93-268-42-20**. Metrô: Jaume I.

226 CAPÍTULO 9 · FAZENDO COMPRAS

Itaca *(Achados)* Aqui você vai encontrar uma grande variedade de cerâmicas artesanais da Catalunha e de outras partes da Espanha, bem como de Portugal, México e Marrocos. As mercadorias são selecionadas pela sua pureza, integridade e simplicidade básicas. Existe uma grande variedade de objetos ao estilo Gaudí, inspirados pela marca registrada de seu trabalho, os trencadis (azulejos quebrado). Ferran 26. ✆ **93-301-30-44**. Metrô: Liceu.

CACHECOL, XALES & ACESSÓRIOS

Rafa Teja Atelier *★★* Essa loja tem uma coleção sublime de cachecóis e xales de lã, de algodão e de seda da Índia, da Ásia e da Espanha, todos pendurados de forma organizada em cabides de madeira ou dobrados em gloriosas pilhas multicoloridas. Seja um lenço pashmina, uma estola de mohair ou um xale extravagante para combinar com um vestido de noite, você certamente vai encontrá-lo aqui. Eles também fazem sua própria variedade limitada de roupas, tais como casacos para noite em brocados chineses ou saias em estilo sarongue com batiks da Indonésia. Passeig del Born 18. ✆ **93-310-27-85**. Metrô: Jaume I ou Barceloneta.

SAPATOS

Camper *★★* Fabricados na ilha de Maiorca, os sapatos Camper realmente conquistaram o mundo. Suas formas distintamente moldadas em cores incomuns são vistas pelas ruas de Nova Iorque e Sidney. Mas Barcelona tem a maior variedade pelos melhores preços. O interior das lojas, muitas vezes criado pelo peculiar *designer* catalão Martí Guixe, reflete toda a cultura de atacado, embora elegante, da marca. Existem várias lojas por toda a cidade. Valencia 249. ✆ **93-215-63-90**. Metrô: Passeig de Gràcia.

Casas *★★* Se você leva calçados a sério, então esse é o único nome que você precisa conhecer. Com três lojas no centro de Barcelona, Casas é uma loja de calçados que reúne em um único lugar as marcas espanholas mais importantes (Camper, Vialis, Dorotea e assim por diante) e importados cobiçados como Clergerie, Rodolfo Zengari e Mare, além de sapatos esportivos e para caminhadas. Três locais: La Rambla 125 (✆ **93-302-75-52**), Portaferrisa 25 (✆ **93-302-11-32**) e Portal de l'Angel 40 (✆ **93-302-11-12**). Metrô: Catalunya ou Liceu .

Czar Se você gosta de sapatos esportivos e tênis de corrida então você está no lugar certo: o Czar. Eles têm de tudo, desde Converse, Le Coq Sportif e Adidas clássicos até criações mais bizarras da Diesel, W&LT, Asics e outras marcas *cult*. Passeig del Born 20. ✆ **93-310-72-22**. Metrô: Jaume I ou Barceloneta.

La Manual Alpargatera *(Achados)* Na Cidade Velha, um grupo de gente bacana faz alpargatas nesse local há quase um século. Assim como os modelos clássicos, *slip-in*, você encontrará aqui o *espadenya* catalão, que tem cadarço para amarrar no tornozelo, versões plataforma em cores fashion, chinelos de lã de carneiro quentinhos e outros calçados "naturais". Entre os clientes estão Michael Douglas e o papa. Avinyó 7. ✆ **93-301-01-72**. Metrô: Jaume I ou Liceu.

Lotusse Esses sapateiros de Maiorca são admirados pela extraordinária qualidade de seus trabalhos. Os sapatos de couro cru, mocassins, sapatos de salto alto e outros estilos clássicos masculinos e femininos realmente parecem ser feitos à mão. Eles não farão você sobressair na multidão, mas podem durar a vida toda. Lotusse também vende bolsas, carteiras e cintos. Rambla de Catalunya 103. ✆ **93-215-89-11**. Metrô: Passeig de Gràcia.

Muxart *★★* Hermenegildo Muxart sabe fazer saltos que chamam a atenção, oferecendo sapatos e bolsas sensuais e de vanguarda em sua loja na L'Eixample. Um par de sapatos pretos de salto agulha pode ter um disco vermelho no dedo do pé, por exemplo, ou um

COMPRAS EM GERAL   **227**

pedaço de couro prata metálico e azul brilhante trançado com palha formando uma combinação intrincada. Embora tudo isso possa parecer um pouco de modismos demais, a Muxart sabe quando puxar as rédeas, fazendo com que a compra de um par de sapatos seja um investimento em vez de um capricho caro. Rosselló 230. ✆ **93-488-10-64**. Metrô: Diagonal. Há outra loja na Rambla de Catalunya 47 (✆ **93-467-74-23**; Metrô: Passeig de Gràcia).

CENTRO DE COMPRAS & SHOPPINGS

Shopping center é um assunto um tanto controverso na Catalunha. Muitos pequenos comerciantes acham que os shoppings os estão empurrando para fora do mercado. O governo local reagiu limitando a construção dos shoppings, especialmente no centro de Barcelona, mas ainda existem vários para satisfazer qualquer fã de shopping.

Centre Comercial Glòries   Construído em 1995, parte de um grande projeto para rejuvenescer uma parte decadente da cidade, esse é um centro de três andares baseado no modelo da Califórnia. Ele tem mais de 230 lojas, algumas elegantes e outras muito longe disso. A maioria das pessoas vem aqui por causa das lojas de departamentos Carrefour, o primo mais barato do El Corte Inglés, que vende principalmente eletrônicos e utensílios domésticos. Embora exista um anonimato característico de shoppings em relação a alguns aspectos desse lugar, ele é ótimo para crianças, com muitos espaços abertos e brinquedos para pular. Aberto de segunda a sábado das 10:00h às 22:00h. Av. Diagonal 208. ✆ **93-486-04-04**. Metrô: Glòries.

Diagonal Mar Esse é o mais novo dos shoppings centers, parte de um enorme projeto urbano que está estimulando a vida residencial e comercial na costa norte da cidade. Refletindo os preços das propriedades ao redor, as lojas tendem a ter preços de médio a elevados. Todos os nomes da moda estão aqui, além de uma unidade da megaloja de músicas e entretenimentos, a FNAC, e até mesmo um cinema. Aberto de segunda a sábado das 10:00h às 22:00h. Av. Diagonal s/n. ✆ **90-253-03-00**. Metrô: Maresme/Forum, Selva de Mar ou Besós-Mar.

L'Illa Diagonal Localizado em uma parte cara da cidade, as lojas aqui são principalmente de artigos de luxo. Sendo assim, esse shopping de dois andares tem lojas dedicadas principalmente à moda e a produtos de luxo: Benetton, Mandarina Duck, Zara, Diesel, Miss Sixty, bem como diversas boutiques para artigos domésticos, presentes e brinquedos. O primeiro andar tem um supermercado enorme e um galpão de alimentos vendendo de tudo, de chocolates artesanais a bacalhau seco. Aberto de segunda a sábado das 10:00h às 21:30h. Av. Diagonal 557. ✆ **93-444-00-00**. Metrô: María Cristina.

Pedralbes Centre Essa galeria de dois andares está focada principalmente em moda. Confira as roupas *streetwear* e de clubes da E4G e ZasTwo, os adereços para festas de Puente Aereo e as roupas coloridas, brilhantes e características da Agata Ruiz de la Prada. Diagonal 609-615. ✆ **93-410-68-21**. Metrô: María Cristina.

ARTIGOS ESPORTIVOS

Decathlon *Econômico* Se você planeja fazer alguma atividade física em Barcelona além de uma caminhada pela La Rambla, Decathlon é realmente o único nome que você precisa conhecer. Todos os esportes são cobertos por essa megaloja, de propriedade francesa, de futebol e tênis a ja-kai (handball basco) e ping-pong, há trajes de banho, roupas para corrida, aeróbica, capacete para ciclistas (e bicicletas), equipamento para esquiar, botas para caminhadas e roupas de mergulho. Os preços são praticamente imbatíveis, especialmente nos itens da casa. Canuda 20. ✆ **93-342-61-61**. Metrô: Catalunya ou L'Illa. Há outra loja na Diagonal 557 (✆ **93-444-01-65**; Metrô: María Cristina).

10

Barcelona à Noite

Barcelona é uma cidade com uma excelente vida noturna e a variedade de entretenimentos à noite é incrível. Há algo interessante para quase todo mundo e para atender a todos os bolsos. Bares e clubes da moda funcionam em quase todos os principais bairros da cidade e onde um fecha, outro será aberto dentro de semanas.

Os moradores locais, às vezes, optam por uma noite nas *tascas (tavernas)*, ou se contentam com uma garrafa de vinho em um café, uma maneira fácil e barata de passar uma noite observando pessoas. A idade legal para consumir bebidas alcoólicas é de 18 anos, mas raramente hà uma fiscalização eficaz.

Com a aprovação de uma nova lei em 1º de janeiro de 2006, todos os bares com mais de 100 m² (1.076 pés2) devem ter uma área para não fumantes. A realidade, porém, é que apesar dessas áreas realmente existirem agora, não há muito o que fazer em relação à fumaça que se espalha para a área de não fumantes, proveniente das área para fumantes, que são maiores. Então, como acontecia antes, você normalmente precisará tirar o cheiro de fumaça de suas roupas depois que voltar para casa após uma noitada.

Se o tempo estiver bom (o que acontece quase sempre) as praças ao ar livre da cidade possuem pelo menos a metade do espaço com o máximo de mesas e cadeiras que puderem ser colocadas de forma razoável. Cuidado com os locais onde duas mesas estão espremidas uma ao lado da outra: os ocupantes de cada uma delas ficarão muito atentos com suas cadeiras e não vão gostar nem um pouco se você arrastar uma cadeira para criar um lugar extra em outra mesa. Be-

ber ao ar livre vem se tornando tão popular que o governo local, por causa de reclamações da vizinhança, vem sendo forçado a restringir os horários em certos lugares — por volta de meia-noite, é o horário normal para ser convidado a terminar seu drink ou entrar. Lugares particularmente bons para se sentar e ver o mundo passar são: **Plaça del Sol**, em Grácia e **Passeig del Born**; **Plaça del Pi** e **Plaça Reial** na Cidade Velha. As praças também são lugares populares onde grupos de adolescentes se reúnem para beber, mas seu tipo de bebida tende a ser mais do tipo comprado em supermercados. A velha tradição espanhola do *botellón*, onde grupos de jovens se sentam no chão bebendo cerveja ou vinho exageradamente, é tratada como um problema pelo governo local e por vizinhos que não gostam de muito barulho. Apesar de a prática estar sendo reprimida, ela ainda persiste, principalmente no verão.

Observar pessoas com um pouco mais de pele exposta é algo a ser feito na praia durante o verão. Entre maio e outubro, uma fila de *chiringuitos* (bares na praia) abre para diversão noturna nas areias ao longo das praias urbanas de Barcelona (Barceloneta a Poble Nou). Cada um deles tem sua própria característica: alguns tocam música para relaxar, outros têm DJs/bandas ao vivo. Proprietários, nomes e estilos mudam de ano para ano, mas, no geral, eles abrem para o almoço (ou para um café da manhã tardio) e ficam abertos até 02:00h ou 03:00h da manhã.

Também perto da areia encontram-se muitos bares e restaurantes ao redor da marina Olímpica e do porto, o qual, juntamente com o Maremagnum, o complexo para entretenimento e lazer, e a extremidade da La Rambla junto ao porto oferecem lugares mais voltados para estrangeiros a procura de bebidas mais fortes e colegas que falem inglês.

Outras áreas cheias de bares incluem a **Carrer Avinyó** no Barri Gòtic, a **Rambla del Raval** em El Raval, e as ruas de **El Born** em La Ribera — basta dar uma caminhada por lá e ver de onde o barulho está vindo. Existem muitas outras ruas a serem descobertas; basta seguir a multidão durante algum tempo.

INGRESSANDO NA VIDA NOTURNA DE BARCELONA

A vida noturna começará para muitos barceloneses com um *passeio (paseo)* das 20:00h às 21:00h. Então as coisas se acalmam um pouco até que uma segunda leva de energia traz a multidão após o jantar, das 23:00h à meia-noite. Bebidas alcoólicas nos *pubs* e bares da cidade normalmente começam à meia-noite. Nos lugares mais da moda, os barceloneses não chegarão antes da 01:00h — encontrar-se com os amigos para o primeiro drink da noite depois da meia-noite certamente faz com que alguns se acostumem. Se você quiser ir a um clube, deve estar preparado para ir mais tarde ainda e a maioria dos clubes não abre antes das 02:00h da manhã e mesmo assim, eles continuam geralmente vazios na primeira meia hora ou algo assim, até que os bares fechem às 03:00h. Muitos clubes ficam abertos até as 06:00h da manhã. A maior parte deles oferece entrada gratuita ou flyers disponíveis em bares ou nas ruas; isso fará você economizar algo entre 5€ a 10€ (US$6,25–US$13), que é o preço normal da entrada em um clube, se houver. Couvert artístico depende principalmente da noite da semana, do DJ e do que o porteiro pensar de você. O preço de um coquetel (como uma cuba libre) fica entre 5€ e 10€ (US$6,25–US$13). Pode parecer caro, mas as bebidas aqui são fortes. Se for cobrada uma entrada, pergunte se é *amb consumició* (bebida incluída). Se for, leve o seu ingresso até o bar para conseguir a primeira bebida grátis.

Barcelona é uma cidade moderna e o cenário de clubes noturnos é notoriamente volúvel. Coisas novas surgem e outras desaparecem. Embora eu tenha recomendado lugares que estão por aí há muito tempo, não se surpreenda muito se os nomes e os estilos dos lugares mudaram em relação ao que está escrito aqui quando você sair.

Muitos nomes internacionais famosos, de Rolling Stones a Anastasia, incluem Barcelona em suas turnês. Os maiores concertos acontecem no **Palau Sant Jordi**, no Montjuïc, um espaço flexível e amplo que também é utilizado para os jogos de basquete da cidade. Em uma cidade onde reina a tradição dos DJs, Barcelona é limitada em locais de porte pequeno a médio que sejam exclusivos para músicas ao vivo (embora alguns clubes façam as duas coisas, com um show acontecendo antes da garotada do clube aparecer).

Um dos melhores lugares para ver pessoas tocando instrumentos (em vez de ficar mexendo em discos) é na rua. No verão, você verá uma abundância de entretenimentos gratuitos — de todos os tipos, desde ópera até música cigana romena — ao caminhar a pé pelo Barri Gòtic. Festivais como **El Grec** (julho–agosto) e **La Mercè** (final de setembro) são as épocas em que grandes shows musicais acontecem.

Se você quiser descobrir o que está acontecendo pela cidade, a melhor fonte de informações locais é uma pequena revista chamada *Guía del Ocio*, que apresenta "La Semana de Barcelona" (Esta Semana em Barcelona). A revista está em espanhol, mas a maior parte das suas listas será compreensível. Todas as bancas de jornais ao longo da La Rambla possuem uma edição. Se você tiver acesso à internet, a revista *Le Cool* (www.lecool.com) também tem um resumo em inglês de algumas das opções mais alternativas de cada semana.

Se você estiver preocupado com o trecho da La Rambla entre a Plaça de Catalunya e o Monumento de Colombo por causa de reportagens da imprensa, saiba que a área tornou-se mais segura na última década. Ainda assim, você vai se sentir mais seguro ao longo da Rambla de Catalunya, na Eixample, ao norte da Plaça de Catalunya. Essa rua e as proximidades são animadas de noite, com muitos cafés e bares.

230 CAPÍTULO 10 · BARCELONA À NOITE

A área principal, onde parece ser um pouco mais perigoso, fica em El Raval, ou no Barrio Chino (ou seja, a metade inferior do lado direito da La Rambla, se você estiver indo em direção ao porto), uma área ainda conhecida por assaltos noturnos ocasionais. Mas, apesar (ou por causa?) disso, muitos bares da moda abriram nessa região (como o Bar Pastis; veja pág. 242). Na verdade, existem alguns ótimos bares em El Raval, mas tome cuidado se você for lá, especialmente quando retirar dinheiro de um caixa eletrônico (embora esses fechem de qualquer forma à noite com uma frequência cada vez maior).

1 Melhores Bares & Pubs

- **Melhor Bar de Champagne:** Espumante na Espanha é chamado de *cava*, e geralmente, há muito pouca diferença entre a versão local e aquilo que você compra ao norte da fronteira, na França. **El Xampanyet**, Montcada 22 (☎ 93-319-70-03), um minúsculo bar de cava revestido de cerâmica em frente ao Museu Picasso, vem servindo sua variedade da casa durante gerações e é um dos ambientes mais autênticos para tomar uma ou duas garrafas. Veja pág. 247.

- **Bar com a Melhor Vista:** Vale a pena caminhar até o pico do Tibidabo por causa do **Mirablau**, Plaça Doctor Andreu 2 (☎ 93-418-58-79), um bar chique que oferece uma vista panorâmica inigualável da cidade através de janelas de vidro que vão do chão ao teto. Veja pág. 246.

- **Melhor Bar para Drink Antes do Jantar:** Estrategicamente localizado perto do final da La Rambla, o **Boadas**, Tallers 1 (☎ 93-318-95-92), é outro boteco histórico, com suas raízes em Havana, Cuba. Como era de se esperar, *mojitos* e daiquiris são as especialidades da casa e é um local descontraído o bastante para se perambular com roupas casuais. Veja pág. 236.

- **Melhor Pub Irlandês:** Apesar de Barcelona estar cheia de bons *pubs* em estilo celta, seus interiores revestidos de madeira e assentos de couro não são realmente agradáveis em uma noite de verão. **The Fastnet**, Passeig Juan de Borbón 22 (☎ 93-295-30-05), tem uma varanda ao ar livre com vista para o porto e é um dos pontos de encontro favoritos de velejadores visitantes e estrangeiros que amam a praia. Veja pág. 242.

2 Shows & Espetáculos

Tendo sido por muito tempo uma cidade das artes, Barcelona experimentou um declínio cultural durante o período de Franco, mas agora está cheia novamente com as melhores óperas, música de orquestras sinfônicas e corais. Em relação aos locais listados aqui, a menos que especificado de forma diferente, os preços dos ingressos dependem do evento. Os ingressos podem ser comprados nos locais, mas geralmente é mais conveniente e mais fácil usar um dos *ticket services* especiais. O banco Caixa Catalunya vende *entradas* para vários eventos e tem também o maravilhoso **Servicaixa** — uma máquina automática que vende ingressos de teatro e de cinema — em muitas de suas unidades. *Tel-entrada* (☎ 90-233-22-11) permite que você compre por telefone com seu cartão de crédito.

MÚSICA CLÁSSICA

Gran Teatre del Liceu ✸✸✸ Esse monumento à extravagância da *Belle Époque*, uma casa de ópera com 2.700 assentos é um dos maiores teatros do mundo — e é muito fácil de ser encontrado, no meio da La Rambla. Ele foi desenhado pelo arquiteto catalão Josep Oriol Mestves. Em 31 de janeiro de 1994, um grande incêndio destruiu a casa de ópera, chocando os catalães, muitos dos quais consideravam esse local

SHOWS & ESPETÁCULOS   231

como uma verdadeira fortaleza para sua cultura. O governo imediatamente prometeu reconstruí-la e teve ajuda da renda de um concerto espetacular ao ar livre que aconteceu nos escombros incendiados do antigo edifício. O novo Liceu foi reaberto em 1999, muito antes do final do milênio, prazo final fixado pelo czares da cultura. Um café tranquilo e uma loja grande no subsolo foram incluídos na reconstrução, e que ficam abertos durante o dia. Cada show oferece algumas apresentações menores, com os preços dos ingressos pela metade (ou perto disso). Visitas guiadas ao teatro (com duração de cerca de uma hora) também estão disponíveis diariamente das 10:00h às 18:00h. Rambla dels Caputxins 51-59. ✆ 93-485-99-13. Metrô: Liceu.

La Casa dels Músics O pianista Luis de Arquer criou uma pequena companhia de espetáculos em sua casa do século XIX em Gràcia. Eles agora a chamam de a menor casa de ópera do mundo e provavelmente não estão errados, uma vez que os cantores quase se sentam em seu colo enquanto atuam em produções de pequeno porte de opera buffa e bel canto. Os espetáculos geralmente começam às 21:00h, mas você deve ligar antes para confirmar se haverá apresentações e para fazer reservas. Para os verdadeiros amantes da música, essa pode ser a noite mais encantadora em Barcelona. Encarnació 25. ✆ **93-284-99-20**. Ingressos 22€ (US$28). Metrô: Fontana.

L'Auditori ★★ Esse é o mais recente dos bastiões de música clássica da cidade, criado para ser o lar permanente do coral Orfeó Catala e da OBC (Orquestra Sinfônica de Barcelona), embora nomes internacionais de primeira também façam shows por aqui. O edifício foi projetado pelo premiado arquiteto espanhol Rafael Moneo e diz-se que sua acústica é a mais moderna que existe. Lepant 150. ✆ **93-247-93-00**. Metrô: Glòries.

Palau dela Música Catalana ★★★ Em uma cidade completamente tomada por destaques arquitetônicos, esse é um dos que sobressaem. Em 1908, Lluis Domènech i Montaner, um arquiteto catalão, concebeu essa estrutura como um lar para o coral Orfeó Catala, utilizando vitrais, cerâmicas, estátuas e lustres ornamentais, entre outros elementos. Hoje ele se destaca como um dos exemplos mais exuberantes do *modernisme*. Concertos (principalmente de música clássica, mas também de jazz, tradicionais e outros gêneros) e recitais importantes acontecem aqui, assim como visitas guiadas diárias pelos edifícios (pág. 166). Mas dizem que você só aprecia de verdade esse local quando assistir a um concerto. Uma nova extensão chamada Petit Palau, incluindo um restaurante luxuoso, foi aberta recentemente. Diariamente das 10:00h às 15:30h; a bilheteira abre de segunda a sábado das 10:00h às 21:00h. Sant Francesc de Paula 2. ✆ **93-295-72-00**. Metrô: Urquinaona.

CINEMA

Em Barcelona há boas opções de salas de cinema apresentando filmes nos idiomas originais (versió original) — a maioria em inglês — com legendas em espanhol. Algumas salas oferecem descontos de segunda e quarta. Fins de semana são muito populares (e lotados), com a maioria dos cinemas com sessões também tarde da noite, começando à 01:00h. Dê uma olhada no *Guía del Ocio* e nos jornais locais como *El País* e *La Vanguardia* para informações sobre as sessões e os horários.

Casablanca Esse complexo moderno apresenta uma grande variedade de filmes de arte e os mais populares da atualidade. Alguns acham seus assentos de estilo minimalista meio desconfortáveis, especialmente se o filme que você estiver assistindo não conseguir prender sua atenção. Passeig de Gràcia 115 (L'Eixample). ✆ **93-218-43-45**. Ingressos: 6,20€ (US$7,75). 4 sessões por dia. Metrô: Diagonal.

232 CAPÍTULO 10 · BARCELONA À NOITE

Filmoteca Custeado pelo governo catalão, esse refúgio para cinemaníacos exibe trabalhos clássicos e menos conhecidos. Ele oferece sessões especiais dedicadas a diretores famosos e outros não tão famosos assim, e você pode comprar blocos com 20 ou mais ingressos, o que pode baixar ainda mais os preços que já são bons. Espetáculos ocasionais para crianças são uma atração adicional. Levando tudo em conta, é um bom negócio. Cinema Aquitania, Av. Sarria 31–33. ☎ **93-410-75-90**. www.cultura.gencat.net/filmo. Ingressos: 3€ (US$3,75). Metrô: Hospital Clinic.

Icária Yelmo Cineplex Localizado em um grande shopping na área do Port Olimpic, esse complexo enorme com 15 telões apresenta tanto filmes populares como, ocasionalmente, filmes europeus não convencionais ocasionalmente. Os assentos são numerados nos fins de semana, quando muita gente vem aqui, então é melhor reservar seu assento no website do cinema. Salvador Espriu 61 (Vila Olimpica). ☎ **93-221-75-85**. www.yelmocineplex.es. Ingressos 6,20€ (US$7,75) ter–dom 5€ (US$6,25) seg. Sessões mais tarde as sextas e aos sábados.

Méliès Cinemes Dois telões aqui oferecem uma mistura de filmes de arte com outros de padrões comerciais. Todos os tipos de trabalhos, desde os clássicos até os contemporâneos são mostrados, às vezes, com sessões especiais focando em determinados diretores ou estrelas. A programação muda constantemente, portanto vale a pena ficar de olho nesse lugar se você for ficar durante algum tempo na cidade. Carrer de Villaroel 10 (L'Eixample). 93-451-0051. www.cinessmelies.blogspot.com. Ingressos 5€ (US$6,25) ter–dom, 3€ (US$3,75) seg. Não aceita cartões de crédito. 8 sessões por semana. Metrô: Urgell.

Renoir-Floridablanca Um dos cinemas no centro da cidade, o Renoir Floridablanca mostra produções convencionais — mas totalmente atuais, em um quarteto de telas pequenas. Normalmente, há oito opções de filmes diferentes em qualquer dia. Seu cinema irmão, o Renoir Les Corts, oferece uma programação semelhante. Floridablanca: Floridablanca 135 (L'Eixample). ☎ **93-228-93-93**. www.cinesrenoir.com. Les Corts: Eugenie d'Ors 12 (Les Corts). ☎ **93-490-55-10**. Para ambos: ingressos 6,20€ (US$7,75) ter–dom, 4,50€ (US$5,60) seg. Metrô: Sant Antoni. Sessões mais tarde as sextas e aos sábados.

Verdi Localizado de forma aconchegante no coração de Gràcia, esse cinema com 5 telões — o primeiro na cidade a apresentar filmes nas versões originais — é uma instituição reconhecida em Barcelona. Os filmes exibidos tendem a ser mais ousados e radicais que a norma, e sua popularidade é demonstrada pelas longas filas nos fins de semana. Portanto, chegue cedo ou reserve com antecedência. Seu anexo com 4 telões, o Verdi Park, fica nas proximidades. Verdi: Verdi 32 e Verdi Park Torrijos 49 (Gràcia). ☎ **93-238-79-90**. Ingressos: 6€ (US$7,50). Sessões mais tarde as sextas e aos sábados. Metrô: Fontana.

TEATRO

A maioria dos teatros em Barcelona é apresentada no idioma catalão por companhias de produção espanholas. Teatro de vanguarda e comédia são particularmente mais marcantes. La Fura dels Baus é uma trupe internacionalmente famosa, El Comedients e La Cubana utilizam o folclore local e a cultura popular para fazer os espectadores rirem e El Tricicle é um trio bastante querido de comediantes que usam a mímica. O diretor catalão Calixto Bieito é um dos principais diretores do mundo, famoso por suas versões contemporâneas e geralmente violentas do trabalho de Shakespeare.

Institut del Teatre ★★★ Nesse grande complexo ficam as escolas de teatro e de dança da cidade. Há três auditórios de capacidades variadas e os espetáculos variam de apresentações de estudantes, companhias internacionais de vanguarda, como o Wooster Group de Nova Iorque, até "maratonas" de 24 horas de circo. Plaça Margarida Xirgú s/n. ☎ **93-227-30-00**. Metrô: Espanya.

SHOWS & ESPETÁCULOS 233

⌒Momentos Eu Poderia Ter Dançado o Dia Todo

Embora a cidade satisfaça os amantes de música dos mais variados gostos, a coisa que mais se destaca aqui é a música eletrônica. Os DJs são os novos heróis da cena musical e o Woodstock desta geração chama-se Sonar (www.sonar.es). O festival começou há mais de 10 anos, em um local pequeno, mas distante, como um modo de exibir algumas das músicas experimentais mais incomuns de diferentes partes da Europa. Agora ele toma conta de uma parte significativa da cidade durante um final de semana prolongado em meados de junho, atraindo pessoas de muito longe. Na verdade, são agora dois festivais em dois locais separados. Durante o dia, acontece em diversos palcos ao redor dos museus MACBA e CCCB, em El Raval. De noite, muda para um enorme centro de feiras e convenções fora do centro, com um ônibus especial transportando pessoas entre locais. Para os shows de dia e de noite, os ingressos são vendidos separadamente, embora você possa comprar um passe para tudo. Pessoas famosas que participaram recentemente do Sonar nas apresentações noturnas incluíram Massive Attack e Björk, mas a música durante o dia é muito mais aberta e eclética, geralmente acompanhada de visuais estranhos. É claro que sendo Barcelona, há também diversos festivais extraoficiais acontecendo ao mesmo tempo, que são muito mais baratos (ou, às vezes, gratuitos) e cujas informações estão disponíveis nos murais e folhetos que ficam nos bares. Segundo os puristas, é onde você achará a verdadeira música experimental, visto que o Sonar se curvou aos grandes patrocinadores há alguns anos. A melhor coisa, provavelmente, é aproveitar os dois — mas se você quiser ir para o festival Sonar oficial, é necessário comprar seus ingressos (e reservar suas acomodações) com muita antecedência.

L'Antic Teatre *Achados* Esse é um verdadeiro teatro pequeno de vanguarda perto do Palau Musica Catalana, que faz apresentações tanto de companhias viajantes como locais. Só está aberto há poucos anos, quando um local antigo foi "redescoberto", depois de ter sido deixado em ruínas durante décadas. Você nunca sabe o que esperar, portanto vale a pena dar uma olhada na programação na porta, se você conseguir entendê-la — uma noite é mímica belga, na próxima, habilidades circenses sul-americanas, e depois, um documentário jamaicano. Ingressos sempre têm um preço excelente, não importa o que você acaba assistindo. Verdaguer i Callis 12. ✆ **93-315-23-54**. Ingressos por volta de 6,50€ (US$8,10). Metrô: Urquinaona.

Mercant de Los Flors ✶✶ Em um edifício construído para a Feira Mundial de 1929 no Montjuïc, esse é o outro principal teatro catalão. Peter Brook primeiro o usou como teatro para uma apresentação de *Carmen,* em 1983. O teatro foca em inovações em relação a dramas, dança e música, bem como em companhias de danças modernas europeias. O local também apresenta festivais de arte de vanguarda. A casa com 999 assentos tem um restaurante de onde é possível contemplar os telhados da cidade. Lleida 59. ✆ **93-426-18-75**. Metrô: Espanya

Teatre Nacional de Catalunya Josep Maria Flotats dirige essa grande companhia, em um prédio moderno, imitando uma construção romana um pouco distante do centro, próximo ao L'Auditori (veja anteriormente). O ator-diretor foi treinado na tradição do repertório teatral, tendo trabalhado em Paris, no Théâtre de la Villa, e na Comédie Française. Sua companhia apresenta peças tanto clássicas quanto contemporâneas. Plaça de les Arts 1. ✆ **93-306-57-06**. Metrô: Plaza de las Glorias.

Teatre Victoria Situado no lado oeste da cidade, esse teatro despretensioso, com grande capacidade, apresenta produções de grande porte, geralmente espetáculos musicais ou comédias. Alguns anos atrás, até mesmo a peça *Hysteria* foi apresentada, uma produção de comédia espanhola dirigida (com a ajuda de um tradutor) por John Malkovich. Paral.lel 65. ✆ **93-329-91-89**. Metrô: Paral.lel.

234 CAPÍTULO 10 · BARCELONA À NOITE

FLAMENCO

Flamenco não é uma loucura aqui da mesma forma que ocorre em Sevilha e Madri, mas continua tendo seus devotos. Não se trata de uma tradição catalá, apesar de Barcelona ter uma população andaluz ativa e dançarinos com tanto entusiasmo e cores quanto quaisquer outros que você encontraria mais ao sul.

El Tablao de Carmen ✪✪✪ Esse clube apresenta um cabaré flamenco de alto nível, imitando "típica vila artesã espanhola" de Poble Espanyol em Montjuïc. Você pode chegar mais cedo e explorar a vila e até mesmo jantar por lá enquanto o sol se põe. Esse lugar tem sido um dos favoritos dos turistas há muito tempo. O clube fica aberto de terça a domingo, das 20:00h até depois da meia-noite — por volta da 01:00h nos dias de semana, geralmente até 02:00h ou 03:00h nos fins de semana, dependendo do movimento. O primeiro espetáculo é sempre às 21:30h, o segundo é às 23:30h nas terças, quartas, quintas e nos domingos, e à meia-noite, as sextas e aos sábados. Recomendável fazer reservas. Poble Espanyol de Montjuïc. ☎ **93-325-68-95**. Jantar e espetáculo 55€ –80€ (US$69–US$100); bebida e espetáculo 30€ (US$38). Metrô: Espanya.

Los Tarantos ✪✪ Fundado em 1963, esse é o clube de flamenco mais antigo de Barcelona, com uma rígida fidelidade aos princípios do flamenco andaluz. Sua lista de artistas muda regularmente. Os artistas muitas vezes vêm de Sevilha ou Córdoba, mostrando suas paixões bem ensaiadas que fazem a plateia apreciar as nuances misteriosas da linguagem da dança mais intensa da Espanha; outras noites são artistas locais menos conhecidos que se apresentam ou é um show de percussão. Não servem nenhuma comida. O local lembra um teatro de cabaré, onde até 120 pessoas ao mesmo tempo podem beber, conversar tranquilamente e apreciar os movimentos de uma dança que combina elementos do cristianismo medieval com tradições muçulmanas. Os espetáculos são esporádicos, por isso, confira antes de ir. Plaça Reial 17. ☎ **93-318-30-67**. Couvert (inclui uma bebida) geralmente por volta de 20€ (US$25). Metrô: Liceu.

Tablao Flamenco Cordobés ✪ No extremo sul da La Rambla, a uma curta distância a pé do porto, você ouvirá o dedilhar do violão, o barulho das palmas batendo ritmicamente e o som característico do flamenco, uma tradição aqui desde 1968. Suba até o andar de cima com uma sala em estilo andaluz onde ocorrem apresentações com o tradicional *cuadro flamenco* — cantores, bailarinos e tocadores de violão. Dizem que o Cordobés tem o melhor show de flamenco da cidade. Três espetáculos são oferecidos todas as noites, com jantar, às 19:00h, 20:30h e 22:00h. É necessário fazer reservas. La Rambla 35.☎ **93-317-57-11**. Jantar e show 50€ –60€ (US$63–US$75); uma bebida e show 30€ –35€ (US$38–US $44). Metrô: Drassanes.

Tirititran Um restaurante flamenco administrado por verdadeiros gitanos, a música de fundo, os retratos na parede e o cardápio, todos cantam a mesma tradição musical cativante. No subsolo há um pequeno palco, e mais tarde nos fins de semana, grupos de andaluzes geralmente vêm para tocar violão e beber algo forte. O ambiente é agradável e, embora você não vá ver muitas dançarinas lindamente vestidas ou rosas entre os dentes, eles conhecem o flamenco por aqui. Buenos Aires 28. ☎ **93-363-05-91**. Metrô: Urgell.

CABARÉ, JAZZ & OUTROS

Espai Barroc ✪✪✪ Uma das casas noturnas mais preocupadas com cultura (e um pouco pretensiosa) em Barcelona ocupa algumas das salas de espetáculos do Palau Dalmases, uma grandiosa mansão gótica em La Ribera. Em uma sala cheia de grandes objetos de arte, flores e grandes bandejas de frutas, você pode ouvir árias de óperas gravadas e bebericar copos de cerveja ou de vinho. A noite mais interessante é a de quinta — começando às 23:00h, 10 cantores

BARES, CAFÉS, PUBS & CLUBES **235**

apresentam uma lista de árias de diversas óperas, uma das quais invariavelmente é *Carmen*. Desde a sua inauguração em 1996, o lugar tem prosperado. Quase todos em volta do bar, pelo menos aparentemente já ouviram falar das maiores óperas do mundo, e alguns podem até mesmo discuti-las em profundidade. Montcada 20. ✆ **93-310-06-73**. Metrô: Jaume I.

Harlem Jazz Club ⭐⭐ Apesar de sua reforma recente, embora sem personalidade, poder sugerir o contrário, esse é um dos melhores e mais antigos clubes de jazz de Barcelona. É também um dos menores, somente com poucas mesas, que são afastadas quando o conjunto termina para que as pessoas possam dançar. Não importa quantas vezes você já tenha escutado "Orfeu Negro" ou "Garota de Ipanema", elas sempre parecem novas aqui. A música é vista com uma certa reverência; ninguém conversa quando os cantores estão se apresentando. Jazz, blues, tango, funk brasileiro, música cigana romena e ritmos africanos ao vivo — os sons têm sempre uma cara nova. A maior parte das apresentações começa por volta das 22:00h, um pouco mais tarde nos fins de semana. Comtessa de Sobradiel 8. ✆ **93-310-07-55**. Entrada gratuita seg–qui. 6€ (US$7,50) sex–sáb. Mínimo de uma bebida. Fechado nas 2 primeiras semanas de agosto. Metrô: Jaume I.

Jamboree ⭐⭐ Entre a animação barulhenta da Plaça Reial perto de Les Ramblas, esse tem sido há muito um dos principais lugares da cidade para um bom blues e jazz, embora não apresente jazz todas as noites. Às vezes, cantores de nível mundial fazem apresentações aqui, mas muito provavelmente será um grupo mais jovem. A clientela conhece o assunto e exige apenas os melhores talentos. A programação variada muda constantemente e você pode ver a apresentação de um grupo de blues de Chicago ou de uma banda de dança latino-americana quando aparecer por aqui. À medida que vai ficando mais tarde, a música muda totalmente e o local vira uma boate para a garotada, com *hip-hop* no andar de baixo e *world music* no andar de cima. A maioria dos shows começa entre 22:00h e meia-noite. Plaça Reial 17. ✆ **93-301-75-64**. Entrada (inclui uma bebida) 8€ (US$10); shows 8€ –12€ (US$10–US$15). Metrô: Liceu.

Luz de Gas ⭐⭐ Esse teatro é conhecido pelo jazz latino. O próprio lugar é uma maravilha da virada do século XX, com luminárias de vidros coloridos, cortinas vermelhas e outros detalhes, mas é também um ponto de encontro com música ao vivo de alto nível. Já foi um teatro, e o lugar onde ficavam os assentos originalmente foi transformado em diferentes áreas, cada uma delas com seu próprio bar. Os dois níveis mais baixos se abrem para a pista de dança e para o palco. Se você quiser conversar, vá para o pavimento superior que tem uma área cercada de vidro. Ligue para ver qual é a programação em determinada noite: *jazz, pop, soul, rhythm and blues*, salsa, bolero, qualquer coisa. Saiba que a gerência pode ser um pouco esnobe, portanto vá com atitude. Montaner 246.✆ **93-209-77-11**. Couvert (inclui uma bebida) normalmente a 20€ –22€ (US$25–US$28). Ônibus: 6, 27, 32 ou 34.

3 Bares, Cafés, Pubs & Clubes

CIUTAT VELLA

BARES, CAFÉS & PUBS

Almirall ⭐ Tranquilo e com iluminação suave, esse bar poderá ajudá-lo a imaginar como era um ponto de encontro de artistas boêmios no final do século XIX em Barcelona. Um enorme espelho *Art Nouveau* atrás do bar completa o quadro. A clientela ainda é boêmia e é um bom lugar para aparecer para um drink antes de ir a um clube noturno. Joaquín Costa 33 (El Raval). Sem telefone. Metrô: Sant Antoni.

Barcelona Rouge *(Achados)* Escondido bem no fundo de Poble Sec que não tem muito *glamour*, esse bar vermelho-escarlate serve coquetéis exclusivos (incluindo alguns com

236 **CAPÍTULO 10 · BARCELONA À NOITE**

absinto) e tem uma coleção exagerada de mobília para deixá-lo aconchegante, dando-lhe uma aparência geral de um prostíbulo da virada do século XX. Há apresentações esporádicas (de natureza legal) de tudo, desde tango argentino a acrobatas. A música é do tipo mais tradicional, e os clientes regulares tendem a convidar outras pessoas para dançar. Poeta Cabanas 21 (Poble Sec). ✆ **93-442-49-85**. Metrô: Poble Sec.

The Black Horse Esse é o ponto de encontro de muitos estrangeiros que moram na vizinhança. Ele passa a impressão de um antigo *pub* tradicional e oferece a clássica cerveja britânica servida do barril. O local também mostra todos os grandes jogos de futebol e ainda tem um quiz bilíngue no *pub* aos domingos. É um bom lugar para ouvir como está a situação na cidade da boca de quem vive aqui há anos. Allada Vermell 16 (La Ribera). ✆ **93-268-33-38**. Metrô: Jaume I.

Borneo O nome é um trocadilho com a área em que ele se encontra, conhecida como El Born, mas a única concessão ao tema histórico é um slideshow diretamente das páginas da *National Geographic*. Fora isso, o que você vê é um bar grande e descontraído com um mezanino para aqueles que querem dar uma escapada por alguns instantes. Rec 49 (La Ribera).✆ **93-268-23-89**. Metrô: Jaume I.

Café Bar Padam Um dos bares da nova geração de locais chiques em uma parte decadente da cidade, a clientela e a decoração aqui são modernas e elegantes. O único colorido das salas pretas e brancas vem das flores frescas e dos quadros modernos. Às vezes, ocorrem apresentações de música francesa e de exposições de arte. Rauric 9 (El Raval). ✆ **93-302-50-62**. Metrô: Liceu.

Café Zurich No topo da La Rambla com vista para a Plaça Catalunya, esse é um ponto de encontro tradicional em Barcelona e também é ótimo para observar o desfile de pessoas que passa pelo boulevard mais famoso da Catalunha. Se o tempo estiver bom, escolha uma mesa ao ar livre e uma cerveja gelada e curta a animação, a qual, geralmente, inclui música ao vivo. Inaugurado no início dos anos 20, o café foi transferido quando o shopping center Triângulo foi construído, e depois foi transferido rapidamente de volta. Apesar dos preços um pouco altos, dos garçons mal-humorados e das tapas rudimentares, o bar continua firme. Sua localização é tudo. Plaça de Catalunya 1.✆ **93-317-91-53**. Metrô: Catalunya.

Cocktail Bar Boadas ★★★ Esse bar aconchegante e conservador normalmente está cheio de clientes regulares. Fundado em 1933, é o bar de coquetel mais antigo da cidade. Ele fica bem no final da La Rambla e muitos visitantes param para uma bebida e algo rápido para comer antes de sair andando em busca de um dos muitos restaurantes da área. O bar tem um estoque enorme de runs caribenhos, vodkas russas e gim inglês, e os bartenders habilidosos sabem como misturar tudo. Você não se arrependerá em experimentar um daiquiri. Tallers 1 (El Raval). ✆ **93-318-95-92**. Metrô: Catalunya.

Eat, Drink, Life Esse bar combina o melhor de todos os ambientes que um turista com saudades de casa poderia desejar. Assentos confortáveis, iluminação suave, funcionários simpáticos que falam inglês e TVs mostrando notícias e esportes em inglês. Eles fazem uma boa comida, embora sejam em pequenas porções, durante todo o dia, enquanto à noite as coisas ficam mais animadas. Um ótimo lugar para ir com os amigos, se você quiser misturar moradores locais com pessoas que falam inglês da melhor maneira possível. Princesa 23. ✆ **93-268-86-19**. Metrô: Jaume I.

El Born De frente a uma praça de aspecto rústico, essa antiga peixaria foi habilmente transformada. Algumas mesas ficam perto da frente, mas o meu canto preferido é o salão na parte de dentro, decorado com móveis de rattam e quadros modernos. A música pode ser

BARES, CAFÉS, PUBS & CLUBES

É um Bar, um Café, um Pub ou um Clube?

Em Barcelona, não é incomum que os locais tenham diversas personalidades. Durante o dia, aquele café tranquilo é o local perfeito para sentar e ler um livro ou desfrutar um croissant feito na hora. Depois, quando a noite cai, os funcionários mudam, a música ganha um volume mais alto e de repente você pode levantar os olhos do seu livro e se ver em um barzinho legal, cercado por um grupo barulhento de jovens usando coisas da moda. Se esperar mais tempo, você poderá se ver retirado de sua mesa enquanto os móveis são guardados para que o DJ apareça e as pessoas possam dançar.

qualquer coisa, de Louis Armstrong até clássicos do *rock'n'roll*. O *buffet* na parte de cima serve jantar. O salão é um pouco apertado, mas você encontrará uma variedade simples, mas saborosa, de pratos de peixe, carne e vegetais, todos com uma apresentação cuidadosa. Passeig del Born 26 (La Ribera). ✆ **93-319-53-33**. Metrô: Jaume I ou Barceloneta.

El Bosc de las Fades *Achados* Esse é o bar-café mais bizarro de Barcelona, e lembra uma floresta de contos de fadas — ou pelo menos tenta. Ele foi concebido pelas mesmas pessoas que criaram o Museu de la Cera (Museu de Cera, pág. 165), que fica ao lado. Espere "árvores inacreditáveis" e o murmúrio do som de cachoeiras, mais um ou dois "gnomos" — e um espelho mágico que merece pelo menos 30 segundos de observação minuciosa. À noite, o local atrai essencialmente pessoas jovens que curtem o vale do bosque de mentira, a música de fundo alta e as bebidas. Pasaje de la Banca 7 (Barri Gòtic). ✆ **93-317-26-49**. Metrô: Drassanes.

El Café Que Pone Muebles Narvarro *Achados* Um bar pequeno e estranho que gosta de se sentir na moda. O nome significa "O bar onde colocam móveis Narvarro". É um velho armazém de móveis e dá uma certa impressão de que você está bebendo álcool sentado em uma IKEA antiquada. De qualquer forma, tem boa música. Riera Alta 4–6 (El Raval). ✆ **60-718-80-96**. Metrô: San Antoni.

Fonfone Um ótimo exemplo de um bar que consegue colocar o máximo de pessoas quando a música faz todo mundo dançar. A decoração colorida baseada na iluminação é particularmente original e a *dance music* é sempre de alta qualidade para aqueles que gostam de música eletrônica moderna e acessível. Esse não é lugar para ficar parado e conversando, mas sim um bom lugar para preencher aquelas horas incômodas quando você já está pronto para sair à noite, mas ainda está cedo demais para chegar nos clubes. O local é perfeito para ir a qualquer parte da Cidade Velha mais tarde. Escudellers 24 (Barri Gòtic). ✆ **93-317-14-24**. Metrô: Drassanes.

Ginger ⭐⭐ Um bar de tapas, coquetéis e vinhos elegante, dividido em níveis, que fica em uma bonita praça no Barri Gótic. Os coquetéis bem preparados (incluindo uma raridade — o tradicional Pimms) faz com que valha a pena ser conhecido, assim como os saborosos petiscos, que incluem guloseimas criativas como salsichas na brasa em *orujo* e foie grelhado. É o tipo de lugar para você entrar por um e ficar por três. Lledó 2 (Barri Gòtic). ✆ **93-310-53-09**. Metrô: Jaume I.

Hivernacle *Achados* Esse é um café-bar espaçoso atraindo pessoas jovens e elegantes em um ambiente de palmeiras altas que estão em uma estufa do século XIX. Fica logo depois dos portões do parque localizado mais no centro da cidade, mas o bar fica aberto mesmo depois que o parque fecha (a entrada é de um dos lados, no Passeig Picasso). Um pessoal elegante gosta de vir aqui para "beliscar" tapas. Um restaurante fica ao lado e tem música ao vivo durante os meses de verão. Parc de la Ciutadella s/n (La Ribera). ✆ **93-295-40-17**. Metrô: Arc de Triomf.

238 CAPÍTULO 10 · BARCELONA À NOITE

La Concha *(Achados)* Não existem muitos bares que têm um ar marroquino alegre e meio brega, mas esse lugar o faz e também é muito divertido vir aqui e gastar um tempo observando as paredes cheias de fotos coloridas da estrela espanhola dos anos 60, Sara Montiel. Uma parte do bar torna-se uma minúscula pista de dança nos fins de semana. Esse bar é uma instituição do Barrio Chino e continua sendo um pouco assustador, mas perfeito para uma autêntica amostra da boemia. Guàrdia 14 (El Raval). ✆ **93-302-41-18**. Metrô: Drassanes.

La Fianna Com seu ar marroquino, esse é um local perfeito para descansar e relaxar se estiver chovendo ou quando você não quiser uma noite muito agitada. O lugar é internacional e é um verdadeiro achado. Ele abriga um restaurante na parte dos fundos com algumas mesas normais e banquetas, mas a melhor coisa a fazer é chegar bem cedo e garantir uma das plataformas cheias de almofadas — o lugar mais confortável para se aconchegar com algumas bebidas e com um ou três amigos. Eles também oferecem um ótimo *brunch* de domingo no estilo americano. Banys Vells 15 (La Ribera). ✆ **93-315-18-10**. Metrô: Jaume I.

La Oveja Negra *(Achados)* Um clássico da Cidade Velha, "a ovelha negra" é como uma cervejaria escondida. A clientela é jovem — é um dos preferidos dos estudantes — e as bebidas têm preços ótimos. Barulhento, simpático, com uma mesa de bilhar manchada de cerveja e um ambiente notável que lembra uma caverna, esse é um lugar divertido para os jovens pedirem algumas jarras de sangria barata e conhecer pessoas. É quase certo que haverá uma fila para a mesa de pebolim, de modo que não é um lugar ruim para começar a noite. Sitges 5 (El Raval). Sem telefone. Metrô: Catalunya.

L'Ascensor ✪ "O Elevador" tem uma entrada exatamente como seria de se esperar: você passa por (em vez de subir ou descer) um velho elevador de estilo europeu, daqueles com uma porta deslizante para chegar até o minúsculo bar desse local bastante famoso por seus mojitos (coquetéis cubanos com rum), e que tem uma fila de copos com menta e açúcar esperando para serem completados. Bellafila 3 (Barri Gòtic). ✆ **93-318-53-47**. Metrô: Jaume I.

Margarita Blue ✪ Pode ser que eles tentem colocar mesas demais na parte do restaurante mexicano, mas se você conseguir encontrar um canto para ficar, então vale a pena conhecer o bar. A música é boa, a clientela é animada e os coquetéis são excelentes, especialmente as Blue Margaritas, que dão nome ao bar. Josep Anselm Clavé 6 (Barri Gòtic). ✆ **93-317-71-76**. Metrô: Drassanes. Eles também possuem um clube irmão chamado Rita Blue, Plaça Sant Agustí 3 (Barri Gòtic). ✆ **93-342-40-86**. Metrô: Liceu.

Molly's Fair City O ponto de encontro dos estrangeiros que moram aqui, além de visitantes britânicos e irlandeses e como todas as cervejarias de Barcelona o local é incrivelmente popular. O som de vozes em inglês é ouvido em todo o bar, ficando cada vez mais alto à medida que a noite termina, o que pode ser muito tarde. Espere música barulhenta, vozes altas e cerveja correndo como um rio. Além disso, se houver um grande jogo de futebol, você vai ouvir um bocado de gritos simpatizantes. Ferran 7 (Barri Gòtic). ✆ **93-342-40-26**. Metrô: Liceu.

Nao Colón ✪ Embora seja, na verdade, um restaurante de *designer*, de quinta a domingo, ele se torna um clube que toca *funk*, *soul* e *house*. Se jantar aqui em uma quinta-feira, você terá jazz ao vivo a partir das 22:00 juntamente com sua refeição. O local soa mais pretensioso do que realmente é. Marquès de l'Argentera 19 (La Ribera). ✆ **93-268-76-33**. Metrô: Barceloneta.

Pitin Bar O lugar é fácil de ser encontrado graças às estrelas iluminadas em cima da porta; esse é um ótimo lugar para se sentar com os amigos. O bar na parte de baixo pode não

BARES, CAFÉS, PUBS & CLUBES 239

Dançando com a Fada Verde

Se você estiver se sentindo aventureiro, existem boas razões para ir ao Bar Marsella, Sant Pau 65 (sem telefone; Metrô: Liceu), e esta é a sua especialidade: absinto (*absenta*). Picasso e Dalí eram os famosos clientes regulares desse local e parece que eles não tiraram a poeira das garrafas desde então. O bar está aqui há mais de 150 anos servindo a bebida caseira que lhe confere a fama. Absinto é uma bebida extremamente forte com gosto de anis, feita em parte com losna. Alguns países continuam proibindo o absinto por causa de suas alegadas qualidades alucinógenas, que o levaram a ser chamado de "fada verde". Em Barcelona, eles a servem da forma tradicional: com um garfo, uma pequena garrafa de água e um cubo de açúcar. Você coloca o açúcar na ponta do garfo e o equilibra na borda do copo. Então pinga um pouco de água (mas não muito!) bem devagar sobre o açúcar para que ele se dissolva lentamente na bebida. Espere até que ele afunde, e então, continue adicionando gotas de água até que o açúcar tenha praticamente escorrido todo para o copo. Depois, misture o restante do açúcar em seu copo com o garfo e beba em seguida. Um copo não lhe fará muito mal, mas você poderá perceber outras pessoas pelo bar que tomaram pelo menos alguns copos a mais por causa de suas expressões vazias e queixos caídos.

parecer ter nada de especial, e o pátio, embora agradável, é bastante comum. Mas se você avançar pela pequena escadaria em espiral, o andar de cima tem um salão confortável e bem iluminado com algumas decorações peculiares. É um ótimo lugar para se sentar e conversar e ao mesmo tempo observar as pessoas pela janela — mas as pessoas altas podem ter problemas com o teto baixo. Passeig del Born 34 (La Ribera).

So_Da ✱ Se só de pensar em fazer compras deixa você com sede, esse bar tem o conceito perfeito. Na parte dos fundos de uma loja de roupas da moda fica um pequeno bar encantador onde você pode tomar um drink e observar os vestuários com olhares invejosos. Se você não tomar cuidado, poderá se ver concordando em voltar no dia seguinte, quando a parte da loja estiver aberta, para experimentar algumas roupas. A música é do tipo eletrônica. Avinyó 24 (Barri Gòtic). ✆ **93-342-45-29**. Metrô: Jaume I.

Travel Bar O lugar para o mochileiro desacompanhado começar, construído totalmente para ajudar a apresentar a cidade para aqueles que estão de passagem. É um bar conveniente para comer um sanduíche ou beber uma cerveja, descobrir o que você precisa saber — ou fazer amizade com alguém para fazer uma exploração à noite. Se você precisar de alguma orientação sobre aonde ir, o bar também faz parte dos lugares mais frequentados do circuito para aqueles que vão de bar em bar durante a noite. Boqueria 27 (Barri Gòtic). ✆ **93-342-52-52**. Metrô: Liceu.

CLUBES

Apolo ✱✱ Um local autêntico com muitas facetas, localizado em um salão de baile da virada do século XX — as terças é um cinema alternativo; as quintas é um clube de funk e, às vezes, eles têm concertos de rock; aos domingos eles têm noites gays enormemente populares; e as sextas e aos sábados é um clube para dançar chamado Nitsa. Dê uma olhada na programação para descobrir o que está acontecendo quando você estiver na cidade. Nou de la Rambla 113 (Poble Sec). ✆ **93-318-99-17**. Metrô: Poble Sec.

Café Royale ✱✱ Bem próximo a Plaça Real, esse bar da moda é um lugar de gente bonita — estudantes mal vestidos podem ter problemas para passar pelo segurança.

240 CAPÍTULO 10 · BARCELONA À NOITE

Dançando à Moda Antiga

Muitos clubes noturnos reivindicam o título de "clássicos", mas nenhum consegue bater **La Paloma**, Tigre 27 (ℂ **93-301-68-97**; Metrô: Universitat) — que tem mais de 103 anos de idade e continua firme. O nome significa "a pomba" e abriu como um salão de baile em 1903, com seus murais e candelabros famosos adicionados em 1919. Ele faz parte da história de Barcelona — Pablo Picasso conheceu uma de suas namoradas de longa data aqui e Dalí costumava se sentar em uma caixa na sacada longa e fazer um esboço das pessoas que entravam. Durante o período bastante rígido de Franco, alguém chamado "El Moral" era contratado para garantir que os casais não se aproximassem demais uns dos outros. Porém não há mais nada disso agora. Mais cedo à noite, o local abre da mesma forma que antes, para amantes de fox-trot, tango, bolero e assim por diante, acompanhado de orquestra ao vivo. Mas de quinta a domingo, o lugar sofre uma transformação e se torna um clube noturno moderno e da moda, das 02:30h às 05:00h. Desde sua decoração incrível até os mímicos que ficam do lado de fora tentando manter as pessoas quietas, esse lugar é verdadeiramente original. A entrada custa 8€ (US$10) — mais em noites especiais**.**

Mas se você puder, vale a pena conhecê-lo por causa da iluminação dourada sutil, pelos DJs da casa e pelos assentos confortáveis ao redor da pequena pista de dança. Um local clássico no centro para pessoas da moda e modelos. Nou de Zurbano 3 (Barri Gòtic). ℂ **93-412-14-33**. Metrô: Drassanes.

Clube 13 ✮✮✮ Esta nova adição ao cenário noturno de Barcelona transformou-se em um dos favoritos dos círculos da moda. O ponto de encontro daqueles que gostam de ver e ser vistos fica no coração da Plaça Reial e recebe poucos turistas, portanto a maioria daqueles que aparecem por aqui são moradores locais. Não se deixe enganar pela aparência pequena do andar superior, a verdadeira ação e a música muito alta acontecem no subsolo onde dois salões — um pequeno, um grande — abrigam uma multidão de pessoas dançando e gente bonita até bem tarde. A música geralmente é do tipo eletrônica. Plaça Reial 13 (Barri Gòtic). ℂ **93-317-23-52**. Metrô: Drassanes.

Dot Qualquer um que seja um grande fã de *dance music* ou viciado em *Jornada nas Estrelas* vai amar esse pequeno bar/clube. A música é alta e rítmica, mas de longe, a melhor coisa sobre o lugar é a entrada em estilo teletransportador entre o bar e a pista de dança. Pode me teletransportar. Nou de Sant Francesc 7 (Barri Gòtic). ℂ **93-302-70-26**. Metrô: Drassanes.

La Luz de Luna ✮ Para amantes da música um pouco mais latina, La Luz de Luna ("a luz da lua") é um lugar simpático especializado em salsa. Não se preocupe em dar vexame na pista de dança se não souber os passos — mas se souber, não lhe faltarão parceiros que realmente sabem onde colocam os pés e em que ponto devem girar você. Comerç 21 (La Ribera). ℂ **93-272-09-10**. Entrada depois das 02:00h 5€ (US$6,25). Metrô: Jaume I.

Magic Faça o sinal de rock "pauleira" com suas próprias mãos e agite sua cabeça suada nesse clube de *hard rock/metal*. Mas é tudo diversão inofensiva e os turistas são mais do que bem-vindos, desde que eles possam dar o melhor de si para dançar. Passeig Picasso 40 (La Ribera). ℂ **93-310-72-67**. Metrô: Barceloneta.

Moog ✮ O lugar onde amantes de música *techno* e batidas eletrônicas se reúnem para dançar. A música é pesada, mas as pessoas são simpáticas. Há um espaço bem menor na parte de cima onde, estranhamente, tocam-se discos dos anos 80 (inclusive uma enorme seleção de Abba) e o próprio DJ faz parte da experiência. Arc del Teatre 3 (El Raval). ℂ **93-301-72-82**. Metrô: Drassanes.

BARES, CAFÉS, PUBS & CLUBES 241

New York Falemos de vida noturna bem tarde, mas bem tarde mesmo em Barcelona. A turma de clientes de 20 e tantos anos que gosta desse clube não aparece antes das 03:00 da manhã. É uma antiga casa de strip-tease, e as luzes vermelhas e paredes pretas ainda evocam sua época de ouro quando as mulheres tiravam a roupa. O fundo musical é composto por música gravadas — principalmente hip-hop e soul/funk. Carrer Escudellers 5 (Barri Gòtic) ☎ **93-318-87-30**. Couvert artístico depois das 02:00h (inclui 1 bebida) 10€ (US$13). Metrô: Drassanes.

Sidecar O andar de cima é formado por um bar e restaurante internacional, mas quando anoitece, eles abrem o andar de baixo — um clube animado e divertido para dançar com músicas não convencionais em um subsolo de paredes de tijolos de tamanho razoável. Às vezes, tem música ao vivo também. Plaça Reial 7 (Barri Gòtic). ☎ **93-302-15-86**. Entrada 6€ (US$7,50). Metrô: Drassanes.

CLUBES NA PRAIA, CLUBES NO PORTO & BARES NA PRAIA

Baja Beach Club Se você quiser dançar ao som de músicas clássicas de discoteca, não há praticamente nenhum outro lugar como o Baja. Ele pode dar certa impressão de mercado e é bem diferente dos clubes sofisticados da moda ou dos bares de coquetéis mais elegantes que você poderá frequentar, mas se você não se importar com garçons sem camisa e garçonetes de biquíni, e se estiver a procura de uma noite para dançar músicas bregas dos anos 80 e 90 que você possa cantar junto, então esse é provavelmente o lugar certo. Provavelmente você não encontrará muitos outros lugares que tenham uma gigantesca bola de praia na entrada e onde o DJ fica em pé em uma lancha na pista de dança! O local fica bem na praia e também serve comida a preços razoáveis durante o dia. Paseo Marítimo 34. ☎ **93-225-91-00**. Metrô: Vila Olímpica/Ciutadella.

Carpe Diem Lounge Club ★ Pessoas que não querem gastar muito devem evitar o CDLC, que exige roupas finas. Os preços são elevados assim como o nível de esnobismo nesse bar extremamente *"cool"* à beira da praia. A seção VIP é a favorita dos jogadores de futebol famosos, mas se você quiser juntar-se a eles nas camas brancas

---

Momentos Piaf, Drag Queens & Um Passeio pelo Lado Selvagem

Você deseja conhecer a parte mais decadente de Barcelona que escritores como Jean Genet retrataram de forma tão viva em seus livros? Muito disso já se foi para sempre, mas la Vida acontece nostalgicamente em áreas como o Bar Pastis, Carrer Santa Mónica 4 (☎ **93-318-79-80**; Metrô: Drassanes).

Os valencianos Carme Pericás e Quime Ballester abriram esse bar minúsculo perto da extremidade sul de Les Ramblas em 1947. Eles fizeram do local um santuário para Edith Piaf, e suas canções ainda tocam em um antigo fonógrafo nos fundos do bar. A decoração consiste principalmente em pinturas de Ballester, que tinha uma visão sombria, quase mórbida do mundo. O especial da casa, naturalmente, é o drinque pastis francês com gosto de anis (para ser tomado puro ou misturado) e você pode pedir quatro tipos de pastis neste chamado "cantinho de Montmartre"— o bairro de Paris onde fica a famosa igreja Sacre Couer — suavemente iluminado.

Do lado de fora da janela, dê uma olhada na vista — geralmente um desfile de travestis e prostitutas. A clientela do bar provavelmente inclui pessoas de todos os tipos, especialmente aqueles que costumavam ser chamados de boêmios. O bar também tem música ao vivo do tipo francesa, tango e folk, apertada em um canto.

242 CAPÍTULO 10 · BARCELONA À NOITE

Dançando Perto do Porto

Bem no final da La Rambla, e sobre a ponte de madeira suspensa conhecida como Rambla del Mar, fica o complexo de entretenimentos/compras Maremagnum. Promovido para ser um local único para beber e dançar, quando foi inaugurado em 1988, a Câmara Municipal de Barcelona esperava que o local atraísse muita gente (principalmente turistas) devido a sua localização privilegiada cercada de água e pela seleção animada de restaurantes, bares e clubes. Ele o fez, e estava talvez um pouco despreparado (e sem treinamento adequado) para a sua popularidade. Ao longo dos próximos dois anos, o Maremagnum ficou famoso pelos motivos errados, em outras palavras, pela agressividade de seus seguranças em relação às minorias étnicas. Isso deixou um gosto amargo na boca de muita gente, e os clientes começaram a se afastar em massa. Desde que uma nova administração assumiu alguns anos atrás tem havido uma ênfase maior nas lojas do que na vida noturna, e outlets chiques como Calvin Klein, Mango e Lollipops (especializada em roupas parisienses) são agora lugares de primeira para os compradores. O Xocoa é um local "*in*" para comprar chocolates. Os bares e estabelecimentos noturnos do Maremagnum ainda ficam à mão para uma diversão pós-jantar se você estiver perto de La Rambla. Alguns dos melhores lugares aqui são o Irish Winds (Local 202), que geralmente tem música ao vivo do tipo rock/pop; e o Mojito (Local 58), que serve alguns coquetéis brasileiros medíocres ao som de bossa nova.

relaxantes de aparência confortável, você terá que comprar bebidas alcoólicas no valor de 120€ (US \$150). O local tem um enorme terraço externo para que os que estão de passagem fiquem admirando as pessoas bonitas. A noite chique é a de domingo, quando músicas mais tranquilas tocam cedo (por volta das 23:00h) para aqueles despreocupados o suficiente para não terem de levantar cedo na segunda de manhã. Paseo Marítimo 32. ✆ **93-224-04-70**. Metrô: Vila Olímpica/Ciutadella.

The Fastnet Bar ✫✫ Dentre as dezenas de bares e *pubs* irlandeses da cidade, esse parece ter sido o único a perceber que está situado em um clima mediterrâneo e não em Dublin, onde é úmido e venta bastante. Localizado em uma avenida com vista para a marina, o bar tem um amplo terraço externo que fica cheio em dias de futebol e de rugby, quando o telão fica voltado para a rua. O resto do tempo é frequentado por donos de iates anglo-saxões, que aparecem para um Guinness e um café da manhã farto com ovos e bacon. Passeig Juan de Borbón 22. ✆ **93-295-30-05**. Metrô: Barceloneta.

Le Kashba ✫ Situado perto do porto Olímpico, no antigo prédio do Palau del Mar agora ocupado pelo Museu de Catalunya, esse pequeno, mas excelente bar/pista de dança, faz projeções na parede, tem almofadas nos bancos e oferece boas música para dançar, tanto dentro como fora, no terraço. Ótimo lugar para ir em uma noite quente. Plaça Pau Vila 1. ✆ **62-656-13-09**. Metrô: Barceloneta.

Shoko ✫ Uma adição relativamente nova para os bares junto à praia, esse restaurante/clube asiático tem uma desconcertante decoração espiritual artificial que não combina em nada com seus drinks de preços elevados e a clientela da moda. Muitas pessoas vêm do estabelecimento noturno über moderno CDLC (veja anteriormente) na vizinhança. Apesar disso, é um local agradável para dançar entre a garotada animada e a sala VIP fica aberta a qualquer pessoa que queira celebrar com champanhe. Passeig Marítim 36. ✆ **93-225-92-03**. Metrô: Vila Olímpica/Ciutadella.

BARES, CAFÉS, PUBS & CLUBES 243

O Pessoal da Vila

Durante o dia é dedicado às lojas de pequenos artesões, bancas de mercado e teatro de rua (veja o capítulo 7), mas à noite o Poble Espanyol, Av. Marquès de Comillas s/n (☎ **93-508-63-30**; Metrô: Espanya), se transforma em uma cidade festiva. Construída como uma "típica vila espanhola" para a Feira Mundial de 1929, ela pode parecer antiga, mas o lugar todo — até mesmo as enormes torres fortificadas que dominam a entrada — é uma imitação. À noite, é um local perfeito para diversões, pois ninguém realmente mora lá dentro e os portões podem ser estritamente protegidos. Você tem duas opções: uma é comprar um ingresso de 3€ (US$3,75) para entrar na vila e passar a noite em três ou quatro bares pequenos que oferecem bebidas, música pop espanhola e mesas do lado de fora. A outra opção, mais cara, é pagar um ingresso de (20€ –24€ /US$25–US$30) do lado de fora para um dos clubes que ficam do lado de dentro dos muros (a entrada para a vila está incluída no preço do seu ingresso). Existem dois locais principais: a Discotheque, um lugar reconhecidamente da moda para fãs de *dance music* e o local de escolha de muitos dos famosos DJs convidados e, durante o verão, La Terrazza, o clube somente ao ar livre que abre de maio a outubro — novamente, com *dance music* da moda e um ótimo lugar para dançar a noite toda até o sol nascer (mas não tanto assim quando estiver chovendo). Devido a uma briga entre os proprietários dos dois locais, as filas para os ingressos e para a entrada nos clubes são separadas, portanto dê uma conferida em qual fila você deve entrar. Se você ficar até o final (até 06:00h da manhã nos fins de semana), procure por panfletos sobre os "locais pós-festas", situados um pouco fora da cidade e abertos até meio-dia.

L'EIXAMPLE

Os bares e clubes de L'Eixample tendem a atrair um grupo um pouco mais heterogênio quanto à idade do que os da Cidade Velha. Eles também ficam mais espalhados, de modo que você poderá se ver entrando e saindo de táxis se quiser ir de bar em bar.

Antilla Latin Club ✸✸✸ Atendendo à comunidade bastante significativa de latino-americanos e caribenhos de Barcelona, este é o maior clube de salsa da cidade. Alguns dos grandes nomes da salsa, merengue, mambo, rumba, son e todos os seus derivados já passaram por aqui e quando não tem música ao vivo pode-se dançar igualmente com a grande variedade de gravações. Se você não souber dançar muito bem, dê uma olhada na escola de dança do clube as segundas e de quarta a sexta entre 21:00h e 23:30h (custo de 60€–120€/US$75–US$150 por semana); nas terças, as aulas são gratuitas se você pagou pela entrada. Abre mais tarde nos fins de semana. Aragó 141. ☎ **93-451-21-51**. Couvert (inclui uma bebida) 10€ (US$13). Metrô: Urgell.

City Hall ✸ Esse clube escuro e movimentado tem uma ótima sala VIP pequena no andar de cima e uma pista de dança de tamanho razoável no andar de baixo. A música normalmente é do tipo *dance music* eletrônica padrão, mas tem também um pequeno jardim urbano para relaxar, com um bar do lado de fora nos fundos. Se você conseguir um dos assentos confortáveis lá fora, pode ficar difícil se levantar. A outra grande vantagem é que ele fica bem perto da Praça Catalunya — muito conveniente para táxis e muitos hotéis. Folhetos de descontos podem ser encontrados em diversos bares. Rambla Catalunya 2-4. ☎ **93-317-22-77**. Couvert (inclui uma bebida) 10€ (US$13). Metrô: Catalunya.

Costa Breve ✸ Localizada nos subúrbios, essa é uma boa discoteca que toca uma mistura de músicas espanholas e europeias comerciais, com surpresas diferentes sendo apresenta-

244 **CAPÍTULO 10 · BARCELONA À NOITE**

das, como uma *stripper* ou um show ao vivo. Muito popular entre pessoas que trabalham nos escritórios nessa área, e jovens *picos (yuppies)*, a energia é diferente da dos clubes da Cidade Velha, mas a clientela sem muitos turistas representa uma mudança agradável. Aribau 230. ℂ **93-441-427-78**. Couvert 10€ (US$13). FGC: Gràcia.

Nick Havanna Inaugurado em 1987, esse foi um dos primeiros "bares de *designers*" da cidade — palácios pós-modernos para beber, e que gastaram mais com decoração do que com coisas práticas (como encanamentos). Ele continua sendo muito elegante, embora de uma maneira meio retrô com uma abóboda sobre a pista de dança, assentos desconfortáveis de metal e alguns dos banheiros mais elegantemente projetados da cidade. Rosselló 208. ℂ **93-215-65-91**. Metrô: Diagonal.

Toscano Anticu ✪ Um bar de coquetel italiano e barulhento que está muito longe da elegância que você poderia esperar. Eles servem todos os tipos de coquetéis em copos de mesmo estilo, a música é alta e a decoração é um tanto grosseria. Mas as bebidas são excelentes e ele soferecem até mesmo comida italiana gratuitamente no bar antes das 22:30h. Todos os funcionários e o proprietário são italianos (o nome significa "Velha Toscana") e é tão italiano que tem até mesmo sua própria sorveteria alguns quarteirões abaixo (e que fica aberta até à 01:00h nos fins de semana do verão). Para saber onde fica, pergunte no bar pela *cremería*. Aribau 167. ℂ **93-532-15-89**. Metrô: Diagonal.

GRÀCIA

Embora a área esteja cheia de pequenas praças e cantos escondidos, o centro do mundo de Gràcia é a Plaça del Sol. No verão, ele é o melhor lugar para ir e conhecer jovens cataláes e para observar as pessoas saindo para se divertir. As pessoas tanto trazem suas próprias latas de cerveja como as compram nos bares ao redor da praça — o ambiente é barulhento e divertido e leva os vizinhos à loucura.

Alfa Um ótimo clube se você gosta de música alternativa e rock. As paredes estão lotadas de capas de álbuns clássicos de bandas como U2 e The Smiths, que lhe dão uma boa ideia do tipo de música. É o mais nativo que você irá conseguir (sua localização em uma rua tranquila, cheia de lojas significa que não há muitos turistas), e as enormes velas pingando cera no bar contribuem para dar mais clima ao lugar. Não é um lugar grande, nem é particularmente limpo, mas ele faz bem aquilo que se propõe a fazer. Mayor de Gràcia 36. ℂ **93-415-18-24**. Metrô: Fontana.

Café del Sol Centro do cenário jovem catalão, esse bar é cheio de boêmios, jovens cataláes pró-independência e pessoas que vão simplesmente pelas tapas e pela vista da praça que se tem das várias mesas do lado de fora. Plaça del Sol 16. ℂ **93-415-56-63**. Metrô: Fontana.

Cibeles ✪✪ Semelhante ao La Paloma (veja anteriormente), mas não tão espetacular, o Cibeles se transforma todas as sextas-feiras de um salão de dança para amantes de tango e *pasodoble* para o The Mond Club — o local eleito para *dance music* nessa parte da cidade. Virando a esquina, The Mond Bar, Plaça del Sol 21 (93-457-38-77) tem o mesmo tipo de música sem a pista de dança. Còrsega 363. ℂ **93-457-38-77**. Couvert 10€ (US$13). Metrô: Diagonal.

KGB Se a *dance music* estiver deixando você deprimido, o KGB é o lugar onde shows pop independentes entram em cena (metal, reggae, hip-hop) para reunir pessoas de sua própria tribo. As apresentações normalmente acontecem de quinta a sábado. No restante do tempo, ele é um clube padrão. Alegre de Dalt 55. ℂ **93-210-59-06**. Couvert 10€ (US$13). Metrô: Lesseps.

BARES, CAFÉS, PUBS & CLUBES   245

Dicas Descobrindo Lugares Para Comer!

Depois de uma longa noite se divertindo, a única coisa que você precisa agora é de comida — e quanto mais calórica, melhor. Se você estiver fora do centro da cidade, é possível encontrar um carrinho de churros vendendo batatas fritas, churros e, às vezes xícaras de chocolate quente para acompanhar. Alguns bares de tapas ficam abertos até tarde ou abrem muito cedo, como **El Reloj** (Vía Laietana 47). Se for de manhã bem cedo exceto domingo, os mercados geralmente têm bares abertos também — o preferido dos moradores locais é o **Bar Pinotxo** no Mercado Boqueria, na La Rambla. O que também abre bem cedo e é o verdadeiro segredo local é a **fábrica de croissant**, escondida na pequena Carrer Lancaster, na Rambla, do lado da Raval, perto da esquina com Nou de la Rambla. Ela abre por volta das 05:00h e por 2,50€ (US$3,15), você pode comprar uma caixa de croissants de chocolate e creme cheios de calorias que você vai devorar num piscar de olhos.

BARRIO ALTO

O Barrio Alto, às vezes, é visto como um mundo próprio. Aqui é onde moram todas as famílias ricas, em casas não menos ricas (algo inexistente no centro da cidade), e muitos deles nunca saem de seus refúgios no Alto. O mesmo se aplica em relação a sair — garotos ricos em abundância, juntamente com tipos mais normais pela área. Os principais bares e clubes estão concentrados em torno de uma rua chamada Marie Cubí, perto da estação de FGC Gràcia. Mas eles são todos muito calmos durante a semana. *Nota*: O sistema de metrô não chega até essa parte da cidade.

Bikini Um clássico do cenário noturno de Barcelona, esse lugar funcionou primeiro como um bar ao ar livre e um local para jogar minigolfe na década de 50, e depois abriu de novo em meados da década de 90. Agora é um espaço tanto para música ao vivo quanto um lugar animado para dançar. Um salão toca ritmos latinos, outro toca disco/punk/rock/ ou o que quer que seja animado, e ainda tem um bar de coquetel reservado para dar uma relaxada. É também um dos melhores lugares para se ouvir música ao vivo; quando o show termina, as paredes se afastam e a discoteca entra em cena. Deu i Mata 105. ✆ **93-322-00-05**. Couvert (se não houver show) 15€ (US$19) incluindo uma bebida.

Gimlet ✿✿✿ Esse é um elegante bar de coquetel do subúrbio com um irmão menor no centro da cidade. A iluminação é suave, a música é o jazz e as bebidas são generosas. Sente-se nas mesas ou vá até o bar nos fundos para conversar com os garçons enquanto eles agitam e misturam as bebidas, despejam-nas em copos retrô, e colocam sobre pequenos descansos de copo bem simpáticos. Não existe nada que eles não possam preparar rapidamente, e tudo é feito com um estilo de causar admiração. Santaló 46 (La Ribera). ✆ **93-201-53-06**. (O outro bar fica na Rec 24.)

Otto Zutz ✿✿✿ Se for alguém importante em Barcelona, você terá um dos cartões ouro VIP do Otto Zutz, que lhe permite acesso ao bar e pista de dança pequena no piso superior, onde você pode assistir a todos que querem ser alguém lá em àbaixo tentando aparecer, e se for do seu agrado, você pode ir até lá embaixo e convidar alguém para se juntar a você na sacada. A pista de dança tem um bom tamanho e o palco pequeno geralmente tem bailarinos do clube que posam e fazem beicinho tanto quanto os que estão no andar de cima. Não faltam cartões de desconto em bares por toda a cidade, mas sua localização significa que pode ser difícil conseguir voltar para casa mais tarde, se você for ficar na Cidade Velha. Lincoln 15. ✆ **93-238-07-22**. Couvert 10€ (US$13). Trem: FGC Gràcia.

Up and Down ✿ O ambiente chique aqui atrai a elite barcelonesa de todas as idades. Os clientes mais maduros, especificamente aqueles usando *black-tie*, que é o pessoal que foi ao

246 CAPÍTULO 10 · BARCELONA À NOITE

teatro, vão para o andar de cima, deixando a parte de baixo para a música mais alta e os jovens mais animados. O Up and Down é a discoteca mais cosmopolita de Barcelona, com um serviço impecável, garçons espertos e um ambiente acolhedor. Tecnicamente, esse é um clube privado — você pode ser rejeitado na porta. Numància 179. ☎ **93-205-51-94**. Couvert (inclui uma bebida) 12€ –18€ (US$15–US$23). Metrô: María Cristina.

Universal Diversão de subúrbio para os ricos, o nome Universal é adequado: é o lugar frequentado por duas gerações de pessoas que gostam da noite — enquanto aqueles com 20 e poucos anos se divertem na parte de baixo, os mais maduros podem ser vistos no andar de cima com o DJ de jazz. Marià Cubí 182. ☎ **93-201-35-96**. Trem: FGC Muntaner.

DISTANTE DO CENTRO DE BARCELONA

Danzatoria Vista-se razoavelmente bem para ir à Danzatoria, pois ela está longe de ser o lugar para estudantes mal vestidos. Ela fica em uma mansão na encosta e é um ótimo lugar para ir, principalmente no verão, quando o jardim de três níveis com três bares fica aberto. Lá dentro, de baixo para cima, tem uma sala mais tranquila com um sofá suspenso do teto, uma pequena pista de dança banhada com luz ultravioleta, um bar grandioso no hall de entrada e um restaurante no piso superior, aberto até cerca de meia-noite, quando se transforma em um bar que toca música moderna. Não há nenhuma vista da cidade; o local fica escondido entre as árvores, mas tem um excelente ambiente. A única maneira de chegar aqui é de táxi. Se você está contando com um táxi para ir para casa, porém, você deve sair pelo menos meia hora antes de fechar (que é às 03:00h) e descer a colina para encontrar um. As bebidas são caras. Av. Tibidabo 61. ☎ **93-268-74-30**. Trem: parada mais próxima (10 min. a pé) FGC Avda Tibidabo.

Mirablau Tem tudo a ver com a localização do Mirablau. Apesar de haver discotecas/bares piores na cidade, certamente existem melhores também. Mas você não vai pela música, pelos preços do bar ou pelas pessoas: você vai pela vista. O Mirablau está localizado ao lado do funicular, perto do topo da colina de Tibidabo e tem uma janela enorme com vista para as luzes brilhantes de toda a cidade, desde a colina até o mar. Ele fica aberto durante o dia para um café, mas a vista de noite é totalmente diferente. Se ele for bom o suficiente para colocar uma música legal, melhor ainda. Plaça Doctor Andreu 2. ☎ **93-418-58-79**. Trem: FGC Tibidabo, depois Tramvía Blau.

Razzmatazz Cinco clubes em um, cada um com seu próprio estilo de música, esse local é um armazém enorme com vários níveis. Não é incomum ver pessoas famosas, DJ tocando músicas tranquilas no palco principal enquanto no andar de cima, um grupo de jovens góticos e amantes de rock dançam loucamente, alheios a tudo. Se você não encontrar músicas que você goste aqui, é provável que você não goste muito de música. Pode ser que a maior parte do pessoal seja formada por estudantes, mas isso depende muito da noite. Você pode entrar em todos os clubes com um único ingresso, portanto dançarinos intrépidos podem passar a noite toda experimentando cada um deles. Almogàvers 122. ☎ **93-320-82-00**. Couvert (com exceção das noites com apresentações especiais) 12€ (US$15). Metrô: Bogatell.

CHAMPANHERIA

Os catalães chamam sua própria versão de vinho espumante de *cava* e ela vem da região vizinha dos Penedès (pág. 265). Em catalão, bares de champanhe são chamados de *xampanyerias*. Com mais de 50 empresas catalãs produtoras de *cava* e cada uma delas engarrafando até uma dúzia de diferentes tipos de vinho, a melhor forma de aprender sobre a "champanhe" catalã é experimentando os produtos em uma *xampanyeria*.

Bares de champagne geralmente abrem às 19:00h e ficam abertos até meia-noite ou mais. Eles servem uma pequena variedade de tapas, de caviar a peixe defumado ou de trufas de chocolate congeladas. O horário local tradicional para se ir é no final da manhã de domingo, quando famílias inteiras vão para tomar um gole antes do almoço. A maioria dos estabelecimentos vende apenas um conjunto limitado de *cavas* da casa em taças e variedades mais esotéricas na garrafa. Você terá a opção de escolher entre brut (levemente doce), *brut nature* ou *rosat* (champanhe rosé ou rosa).

Can Paixano *Econômico* Se você quiser experimentar a *cava* mais barata da cidade, juntamente com a variedade mais impressionante de sanduíches, esse é o melhor lugar para ir. É um bar de *cava* rústico onde a garrafa mais cara de Can Paixano custa pouco mais de 5€ (US$6,25). No entanto, não há lugar para sentar. Se você for na hora do almoço, é possível encontrar algum lugar para apreciar sua bebida — mas se você for à noite, esteja preparado para encontrar o lugar totalmente lotado. É uma boa maneira de ficar ligeiramente "alegre" mais cedo, mas não diga que eu não avisei sobre as noites — qualquer horário depois das 19:00h, o local começará a ficar muito, muito cheio. É obrigatório pedir dois minissanduíches com a primeira garrafa que você comprar. Abre das 10:30h às 22:00h. Reina Cristina 7. Sem telefone. Metrô: Barceloneta.

El Xampanyet ✦✦✦ Essa pequena champanheria, nossa favorita em Barcelona, vem sendo administrada pela mesma família desde a década de 30. Quando o Museu Picasso abriu aqui perto, sua popularidade foi assegurada. Localizada nessa rua antiga, a taverna é decorada com azulejos coloridos, curiosidades antigas, mesas de mármore e barris. Juntamente com seu vinho espumante, você pode pedir anchovas frescas no vinagre, azeitonas verdes incrivelmente grandes ou outras tapas. Se você não quiser a *cava*, você pode pedir cidra fresca no antigo bar revestido de zinco. Fechado em agosto. Montcada 22. ✆ **93-319-70-03**. Metrô: Jaume I.

Xampanyeria Casablanca Alguém tinha que ter criado uma champanheria em homenagem ao filme de Bogart-Bergman, e aqui está ela. O local serve quatro tipos de *cava* da casa em taças, além de uma boa seleção de tapas, especialmente patês. Bonavista 6. ✆ **93-237-63-99**. Metrô: Passeig de Gràcia.

Xampú Xampany Na esquina da Plaça de Tetuan, essa *xampanyeria* oferece uma variedade de *hors d'oeuvres*, além de vinhos. Pinturas abstratas, toques de alta tecnologia e buquês de flores dão uma quebra no padrão de cores pastéis. Gran Via de les Corts Catalanes 702. ✆ **93-265-04-83**. Metrô: Girona.

BARES PARA GAYS & LÉSBICAS

A cidade tem uma vida noturna gay vibrante e ativa, com bares e clubes para todos os gostos. A melhor coisa a fazer é caminhar pela área conhecida localmente como "Gayxample" — uma área da parte baixa de Eixample, mais ou menos entre a Carrer Sepulveda e a Carrer Aragon, e Carrer Casanova e a Plaça Urquinaona. Nem todos os bares por aqui são gays, mas muitos são — e todos aqueles com aspectos elegantes certamente o são. A maioria dos bares acolhe pessoas de qualquer orientação — mas casais heteros devem estar preparados para serem discretos.

Aire-Sala Diana As lésbicas geralmente não têm muitas opções pela cidade, mas este é o clube clássico de destaque para todos, desde jovens da moda até mulheres mais velhas. É um lugar grande com uma pista de dança espaçosa e um bar movimentado. Carrer Valencia 236. ✆ **93-487-83-42**. Metrô: Passeig de Gràcia.

Café Dietrich Como se você já não soubesse por causa de seu nome, esse café tem o melhor show de strip de drags da cidade, uma combinação de divas locais e estrangeiras "apaixonando-se novamente", como a própria grande Marlene. Continua sendo o ponto

248 CAPÍTULO 10 · BARCELONA À NOITE

gay mais frequentado e popular de Barcelona. Os bartenders com pouca roupa são sensuais, e a decoração excessivamente luxuosa faz jus à sua reputação de "bar musical/discoteca divinamente cheia de glamour". Muitas das *drag queens* gostam de fazer amizade com os clientes mais bonitos, aos quais oferecem beijos profundos na boca. Consell de Cent 255. ✆ 93-451-77-07. Metrô: Gràcia ou Universitat.

Caligula Esse bar cafona é uma diversão para pessoas de todas as orientações. Embora a decoração seja atraente, a característica mais impressionante é o show que acontece ocasionalmente de noite na pista de dança, quando vários transexuais fazem imitações de divas internacionais. Sem nudez, nada de baixo nível — apenas um grande entretenimento, mas nada sério demais. Consell de Cent 257. Sem telefone. Metrô: Universitat.

Medusa Esse bar decorado de forma minimalista atrai um pessoal jovem, da moda, principalmente rapazes bonitos. "Quanto mais bonito você for, melhores serão suas chances de conseguir entrar se ficarmos lotados", foi o que afirmou um dos funcionários. Um lugar supermoderno, o Medusa atrai os fashionistas. Eu prefiro os seus DJs a qualquer outro da cidade. O local fica muito promíscuo após a 01:00h. Casanova 75. ✆ **93-454-53-63**. Metrô: Urgelll.

Metro Uma das discotecas gays mais populares de Barcelona, o Metro atrai uma clientela diversificada — de jovens vítimas da moda a tipos machões mais durões. Uma pista de dança toca *house* e *dance music* contemporâneas e a outra toca músicas espanholas tradicionais misturadas com pop espanhol. Essa é uma boa oportunidade para assistir a homens de todas as idades dançarem a *sevillana* em pares com um surpreendente nível de graça. A imprensa gay de Barcelona chama de forma bem adequada a sala dos fundos de "labirinto de luxúria, notório e lascivo". Uma característica interessante aparece nos banheiros, onde vídeos foram instalados em locais bastante inesperados. Sepulveda 185. ✆ **93-323-52-27**. Couvert 10€ (US$13). Metrô: Universitat.

New Chaps Gays barceloneses referem-se a esse boteco parecendo um *saloon* como o principal bar em estilo "couro e jeans" da Catalunha. Na realidade, o vestuário obrigatório geralmente é couro de tipos diferentes: mais botas e jeans e do que couro e correntes. Por trás de uma porta de vai-e-vem que lembra o velho oeste americano, o Chaps tem dois bares em áreas diferentes. Alguns dos rapazes mais lascivos de Barcelona se reúnem na sala escura do andar de baixo no final da noite. Diagonal 365. ✆ **93-215-53-65**. Metrô: Diagonal.

Punto BCN O maior bar gay de Barcelona atrai uma mistura de jovens "sarados" e estrangeiros. Sempre lotado, é um bom ponto de partida para começar sua noite. Ele tem um *happy hour* muito popular na quarta-feira, das 18:00h às 21:00h. Montaner 63-65. ✆ **93-453-61-23**. Metrô: Eixample.

Salavation Um dos principais clubes gay, esse lugar vem marcando presença desde 1999. Ele continua sendo o lugar mais espalhafatoso no circuito do "ver e ser visto", e um bom lugar para usar suas roupas transparentes, especialmente à medida que a noite avança. Existem dois salões dedicados a diferentes tipos de música, o primeiro com *house music* e DJs, o outro com temas mais comerciais e "melosos". Um cliente regular me disse: "Eu venho aqui por causa dos garçons sensuais", e, realmente, eles são os mais bonitos e os mais musculosos da cidade. Pareça o mais bonito que puder se quiser passar pelo porteiro notadamente seletivo. Ronda de Sant Pere 19-21. ✆ **93-318-06-86**. Metrô: Urquinaona.

Outras Viagens pela Catalunha

11

Aproximadamente seis milhões de pessoas vivem na Catalunha, e o dobro disso a visita todos os anos, concentrando-se nas praias ao longo das costas catalãs, a área da Espanha que praticamente inventou o pacote de turismo. Embora algumas áreas – como Lloret de Mar – tenham se tornado muito exploradas, ainda existem muitos lugares preservados no litoral a serem descobertos.

Três dos locais de recreação mais atraentes ficam na **Costa Brava (Costa Rochosa)**, 100 km (62 milhas) ao norte de Barcelona: a cidade de **Tossa de Mar**, ao sul, com sua Ciutat Vella murada; a vila costeira idílica de **Calella de Palafrugell**; e **Cadaqués**, a vila de pescadores com casas pintadas de branco ao norte, próximo à fronteira com a França.

No interior de Cadaqués encontra-se a sossegada capital da *Alt Empordà*, **Figueres**, local de nascimento do pai do surrealismo, Salvador Dalí e onde fica seu museu excêntrico, que cativa todo mundo, desde os amantes da arte até os simplesmente curiosos. A capital de toda essa região é **Girona**, uma cidade antiga imersa em história com um Quarteirão Antigo e uma catedral magnífica.

Ao sul de Barcelona, ao longo da **Costa Daurada (Costa Dourada)** as praias são mais largas e arenosas. **Sitges**, uma cidade agradável para férias, muito frequentada por gays; e **Tarragona**, a cidade que recebeu o título da UNESCO de Patrimônio Mundial, são os dois locais a serem visitados aqui, último por sua concentração de ruínas romanas e pela arquitetura.

Longe da costa, entre belas colinas arborizadas e vales férteis no ponto de confluência das províncias de Tarragona e Lleida, está um trio excelente de mosteiros cistercienses menores, porém imperdíveis: **Poblet, Santes Creus** e **Vallbona de les Monges**, todos do século XII.

No entanto, eles são ofuscados pelo maior de todos os mosteiros: o de **Montserrat**, destino imensamente popular para excursões que duram um dia todo, a noroeste de Barcelona. O contorno serrilhado por causa das colinas íngremes da serra levou os catalães a chamarem esse local de montserrat (montanha serrada). Hoje em dia, esse santuário beneditino permanece como o centro religioso da Catalunha, e milhares de peregrinos visitam o complexo do mosteiro anualmente para ver sua Virgem Negra.

À nordeste de Barcelona, vale bastante a pena fazer uma excursão para as cidades românicas de **Vich, Ripoll** e **Camprodón**, cheias de atmosfera e normalmente não inclusas no circuito principal de turismo.

1 Montserrat ⭐⭐

56 km (34 milhas) NO de Barcelona, 592 km (368 milhas) L de Madri

O mosteiro de **Montserrat**, que fica no topo de uma montanha de 1.200 m (3.937 pés) de altura, 11 km (7 milhas) de comprimento e 5,5 km (3,5 milhas) de largura, é um dos pontos de peregrinação mais importantes da Espanha. Ele se compara a Zaragoza e Santiago de Compostela, na Galícia, no final da rota de peregrinação de Saint James. Milhares viajam para cá todos os anos para ver e tocar a estátua medieval de La Moreneta (A Virgem Negra), o ícone religioso mais importante da Catalunha. Muitos recém-casados vêm até aqui para conseguir sua benção.

Catalunha

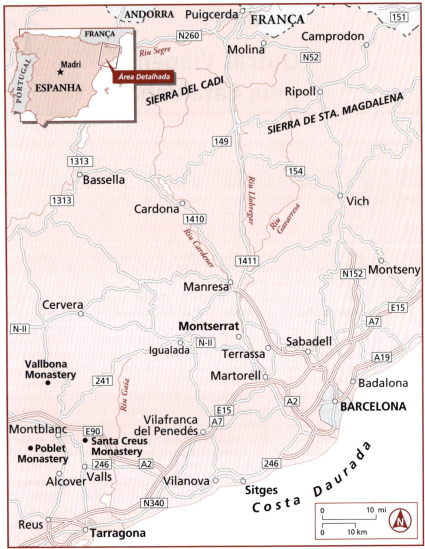

Evite fazer as visitas aos domingos, especialmente se o tempo estiver bom porque milhares de moradores locais se deslocam para lá. Em qualquer época do ano, lembre-se de levar suéteres quentes ou casacos, pois pode ficar frio por lá.

ESSENCIAIS

COMO CHEGAR O melhor e mais excitante modo de chegar lá é pela ferrovia catalã. O **Ferrocarrils de la Generalitat de Catalunya** até o Montserrat-Aeri parte de hora em hora da Plaça d'Espanya em Barcelona. O trem faz conexão com um funicular *high-tech* (Aeri de Montserrat), que parte de 15 em 15 minutos.

Esse meio de transporte assumiu o papel de preferido e mais barato dentre as opções de transporte. Entretanto, o serviço de **ônibus** interurbano também é oferecido pela

MONTSERRAT 251

Autocar Julià, em Barcelona. O serviço diário de Barcelona a Montserrat geralmente está disponível, com partidas perto da Estació de Sants, na Plaça de Països Catalans. Os ônibus partem às 09:15h, retornando às 17:00h e às 18:00h em julho e agosto; a passagem de ida e volta custa 10€ (US$13) nos dias de semana e 12€ (US$15) nos fins de semana. Entre em contato com a empresa Julià (℅ **93-490-40-00**).

Para dirigir até aqui, saia pela Avinguda Diagonal, depois pegue a A-2 (saída Matorell). As placas e a saída para Montserrat estarão à sua direita. Da estrada principal, são 15 km (9 milhas) até o mosteiro percorrendo formações rochosas inacreditáveis e paisagens dramáticas.

INFORMAÇÕES TURÍSTICAS O centro de informações turísticas fica na Plaça de la Creu (℅ **93-877-77-77**), aberto diariamente das 08:50h às 19:30h. Esse escritório pode disponibilizar a você vários mapas para passeios ao redor da montanha.

EXPLORANDO MONTSERRAT

Entre as atrações de destaque do mosteiro está a **Escolanía** ✯✯ com 50 membros, um dos corais de meninos mais antigos e mais famosos da Europa, que data do século XIII. Diariamente, às 13:00h (12:00h no dom), você pode ouvi-los cantando "Salve Regina" e o "Virolai" (hino de Montserrat) na basílica. A basílica fica aberta de segunda a sexta, das 07:30h às 19:30h, e sábados e domingos das 19:30h às 20:30h. A entrada é gratuita. Para ver a Virgem Negra, que dizem ter sido esculpida por volta de 50 d.C, entre na igreja por uma porta lateral à direita. Ela foi encontrada em uma das cavernas da montanha (veja a seguir) no século XII e dizem ter sido esculpida pelas próprias mãos de São Lucas.

Na Plaça de Santa María você também pode visitar o **Museu de Montserrat** (℅ **93-877-77-77**), conhecido por sua coleção de pinturas eclesiásticas, incluindo obras de Caravaggio e El Greco. Artistas modernos espanhóis e catalães também estão representados (veja *El Viejo Pescador*, do início da carreira de Picasso em 1895). Estão em exposição as obras de Dalí e de impressionistas franceses como Monet, Sisley e Degas. A coleção de artefatos antigos é bastante interessante. Não esqueça de procurar a múmia de crocodilo, que tem pelo menos 2.000 anos de idade. O museu fica aberto de segunda a sexta das 10:00h às 18:00h, e sábados e domingos das 09:30h às 18:30h, cobrando 4,50€ (US$5,65) para adultos e 3€ (US$3,75) para crianças e estudantes.

O **passeio de funicular** de 9 minutos (Aeri de Montserrat; www.aeridemontserrat.com) para o pico de 1.236 m de altura (4.005 pés), Sant Joan, é uma viagem panorâmica. O funicular opera a cada 20 minutos, diariamente das 09:25h às 13:45h e das 14:20h às 18:45h de março a outubro; de novembro a fevereiro ele funciona das 10:10h às 13:45h e das 14:20h às 17:45h (18:45h nos feriados nacionais). O custo é de 7€ (US$8,75) ida e volta, 4,50€ (US$5,65) só ida. Lá do topo, em um dia claro, você verá não só a maior parte da Catalunha, mas também os Pirineus e — se você tiver muita sorte — as ilhas de Maiorca e Ibiza.

Você também pode fazer uma excursão à **Santa Cova (Gruta Santa)**, o lugar onde dizem ter sido descoberta a Virgem Negra. A gruta data do século XVII e foi construída em forma de cruz. Você vai até a metade do caminho de funicular, mas precisa concluir a viagem a pé. A gruta fica aberta diariamente durante todo o ano das 10:00h às 13:00h e das 14:00h às 17:45h. O funicular opera diariamente a cada 20 minutos, das 11:00h às 18:00h, a um custo de ida e volta de 2,60€ (US$3,65) para adultos e 1,35€ (US$1,70) para crianças. Para mais informações, visite www.cremalladeremontserrat.com.

252   CAPÍTULO 11 · OUTRAS VIAGENS PELA CALATUNHA

ONDE FICAR & FAZER SUAS REFEIÇÕES

Poucas pessoas passam a noite aqui, mas a maioria dos visitantes fará pelo menos uma refeição durante a visita. Há apenas um restaurante em Montserrat e é caro (veja a seguir). Considere trazer um de piquenique de Barcelona.

Abat Cisneros Esse hotel moderno, na praça principal de Montserrat, é despretensioso e oferece uma história de administração familiar desde 1958. Os quartos pequenos são

---

Rota dos Mosteiros Cistercienses

Perto da cidade medieval de **Montblanc**, 113 km (70 milhas) a oeste de Barcelona, no coração da província de Tarragona, fica um trio menos conhecido de mosteiros menores, mas admiráveis, todos fundados no século XII por monges beneditinos, com o propósito de retornar a uma vida simples de austeridade com desapego pelas coisas materiais.

O maior e mais antigo deles, **Santa María de Poblet** (Oficina Comarcal de Turismo, Monasterio de Poblet; ☎ **977-87-12-47**; seg–sex 10:00h–12:30h e 15:00h–18:00h. Fecha às 17:30 no inverno; 4,50€ /US$5,60), está alojado nas encostas arborizadas das montanhas do Prado. (Seu nome deriva do latim *populetum*, que significa álamo.) Fundado em 1151, mas continuamente ampliado e reconstruído ao longo dos séculos, seus estilos variam de românico (capela de Santa Catarina do século XIII) ao gótico (capela de São Jorge do século XV), além de barroco. Na sua grande sala capitular de abóbadas altas, os reis de Catalunha e Aragão estão enterrados descansando nos túmulos (restaurados). A comunidade atual ativa de monges é originária de 1945, quando a Irmandade Poblet foi criada.

O vizinho **Monasteri de Santes Creues** (☎ **977-63-83-29**; 15/03–15/09 das 10:00h–13:30h e 15:00h–19:00h; 16/09–15/01 das 10:00h–13:30h e 15:00h–17:30h; 16/01–15/03 das 10:00h–13:30h e 15:00h–18:00h; 4€ /US$5) é menor e está localizado em um vale isolado em um bosque junto ao Rio Gaia. Fundado 7 anos mais tarde do que Poblet, ele também sofreu obras de transição tão recentes quanto no século XVIII. Entre seus destaques estão a antiga capela da Trindade e o claustro gótico do século XIV com seu impressionante pavilhão octogonal românico.

O convento de **Vallbona de les Monges** (☎ **973-33-02-66**; ter–sáb 10:00h–13-:30h e 16:30h–18:45h; fins de semana e feriados: 12:00h–13:30h e 16:30h–18:45h; 2€ /US$2,50) situa-se dentro da vizinha província de Lleida em um vale fértil conhecido por seus azeites de excelente qualidade. Fundado pelo ramo feminino cisterciense no século XII, ele originalmente abrigava filhas de famílias nobres da Casa de Aragão. Hoje, ele ainda tem uma comunidade residente de cerca de 30 freiras, bem como um centro cultural e espiritual ativo. Predominam os estilos românicos, especialmente nas portas do transepto norte, nas alas sul e leste do maravilhoso claustro e na torre do sino do século XIV.

Montblanc por si só é agradável o suficiente para justificar uma estada de uma noite. Ele já foi o centro de uma próspera comunidade judaica, como a cênica Carrer Jeues (Rua dos Judeus) atesta. Dois terços dos muros do século XIII que cercam o local ainda estão intactos e o Palácio Real (Palau Reial) se destaca. Reserve um quarto no Fonda Cal Blasi, de duas estrelas, que está localizado em uma casa convertida do século XIX no centro da cidade na Carrer Alenyá 11 (☎ **977-86-13-36**); um quarto duplo sai por 70€ a 80€ (US$88–US$100).

TARRAGONA **253**

simples e limpos, cada um deles com uma cama confortável, e os banheiros possuem banheira e chuveiro. Pratos regionais rústicos são servidos no restaurante do local. O nome do hotel é derivado do título dado à pessoa mais importante de qualquer mosteiro beneditino durante a Idade Média.

Plaça de Montserrat s/n, 08199 Montserrat. ✆ **93-877-77-00**. Fax 93-877-77-24. interhotel.com/spain/es/ hoteles/1829.html. 56 unidades. 50€ –95€ (US$63–US$119) duplo. Tarifas incluem café da manhã. AE, DC, MC, V. Estacionamento 6€ (US$7,50). Ônibus: Autobuses Julià da Plaça Espanya em Barcelona. Trem: linha Montserrat da Estació Sants e depois Ferrocarril. **Instalações e Serviços:** Restaurante; bar; sala de estar; serviço de lavanderia. *Nos quartos:* TV, cofre.

2 Tarragona ✧ ✧

56 km (34 milhas) NO de Barcelona, 592 km (368 milhas) L de Madri

A antiga cidade portuária romana de **Tarragona**, em uma escarpa rochosa acima do Mediterrâneo, é um dos pontos turísticos mais grandiosos, porém mais injustamente negligenciados da Espanha. Em nome de sua abundância de ruínas romanas e medievais, a UNESCO deu o título à cidade de Tarragona de Patrimônio Mundial em 2000.

Os romanos capturaram Tarragona (*Tarraco*) em 218 a.C., e durante seu governo a cidade abrigou um milhão de pessoas atrás de muralhas de 64 km (40 milhas) de comprimento. Tarragona é uma das quatro capitais da Catalunha quando era um antigo principado, e já foi o lar de Júlio César; atualmente é constituída por um Quarteirão Antigo cheio de construções interessantes, especialmente as casas com sacadas interligadas. A cidade murada mais acima é essencialmente medieval; a cidade em baixo é mais recente.

Na cidade nova, caminhe pela **Rambla Nova**, uma avenida larga e elegante que é a principal via da cidade. Correndo em paralelo à Rambla Nova, a leste, está a **Rambla Vella**, que marca o início da Cidade Velha. A cidade tem uma arena de touradas, bons hotéis e até mesmo algumas praias, particularmente a Platjes del Miracle e a del Cossis.

Depois de ver as atrações listadas abaixo, complete seu dia com um passeio pelo **Balcó del Mediterráni (Balcão do Mediterrâneo)**, onde as vistas são especialmente maravilhosas ao pôr do sol.

ESSENCIAIS

COMO CHEGAR Diariamente, há **trens** a cada 15 a 45 minutos fazendo a viagem de uma hora da estação Sants de Barcelona. Em Tarragona, o escritório da RENFE fica na estação ferroviária, Plaza Pedrera s/n (✆ **90-224-02-02**).

De Barcelona, há oito **ônibus** por dia de segunda a sábado e dois aos domingos e feriados para Tarragona (1,5 hora) operados pela empresa Plana (✆ **97-721-44-75**). Outra empresa, Hispania, também opera um serviço que vai até Reus. Todos os ônibus saem do lado de fora da estação de metrô María Cristina e custam 8,95€ (US$11) só a ida.

Para ir de **carro**, pegue a A-2 a sudoeste de Barcelona em direção à A-7, via Vilafranca. O percurso para Tarragona está bem sinalizado.

INFORMAÇÕES TURÍSTICAS O centro de i**nformações turísticas** fica na Carrer Major 39 (✆ **97-725-07-95**; www.costadorada.org). Fica aberto de julho até o final de setembro, de segunda a sexta das 09:00h às 21:00h, aos sábados das 09:00h às 14:00h e das 16:00h às 21:00h e domingos das 10:00h às 14:00h. No restante do ano, fica aberto de segunda a sábado das 10:00h às 14:00h e das 16:00h às 19:00h, e domingos das 10:00h às 14:00h.

Tarragona

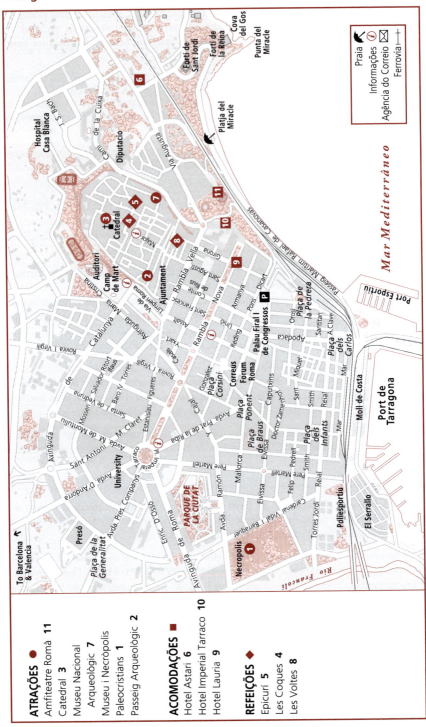

TARRAGONA 255

EXPLORANDO A CIDADE

Amfiteatre Romà ✦ No pé do Parque dos Milagres e dramaticamente esculpido em um penhasco que se ergue da praia, esse anfiteatro romano lembra a época no século II, quando milhares de pessoas se reuniam aqui para se divertirem com os jogos e as lutas de gladiadores.

Parc del Milagro s/n. ✆ **97-724-25-79**. Entrada 2,10€ (US$2,60) adultos, 1€ (US$1,25) estudantes e idosos. Mar–set, ter–sáb 09:00h–21:00h, dom 09:00h–15:00h; out–fev ter–sáb 09:00h–17:00h, dom 10:00h–15:00h. Fechado 25 de dezembro, 1º de janeiro e 6 de janeiro. Ônibus: 2.

Catedral ✦✦ No ponto mais alto de Tarragona fica essa catedral do século XII, cuja arquitetura representa a transição do românico para o gótico. Ela tem uma enorme entrada abobadada, belas janelas com vitrais, claustros românicos e um coro aberto. No oratório principal, observe o altar de Santa Tecla, a padroeira de Tarragona, esculpida por Pere Joan em 1430. Duas portas flamboyant se abrem para o fundo do coro. A galeria a leste é o **Museu Diocesà**, com uma coleção de arte catalá.

Plaça de la Seu s/n. ✆ **97-723-72-69**. Entrada para a catedral e o museu 2,40€ (US$3) adultos, 1,50€ (US$1,85) estudantes e idosos, gratuito para menores de 16 anos. Mar–mai diariamente das 10:00h–13:00h e 16:00h–19:00h; jun–set diariamente das 10:00h–19:00h; out–fev diariamente das 10:00h–14:00h. Ônibus: 1.

Museu Nacional Arqueològic ✦ Com vista para o mar, o Museu de Arqueologia guarda uma coleção de relíquias romanas: mosaicos, cerâmicas, moedas, prata, esculturas e muito mais. A atração que se destaca aqui é o mosaico *Cabeça da Medusa* ✦✦, com seu olhar penetrante.

Catalunha Lembra Pablo Casals

Fugindo de Franco e do regime fascista, o maior violoncelista do mundo, Pablo Casals, deixou sua terra natal em 1939. Hoje seu corpo retornou a El Vendrell, 72 km (45 milhas) ao sul de Barcelona, onde há um museu em sua homenagem, instalado na casa reformada onde ele viveu até partir para seu exílio autoimposto.

Dezessete salas estão cheias de recordações de Casals, incluindo seu primeiro violoncelo, fotografias e filmes de suas apresentações, a Medalha da Paz concedida pelas Nações Unidas em 1971, e fotografias do artista com homens famosos tal como John F. Kennedy, que lhe concedeu a Medalha da Liberdade.

Casals morreu em Porto Rico, em 1973, aos 96 anos, e em 1979 seu corpo finalmente regressou à sua amada Catalunha, onde está enterrado no cemitério de El Vendrell.

A **Casa Pau Casals** fica na Av. Palfuriana 59–61, em Sant Salvador-El Vendrell (✆ **97-768-42-76**). De 16/09 a 14/06 fica aberta de terça a sexta das 10:00h às 14:00h e das 16:00h às 18:00h, sábado das 10:00h às 14:00h e das 16:00h às 19:00h e domingo das 10:00h às 14:00h. De 15/06 a 15/09 fica aberta de terça a sábado das 10:00h às 14:00h e das 17:00h às 21:00h e domingo das 10:00h às 14:00h. A entrada custa 5€ (US$6,25) para adultos, 3€ (US$3,75) para crianças, estudantes e idosos, e gratuito para crianças com menos de 8 anos. Permitido por 1 hora.

Para chegar a El Vendrell de Barcelona, vá em direção ao sul pela C-32 até chegar na saída para El Vendrell logo depois de Calafell.

256   **CAPÍTULO 11** · OUTRAS VIAGENS PELA CALATUNHA

Plaça del Rei 5. ☎ **97-723-62-09**. Entrada para o museu e Museu i Necròpolis Paleocristians 2,40€ (US$3) adultos, 1,20€ (US$1,50) estudantes, gratuito para idosos e menores de 18 anos. Jun–set ter–sáb 10:00h–20:00h, dom 10:00h–14:00h; out–mai ter–sáb 10:00h–13:30h e 16:00h–19:00h, dom 10:00h–14:00h. Ônibus: 8.

Museu i Necròpolis Paleocristians ✦ Um dos mais importantes cemitérios da Espanha, usado pelos cristãos dos séculos III ao V. Fica fora da cidade, perto de uma fábrica de tabaco, cuja construção levou à sua descoberta em 1923. Enquanto estiver na região, visite o **Museu Paleocristià**, que contém uma série de sarcófagos e outros objetos descobertos durante as escavações.

Av. de Ramón y Cajal 80. ☎ **97-723-62-09**. Entrada para o museu, cemitério e Museu Arqueològic 2,40€ (US$3) adultos, 1,20€ (US$1,50) estudantes, gratuito para idosos e menores de 18 anos. Jun–set ter–sáb 10:00h–13:30h e 16:00h–19:00h, dom e feriados 10:00h–14:00h; out–mai ter–sáb 10:00h–13:30h e 15:00h–17:30h, dom e feriados 10:00h–14:00h. Ônibus: 4.

Passeig Arqueològic ✦✦ Bem no final da Plaça del Pallol, uma passagem em arco leva a esse local de 0,8 km por de antigos baluartes, construídos pelos romanos em cima de rochas gigantescas. Os baluartes foram bastante alterados ao longo dos anos, especialmente nos períodos medievais e nos anos 1600. Há vistas maravilhosas de vários pontos ao longo do caminho.

El Portal del Roser s/n. ☎ **97-724-57-96**. Entrada 2,10€ (US$2,60) adultos, 1€ (US$1,25) estudantes e idosos, gratuito para crianças menores de 16 anos. Out–mar ter–sáb 09:00h–19:00h, dom e feriados 10:00h–15:00h; abr–set ter–sáb 09:00h–21:00h, dom e feriados 09:00h–15:00h. Ônibus: 2.

AVENTURA NOS PARQUES TEMÁTICOS

A 10 minutos do coração de Barcelona, o **Parque de Diversões Port Aventura**, Port Aventura (☎ **97-777-90-90**), é o maior parque temático da Espanha. A Universal Studios adquiriu uma grande parte das ações e tem planos para expandi-lo ainda mais. Em uma vasta área de 809 hectares (1.998 acres), ele será expandido para se tornar o maior centro de entretenimentos da Europa. Desde a sua aquisição em 2004 pela La Caixa, ele se tornou o maior centro de entretenimentos da Universal Studios na Europa, cobrindo mais de 809 hectares (2.000 acres) e recebendo 3,5 milhões de visitantes anualmente.

O parque é um microcosmo de cinco mundos distintos, com recriações em tamanho original de aldeias clássicas que abrangem da Polinésia ao México, da China ao velho oeste americano. Ele também oferece uma variedade excitante de montanhas-russas e percursos em corredeiras, tudo centralizado em um lago por onde você pode viajar no convés de um barco à vela chinês.

O parque fica aberto diariamente de 23 de março a 4 de novembro; sábados e domingos a partir de 10 de novembro, dezembro até 5 de janeiro. Fecha de 6 de janeiro a 22 de março. O passe de 1 dia custa 37€ (US$46) adultos, 24€ (US$30) crianças; um passe de 2 dias custa 53€ (US$66) adultos, 36€ (US$45) crianças. Entradas noturnas, disponíveis somente no verão, saem por 25€ (US$31) adultos, 20€ (US$25) crianças. A tarifa inclui todos os espetáculos e brinquedos.

ONDE FICAR

CAROS

Hotel Imperial Tarraco ✦✦ Cerca de 0,4 km (0,25 milhas) ao sul da catedral, no topo de uma encosta em frente ao mar cuja panorâmicas incluo uma vista bem abrangente do mar e das ruínas romanas, esse hotel é o melhor da cidade. Foi projetado em forma de meia lua e tem quartos de hóspedes que podem dar de frente para o mar e quase sempre incluem sacadas pequenas. As acomodações, todas com banheira e chuveiro, contêm mobílias modernas e descomplicadas. Os aposentos comuns apresentam muito mármore branco poli-

TARRAGONA 257

do, tapetes orientais e mobília em couro. Os funcionários respondem bem às necessidades tanto de pessoas a negócios como de amantes da arte em excursões turísticas.

Paseo Palmeras s/n, 43003 Tarragona. ✆ **97-723-30-40**. Fax 97-721-65-66. www.fut.es/~imperial. 170 unidades. 110€–150€ (US$138–US$188) duplos; 170€–210€ (US$213–US$263) suíte. AE, DC, MC, V. Estacionamento gratuito na rua; Seg–sex estacionamento 14€ (US$18) por dia. Ônibus: 1. **Instalações e Serviços:** snack bar, piscina externa, quadra de tênis; serviço de quarto limitado; babá, serviço de lavanderia, lavagem a seco. *Nos quartos:* A/C, TV, frigobar, secador de cabelos, cofre.

MODERADOS / BARATOS

Hotel Astari *(Econômico)* Turistas em busca de paz e tranquilidade no Mediterrâneo vêm para o Astari, aberto em 1959. Esse hotel *resort*, na estrada para Barcelona, oferece acomodações limpas e frescas, embora bastante simples. A maioria dos quartos é pequena, mas cada um deles vem com uma boa cama e um banheiro com banheira e chuveiro. O Astari tem sacadas e terraços compridos, sendo que um dos locais favoritos é a varanda externa de pedras com suas mesas com guarda-sóis entre salgueiros, laranjeiras e arbustos de gerânios. Esse é o único hotel em Tarragona com espaço de garagem para o carro de cada hóspede.

Vía Augusta 95, 43003 Tarragona. ✆ **97-723-69-00**. Fax 97-723-69-11. www.gsmhoteles.es. 81 unidades. 70€ (US$88) duplos; 85€ (US$106) suíte business. AE, DC, MC, V. Estacionamento 8€ (US$10). Ônibus: 9. **Instalações e Serviços:** restaurante, bar, piscina, serviço de quarto, serviço de lavanderia, lavagem a seco. *Nos quartos:* A/C, TV, frigobar, secador de cabelos, cofre.

Hotel Laurina ✮ A menos de meio quarteirão ao norte do passeio mais popular à beira-mar da cidade (Passeig de les Palmeres), ao lado da Rambla cercada de árvores, esse hotel de três estrelas, classificado pelo governo, oferece quartos limpos despretensiosos, cada um deles recentemente modernizado. O tamanho dos quartos varia de pequeno a médio e cada banheiro está equipado com uma banheira e um chuveiro. Por muito tempo considerado o melhor hotel da cidade até a chegada de outros novos, ele ainda atrai visitantes leais que vêm sempre aqui. Os quartos na parte dos fundos se abrem para uma vista para o mar.

Rambla Nova 20, 43004 Tarragona. ✆ **97-723-67-12**. Fax 97-723-67-00. www.hlauria.es. 72 unidades. 60€–70€ (US$75–US$88) duplos. AE, DC, MC, V. Estacionamento 10€ (US$13). Ônibus: 1. **Instalações e Serviços:** Bar; piscina externa; *business center*; serviço de quarto limitado, serviço de lavanderia, lavagem a seco. *Nos quartos:* A/C, TV, secador de cabelos, cofre.

ONDE FAZER SUAS REFEIÇÕES

Epicurí ✮✮ *(Econômico)* **CATALÃO/CONTINENTAL** Em 2002, este restaurante fundado há muito tempo foi comprado pelo *chef* Javier Andrieu, que colocou anos de experiência em um local no coração da cidade, a uma curta distância a pé dos tesouros arqueológicos da Tarragona medieval. Em uma sala de jantar aconchegante, cuja decoração fica entre o *modernisme* orgânico de Gaudí e a opulência *Art Nouveau* da Paris na virada do século XX, esse restaurante oferece a opção de dois menus predefinidos aos clientes, um a 20€ (US$25) que inclui três pratos e outro, muito mais suntuoso, a 42€ (US$53), que tem um aperitivo e mais seis pratos. A culinária baseia-se em garantir os ingredientes mais frescos do mercado da cidade. Os pratos mais intrigantes incluem *foie gras* meio cozido, servido com uvas, um suculento entrecôte de vitela com alcachofras, costeletas de vitela ao bafo com limão ou molho madeira, maigret de pato com minúsculos cogumelos catalães, conhecidos como *moixernons* e um filé de pregado (peixe) divino com um molho de açafrão aromatizado com amêndoas. Se os ingredientes estiverem disponíveis no mercado, você poderá encontrar outros pratos como ragu de lulas cozidas na cerveja preta.

258 CAPÍTULO 11 · OUTRAS VIAGENS PELA CALATUNHA

Mare de Deú de la Mercè s/n. ✆ **97-724-44-04**. Necessário fazer reservas. Pratos principais 8€–16€ (US$10–US$20); menu de jantar pré-definido 24€–36€ (US$30–US$45). AE, DC, MC, V. Seg–sáb 20:00h–00:30h. Fechado 25/12–02/01.

Les Coques ✦ *Achados* MEDITERRÂNEO Uma verdadeira descoberta no centro histórico de Tarragona. O sofisticado Les Coques é especializado em comida da terra e do mar e o faz muito bem. Com exemplo, eles preparam o melhor polvo grelhado (a variedade em

---

As Praias da Costa Daurada

Ao longo de todo o litoral da província de Tarragona, por cerca de 211 km (131 milhas) de Cunit até Les Cases d'Alcanar, fica uma série de praias excelentes e encostas impressionantes, juntamente com promontórios lindos cobertos de pinheiros. Na própria cidade de Tarragona fica a praia **El Milagre**, e um pouco mais distante, ao norte, estão as praias de **L'Arrabassade, Savinosa, dels Capellans** e **Llarga**. No final dessa última fica **La Punta de La Mora**, que tem uma torre de vigia do século XVI. As pequenas cidades de **Altafulla** e **Torredembarra**, ambas completas com castelos, ficam próximas a essas praias e é onde estão instalados muitos hotéis e ocorrendo muito desenvolvimento urbanos.

Mais ao norte, ainda estão as duas praias magníficas de **Comarruga** e **Sant Salvador**. A primeira é particularmente cosmopolita, a segunda é mais reservada. Por último temos as praias de **Calafell, Segur** e **Cunit**, todas com modernos complexos turísticos. Você também encontrará as pequenas cidades de **Creixell, Sant Vicenç de Calders** e **Clarà**, que têm colinas arborizadas ao fundo.

Ao sul de Tarragona, o litoral forma um arco largo que se estende por quilômetros e inclui a praia de **La Piñeda**. A praia de **El Recó** fica em frente a Cape de Salou onde, entre suas baías, colinas e cantos escondidos, ficam muitos hotéis e centros residenciais. O porto natural de **Salou** é atualmente um centro para pacotes turísticos internacionais voltados para famílias, mas é bastante agradável se você não se importar com a grande quantidade de pessoas e as noites barulhentas.

Continuando para o sul, em direção a Valência, você chega a **Cambrils**, uma cidade marítima com uma praia excelente e um importante porto de pesca. Ao fundo, ficam as impressionantes montanhas Colldejou e Llaberia. Mais ao sul, estão as praias de **Montroig** e **L'Hospitalet**, assim como a pequena cidade de **L'Ametlla de Mar** com seu pequeno porto de pesca.

Depois de passar pelo maciço de Balaguer, você finalmente chegará ao delta do rio Ebro, uma vasta planície que abrange mais de 483 km (300 milhas), abrindo-se como um leque para o mar. Essa é uma área de arrozais permeada por vários braços do Ebro e por um grande número de canais de irrigação. Há também algumas lagoas que, devido aos tamanhos enormes, são ideais para caça e pesca. Além disso, existem algumas praias ao longo dos vários quilômetros de extensão e outras em pequenos estuários escondidos. Duas importantes cidades da região são **Amposta**, no próprio Ebro, e **Sant Carles de la Ràpita**, uma cidade portuária do século XIX favorecida pelo Rei Carlos III.

A Costa Daurada estende-se para o seu ponto mais a sudoeste na planície de **Alcanar**, uma extensa área dedicada ao cultivo de laranjas e outras culturas semelhantes. Suas praias, juntamente com a pequena aldeia de **Les Cases d'Alcanar**, marcam o fim da parte de Tarragona na Costa Daurada.

miniatura) da cidade, e oferecem também costeletas de cordeiro, maravilhosamente tenras e suculentas, temperadas com um rico molho de *burgundy*. As especialidades dependem da época. Sua seleção de cogumelos silvestres (*seta*) pode ser preparada praticamente em qualquer estilo sem perder o seu maravilhoso gosto silvestre.

Sant Lorenzo 15. ☎ **97-722-83-00**. Necessário fazer reservas. Pratos principais 18€–24€ (US$23–US$30). AE, DC, MC, V. Seg–sáb 13:00h–15:45h e 21:00h–22:45h. Fechado 1 semana em fevereiro e de 24/07–14/08.

Les Voltes ☆ *Achados* MEDITERRÂNEO Esse excelente restaurante fica entre os arcos do Circus Maximus Romano. Pedras esculpidas de 2.300 anos atrás convivem harmoniosamente com placas de vidro grossas e superfícies de aço escovado. O Les Voltes, um restaurante enorme com 250 lugares, oferece uma cozinha de *chefs* habilidosos que apresentam uma culinária mediterrânea saborosa e bem temperada. O cardápio apresenta favoritos consagrados pelo tempo, tais como um suculento cordeiro assado das colinas vizinhas. *Rape*, ou tamboril, merece atenção especial, servido com alho assado em um molho de berbigões e mexilhões. Com um tempero perfeito, o lombo de vitela é um pouco apimentado e servido com berinjelas assadas.

Carrer Trinquet Vell 12. ☎ **97-723-06-51**. Recomendável fazer reservas. Pratos principais 7,50€–20€ (US$9,40–US$25). DC, MC, V. Ter–dom 13:00h–16:00h; ter–sáb 20:30h–23:30h. Fechado de 25/12–02/01.

3 Sitges ☆☆☆

40 km (25 milhas) S de Barcelona, 596 km (370 milhas) L de Madri.

Sitges é uma das áreas de recreação mais populares do sul da Europa e o lugar mais ensolarado da Costa Daurada. Ela fica especialmente lotada no verão, principalmente com jovens abastados do norte europeu, muitos deles gays. Ao longo do século XIX, o local atraiu muitos industriais prósperos de classe média e comerciantes (conhecidos como *indios* visto que eles fizeram suas fortunas nas Américas), e várias de suas casas grandiosas continuam existindo no passeio em frente ao mar, o Passeig Marítim. Hoje em dia, Sitges acomoda facilmente uma mistura de moradores abastados, famílias em férias e casais, e a multidão de viajantes que vêm passar o dia, vindos de Barcelona.

Sitges há muito tempo é conhecida como uma cidade de cultura, em parte graças ao artista residente, dramaturgo e boêmio Santiago Rusiñol. O movimento *modernisme* do século XIX foi cultivado em Sitges, e a cidade serviu como palco de encontros e manifestações artísticas muito tempo depois que o movimento perdeu suas forças. Sitges continuou sendo um refúgio para artistas, atraindo gigantes como Salvador Dalí e o poeta Federico García Lorca. A Guerra Civil Espanhola (1936–39) acabou com o que ficou conhecido como a "idade de ouro" de Sitges. Embora outros artistas e escritores tenham chegado nas décadas seguintes, nenhum deles provocou o impacto que aqueles que vieram antes causaram.

ESSENCIAIS

COMO CHEGAR A RENFE opera **trens** de Barcelona-Sants e Passeig de Gràcia a Sitges, uma viagem de 30 a 40 minutos. Ligue para ☎ **90-224-02-02** em Barcelona para obter informações sobre horários. Se você pretende ficar até tarde, veja o horário em que o último trem sai depois que chegar em Sitges, pois eles variam.

Sitges fica a 45 minutos de **carro** de Barcelona, pela C-246, uma estrada costeira. Existe também uma rodovia expressa, a A-7, que passa pelos Túneis Garraf. A estrada costeira é mais cênica, mas pode ser extremamente lenta nos fins de semana por causa do tráfego intenso, pois todos em Barcelona aparentemente seguem em direção às praias.

Sitges

INFORMAÇÕES AOS TURISTAS O centro de **informações turísticas** fica na Carrer Sínea Morera 1 (🕿 **93-894-42-51**; www.sitges.org). De junho a 15 de setembro, fica aberto diariamente das 09:00h às 21:00h, de 16 de setembro a maio, os horários são de segunda a sexta das 09:00h–14:00h e 16:00h–18:30h e sábado das 10:00h–13:00h.

EVENTOS ESPECIAIS O **Carnaval** em Sitges é um dos eventos mais importantes do calendário catalão e, francamente, faz com que todas as outras comemorações de Carnaval da região pareçam insignificantes. Por mais de um século, a cidade celebra os dias que antecedem o início da Quaresma. Roupas espalhafatosas, carros alegóricos, vestuários com penas e lantejoulas, tudo contribui para tornar esse evento emocionante. A festa começa na quinta antes da Quaresma com a chegada do rei de Carnestoltes e termina com o Enterro de uma

Sardinha na Quarta-Feira de Cinzas. As atividades atingem seu auge no Sant Bonaventura, onde os gays realizam suas próprias comemorações. Durante a semana de Corpus Christi, em junho, tapetes de flores são colocados nas ruas da Cidade Velha, e na noite de 23 de junho, na festa de São João, a praia se ilumina com fogos de artifício e fogueiras.

DIVERSÃO NA PRAIA & ARREDORES

A parte antiga de Sitges costumava ser uma área medieval fechada e fortificada. O castelo é atualmente a sede do governo da cidade. A igreja paroquial local, chamada **La Punta (A Ponta)** e construída próxima ao mar em cima de um promontório, fica em frente a uma esplanada marítima ampla, onde pessoas desfilam no início da noite. Atrás da igreja ficam o Museu Cau Ferrat e o Museu Maricel (veja "Museus" a seguir).

A maioria das pessoas está aqui para ir à praia. As praias têm chuveiros, cabines para tomar banho e boxes; quiosques alugam barcos com motor, equipamentos aquáticos, guarda-sóis e espreguiçadeiras. As praias a leste e as do centro da cidade são as mais tranquilas, por exemplo, **Aiguadolç** e **Els Balomins. Playa San Sebastián, Praia Fragata** e a **"Praia dos Barcos"** (abaixo da igreja e perto do Iate Clube) são as mais adequadas às famílias. Um público jovem e ativo frequenta a **Playa de la Ribera,** a oeste.

Por toda a costa, as mulheres podem fazer e certamente farão, topless. Mais distante, a oeste, estão as praias mais isoladas, onde o cenário fica mais cheio de vida, especialmente ao longo das **Playas del Muerto**, onde duas minúsculas praias de nudismo estão entre Sitges e Vilanova i la Geltrú. Um ônibus faz o translado entre a igreja e o Hotel Terramar. Daqui, siga a estrada até o clube L'Atlántida e depois siga a via férrea. A primeira praia atrai nudistas de todas as orientações sexuais, e a segunda é quase exclusivamente de gays. Saiba que muita ação acontece nos bosques atrás dessas praias.

MUSEUS

Além das praias, Sitges tem algumas opções de museus, que realmente não devem ser perdidas.

Museu Cau Ferrat ★★ *Momentos* O artista catalão Santiago Rusiñol combinou duas encantadoras cabanas do século XVI para transformá-las em seu lar, onde viveu e trabalhou; após a sua morte, em 1931, ele a deixou em testamento para Sitges, juntamente com a sua coleção de arte. Mais do que ninguém, Rusiñol fez de Sitges um popular local de férias. A coleção imensa e superlotada do museu inclui dois quadros de El Greco e vários Picassos menores, incluindo *A Tourada*. Uma série de obras de Rusiñol está em exposição, juntamente com a sua prolífica coleção de objetos de ferro forjado e uma deslumbrante mostra de trabalhos em azulejos do Mediterrâneo. A visita vale a pena só pelo edifício, com suas vistas dramáticas para o mar através de janelas minúsculas.

Carrer Fonollar s/n. ℰ **93-894-03-64**. Entrada 3,50€ (US$4,35) adultos, 1,75€ (US$2,20) estudantes, gratuito para menores de 12 anos; o ingresso combinado para os 3 museus listados nesta seção custa 6,40€ (US$8) adultos, 3,50€ (US$4,35) estudantes. 15 de jun–set ter–dom 10:00h–14:00h e 17:00h–21:00h; out–14 de jun ter–sex 10:00h–13: 30h e 15:00h–18:30h, sáb 10:00h–19:00h, dom 10:00h–15:00h.

Museu Marciel ★ Inaugurado pelo rei e pela rainha da Espanha, o Museu Maricel contém obras de arte doadas pelo Dr. Jesús Pérez Rosales. O palácio, de propriedade do americano Charles Deering, foi construído logo após a Primeira Guerra Mundial, e é composto por duas partes conectadas por uma pequena ponte. O museu tem uma boa coleção de quadros

262 CAPÍTULO 11 · OUTRAS VIAGENS PELA CALATUNHA

Onde Estão os Garotos

Juntamente com Ibiza, Key West e Mikonos, Sitges se estabeleceu firmemente na lista principal de lugares recreativos frequentados por gays. É um destino perfeito para aqueles que querem uma combinação de praia e bares, tudo a poucos minutos a pé uns dos outros. É um local que funciona bem como alternativa, mais tranquila do que Barcelona, que fica a cerca de 30 minutos de trem, sendo, portanto, ótimo para um passeio de um dia ou para alguns dias fora da cidade. Na baixa temporada, é um lugar bem tranquilo em relação aos gays, com exceção do Carnaval em fevereiro, quando multidões de gays e lésbicas descem de Barcelona e a festa realmente começa.

No verão, porém, é pura diversão hedonista e a cidade atrai homens de toda a Europa. Sitges nunca exigirá muito do seu lado intelectual, mas com certeza deixará seu corpo cansado. Existe uma praia gay cheia dos músculos exagerados de sempre e de acessórios de verão no meio da cidade, em frente ao Passeig Marítim. A outra praia é de nudismo e bem distante da cidade, entre Sitges e Vilanova. O melhor caminho é ir até a discoteca L'Atlántida e depois seguir os trilhos do trem até a mais distante das duas praias. O bosque nas proximidades está cheio de vida selvagem animada com pelos curtos e muita pele bronzeada, como era de se esperar.

e esculturas, góticos e românticos, bem como muitas cerâmicas catalás excelentes. Há três obras de destaque de Santiago Rebull e uma pintura alegórica da Primeira Guerra Mundial de José María Sert.

Carrer del Fonollar s/n. ✆ **93-894-03-64**. Entrada 3,50€ (US$4,35) adultos, 1,75€ (US$2,20) estudantes, gratuito para menores de 12 anos; entrada incluída em ingresso combinado (veja Museu Cau Ferrat acima). Mesmos horários do Museu Cau Ferrat.

Museu Romàntic ("Can Llopis") Este museu recria a vida quotidiana de uma família proprietária de terras em Sitges, nos séculos XVIII e XIX. As salas da família, o mobiliário e os utensílios domésticos são os mais interessantes. No andar superior, você encontrará adegas e uma importante coleção de bonecas antigas.

Sant Gaudenci 1. ✆ **93-894-29-69**. Ingresso (incluindo visita guiada) 3,50€ (US$4,35) adultos, 1,75€ (US$2,20) estudantes, gratuito para menores de 12 anos; entrada incluída no ingresso combinado (veja Museu Cau Ferrat anteriormente). Todos os museus têm os mesmos horários e datas.

ONDE FICAR

Apesar de uma construção em um mundo virtual, Sitges só não pode lidar com o grande número de turistas que se aglomeram aqui em julho e agosto. Até meados de outubro quase tudo — incluindo hotéis, restaurantes e bares — desacelerara consideravelmente ou fecha completamente.

CAROS

Hotel Romàntic de Sitges ★ *Achados* Composto por três villas do século XIX lindamente restauradas, esse hotel está apenas a uma curta distância a pé da praia e da estação de trem. O bar romântico é um ponto de encontro internacional e as áreas comuns estão cheias de obras de artes. Você pode tomar café da manhã na sala de jantar ou em um jardim cheio de amoreiras. Os quartos, acessíveis pelas escadas, variam de pequeno a médio, e são bem conservados, com boas camas e banheiros com boxes para chuveiro. Quando há excesso de hóspedes, eles são acomodados em um anexo na vizinhança, o Hotel de la Renaixença.

SITGES **263**

Sant Isidre 33, 08870 Sitges. ℭ **93-894-83-75**. Fax 93-894-81-67. www.hotelromantic.com. 60 unidades. 80€–95€ (US$100–US$119) duplo sem banheiro; 90€–110 € (US$113–US$138) duplo com chuveiro/banheiro. As tarifas incluem café da manhã. AE, MC, V. Fechado nov–15 mar. **Instalações e Serviços:** Bar; babá. *Nos quartos:* secador de cabelos, cofre.

Meliá Gran Sitges ✪ Projetado com laterais acentuadamente inclinadas e lembrando um par de pirâmides astecas interconectadas, esse hotel é de 1992, quando hospedou espectadores e participantes dos Jogos Olímpicos de Barcelona. O hotel tem um saguão em mármore que parece ser a maior janela da Espanha, com vista para as montanhas. Cada quarto de porte médio vem com uma grande varanda mobiliada para tomar sol, e cada banheiro tem banheira/chuveiro. Muitos hóspedes estão aqui para participar das conferências e convenções realizadas com frequência em função das instalações de alta tecnologia para reuniões. Fica a cerca de 15 minutos a pé a leste do centro de Sitges, perto das estradas de acesso que levam a Barcelona.

Joan Salvat Papasseit 38, Puerto de Aiguadolç, 08870 Sitges. ℭ **800/336-3542** nos EUA, ou 93-811-08-11 (hotel) ou 90-214-44-44 (reservas). Fax 93-894-90-34. www.solmelia.com. 307 unidades. 90€–225€ (US$111– US$281) duplos; 260€ (US$325) suíte. Algumas tarifas incluem café da manhã. AE, DC, MC, V. Estacionamento 9€ (US$11). **Instalações e Serviços:** restaurante, bar, piscina coberta, piscina externa, academia de ginástica, sauna, *business center*, serviço de quarto limitado; babá, serviço de lavanderia, lavagem a seco. *Nos quartos:* A/C, TV, frigobar, secador de cabelos, cofre.

Terramar ✪✪ *Achados* Em frente à praia, em uma área residencial de Sitges, a pouco mais de meio quilômetro do centro, esse hotel *resort*, um dos primeiros "grandes hotéis" ao longo dessa costa, é um marco em Sitges. Sua frente com sacadas lembra um iate com vários andares, e o interior, reformado nos anos 70, é um exemplo quase perfeito de *design* retrô. O *foyer* tem um tema marinho peculiar, os pisos e painéis de parede são revestidos com diferentes tipos de mármore e os banheiros femininos são rosa-choque. Os quartos de hóspede são espaçosos e confortáveis, e possuem os mesmos tipos de detalhes excêntricos.

Passeig Marítim 80, 08870 Sitges. ℭ **93-894-00-50**. Fax 93-894-56-04. www.hotelterramar.com. 209 unidades. 110€–165€ (US$138–US$206) duplos; 150€–170€ (US$188– US$213) suíte. As tarifas incluem *buffet* de café da manhã. AE, DC, MC, V. Fechado de nov–mar. **Instalações e Serviços:** 2 restaurantes, 2 bares, piscina externa, 2 quadras de tênis cobertas; centro infantil, *business center*, serviço de quarto limitado; babá, serviço de lavanderia, lavagem a seco. *Nos quartos:* A/C, TV, frigobar, secador de cabelos, cofre.

MODERADO

Hotel Noucentista ✪ *Econômico* De propriedade da mesma família que é dona do popular Hotel El Xalet, do outro lado da rua, essa é uma escolha atraente. Depois de passar por 3 anos de reformas, o hotel atualmente está melhor do que nunca. O nome, Noucentista, significa 1900, o ano da construção original do edifício. O interior é bastante impressionante, uma declaração ao *modernisme* com uso intenso de antiguidades. Os quartos de pequeno a médio porte são elegantes e mobiliados de maneira confortável com muito espaço nos *closets* e banheiros, cada um com um chuveiro. Algumas das acomodações se abrem para pequenas sacadas privativas. A pousada fica a 10 minutos a pé da praia. O hotel também é agraciado com um pequeno jardim em um pátio, e os hóspedes têm acesso à piscina e ao restaurante do Xalet.

Isla de Cuba 21, 08870 Sitges. ℭ **93-811-00-70**. Fax 93-894-55-79. www.elxalet.com. 12 unidades. 65€–100€ (US$81– US$125) duplo; 115€ (US$138) suíte. AE, DC, MC, V. *Nos quartos:* A/C, TV, frigobar, secador de cabelos, cofre.

BARATO

Hotel El Cid ✪ A parte de fora do El Cid evoca Castela e por dentro, de forma bem apropriada, você encontrará tetos com vigas de madeira, paredes de pedras naturais, candelabros pesados de ferro forjado e cadeiras de couro. O mesmo tema predomina na sala de

264 CAPÍTULO 11 · OUTRAS VIAGENS PELA CALATUNHA

jantar, nos fundos, e nos quartos agradavelmente mobiliados, os quais, embora pequenos, ainda são bastante confortáveis, com camas boas e banheiros com boxes para chuveiro. O café da manhã é a única refeição servida. O El Cid fica perto do Passeig de Vilanova, no centro da cidade.

San José 39 bis, 08870 Sitges. ✆ **93-894-18-42**. Fax 93-894-63-35. 77 unidades. 45€–70€ (US56– US$88) duplo. Tarifas incluem café da manhã continental. MC, V. Fechado de out– abr. Instalações e Serviços: Bar; piscina externa; babá. Nos quartos: Não há telefones.

ONDE FAZER SUAS REFEIÇÕES
CARO

El Velero ✪ FRUTOS DO MAR Um dos principais restaurantes de Sitges, situado ao longo do passeio à beira-mar. As mesas mais agradáveis ficam no terraço da estufa de vidro, que se abre para o calçadão, embora haja um restaurante mais glamuroso lá dentro. Experimente uma sopa, por exemplo, a de mariscos e trufa ou de peixe, seguida por um prato principal, como a *paella marinara* (com frutos do mar) ou supremo de salmão ao molho de pinoli.

Passeig de la Ribera 38. ✆ **93-894-20-51**. Necessário fazer reservas. Pratos principais 18€–38€ (US$23–US$48); menu de degustação 38€ (US$48); menu gastronômico 50€ (US$63). AE, DC, MC, V. Ter–dom 13:30h–16:00h e 20:30h–23::30h. Fechado 22/12–6/01.

MODERADOS

El Fresco ✪✪ *Achados* COMBINAÇÃO Muitas pessoas, especialmente da comunidade gay, consideram essa a melhor opção em Sitges, o que talvez tenha a ver com o fato de que se parece mais com um restaurante que você encontraria em Sidney. De propriedade de um casal australiano, o cardápio eclético é inspirado fortemente em influências asiáticas. No andar de cima há um café mais barato, um local bastante popular para o café da manhã; aqui, você pode se alimentar para curar sua ressaca com um cardápio muito diferente do espanhol, o qual tem opções como panquecas de mirtilos, musli fresco e muffins, ou escolher entre uma variedade de saladas, como de filé tailandês ou Caesar para o almoço.

Pau Barrabeitg 4. ✆ **93-894-06-00**. Recomendável fazer reservas. Pratos principais 9€–24€ (US$11–US$30). MC, V. Mai–set ter–dom 08:30h–00:00h; out–abr qua–dom 08:30h–00:00h. Fechado 20/12–20/01.

Fragata ✪ FRUTOS DO MAR Embora seu interior simples ofereça pouco mais do que um piso bem polido, mesas com linhos impecáveis e ar condicionado, algumas das melhores especialidades em frutos do mar da cidade são servidas aqui, e centenas de clientes fiéis vêm para apreciar a autêntica cozinha. As especialidades incluem sopa de frutos do mar, uma mistura grelhada de peixes frescos, salada de bacalhau, mexilhões à marinara, vários pratos de lulas e polvos, além de alguns pratos deliciosos de carne, tais como costeletas de cordeiro grelhadas.

Passeig de la Ribera 1. ✆ **93-894-10-86**. Recomendável fazer reservas. Pratos principais 12€ –24€ (US$15–US$30). AE, DC, MC, V. Diariamente das13:00h–16:30h e 20:30h–23:30h.

Mare Nostrum ✪✪ FRUTOS DO MAR Esse local data de 1950, quando foi inaugurado em uma antiga residência particular da época de 1890. A sala de jantar tem vista para o mar, e quando o tempo está agradável, são colocadas mesas do lado de fora. O cardápio inclui uma variedade completa de pratos com frutos do mar, entre eles, especialidades com peixes grelhados e merlúcio cozido no vapor com champanhe. A sopa de peixe é particularmente deliciosa. Ao lado, o café do restaurante serve sorvetes, *milk-shakes*, sanduíches, tapas e três variedades de sangria, incluindo uma com champanhe e frutas.

Passeig de la Ribera 60. ✆ **93-894-33-93**. Necessário fazer reservas. Pratos principais 10€–23€ (US$13–US$28). AE, DC, MC, V. Qui–ter 13:00h–16:00h e 20:00h–23:00h. Fechado 15/12–01/02.

Terra da *Cava*

A região de Penedès é a região do vinho da Catalunha, o lugar onde os brancos secos, os tintos encorpados e a cava espumante que você experimentou nos restaurantes de Barcelona são produzidos. Depois de muitos anos sendo considerada simplesmente uma região agrária, o turismo do vinho começa a se desenvolver nas vilas e nos vinhedos montanhosos dessa região bastante agradável.

A capital é Vilafranca del Penedés, uma movimentada cidade provinciana que tem um bom mercado ao ar livre nas manhãs de sábado e é famosa por suas equipes locais de *castellers* (torres humanas). O **Museu del Vi**, Plaça Jaume I 1 (℃ **93-817-00-36**), tem uma coleção de equipamentos para vinicultura e de recordações consideradas as melhores do gênero na Europa. Se você tiver curiosidade em conhecer mais, o Museu de Vilafranca, ao lado, tem uma coleção de obras de artistas sobre temas relacionados ao vinho e uma bela coleção espanhola e catalã de trabalhos em cerâmica do século XV em diante. Se você tiver tempo, dê uma olhada na Basílica de Santa María (também localizada na Plaça Sant Jaume), uma igreja gótica do século XV. Suba na torre do sino a 52 m (171 pés) para uma vista panorâmica da cidade e dos arredores.

Nada, porém, se compara à experiência de ver na prática o processo de fabricação de vinhos do início ao fim. Algumas bodegas (vinícolas) estão abertas ao público, a melhor sendo a propriedade de **Codorníu** (℃ **93-818-32-32**) a principal fabricante de cava da Catalunha. Sua vinícola magnífica está localizada a 10 km (6 milhas) de Vilafranca, na vila de Sant Sadorni d'Anoia. Projetada no final do século XIX por Josep María Puig i Cadafalch (um mestre arquiteto do movimento *modernisme*), o seu belo projeto reflete os produtos de luxo feitos aqui; o complexo está repleto de toques e detalhes *Art Nouveau* e 15 km (9 milhas) de túneis sinuosos e subterrâneos onde os produtos ficam envelhecendo. Outro destaque é um museu contendo belíssimos pôsteres publicitários antigos sobre o produto, muitos de famosos artistas da época. Codorníu fica aberto ao público de segunda a sexta das 09:00h às 17:00h e sábado das 09:00h às 13:00h. Um minitrem leva você pelos arredores da propriedade, incluindo os vinhedos, e uma degustação de cava finaliza de forma agradável a sua visita.

Outro suntuoso palácio *moderniste* do vinho é **Freixenet**, Av. Casetas Mir s/n (℃ **93-891-70-25**), o principal concorrente de Codorníu. A famosa bodega de Freixenet, localizada bem ao lado da estação ferroviária de Sant Sadorni d'Anoia, também oferece passeios à sua sede (com agendamento prévio), aos sábados das 10:00h às 13:00h. Sua fachada colorida, rica em detalhes é um dos marcos da região.

O centro de informações turísticas em Vilafranca del Penedés está localizado na Carrer de la Cort 14 (℃ **93-892-03-58**; www.turismevilafranca.com). Fica aberto de terça a sexta das 09:00h às 13:00h e das 16:30h às 19:00h e sábados das 10:00h às 13:00h. A **RENFE** (℃ **90-224-02-02**; www.renfe.es) opera dezenas de trens por dia (tempo de viagem: 55 min.) de Barcelona para Vilafranca del Penedés e Sant Sadorni d'Anoia, partindo da estação da Catalunya. Se você estiver de carro, saia da cidade pelo oeste pela A-7. Siga as placas para Sant Sadorni d'Anoia e permaneça na mesma rodovia para Vilafranca.

266 **CAPÍTULO 11 · OUTRAS VIAGENS PELA CALATUNHA**

SITGES À NOITE

Uma das melhores maneiras de passar uma noite em Sitges é caminhar pelo calçadão à beira-mar, jantar com calma e, em seguida, se refugiar lá pelas 23:00 em um dos vários cafés ao ar livre para uma bebida noturna e ficar observando pessoas.

Se você não for homossexual, terá provavelmente que se esforçar para encontrar um bar que fique aberto até tarde, e que não seja predominantemente gay, no centro da cidade. Para saber onde ficam os bares gays em Sitges, procure um mapa de bolso que é distribuído em quase todos os bares gays — você pode pegar um no Parrot's Pub (na Plaza de la Industria) ou baixe um em **www.gaymap.info**. Nove desses bares estão concentrados na **Carrer Sant Bonaventura**, a 5 minutos a pé da praia (perto do Museu Romàntic). Se você ficar entediado com o movimento em um só local, basta descer a rua para encontrar outro. O preço das bebidas é similar em todos os clubes.

O **Mediterráneo**, Sant Bonaventura 6 (sem telefone), é a maior disco/bar gay. O local tem um jardim ibérico formal em estilo moderno e elegante. E no andar de cima desta cada reformada que é da época de 1690, logo a leste da Plaça d'Espanya ficam mesas de bilhar e um terraço coberto. Nas noites de verão, o local fica totalmente lotado.

4 Girona ★★★

97 km (60 milhas) NE de Barcelona, 90 km (56 milhas) S da cidade francesa de Perpignan.

Fundada pelos romanos, **Girona** é um dos 10 mais famosos sítios históricos da Espanha. Posteriormente, ela se tornou uma fortaleza moura e, mais tarde ainda, consta que ela resistiu a três invasões das tropas de Napoleão no início dos anos 1800. Por essas e outras agressões do passado, Girona é muitas vezes chamada de "Cidade dos Mil Cercos". Atualmente, seus cidadãos vivem o dia a dia com muito orgulho, sabendo que a cidade é consistentemente classificada como a melhor do país em termos de qualidade de vida.

Dividida pelo rio Onyar, essa cidade provinciana e movimentada simplesmente vê rapidamente a multidão de turistas que utiliza seu aeroporto como um meio de chegar até os balneários e as praias da Costa Brava, nas proximidades. Ao chegar, dirija-se às ruas estreitas e escadarias escondidas da Cidade Velha e de Call, que é o que restou de uma comunidade judaica bastante significativa, por meio da antiga passarela de pedras que cruza o Onyar. Daqui você terá a melhor vista das casas de cor ocre que ficam de ambos os lados lembrando Veneza instantaneamente. Traga calçados adequados para uma boa caminhada, pois você vai querer contornar as muralhas da antiga cidade e apreciar completamente os esplêndidos edifícios de pedra e a paisagem rural exuberante ao redor. Grande parte de Girona pode ser apreciada do lado de fora das muralhas, mas existem algumas atrações importantes que você vai querer ver do lado de dentro também.

ESSENCIAIS

COMO CHEGAR Mais de 26 **trens** por dia operam entre as estações de Girona e Barcelona-Sants ou Passeig de Gràcia. O tempo de viajem é de 1 a 1,5 horas, dependendo do trem. Os trens chegam a Girona na Plaça Espanya (© **97-220-70-93** para informações). De carro, saindo de Barcelona, pegue a A-7 na Ronda Litoral e siga para o norte pela A-7.

INFORMAÇÕES TURÍSTICAS O **centro de informações turísticas** na Rambla de la Libertat 1 (© **97-222-65-75**; www.ajuntament.gi) fica aberto de segunda a sexta

Girona & Costa Brava

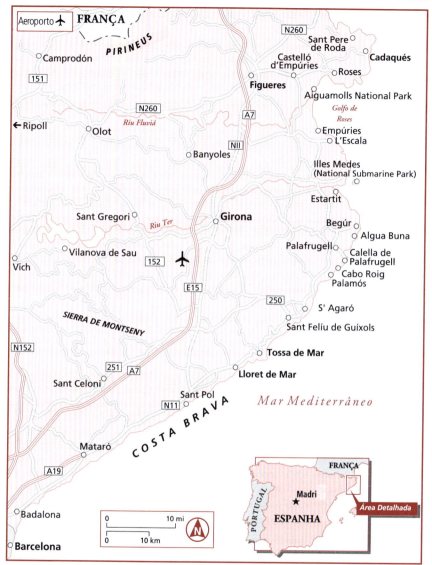

das 08:00h às 20:00h, sábado das 08:00h às 14:00h e das 16:00h às 20:00h e domingo das 09:00h às 14:00h.

EXPLORANDO A CIDADE MEDIEVAL

Banys Arabs ⓧ Essas casas de banho árabes do século XII, um exemplo da arquitetura românica cívica, ficam no Quarteirão Antigo da cidade. Visite o *caldarium* (**banho quente**), com seu chão pavimentado, e o *frigidarium* (**banho frio**), com sua piscina central octogonal cercada por pilastras que sustentam uma estrutura parecida com um prisma em cima da janela principal. Embora as casas de banho mouras tenham sido bastante restauradas em 1929, elas podem dar uma ideia de como eram as antigas.

268 CAPÍTULO 11 · OUTRAS VIAGENS PELA CALATUNHA

Carrer Ferran el Catolic s/n. ✆ **97-221-32-62**. Entrada 2€ (US$2,50) adultos, 1€ (US$1,25) estudantes, grátis para idosos e menores de 16 anos. Abr–set seg–sáb 10:00h–19:00h, dom 10:00h–14:00h; out-mar ter–dom 10:00h–14::00h. Fechado 01/01, 06/01, Páscoa e 25 e 26/12.

Catedral ★★★

A atração mais importante de Girona é a sua catedral magnífica, que pode ser alcançada por meio de uma escada barroca do século XVII e que tem 90 degraus íngremes. A catedral do século XIV representa muitos estilos arquitetônicos, incluindo gótico e românico, porém é mais notadamente barroco-catalão. A fachada que você vê enquanto sobe a enorme escadaria é dos séculos XVII e XVIII; de uma sanca na parte de cima sai uma torre de sino com uma cúpula e que tem um anjo de bronze com cata-vento. Entre pela porta principal da catedral e vá até a nave de 23 m (75 pés), o maior exemplo de arquitetura gótica do mundo.

A catedral contém muitas obras de arte, expostas em sua maioria no museu. Sua peça mais importante é uma **tapeçaria da Criação**, uma peça única do bordado românico do século XI ou XII representando pessoas e animais no Jardim do Éden. Outro trabalho importante em exposição é um dos manuscritos mais raros do mundo — o **Códex del Beatus** do século X, que contém um comentário ilustrado sobre o Apocalipse. A partir da **Capela da Esperança** da catedral, uma porta leva a um **Claustro românico** dos séculos XII e XIII, com uma disposição incomum em forma de trapézio. A galeria do claustro, com uma série de colunas duplas, tem uma sequência de cenas bíblicas que são uma verdadeira joia da arte românica catalá. Do claustro você pode ver a **Torre de Carlemany (Torre de Carlos Magno)** do século XII.

Plaza de la Catedral s/n. ✆ **97-221-44-26**. Entrada grátis à catedral; nave, claustro e museu 4€ ($ 5), estudantes e idosos 3€ ($ 3,75). Tudo grátis aos Domingos. Catedral diáriamente 09:00h-13:00h e durante claustro e horas visitando o museu. Claustro e museu: Jul-Set Ter–Sáb 10:00h–20:00h, Dom 10:00h–14:00h; Out-Fev Ter–Sáb, 10:00h–14:00h e 16:00h-18:00h, Dom 10:00h-14:00h; Mar-Junho Ter–Sáb 10:00h–14:00h e 16:00h–19:00h, Dom 10:00h-14:00h.

Església de Sant Feliu ★

Essa igreja dos séculos XIV a XVII foi construída sobre o que pode ter sido o túmulo de Feliu, da África, martirizado durante a perseguição de Diocleciano no início do século IV. Importante na história arquitetônica da Catalunha, a igreja tem pilares e arcos em estilo românico e uma nave central gótica. A torre do sino — uma das atrações mais marcantes da paisagem de Girona — tem oito pináculos e uma torre central, cada uma delas apoiada em uma sólida base octogonal. A fachada principal da igreja é barroca. O interior contém algumas obras excepcionais, incluindo um altar do século XVI, um alabastro do século XIV, o Cristo Reclinado. Preste atenção nos oito sarcófagos cristãos e pagãos nas paredes do presbitério: onde os dois mais antigos são do século II d.C. Um deles mostra Plutão trazendo Perséfone das profundezas da terra.

Pujada de Sant Feliu s/n. ✆ **97-220-14-07**. Entrada franca. Diariamente das 8:00h–19: 45h.

Museu Arqueològic ★

Situado em uma igreja e um claustro românico dos séculos XI e XII, esse museu ilustra a história da região desde o período Paleolítico até à época dos visigodos, utilizando artefatos descobertos em escavações nas proximidades. O próprio mosteiro está entre um dos melhores exemplos da arquitetura românica catalá. No claustro, observe algumas inscrições de lápides hebraicas do antigo cemitério judaico.

Sant Pere de Galligants, Santa Llúcia 1. ✆ **97-220-26-32**. Entrada 2€ (US$2,50) adultos, 1,50€ (US$1,90) estudantes, grátis para idosos e menores de 16 anos. Out–mai ter–sáb 10:00h–14:00h e 16:00h–18:00h, dom 10:00h–14:00h; jun–set ter–sáb 10:00h–13:30h e 16:00h–19:00h, dom 10:00h–14:00h.

Museu d'Art ★

Em um antigo palácio episcopal românico e gótico (Palau Episcopal) perto da catedral, este museu exibe obras de arte que cobrem 10 séculos (ficavam anteriormente no antigo Museu Diocesano e no Museu Provinciano). Pare na sala do trono para ver o **altar de Sant Pere de Púbol,** de Bernat Martorell, e o **altar de Sant Miguel de Crüilles,** de Luis Borrassa. Essas duas obras do século XV são peças exemplares da pintura

GIRONA **269**

gótica catalã. O museu também se orgulha de sua **pedra de altar** de Sant Pere de Roda dos séculos X e XI; essa obra em madeira e pedra, onde estão representados personagens e lendas, já foi coberta de prata em relevo. O *Crüilles Timber,* do século XII é uma peça única românica em madeira policromada. *Nossa Senhora de Besalù*, do século XV, é uma das representações mais perfeitas da Virgem esculpida em alabastro.

Pujada de la Catedral 12. ℭ **97-220-38-34**. Entrada 2€ (US\$2,50) adultos, 1,50€ (US\$1,90) estudantes, grátis para idosos e crianças. Mar–set ter–sáb 10:00h–19:00h, dom 10:00h–14:00h; out–fev ter–sáb 10:00h–18:00h, dom 10:00h–14:00h. Fechado 01/01–06/01, Páscoa e 25 e 26/12.

Museu de Cinema ★★Amantes de filmes se reúnem nesse museu do cinema, o único do gênero na Espanha. Ele abriga a coleção de Tomàs Mallol, com cerca de 25.000 artefatos de cinema, cobrindo tudo sobre filmagens até 1970. Muitos objetos são da era "pré-cinema", além de outras exposições da época em que o cinema estava começando. O museu possui até mesmo a câmera original dos pioneiros irmãos Lumière. Imagens fixas como fotografias, pôsteres, gravuras, desenhos e pinturas ficam em exposição, juntamente com cerca de 800 filmes de vários estilos e épocas. Existe até mesmo uma biblioteca com publicações relacionadas ao cinema.

Sèquia 1. ℭ **97-241-27-77**. Entrada 3€(US\$3,45) adultos, 1,50€ (US\$1,70) estudantes e idosos, grátis para menores de 16 anos. Mai–set ter–dom 10:00h–20:00h; out–abr ter–sex 10:00h–18:00h, sáb 10:00h–20:00h, dom 11:00h–15-:00h. Fechado 25 e 26/12, 01/01 e 06/01.

ONDE FICAR
MODERADOS

Hotel Carlemany ★ Em uma área comercial a apenas 10 minutos do centro histórico, esse hotel de 1995 geralmente é citado como o melhor da cidade. Um favorito entre os viajantes a negócios, suas instalações são de primeira. Em geral, é contemporâneo com um *design* moderno (embora lhe falte um pouco de personalidade). Apesar disso, os quartos de médios a espaçosos são à prova de som e bastante arejados, e os banheiros possuem banheira/chuveiro.

Plaza Miquel Santaló s/n, 17002 Girona. ℭ **97-221-12-12**. Fax 97-221-49-94. www.carlemany.es. 90 unidades. 120€ (US\$150) duplo; 160€ (US\$200) suíte. AE, DC, MC, V. Estacionamento 12€ (US\$15). **Instalações e Serviços:** Restaurante, 2 bares, serviço de quarto limitado, serviço de lavanderia; quartos para não fumantes. *Nos quartos:* A/C, TV, secador de cabelos, cofre.

Hotel Ciutat de Girona ★ Esse hotel quatro estrelas moderno e *high-tech* está localizado bem no centro da cidade e é uma boa opção para pessoas que preferem instalações modernas ao charme rústico. Inaugurado em 2003, todos os quartos elegantes estão

---

El Call

A diáspora judaica criou uma marca indelével na cidade de Girona. Uma parte bem significativa da Cidade Velha é ocupada pelas ruínas de **El Call**, um gueto judeu que já foi o maior da Espanha. De apenas 20 famílias que chegaram no final do século IX, a comunidade cresceu para cerca de 2.000 pessoas, com três sinagogas, açougues, padarias e outras atividades comerciais acontecendo nas ruas de paralelepípedos dos arredores. Em 1492, juntamente com outras comunidades judaicas da península (incluindo Barcelona e Maiorca), eles foram responsabilizados pela propagação da peste e ostensivamente expulsos pelo poder católico. O **Centro Bonastruc Ca Porta**, Calle La Força 8 (ℭ **97-221-67-61**), no coração de El Call, contém exposições sobre a vida medieval e costumes judaicos, com destaque para a vida conjunta de judeus e cristãos, bem como exposições de artistas contemporâneos judeus. O centro também realiza excursões com temas específicos pela área e cursos sobre cultura e história judaicas. Fica aberto de segunda a sábado, das 10:00h às 20:00h, domingo das 10:00h às 15:00h.

270 CAPÍTULO 11 · OUTRAS VIAGENS PELA CALATUNHA

decorados em estilo *diseño catalán* em tons de cinza claro e creme com faixas marcantes em vermelho, e todos eles possuem conexão com Internet (você pode até mesmo ter seu próprio computador mediante pedido). O bar de coquetel sofisticado no saguão completa o quadro cheio de estilo.

Nord 2, 17001 Girona. ☎ **97-248-30-38**. Fax 97-248-30-26. www.hotel-ciutatdegirona.com. 44 unidades. 125€–140€ (US$156–US$175) duplo; 160€ (US$200) triplo. AE, DC, MC, V. Estacionamento 14€ (US$18). **Instalações e Serviços:** restaurante, bar, serviço de quarto limitado; serviço de lavanderia. *Nos quartos:* A/C, TV, frigobar gratuito, *dataport*, secador de cabelos.

Hotel Ultonia Restaurado em 1993 e agora melhor do que nunca, esse pequeno hotel fica a uma curta distância a pé da Plaça de la Independencia. Desde o final dos anos 50, ele tem sido um dos favoritos entre os viajantes a negócios, mas hoje em dia ele atrai mais visitantes por estar perto da área histórica. Os quartos são compactos e mobiliados em estilo moderno, com camas confortáveis e banheiros, e a maioria possui banheira/chuveiro. Janelas com vidros duplos ajudam a garantir o silêncio. Alguns dos quartos de frente para a avenida possuem sacadas pequenas. Em apenas 8 a 12 minutos, você pode atravessar a Onyar até o quarteirão medieval. Os hóspedes podem desfrutar um *buffet* de café da manhã (não incluído nas tarifas citadas abaixo), mas eles não servem outra refeição.

Av. Jaume I no. 22, 17001 Girona. ☎ **97-220-38-50**. Fax 97-220-33-34. 45 unidades. 80€–100€ (US$100–US$125) duplo. AE, DC, MC, V. Estacionamento 10€ (US$13) nas proximidades. **Instalações e Serviços:** serviços de lavanderia. *Nos quartos:* A/C, TV, minibar.

BARATOS

Bellmirall ★★ (Momentos) Do outro lado do rio Onyar, essa pequena descoberta fica no coração do antigo bairro judeu. É um dos que oferecem a melhor relação custo-benefício na Cidade Velha. O prédio em si, muito restaurado e modificado ao longo dos anos, é originalmente do século XIV. Christina Vach assumiu o controle da antiga construção e resolveu restaurá-la, convertendo-a em um hotel. Ela foi admiravelmente bem-sucedida em sua missão. Os quartos são de pequenos a médios e estão parcialmente decorados com antiguidades colocadas em paredes de tijolos. Algumas dessas paredes estão decoradas com quadros, outras vêm com cerâmicas cuidadosamente selecionadas. Cada quarto vem com um pequeno banheiro com chuveiro. No verão, é possível pedir um café da manhã no pátio externo.

Carrer Bellmirall 3, 17004 Girona. ☎ **97-220-40-09**. 7 unidades. 60€ (US$75) duplo; 80€ (US$100) triplo. Tarifas incluem café da manhã. Não aceita cartões de crédito. Estacionamento gratuito (hotel oferece permissão). Fechado jan–fev. *Nos quartos:* Não há telefones.

Hotel Peninsular ★ Desprovido de qualquer personalidade arquitetônica, esse hotel modesto oferece acomodações limpas e garantidas, perto da catedral e do rio. Os quartos pequenos, que se beneficiaram com uma reforma em 1990, estão espalhados por cinco andares. Todas as unidades contêm banheiros impecavelmente mantidos, com chuveiros. O hotel é melhor para estadas curtas do que longas. O café da manhã é a única refeição servida (e não está incluído nas tarifas citadas abaixo).

Nou 3, 17001 Girona. ☎ **97-220-38-00**. Fax 97-221-04-92. www.novarahotels.com. 47 unidades. 60€–65€ (US$75–US$81) duplo. AE, DC, MC, V. Estacionamento 8€ (US$10) nas proximidades. **Instalações e Serviços:** balcão de café da manhã; serviço de lavanderia. *Nos quartos:* TV, secador de cabelos, cofre.

ONDE FAZER SUAS REFEIÇÕES

Bronsoms ★ CATALÃO No coração da Cidade Velha, em um edifício da época de 1890 num lugar que já foi uma residência particular, esse restaurante é um dos mais consistentemente confiáveis em Girona. Elogiado por jornais tão distantes como os de Madri, está sob a mesma administração desde 1982. Ele aperfeiçoou a arte de servir uma *cocina del mercado* baseada na culinária catalã, ou seja, preparada com quaisquer que sejam os ingredientes frescos disponíveis no mercado. As especialidades da casa incluem *paella* de peixe, *arroz* *negro* (arroz preto, tingido com tinta de lula e guarnecido com mariscos), feijão branco e várias maneiras de preparar presunto ibérico.

Sant Francesc 7. ℂ **97-221-24-93**. Recomendável fazer reservas. Pratos principais 8€–16€ (US$10–US$20); menu de preço fixo 9€ (US$11). AE, MC, V. Seg–sáb 13:00h–16:00h e 20:00h–23:30h; dom 13:00h–16:00h.

Cal Ros CATALÃO Na parte mais antiga de Girona, perto da Plaza de Cataluña, esse restaurante se destaca no mundo da culinária e tem feito isso desde a década de 20. Recebeu seu nome há muito tempo por causa de um proprietário de cabelos claros, porém hoje em dia parece que ninguém se lembra mais de quem foi exatamente essa pessoa. Você será conduzido a uma das quatro salas de jantar rústicas, todas elas com vigas pesadas no teto, pedras aparentes e gesso, além de uma sensação de velha Catalunha. Itens do cardápio incluem a saborosa *escudilla*, feita com vitela, porco e ervas e vegetais locais; no mínimo 4 tipos de peixes locais, geralmente cozidos com batata e tomates; filés macios de vitela fritos com cogumelos; e tortas caseiras crocantes, algumas delas recheadas com cremes aromatizados com anis. Também são preparados *kosher* e *halal*.

Cort Reial 9. ℂ **97-221-73-79**. Recomendável fazer reservas. Pratos principais 6€–28€ (US$7,50–US$35). AE, DC, MC, V. Nov–mar ter–dom 13:00h–16:00h, ter–sáb 20:00h–23:00h; abr–out dom–seg 13:00h–16:00h e 20:00h–23:00h.

El Cellar de Can Roca ★★★ CATALÃO A apenas 2 km (1,25 milhas) do centro de Girona, El Cellar de Can Roca é o melhor restaurante da nova geração de restaurantes catalães e representa o sucesso da campanha para transformar Girona em uma das cidades mais elegantes da Espanha. Administrado por três jovens irmãos (um dos quais atualmente está à frente do extremamente elegante restaurante Moo, em Barcelona), o restaurante é aconchegante, com apenas 12 mesas. A cozinha é uma combinação interessante de pratos catalães tradicionais criativamente transformados em refeições contemporâneas mediterrâneas. Comece com um purê de abacates e, para sobremesa, você não pode deixar de experimentar o *sorbet* de tangerina com compota de abóbora.

Taiala 40. ℂ **97-222-21-57**. Recomendável fazer reservas. Pratos principais 17€–38€ (US$21–US$48); menus de preço fixo, 60€ (US$75). AE, DC, MC, V. Ter–sáb 13:00h–16:00h e 21:00h–23:00h. Fechado 22/12–06/01 e 23/06–14/07. Ônibus: 5

COMPRAS

Existem algumas lojas interessantes nos arredores de El Call e da Cidade Velha. Procure lojas especializadas que vendem produtos locais, como utensílios de cozinha de cerâmica bege e amarela e as lojas mais sofisticados de *designers*. A famosa loja de *design* e móveis de Barcelona, a BD, tem uma unidade aqui, na Calle La Força 20 (ℂ **97-222-43-39**), uma das várias lojas de *design* e de objetos na mesma rua medieval de El Call. Existem também dois mercados de artesanatos ao ar livre aos sábados, um na Pont de Pedra (ponte de pedra) e outro na Plaça Miquel Santaló e Plaça de les Castanyes.

GIRONA À NOITE

O centro de Girona tem uma boa quantidade de bares de tapas e cafés. Muitos deles estão espalhados pela **Les Ramblas**, nos limites da **Plaça de Independencia,** que merece destaque, e nos limites antigos da **Plaça Ferran el Católic**. Vá calmamente de um lugar a outro e considere um tipo de arte. Alguns bares de tapas animados no centro da cidade são: **Bar de Tapes,** Carrer Barcelona 13 ((ℂ **97-241-01-64**), perto da estação ferroviária, e o **Tapa't,** Plaça de l'Oli s/n (sem telefone), que merece destaque pelo seu charme tradicional. Também atraente por causa da sociabilidade de seus clientes e de sua lista impressionante de tapas de frutos do mar e de mariscos temos, o **Bar Boira**, Plaça de Independencia 17 (ℂ **97-220-30-96**). Em uma rua que é o eixo da cultura de bares de Girona, o **Zanpanzar**, Cort Real 10–12 (ℂ **97-221-28-43**), atrai sua clientela por causa de seus *pintxos* de estilo basco, de dar água na boca. La Sala del Cel, Pedret

272 CAPÍTULO 11 · OUTRAS VIAGENS PELA CALATUNHA

Jardim do Mar e da Murta

O **Jardí Botànic Marimurtra,** com suas trilhas sinuosas e pergolados brancos no alto da colina, fica ao lado da vila de pescadores de Blanes (30 km/20 milhas de Girona), na extremidade sul da Costa Brava. Será muito difícil encontrar um lugar que evoque mais a natureza de modo mais encantador em todo o Mediterrâneo do que esse Jardim do Éden de 16 hectares (40 acres), com suas 200.000 espécies de plantas e arbustos dos cinco continentes. Declarada como Área Nacional de Interesse Cultural, foi fundada pelo biólogo Karl Faust no início do século XX como um centro de pesquisas sobre a flora universal. Reserve uma hora para uma caminhada completa, mais um pouco se você quiser realmente absorver a atmosfera e meditar em algum canto silencioso como na pequena Plaça de Goethe. O Jardí Botànic Marimurtra fica no Passeig de Carles Faust 9, Blanes (© **97-233-08-26;** www. jbotanicmarimurtra.org). A entrada custa 4€ (US$5,25), e os horários são diariamente das 09:00h às 18:00h (abr–out; até às 20:00h em meados do verão), das 10:00h às 17:00h (nov–mar). Finais de semana e feriados, das 10:00h às 14:00h.

118 (© **97-221-46-64**), o "palácio do *techno*" em Girona, está localizado em um antigo convento com jardins na parte de fora. Os DJs, tanto locais como internacionais, são de primeira. Esteja preparado para filas e para sair bem tarde da noite. De forma um pouco mais discreta, temos o **Sala de Ball**, Carretera de la Deversa 21 (© **97–220-14-39**), um local para dançar, que é elegante e tradicional, e tenta agradar a maioria dos gostos, de *hip-hop* a *house* e salsa, dependendo da noite.

5 Lloret de Mar

100 km (62 milhas) S da fronteira com a França, 68 km (42 milhas) N de Barcelonaa.

Embora ela tenha uma boa praia arenosa em forma de meia lua, **Lloret de Mar** não é nem chique nem sofisticada, e a maioria das pessoas que vêm aqui são europeus em pacotes turísticos baratos. A concorrência por quartos de hotel baratos é acirrada.

Lloret de Mar teve um crescimento fenomenal, passando de uma pequena vila de pescadores com apenas algumas acomodações até um centro recreativo movimentado com uma quantidade de hotéis que é impossível de ser contabilizada. E outros continuam abrindo, embora pareçam nunca serem suficientes em julho e agosto. As acomodações são típicas daquelas de outras cidades da Costa Brava, variando extensamente desde estruturas impessoais parecendo caixotes modernos até prédios *vintage* pintados de branco e decorados com vasinhos de flores nas ruas estreitas da Cidade Velha. Existem até mesmo algumas partes mais elegantes, como a que inclui o Hostal Roger de Flor (veja a seguir). Essa área tem uma vegetação rica, paisagens atraentes e clima agradável.

ESSENCIAIS

COMO CHEGAR De Barcelona, pegue um **trem** para Blanes, depois pegue um ônibus, a 8km (5 milhas) de Lloret. Se for de carro, vá em direção ao norte de Barcelona pela A-19.

INFORMAÇÕES TURÍSTICAS O **centro de informações turísticas** na Plaça de la Vila 1 (© **97-236-47-35**; www.lloret.org) fica aberto de segunda a sexta, das 09:00h às 13:00h e das 16:00h às 19:00h, sábado das 10:00h às 13:00h.

ONDE FICAR

Muitos dos hotéis — particularmente os locais classificados como três estrelas pelo governo — são bastante reservados por grupos de excursão. Aqui estão algumas das possibilidades se você fizer sua reserva com antecedência.

CAROS

Grand Hotel Monterrey ★★
Classificado logo abaixo do Roger de Flor (veja a seguir), esse hotel de quatro estrelas é similar a um *country club* de luxo em um parque grande. Fica a uma curta distância a pé do cassino, do centro da cidade e das praias. O hotel foi inaugurado na década de 40 e vem sendo parcialmente reformado quase todos os anos desde então. Tornou-se um refúgio para aqueles que querem recarregar suas baterias. As áreas internas têm janelas grandes com vistas amplas. Os quartos de hóspedes são espaçosos e luxuosamente decorados. A maioria tem sacadas ou *louge*. Os banheiros possuem banheira/chuveiro.

Carretera de Tossa, 17310 Lloret de Mar. ☎ **97-236-40-50**. Fax 97-236-35-12. www.ghmonterrey.com. 225 unidades. 120€–175€ (US$150– US$219) duplo; 130€–185€ (US$163– US$231) suíte. AE, DC, MC, V. Estacionamento gratuito. Fechado de out–mar. **Instalações e Serviços:** restaurante, 2 bares, 2 piscinas (1 coberta), 3 quadras de tênis, academia de ginástica, *spa*, hidromassagem, sauna, área de recreação para crianças, serviço de quarto limitado, massagem, babá, serviço de lavanderia/lavagem a seco. *Nos quartos:* A/C, TV, secador de cabelos, cofre.

Hostal Roger de Flor ★★★
Esse hotel antigo bastante ampliado, no qual parte é remanescente de uma *villa* particular, é uma mudança agradável em relação aos velhos prédios de concreto que ocupam outras áreas do *resort*. Localizado na extremidade leste da cidade, o hotel oferece as vistas panorâmicas mais agradáveis entre todos os demais hotéis. Vasos de gerânios, primaveras se enroscando e filas de palmeiras harmoniosamente espaçadas colaboram com a elegância da combinação entre a arquitetura moderna e antiga. Os quartos de hóspedes de tamanhos medianos possuem tetos altos, e estão muito bem mobiliados de forma moderna. Os banheiros bem mantidos possuem banheira e chuveiro. Os aposentos comuns apresenta madeiras aparentes em abundância e se abrem para um terraço parcialmente coberto.

Turó de l'Estelat s/n, 17310 Lloret de Mar. ☎ **97-236-48-00**. Fax 97-237-16-37. www.rogerdeflor.com. 100 unidades.110€–190€ (US$138– US$238) duplo; 150€–250€ (US$188– US$313) suíte. Tarifas incluem café da manhã. AE, DC, MC,V. Estacionamento gratuito. **Instalações e Serviços:** restaurante, 2 bares, piscina de água salgada, 2 quadras de tênis, academia de ginástica, mesa de ping-pong, aluguel de carro, serviço de quarto limitado, babá, serviço de lavanderia/lavagem a seco. *Nos quartos:* TV, frigobar, secador de cabelos, cofre.

Hotel Santa Marta ★★★
Esse hotel tranquilo, a uma curta distância a pé em cima de uma baía em forma de lua crescente, preferida por pessoas que gostam de nadar, fica alojado em um bosque de pinheiros que recebe bastante luz do sol. Os aposentos comuns e os quartos de hóspedes possuem painéis atraentes e estão mobiliados de forma tradicional. Os quartos espaçosos oferecem sacadas privativas que ficam de frente para o mar ou para um jardim agradável, e todos possuem banheiros com banheira/chuveiro. A vizinhança é tranquila, mas atraente, a cerca de 2 km (1,5 milhas) a oeste do centro comercial da cidade.

Playa de Santa Cristina, 17310 Lloret de Mar. ☎ **97-236-49-04**. Fax 97-236-92-80. www.hstamarta.com. 78 unidades. 150€–250€ (US$187– US$313) duplo; 240€–390€ (US$300– US$488) suíte. AE, DC, MC, V. Estacionamento gratuito. Fechado de 23/12–31/01. **Instalações e Serviços:** 2 restaurantes, 2 bares, piscina externa, sauna, solário, aluguel de carro, serviço de quarto limitado, babá, serviço de lavanderia/lavagem a seco, quartos para hóspedes com mobilidade limitada. *Nos quartos:* A/C,TV, frigobar, secador de cabelos, cofre.

MODERADO

Hotel Santa Marta
Esse hotel de um século de vida fica a uma pequena distância a pé da praia, perto do coração da cidade e da rodoviária. O interior comum, mas bem preservado, tem decoração náutica. Os quartos de hóspedes à prova de barulho são decorados de forma agradável e são bem equipados, e os banheiros possuem banheira de hidromassagem e chuveiro.

Calle de La Vila 55, 17310 Lloret de Mar. ☎ **97-236-50-08**. Fax 97-237-11-68. www.hotelviladelmar.com. 36 unidades.75€–150€ (US$94– US$187) duplo. AE, DC, MC, V. Estacionamento 12€ (US$15). **Instalações e Serviços:** restaurante, bar, piscina externa, academia de ginástica, sauna, babá, serviço de lavanderia/lavagem a seco, quartos

274 **CAPÍTULO 11 · OUTRAS VIAGENS PELA CALATUNHA**

para não fumantes, quartos para hóspedes com mobilidade limitada. *Nos quartos:* A/C,TV, *dataport*, frigobar, secador de cabelos, cofre.

BARATO

Hotel Excelsior Esse hotel atrai uma clientela da Espanha e do norte da Europa que está interessada em praias. O Excelsior fica praticamente na praia, com seis andares se erguendo em uma esplanada. Praticamente todos os quartos possuem vistas frontais ou laterais para o mar. A mobília é moderna, mas não é inspiradora. A maioria dos banheiros possui banheira e chuveiro. Durante o auge do verão, a meia pensão é obrigatória. Embora o hotel seja modesto, um dos melhores restaurantes da Costa Brava, o Les Petxines, fica aqui (veja a seguir).

Passeig Mossèn Jacinto Verdaguer 16, 17310 Lloret de Mar. ℭ **97-236-61-76**. Fax 97-237-16-54. www.gna.es/lloret. 45 unidades. Jul–set 60€ (US$75) por pessoa duplo; out–jun (incluindo café da manhã) 35–45€ (US$44–US$56) por pessoa duplo. AE, DC, V. Estacionamento 10€ (US$13). Fechado 01/11–21/03. **Instalações e Serviços:** 2 restaurantes, bar, babá, serviço de lavanderia. *Nos quartos:* A/C,TV,cofre.

ONDE FAZER SUAS REFEIÇÕES

El Trull FRUTOS DO MAR Esse restaurante atrai hordas de espanhóis que apreciam o cenário maravilhoso de 3 km (2 milhas) de trilhas ao norte de Lloret até as montanhas. Localizado no subúrbio moderno de Urbanización Playa Canyelles e conhecido pela sua popularidade de longa data, o El Trull coloca suas mesas com uma vista para um jardim bem cuidado e uma piscina (às vezes lotada). A comida é uma das melhores da região. As opções do menu focam em frutos do mar e incluem sopa de peixe, cozido de peixe bem guarnecido com lagostas; muitas maneiras diferentes de preparar merlúcio, tamboril e vôngoles, além de uma omelete "surpresa". (O garçom lhe dirá os ingredientes se você perguntar.)

Cala Canyelles s/n. ℭ **97-236-49-28**. Pratos principais 40€–80€ (US$50–US$100); menus de preço fixo 12€ (US$15), 38€ (US$48) e 60€ (US$75). AE, DC, MC, V. Diariamente das 13:00h–16:00h e das 20:00h–23:00h.

Les Petxines ★★★ MEDITERRÂNEO A comida mais bem preparada do *resort* é servida na sala de jantar da época de Franco (por volta de 1954), no Hotel Excelsior, um hotel simples, com 45 quartos, de frente para o mar. Trinta pessoas ao mesmo tempo cabem de forma relativamente aconchegante em uma sala de jantar com janelas grandes. A cozinha varia de acordo com a estação, a inspiração do *chef* e a disponibilidade dos ingredientes nos mercados locais, mas você sempre pode esperar peixes e mariscos (*pextrines* em catalão, daí o nome do restaurante) extremamente frescos. Os melhores exemplos incluem várias versões de sopa de peixe, algumas das quais com um *confit* de limão e raviólis recheados de camarão, e um *ragu* extremamente suculento de peixes e mariscos. Os que apreciam carne podem ocasionalmente pedir uma versão de pombo de sabor excelente, um dos quais vem recheado com *foie gras*.

No Hotel Excelsior, Passeig Mossèn J. Verdaguer 16. ℭ **97-236-41-37**. Necessário fazer reservas. Pratos principais 20€–30€ (US$25–US$38); menu de preço fixo 30€ (US$38); "menu surpresa" com 6 pratos 60€ (US$75). AE, DC, MC, V. Ter–dom 13:15h–15:35h; Ter–sáb 20:30h–23:00h. Abre de dom à noite de jul–ago.

Restaurante Santa Marta ★ INTERNACIONAL/CATALÃO Localizado em um hotel de 40 anos de mesmo nome (veja "Onde Ficar" anteriormente), o Santa Marta fica a cerca de 2 km (1,5 milhas) a oeste do centro comercial da cidade. Esse refúgio agradável e ensolarado oferece uma comida bem preparada e uma vista bem ampla das praias e do mar. As especialidades do cardápio variam de acordo com as estações, mas podem incluir patê de cogumelos silvestres em molho especial, salmão defumado com molho *hollandaise* na torrada, medalhões de tamboril com mousse de alho, *ragu* de camarões gigantes com favas, estrogonofe de carne e um *cassoulet* de frango inspirado na região, preparado com cravo.

TOSSA DE MAR

No Hotel Santa Marta, Playa de Santa Cristina. *©* **97-236-49-04**. Recomendável fazer reservas. Pratos principais 20€–40€ (US$25–US$50); menu de preço fixo 44€ (US$55). AE, DC, MC,V. Diariamente das 13:30h–15:30h e das 20:30h–22:30h. Fechado de 15/12 a 31/01.

LLORET DE MAR À NOITE

No **Casino Lloret de Mar**, Carrer Esports 1 (*©* **97-236-61-16**), os jogos de azar incluem roleta francesa e americana, *blackjack* e *baccarat*. Ele tem um restaurante, uma sala de jantar com *buffet*, bar-boate e clube para dançar, além de uma piscina. O cassino fica a sudoeste de Lloret de Mar, ao lado da via costeira que vai para Blanes e Barcelona. Vá de carro ou pegue um táxi de noite e leve seu passaporte para poder entrar. Os horários são de domingo a quinta, das 17:00h às 03:00h, sextas e sábados das 17:00h às 04:00h. (O cassino fecha 30 minutos mais tarde no verão). A entrada custa 4,50€ (US$5,65).

O clube **Hollywood**, Carretera de Tossa (*©* **97-236-74-63**), nos limites da cidade, é o lugar para ver e ser visto. Procure por ele na esquina da Carrer Girona. Fica aberto todas as noites, das 22:00h às 05:00h.

6 Tossa de Mar ⍟⍟

90 km (56 milhas) N de Barcelona, 12 km (7,5 milhas) NE de Lloret de Mar

A cidade branca e radiante de Tossa de Mar, com suas muralhas do século XII, o Quarteirão Antigo que lembra um labirinto, os barcos de pesca e as praias arenosas razoavelmente boas talvez seja a base mais atraente para férias na Costa Brava. Sua personalidade e o *joie de vivre* estão no meio do caminho entre os excessos pagãos de Lloret e a pose descontraída de Sant Feliu de Guíxols, logo acima, na costa (veja a seguir). As muralhas e torres de Tossa apareceram no filme *Pandora,* de 1951, com Ava Gardner e James Mason, às vezes ainda visto na TV. Uma estátua de bronze em tamanho natural da própria diva das telas em trajes de noite, construída em 1998 diante de uma pedra inscrita com uma frase de Omar Khayam, tirada do filme, fica em frente à baía em um ponto alto da Vila Vella.

Nos séculos XVIII e XIX, Tossa sobreviveu como um centro portuário, enriquecendo com a indústria de cortiça. Mas essa atividade entrou em declínio no século XX, e muitos de seus cidadãos imigraram para os Estados Unidos. Nos anos 50, os turistas começaram a descobrir o charme de Tossa, e uma nova indústria surgiu. Para desfrutar esse charme, caminhe pela cidade de muralhas do século XII, conhecida como **Vila Vella**, construída no local onde ficava uma *villa* romana do século I d.C. Entre pela Torre de les Hores.

Tossa já foi um ponto de encontro secreto de artistas e escritores — Marc Chagall a chamou de "paraíso azul". Ela tem duas praias, **Mar Gran** e **La Bauma**. A costa perto de Tossa, ao norte e ao sul, oferece ainda outras possibilidades.

Como um dos poucos locais de recreação que conseguiu sobreviver à exploração e manter a maior parte de suas atrações, Tossa recebe um grande número de visitantes internacionais — tantos, na verdade, que ela não consegue mais acomodar todos eles. Na primavera e no outono, encontrar um quarto pode ser fácil, mas no verão, é quase impossível, a menos que você faça reservas com muita antecedência.

ESSENCIAIS

COMO CHEGAR Um serviço de **ônibus** direto é oferecido de Blanes e Lloret. Tossa de Mar também fica na rota principal entre Barcelona e Palafruggel. O serviço a partir de Barcelona é diário, das 08:15 às 20:15, e leva uma hora e meia. Para informações, ligue *©* **90-226-06-06** ou 93-265-65-08. De **carro**, siga em direção ao norte de Barcelona pela A-19.

276 CAPÍTULO 11 · OUTRAS VIAGENS PELA CALATUNHA

INFORMAÇÕES TURÍSTICAS O **centro de informações turísticas** fica na Av. El Pelegrí 25 (✆ **97-234-01-08**; www.infotossa.com). Em abril, maio e outubro, o centro fica aberto de segunda a sábado, das 10:00h às 14:00h e das 16:00h às 20:00h, domingo das 10:30h às 13:30h; de novembro a março fica aberto de segunda a sábado das 10:00h às 13:00h e das 16:00h às 19:00h; de junho a setembro fica aberto de segunda a sábado, das 09:00h às 21:00h, domingo das 10:00h às 14:00h e das 17:00h às 20:00h.

ONDE FICAR

MUITO CARO

Grand Hotel Reymar ✫ Um triunfo da engenharia a 10 minutos de caminhada a sudeste das muralhas históricas — fica em uma rocha irregular acima do nível do mar — esse hotel encantador foi construído nos anos 60, e reformado no início dos anos 90. O Reymar tem vários níveis de terraços amplos ideais para tomar sol, longe da multidão lá embaixo. Cada quarto de bom tamanho tem uma mistura de mobília moderna com detalhes em madeira e outros pintados, além de um banheiro com banheira e chuveiro, uma sacada e vista para o mar.

Platja de Mar Menuda, 17320 Tossa de Mar. ✆ **97-234-03-12**. Fax 97-234-15-04. www.bestwesternghreymar.com. 148 unidades. 130€–290€ (US$163–US$362) duplo; 330€–375€ (US$412– US$469) suíte. Tarifas incluem café da manhã. AE, DC, MC, V. Estacionamento 8€ (US$10). Fechado de nov–17 de abr. **Instalações e Serviços:** 4 restaurantes, 3 bares, discoteca, piscina externa, academia de ginástica, hidromassagem, sauna, solário, aluguel de carros, serviço de quarto, babá, serviço de lavanderia/lavagem a seco. *Nos quartos:* A/C, TV, frigobar, secador de cabelos, cofre.

MODERADO

Best Western Mar Menuda ✫✫ *Achados* Esse hotel é uma preciosidade, um verdadeiro refúgio na Costa Brava no meio de armadilhas medíocres para turistas e restaurantes *fast-food*. Seu terraço é o local mais panorâmico da área, com vistas para o mar e para os destaques arquitetônicos da cidade. Os quartos de hóspedes variam de médio a espaçosos, cada um deles decorado com muito bom gosto e contendo um banheiro de bom tamanho, com banheira e chuveiro. Os funcionários são atenciosos em organizar vários esportes aquáticos, como mergulho, *windsurfing* e velas, e a cozinha servida aqui é de primeira.

Platja de Mar Menuda, 17320 Tossa de Mar. ✆ **800/528-1234** nos EUA, ou 97-234-10-00. Fax 97-234-00-87. www. bestwestern.com. 50 unidades. 140€–150€ (US$175–US$188) duplo com café da manhã; 180€ (US$225) suíte. AE, DC, MC, V. Estacionamento gratuito. Fechado de nov–dez. **Instalações e Serviços:** restaurante, bar, quadra de tênis, *playground* para crianças, serviço de quarto limitado, babá, serviço de lavanderia/lavagem a seco, quarto para não fumantes. *Nos quartos:* A/C, TV, secador de cabelos, cofre.

BARATOS

Canaima *Crianças* Esse hotel não tem o charme do Hotel Diana, mas tem um ótimo preço para essa região de recreação. Fica em uma zona residencial tranquila a 150 m (420 pés) da praia. As palmeiras desse setor de Tossa lembram um verdadeiro clima mediterrâneo. Construído em 1963, o hotel sofreu uma série de reformas de 1997 a 2001. A maioria dos quartos de tamanho médio, cada um deles com banheiros com azulejos contendo banheira e chuveiro, possui uma sacada com vista panorâmica. Como alguns dos quartos possuem têm, o Canaima também é um dos preferidos para famílias. O hotel, no entanto, não tem muitas instalações ou serviços adicionais.

Av. La Palma 24, 17320 Tossa de Mar. ✆ **97-234-09-95**. Fax 97-234-26-26. www.hotelcanaima.com. 17 unidades. 60€–70€ (US$75–US$88) duplo. As tarifas incluem café da manhã continental. AE, MC, V. Estacionamento 5€ (US$6,25). **Instalações e Serviços:** bar no terraço. *Nos quartos:* cofre, sem telefone.

Hotel Cap d'Or Bem em frente ao mar em um canto sossegado da cidade, essa construção de 1790 está alojada perto de muralhas de pedra e torres do castelo do vilarejo. Construído com pedras rústicas, o Cap d'Or é uma combinação de pousada tradicional do campo com um hotel à beira-mar. Os quartos possuem diferentes formatos e tamanhos, mas são mantidos de forma decente, cada um deles com uma boa cama e um banheiro pequeno com box para chuveiro. Embora o hotel seja um "*bed-and-breakfast*", ele tem um terraço no passeio que oferece refeições rápidas.

Passeig de Vila Vella 1, 17320 Tossa de Mar. /fax ☎ **97-234-00-81**. hcapdor@terra.es. 11 unidades. 75€–85€ (US$94– US$106) duplo. Tarifas incluem café da manhã. MC,V. Fechado de nov–mar. Instalações e Serviços: restaurante, bar, serviço de lavandaria/lavagem a seco. Nos quartos: TV.

Hotel Diana ✦ Na parte de trás de uma esplanada, esse hotel classificado com duas estrelas pelo governo é uma antiga *villa* projetada em parte por alunos de Gaudí. Ele ostenta a lareira mais elegante da Costa Brava. Um pátio interno — com palmeiras altas, vinhas, flores e fontes — é quase tão popular entre os hóspedes quanto a praia cheia de areia em frente. Os quartos espaçosos possuem mobília fina tradicional e banheiros com boxes para chuveiro; muitos têm sacadas privativas na frente.

Plaça de Espanya 6, 17320 Tossa de Mar. ☎ **97-234-18-86** ou 97-234-02-50. Fax 97-234-18-86. 21 unidades. 75€–145€ (US$94–US$181) duplo; 140€–175€ (US$175–US$219) suíte. Tarifas incluem café da manhã AE, DC, MC, V. Fechado de nov–abr. **Instalações e Serviços:** restaurante, bar, serviço de quarto (café da manhã). *Nos quartos:* A/C, TV, frigobar, secador de cabelos.

Hotel Neptuno O popular Neptuno fica nas encostas de uma colina residencial tranquila a no-roeste da Vila Vella, de certo modo longe do calçadão em frente ao mar e da agitação do centro de Tossa de Mar. Construído na década de 60, o hotel foi reformado e ampliado no final dos anos 80. Por dentro, antiguidades estão misturadas com mobília moderna. Os tetos com vigas de madeira na sala de jantar são encantadores. Os quartos de hóspedes são leves e modernos, com muito bom gosto, e cada um deles tem uma boa cama com um banheiro pequeno com chuveiro. Esse local vem sendo um dos prediletos há bastante tempo entre os europeus do norte, que o reservam em peso nos meses de julho e agosto.

La Guardia 52, 17320 Tossa de Mar. ☎ **97-234-01-43**. Fax 97-234-19-33. www.ghthotels.com. 124 unidades. Jun– set 60€–120€ (US$75–US$150) por pessoa duplo; baixa temporada 50€ (US$63) por pessoa duplo. Tarifas incluem café da manhã. AE, DC, MC, V. estacionamento gratuito. Fechado de nov–mar. **Instalações e Serviços:** restaurante, bar, piscina externa, serviço de lavandaria/lavagem a seco. *Nos quartos:* A/C, TV, secador de cabelos, cofre.

Hotel Tonet Inaugurado no início da década de 60, nos primórdios do *boom* turístico da região, essa pensão simples, administrada pela família, é um dos mais antigos dessa região de lazer. Reformado desde então, ele fica em uma praça central cercada de ruas estreitas e pre-serva o ambiente de uma pousada no campo, com terraços no andar de cima onde você pode relaxar entre videiras plantadas em vasos e outras plantas. Os quartos pequenos são rústicos, com cabeceiras de madeira, mobília simples e banheiros equipados com box para chuveiro. O Tonet preserva sua própria marca do charme ibérico.

Plaça de l'Església 1, 17320 Tossa de Mar. ☎ **97-234-02-37**. Fax 97-234-30-96. www.tossa.com/hoteltonet. 36 unidades. 60€ (US$75) duplo. Tarifas incluem café da manhã. AE, DC, MC, V. Estacionamento 10€ (US$13) nas proximi-dades. **Instalações e Serviços:** bar. *Nos quartos:* TV.

ONDE FAZER SUAS REFEIÇÕES

Bahía ✦ CATALÃO Do lado do mar, o Bahía é famoso devido ao *chef* bastante premiado e ao histórico de alimentar excursionistas famintos desde 1953. As opções preferidas do cardá-pio são, em sua maior parte, baseadas em tradições catalás consagradas pelo tempo e incluem *simitomba* (um prato de peixe grelhado), brandade de bacalhau, tamboril cozido e uma série de peixes grelhados — incluindo o *salmonete* (perca vermelha), *dorada* (dourada) e *calamares* (lulas) — dependendo do que estiver disponível.

278 CAPÍTULO 11 · OUTRAS VIAGENS PELA CALATUNHA

Passeig del Mar 29. ✆ **97-234-03-22**. Recomendável fazer reservas. Pratos principais 12€–35€ (US$15–US$44); *menú del día* 16€–30€ (US$20–US$38). AE, DC, MC, V. Diariamente das 13:00h–16:30h e 19:30h–23:30h.

La Cuina de Can Simon ✿✿✿ CATALÃO   Uma das mesas de jantar mais procuradas de Tossa de Mar fica nesse estabelecimento charmoso, aconchegante e íntimo, que tem somente 18 lugares. A sala de jantar antiga, elegantemente rústica, com paredes de pedra, foi construída originalmente em 1741. Seu tamanho pequeno permite que os funcionários esforçados preparem alguns pratos extremamente exóticos. Durante os meses mais frios, uma fogueira pode estar acesa na lareira de aparência majestosa. A maioria dos clientes opta pelo menu gastronômico, formado por seis pratos pequenos que, em conjunto, compõem uma refeição memorável. Espere pratos modernos, sedutores, que mostram técnicas impecáveis e sabores criativos. Os pratos podem incluir pato assado no forno com um molho agridoce, ravióli recheado de lagostins com caviar Beluga e azeite com trufas ou um supremo de tamboril com escalopes de batatas e cebolas fritas.

Portal 24. ✆ **97-234-12-69**. Necessário fazer reservas. Pratos principais 18€–48€ (US$23–US$60); menus de preço fixo 50€–65€ (US$63–US$81). AE, DC, MC, V. Qua–seg 13:00h–16:00h e 20:00h–23:00h.

TOSSA DE MAR À NOITE

Na vida noturna de Tossa de Mar que está sempre mudando, existe pouca estabilidade ou locais confiáveis. No entanto, um lugar que existe há algum tempo é o **Ely Club**, Carrer Bernat 2 (✆ **97-234-00-09**). Fãs de toda a Costa Brava vêm aqui para dançar músicas da moda. Horários diários vão de 22:00h às 05:00h, somente entre 01/04 a 15/10. Em julho e agosto, exige-se no mínimo o consumo de uma bebida. O Ely Club fica no centro da cidade, entre os dois cinemas locais.

7 Sant Feliu de Guíxols

110 km (68 milhas) N de Barcelona, 35 km (22 milhas) SE de Girona

Sant Feliu de Guíxols tem uma dignidade austera por causa de seu papel como capital oficial da Costa Brava. O comércio com a Itália nos séculos anteriores pode ter lhe dado o que o escritor catalão já falecido Josep Pla (veja "Palafrugell e Suas Praias" a seguir) descreveu como um aspecto italianizado, embora, como ele tenha enfatizado, não tenha as cores vivas de suas contrapartidas costeiras da Ligúria. As antigas indústrias lucrativas locais de pesca de sardinhas e de produção de cortiça (com o produto natural extraído diretamente dos sobreiros das florestas Gavarres no interior) entraram em declínio, mas a cidade ainda passa a rara impressão (para essa área) de que existe para mais coisas além do turismo. Existe um mínimo de prédios altos e o Passeig Marítim, largo e elegante, de frente para a baía fechada e arenosa, tem uma mistura de cafés elegantes e prédios *moderniste* impressionantes. Três quilômetros (2 milhas) ao norte, a praia de Sant Pol, arenosa e em forma de lua crescente, fica ao lado da área recreativa exclusiva de S'Agaró, com seu famoso cinco estrelas Hostal de La Gravina (veja a seguir) e a trilha costeira maravilhosa (Cami de Ronda) que passa por Sa Conca (outra praia que é uma preciosidade) e vai até a área excessivamente ocupada de Platja d'Aro, seguindo e segue até a grande região recreativa e portuária de Palamós.

ESSENCIAIS

COMO CHEGAR   A empresa de **ônibus** SARFA opera linhas da Plaza Urquinaona e da Estación Nort em Barcelona, começando às 08:00. O tempo de viagem é de uma hora e meia. De junho a setembro, *cruceros costeiros* (**cruzeiros recreativos**) passam pela rota marítima cênica, saindo de Blanes, Lloret e Tossa. Se você alugou um **carro** e deseja uma rota com muita adrenalina, experimente a rota costeira no alto do penhasco, saindo de Tossa: são 20 km (12 milhas) de curvas e voltas por entre bosques de pinheiros e passando por dúzias

SANT FELIU DE GUÍXOLS 279

de pequenas enseadas. Os amantes de filmes devem dar uma olhada em *Pandora* (veja "Tossa de Mar" anteriormente) e um filme de suspense em preto e branco, menos conhecido da década de 50, *Sombra maligna*, estrelado por Ann Baxter e Richard Todd, para ter uma ideia da paisagem emocionante cheia de encostas de que estamos falando.

INFORMAÇÕES TURÍSTICAS O **Centro de Informações Turísticas** fica na Plaça del Merçat 28 (☎ **972-82-00-51**). Fica aberto de segunda a sábado das 10:00h às 13:00h e das 16:00h às 19:00h, domingo das 10:00h às 14:00h.

O QUE VISITAR O destaque histórico é o **Mosteiro Beneditino** do século X (reconstruído em 1723) na extremidade sul da cidade, cuja **Porta Ferrada** tem três passagens em arco. As exposições do **Centro Cultural** e do **Museu de História** lembram a época próspera de Sant Feliu com a cortiça e a sardinha no século XIX. Fora da cidade, perto da estrada para Tossa, a charmosa **Capela de aSnt Elm,** do século XIX oferece vistas panorâmicas esplêndidas da costa.

ONDE FICAR

Curhotel Hipócrates ✪ Localizado a meio caminho entre Sant Feliu e S'Agaró com fácil acesso às trilhas costeiras, esse grande hotel se orgulha de sua variedade de instalações de primeira, que vão desde banhos de vapor até um bem equipado *aquagym*. Com mais de 2 décadas de experiência em tratamentos de saúde e terapias, é um lugar ideal para relaxar e entrar em forma. O serviço é simpático e atencioso e os quartos confortáveis, cada um deles com banheiro próprio, com banheira e chuveiro, têm vista para o mar ou para as montanhas.

Carretera San Pol 229, Sant Feliu de Guíxols (Girona). ☎ **97-232-06-62**. www.hipocratescurhotel.com. 92 unidades (88 duplos mais 4 suítes). 130€–200€ (US$163–US$250) duplo; 200€–400€ (US$250–US$500) suíte. AE, DC, MC, V. Estacionamento gratuito. **Instalações e Serviços:** restaurante, bar com comida saudável, piscina externa, piscina interna aquecida, solário, academia de ginástica, programa de *fitness*, terapias personalizadas, serviço de quarto, jardins, serviço de lavanderia. *Nos quartos:* A/C, TV, cofre, telefone.

Hostal de la Gavina ✪✪✪ Esse hostal bem chique na Costa Brava é o endereço de destaque no corredor nordeste da Espanha. Desde sua inauguração, no início da década de 80, o Hostal de La Gavina tem atraído ricos e famosos, incluindo Rei Juan Carlos, Elizabeth Taylor, e várias celebridades do norte da Europa. Ele fica em uma península que avança para o mar a partir do centro de S'Agaró, dentro de uma *villa* ibérica de muros grossos, construída como residência da família Ansesa (os proprietários do hotel) em 1932. A maioria das acomodações fica no prédio principal do *resort*, que foi ampliado e modificado. Os quartos espaçosos dos hóspedes são os mais suntuosos da área, com mobília elegante e cortinas/roupas de cama luxuosas. Os banheiros possuem toalhas macias, artigos de toalete e banheira/chuveiro.

Plaça de la Rosaleda, 17248 S'Agaro (Girona). ☎ **97-232-11-00**. Fax 97-232-15-73. www.lagavina.com. 74 unidades. 250€–350€ (US$312–US$438) duplo com sacada; 300€–820€ (US$375–US$1.025) suíte. AE, DC, MC, V. Estacionamento gratuito do lado de fora, garagem 20€ (US$25). Fechado de nov–abr. **Instalações e Serviços:** 2 restaurantes, 2 bares, piscina, quadra de tênis, academia de ginástica, hidromassagem, sauna, serviço de quarto, massagem, babá, serviço de lavanderia/ lavagem a seco. *Nos quartos:* A/C, TV, frigobar, secador de cabelos, cofre.

ONDE FAZER SUAS REFEIÇÕES

Casa Buxó *Achados* Aberto a um público agradecido desde 1931, esse estabelecimento acolhedor, administrado por uma família, fica no centro de San Feliu, e está sob a administração da terceira geração de proprietários. A cozinha é famosa por causa de suas entradas catalãs como *torrada amb escalivada i anxovies* (anchova com salada de pimentões na torrada) e a *paella e o bacallà* (bacalhau), pratos principais de primeira, tudo muito bem acompanhado pelo vinho branco da casa dos Penedés.

280 CAPÍTULO 11 · OUTRAS VIAGENS PELA CALATUNHA

8 Palafrugell & Suas Praias

124 km (77 milhas) N de Barcelona, 36 km (23 milhas) L de Girona

A cidade de confluência de **Palafrugell**, próspera, mas descontraída, se destaca por duas coisas: primeiro, é o local de nascimento do cronista catalão mais famoso do século XX, Josep Pla, e segundo, e de maior interesse para visitantes com mentes mais hedonistas, fica a poucos quilômetros de distância de três das praias mais deslumbrantes da costa, onde as águas cristalinas representam o paraíso para os mergulhadores. **Calella de Palfrugell** (não confunda com a área recreativa popular sem personalidade de Calella de La Costa, mais ao sul na estrada entre Blanes e Barcelona) é uma antiga vila de pescadores, com muitas *villas* de verão atraentes, localizadas logo ao norte dos charmosos jardins de **Cap Roig**. Abaixo das passagens em arco do século XIX do diminuto passeio de Ses Voltes, você verá uma série de recessos arenosos e rochas que avançam para a pequena **Illes Formigues**. Uma caminhada de 15 minutos pela costa para o norte pelo promontório o levará até a área de recreação irmã, **Llafranch**, com sua única praia e marina de iates alojada abaixo do farol de San Sebastian, no topo da colina. Mais dois quilômetros ao norte, isolada dessas áreas gêmeas, fica um dos pontos favoritos de Pla, **Tamariu**, uma pequena baía arenosa com vários restaurantes deliciosos de frutos do mar na parte de trás.

ESSENCIAIS

COMO CHEGAR A empresa de **ônibus** SARFA (✆ **902-30-20-25**) tem linhas da Plaza Urquinaona e da Estación Nort, em Barcelona, começando às 08:15h. O tempo de viagem é de 2 horas e 15 minutos; custa 14€ (US$18). Da rodoviária de Palafrugell, existem cerca de meia dúzia de ônibus para Calella e Llafranch. Um serviço separado funciona três vezes ao dia para Tamariu. Cada um custa 1,20€ (US$1,50) só de ida e gasta de 10 a 15 minutos.

INFORMAÇÕES TURÍSTICAS Existe um centro de informações turísticas na Carrilet 2 (✆ **97-230-02-28**). Funciona diariamente das 10:00h às 13:00h e das 16:00h às 19:00h.

O QUE VISITAR Em Palafrugell, o mercado ao ar livre aos domingos é um dos melhores da costa, e se você quiser dar uma olhada na rota literária esotérica de Josep Pla, visite a Fundación Josep Pla, Carrer Nou 49–51 (✆ **97-230-55-77**).

ONDE FICAR

El Far de Sant Sebastià ✸ Esse pequeno hotel, bastante único, fica perto de uma torre de vigia medieval restaurada e de uma eremitério do século XVIII em um promontório com vista para Calella de Palfrugell e Llafranc. Tendo recebido seu nome por causa de uma torre de farol que fica entre as colinas arborizadas na encosta da colina acima dele, o hotel é um lugar ideal para relaxar e curtir a melhor vista costeira da Costa Brava. Fica aberto durante o ano todo e tem um ótimo restaurante, onde você pode experimentar a típica cozinha de Empordà, que varia de frutos do mar frescos até cozidos fartos.

Platja de Llafranc, s/n Llafranc (Girona). ✆ **97-230-43-28**. 10 unidades (9 duplos e 1 suíte). 160€–190€ (US$200–US$238) duplo; 250€ (US$313) suíte. AE, DC, MC, V. **Instalações e Serviços:** restaurante, sala de estar, jardins, terraço de frente ao mar. *Nos quartos:* A/C, TV, frigobar, escrivaninha, secador de cabelos, cofre.

Mas de Torrent Apenas alguns minutos de carro, no interior de **Palafrugell**, esse membro do Relais & Châteaux foi elegantemente criado a partir de uma quinta (*masía*) de 1751. Mas, de Torrent, é um dos melhores e mais artísticos hotéis da Espanha. Experimente 1 dos 10 quartos da casa original da fazenda, com suas vigas enorme de madeira e os banheiros espaçosos com banheiras fundas e chuveiros fortes. Os quartos no anexo mais moderno, em estilo bangalô são tão confortáveis quanto os demais, mas não possuem a

FIGUERES 281

> ## Um Quarto com Vista
>
> Espalhada ao redor da cidade de **Bagur,** no topo de uma colina, a apenas 6 km (4 milhas) ao norte de Palafrugell, está uma série de baías arenosas idílicas que resumem o que de melhor a Costa Brava tem para oferecer: pinheiros, rochas, recessos reservados em baías escondidas que podem ser alcançados somente de barco, e pequenas praias de lazer com nomes sugestivos como **As Tuna, Aigua Xel**ida e **Aigua Brava,** que disputam com as praias de Palafrugell o título de ponto mais bonito da costa. O acesso é difícil, a menos que você tenha um carro, com ônibus apenas ocasionalmente vindos de Bagur. Se você decidir passar a noite aqui, não perca a chance de ficar em um dos hotéis com a localização mais incrível em toda a Espanha: o **Parador de Aiguablava** (𝄞 **972-62-21-62**; www.parapromotions-spain.com/parador/spain/aiguablava.html) no topo da colina, onde um quarto duplo custará a partir de 185€ (US$231) e as vistas do Mediterrâneo através dos pinheiros ao redor são de outro mundo. Reserve com bastante antecedência.

atmosfera de época. Das sacadas de pedra dos quartos, os visitantes podem desfrutar vistas panorâmicas do campo, com as vinícolas catalãs à distância. No restaurante, o *chef* concentra-se principalmente nos pratos clássicos da Catalunha, incluindo tamboril com açafrão e excelentes macarrões cozidos com consomê de peixe e servidos com mariscos frescos.

Afueras de Torrent, Torrent 17123 Girona. 𝄞 **97-230-32-92**. Fax 97-230-32-93. www.mastorrent.com. 39 unidades. 295€–350€ (US$369–US$438) duplo; 475€–550€ (US$594–US$688) suíte. Tarifas incluem café da manhã. AE, DC, MC,V. Estacionamento gratuito. 37 km (23 milhas) a leste de Girona. **Instalações e Serviços:** 2 restaurantes, 2 bares, piscina, quadra de tênis, serviço de quarto 24 horas, babá, lavanderia, quarto para hóspedes com mobilidade limitada. *Nos quartos:* A/C, TV, frigobar, secador de cabelos, cofre.

ONDE FAZER SUAS REFEIÇÕES

La Casona CATALÃO Esse restaurante bem conceituado está localizado no centro da cidade e é um dos favoritos igualmente entre turistas e moradores locais. O ambiente é caseiro, o serviço é de primeira e os pratos principais incluem especialidades regionais como *suquet de peix* (cozido de frutos do mar) e *pollastre pagès amb sepia i escarlamans* (frango em estilo camponês com lulas e lagostins).

Paraje de La Seulada 4, Palafrugell (Girona). 𝄞 **97-230-36-61**. Pratos principais 22€–30€ (US$28–US$38). Somente almoço aos dom. Fechado às seg.

9 Figueres

Uma capital sossegada e descontraída na região de Alt Empordá, ao norte da Catalunha, **Figueres** já teve um papel significativo na história da Espanha. Felipe V se casou com María Luisa de Sabóia aqui em 1701 na igreja de San Pedro, abrindo caminho para a Guerra da Sucessão Espanhola. Mas esse fato histórico está praticamente esquecido nos dias de hoje: a cidade é mais conhecida como o local de nascimento do artista do surrealismo, Salvador Dalí, em 1904. Tendo em vista a falta de outros pontos turísticos que valham a pena ser visitados aqui, a maioria das pessoas passa somente o dia em Figueres, usando Girona, Cadaqués ou qualquer uma das outras cidades ao longo da Costa Brava como base.

ESSENCIAIS

COMO CHEGAR A RENFE, a empresa ferroviária nacional da Espanha, tem trens de hora em hora entre Barcelona e Figueres, parando em Girona no caminho. Todos os trens entre Barcelona e a França param aqui também.

Figueres fica a uma hora e meia ou duas horas de **carro** de Barcelona. Pegue a excelente A-7 no sentido norte-sul e saia pela saída principal para Figueres.

282 CAPÍTULO 11 · OUTRAS VIAGENS PELA CALATUNHA

O Louco, Louco Mundo de Salvador Dalí

Salvador Dalí (1904-89) tornou-se um dos líderes expoentes do surrealismo, representando imagens irracionais de sonhos e delírios em um estilo único, meticuloso e detalhado. Famoso por sua excentricidade, ele era chamado de "ultrajante, talentoso, incansável promotor de si mesmo e incansavelmente digno de ser citado". Por ocasião de sua morte aos 84 anos, ele foi o último sobrevivente dos três mais famosos *enfant terribles* da Espanha (o poeta García Lorca e o cineasta Luis Buñuel eram os outros dois).

Apesar de toda a sua fama internacional, Dalí nasceu em Figueres e morreu em Figueres. A maioria de seus trabalhos está no Museu-Teatro daqui, o qual leva o seu nome, construído pelo próprio artista em volta do antigo teatro onde ocorreu sua primeira exposição. Dalí também foi enterrado no Museu-Teatro, próximo à igreja que testemunhou tanto seu batismo como o seu enterro — primeiro e último atos de um cenário perfeitamente planejado.

Salvador Felipe Jacinto Dalí i Domènech, filho de um tabelião altamente respeitado, nasceu em 11 de maio de 1904, em uma casa na Carrer Monturiol, em Figueres. Em 1922, ele se matriculou na Escola de Belas Artes de Madri e foi morar na prestigiada Residencia de Estudiantes. Ali, sua amizade com García Lorca e Buñuel teve um efeito mais marcante em seu futuro artístico do que seus estudos. Como resultado de seu comportamento indisciplinado e da atitude de seu pai, que brigou com o ditador Primo de Rivera por causa de questões relacionadas a eleições, o jovem Dalí passou um mês na prisão.

No verão de 1929, o artista René Magritte, juntamente com o poeta Paul Eluard e sua esposa Gala, vieram para ficar em Cadaqués, e suas visitas provocaram mudanças profundas na vida de Dalí. O jovem pintor se apaixonou pela esposa de Eluard. Dalí deixou sua família e fugiu com Gala para Paris, onde se tornou membro entusiástico do movimento surrealista. Alguns de seus quadros mais famosos — O *Grande Masturbador, Jogo Lúgubre* e *Retrato*.

INFORMAÇÕES TURÍSTICAS O **centro de informações turísticas** fica na Plaça del Sol s/n (© **97-250-31-55**; www.figueresciutat.com). De novembro até a Páscoa, os horários são de segunda a sexta, das 08:30h às 15:00h. Da Páscoa até o final de junho e outubro, o centro abre de segunda a sexta, das 08:30h às 15:00h e das 16:30h às 20:00h, sábado das 09:30h às 13:30h e das 15:30h às 18:30h. De julho a agosto, fica aberto de segunda a sexta, das 08:30h às 21:00h, sábado das 09:00h às 21:00h e domingo das 09:00h às 15:00h. Em setembro, fica aberto de segunda a sexta, das 08:30h às 20:00h e sábado das 09:00h às 20:00h.

VISITANDO DALÍ

Casa-Museu Castell Gala Dalí ★★ *(Achados* Para ter uma noção maior da sensibilidade estética bizarra do surrealista mais famoso da Espanha, considere uma viagem de 40 km (25 milhas) de Figueres para leste pela rodovia C-252, seguindo as placas para Parlava. No vilarejo de Púbol, cuja população permanente quase nunca excede 200 habitantes, você encontrará o Castell de Púbol. Datado do ano 1000 d.C, o castelo rústico de pedras estava parcialmente em ruínas quando foi comprado por Dalí para ser a residência de sua mulher Gala, em 1970, com quem havia brigado, na condição de que ele viria somente quando ela o convidasse. (Ela quase nunca o fez). Depois que ela morreu em 1982, Dalí se mudou para lá e ficou por 2 anos, mudando-se para outras casas em 1984, depois que seu quarto pegou fogo misteriosamente uma noite. Mais tranquilo, mais sério, e decorado de forma muito menos surreal que as outras construções de Dalí em Port Lligat e Figueres, o castelo merece uma visita por causa de *Paul Eluard* — são da época em que viveu em Port Lligat, a pequena cidade na Costa Brava onde morou e trabalhou em intervalos durante os anos 30.

Seguindo o rompimento de Dalí com os seguidores do movimento surrealista, seu trabalho passou por uma mudança radical, com um retorno ao classicismo e o que ele chamou de sua fase mística e nuclear. Ele se tornou um dos pintores mais em moda nos Estados Unidos e parecia tão preocupado em se autopromover que o poeta surrealista André Breton o batizou com o anagrama "Avida Dollars". Dalí escreveu uma biografia parcialmente fictícia chamada *A Vida Secreta de Salvador Dalí* e *Faces Ocultas*, um romance contendo elementos autobiográficos. Essas duas pequenas digressões literárias lhe concederam um prestígio e uma riqueza maiores ainda, assim como suas colaborações para o mundo do cinema (como o *set* dos sonhos para *Quando Fala o Coração*, de 1945, de Alfred Hitchcock), além do teatro, da ópera e do balé.

Em 8 de agosto de 1958, Dalí e Gala estavam casados de acordo com os rituais da Igreja Católica em uma cerimônia que ocorreu em segredo absoluto no templo de Els Angels, a alguns quilômetros de Girona.

Durante a década de 60, Dalí pintou alguns trabalhos grandes, como *A Batalha de Tetuán*. Outra obra importante pintada nessa época foi *A Estação de Perpignan*, uma verdadeira revelação de seu método crítico-paranóico que relaciona esse centro do universo mitológico de Dalí com sua obsessão com o *Angelus* do pintor Jean-François Millet.

Em 1979, a saúde de Dalí começou a declinar, e ele se refugiou em Port Lligat em estado de depressão. Quando Gala morreu, Dalí se mudou para Púbol, onde, obcecado pela teoria das catástrofes, pintou seus últimos trabalhos, até que sofreu severas queimaduras em um incêndio que quase lhe custou a vida. Ao se recuperar, mudou-se para a Torre Galatea, uma construção que ele havia comprado como extensão para o museu em Figueres. Aqui Dalí viveu por mais 5 anos, quase nunca deixando seu quarto, até sua morte, em 1989.

de sua dignidade austera gótica e românica, dos móveis e da decoração que seguem o gosto do mestre do surrealismo. Não espere muitos quadros — essa é a especialidade do museu de Figueres —, mas espere ter uma visão fascinante mais profunda de uma das mais famosas musas do século XX.

Carrer Gala Salvador Dalí s/n. ✆ **97-248-86-55**. Entrada 6€ (US$7,50) adultos, 4€ (US$5) estudantes, gratuito para crianças com menos de 9. 15/06–15/09 ter–dom 10:30h–20:00h; 13/03–14/06 e 16/09–01/11 ter–dom 10:30h–18:00h; 02/11–31/12 10:00–16:30.

Teatre-Museu Dalí ✪✪✪ Dalí, o artista internacionalmente famoso, era tão conhecido por seu surrealismo e imaginário muitas vezes erótico quanto por sua ostentação e exibicionismo. No museu de Figueres, no centro da cidade, ao lado da Rambla, você encontrará pinturas, aquarelas, guaches, grafites e pastéis, juntamente com gráficos e esculturas, muitos executados com uma imaginação detalhada, sedutora e meticulosa. Seus temas bem abrangentes incluíam coisas repulsivas como putrefação e castração. Você verá, por exemplo, *The Happy Horse,* uma besta grotesca e roxa brilhante que o artista pintou durante um de seus longos exílios em Port Lligat. Uma excursão pelo museu é uma experiência e tanto. Quando um catálogo foi preparado, Dalí disse com a cara mais lavada do mundo: "É necessário que todas as pessoas que saem do museu tenham informações falsas."

Plaça de Gala Dalí 5. ✆ **97-267-75-00**. www.salvador-dali.org/museus/Figueres. Entrada 10€ (US$13) adultos, 7€ (US$8,75) estudantes e idosos, grátis para crianças com menos de 9 anos. Ligue ou consulte o website para verificar os horários, que variam de acordo com a estação. Fechado 01/01, 25/12 e às segundas, de outubro a maio.

284 CAPÍTULO 11 · OUTRAS VIAGENS PELA CALATUNHA

10 Cadaqués ★★

196 km (122 milhas) N de Barcelona, 31 km (19 milhas) L de Figueres

Cadaqués ainda é bem preservada e distante, apesar da publicidade que recebeu quando Salvador Dalí viveu no vilarejo de Port Lligat em uma casa de dois andares com um ovo gigante em cima. Última área de lazer da Costa Brava antes da fronteira com a França, chega-se a Cadaqués por meio de uma estrada sinuosa, que faz curvas pelas montanhas a partir de Rosas, o centro mais próximo. Quando chega em Cadaqués, você realmente sente que está fora da rota principal e a quilômetros de qualquer outro lugar. O vilarejo se espalha por meia dúzia de pequenas baías, com uma rua estreita que acompanha a beira-mar.

Em relação a vistas panorâmicas, Cadaqués é maravilhosa: água azul cristalina, barcos de pesca nas praias arenosas, casas antigas pintadas de branco, ruas sinuosas e estreitas e uma paróquia do século XVI no topo de uma colina.

ESSENCIAIS

COMO CHEGAR Existem três **ônibus** por dia que fazem a linha de Figueres a Cadaqués (às 11:00h, 13:00h e 17:15h). O tempo de viagem é de 1 hora e 15 minutos. O serviço é operado pela SARFA (© **97-225-87-13**).

INFORMAÇÕES TURÍSTICAS O **centro de informações turísticas**, Cotxe 2 (© **97-225-83-15**), fica aberto de segunda a sábado, das 10:30h às 13:00h e das 16:30h às 19:30h.

VISITANDO OS PONTOS TURÍSTICOS

Casa-Museu Port Lligat ★★ *Momentos* Essa residência particular fascinante, transformada em museu (juntamente como o Museu-Teatro Dalí e o Casa-Museu Castell Gala Dalí), faz parte do chamado "Triângulo de Dalí" no norte da Catalunha. A construção, abrigando os Dalís por mais de 40 anos, fica na pequena Port Lligat, e é cercada pelas formações rochosas costeiras impressionantes que aparecem de forma muito forte em seu trabalho. Se for caminhar a partir do centro da cidade, depois de 15 minutos, sua primeira visão do museu será dos grandes ovos brancos que enfeitam o telhado. Por dentro, a casa foi praticamente deixada como era quando costumava ser habitada, com as esperadas coleções ecléticas de objetos, obras de arte e estatuetas de Dalí, tudo junto de maneira surreal. A piscina e o terraço onde Dalí dava suas festas famosas nos anos 70 são os destaques. O museu não tem um endereço próprio, mas é impossível não encontrá-lo. *Nota:* Reservas são obrigatórias — ligue antes para reservar.

© **97-225-10-15**. Entrada 8€ (US$10) adultos, 6€ (US$7,50) estudantes e idosos, grátis para crianças com menos de 9. Ter–dom 10:30h–21:00h; ter–dom 10:30h–18:00 h no restante do ano.

ONDE FICAR

Hotel Playa Sol ★ Em uma parte relativamente tranquila do porto ao longo da baía, esse hotel de 1950 oferece uma ótima vista panorâmica da igreja de pedras que se tornou o símbolo da cidade; está localizado no limite mais distante do porto e fica de frente para a baía de Cadaqués. Muitos dos quartos possuem sacadas de frente para a baía (especifique quando reservar) e os quartos menores são mobiliados com conforto. A maioria dos banheiros possui banheira e chuveiro. O hotel não tem um restaurante oficial, mas oferece almoço de 15/06 a 15/09 e café da manhã o ano inteiro. A piscina definitivamente é um bônus.

CADAQUÉS   285

O Chef Mais Famoso do Mundo

Ferran Adrià tem sido aclamado não só como o *chef* mais empolgante da Espanha, mas do mundo todo. A imprensa o apelidou de "Salvador Dalí da cozinha" por causa de sua abordagem criativa, totalmente *high-tech* para cozinhar, que desafia o conceito de comida da forma como a conhecemos. Ele administra seu luxuoso **El Bulli**, Cala Montjoi (✆ **97-215-04-57**; fax 97-215-07-17; www.elbulli.com), que fica em uma antiga casa de fazenda no pequeno vilarejo de Roses, perto de Cadaqués, mas isso não impede que hordas de paladares internacionais entendidos o procurem, esperando talvez até um ano para ter este privilégio. O Michelin lhe concedeu suas três estrelas, um reconhecimento geralmente reservado para os melhores restaurantes de Paris.

Sua única opção é pedir o cardápio de 30 pratos, que muda a cada estação. Você nunca sabe o que vai aparecer, mas pode esperar as surpresas mais saborosas, com base no que há de melhor em termos de produtos em determinado mês. Adrià é um alquimista na cozinha. Originalmente aclamado pela sua variedade de "espumas" saborosas, uma ideia que tem sido pirateada pelos restaurantes *tops* de Miami a Melbourne, ele está constantemente fazendo experiências com a composição da comida; assim, uma sopa de ervilhas é transformada em gotas pequenas e sólidas por meio de um processo usando cloreto de cálcio e manjericão, transformado em "papel" comestível e servido com "sementes" de lulas e um concentrado de tangerinas. Você pode sentir que terá uma noite maravilhosa logo no início quando lhe são servidos pequenos pratos viciantes de polenta *chips* e sementes de girassol carameladas. Seu *amusebouche* pode ser um capuccino de guacamole. Basta um de seus pratos para dar imortalidade culinária a Adrià: sua lasanha de lulas.

As reservas para a próxima estação são feitas por fax ou email (bulli@elbulli.com), em que chega primeiro é atendido primeiro. O menu de *degustación* custa 150€ ($188) por pessoa. Aceitam-se American Express, MasterCard e Visa. O restaurante fica aberto da Páscoa até o final de setembro. Para chegar lá saindo de Girona, peque a N-1 para o norte em direção a Figueres, depois a Rota 260 para leste em direção a Roses, totalizando 56 km (35 milhas).

Platja Planch 3, 17488 Cadaqués. ✆ **97-225-81-00**. Fax 97-225-80-54. www.playasol.com. 50 unidades. 95€–150€ (US$119–US$188) duplo. AE, DC, MC, V. Estacionamento 8€ (US$10). Fechado de jan–fev. **Instalações e Serviços:** bar, piscina externa, quadra de tênis externa, aluguel de bicicletas, serviço de quarto limitado. *Nos quartos:* A/C, TV.

Llane Petit ★★ *(Econômico)* Essa é uma pequena pousada com um charme considerável, localizada abaixo do mais conhecido Hotel Rocamare que se abre de frente para a praia. Um lugar hospitaleiro, oferece banheiros bem mantidos de tamanho decente, com banheira e chuveiro. Todas as acomodações se abrem para um pequeno terraço. Os proprietários mantêm o hotel sob constantes reformas durante os meses de baixa temporada, para que ele esteja sempre novo quando as hordas do verão chegarem. Tente dar crédito ao pequeno restaurante do hotel que abre somente para o jantar, pois a comida é bem preparada e tem um preço bom.

Platja Llane Petit s/n, 17488 Cadaqués. ✆ **97-225-10-20**. Fax 97-225-87-78. 37 unidades. 75€–120€ (US$94–US$150). AE, DC, MC, V. Tarifas incluem café da manhã na baixa temporada. Estacionamento gratuito. Fechado de 09/01–21/02. **Instalações e Serviços:** restaurante, bar, serviço de quarto limitado, lavanderia, lavagem a seco. *Nos quartos:* A/C, TV, cofre.

Rocamar ★★ Na praia, esse hotel classificado como três estrelas pelo governo é uma das melhores opções da cidade, atraindo uma clientela que adora se divertir e jovens do norte da Europa no verão. Todas as acomodações são bem mobiliadas, com peças rústicas, embora confortáveis, juntamente com banheiros pequenos, mas bem conservados, com banheiras e chuveiros. Os quartos da frente possuem sacadas que dão de frente para o mar; os de trás

286 CAPÍTULO 11 · OUTRAS VIAGENS PELA CALATUNHA

possuem sacadas com vistas para as montanhas e mais além. O hotel é conhecido por sua boa comida, servida a preços razoáveis.

Doctor Bartomeus s/n, 17488 Cadaqués. ✆ **97-225-81-50**. Fax 97-225-86-50. www.rocamar.com. 71 unidades. 90€–175€ (US$113–US$219) duplo; 180€–260€ (US$225–US$325) suíte. Tarifas incluem café da manhã. DC, MC, V. Estacionamento gratuito. Instalações e Serviços: restaurante, bar, piscina coberta, piscina externa, quadra de tênis, sauna, serviço de quarto pela manhã, massagem, babá, lavanderia, lavagem a seco. Nos quartos: A/C, TV, cofre.

ONDE FAZER SUAS REFEIÇÕES

Es Trull *(Econômico)* FRUTOS DO MAR   Na rua ao lado do porto, no centro da cidade, essa cafeteria com telhado de cedro recebeu esse nome por causa da antiga prensa de azeitonas que domina seu interior. É servida uma refeição completa de preço fixo. De acordo com o *chef*, se vem do mar e pode ser consumida, ele a preparará com aquele toque catalão especial. Você pode experimentar mexilhões em molho marinara, merlúcio grelhado ou vôngoles pequenos naturais. Os pratos com arroz são uma especialidade — não apenas a *paella*, mas também o arroz negro tingido com tinta de lula e o arroz com lulas e camarão.

Port Ditxos s/n. ✆ **97-225-81-96**. Recomendável fazer reservas na alta temporada. Pratos principais 10€–30€ (US$13–US$36). AE, DC, MC, V. Diariamente das 12:30–16:00 e 19:00–23:00. Fechado de nov–Páscoa.

La Galiota ✪✪ CATALÃO/FRANCÊS   Dúzias de quadros surrealistas, incluindo alguns de Dalí, enfeitam as paredes desse premiado restaurante, o melhor da cidade. Em uma rua inclinada abaixo da catedral, o lugar tem uma sala de espera na parte de baixo e uma sala de jantar que já foi uma residência particular no passado. O próprio Dalí era um dos clientes (sua refeição favorita era suflê de queijo e frango assado com maçãs), e o segredo do *chef* está em selecionar somente os ingredientes mais frescos e prepará-los de modo a evidenciar seus sabores naturais. O pernil de cabrito assado, temperado com alho, é uma especialidade. O salmão marinado também é excelente, assim como a perca do mar e o linguado com molho de laranja.

Carrer Narciso Monturiol 9. ✆ **97-225-81-87**. Necessário fazer reservas. Pratos principais 18€–28€ (US$23–US$35). AE, DC, MC, V. Diariamente das 13:30h–15:30h e 20:30h–22:30h. Fechado de outubro a meados de junho.

Uma Viagem Extra para Maiorca

12

Chamada de "A Pérola do Mediterrâneo", Maiorca é a ilha mais popular da Espanha e a maior das Baleares, que incluem Menorca e Cabrera, ao norte, Ibiza e Formentera, ao sul. Palma (a capital) tem o aeroporto mais movimentado do país, atraindo milhões de visitantes todos os anos, e, mesmo assim, a ilha consegue ser incrivelmente pacífica.

A cerca de 209 km (130 milhas) de Barcelona e 145 km (90 milhas) de Valência, Maiorca tem um litoral de 500 km (311 milhas) de extensão. A parte externa é um paraíso para os exploradores, com encostas abruptas e baías arenosas protegidas por pinheiros, embora seja ocupada demais com construções ao longo de certas regiões costeiras, especialmente na Baía de Palma, partes da Baía de Alcúdia e a parte central da costa leste. A região montanhosa a noroeste é incrivelmente bem preservada, uma área protegida, enquanto a região central, com planícies férteis e ocasionais moinhos de vento caiados, oferece uma paisagem tranquila de bosques de oliveiras e amendoeiras (que explodem em um mar de flores brancas em fevereiro). As areias douradas de Maiorca são famosas, com praias recreativas excessivamente ocupadas, como **El Arenal** e **Magaluf**, que se espalham em baías separadas nos dois lados de Palma. Esses locais tendem a ficar lotados pelos amantes do sol e por aqueles que chegam em pacotes turísticos, enquanto as enseadas mais isoladas, como Cala Estellenchs, na costa noroeste mais acidentada, e Cala Mesquida, no extremo nordeste, oferecem quase que um completo isolamento.

ESSENCIAIS DA ILHA

COMO CHEGAR Em determinadas épocas do ano, a viagem de barco ou de avião pode ser agradável, mas em agosto, as rotas aéreas para Palma, certamente podem ser classificadas como as mais congestionadas da Europa. Não viaje sem fazer reservas antecipadamente, e certifique-se de ter as passagens de volta se você for em agosto — caso contrário você pode não sair da ilha até setembro! Pacotes turísticos, que combinam passagens aéreas, locação de veículos e acomodações, podem fazer você economizar bastante dinheiro.

A Iberia (© **90-240-05-00**) faz voos para o Aeroporto Son Sant Joan de Palma (© **97-178-90-00**) de Barcelona sete vezes por dia e até mesmo com mais frequência no verão. A Spanair (© **90-292-91-91**) faz voos de Barcelona para Palma até sete vezes por dia. A Air Europa (© **90-240-15-01**) também tem voos regulares e diários para Palma. A companhia aérea de baixo custo, a Vueling (© **93-378-78-78**; www.vueling.com), tem só um voo por dia, mas você pode chegar até lá por meros 20€ (US$25) só de ida.

Diversos voos *charters* também fazem o trajeto, especialmente de cidades europeias. As reservas são bem concorridas em agosto e atrasos de pelo menos 24 horas, às vezes até mais, são comuns. Se você estiver voando — digamos, pela Iberia — em um voo transatlântico de Nova Iorque para Madri ou Barcelona, tenha Maiorca reservada em sua passagem antes da partida se você planeja visitar as Baleares, como parte de seu itinerário espanhol.

288 CAPÍTULO 12 · UMA VIAGEM EXTRA PARA MAIORCA

De Palma de Maiorca, aeroporto Son Sant Joan, o ônibus n⁰. 1 o leva até o centro da capital, partindo a cada 15 a 20 minutos, das 06:10h às 02:10h diariamente. A viagem dura cerca de 30 minutos e custa 2,20€ (US$2,75). Um táxi com taxímetro ligado custa 20€ (US$25) pelos 25 minutos dirigindo até o centro da cidade.

A **Transmediterránea**, Estació Marítim 2, Muelle de Pelaires em Palma (℡ **90-245-46-45** para horários e reservas), opera de uma a três balsas por dia de Barcelona, dependendo da época do ano; gasta 8 horas e custa 60€ (US$75) por uma passagem só de ida. As passagens podem ser reservadas no escritório da Transmediterránea, em Barcelona, Moll Sant Bertran 1-3 (℡ **93-295-91-00**), e em Valência, do escritório no Terminal Transmediterránea Estación Marítima, Puerto de Valencia (℡ **96-376-10-62**). Qualquer agente de viagens na Espanha também pode lhe reservar um assento. A tabela de horários está sujeita a mudanças e deve ser sempre consultada e confirmada.

COMO CHEGAR No centro de informações turísticas de Palma, você pode pegar uma tabela de horários de ônibus que explica as rotas da ilha ou ligar para **Emprese Municipal de Transportes** (℡ **97-121-44-44**). Essa empresa opera os ônibus da cidade que saem da Estació Central D'Autobus, Plaça Espanya, o principal terminal. O preço padrão da passagem de ida é de 1,10€ (US$1,35) dentro de Palma; na estação você pode comprar um bloquinho com 10 passagens, que custa 8€ (US$10). As rotas com os destinos mais populares na ilha (Valldemossa, Deià, Sóller e Port de Sóller) são oferecidas pela **Darbus**, Carrer Estada s/n (℡ **97-175-06-22**), em Palma.

O **Ferrocarril de Sóller**, Carrer Eusebio Estada 1 (℡ **97-175-20-51**), ao largo da Plaça Espanya, é um serviço de **trem** que opera entre Palma e Sóller e que constitui uma viagem inesquecível passando por paisagens montanhosas magníficas. Os trens funcionam das 08:00 h às 19:30h e uma passagem só de ida custa 5,50€ (US$6,85). Um "trem turístico", assim chamado porque faz uma parada de 10 minutos no Mirador del Pujol d'en Banya para fotos, sai diariamente às 10:50h e custa 9€ (US$11). Só por isso, já é uma viagem que vale a pena. De propriedade privada, esse trenzinho simpático foi construído pelos cultivadores de laranja no início dos anos 1900 e ainda utiliza vagões da época da *Bélle Epoque*. Da cidade de Soller, um tranvía (bonde) antigo, construído em 1913, sai a cada meia hora das 07:00h às 20:30h passando pelos laranjais até o porto de Soller. Uma passagem só de ida custa 3€ (US$3,75).

Outro trem vai para Inca; ele geralmente é chamado de "expresso do couro" porque muitos passageiros estão a bordo para comprar artigos baratos de couro nas lojas de Inca e para visitar a Camper Factory Shop. Essa linha faz parte dos **Servicios Ferroviarios de Maiorca**, e também sai da Plaça Espanya (℡ **97-175-22-45** para obter mais informações e horários). O percurso de trem dura apenas 40 minutos, com 40 partidas por dia de segunda a sábado, e 32 partidas aos domingos. A tarifa só de ida custa 2€ (US$2,50). Para um rádio-táxi, ligue ℡ **97-176-45-45** ou 97-140-14-14.

Se você pretende permanecer em Palma, não será necessário um carro. A cidade tem um tráfego extremamente congestionado e vagas para estacionar são escassas. Se você quiser fazer um passeio de carro, alugue um na **Atesa**, que é de propriedade espanhola e fica no Passeig Marítim (℡ **97-145-66-02**), onde a locação varia de 50€ (US$63) a 90€ (US$113) por

---

(Dicas Não é uma Ilha para Todas as Estações

Julho e agosto são de alta temporada em Maiorca; nem pense em vir nessa época sem fazer reservas. É possível nadar tranquilamente de junho a outubro; depois disso fica muito frio, exceto para os mais durões.

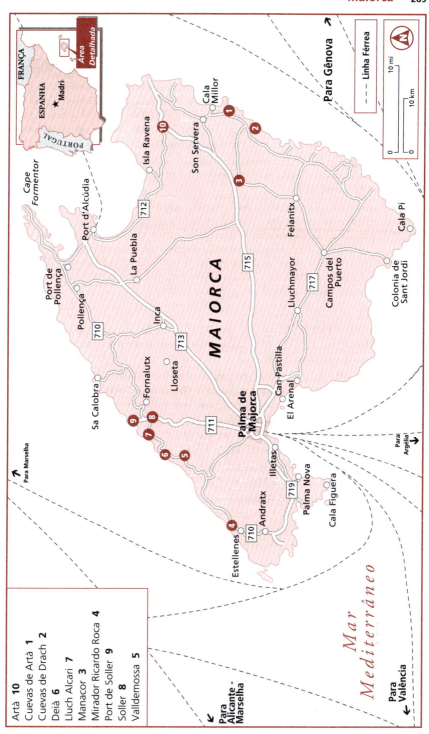

290 CAPÍTULO 12 · UMA VIAGEM EXTRA PARA MAIORCA

dia. A **Avis**, no Passeig Marítim 16 (✆ **97-173-07-20**) também tem uma boa variedade de carros; suas tarifas variam de 60€ (US$75) a 180€ (US$225) por dia. Tanto a Atesa quanto a Avis possuem escritórios no aeroporto. As reservas devem sempre ser feitas com antecedência.

1 Palma de Maiorca ★★

Palma, na extremidade sul da ilha, é a sede do governo autônomo das Ilhas Baleares, assim como o ponto principal onde está localizada a maioria dos hotéis, restaurantes e discotecas de Maiorca. Fundada pelos romanos em 123 a.C., Palma foi reconstruída depois pelos mouros no estilo de uma *casbah*, ou cidade em muralhas. Suas raízes continuam visíveis, embora um pouco toldadas pelos hotéis altos que surgiram.

A Palma antiga tem uma atmosfera boêmia maravilhosa, com vielas sinuosas e ruas estreitas de paralelepípedos que lembram a época em que era um dos portos mais importantes do Mediterrâneo.

Atualmente, Palma é uma cidade movimentada, cuja sólida indústria turística vem mais do que compensando seu declínio como porto marítimo principal. Estima-se que quase metade da população da ilha viva em Palma. Os habitantes chamam Palma simplesmente de "Ciutat" (Cidade) e, sendo o maior porto das Baleares, sua baía muitas vezes fica lotada de iates. A maneira mais marcante de chegar aqui é pelo mar, com a paisagem da cidade dominada pelas pequenas torres do Castelo Bellver e o vulto da catedral gótica, conhecida localmente como La Seu ("catedral" ou "sede" em catalão).

ESSENCIAIS

INFORMAÇÕES TURÍSTICAS O Centro Nacional de Informações Turísticas fica em Palma, na Plaça Reina 2 (✆ **97-171-22-16**). Fica aberto de segunda a sexta das 09:00 às 20:00 e sábado das 10:00 às 14:00.

COMO CHEGAR Palma é a cidade perfeita para fazer caminhadas e é fácil circular a pé. Várias linhas de ônibus servem a região da baía, e os táxis cobram preços razoáveis. Mas se você quiser ir para outros lugares na ilha, ônibus ou locação de carro são suas únicas opções.

FATOS RÁPIDOS O Consulado dos EUA, Calle Puerto Pi 8 (✆ **97-140-37-07**), fica aberto das 10:30h às 13:30h, de segunda a sexta. O Consulado Britânico, Plaça Mayor 3 (✆ **97-171-24-45**), fica aberto das 09:00h às 15:00h, de segunda a sexta.

No caso de **emergência**, disque **112**. Se você adoecer, dirigira-se ao Centro Médico, Av. Juan March Ordinas 8, Palma de Maiorca (✆ **97-121-22-00**), uma instituição particular.

Maiorca tem os mesmos feriados que o restante da Espanha, mas também celebra o 29 de junho, a Festa de São Pedro, o padroeiro dos pescadores.

A agência de correios central fica na Carrer Paseo Bornet 10 (✆ **90-219-71-97**). Os horários são de segunda a sexta das 08:30h às 20:30h e sábado das 09:30h às 14:00h.

DIVERSÃO NA PRAIA E PERTO DELA

Com tantas praias boas pertíssimas do centro da cidade, seria loucura ir à praia em frente à catedral. Em vez disso, vá aos vilarejos mais tranquilos de pescadores, e que se transformaram em pontos elegantes como **Portixol** e **Ciutat Jardí**, onde existem várias praias pequenas de pedregulhos, bem como a praia principal de areia e diversos bares e restaurantes da moda.

> ### *Dicas* Onde Conseguir Cartões Telefônicos
>
> Bancas de jornais e tabacarias locais vendem cartões telefônicos que custam entre 3€ (US$3,75) e 15€ (US$19). Eles podem ser usados em qualquer cabine telefônica pública e permitem que você faça tanto ligações locais quanto internacionais.

Palma de Maiorca

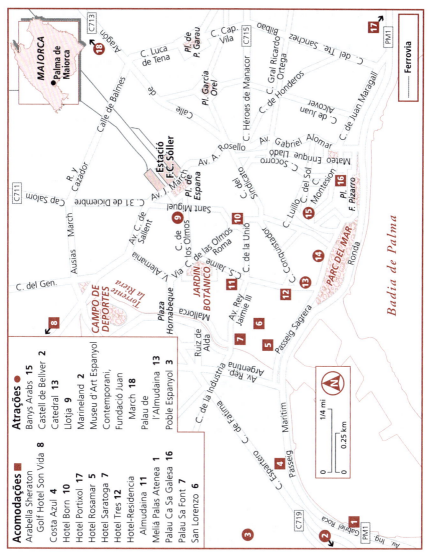

As praias públicas mais próximas são **Magaluf** e **Playa Nova**, a oeste (no caminho, visite a sofisticada marina *resort* de Portals Nous — boa para observar os ricos e famosos), **Ca'n Pastilla** e **El Arenal**, a leste. Todos esses locais podem ser facilmente alcançados de ônibus do centro da cidade de Palma, gastando de 20 a 30 minutos, e são lugares com abundância de bares, cafés e instalações turísticas. São ótimos para nadar e oferecem muita diversão na praia durante o verão. Se é paz e sossego que você quer, porém, vá mais distante, para o leste, até a pequena **Cala Pi**, e caminhe no topo das encostas até encontrar um espaço para chamar de seu; ou para oeste, além de Palma Nova até **Cap de Cala Figuera** em direção à praia de nudismo e para almoçar um peixe grelhado.

Você pode nadar de junho a outubro; os invernos de Maiorca são uma época ideal para fugir da multidão e descobrir os encantos da cidade (mas não esqueça de trazer roupas

292 CAPÍTULO 12 · UMA VIAGEM EXTRA PARA MAIORCA

quentes). O clima de Maiorca na primavera e no outono pode ser ideal, e no verão as áreas costeiras recebem a brisa fresca e agradável do mar.

ANDANDO DE BICICLETA Os melhores locais para ciclismo na ilha são Ca'n Picafort, Alcúdia e Port de Pollença, todos ao longo da costa norte, e pelas planícies centrais. Esses lugares podem ficar lotados com aspirantes treinando para o Tour de France, pois são regiões relativamente planas. A maior parte das estradas da cidade tem ciclovias pela ilha, mas tome cuidado com os carros rápidos quando estiver no campo. Para locação, vá a **Belori Bike**, Edifício Pilari, Marbella 22, Playa de Palma (℗ **97-149-03-58**). Dependendo do modelo e de quantas marchas a bicicleta tiver, a locação sai por cerca de 10€ (US$13) por dia.

GOLFE Maiorca é um sonho para golfistas. O melhor campo é o Son Vida Club de Golf, Urbanización son Vida, a cerca de 13 km (8 milhas) a leste de Palma ao longo da rodovia Andrade. Esse campo com 18 buracos é compartilhado pelos hóspedes dos dois dos melhores hotéis da ilha, o Arabella Golf Hotel e o Son Vida. No entanto, o campo está aberto a todos os jogadores que ligarem para fazer reservas (℗ **97-178-71-00**). Tarifas para o campo de golfe custam 70€ (US$88) para 18 buracos.

CAMINHADA Por causa do terreno montanhoso de Maiorca, esse esporte é mais procurado aqui do que em Ibiza ou Minorca. As montanhas a noroeste, na Serra de Tramuntana, são melhores para explorar ou existem várias caminhadas em cima de encostas acidentadas para aqueles que preferirem parar para nadar. O centro de informações turísticas (veja "Informações Turísticas" anteriormente), lhe fornecerá um panfleto grátis com as *20 Caminhadas na Ilha de Maiorca*.

CAVALGADAS Os melhores estábulos da ilha estão na **Escola de Equitação de Maiorca**, na estrada Palma Sóller. Ligue para ℗ **97-161-31-57** para agendar e obter orientações sobre a localização, de qualquer ponto em que você estiver na ilha.

ESPORTES AQUÁTICOS A maioria das praias tem pessoas que alugam equipamento de *windsurf* e barcos pequenos. **Planet Escuba**, Pont Adriano (℗ **97-123-43-06** ou 97-752-68-81) é a melhor operadora de mergulhos. Os mergulhadores aqui são altamente habilidosos e o levarão até as paisagens submarinas mais intrigantes se você for um mergulhador qualificado.

COMPRAS

As lojas em Palma oferecem artesanato, artigos de couro elegantes, pérolas de Maiorca, artigos de cama e mesa coloridos e trabalhos com bordados finos. Os melhores lugares para fazer compras ficam nas seguintes ruas: San Miguel, Carrer Sindicato, Jaume II, Jaume III, Carrer Plateria, Vía Roman e Passeig des Borne, além das ruas que saem de Borne por todo o caminho até a Plaça Cort, onde fica a prefeitura da cidade. Existem também mercados de artesanatos de noite, de maio a outubro na Plaça de les Meraviles. A maioria das lojas fecha aos sábado à tarde e aos domingos.

A famosa **Casa Bonet**, Plaça Federico Chopin 2 (℗ **97-172-21-17**), fundada em 1860, vende trabalhos bordados com estampas elegantes. Todos os lençóis, toalhas de mesa, guardanapos e fronhas são feitos em Maiorca à base de linho ou algodão (e tem também os mais baratos, de acrílico). Muitos são bordados à mão, usando padrões antigos de desenhos e motivos florais popularizados por esse estabelecimento. Para lindas tigelas de salada em madeira, feitas de oliveira, moedores de sal e pimenta e coisas do gênero, vá ao **El Olivo**, Calle Pescateria Vella 4 (℗ **97-172-70-25**).

A **Loewe**, Av. Jaume III nº.1 (℗ **97-171-52-75**), oferece artigos finos em couro, acessórios elegantes para homens e mulheres, malas e vestuários femininos elegantes. Para itens de couro mais originais, vá ao **Pink**, Av. Jaume III nº. 3 (℗ **97-172-23-33**). A **Passy**,

PALMA DE MAIORCA 293

Av. Jaume III nº. 6 (℃ **97-171-33-38**), oferece sapatos, bolsas e acessórios masculinos e femininos, todos de alta qualidade e feitos localmente. Há outra loja, que não tem uma variedade tão boa, na Carrer Tous y Ferrer 8 (℃ **97-171-73-38**).

Os apreciadores de moda não precisam ir além do Passeig d'es Borne para ter casacos suntuosos de **Carolina Herrera** ou moda e acessórios básicos para o dia a dia, de alta qualidade, das megalojas espanholas **Zara, Mango** e **Massimo Dutti**.

Perlas Majorica, Av. Jaume III nº. 11 (℃ **97-172-52-68**), é a agência autorizada para pérolas de Maiorca autênticas, oferecendo uma garantia de 10 anos para os seus produtos. As pérolas vêm em variados tamanhos e formas, e você pode conseguir bons negócios aqui. Melhor ainda, vá ver como elas são feitas na fábrica em Manacor, Calle Pere Riche s/n (℃ **97-155-09-00**).

VISITANDO OS PONTOS TURÍSTICOS

Palma pode não ter a riqueza cultural de Sevilha ou Barcelona, mas vale a pena dedicar algum tempo para explorá-la.

Viajes Sidetours, Passeig Marítim 19 (℃ **97-128-39-00**), oferece várias excursões para o dia todo ou metade do dia em Palma e nos campos ao redor. A excursão para Valldemossa e Sóller, que dura um dia todo, leva os visitantes ao mosteiro, onde os antigos moradores da ilha, Chopin e sua amiga George Sand, passaram o inverno e escandalizaram os moradores locais vivendo juntos sem se casar. Depois de deixar o mosteiro, o *tour* explora os picos da Sierra Mallorquina e, em seguida, vai em direção à cidade litorânea de Sóller. Uma visita aos jardins árabes de Raixa ou Alfàbia está incluída nos 35€ (US$44) que custa o passeio, somente na quarta-feira.

Outro passeio que dura o dia inteiro é no lado ocidental montanhoso da ilha, feito de trem e de barco, incluindo um passeio em uma das mais antigas estradas de ferro da Europa para a cidade de Sóller e ao Monasterio de Lluch, bem como um passeio de barco entre o porto de Sóller e La Calobra. Os passeios diários custam 50€ (US$63). A costa oriental de Maiorca é explorada nos passeios para as Grutas de Drach e Hams. Um concerto no maior lago subterrâneo do mundo (Lago Martel), *tours* pelas grutas, uma parada em uma produção de oliveiras e uma visita à Fábrica de Pérolas Majorica são todos cobertos diariamente pelo custo de 35€ (US$44). Os horários de partida podem variar.

Banys Arabs Esses banhos mouros autênticos estão localizados em jardins agradáveis e são do século X. Representam a única construção moura completa em Palma. A sala principal tem arcos e colunas impressionantes que dão suporte a uma cúpula perfurada com aberturas representando as estrelas.

Can Serra 7. ℃ **97-172-15-49**. Entrada 1,60€ (US$2) adultos, grátis para crianças menores de 10 anos. Abr–nov diariamente das 09:00h–20:00h; dez–mar diariamente das 09:00h–19:00h. Ônibus: 15.

Castell de Bellver ✪ Erguido em 1309, esse castelo redondo no alto de uma colina foi o palácio de verão dos reis de Maiorca, durante o curto período em que houve reis por aqui. Por volta do século XVIII o local se tornou uma prisão militar, e hoje é interessante para dar uma caminhada nos arredores. O castelo, que foi uma fortaleza com um fosso duplo, está bem preservado e agora abriga o Museu Municipal, dedicado a objetos arqueológicos, moedas antigas e uma pequena coleção de esculturas. É realmente a vista panorâmica que se tem daqui que constitui a principal atração. Na verdade, o nome Bellver significa vista bonita.

Camilo José Cela s/n. ℃ **97-173-06-57**. Entrada 1,90 € (US$2,35) adultos; 1 € (US$1,25) crianças, estudantes e idosos. Abr–set seg–sex 08:00h–21:00h, fechado dom e feriados; out–mar seg–sex 08:00h–20:00h, dom e feriados 10:00h–17:00h. Ônibus: 3, 4, 20, 21 ou 22 para Joan Miró (Gomila), depois uma caminhada de 20 min.

294 CAPÍTULO 12 · UMA VIAGEM EXTRA PARA MAIORCA

Catedral ✪✪ Essa catedral gótica da Catalunha, chamada La Seu, fica na Cidade Velha de frente para o mar. Sua construção foi iniciada durante o reinado de Jaume II (1276–1311) e concluída em 1601. A abóbada central tem 43 m (141 pés) de altura e as colunas se erguem a 20 m (66 pés). Existe um *baldachin* (cobertura) de ferro forjado de Gaudí sobre o altar principal. O tesouro contém supostas peças da Cruz Verdadeira e relíquias de São Sebastião, santo padroeiro de Palma. Os horários do museu e da catedral mudam com frequência; ligue antes para se certificar de que estão aceitando visitantes.

Plaça Almoina 1, Almoyna. ✆ **97-172-31-30**. Entrada grátis na catedral; museu e tesouros 3,75€ (US$4,70). 01/04–31/05 e out seg–sex 10:00h–17:15h; jun–set seg–sex 10:00h–18:15h; 02/11–mar seg–sex 10:00h–15:15h; durante o ano todo, sáb 10:00h–14:15h. Ônibus: 15.

Llotja ✪ Essa construção gótica do século XV é o que restou do rico período mercantil de Maiorca. La Lonja (seu nome espanhol) foi, grosseiramente falando, uma bolsa de valores ou agremiação. As exposições aqui são divulgadas nos jornais locais.

Passeig Sagrera. ✆ **97-171-17-05**. Entrada gratuita. Ter–sáb 11:00h–14:00h e 17:00h–20:00h; dom 11:00h–14:00h. Ônibus: 15.

Marineland (Crianças) A 18 km (11 milhas) a oeste de Palma, perto da estrada litorânea a caminho de Palma Nova, Marineland é um ótimo lugar para crianças, com shows de golfinhos e leões-marinhos, bem como uma demonstração de mergulho da Polinésia para obtenção de pérolas e um pequeno jardim zoológico. Você encontrará cafeteria, área para piquenique e *playground* para crianças, além de praias bem estruturadas.

Costa d'en Blanes s/n, Calviá. ✆ **97-167-51-25**. Entrada 20€ (US$25) adultos, 18€ (US$23) idosos, 14€ (US$18) crianças 3–12 anos, grátis para crianças menores de 3 anos. Jul–ago diariamente das 09:30h –18: 45h; set–jun diariamente das 09:30h –17:15h. Fechado 16/12–31/01. Ônibus: direto, sinalizado como MARINELAND, da estação ferroviária de Palma.

Museu d'Art Espanyol Contemporani, Fundació Juan March ✪ O Museu de Arte Contemporânea da Espanha da Fundação Juan March foi reaberto em 1997, com uma série de pinturas modernas recém-adquiridas. As obras representam um dos períodos mais férteis da arte do século XX, com telas de Picasso, Miró, Dalí e Juan Gris, bem como de Antoni Tàpies, Carlos Saura, Miquel Barceló, Lluis Gordillo, Susana Solano e Jordi Teixidor. Um espaço dedicado a exposições temporárias foi adicionado ao museu restaurado. Uma série, por exemplo, mostrava 100 gravuras de Picasso da década de 30. A obra mais antiga e mais famosa do museu é *Cabeça de Mulher de Picasso*, do seu ciclo de pinturas conhecido como *Les Demoiselles d'Avignon*. Essas obras fazem parte da coleção que a Fundação Juan March começou a reunir em 1973.

Sant Miquel 11. ✆ **97-171-35-15**. www.march.es. Entrada franca. Seg–sex 10:00h–18:30h, sáb 10:30h –14:00h. Fechado dom e feriados nacionais. Ônibus: 1.

Palau de l'Almudaina Há muito tempo, governantes muçulmanos ergueram essa esplêndida fortaleza cercada de jardins e fontes em estilo mouro em frente à catedral. Durante o curto reinado dos reis de Maiorca, o local foi transformado em uma residência real lembrando o castelo de Málaga. Atualmente abriga um museu que mostra antiguidades, artes, armaduras e tapeçarias Gobelin. Há vistas panorâmicas do porto de Palma a partir desse local.

Palau Reial s/n. ✆ **97-121-41-34**. Entrada 3,40€ (US$4,25) adultos, 2,40€ (US$3) crianças, grátis todos as qua. Abr–set seg–sex 10:00h–17:45h; out–mar seg–sex 10:00h–13:15h e 16:00h–17:15h. Fechado dom e 01/01, 06/01, 20/01, 12/04, 01/05, 24/12, 25/12 e 31/12. Ônibus: 15.

Poble Espanyol Espanha em miniatura, essa curiosidade, parecendo uma cidade de brinquedo, representa construções de todo o país (parecido com o Poble Espanyol, em Barcelona). Estão incluídos aqui o Alhambra de Granada, a Torre de Oro de Sevilha e a Casa de El Greco de Toledo. Como parte da "autêntica" experiência, touradas são organizadas nos domingos de verão.

PALMA DE MAIORCA **295**

Poble Espanyol 39. ✆ **97-173-70-70**. Entrada 5,50€ (US$6,90) adultos, 4,50€ (US$5,60) crianças. Abr–nov diariamente das 09:00h–18:00h; dez–mar diariamente das 09:00h–17:00h. Ônibus: 4 ou 5.

ONDE FICAR

Maiorca tem um número incrível de hotéis, mas ainda não é o suficiente para acomodar o público em agosto. Se você for na alta temporada, reserve com bastante antecedência. Algumas de nossas recomendações de hotéis em Palma estão na região de El Terreno, o centro de *la vida loca* (a vida noturna da região); não faça reservas nesses hotéis a menos que você goste de muita ação, até tarde da noite. Leitores mais conservadores poderão achar esse local desagradável. Se você quiser paz e tranquilidade, consulte as demais sugestões. O Quarteirão Antigo é particularmente bons hotéis boutique, de alta qualidade.

Os subúrbios de Palma, notadamente Cala Mayor, a cerca de 4 km (2,5 milhas) do centro e San Agustín, 5 km (3 milhas) da cidade, continuam a se expandir. Em El Arenal, parte de Playas de Palma, há uma enorme concentração de hotéis. As praias nesse lugar são bastante boas, mas têm um quê de parque de diversões. Incluí uma série de recomendações de hotéis nesses subúrbios para aqueles que não se importam em ficar fora do centro da cidade.

MUITO CAROS

Arabella Sheraton Golf Hotel Son Vida 🏆🏆 O ambiente natural que cerca esse hotel vem sendo fortemente protegido, apesar da sua proximidade de 5 km (3 milhas) ao noroeste do centro de Palma. Não venha aqui esperando bons momentos agitados na praia; o *resort* é elegante, mas bem sóbrio, e é adequado para uma clientela mais madura, do tipo que gosta de golfe. Não há nenhum *health club* transporte para a praia; muitos visitantes vão de carro até uma das várias praias nas proximidades. Mas ele tem uma das únicas arenas de tourada dentro de um hotel na Espanha!

O complexo é plano, de um paisagismo intenso e oferece vistas das áreas verdes exuberantes (não do mar) de muitos dos quartos de bom tamanho. Os quartos e suítes são novos e brancos, com móveis de madeira escura, carpetes de ponta a ponta, banheiros com banheira/chuveiro e, em todos os quartos, exceto nos mais baratos, há uma sacada ou um terraço.

De la Vinagrella s/n, E-07013 Palma de Majorca. ✆ **97-178-71-00**. Fax 97-178-72-00. www.arabellasheraton.com. 93 unidades. 350€–400€ (US$438–US$500) duplo; 480€–580€ (US$600–US$725) suíte. As tarifas incluem café da manhã. AE, DC, MC, V. Estacionamento gratuito do lado de fora ou 16€ (US$20) na garagem. Ônibus: 7. **Instalações e Serviços:** 2 restaurantes, bar, piscina externa, campo de golfe com 18 buracos, quadras de tênis, centro de *fitness*, sauna, *business center*, salão de beleza; serviço de quarto 24 horas, babá, serviço de lavanderia, lavagem a seco. *Nos quartos:* A/C, TV, frigobar, secador de cabelos, ferro de passar, cofre.

Palacio Ca Sa Galesa 🏆🏆🏆 *Momentos* Esse hotel boutique de cinco estrelas é muito agradável e muito mais pessoal do que as cadeias maiores. Por gerações, essa casa do século XV permaneceu como um prédio de apartamentos decadente de frente para o lado da catedral. Mas, em 1993, um casal empreendedor de Cardiff, País de Gales, restaurou o local, recuperando o piso original de mármore e as janelas com vitrais, revestindo as paredes das dependências comuns com seda e acrescentando instalações modernas. Hoje em dia, o cenário é o mais sedutor de todos em Palma, um espaço que parece um labirinto cheio de antiguidades e pinturas inglesas e espanholas. Há também uma sala de jantar grandiosa, disponível para jantares particulares, um *lounge* confortável com lareira adjacente a um salão, onde é servido chá inglês à tarde, e um terraço ensolarado na cobertura, de onde você quase pode tocar a catedral. Bares sóbrios estão convenientemente espalhados pelo local. Os próprios quartos são suntuosos com antiguidades e tapetes persas, camas confortáveis e roupas de cama de alta qualidade. Todos eles têm banheiros muito bem arrumados com banheira/chuveiro. Não há restaurante, mas um farto *bufê* maiorquino é servido todas as manhãs (por uma taxa adicional).

296 **CAPÍTULO 12 ·UMA VIAGEM EXTRA PARA MAIORCA**

Miramar 8, 07001 Palma de Maiorca. ✆ **97-171-54-00**. Fax 97-172-15-79. www.palaciocasagalesa.com. 12 unida-des. 315€ (US$394) duplo; 400€– 435€ (US$500–US$544) suíte. AE, DC, MC, V. Estacionamento 12€ (US$15). 7 km (4 milhas) do aeroporto. Ligue com antecedência, para receber orientações sobre localização. **Instalações e Serviços:** lounge, sauna, piscina para mergulho; serviço de quarto limitado (12:00h–22:00h) com chá/café à vontade; massagem; babá, serviço de lavandaria, lavagem a seco. *Nos quartos:* A/C, TV, frigobar, secador de cabelos, cofre.

CAROS

Hotel Portixol ★★★ *Achados* Não há hotel com melhor localização do que esse, extremamente moderno, ao do lado do porto. Ele tem um bocado de decorações escandinavas — quartos grandes, brancos e arejados, a maioria com fabulosas vistas para o mar contrastando de forma inteligente com peças encantadoras, como tapetes estampados de zebra e a variedade de cores do Mediterrâneo. Mas são os extras que fazem a diferença: binóculos em todos os quartos para, digamos, observar pássaros; bicicletas para alugar; tratamentos de *spa*; comida de primeira; coquetéis para rivalizar com qualquer um em Nova Iorque; e as melhor piscina da cidade. O único perigo em Portixol é você nunca mais querer partir.

Sirena 27, 07006 Palma de Maiorca. ✆ **97-127-18-00**. Fax 97-127-50-25. www.portixol.com. 24 unidades. 200€–290€ (US$250–US$362) duplo; 390€ (US$487) atico (cobertura). As tarifas incluem café da manhã. AE, MC, V. Ônibus: 15. **Instalações e Serviços:** Restaurante; piscina externa; business center, salão de beleza, serviço de quarto limitado, massagem, serviço de lavandaria, lavagem a seco. *Nos quartos:* A/C, TV, frigobar, secador de cabelos, cofre.

Hotel Tres ★★ Um hotel espetacular recém-chegado ao efervescente cenário de hotéis boutique em Palma, o Hotel Tres está situado em dois palácios da época de 1576 e muitas das características originais foram preservadas. Dois terraços na cobertura (ligados por uma ponte) oferecem um espaço incomum onde os hóspedes podem desfrutar uma piscina infinita, sauna e vistas panorâmicas soberbas da cidade. Combinando *design* contemporâneo com charme rústico, todos os 41 quartos e a suíte são extremamente confortáveis com banheira ou chuveiro, lençóis de puro algodão e cores espalhadas na forma de sofás macios, almofadas e cortinas. A suíte tem sua própria varanda e hidromassagem. O pátio elegante, à sombra de uma palmeira magnífica, serve como área para café da manhã e fica aberto ao público para lanches, vinhos e coquetéis à noite.

Apuntadores 3, 07012 Palma de Maiorca. ✆ **97-171-73-33**. Fax 97-171-73-72. www.hoteltres.com. 42 unidades. 170€–200€ (US$212– US$250) duplo; 230–350€ (US$287–US$437) suíte. As tarifas incluem café da manhã. AE, DC, MC, V. 8 km (5 milhas) do aeroporto. **Instalações e Serviços:** Bar de vinho e coquetel; piscina, sauna. *Nos quartos:* A/C, TV/DVD, frigobar, *dataport*, secador de cabelos, cofre, CD player.

Meliá Palas Atenea ★ Um membro da rede Sol Meliá, esse hotel moderno oferece amplas instalações de lazer para férias, embora ainda continue atendendo aos viajantes a negócios. Fica de frente para a Baía de Palma, a uma pequena distância dos principais restaurantes e lojas da cidade. Os quartos espaçosos têm varandas, muitos com vista para o porto ou para o Castelo de Bellver. A mobília é padronizada e de certa forma sem personalidade, mas os quartos são confortáveis, variando de tamanhos médio a espaçoso. Todos estão equipados com banheiros de azulejos brilhantes equipados com banheira/chuveiro. Um andar inteiro foi concebido tendo as necessidades dos viajantes a negócio em mente.

Passeig Ingeniero Gabriel Roca 29, 07014 Palma de Maiorca. ✆ **97-128-14-00**. Fax 97-145-19-89. www.solmelia. com. 361 unidades. 220€ (US$275) duplo; a partir de 240€ (US$300) suíte. AE, DC, MC, V. Estacionamento 12€ (US$15). Ônibus: 1,8 km (5 milhas) do aeroporto. Instalações e Serviços: 2 restaurantes, café, bar, discoteca, piscina coberta, piscina externa, *jacuzzi*, sauna; *business center*; salão de beleza; serviço de quarto 24 horas; massagem, serviço de lavandaria, lavagem a seco. Nos quartos: A/C, TV, frigobar, secador de cabelos, cafeteira, cofre.

Palau Sa Font ★ Localizado em um antigo palácio do século XVI, esse hotel boutique original é muito popular entre a clientela jovem — especialmente pessoas elegantes de Londres que vêm passar os finais de semana. Cores variadas dão vida aos traços de ferro e pedra antigos, dando a eles uma agradável impressão de encontro entre o velho e o novo.

PALMA DE MAIORCA 297

Os quartos foram totalmente modernizados e têm edredons grossos, cortinas de linho, móveis rústicos de ferro e paredes simples reconfortantes. Os banheiros são bem novos, com banheira ou chuveiro. O café da manhã é um bom motivo para ficar; o hotel oferece um generoso banquete de salmão defumado, presunto serrano, tortilhas e frutas frescas.

Apuntadores 38, 07017 Palma de Maiorca. © **97-171-22-77**. Fax 97-171-26-18. www.palausafont.com. 19 unidades. 150€–210€ (US$187–US$262) duplo; 225€ (US$281) suíte júnior. As tarifas incluem o *buffet* de café da manhã. AE, MC, V. Fechado jan. 8 km (5 milhas) do aeroporto. **Instalações e Serviços:** salão de café da manhã, bar, piscina externa, babá, serviço de lavandaria. *Nos quartos:* A/C, TV, frigobar, secador de cabelos.

MODERADOS

Hotel Saratoga ✶ Sob os arcos de uma galeria ao lado do fosso da Cidade Velha fica a entrada do Hotel Saratoga. Construído em 1962 e reformado em 1992, o hotel possui quartos de hóspedes iluminados e bem mobiliados, muitos deles com varandas ou terraços com vista para a baía e para a cidade de Palma. Os quartos *tipicamente* são de porte médio, bem conservados, com banheiros azulejados, a maioria com banheira/chuveiro.

Passeig Maiorca 6, 07012 Palma de Maiorca. © **97-172-72-40**. Fax 97-172-73-12. www.hotelsaratoga.es. 187 unidades. 145€–160€ (US$181–US$200) duplo; 225€ (US$281) suíte. As tarifas incluem café da manhã. AE, DC, MC, V. Estacionamento 10€ (US$13). Ônibus: 1, 3, 7 ou 15. **Instalações e Serviços:** restaurante, bar, 2 piscinas (1 na cobertura); *spa*, sauna, serviço de quarto limitado; babá, serviço de lavandaria, lavagem a seco. *Nos quartos:* A/C, TV, frigobar, secador de cabelos, cofre.

San Lorenzo ✶✶ *(Achados)* Esse hotel antigo e bem pequeno possui apenas seis quartos e está localizado no meio do labirinto de ruas sinuosas que formam a Cidade Velha de Palma. O edifício é do século XVII e a decoração é uma mistura agradável de tradicional com moderno. Os quartos são arejados, pintados de branco e têm banheiros que incluem banheira/chuveiro. Todos têm tetos com vigas de madeira e, enquanto alguns têm só sacadas, os mais luxuosos oferecem lareiras e um terraço privativo. Esse hotel é perfeito para relaxar após um dia de passeio ou de compras.

San Lorenzo 14, 07012 Palma de Maiorca. © **97-172-82-00**. Fax 97-171-19-01. www.hotelsanlorenzo.com. 6 unidades. 130€–180€ (US$162–US$225) duplo; 220€ (US$275) suíte. AE, DC, MC, V. 8 km (5 milhas) do aeroporto. **Instalações e Serviços:** Bar; piscina externa; serviço de quarto limitado; babá, serviço de lavanderia, lavagem a seco. *Nos quartos:* A/C, TV, frigobar, secador de cabelos, ferro de passar, cofre.

BARATOS

Costa Azul *(Achados)* Venha aqui se quiser um bom negócio — apesar das tarifas razoáveis, você terá vistas dos iates no porto. Esse lugar não é fascinante, mas tem um ótimo custo-benefício. Uma viagem curta de táxi deixará você à noite na Plaça Gomila, em El Terreno, com seus entretenimentos depois de escurecer. Os quartos são sem graça, desgastados, mas limpos e modestamente mobiliados, cada um com banheiro no próprio quarto equipado com banheira/chuveiro.

Passeig Marítim 7, 07014 Palma de Maiorca. © **97-173-19-40**. Fax 97-173-19-71. www.fehm.es/pmi/costa. 126 unidades. 90€ (US$113) duplo. AE, DC, MC, V. Ônibus: 1 ou 3. **Instalações e Serviços:** Restaurante; bar; piscina interna; sauna; serviço de quarto limitado; babá; serviço de lavanderia; lavagem a seco. *Nos quartos:* A/C, TV, cofre.

Hotel Born ✶ *(Econômico)* Se quiser ficar no coração da Cidade Velha e não quiser pagar o olho da cara, não há melhor negócio do que esse hotel classificado com duas estrelas pelo governo. O hotel foi um palácio no século XVI, e já pertenceu ao Marquês de Ferrandell. Ele foi profundamente alterado e ampliado durante o século XVIII com a adição de um pátio maiorquino à sombra de uma gigantesca palmeira (o café da manhã é servido nesse local no verão). Ainda conserva muito de sua arquitetura original, como os arcos românicos, embora as instalações tenham sido modernizadas. Os quartos são geralmente espaçosos e bem equipados, com banheiros bem mantidos, de azulejos e chuveiro. Localizado perto da Plaça Rei Juan Carlos, o hotel se abre para uma rua lateral tranquila.

298 CAPÍTULO 12 · UMA VIAGEM EXTRA PARA MAIORCA

Sant Jaume 3, 07012 Palma de Maiorca. ℰ **97-171-29-42**. Fax 97-171-86-18. www.mallorcaonline.com/hotel/bornu. htm. 30 unidades. 100€ (US$125) duplo; 125€ (US$156) suíte. As tarifas incluem café da manhã. AE, DC, MC, V. **Instalações e Serviços:** Bar; aluguéis de bicicleta. Nos quartos: A/C, TV.

EM ILLETAS

Esse subúrbio de Palma fica imediatamente a oeste do centro.

Hotel Bonsol ⭐ *Crianças* Localizado em frente à praia, a aproximadamente 6,5 km (4 milhas) a oeste de Palma, esse hotel, classificado como quatro estrelas pelo governo, foi construído em 1953 e tem sido bem conservado desde então. Cobra menos que os hotéis com conforto semelhante e a praia por perto o torna muito popular entre famílias de férias que fazem suas refeições na sala de jantar espaçosa, embora espartana. A parte central é formada por uma torre de alvenaria de quatro andares pintada de branco, com alguns dos apartamentos organizados em um conjunto simples de vilas periféricas. O hotel fica de frente para um jardim perto do mar. Os quartos médios são maiores do que você poderia esperar, eficientes, confortáveis e bem adequados a pessoas que querem passar férias na praia.

Paseo de Illetas 30, 07181 Illetas. ℰ **97-140-21-11**. Fax 97-140-25-59. www.mallorcaonline.com/hotel/bonsolu.htm. 147 unidades. De 110€ (US$138) duplo. As tarifas incluem café da manhã. AE, DC, MC, V. Estacionamento gratuito. Fechado de 20/11–02/01. Ônibus: 108, 109 ou 3. **Instalações e Serviços:** 2 restaurantes; sala de estar; piscina externa; 2 quadras de tênis; centro de fitness; sauna; serviço de quarto limitado; babá; serviço de lavanderia; lavagem a seco. *Nos quartos:* A/C, TV, frigobar, secador de cabelos, cofre.

Hotel Meliá de Mar ⭐ Originalmente construído em 1964 e ainda em excelente forma, o Meliá de Mar é um dos hotéis mais confortáveis (embora caro) em Palma. Esse hotel de sete andares fica perto da praia e tem um grande jardim sombreado. O *lobby* com piso de mármore e a mobília leve oferecem um refúgio agradável do sol quente e um ambiente tranquilo, deliberadamente monótono, que lembra alguns dos hotéis de *spa* do centro da Europa. Os quartos, principalmente de tamanho médio, têm muitas características boas, incluindo arte original, sacadas ladrilhadas com terracota, mobília de mármore ou ferro forjado, camas excelentes e banheiros de mármore com artigos de toalete de luxo, banheira/chuveiro e pias duplas.

Paseo Illetas 7, 07015 Palma de Maiorca. ℰ **97-140-25-11**. Fax 97-140-58-52. www.solmelia.com. 144 unidades. 275€ (US$344) duplo; a partir de 695€ (US$869) suíte. AE, DC, MC, V. Estacionamento grátis. Fechado de 01/11–15/04. Ônibus: 108, 109 ou 3. **Instalações e Serviços:** Restaurante; bar; piscina externa aquecida; *health spa*; serviço de quarto limitado; massagem; babá; serviço de lavanderia; lavagem a seco. *Nos quartos:* A/C, TV, frigobar, secador de cabelos, cofre.

EM PALMANOVA

Na costa ocidental e a oeste de Palma, esse hotel desfruta uma posição privilegiada na Costa d'en Blanes. Fica a 10 minutos de carro do centro de Palma.

Hotel Punta Negra ⭐⭐ Situado em uma área exclusiva a apenas 1,5 km (1 milha) de distância do elegante porto de iates de Puerto Portais, esse hotel de dois andares fica entre duas praias de areia dourada e numerosos campos de golfe. Elegante e refinado, é classicamente maiorquino com paredes brancas tradicionais, mobílias antigas, pisos com carpete e vistas panorâmicas do mar ou da floresta de pinheiros. Os quartos de hóspedes, espaçosos e lindamente mobiliados, estão equipados com banheiros elegantes com banheira/chuveiro.

Carretera Andaitx Km 12, Costa d'en Blanes, 07181 Maiorca. ℰ **97-168-07-62**. Fax 97-168-39-19. www.h10.es. 137 unidades. 115€ (US$144) duplo; 135€ (US$169) suíte. As tarifas incluem café da manhã continental. AE, DC, MC, V. Estacionamento grátis. Pegue a Saída 4 e siga direto para Palma Nova/Portals Nous. **Instalações e Serviços:** 2 restaurantes; bar; 2 piscinas externas; piscina coberta; 7 quadras de tênis de saibro; sauna; salão de beleza; serviço de quarto limitado; babá; serviço de lavanderia; lavagem a seco. *Nos quartos:* A/C, TV, frigobar, secador de cabelos, cofre.

PALMA DE MAIORCA 299

ONDE FAZER SUAS REFEIÇÕES

O prato típico de Maiorca é carne de porco, o qual aparece em uma porção de estilos diferentes: curado, assado e na forma de linguiças e almôndegas, bifes, costelas e lombos. A especialidade em qualquer restaurante que ofereça a típica culinária de Maiorca, *lomo con col*, é um prato típico onde lombo de porco é embrulhado em folhas de repolho, cozido em seus próprios sucos e servido com um molho de tomates, uvas, pinoles e folhas de louro.

A linguiça local, a *sobrasada*, é um patê macio de carne de porco misturado com páprica, o que lhe dá sua característica cor vermelha brilhante. *Sopas mallorquinas* podem significar praticamente qualquer coisa, mas normalmente tem folhas verdes misturadas em uma sopa temperada com azeite e engrossada com pão. Quando *garbanzos* (grão-de-bico) e carne se juntam, se transformam em uma refeição farta.

O prato vegetariano mais conhecido é *el tumbet*, um tipo de bolo com uma camada de batatas e outra de berinjelas ligeiramente sauteadas. Tudo é coberto com um molho de tomates e pimentões, depois cozidos por algum tempo. A berinjela, geralmente servida recheada com carne ou peixe, é um dos principais legumes da ilha. Frito *mallorquín* é essencialmente um prato camponês com cebolas e batatas fritas, misturadas com pimentões vermelhos, fígado e *lights* (pulmões) de cordeiro em cubos, e erva-doce. Ainda é imensamente popular na ilha e, como o prato escocês com miúdos de carneiro, pode ser delicioso quando preparado da forma correta.

Os vinhos de Maiorca estão ganhando aos poucos o reconhecimento que merecem e a região produz alguns de qualidade cada vez melhor a cada ano. O vinho tinto engarrafado na região de Binissalem tende a ser o melhor, e o Macià Batle já ganhou vários prêmios por seus tintos ricos e encorpados. Os vinhos da maioria dos restaurantes, porém, vêm da região continental da Espanha. *Café carajillo* — café com conhaque — é outra bebida espanhola particularmente apreciada pelos maiorquinos.

CAROS

Koldo Royo ✦✦✦ BASCO   Esse restaurante com uma estrela no Michelin é um lugar de primeira para desfrutar Nova Culinária Basca de nível internacional, que tem ganhado um destaque recentemente nas páginas internacionais sobre comida. Os funcionários são atenciosos e prestativos para decifrar os pratos, às vezes, incomuns do cardápio, incluindo bochechas de merlúcio assadas, tripa e enguias. Esse estabelecimento, que tem janelas enormes, fica a cerca de 0,5 km (0,75 milha) ao sul da catedral de Palma, ao lado de uma marina e de uma das praias mais populares da ilha.

Av. Ingeniero Gabriel Roca 3, Paseo Marítimo. ✆ **97-173-24-35**. Necessário fazer reservas. Pratos principais 18€–32€ (US$23–US$40); menu de degustação 58€ (US$72). AE, DC, MC, V. Ter–sáb 13:30h–15:30h e 20:30h–23:15h. Fechado por 2 semanas em nov. Ônibus: 1.

Porto Pí ✦ MEDITERRÂNEO MODERNO   Esse favorito do Rei Juan Carlos e de outros membros da realiza, ocupa uma elegante mansão do século XIX acima do porto de iates na extremidade oeste de Palma. Pinturas contemporâneas complementam a decoração, e há um terraço ao ar livre. A comida tem uma influência mediterrânea criativa. As especialidades mudam com a estação, mas podem incluir o peixe à moda da casa *en papillote*, cação com molho de mariscos e codorna, recheado com *foie gras* cozido em molho de vinho. A caça é uma especialidade no inverno.

Joan Miró 174. ✆ **97-140-00-87**. Necessário fazer reservas. Pratos principais 14€–28€ (US$18–US$35); menu de preço fixo 55€–60€ (US$69–US$75); menu de degustação 65€ (US$81). AE, DC, MC, V. Seg–sex 13:00h–15:30h; diariamente das 19:30h–23:30h. Ônibus: Palma–Illetas.

300 CAPÍTULO 12 · UMA VIAGEM EXTRA PARA MAIORCA

🖋Dicas Um Convite Especial

Dos anos de 1700, **Can Juan de S'aigo**, Carrer Sans 10 ((🕻 **97-171-07-59**), é a mais antiga sorveteria na ilha. Elegantemente, serve o sorvetes caseiros (experimente o de amêndoa), massas, bolos, *ensaimadas* (bolos de textura leve,uma especialidade de Palma), café fino e vários tipos de chocolate quente entre belas mesas de mármore, bonitos pisos de azulejo e um jardim fechado com uma fonte.

Tristán 🟊🟊 NOUVELLE CUSINE Vários quilômetros a sudoeste de Palma, o Tristán fica de frente para a marina do Port Portals e é um dos melhores restaurantes nas Baleares, ostentando as cobiçadas duas estrelas no Michelin. Um lugar para ver e ser visto, atraindo os ricos donos de iates e celebridades britânicas moderadamente famosas. Espere um menu refinado e elegante, com produtos frescos do mercado e pratos como pombo suculento em papel de arroz; legumes do Mediterrâneo, ou a pesca do dia, normalmente preparados ao estilo de Maiorca.

Port Portals, Portals Nous. 🕻 **97-167-55-47**. Necessário fazer reservas. Pratos principais 32€–45€ (US$40–US$56); menu de preço fixo 95€ (US$119); menu de degustação 120€ (US$150). AE, DC, MC, V Diariamente das 13:00h–15:30h e 20:00h–23:00h. Fechado 31/10–01/03. Ônibus: 22.

MODERADO

Arroseria Sa Cranca FRUTOS DO MAR Esse restaurante sofisticado é especializado em pratos com arroz, oferecendo uma enorme variedade de sabores e estilos, da *paella* valenciana tradicional (com coelho e escargots) até o favorito de Maiorca, o arroz à banda (uma versão particularmente suculenta com caranguejo-aranha, vôngoles e mexilhões) ou *arroz negre* (arroz negro cozido na tinta de lula e servido com uma farta quantidade de aioli — maionese de alho). Comece com um prato de filhotes de sardinha grelhada de lamber os dedos ou uma versão do bem temperado *buñuelos de bacalau* (bacalhau moído em forma de discos acompanhado de ervas). Cada um desses pratos pode ser seguido por uma *parrillada* — um conjunto de peixes e mariscos grelhados — ou qualquer uma das caçarolas de arroz mencionadas acima. Outras variações incluem vegetais, carneiro assado, ou merlúcio com tomates e alho.

Passeig Marítim 13. 🕻 **97-173-74-47**. Recomendável fazer reservas. Pratos principais 10€–22€ (US$13–US$28); menu de preço fixo 20€ (US$25). AE, DC, MC, V. Ter–dom 13:00h–16:00h; ter–sáb 20:00h–00:00h. Fechado de 01/09–20/09. Ônibus: 1.

BARATOS

Ca'an Carlos 🖋Econômico MAIORQUINO Uma espécie de instituição de Palma, esse restaurante tradicional fica em um ambiente com duas salas de jantar de uma casa bastante reformada de paredes de pedras, e que tem pelo menos um século de vida. O proprietário e *chef* de cozinha, Carlos, cria pratos autênticos de forma maravilhosa, com muito charme. O cardápio bem planejado inclui muitas refeições tradicionais como a *sabrosada* de Maiorca, uma linguiça de porco macia com pimenta e páprica, os croquetes de frango ou peixe, as lulas recheadas, a berinjela recheada com mariscos moídos, e uma versão do prato nacional de Maiorca, *cocida mallorquina*, um cozido suculento.

De S'Aigua 5. 🕻 **97-171-38-69**. Recomendável fazer reservas. Pratos principais 12€–24€ (US$15–US$30). AE, MC, V. Seg–sáb 13:00h–16:00h e 20:00h–23:00h. Fechado por 3 semanas em agosto, Ônibus: 3, 7 ou 15.

La Bóveda 🟊 ESPANHOL Localizado na parte mais antiga de Palma, bem perto da catedral, muita gente concorda que esse pequeno bar animado serve as melhores tapas da cidade. Com apenas 14 mesas colocadas próximas ao bar e um pequeno porão, ele fica lotado e movimentado, mas o aperto vale a pena por causa da comida. Escolha entre vitela,

PALMA DE MAIORCA **301**

carne de porco, frango ou peixe assados, frutos do mar deliciosos, *jamón* adocicado, favas com tiras de presunto, *tortilhas* de espinafre, lula grelhada ou frita e camarão com molho de alho. Acompanhe tudo isso com garrafas de vinho tinto encorpados ou vinhos brancos mais leves. Por último, termine com um sorvete refrescante, feito na hora, guarnecido com uma dose de vodka ou de bourbon.

Boteria 3. ✆ **97-171-48-63**. Necessário fazer reservas para uma mesa, não para o bar de tapas. Pratos principais 8€–24€ (US$10–US$30); seleção de tapas 12€ (US$15). AE, DC, MC, V. Seg–sáb 13:00h–16:00h e 20:30h–00:30h. Fechado em fev. Ônibus: 7 ou 13.

Sa Caseta ★ *Achados* MAIORQUINO Aqueles que estiverem inclinados a comer algo um pouco mais *gourmet* encontrarão uma cozinha regional saborosa nessa antiga *hacienda* tradicional, com suas salas de jantar que lembram labirintos, decoradas com bom gosto. Mas são os pratos de bacalhau salgado que a tornou famosa. Se você estiver viajando com amigos, talvez queira pedir alguns dos melhores leitões ou cordeiros assados de Maiorca. Talvez eles não sejam realmente tão tentadores como as versões servidas na Velha Castela, mas é um prato reconfortante, principalmente quando o tempo está frio. Em dias mais quentes, pode ser que você prefira um dos pratos locais de peixe, incluindo tamboril com molho de mariscos. A *paella* servida com bacalhau salgado em grandes nacos e legumes rechonchudos criam uma variação incomum nesse prato clássico. Sopas mallorquinas (a famosa sopa de legumes da ilha) servem de entrada para muitas refeições aqui. Uma série de sobremesas caseiras, incluindo sorvetes, é uma opção especial.

Alférez Martínez Vaquer 1, Gènova. ✆ **97-140-42-81**. Recomendável fazer reservas. Pratos principais 16€–32€ (US$20–US$40); menu de degustação 38€ (US$47). AE, DC, MC, V. Diariamente das 13:00–00:00. Ônibus: 4.

PALMA À NOITE

Maiorca está cheia de bares e clubes para dançar. É claro que existem alguns pontos de encontro divertidos ao longo da parte norte da ilha, mas para um clube movimentado, com lasers e luzes estroboscópicas, você terá que ir até Palma.

Localizado bem na praia, perto de uma densa concentração de hotéis, o **Tito's**, Passeig Marítim (✆ **97-173-00-17**), cobra um couvert de 16€ (US$20), que inclui a primeira bebida. Se você visitar somente uma boate durante sua estada na ilha, essa lenda viva, que já existe desde 1923, deverá ser a escolhida. Um público verdadeiramente internacional se reúne aqui para se misturar em um terraço com vista para o Mediterrâneo. Entre junho e setembro, fica aberto todas as noites durante a semana, das 23:00h até, no mínimo 06:00h. Durante o resto do ano, abre apenas de quinta a domingo, das 23:00h às 06:00h.

O **Bar Barcelona** Carrer Apuntadores 5 (✆ **97-171-35-57**), é um clube popular de jazz que atrai um público mais maduro que curte jazz, blues e ocasionalmente flamenco ao vivo, juntamente com um grupo de moradores locais que também são fãs. O bar fica aberto todas as noites das 23:00 às 03:00 e não cobra couvert; as bebidas têm preços razoáveis, fazendo com que lugar tenha um dos melhores custos-benefícios para sair à noite em Palma.

O **B.C.M.**, Av. Olivera s/n, Magaluf (✆ **97-113-15-46**), é a discoteca mais movimentada, alegre e cosmopolita de Maiorca. Ostentando luzes estroboscópicas e lasers *high-tech*, esse local amplo, com três andares, oferece um sistema de som diferente em cada andar, com uma enorme variedade de estilos musicais para escolher. Se você é jovem, ansioso para se misturar e gosta de dançar, esse lugar é para você. O couvert de 14€ (US$18) inclui a primeira bebida e permite que você se divirta até às 04:00h da manhã.

Venha e desfrute um coquetel caribenho com um dos donos de bar mais carismáticos de Palma, Pasqual, que pode até convidá-lo a dançar um pouco de salsa na **Bodeguida del Medio**, Paseo el Mar, Cala Ratjada (sem telefone). A música é de inspiração

CAPÍTULO 12 · UMA VIAGEM EXTRA PARA MAIORCA

latina e o público é uma mistura de moradores locais e visitantes de quase todos os lugares. Prove o delicioso coquetel *mojito*, mais forte do que parece. O interior é rústico, o lado de fora é mais aconchegante e romântico, com lanternas chinesas iluminando um jardim que dá de frente para o mar.

ABACO ✦✦ Carrer Sant Joan 1 (℗ **97-171-59-11**), pode ser a discoteca decorada de forma mais opulenta na Espanha — uma mistura de harém com uma igreja czarista russa. O bar está decorado com uma coleção de artes decorativas europeias. O lugar está sempre lotado, com muitos clientes reunidos em um lindo pátio, que tem pássaros exóticos em gaiolas, fontes, mais esculturas do que os olhos podem absorver, buquês extravagantes e centenas de velas bruxuleantes. Acrescente a todo esse exotismo a maravilhosa música romântica que flui pelo sistema de som. Não importa se você encarar isso como um bar, um museu ou um estudo sociológico, não deixe de ir. O bar abre diariamente das 21:00h às 02:30h, somente de fevereiro a dezembro. Só dar uma olhada é de graça, porém, as bebidas custam de 10€ (US$13) a 15€ (US$19), bem caras.

No final da autoestrada Andratx, perto da saída para Cala Figuera, o **Casino de Majorca**, Urbanización Sol de Majorca s/n, Costa del Calviá (℗ **97-113-00-00**), é o lugar para ir em busca da senhora sorte. O couvert é de 5€ (US$6,25); o jantar sem bebida custa 60€ (US$75); o show na pista sem jantar, mas com duas bebidas custa 45€ (US$56). Crianças menores de 12 anos conseguem descontos de 50%. Se levar seu passaporte, você pode entregar-se à roleta americana ou francesa, ao vinte e um ou aos dados, ou simplesmente puxar a alavanca em um dos muitos caça-níqueis. Um show de cabaré cheio de cores, baseado no estilo de Monte Carlo, é acessível por meio de uma entrada separada da seção do cassino dedicada aos jogos. O show é apresentado sempre de terça a sábado às 22:30h. O jantar é servido a partir das 20:00h. A parte dos jogos no cassino fica aberta de segunda a quinta das 18:00h às 04:00h (dom até às 03:00h) e de sexta e sábado das 20:00h às 05:00h.

Embora Maiorca geralmente seja um lugar liberal, não há um cenário gay igual a Ibiza. Ainda assim, um dos bares gay mais notáveis de Palma é o **Baccus**, Carrer Lluis Fábregas 1 (℗ **97-145-77-89**), que atende gays e lésbicas. Ele fica aberto todas as noite das 21:00h até pelo menos 03:00 e geralmente até mais tarde. Não há couvert, e as cervejas custam a partir de 4€ (US$5). Se você sentir vontade de dançar, vá para a maior e mais popular discoteca de Palma, **Black Cat**, Av. Joan Miró 75 (sem telefone), que atrai uma clientela diversificada de moradores jovens locais, bem como visitantes da Espanha e do resto do mundo. Há shows todas as noites às 03:30h. Fica aberta diariamente da meia-noite às 06:00h mas não enche antes das 02:00h. Fecha segunda-feira durante o inverno. A entrada custa 8€ (US$10).

2 Valldemossa & Deià (Deyá)

Valldemossa é onde fica a **Cartoixa Reial** ✦, Plaça de las Cartujas s/n (℗ **97 -161-21-06**), onde George Sand (aláis, Lucile Aurore Dupin ou Baronne Dudevant) e o tuberculoso Frédéric Chopin passaram o inverno em 1838 e 1839. O mosteiro foi fundado no século XIV, mas os edifícios atuais são dos séculos XVII e XVIII. Depois que os monges abandonaram o prédio, suas celas foram alugadas para hóspedes, o que explica a aparição de Sand e de Chopin, que conseguiram chocar os moradores locais com suas vidas conjuntas de forma não ortodoxa (não eram casados). (Para adicionar lenha à fogueira, Sand usava calças e fumava charutos.) Eles ocupavam as celas dois e quatro, mas as únicas marcas de suas passagens são uma pequena pintura e um piano francês. Os camponeses queimaram a maior parte delas depois que o casal retornou ao continente, temendo contrair a tuberculose de Chopin. Cartoixa Reial pode ser visitada de segunda a sábado das 09:30h às 18:00h, domingo das 10:00h às

VALLDEMOSSA & DEIÀ (DEYÁ) 303

> **⟨Momentos⟩ Basta Perguntar a um Pintor Onde Fica o Melhor Pôr do Sol**
>
> Depois de passear pelas ruas antigas, suba em uma pedra de frente para o mar e observe o sol se por sobre um campo de oliveiras prateadas e bosques com laranjeiras e limoeiros. Você não gastará muito tempo para descobrir por que pintores e artistas ficavam tão apaixonados por esse lugar.

13:00h por 7€ (US\$8,75) adultos, grátis para crianças menores de 10 anos. Fora de temporada, o local fecha uma hora mais cedo.

Também é possível visitar o **Palau del Rei Sancho**, vizinho ao mosteiro, com o mesmo ingresso. Trata-se de um refúgio mouro construído por um dos reis da ilha. As visitas são feitas com guias usando roupas tradicionais.

A partir de Valldemossa, continue pelas montanhas seguindo as placas por 11 km (6,5 milhas) até Deià. Mas antes de se aproximar da vila, considere uma parada no **Son Marroig** (© 97-163-91-58), no km 26. Atualmente um museu, essa propriedade pertenceu ao Arquiduque Lluis Salvador. Nascido em 1847, ele se cansou da vida na corte aos 20 e poucos anos e se refugiou aqui, com sua jovem noiva, em 1870. Muitos de seus móveis e lembranças pessoais, como fotografias e uma coleção de cerâmica, ainda estão aqui, assim como uma torre pequena da época de 1500. A propriedade está cercada por jardins encantadores que levam até à encosta da colina, oferecendo vistas do horizonte azul até o infinito. Aqui, você também pode vislumbrar Sa Foradada, uma rocha monolítica que se destaca pelo seu buraco no centro, e que se ergue do leito do mar nas proximidades. O museu fica aberto de abril a outubro, de segunda a sábado das 09:30 às 14:00 e 15:00 às 20:00 (fecha às 18:00h no inverno). A entrada custa 3,50€ (US\$4,35). Tendo como pano de fundo as montanhas verde-oliva, **Deià** (**Deyá**) é tranquila e serena, com suas casas de pedras e buganvílias se enroscando. Ela tem um significado especial para os artistas há muito tempo. Robert Graves, o poeta e romancista inglês (*Eu, Claudius* e *Claudius o Deus*), viveu em Deià, e faleceu aqui em 1985. Está enterrado no cemitério local. Nos dias atuais, o conjunto de residências exclusivas, restaurantes caros e hotéis luxuosos do lado da montanha é muito frequentado por ricos e/ou famosos. A menor e a mais bonita vila da ilha é Lluc Alcari, bem no topo das colinas, a meio caminho entre Deià e Soller, com ela tem vistas soberbas do Mediterrâneo.

ONDE FICAR

Deià oferece alguns dos refúgios mais tranquilos e deslumbrantes de Maiorca — La Residencia e Es Molí —, mas é possível encontrar algum lugar mais barato se você for um pouco mais para fora da cidade.

CAROS

Hotel Es Molí ⭐⭐ Um dos hotéis mais espetaculares de Maiorca, surgiu na década de 1880 como uma mansão residencial extremamente austera nas terras altas e rochosas acima de Deià, residência dos proprietários da região que controlavam o acesso às nascentes de água doce da cidade. Realmente, o hotel ainda tem uma nascente privada que atualmente alimenta a piscina. Em 1966 foram acrescentados dois anexos, transformando-o em um fabuloso hotel quatro estrelas. Os quartos estão lindamente mobiliados, e são impecavelmente mantidos e geralmente oferecem acesso a uma varanda privada com vista para os jardins ou para a vila distante. Todas as unidades possuem banheiros bem conservados, com banheira e chuveiro. Os mais animados fazem questão de fazer a caminhada de 30 minutos até a praia pública na Baía de Deià; mas há um ônibus que transporta os menos aventureiros para a praia privada do hotel, a 6 km (4 milhas) de distância.

304 **CAPÍTULO 12** · UMA VIAGEM EXTRA PARA MAIORCA

Carretera Valldemossa s/n, 07179 Deià. ☏ **97-163-90-00**. Fax 97-163-93-33. www.esmoli.com. 87 unidades. 222€–242€ (US$277–US$302) duplo; 375€–420€ (US$469–US$525) suíte. As tarifas incluem café da manhã; meia-pensão 20€ (US$25) extra por pessoa por dia. AE, DC, MC, V. Estacionamento gratuito. Fechado do início de nov a início de abr. Pegue a saída para Deià e siga direto pela estrada por 0,5 km (0,75 milhas), depois de passar por Valldemossa. **Instalações e Serviços:** restaurante, bar, piscina externa, quadra de tênis externa; serviço de quarto limitado; babá, serviço de lavanderia, lavagem a seco. *Nos quartos:* A/C, TV, frigobar, secador de cabelos, cofre.

La Residencia ★★★ Esse hotel, o mais cheio de estilo, moderno e elegante de Maiorca, realmente assumiu sua identidade durante o início dos anos 90, quando foi adquirido pelo empresário britânico e fundador da Virgin Airlines, Richard Branson. Desde que Branson assumiu, a propriedade no topo da colina, carinhosamente apelidada de La Res, rapidamente se tornou um refúgio para as celebridades, proclamando a si mesma como "uma vingança contra a vida cotidiana".Entre os hóspedes, já estiveram aqui, desde a Rainha Sofía e o imperador do Japão, até queridinhos da América e a elite do *rock'n'roll*. O hotel foi assumido pela Orient Express em 2002, mas manteve seu ar de glamour descontraído. Cercado por 5,3 hectares (13 acres) de jardins rochosos do Mediterrâneo, as duas mansões enormes de pedra do século XVI oferecem todos os luxos concebíveis aos hóspedes. Os quartos espaçosos estão equipados com antiguidades rústicas, pisos de terracota, camas românticas com quatro colunas, em alguns casos, tetos com vigas de madeira, todos com móveis luxuosos, incluindo banheiros com banheira/chuveiro. Lareiras, sofás grandes de couro, candelabros de ferro forjado e uma equipe de funcionários extremamente agradável tornaram esse hotel internacionalmente famoso. Várias suítes de luxo recém-inauguradas têm até mesmo piscina privativa. Embora seja tecnicamente definido como um *resort* de quatro estrelas e um membro da Relais & Châteaux, apenas problemas técnicos espanhóis impedem que ele consiga o merecido *status* de cinco estrelas de acordo com a classificação do governo.

San Canals s/n, 07179 Deià. ☏ **97-163-90-11**. Fax 97-163-93-70. www.hotel-laresidencia.com. 63 unidades. 450€–600€ (US$562–US$750) duplo; a partir de 750€ (US$938) suíte. As tarifas incluem café da manhã. AE, DC, MC, V. Estacionamento gratuito. Pegue a estrada direto para Deià saindo depois de Valldemossa. **Instalações e Serviços:** 3 restaurantes, 3 bares, 2 piscinas cobertas, 1 piscina externa, 2 quadras de tênis iluminadas; centro de *fitness*, sauna, *spa*, serviço de quarto limitado, babá, serviço de lavanderia, lavagem a seco. *Nos quartos:* A/C, TV, secador de cabelos, cofre.

BARATO

Hotel Costa d'Or ★ *(Econômico)* Essa antiga *villa* com um bom custo-benefício, a 1,5 km (1 milha) ao norte de Deià, na estrada para Sóller, oferece vistas lindas das colinas cobertas de vinhas e das costas acidentadas mais além. Cercado por jardins exuberantes cheios de figueiras, pés de tâmaras e bosques de laranjais, o hotel está decorado de forma peculiar, com uma mistura de mobiliários. Embora os quartos perto da piscina possam ser um pouco barulhentos, todos são limpos e confortáveis. A maioria deles é simples, mas possui boas vistas, decentes camas boas e banheiros asseados, a maior parte deles equipada com banheira/chuveiro.

Lluch Alcari s/n, 07179 Deià. ☏ **97-163-90-25**. Fax 97-163-93-47. 41 unidades. 185€ (US$231) duplo; 275€ (US$344) suíte. As tarifas incluem café da manhã. DC, MC, V. Fechado nov–21 de mar. Pegue a estrada direto para Deià saindo depois de Valldemossa. **Instalações e Serviços:** restaurante, academia de ginástica, quadra de tênis, piscina externa, serviço de quarto limitado, serviço de lavanderia, lavagem a seco. *Nos quartos:* A/C, TV, secador de cabelos, frigobar, cofre.

ONDE FAZER SUAS REFEIÇÕES

Ca'n Quet ★ INTERNACIONAL Se você sonha com algo um pouco mais *gourmet*, esse restaurante faz parte do Hotel Es Molí (veja anteriormente) e é um dos restaurantes mais procurados da ilha. Localizado em uma série de terraços acima de uma estrada sinuosa que sai da cidade, e decorado com gerânios cor-de-rosa, é um local encantador para um almoço ou jantar romântico. Passeie ao longo das trilhas inclinadas e você encontrará bosques perfumados de árvores cítricas, rosas e uma piscina rodeada por balaustradas neoclássicas. No verão, você pode se sentar no bar ensolarado ou no terraço sombreado, e no inverno,

PORT DE POLLENÇA & FORMENTOR 305

relaxar ao lado da lareira na elegante sala de jantar. A comida é meticulosamente preparada e faz bom uso dos produtos locais: *ceviche* de peixe marinado, incrivelmente fresco, terrinas saborosas de legumes, cozidos suntuosos de frutos do mar, pato macio com molho de xerez e a pesca do dia que sempre muda.

Carretera Valldemossa-Sóller. ℮ **97-163-91-96**. Necessário fazer reservas. Pratos principais 18€–25€ (US$23–US$31); menu de degustação 45€ (US$56). AE, DC, MC, V. Ter–dom 13:00h–16:00h e 20:00h–23:00h. Fechado nov–mar. Ônibus: linha Sóller de Palma de Maiorca.

El Olivo ★★ *Momentos* INTERNACIONAL / MEDITERRÂNEO O luxuoso restaurante do La Residencia frequentemente conta com reis, rainhas e celebridades das mais importantes entre os clientes que vêm para desfrutar sua cozinha mediterrânea de alto nível, a decoração com velas e, ocasionalmente, músicas clássicas ao vivo. Se você não estiver hospedado no hotel, vale a pena dirigir 30 a 40 minutos em direção ao norte de Palma para uma noite realmente especial. Oferecendo pratos que mudam regularmente, e que dependem da estação, para surpreender e encantar os sentidos, El Olivo é um ponto obrigatório para viajantes *gourmands*. Espere uma cozinha sutil, criativa, que aguça o paladar, mas que não pesa no estômago. O menu de degustação vale o preço para provar pratos que dão tanto prazer como sopa de *foie gras* perfumada com calvados, salmonete levemente assado com minilegumes e costeleta de carneiro rosada e macia, delicadamente temperada com ervas e molho de tomate.

No La Residencia Hotel, San Canals. ℮ **97-163-93-92**. Recomendável fazer reservas. Pratos principais 32€–59€ (US$40–US$74). Menu de preço fixo, 80€ (US$100). AE, DC, MC, V. Diariamente das 13:00h–15:00h e 20:00h–23:00h.

3 Port de Pollença & Formentor

A 65 km (40 milhas) ao norte de Palma e a uma curta distância de carro da cidade mercantil tranquila de **Pollença**, fica a encantadora **Port de Pollença**. Ela contorna uma baía protegida e extensa, cercada pelo Cabo Formentor, ao norte, e Cabo del Pinar, ao sul, e fica entre duas colinas, **Puig** e **Calvario**. A capela de Calvario oferece as melhores vistas tanto do *resort* como das águas cristalinas do Mediterrâneo. A baía é um local bastante procurado para esportes aquáticos, particularmente *windsurfe*, esqui aquático, mergulho e velas.

Uma série de hotéis baixos, casas particulares, restaurantes e lanchonetes ficam ao longo da praia atraente, que é um pouco estreita em sua extremidade noroeste, mas tem as areias mais bonitas e brancas e as águas mais mornas e cristalinas da ilha. As areias na extremidade sudeste da Baía de Pollença foram importadas a fim de criar uma ampla faixa de espaço para o banho de sol, e se estende por diversos quilômetros ao longo da baía. Para completar o quadro, existe um passeio agradável para pedestres, bem como uma trilha para caminhadas no interior pela **Vall de Boquer** (6 km/3,75 milhas). Há somente um hotel de luxo na área, o Hotel Formentor (veja a seguir), Península de Formentor.

Cabo de Formentor ★ , "O Rabo do Diabo", pode ser alcançado de Port de Pollença por meio de uma estrada espetacularmente sinuosa que passa pelo farol e vai até o fim do cabo. Formentor é a área de fiorde de Maiorca — uma paisagem dramática com montanhas, pinheiros, rochas e mar, além das melhores praias de Maiorca — cheia de miradores e terraços no topo das encostas oferecendo vistas panorâmicas da área.

ESSENCIAIS

COMO CHEGAR Autocares Mallorca, com sede em Alcudia, mas com escritórios em Palma em Villalonga (℮ **97-153-00-57**; www.autocaresmallorca.com), tem cinco ônibus diários partindo da Plaça Espanya, em Palma, passando por Inca e continuando até Port de Pollença. As tarifas custam 5€ (US$6,25) só ida. Você pode continuar de Deià (veja anteriormente) pela C-710, ou de Inca na C-713, até Pollença.

306 CAPÍTULO 12 · UMA VIAGEM EXTRA PARA MAIORCA

INFORMAÇÕES AOS VISITANTES O centro de informações turísticas (℡ **97-189-26-15**), na Carretera de Artá, fica aberto de maio a outubro, de segunda a sábado das 09:00h às 19:00h. Fica fechado na baixa temporada. De novembro a março, outro escritório pode responder às informações solicitadas por telefone (℡ **97-154-72-57**). Os horários são de segunda a sábado das 09:30h às 20:00h.

ONDE FICAR

Hotel Formentor ★★ Essa propriedade histórica data de 1231, mas não se tornou hotel até 1929. Desde o início, ele hospedou vários políticos poderosos e líderes espirituais, incluindo Winston Churchill e o Dalai Lama, bem como vários eruditos literários e deusas das telas como Liz Taylor. Não há virtualmente nada que esse hotel, um cinco estrelas tradicional, não tenha, desde quartos luxuosos cheios de todos os confortos imagináveis, antiguidades e tecido pesados de brocado, até instalações como cinema, salão de beleza e lojas de grife. Os banheiros de mármore vêm com chuveiro e/ou banheira e muitos artigos de toalete, e as áreas espaçosas seguem diretamente para a praia.

Platja de Formentor s/n, 07470 Port de Pollença. ℡ **97-189-91-00**. Fax 97-186-51-55. www.hotelformentor.net. 285€–450€ (US$356–US$562) duplo; 465€–725€ (US$581–US$906) suíte. AE, DC, MC,V. **Instalações e Serviços:** 2 restaurantes; piscina externa; minigolfe nas proximidades; 5 quadras de tênis (2 iluminadas); sauna; balcão para aluguel de carro. *Nos quartos:* A/C, TV/DVD, frigobar, secador de cabelos, cofre.

Hotel Illa d'Or ★ Originalmente construído em 1929, e ampliado e melhorado várias vezes desde então, esse hotel elegante de quatro estrelas está localizado na extremidade noroeste relativamente isolada da baía de Pollença — longe das regiões bem congestionadas e turísticas próximas ao porto. Decorado com uma mistura de colonial espanhol com reproduções inglesas, ele tem um terraço de frente para o mar que avança sobre as ondas suaves, com vista para as montanhas na parte de trás. Os quartos são de tamanho médio a espaçosos, cada um com mobílias confortáveis, incluindo boas camas e banheiros com banheira/chuveiro. A praia fica bem pertinho.

Passeig Colón 265, 07470 Port de Pollença. ℡ **97-186-51-00**. Fax 97-186-42-13. www.hoposa.es. 119 unidades. 160€–210€ (US$200–US$262) duplo; 325€–455€ (US$406–US$568) suíte. As tarifas incluem café da manhã. AE, DC, MC,V. Estacionamento grátis. Fechado nov–fev. Pegue a estrada que vai direto para Inca/Pollença. **Instalações e Serviços:** Restaurante; 2 bares; 2 piscinas externas; quadra de tênis; centro de *fitness*; *jacuzzi*; sauna; aluguel de bicicleta; *business center*; serviço de quarto limitado; serviço de massagem; serviço de lavanderia; lavagem a seco. *Nos quartos:* A/C, TV, frigobar, secador de cabelos, cofre.

ONDE FAZER SUAS REFEIÇÕES

Restaurant Clivia ★ MAIORQUINO/ESPANHOL Esse é um dos restaurantes que mais chamam a atenção em Pollença, atraindo uma clientela que vem de todas as partes da ilha. É formado por duas salas de jantar cheias de antiguidades, construídas ao redor de um pátio externo em uma casa que tem um século de vida, no coração da cidade. O cardápio é pequeno, direto e bem executado, e oferece uma carne de vitela de dar água na boca, frango e pratos com carne de porco juntamente com uma variedade bem maior de frutos do mar. Bacalhau salgado, tamboril, dourado, enguia, lula e peixe branco, assados com uma camada de sal ou preparados como parte de uma suculenta *parrillada* (travessa) de mariscos, são insuperáveis. O restaurante, incidentemente, recebeu seu nome por causa das flores vermelhas e brilhantes (*las clivias*), que são plantadas em profusão ao lado do pátio e florescem durante todo o verão.

Av. Pollentia 4760. ℡ **97-153-46-16**. Recomendável fazer reservas. Pratos principais 12€–25€ (US$15–US$32). AE, DC, MC, V. Mai–out ter e qui–dom 13:00h–15:00h e 19:00h–23:00h, seg e qua 19:00h–23:00h; 01/11–14/11 e 21/12–abr qui–ter 13:00h–15:00h e 19:00h–23:00h. Fechado 15/11–20/12.

Apêndice A:
Passado & Presente de Barcelona

Chamada no passado de "segunda cidade" da Espanha, Barcelona já não merece essa denominação. Por muito tempo subjugada pelo domínio de Madri, Barcelona encontrou verdadeiramente sua própria personalidade. Barcelona, como Milão, é tanto industrial como para o lazer, é séria, mas divertida, e tem consciência de sua imagem sem perder sua atitude resoluta inerente. Líderes guerreiros, reis e ditadores, todos tentaram moldar a cidade para servir a seus interesses, mas Barcelona, acima de tudo, não se deixa abater, reinventando-se repetidas vezes e recusando-se a renunciar sua cultura, língua e identidade. Hoje em dia, com uma enconomia próspera e um cenário artístico, além de um governo local que apoia o cidadão, Barcelona parece sintetizar aquilo que representa a Europa moderna e continua seduzindo com seu charme especial.

1 Barcelona Hoje

À medida que a Catalunha avança em sua jornada pelo milênio, o turismo continua a prosperar e a dominar a economia — continua sendo uma indústria muito aquecida com chegadas anuais a Barcelona ultrapassando a marca de 4,5 milhões, e a Cidade Velha, pelo menos no verão, muito movimentada com grupos de excursão e ônibus.

Visitantes que vieram antes de 1992, o ano marcante em que Barcelona apresentou uma cidade nova e melhorada ao resto do mundo nas Olimpíadas às vezes, mal reconhecem o lugar. Depois dos anos cinzentos — durante os quais o governo central, dominado por Franco, reteve fundos muito necessários para infraestrutura pública e permitiu que uma série de hotéis altos e sem personalidade arruinassem o litoral — a Catalunha não está mais interessada na imagem de "jovens arruaceiros que bebem demais". Embora ainda seja possível encontrar preços bons em áreas rurais e na costa, o turismo do tipo US$5 por dia é agora uma lembrança remota, pois os preços subiram demais, especialmente desde a introdução do Euro em 2002. A mídia denominou Barcelona como a cidade mais *cool*, da Europa com restaurantes, bares, lojas e hóteis da cidade entre os mais modernos do continente.

Mas, apesar de sua imagem chique, Barcelona continua mergulhada em tradição, onde a história tem um papel importante em suas *fiestas* (celebrações) bem como na vida cotidiana.

Se tem um fato que você deve ter perfeitamente claro antes de chegar, é que para a maioria esmagadora dos catalães, sua pátria não é a Espanha (na alta temporada você poderá até receber um ou dois folhetos dizendo-lhe isso). A maioria dos habitantes locais se considera primeiro catalá e depois espanhola, de modo que lamentar a falta de sangria e touradas será recebido apenas com a mais fria das recepções. Historicamente privada de seu *status* de nação independente, a autonomia foi devolvida a Catalunha por meio da constituição espanhola de 1978, e os políticos vêm negociando desde então, pressionando para ter um governo mais independente. Depois de mais de 20 anos à frente da *Generalitat* (Governo Regional da Catalunha), o conservador Jordi Pujol perdeu para o socialista Pasqual Maragall (que trabalhou como prefeito de Barcelona durante os anos olímpicos) em 2003. Em coalizão com o partido esquerdista ERC (cujo objetivo é a independência to-

308 APÊNDICE A · PASSADO & PRESENTE DE BARCELONA

tal da Catalunha), Maragall foi acusado de colocar questões mais emocionais de natureza nacionalista antes de fazer política. Em 2006, José Montilla substituiu Maragall como presidente da Catalunha. Naquele mesmo ano, a Catalunha, que contribuiu mais para os cofres do governo central do que qualquer outra região, foi recompensada quando um *estatut* (estatuto) — aprovado pelo partido socialista PSOE, que estava governando a Espanha — deu a ela poderes autônomos maiores do que jamais tinha tido até então.

A imigração atualmente é o maior desafio da região. Além das comunidades espanholas e latinas, a Catalunha permaneceu como uma sociedade monocultural durante séculos, antes da atual onda de imigração. Os imigrantes compõem atualmente 5% da população total de pouco mais de seis milhões, atingindo 50% em alguns bairros que ficam mais no centro de Barcelona. Oferecer uma boa educação, dar ênfase à tolerância religiosa, regulamentar a mão de obra estrangeira, e a imersão na língua e na cultura catalãs, constituem hoje os pontos mais importantes da agenda, entre reclamações histéricas por parte da direita, clamando que a língua e a cultura serão perdidas se a Catalunha absorver mais estrangeiros.

No entanto, os imigrantes são essenciais para a indústria primária da Catalunha. Imigrantes sul-americanos e do norte da África estão empregados atualmente em grandes regiões vinícolas, pomares de oliveiras e outras atividades agrárias. Setores da indústria secundária incluem a indústria química, automobilística e de fabricação têxtil, com um setor de tecnologia crescendo rapidamente e atraindo investimentos estrangeiros e novos negócios. O turismo emprega um número enorme de trabalhadores temporários durante o verão, mas o desemprego ainda gira em torno de 10%, da mesma forma que no restante do país.

2 História Básica

ORIGENS, INVASÕES E O NASCIMENTO DE UMA NAÇÃO

Antes da chegada dos romanos, as planícies que cercam o que hoje chama-se Barcelona eram povoadas por agricultores pacíficos conhecidos como Laetani, enquanto outras partes da Catalunha foram colonizadas pelos ibéricos. Os gregos foram os primeiros imigrantes da região, estabelecendo uma colônia comercial de bom tamanho na costa norte, nas Empúries, cujos vestígios ainda podem ser vistos nos dias de hoje. Empúries também foi o ponto de entrada para os romanos,

Linha do Tempo

550 a.C. - Gregos se estabelecem em Empúries, no norte da Catalunha.

218 a.C. - Os romanos, usando Empúries como ponto de entrada, dominam a Espanha. Barcino é construído essencialmente, como um porto comercial.

415 d.C. - Ocupação de Barcelona pelos visigodos.

719 - A invasão mulçumana da Península chega a Barcelona.

801 - Barcelona é tomada pelos francos.

878 - Guifre el Pilos (Wilfred the Hairy) derrota os mouros e torna-se Conde de Barcelona, o primeiro na linhagem de um regime autônomo ao longo de 5 séculos.

1064 - A Usatges, a primeira Declaração de Direitos da Catalunha, é traçada.

1137- Um matrimônio real unifica Catalunha e a região vizinha de Aragão.

1213-35 Jaume I conquista Majorca, Ibiza e Valência.

1265 - Barcelona forma o Consell de Cent, seu próprio governo municipal.

1282-1325 - Catalunha conquista Córsega e Sicília.

1347-59 - A ,Pest Negra reduz à metade a população da cidade. O Generalitat (governo autônomo) é fundado.

HISTÓRIA BÁSICA 309

que estavam em guerra contra Cartago, uma potência no norte da África, pelo domínio no Mediterrâneo ocidental. Sua base na península era Nova Cartago (Cartagena), uma cidade rica em minas de prata e bronze que os romanos viam como uma conquista importante. Em resposta a um ataque a Roma liderado por Hannibal, os romanos começaram sua dominação da Península usando Tarraco (Tarragona) como base. Barcino (Barcelona), com sua carência de um porto, servia somente como porto para escala entre Tarraco e Narbonne ,na França, mas a partir disso, uma cidade nasceu. Ela se espalhou a partir de Mons Taber, o ponto mais alto da cidade, onde fica atualmente a catedral. Ainda podem ser vistos traços da civilização romana em Barcelona e, de forma mais marcante, em Tarragona.

Quando Roma caiu no século V, os visigodos atacaram, ocupando uma boa parte que se estende dos Pirineus, a leste, até Barcelona. O governo caótico dos reis visigodos, que impuseram seu sofisticado conjunto de leis sobre as leis romanas existentes, durou aproximadamente 300 anos. Os visigodos foram prolíficos construtores de igrejas, e ruínas visigóticas ainda continuam existindo em Barcelona e, de forma mais vívida, na catedral de Tarragona.

Em 711 d.C., guerreiros mouros, sob a liderança de Tarik, atravessaram a Espanha e conquistaram o país. Por volta de 714, eles controlavam a maior parte do local, com exceção de algumas regiões montanhosas nas das Astúrias. A ocupação de Barcelona teve vida curta, o que explica por que a cidade virtualmente não tem nenhum vestígio da arquitetura moura quando comparada com al-Andalús, ou Andaluzia, onde aquela cultura floresceu.

Nos Pirineus, área central da Catalunha, os mouros entraram em conflito direto com os francos, os quais, liderados por Carlos Magno, fizeram-nos recuar de volta ao sul. Em 801, Luís, o Piedoso, filho de Carlos Magno, conquistou Barcelona e estabeleceu um estado intermediário, marcando os limites territoriais (conhecido como Marca Hispânica) do que viria a se tornar a Catalunha medieval, dotando a língua local com elementos de sua própria língua (o provençal). Aos condes, foram concedidos vários territórios. Guifré el Pilós (Wilfred, o Cabeludo; 878–97), adquiriu vários (inclusive Barcelona) e conseguiu unir a área por meio de uma batalha sangrenta que a história considera como o nascimento da Catalunha. No século IX, mortalmente ferido em uma batalha contra os mouros, o imperador franco mergulhou os dedos do guerreiro cabeludo em seu próprio sangue e os traçou no escudo do conde, criando o *Quatre Barres*, a futura bandeira da Catalunha. O que se seguiu foi uma dinastia que durou 500 anos de reis-condes cataláes com a liberdade para forjar uma nação.

1479 - Fernando II, monarca da coroa de Catalunha-Aragão, casa-se com Isabel, rainha de Castela, unindo a Espanha. Catalunha cai sob as regras castelhanas.

1492 - Colombo descobre a América. Os "Reis Católicos" deportam todos os judeus e mulçumanos restantes.

1522 - Sob o governo de Carlos V, cataláes tem permissão negada para fazer comércio no Novo Mundo.

1640-50 - Revolta catalã, conhecida como a Guerra dels Segadors (Guerra dos Ceifeiros).

1702 - Inicia-se a Guerra da Sucessão.

1759 - Barcelona é tomada pelo exército Franco-Espanhol. Idioma catalão é proibido.

1808-14 - França ocupa a Catalunha.

1832 - A Revolução Industrial começa em Barcelona com a primeira fábrica movida a vapor.

1833-39 - Inicia-se a guerra Carlist. Formam-se sindicatos trabalhistas e cooperativas em Barcelona.

1859 - Começa os trabalhos na "nova cidade", L'Eixample.

1873 - Estabelecida a primeira República espanhola.

1888 - Primeira Exposição Internacional em Barcelona acontece no Parque Ciutadella.

continua

A IDADE DO OURO E O DECLÍNIO

A Catalunha entrou no próximo milênio como uma série de condados funcionando sob um sistema feudal. Ela havia juntado forças políticas, e atividades artísticas e artesanais estavam começando a florescer. Sob o governo de Ramón Berenguer III (1096–1131) e seu filho, a região anexou os territórios de Tarragona ao sul e também a vizinha Aragão. Uma expansão maior ocorreu sob o governo de Jaume I (1213–76), que conquistou a Sicília e as Ilhas Baleares e consagrou a Catalunha como o principal poder marítimo do Mediterrâneo. Sob seu longo reinado, a segunda muralha da cidade (mais extensa que a antiga muralha romana) e os enormes *drassanes* (estaleiros) foram construídos, e um sistema de comércio marítimo e um parlamento local foram estabelecidos. A prosperidade mercantil levou à construção de enormes edifícios góticos, como a igreja de Santa María del Mar e suas mansões ao redor, o Saló del Tinell, no Palácio Real, e o Saló del Cent. A literatura e o idioma catalão também se beneficiaram muito com a prosperidade prolongada da cidade.

Em 1479, porém, isso foi interrompido pela mais distante das uniões reais, a de Fernando II da Catalunha-Aragão (1452-1516) com Isabel de Castela (1451-1504). A Espanha estava por fim unida, e a Catalunha perdeu sua autonomia nesse processo. Os piedosos "Reis Católicos" se engajaram em um processo sangrento de expulsão de todos os mulçumanos e judeus da Espanha, incluindo aqueles que permaneciam em El Call, em Barcelona. Embora Colombo tenha sido recebido no momento do seu retorno da descoberta da América em Barcelona, os cataláes foram proibidos de fazer comércio com o Novo Mundo. No ínicio do século XVII, sob o reinado de Felipe IV (1605-55), um sentimento anticentralista foi ainda mais estimulado pela "Guerra dos Trinta Anos" com a França, vizinha da Catalunha, com quem a Catalunha logo se aliou. A mais emotiva de todas as revoltas, a denominada Guerra dels Segadors (Gerra dos Ceifeiros), foi esmagada pelas tropas espanholas e, como golpe final, em 1650 o rei cedeu as terras catalás ao norte dos Pirineus para a França.

Em 1700 um príncipe Bourbon, Filipe V (1683-1746), tornou-se rei, e o país rendeu-se à influência da França. O direito de Filipe V ao trono foi desafiado por um arquiduque de Habsburgo, da Áustria, dando origem assim à Guerra de Sucessão Espanhola. A Catalunha se aliou ao lado errado e Filipe V, depois de conquistar a cidade no dia 11 de setembro de 1714 (ainda celebrada como a Diada, o dia nacional da Catalunha), baniu o idioma, fechou todas as universidades e construiu uma fortaleza (no local onde fica o Parque Ciutadella) para manter sob controle a população revoltada.

1892-93 - A população exige a autonomia da Catalunha. Anarquistas lançam bombas na Casa de Ópera Liceu.

1909 - Setmana Tràgica; anarquistas entram em conflitos anticlericais em Barcelona.

1923 - Ditadura conduzida pelo General Primo de Rivera tem início na Espanha.

1929 - Segunda Exposição Internacional, dessa vez no Montjuïc.

1931 - Francesc Macià negocia a autonomia da Catalunha durante a Segunda República e se declara presidente.

1939 - Barcelona, ocupada por anarquistas, é conquistada pelo exército de Franco.

1953 - É assinado o tratado de defesa entre Espanha e EUA.

1960 - O *boom* dos pacotes de turismo toma conta da Costa Brava na Catalunha.

1975 - Franco morre. Os barceloneses brindam bastante pela cidade para celebrar.

1978 - Rei Juan Carlos concede governo autônomo à Catalunha.

1981 - Falha a tentativa de golpe de oficiais direitistas. A democracia prevalece.

A *RENAIXENÇA* E O MODERNISMO

Com o apoio de uma população trabalhadora, Barcelona foi a primeira cidade espanhola a abraçar a Revolução Industrial. A indústria têxtil, com matérias-primas trazidas do Novo Mundo, tornou-se um grande negócio, e Barcelona ganhou a reputação de "Manchester do Sul". Essa nova riqueza conduziu à *renaixença* (renascença) do século XIX, um período de forte crescimento artístico e econômico desconhecido desde o próspero século XIV.

Em termos culturais, o movimento foi simbolizado pela reativação dos Jocs Florals, uma competição de poesias que celebravam o idioma catalão, a demolição dos muros da cidade, a construção de L'Eixample (extensão, ou "cidade nova"), e, é claro, pelo movimento modernista, onde Gaudí e seus contemporâneos dominavam. A exposição internacional de 1888, um mostruário das glórias da Catalunha nova e rica, atraiu mais de dois milhões de visitantes. Do ponto de vista político, a Lliga de Catalunya, o primeiro partido pró-independência da Catalunha, foi fundada. Grupos anarquistas e comunistas estavam crescendo rapidamente como movimentos de resistência e agindo abertamente; em 1893, foram lançadas bombas em direção à plateia na Casa de Ópera Liceu por um anarquista, para horror do restante da Europa. Como em muitos períodos de rápido desenvolvimento, a lacuna entre ricos e pobres estava ficando cada vez mais evidente, e uma subcultura cresceu, plantando as sementes da reputação da cidade pelo excesso, pela decadência e pela ação política.

Em 1876, a Espanha tornou-se uma monarquia constitucional. Mas a agitação operária, as disputas com a Igreja Católica e a guerra no Marrocos foram combinados e criaram o caos político no país inteiro. A polarização política entre Barcelona e Madri estourou em 1909. Furiosos com o fato de que o governo nacional havia perdido as colônias na América (e consequentemente o comércio valioso) e pelo fato de estar alistando os catalães para uma guerra indesejada no Marrocos, rebeldes atearam fogo em dúzias de instituições religiosas pela cidade. Conhecida como a Setmana Tràgica (Semana Trágica), mais de 100 pessoas morreram e muitas outras ficaram feridas. Todos os suspeitos acusados, até mesmo alguns que não estavam em Barcelona na ocasião, foram executados.

O SÉCULO XX

Em 14 de abril de 1931, ocorreu uma revolução, a segunda República Espanhola foi proclamada, e o Rei Alfonso XIII (1886-1941) e sua família foram forçados a fugir. Inicialmente, os constitucionalistas liberais governaram, mas logo foram postos de lado pelos socialistas e anarquistas os quais adotaram uma constituição que separou a igreja do estado, secularizou a educação, além de conter várias outras

---

1982 - Socialistas chegam ao poder depois de 43 anos de governo da direita.

1986 - A Espanha se une à Comunidade Europeia (agora União Europeia).

1992 - Barcelona é sede das Olimpíadas.

1998 - O Generalitat introduz leis controversas para "normalização linguística" em um esforço para fortalecer o catalão como o idioma principal da região.

2001 - A Espanha avança como poder econômico na América Latina.

2004 – O primeiro-ministro espanhol, José Luis Zapatero, pede oficialmente que o catalão, junto com o basco e o galego, sejam reconhecidos como idiomas da U.E.

2006 - Um novo *estatut* (estatuto), concedendo mais poderes autônomos a Catalunha, é aprovado pelo governo socialista espanhol.

312 APÊNDICE A · PASSADO & PRESENTE DE BARCELONA

medidas radicais, incluindo um governo autônomo para a Catalunha. Em 1931, Francesc Macià (1859-1933) se declarou presidente da república catalá.

Mas o caráter extremo dessas reformas estimulou o crescimento do partido conservador Falange (Falange Española, ou "Falange Espanhola"), que usava o modelo dos partidos fascistas da Alemanha e da Itália. Por ocasião das eleições de 1936, o país estava dividido igualmente entre esquerda e direita, com a Catalunha firmemente à esquerda. Em Barcelona, ataques a símbolos (e pessoas) burgueses e a ocupação de edifícios públicos por organizações coletivas eram comuns. Em 18 de julho de 1936, o exército, com apoio de Mussolini e Hitler, tentou tomar o poder, dando início a Guerra Civil Espanhola. O General Francisco Franco, vindo do Marrocos para a Espanha, conduziu as forças Nacionalistas (direitistas) na luta que assolou o país. Em 1º de outubro, Franco estava claramente na liderança da Espanha nacionalista, abolindo o voto popular e a autonomia regional — de fato, estabelecendo um regime totalitário. Durante os próximos 3 anos, Barcelona e a costa da Catalunha foram bombardeadas por aviões de combate alemães e italianos, cidadãos executados e milhares fugiram pelos Pirineus em direção à França. Em seguida, as forças armadas de Franco marcharam sobre Barcelona sob a bandeira "a Espanha é aqui". O idioma e a cultura catalães foram banidos novamente, e Francesc Macià foi condenado a 30 anos de prisão.

Estimulados por condições ainda piores no sul, onde fome e pobreza eram ameaças cotidianas, milhões de imigrantes chegaram a Barcelona no meio do século. Os anos 60 presenciaram outro crescimento econômico súbito, dessa vez encabeçado pelo turismo, que cresceu e se tornou uma atividade importante na Costa Brava e na Costa Daurada. Os comunistas formaram sindicatos trabalhistas militantes, e uma classe trabalhadora estava insatisfeita devido a décadas de repressão. Antes de morrer, o General Franco escolheu como seu sucessor Juan Carlos de Borbón y

Borbón (1938), filho do pretendente ao trono espanhol. Uma nova constituição foi aprovada pelo eleitorado e pelo rei, garantindo direitos civis e humanos, bem como a liberdade de mercado e acabou com o *status* da Igreja Católica Romana como sendo a igreja da Espanha. Ela também concedeu autonomia limitada a várias regiões, incluindo a Catalunha e as províncias bascas. A eleição do partido conservador Convergència i Unio, com Jordi Pujol (1930) na direção, aconteceu em 1980, estimulando décadas de negociações para ter um governo ainda mais autônomo, uma batalha que ainda continua.

Em 1981, um grupo de oficiais militares da ala direita tomou o Cortés (parlamento) em Madri e exigiu que o Rei Juan Carlos estabelecesse um estado ao estilo de Franco. No entanto, o rei se recusou, e os conspiradores foram presos. A democracia nascente passou em seu primeiro teste, e o moral e o otimismo da Catalunha foram impulsionados mais ainda quando os socialistas ganharam as eleições nacionais um ano depois. Liberais a favor da Catalunha, como o partido Gauche Divine (Esquerda Divina), dominaram a contracultura da cidade pelo resto da década, à medida que engenheiros e responsáveis pelo planejamento da cidade preparavam Bacelona para os Jogos Olímpicos de 1992 e sua nova Era Moderna, com a prefeitura conduzida por socialistas. Em 1998, o catalão tornou-se o idioma oficial nas escolas e no poder judiciário, com cotas impostas á mídia também. No ano seguinte, mais de 43.000 adultos se matricularam nos cursos gratuitos de idioma catalão oferecidos pelo Generalitat. Em 2004, o governo Socialista Espanhol em Madri, conduzido pelo pragmático José Luis Zapatero, deu a aprovação oficial para que o catalão fosse um idioma escrito e falado dentro da União Europeia, e em 2006, ajudou a aprovar um novo *estatut* — ou estatuto — concedendo mais autonomia à província. Essas duas medidas tiveram forte oposição do Partido Popular conservador liderado por Mariano Rajoy.

Apêndice B:
A Cultura Catalã

Barcelona sempre prosperou com o contato e o comércio com países além das fronteiras espanholas. Desde o início, a cidade teve uma ligação maior com a França e o restante da Europa do que com a Península Ibérica. Cada império militar e financeiro que passou pela Catalunha deixou sua marca cultural.

1 A Língua da Catalunha

A Catalunha fica no meio do caminho entre a França e a região de Castela, na Espanha. A região está unida por um idioma comum, o **Catalão**. A maioria das pessoas assume de forma incorreta que o catalão é um dialeto do espanhol castelhano. Como o espanhol e todos os outros idiomas românicos, o catalão tem suas raízes no latim, mas o espanhol e o catalão se desenvolveram de modo independente um do outro.

Atualmente, o catalão, juntamente com o espanhol, é o idioma oficial dos *Països Catalans*, que incluem Catalunha, Andorra, Ilhas Baleares e València (embora o debate sobre o idioma dos valencianos ser derivado do catalão ou ser um idioma separado ainda continue). Regiões "não oficiais" que falam catalão incluem partes da região de Aragão, partes dos Pirineus franceses e a cidade de Alghero, na ilha italiana de Sardinia (como resultado de uma invasão de colonos catalães em 1372). Contando tudo, o catalão é falado por quase 11 milhões de pessoas, fazendo com que ele seja o sétimo idioma mais falado na Europa, mais que o sueco e o grego.

A restrição e a proibição aberta do idioma, primeiro nas mãos das forças vitoriosas hispano-francesas na Guerra de Sucessão, em 1714, e depois debaixo do punho de ferro do General Franco, significa que o idioma e a política sempre foram inseparáveis na Catalunha. Durante os séculos XIII a XV, o catalão era a língua da região ocidental do Mediterrâneo; depois do século XVIII, houve um período de ouro, conhecido como *renaixença* (renascimento), quando todos os aspectos da cultura catalã, mas particularmente o idioma, a literatura e a arquitetura (a seguir) floresceram em um fervor de nacionalismo. Depois da ditadura, o idioma catalão foi restabelecido como idioma para educação, burocracia, comércio e meios de comunicação, com um ímpeto do governo autônomo para impô-lo também como um idioma social — um plano que não funcionou muito bem por causa das milhares de pessoas que falam espanhol e moram na Catalunha.

A realidade para os visitantes hoje em dia é que tanto o catalão como o espanhol são livremente falados na cidade, com o vocabulário dos dois muitas vezes misturados para formar um tipo de vernáculo barcelonês. Os idiomas são extremamente regionais; em El Raval, o bairro com a maior população de imigrantes, é mais provável que você ouça o espanhol (urdu, inglês ou árabe), enquanto em L'Eixample você será cumprimentado com um *¡Bon dia!* (em vez de *¡Buenos días!* em castelhano) quando entrar em uma cafeteria. O idioma catalão também é dominante nas áreas rurais. Embora todos os nomes de ruas em Barcelona estejam sinalizados em catalão, muitas pessoas usam uma mistura dos dois idiomas quando, na verdade, se referem a eles, que é a mesma abordagem que eu usei neste livro. Em museus e galerias, as descrições estão em catalão, com uma tradução em espanhol, inglês ou em ambos. Pessoas que entendem um pouco de espanhol (ou francês) não deverão ter dificuldades em interpretá-las e os que não o fizerem voltarão para casa com algumas frases em catalão na manga.

Com relação à mídia, jornais em inglês estão disponíveis na maioria das bancas de jornais e revistas ao longo da La Rambla. A edição espanhola do *Internacional Herald Tribune* contém uma seção com destaques do El País, o principal jornal diário local, traduzido para o inglês. Também não deixe de ver o *Catalonia Today*, um jornal gratuito que cobre notícias nacionais e internacionais. Os canais de televisão em catalão (TV3 e 33) transmitem em modo *dual*, o que significa que o idioma original do programa pode ser ouvido, bastando para isso, apertar um botão. Infelizmente, poucos hotéis possuem TVs equipadas com essa facilidade.

2 Arquitetura de Barcelona

Como muitas outras cidades na Espanha, Barcelona tem sua parcela de monumentos neolíticos e ruínas dos períodos romanos. Podem ser vistas relíquias da colônia romana de Barcino (e estão sempre encontrando mais), bem como monumentos da Idade Média que sobreviveram, quando a solidez românica das inúmeras abóbadas práticas, as janelas estreitas e os projetos com fortificações foram amplamente usados.

Nos séculos XI e XII, o fervor religioso tomou conta da Europa e os peregrinos começaram a se reunir em Barcelona em seus caminhos para oeste em direção a Santiago de Compostela, trazendo com eles o estilo de construções francesas e a necessidade de igrejas novas e maiores. O estilo que emergiu, chamado gótico catalão, tinha linhas mais severas e ornamentação mais austera que o gótico tradicional. Adequado tanto para construções cívicas como para religiosas, esse estilo usava abóbadas ogivais (pontudas) maciças, colunas pesadas, pedaços gigantescos de pedra pura, paredes parecidas com encostas e amplas janelas em forma de roseta com vidros coloridos. Um dos exemplos mais puros e mais amados desse estilo em Barcelona é a **Basílica de Santa María del Mar**, a nordeste do porto da cidade. Construída em um intervalo de apenas 54 anos, ela é o exemplo mais puro do gótico catalão na cidade. Outros exemplos incluem a Igreja de Santa María del Pi, o Saló del Tinell (parte do Museu de la Ciutat), e, é claro, o próprio Barri Gòtic, que é impressionante.

Porém, é o movimento *modernisme*, que parece atrair os visitantes para Barcelona. Barcelona ostenta a mais alta concentração de arquitetura *modernista* no mundo. *Modernisme* é um termo confuso, pois "modernismo" geralmente denota funcionalidades do século XX. Ele é melhor traduzido como *Art Nouveau*, um movimento que tomou conta das artes na Europa no final dos anos 1800. Em Barcelona, esse movimento brilhou na arquitetura, sua estrela era **Antoni Gaudí** (veja a seguir), o arquiteto excêntrico e altamente devotado, responsável pelo símbolo de Barcelona: o Templo da Sagrada Família.

Os *modernistas* eram obcecados pelos detalhes. Eles homenageavam o passado em suas formas arquitetônicas (desde árabe até gótico catalão) e depois espalhavam isso sublimemente em características inspiradas na natureza empregando ferro, vidro e cerâmicas com temas florais, e tudo isso pode ser visto abundantemente pela cidade. Outros arquitetos *modernistas* incluem **Domènech i Montaner** e **Puig i Cadafalch**, cujas mansões elegantes e salões de concerto parecem ser perfeitamente apropriados à prosperidade esclarecida e sofisticada da burguesia catalã do século XIX. Um *boom* econômico naquele século coincidiu com a profusão de gênios que surgiram nos negócios de construção. Empresários que tinham feito suas fortunas em campos e minas do Novo Mundo encomendaram algumas das *villas* lindas e elaboradas de Barcelona e em Sitges, nas proximidades.

Em 1858, a expansão de Barcelona para o distrito de **L'Eixample**, ao norte, ofereceu uma tela em branco para os arquitetos *modernistas*. O padrão das ruas em forma de grade era cruzado por diagonais largas. Embora o bairro nunca tenha sido dotado com os detalhes mais radicais de seu *design* original, ele forneceu um caminho cuidadosamente planejado e elegante, no qual uma cidade em crescimento poderia mostrar suas melhores construções.

Consistente com a estagnação artística geral na Espanha durante a era de Franco (1939–75), os anos 50 e 60 tiveram um tremendo aumento no número de projetos anônimos para habitação na periferia de Barcelona e, no centro velho, houve uma decadência a olhos vistos. Mas enquanto as últimas lágrimas estavam sendo derramadas pela morte do general Franco em outro ponto do país, os intelectuais de Barcelona estavam planejando como recuperar a cidade depois de décadas de degradação física sob o governo do ditador.

Quando Barcelona ganhou a concorrência para ser a sede dos Jogos Olímpicos em 1992, os trabalhos para uma "Nova Barcelona" foram acelerados. Os responsáveis pelo planejamento da cidade tornaram possível a criação de novas praias urbanas modernas, um porto e uma marina radiantes, anéis viários para redução do tráfego da cidade, esculturas e parques públicos ousados, passeios e praças pela Cidade Velha. O objetivo era rejuvenescer o *barri*, os bairros distintos de Barcelona que parecem vilarejos, e que geralmente denotam a renda das pessoas ou a posição política (às vezes, até mesmo o idioma ou o time de futebol) e compõem o regionalismo peculiar da cidade. Essa abordagem radical e engenhosa não passou despercebida pelo resto do mundo. Em 1999, o Instituto Real de Arquitetos Britânicos concedeu à Assembeia Municipal de Barcelona sua Medalha de Ouro, a primeira vez que uma cidade (em vez de um arquiteto, como os vencedores anteriores Le Corbusier e Frank Lloyd Wright) tinha recebido a homenagem. Barcelona atualmente é usada como um modelo pela Europa, para os responsáveis pelo planejamento das cidades que desejam restaurar os centros decadentes de suas cidades.

Quase 15 anos depois do Ano Olímpico da cidade, a aparência física de Barcelona ainda está mudando rapidamente. Com um governo local engajado ainda no comando, grandes áreas improdutivas industriais foram desapropriadas ao norte da cidade para criação de parques, uma nova marina e bairros residenciais elegantes. Um núcleo novo para a cidade ao norte está sendo criado ao redor do terminal para o AVE, o trem de alta velocidade, que ligará Madri a Barcelona e irá daqui até a fronteira francesa. Sendo ainda uma cidade que não tem medo de assumir riscos com sua arquitetura, a paisagem urbana de Barcelona vem sendo melhorada pela ousada e controversa **Torre Agbar** (no subúrbio mais distante de Glòries), do arquiteto francês Jean Nouvel, que se tornou o símbolo imponente de uma cidade que abraça o futuro com coragem.

3 Arte & Artistas

Das pinturas nas cavernas descobertas em Llerida a uma série de verdadeiros gigantes do século XX — P**icasso, Dalí e Miró** — a Catalunha teve uma tradição artística longa e significativa. Hoje em dia, ela é o centro espanhol das artes plásticas e da cultura de *design*.

O primeiro movimento artístico que chamou a atenção em Barcelona foi a **escultura Gótica Catalá** que ocorreu mais ou menos dos séculos XIII ao XV e produziu mestres renomados como Mestre Bartomeu e Pere Johan. Escultores trabalhando com mestres italianos trouxeram o Renascimento para Barcelona, mas poucos legados catalães importantes permaneceram desse período. O desenvolvimento da arte barroca nos séculos XVII e XVIII fez com que a Catalunha tivesse vários exemplos impressionantes, mas nada que valesse uma

APÊNDICE B · A CULTURA CATALÃ

Gaudí: O Arquiteto Religioso

O dia 7 de junho de 1926 começou tão normal quanto qualquer outro dia na vida do arquiteto **Antoni Gaudí i Cornet**. Deixando seu humilde estúdio no trabalho em progresso, o Templo da Sagrada Família, o homem idoso caminhava pelo bairro de L'Eixample com a ajuda de sua bengala a caminho de suas vésperas. Ele não ouviu os sinos do bonde de número 30 quando ele descia a Gran Vía. Enquanto esperavam uma ambulância, as pessoas vasculharam os bolsos de seu terno surrado à procura de alguma indicação de sua identidade, mas nada foi encontrado. Confundindo o grande arquiteto com um vagabundo, ele foi levado para o hospital público de Santa Creu, nas proximidades.

Durante os três dias seguintes, Gaudí agonizou. Além de ocasionalmente abrir a boca para proferir as palavras "Jesus, meu Deus!", sua única comunicação adicional foi protestar contra a sugestão de ser transferido para uma clínica particular. "Meu lugar é aqui, com os pobres", ele falava.

Gaudí nasceu em 1852 no município rural de Reus. Filho de um serralheiro, ele gastava muitas horas estudando as formas da flora, da fauna e a topografia de terreno agrário tipicamente mediterrâneo. "A natureza é um ótimo livro, sempre aberto, que nós deveríamos nos forçar a ler", disse ele uma vez. Além de usar formas orgânicas em suas decorações exuberantes (mais de 30 espécies de plantas podem ser vistas na famosa Fachada da Natividade da Sagrada Família), ele se encantava com a estrutura de plantas e árvores. De acordo com seu modo de pensar, não havia modelo ou forma que pudesse ser criado na prancheta de um arquiteto que já não existisse na natureza. "Todos os estilos são organismos relacionados com a natureza", afirmava.

peregrinação especial; os velhos mestres como **El Greco** e **Velázquez** trabalharam em outras partes da Espanha (Toledo e Madri, respectivamente).

No período neoclássico do século XVIII, a Catalunha — e, particularmente, Barcelona — acordou de seu torpor artístico. Escolas de arte foram abertas e pintores estrangeiros chegaram, exercendo considerável influência. O século XIX produziu muitos artistas cataláes que seguiram as tendências gerais europeias da época sem forjar nenhuma grande novidade criativa.

O século XX trouxe um fermento artístico novo para Barcelona, como indicado pela chegada de **Pablo Picasso**, nascido em Málaga. (A capital catalá é hoje o local onde fica um importante museu de Picasso.) Os grandes pintores surrealistas da escola espanhola, **Joan Miró** (que também tem um museu que leva o seu nome em Barcelona) e **Salvador Dalí** (cujo museu fantástico fica na

Costa Brava, ao norte de Barcelona) também vieram para a capital catalá.

Muitos escultores cataláes conseguiram ser aclamados nesse século, incluindo Casanovas, Llimon e Blay. A Guerra Civil Espanhola trouxe estagnação cultural, embora contra todas as probabilidades, muitos artistas cataláes continuaram fazendo declarações ousadas. **Antoni Tàpies** foi um dos principais artistas desse período (a Fundació Tàpies, em Barcelona, é dedicada ao seu trabalho). Entre as várias escolas formadas na Espanha na época estava a **liga neofigurativa** que incluiu artistas como Vásquez Díaz e Pancho Cossio. O Museu de Arte Contemporânea, no bairro de El Raval (pág. 172), ilustra os vários movimentos artísticos cataláes do século XX, incluindo o Dau al Set, o movimento surrealista iniciado nos anos 40 pelo "poeta visual" Joan Brossa. Sua arte e muitos outros trabalhos de escultores importantes estão espalhados pelas ruas de Barcelona, tornando-a um museu vibrante ao ar livre. Preste atenção na *Cabeça de*

ARTE & ARTISTAS 317

Além da Mãe Natureza, as duas outras luzes que guiavam Gaudí eram religião e o nacionalismo catalão. Quando o movimento modernista estava em seu auge, arquitetos como Luis Domènech i Montaner e Josep Puig i Cadafalch estavam desenhando prédios levando as decorações floreadas e os detalhes ao delírio. Gaudí, na última metade de sua vida, desaprovava esses excessos e essas noções caprichosas e distantes (ou seja, europeias). Ele criou até mesmo uma contracultura, o Círculo Artístico de São Lucas, uma organização de criadores pios que amavam Deus e a pátria da mesma forma que ele próprio.

Ele nunca se casou e quando estava perto dos 50 anos, mudou-se para uma casa no Parc Güell, a "cidade jardim", projetada na parte alta de Barcelona, com sua sobrinha doente e a governanta. Depois que elas morreram, seus hábitos alimentares, sempre vistos como um tanto quanto excêntricos pelos catalães carnívoros (Gaudí era um vegetariano rígido), se tornaram tão irregulares que um grupo de freiras carmelitas que moravam no parque assumiram a responsabilidade de se certificar de que ele se estivesse sendo alimentado adequadamente. Sua aparência também estava começando a assumir um aspecto bizarro. Ele deixava a barba e os cabelos crescerem por meses, esquecia-se de vestir roupas íntimas e usava chinelos velhos em casa e na rua.

O que se tornou aparente no final de sua vida, e muito tempo depois, é que Gaudí era um dos maiores arquitetos que o mundo conheceu, cujas técnicas revolucionárias ainda são assunto de teorias e investigações e cuja visão foi uma inspiração para alguns dos arquitetos mais famosos de hoje, incluindo o próprio Santiago Calatrava, da Espanha. O **Año Gaudí**, em 2003, celebração de seu aniversário de 150 anos, viu um número igual de turistas em Barcelona em relação a Paris pela primeira vez. Espere multidões ainda maiores se o Templo da Sagrada Família for terminado, como previsto, para o centenário de sua morte em 2026.

Barcelona, de Roy Lichtenstein, em frente à agência central dos correios, na Plaça d'Antoni López, no fálico *Dona i Cell,* de *Joan Miró,* no parque de mesmo nome, e o gato gigantesco de Fernando Botero, na Rambla del Raval.

Hoje em dia, muitos artistas de Barcelona estão fazendo seus nomes e seus trabalhos são vendidos nas mais prestigiadas galerias do mundo ocidental. Uma escultora de destaque entre estes é **Susana Solano**, que está classificada entre os nomes mais famosos da arte contemporânea espanhola, e o neoexpressionista Miguel Barceló. **Design** e artes gráficas prosperaram em Barcelona desde os dias pesados do *modernisme.* Parece que nada em Barcelona, de um

banco de praça a uma caixa postal, escapa do "toque de *designer*". Nomes importantes incluem o arquiteto e *designer* de objetos e de interiores Oscar Tusquets, e o artista gráfico original Javier Mariscal, cujo trabalho pode ser visto em muitas lojas de utensílios domésticos de grife da cidade. As escolas de artes plásticas mais importantes na Espanha ficam em Barcelona, e a cidade age como um ímã para jovens europeus criativos que se reúnem aqui para montar seus negócios.

As refeições são uma atividade social extremamente importante na Catalunha; comer fora continua sendo um passatempo importante, seja de noite com amigos, no almoço em um bar local com colegas de

⟨Fatos Interessantes   Picasso & Les Demoiselles

Biógrafos do grande artista do século XX, Pablo Picasso, nascido na Espanha, afirmam que o artista teve a inspiração para pintar uma de suas obras-primas, *Les Demoiselles d'Avignon*, depois de uma "noite gloriosa" passada em um notório bordel na Carrer D'Avinyó,f em Barcelona.

4 O Sabor da Catalunha

trabalho ou no tradicional banquete familiar de domingo. Embora Barcelona seja uma cidade que tem um ritmo frenético, os horários das refeições ainda são respeitados, especialmente a hora do almoço, com a cidade inteira reduzindo o ritmo das 14:00 às 16:00 horas. Muitas pessoas vão para casa ou se aglomeram em um restaurante local para comer o *menú del día* (almoço do dia) com três pratos.

A comida catalá é bastante diferente do resto da Espanha. Em Barcelona, a dieta principal é tipicamente mediterrânea, com uma abundância de peixes, legumes e vegetais, últimos geralmente servidos simplesmente cozidos com um fio de azeite de oliva. Carne de porco, de todas as formas, é bastante consumida, quer como filés grelhados, na forma do famoso presunto Serrano, ou como deliciosos *embutidos* (frios) do interior da Catalunha. Em restaurantes mais contemporâneos, as porções tendem a ser menores. Outra característica local é a falta de bares de tapas. Existem alguns muito bons, mas não com a mesma abundância que no resto da Espanha. Em vez disso, os catalães preferem *raciones* (pratos de queijos, patês e carnes defumadas) se eles quiserem beliscar algo.

Muitos restaurantes na Espanha fecham aos domingos e às segundas, portanto verifique primeiro antes de ir. As salas de jantar nos hotéis ficam geralmente abertas 7 dias por semana, e há sempre algo aberto nas áreas turísticas. Se você realmente quiser experimentar o verdadeiro sabor da culinária catalá, fique longe dos lugares na Les Ramblas, peça recomendações ao porteiro do seu hotel ou dê uma olhada no capítulo 6 deste livro. Fazer suas refeições em Barcelona pode variar do memorável ao horrível (ou memorável pelas razões incorretas!), portanto vale a pena. Se possível, sempre reserve primeiro nos restaurantes mais famosos, especialmente nos fins de semana.

REFEIÇÕES

CAFÉ DA MANHÁ Na Catalunha, assim como no resto da Espanha, o dia começa com um café da manhã continental leve, normalmente em um bar. A maioria dos espanhóis toma café, geralmente forte, servido com leite quente — *um café com leche* (meio café, meio leite) ou *um cortado* (uma dose de expresso "cortado" com um pouco de leite). Se você achar essas opções muito fortes ou amargas para seu gosto, você pode pedir um *café americano* mais diluído. Um chá preparado de forma adequada é difícil de ser encontrado, mas infusões de ervas como *poleo menta* (hortelã) ou *manzanilla* (camomila) são comuns. Junto com isso, a maioria das pessoas come apenas um *croissant* (cruasan), uma rosquinha ou uma *ensaimada* (uma massa leve com um pouco de açúcar por cima). Se quiser algo com mais substância, você sempre pode pedir um *bocadillo* (enrolado) com queijo ou carne grelhada ou frios, ou pedir para ver a lista de *platos combinados*, os quais vêm com ovo frito, batatas fritas, bacon e um filé ou um hambúrguer. Um *bikini* é um sanduíche de presunto e queijo quente à moda antiga.

ALMOÇO O almoço é a refeição mais importante do dia em todos os lugares na Espanha. Normalmente inclui três ou quatro pratos, embora alguns restaurantes mais modernos na Cidade Velha hoje em dia ofereçam somente um prato, mais a sobremesa, para aqueles com apetites mais leves. A refeição começa com uma opção de sopa, salada ou legumes. Em seguida, vem um prato com carne, frango ou peixe simplesmente grelhado ou em um cozido rico ou ensopado. Em algum momento, aqueles que comem carne devem definitivamente experimentar as *botifarras*, que são linguiças feitas localmente. As sobremesas são leves (felizmente): frutas, iogurtes ou *crema catalana* (crème brûlée). Vinho e pão sempre fazem parte da refeição. O almoço é servido das 13:30h às 16:00h, com "a hora do rush" às 14:00h.

O SABOR DA CATALUNHA 319

JANTAR Dependendo do que você comeu na hora do almoço, no jantar você escolhe outra extravagância ou uma comida leve.

Naturalmente, se você fez um almoço pesado ou tarde, você pode querer simplesmente uma ou duas tapas ou algumas *raciones* em um bar de vinhos. O jantar é a hora perfeita para provar o lanche catalão mais típico, *pa amb tomàquet* (pão rústico esfregado com azeite de oliva e polpa de tomate, servido com queijo, patê ou frios). Essa invenção simples, mas engenhosa, combina muito bem com uma garrafa de vinho.

Se você optar por jantar em um restaurante, espere uma versão ligeiramente melhor do que você teve no almoço, mas com uma conta maior, pois a opção de menu fixo só existe na hora do almoço.

A hora chique para jantar é às 22:00h ou 22:30h. (Em regiões bem turísticas e onde se trabalha muito, você pode normalmente jantar às 20:00h, mas ainda poderá se ver sozinho no restaurante.) Na maioria dos estabelecimentos de classe média, as pessoas jantam por volta das 21:30h.

A COZINHA

SOPAS & ENTRADAS As sopas são grossas e fartas. Elas estão divididas em duas categorias: *sopa* (sopa grossa) e *potage* (uma sopa bem grossa, que é uma refeição por si só). Um *crema* é uma sopa-creme, como *crema de aspárrago*. Uma sopa clássica que, de acordo com o cantor/compositor popular Lluís Llach, "reflete toda a sabedoria das pessoas da Catalunha" é a *escudella i carn d'olla* (um cozido com carne e vegetais semelhante ao *pot au feu* francês). Tradicionalmente o café da manhã dos pescadores, um *suquet* é uma sopa de peixe com batatas bem farta. *Gazpacho* frio é particularmente refrescante nos meses quentes.

OVOS Eles são servidos de várias maneiras. Uma omelete espanhola, a *tortilla española*, é feita com batatas e geralmente com cebolas. Variedades catalãs locais incluem *tortillas* com feijões brancos, aspargos e alho, normalmente servidas em bares com um pouco de *pan amb tomàquet*. Uma omelete simples chama-se *tortilla francesa*.

PEIXES Como no resto da Península, os catalães são ávidos apreciadores de peixe. O consumo de peixes e particularmente de mariscos, tem quase um *status cult*; eles são consumidos em todas as principais celebrações. Embora uma quantia enorme seja importada, há 35 portos de pesca ao longo do litoral da Catalunha. Algumas das variedades locais incluem *dorada* (um tipo de brema), *mero* (garoupa) e *salmonette* (mullet vermelho). Sardinhas (quando for época) são baratas e deliciosas quando grelhadas com um pouco de alho e salsa. Os camarões são servidos geralmente da mesma maneira (preste atenção nos camarões de Denia que são supostamente os melhores) e mexilhões vêm cozidos ou em um molho marinara. Lula, polvo e *sepia* (chocos) têm forte presença, de *calamari a la romana* (lula frita) a *chipirones* (filhotes de polvo do tamanho de uma bocada, também fritos) á lula cozida em sua própria tinta. Embora não seja nativo, o bacalhau salgado (*bacallà*) é particularmente venerado pelos catalães e antes que você o dispense como um peixe pobre, experimente o delicioso *bacallà a la llauna* (assado) ou *brandada de bacallà* (um purê cremoso comido com pão). O bacalhau é uma boa opção em restaurantes mais baratos, onde os peixes no seu *menú del día* podem ser congelados ou de qualidade inferior. Peixes e frutos do mar de primeira na Catalunha não são baratos, mas isso não impede de serem consumidos em quantidades enormes.

PAELLA O prato espanhol mais internacionalmente conhecido é a *paella*. Temperada com açafrão, a *paella* é um prato de arroz aromático, geralmente coberto com frutos do mar e/ou frango, linguiça, pimentões e temperos locais. Embora seja bastante servida na Catalunha, ela na verdade é originária de Valência. De modo semelhante, você poderá querer

APÊNDICE B · A CULTURA CATALÃ

experimentar um *fideuà* (um prato local que substitui o arroz por macarrões finos do tipo cabelo de anjo) ou um *arroz negre* (arroz cozido em tinta preta de lula). Uma paella catalã verdadeira é feita com coelho e *botifarra*, uma linguiça saborosa. (Incidentemente, o que é conhecido nos EUA como arroz espanhol (Spanish rice) não é espanhol em nada. Se você pedir arroz espanhol a um garçom que fala inglês, ele lhe servirá uma paella.

CARNES   Não espere um filé enorme, mas não deixe de provar o leitão assado no espeto, tão suculento e macio que geralmente pode ser cortado com um garfo. A carne de vitela também é boa, e o *lomo de cerdo* (lombo de porco) não tem concorrente em lugar nenhum. O frango é macio e saboroso, não importa se for um simples peito de frango grelhado ou assado no espeto até ficar dourado. Os pratos catalães tendem a misturar carne em combinações inesperadas, como com frutos do mar, frutas ou *escargots*.

VEGETAIS & SALADAS   Por meio de métodos agrícolas mais sofisticados e expansões enormes da paisagem agrária, a Espanha atualmente cultiva mais frutas e legumes (e muitos poderiam argumentar que são mais saborosos também) que qualquer outra região da Europa. Eles são geralmente servidos de forma simples: cozidos com um fio de azeite. Os pratos principais geralmente não vêm com legumes, exceto como uma guarnição simples ao lado. Você pode considerar pedir uma entrada com legumes para obter sua cota de vitaminas. Uma entrada popular é a *escalivada* (tiras de pimentões doces e berinjelas na brasa, servidos frios). Em restaurantes tradicionais, as saladas são normalmente uma combinação básica de alface, tomate, cebola e azeitonas. Uma *ensalada catalana* adiciona frios locais. Os vegetarianos devem sempre verificar se não há nenhuma carne incluída naquilo que parece ser um prato de vegetais ou uma salada no cardápio.

LEGUMES   Os catalães são bem servidos quando se trata de legumes; grão-de-bico, lentilhas, feijões brancos e pretos aparecem regularmente de todo jeito e de maneiras deliciosas. O grão-de-bico geralmente é servido com filhotes de lula; as lentilhas com presunto, chorizo e chouriço; *habas a la catalana* mistura favas, presunto Serrano e hortelã. Um modo tradicional de comer *botifarra* (linguiça) é com *mongetes* (feijões brancos).

SOBREMESAS   Os catalães não dão ênfase à sobremesa, o que poderia explicar por que, levando em conta a quantidade que se come, a maioria consegue controlar seu peso. Muitos optam por frutas frescas, uma *macedonia* (salada de frutas), ou até mesmo um pote de iogurte. Flã, um tipo de pudim caseiro feito com ovos, aparece em todos os cardápios, assim como a *crema catalana*, ou *crème brûlée*. Se realmente precisar de calorias, você pode normalmente encontrar um *cheesecake* (assado, e não do tipo cremoso), um *pudin*, uma mousse de chocolate, ou algum outro tipo de sobremesa tradicional no cardápio, mas nos lugares mais baratos eles tendem a ser de qualidade inferior. Como algo estranho no jantar — embora não seja nem um pouco para todos os espanhóis — muitos restaurantes servem suco de laranja natural como sobremesa.

AZEITE DE OLIVA & ALHO   O azeite de oliva é usado de forma abundante por toda a Espanha, o maior produtor de azeite no mundo. Ele é usado em todos os pratos cozidos e até mesmo como substituto da manteiga no pão. O alho também faz parte integrante da dieta espanhola, mas você pode pedir que ele seja retirado dos pratos grelhados e fritos.

O QUE BEBER

ÁGUA   Embora seja segura para beber, muitos acham desagradável o gosto da água de torneira em Barcelona. Água mineral, em garrafas de 0,5 a 5 litros, está disponível em todos os lugares. Água com gás se chama *agua con gas*; água normal é *agua sin gas*. A catalã Vichy, uma água com gás, meio salgada, que

O SABOR DA CATALUNHA   321

muitas pessoas acreditam que ajuda na digestão, é muito popular. Observe que a água engarrafada em, bares e cafés pode custar tanto quanto uma cerveja.

REFRIGERANTES   Schweppes, Fanta, e, naturalmente, Coca-Cola estão à disposição em qualquer lugar. *Bitter Kas* é uma bebida com gás com um gosto de Campari. Sua opção mais barata é uma garrafa de um litro de *gaseosa*, uma espécie de limonada menos doce. No verão, você deveria experimentar também a *horchata*. Não deve ser confundida com a bebida mexicana de mesmo nome; a *horchata* espanhola é uma bebida doce, parecida com leite de soja, feita de tubérculos que se chamam *chufas*.

CAFÉ   O café é consumido no dejejum (veja anteriormente) e após as refeições. Depois do almoço ou do jantar, você pode querer experimentar um *carajillo*, um café curto com uma dose de brandy, conhaque, rum ou Baileys.

LEITE   Infelizmente, leite longa vida vendido em caixas é a norma. Leite fresco pode ser encontrado em supermercados maiores e *granjas*, bares que vendem derivados de leite e bebidas como chocolate quente e (às vezes) *milk-shakes. Leche merengada* é um delicioso leite com sabor de canela que aparece no verão.

CERVEJA   Embora não seja nativa da Espanha, a cerveja (*cerveza*) atualmente é bebida (e vendida) em todos os lugares. Marcas locais incluem San Miguel e Estrella. Todas as cervejas tendem a ser mais leves, mais parecidas com as versões americanas que britânicas. Uma *clara* é um copo de cerveja misturado com refrigerante de limão. Uma garrafa pequena de cerveja é chamada de *mediana*, e um copo é uma *caña*.

VINHO   Até bem recentemente, a Espanha não era levada particularmente a sério como uma região produtora de vinhos. À sombra da França e da Itália, ela estava associada principalmente a vinhos tintos baratos e sangria, mas graças às práticas inovadoras de vários produtores de vinho e particularmente de produtores da Catalunha, o vinho espanhol está passando atualmente por um renascimento, e oferece alguns dos melhores produtos (tanto em termos de preços como de qualidade) do mundo.

O incontestável rei dos vinhos catalães é Miguel Torres, cuja família vem fazendo vinhos na região vinícola de Penedès, apenas 45 minutos ao sul de Barcelona, durante mais de 100 anos. Pioneiro e enigmático, Torres revolucionou a produção de vinhos na Catalunha, provando que a região era capaz de produzir vinhos excelentes, e fez as pessoas pararem para prestar atenção. Hoje em dia, Penedès, conhecida pelas colinas sinuosas, pelo clima mediterrâneo agradável e pelo terreno variado, produz tintos leves e frutados, brancos refrescantes e — o *pièce de résistance* da região — a *cava* (vinho espumante).

Feita com o mesmo método que a champagne francesa, a maioria dos produtores de alto nível vai jurar que a *cava* é tão boa quanto, se não melhor, que a champagne, um ponto com o qual Dom Pierre Pérignon — o monge beneditino que inventou a champagne no século XVII — teria sem dúvida discordado. Apesar disso, em 1872, Josep Raventós Fatjó (da vinícola Can Cordoníu) abriu sua primeira garrafa da bebida e esse ouro líquido logo estava circulando pela alta sociedade, inclusive no palácio real.

Penedès responde por aproximadamente 75% de toda a *cava* produzida na Espanha e há uma infinidade de variedades diferentes, de vinhos de bodegas pequenas de "garagem" (que nada mais são do que pessoas produzindo um número limitado de garrafas em seus refúgios no jardim) a marcas mais importantes e internacionais como Freixenet e Cordoníu (que é responsável pela maioria das exportações mundiais). Os últimos dois ficam em Sant Sadurni d'Anoia, a capital da *cava*, e Cordoníu é particularmente interessante para se fazer uma visita. Localizado em um edifício modernista espetacular que faz parte da herança espanhola, ele tem 15 km (9 milhas) de túneis subterrâneos para explorar enquanto você aprende sobre o processo de fabricação da *cava*.

322 APÊNDICE B · A CULTURA CATALÃ

Para verdadeiros amantes de vinho, as regiões produtoras de vinho da Catalunha têm muito mais a oferecer do que apenas a cava, podendo ser um passeio fantástico. Os romanos foram os primeiros povos a produzir vinho nos Penedès e suas estradas antigas ainda cruzam a região. Recentemente foram descobertas videiras anteriores à *phylloxera*, que alguns especialistas dizem indicar o caminho para o futuro. Esses vinhos são importantes porque usam variedades de uvas que até então não haviam sido usadas na produção moderna de vinhos. Os produtores de Penedès acham que, em vez de construir uma indústria baseada em variedades conhecidas, como chardonnay e merlot, eles conquistarão o mercado com essas variedades novas que não haviam sido descobertas até então, e que são únicas da área. Por enquanto, produtores criativos, como Josep Maria Noya de Albet i Noya (o primeiro produtor de vinhos orgânicos da Espanha) e Miguel Torres continuam fazendo experiências com suas colheitas, mas provavelmente não levará muito tempo até que variedades desconhecidas comecem a chegar ao mercado.

Jean León — uma das vinícolas mais modernas da região e agora de propriedade de Torres — também foi responsável por provocar mudanças na região que até agora fazia vinhos bastante bons, mas nenhum que fosse particularmente excitante. Nos anos 60, León retornou de Hollywood para sua amada Espanha à procura de um vinhedo onde ele pudesse fazer vinhos que fossem adequados para servir no seu restaurante, o La Scala, em Beverly Hills. Não levou muito tempo para que ele e Miguel Torres se tornassem amigos, compartilhando conhecimentos sobre a região, métodos modernos de produção de vinhos do Mundo Novo, e, mais notadamente, novas variedades de uvas. León introduziu tanto o chardonnay como o cabernet sauvignon na região.

A joia na produção de vinhos da Catalunha, entretanto, é o Priorat. O vinho vem sendo produzido aqui durante pelo menos 1.000 anos, feito principalmente nos mosteiros, e durante séculos foi largamente aclamado. Mas depois que a plyllloxera destruiu a maioria das colheitas na Europa, a região nunca mais se recuperou de verdade — quero dizer, até recentemente. No começo dos anos 80, um grupo de jovens produtores de vinho começou a levar sua arte a sério novamente. O mais notável deles era Carles Pastrana do Clos L'Obac que se propôs a criar um conjunto de regras e regulamentações para D.O. (*denominación de origen*). Quando você vê a região, com suas encostas incrivelmente rochosas e verticais e a terra preta dura, e soma isso ao fato de que muitos nem mesmo irrigam a terra com medo de influenciar o delicado equilíbrio do lençol freático, parece impossível que qualquer coisa boa resulte disso. E apesar de tudo, nas 2 últimas décadas, os tintos densos e exuberantes de Priorat tornaram-se famosos como sendo um dos melhores e mais excitantes vinhos do mundo.

BEBIDAS ALCOÓLICAS Vodkas, gins, rum, uísques e conhaques estão disponíveis em qualquer bar. Se você não reconhecer a marca, provavelmente é local e, com exceção dos brandies e dos cognacs, normalmente de uma qualidade inferior. As doses aqui são quase o dobro em relação a qualquer outro lugar, o que é bastante justo também: em alguns bares e boates você poderá pagar até 12€ (US$15) por um coquetel (*cubata*). Uma das bebidas mais populares é a *cuba libre* (rum com Coca-Cola).

Apêndice C:
Expressões & Frases Úteis

A maioria dos catalães é bem paciente com os estrangeiros que tentam falar o idioma catalão. Para quem fala inglês, a pronúncia catalã é muito mais fácil que a pronúncia espanhola, então experimente. Se você souber um pouco de francês ou de italiano, provavelmente achará o catalão bastante fácil.

1 Palavras & Frases Úteis

Português	Espanhol/Catalão	Pronúncia
Bom dia	**Buenos días/**	*bué*-nos *dí*-as
	Bon dia	bon *d'ia*
Como vai você?	**¿Cómo está?/**	*co*-mo es-*tá*
	Com està?	Ko-mo es-tá
Muito bem	**Muy bien/Molt bé**	mui bien/mol-te be
Obrigado	**Gracias/Gràcies**	*gra*-cias/*gra-jes*
De nada	**De nada/De res**	de *na*-da/de res
Tchau	**Adiós/Adéu**	ad'jos/
Por favor	**Por favor/Si us plau**	Por fa-*bor*/si us plô
Sim	**Sí/Sí**	si
Não	**No/No**	No
Desculpe	**Perdóneme/**	perd'on'ne'me/
	Perdoni'm	perd'on'im
Onde está . . . ?	**¿Dónde está . . . ?/**	*don*-de es-*tá*
	On és . . . ?	on és
a estação	**la estación/la estació**	la es-ta-*ción* /l'a estaCio
um hotel	**un hotel/l'hotel**	um ho-*tell'*l otel
o mercado	**el mercado/el mercat**	'el merk'ado /'el merk'at
um restaurante	**un restaurante/**	um res-*tau*-ran-te /
	un restaurant	'un restau-rant
o banheiro	**el baño/el lavabo**	el *ba*-nho/'el lava' bo
um médico	**un médico/un metge**	um *mé*-di-co /'un me't-*je*

324 APÊNDICE C · EXPRESSÕES & FRASES ÚTEIS

Português	Espanhol/Catalão	Pronúncia
o caminho para	el camino a/	´el kamino a/
	al cami per	´al ka´mi per
À direita	A la derecha/	a la-dere-tcha
	A la dreta	l´a dre´ta
À esquerda	A la izquierda/	a la is- quier-da/
	A l'esquerra	a les-quie-ra
Eu gostaria. . .	Quisiera/Voldría	qui-ssie-ra /vol-dri-a
Eu quero. . .	Quiero/Vull	quie-ro/bul
comer	Comer/Menjar	co-mer/men-jahr
um quarto	una habitación/	abitaC´jo /
	un habitacion	um abi-ta-cion/
Você tem . . . ?	¿Tiene usted?/Té	tie-ne us-tê/
um livro	un libro/un llibre	um li-bro/um ji-bre
um dicionário	un diccionario/	um di-cio-na-rio /
	un diccionari	um di-chio-ná-ri
Quanto custa?	¿Cuánto cuesta?/	cuan-to cues-ta?/
	Quant es?	Quant´és?
Quando?	¿Cuándo?/Quan?	cuan-do /cuan
O quê?	¿Qué?/Com?	qué?/Com
Há	(¿)Hay (. . . ?)	ai?/
(Há . . . ?)	Hi ha? ou Hi han?	i han
O que tem ali?	¿Qué hay?/	quê ai?/
	Que hi ha?	que i ha
Ontem	Ayer/Ahir	a-jer/ a-jir
Hoje	Hoy/Avui	´oi/a-vi
Amanhã	Mañana/Demá	ma-nha-na/de-má
Bom	Bueno/Bon	bue-no /bon
Mal	Malo/Mal	ma-lo/mal
Melhor	(Lo) Mejor/Millor	(lo) me-rror/mi-rror
Mais	Más/Mes	más/mes
Menos	Menos/Menys	me-nos/mé-nis
Você fala inglês?	¿Habla inglés?/	´abla in-gles /
	Parla anglès?	par-la an-gles

NÚMEROS 325

Português	Espanhol/Catalão	Pronúncia
Eu falo um pouco de espanhol/catalão	**Hablo un poco de español/**	áblo un pôco/ se es-panhol/
	Parlo una mica de Catalan	par-lo una mi-ca de de Cata-lan
Eu não entendo	**No entiendo/ No comprenc**	nô en-tien-do/ no com-*prenc*
Que horas são?	**¿Qué hora es?/ Quina hora és?**	Quê hora és/ *qui*-na o-ra *és*
A conta, por favor	**La cuenta, por favor/El compte, si us plau**	la cuen-ta, pôr/ el *comp*-te si us plô

2 Números

NÚMERO	ESPANHOL	CATALÃO
1	**uno** (*u*-no)	**um** (*u*-no)
2	**dos** (dos)	**dos** (dos)
3	**tres** (três)	**tres** (três)
4	**cuatro** (*cua-tro*)	**quatre** (*catre*)
5	**cinco** (*cin-co*)	**cinc** (cinque)
6	**seis** (sês)	**sis** (sis)
7	**siete** (*cie*-te)	**set** (sét)
8	**ocho** (*ô*-tcho)	**vuit** (vit)
9	**nueve** (*nue*-be)	**nou** (nú)
10	**diez** (diess)	**deu** (*dè*)
11	**once** (*on*-ce)	**onze** (*ônze*)
12	**doce** (*do*-ce)	**dotze** (*dô-tche*)
13	**trece** (*tre*-ce)	**tretze** (*trê-tche*)
14	**catorce** (ca-*tor*-ce)	**catorza** (ca-tor-tza)
15	**quince** (*quin*-ce)	**quinza** (*quin-tza*)
16	**dieciséis** (die-si-*sés*)	**setze** (*set-tza*)
17	**diecisiete** (die-si-*cie*-te)	**disset** (di-set)
18	**dieciocho** (die-si-*o*-tcho)	**divuit** (di-vit)
19	**diecinueve** (die-si-*nue*-be)	**dinou** (di-*nú*)
20	**veinte** (*bein*-te)	**vint** (vant)

326 APÊNDICE C · EXPRESSÕES & FRASES ÚTEIS

NÚMERO	ESPANHOL	CATALÃO
30	**treinta** (*trein*-ta)	**trenta** (*tren*-ta)
40	**cuarenta** (cua-*ren*-ta)	**quaranta** (qua-*ran*-ta)
50	**cincuenta** (cin-*cuen*-ta)	**cinquanta** (tchin-*quan*-ta)
60	**sesenta** (se-*ssen*-ta)	**seixanta** (si-*tchen*-ta)
70	**setenta** (se-*ten*-ta)	**setanta** (se-*tan*-ta)
80	**ochenta** (o-*tchen*-ta)	**vuitanta** (vi-*tan*-tah)
90	**noventa** (no-*ben*-ta)	**noranta** (no-*ran*-tah)
100	**cien** (*cien*)	**cent** (sent)

Índice Geral

A

ACOMODAÇÕES 1

7. Balconies 97
Abat Cisneros 252
Abba Garden Hotel 117
AC Diplomatic 102
Acropolis Guest House 112
Aparthotel Silver 118
Arabella Sheraton Golf Hotel Son Vida 295
Avenida Palace 102
Barceló Hotele Sants 111
Barcelona Hilton 115
Barcelona Universal Hotel 111
Bellmirall 270
Best Western Mar Menuda 276
B. Hotel Barcelona 110
Calderón 102
Canaima 276
Catalonia Albioni 90
Catalonia Barcelona Plaza 109
Citadines 118
Constanza 103
Costa Azul 297
Curhotel Hipócrates 279
Duquesa de Cardona 87
Duques de Bergara 90
El Far de Sant Sebastià 280
Euostars Gaudí 103
Fashion House B&B 106
Gallery Hotel 103

Gat Raval 94
Gat Xino 95
Grand Hotel Monterrey 273
Grand Hotel Reymar 276
Gran Hotel La Florida 116
Gran Hotel Torre Catalunya 109
H10 Raco Del Pi 92
Hesperia Sarrià 117
Hispanos Siete Suiza 118
Hostal de la Gavina 279
Hostal d'Uxelles 106
Hostal D'Uxelles 6
Hostal Girona 107
Hostal Goya 107
Hostal Opera 95
Hostal Orleans 95
Hostal Putxet 112
Hostal Residencia Oliva 108
Hostal Roger de Flor 273
Hostal Roma Reial 95
Hotel Actual 103
Hotel Apsis Atrium Palace 104
Hotel Arts 5, 112
Hotel Astoria 108
Hotel Axel 104
Hotel Balmes 108
Hotel Banys Orientals 95
Hotel Barcelona Catedral 96
Hotel Barcino 90

Hotel Bonsol 298
Hotel Born 297
Hotel Cap d'Or 276
Hotel Carlemany 269
Hotel Casa Fuster 97
Hotel Casa Fustes 5
Hotel Ciutat de Girona 269
Hotel Claris 98
Hotel Colón 88
Hotel Condes de Barcelona 98
Hotel Costa d'Or 304
Hotel Diana 277
Hotel El Cid 263
Hotel Es Molí 303
Hotel España 5, 96
Hotel Excelsior 274
Hotel Fira Palace 110
Hotel Formentor 306
Hotel Front Marítm 114
Hotel Grand Marina 114
Hotel Gravina 91
Hotel Illa d'Or 306
Hotel Inglaterra 105
Hotel Jazz 105
Hotel Majestic 100
Hotel Meliá Barcelona Sarrià 111
Hotel Meliá de Mar 298
Hotel Miramar 110
Hotel Neptuno 277
Hotel Neri 91
Hotel NH Calderón 88
Hotel Noucentista 263
Hotel Nouvel 91
Hotel Omm 100
Hotel Onix 105

328 ÍNDICE GERAL

Hotel Peninsular 6, 270
Hotel Penisular 96
Hotel Playa Sol 284
Hotel Portixol 296
Hotel Punta Negra 298
Hotel Regencia Colón 91
Hotel Ritz 5, 100
Hotel Romàntic de Sitges 262
Hotel Royal 92
Hotel San Agustí 92
Hotel Santa Marta 273
Hotel Saratoga 297
Hotel Tonet 277
Hotel Tres 296
Hotel Ultonia 270
HUSA Oriente 93
Jardi 97
La Ciudadela Hotel 97
La Residencia 304
Le Meridien Barcelona 87
Llane Petit 285
Marina Folch 6, 115
Marina View B&B 115
Mas de Torrent 280
Meliá Gran Sitges 263
Meliá Palas Atenea 296
Mesón Castilla 93
Montecarlo 93
NH Duc de la Victoria 93
Palacio Ca Sa Galesa 295
Palau Sa Font 296
Park Hotel 94
Petit Palace Opera Garden Ramblas 94
Prestige 101
Pulitzer 101
Relais d'Orsa 116
Rey Juan Carlos I 116
Rivoli Ramblas 88

Rocamar 285
Sagrada Família B&B 108
San Lorenzo 297
Silken Diagonal 105
Silken Gran Hotel Havana 101
Terramar 263
Tryp Barcelona Aeropuerto 117
Vincci Marítimo Hotel 114

Ar Livre e Esportes 193

BARCOS DE PASSEIO 194
CAVALGADAS 194
GOLFE 193
Happy Park 194
NATAÇÃO 193
SURF & WINDSURFING 194
TÊNIS 194

B

BAIRROS, de BARCELONA 67

BARRI GÒTIC 160
Barri Xinès 68
Centro 69
Ciutat Vella (Cidade Velha) 67
El Born 69
El Raval 68
Gràcia 179
La Rambla 68
La Ribera 69
L'Eixample 70
L'EIXAMPLE DRETA 174
L'EIXAMPLE ESQUERRA 177
Mercant del Born 168

Montjuïc 181
Montjuïc & Tibidabo 71
Pedralbes 71
Port Vell 69
Quarteirão Judeu (veja também) 167

Barcelona à Noite 228

Aire-Sala Diana 247
Alfa 244
Almirall 235
Antilla Latin Club 243
Apolo 239
Baja Beach Club 241
Barcelona Rouge 235
Bikini 245
Borneo 236
Café Bar Padam 236
Café del Sol 244
Café Dietrich 247
Café Royale 239
Café Zurich 236
Caligula 248
Can Paixano 247
Carpe Diem Lounge Club 241
Casablanca 231
Cibeles 244
Clube 13 240
Cocktail Bar Boadas 236
Costa Breve 243
Dançando à Moda Antiga 240
Dançando com a Fada Verde 239
Dançando Perto do Porto 242
Danzatoria 246
Descobrindo Lugares Para Comer 245
Dot 240
Eat, Drink, Life 236
El Born 236

El Bosc de las Fades 237
El Café Que Pone Muebles Narvarro 237
El Tablao de Carmen 234
El Xampanyet 247
Espai Barroc 234
Filmoteca 232
Fonfone 237
Gimlet 245
Ginger 237
Gran Teatre del Liceu 230
Harlem Jazz Club 235
Hivernacle 237
Icária Yelmo Cineplex 232
Institut del Teatre 232
Jamboree 235
KGB 244
La Casa dels Músics 231
La Concha 238
La Fianna 238
La Luz de Luna 240
L'Antic Teatre 233
La Oveja Negra 238
L'Ascensor 238
L'Auditori 231
Le Kashba 242
Los Tarantos 234
Luz de Gas 235
Magic 240
Margarita Blue 238
Medusa 248
Méliès Cinemes 232
Mercant de Los Flors 233
Metro 248
Mirablau 246
Molly's Fair City 238
Moog 240
Nao Colón 238

New Chaps 248
New York 241
Nick Havanna 244
Otto Zutz 245
Palau dela Música Catalana 231
Pessoal da Vila 243
Piaf, Drag Queens & Um Passeio pelo Lado Selvagem 241
Pitin Bar 238
Punto BCN 248
Razzmatazz 246
Renoir-Floridablanca 232
Salavation 248
Shoko 242
Sidecar 241
So_Da 239
Tablao Flamenco Cordobés 234
Teatre Nacional de Catalunya 233
Teatre Victoria 233
The Black Horse 236
The Fastnet Bar 242
Tirititran 234
Travel Bar 239
Universal 246
Up and Down 245
Verdi 232
Xampanyeria Casablanca 247
Xampú Xampany 247

C

Caminhando por Barcelona 195

Antic Hospital de Santa Cruz 203
Antic Merçant del Born 202

Arxiu de La Corona d'Aragó 197
Bd. Ediciones de Diseño 206
Capella d'en Marcus 199
Carrer d'en Robador 203
Carrer Montcada 199
Casa Comalat 206
Casa de L'Ardiaca (Casa do Arquidiácono) 195
Casa Del Canonge (Casa do Canhão) 198
Casa de les Punxes (Casa Terrados) 206
Cases Tomàs Roger 206
CCCB 205
Eglésia de Sant Pau de Camp 202
Església de Santa María del Mar 201
FAD (Foment de les Arts i Dissenys) 205
Farmacia Nordbeck 206
Gran Teatre del Liceu 203
La Pedrera (Casa Milà) 207
MACBA 205
Manzana de la Discordia 207
Mercant de Boqueria 203
Mercat de Santa Caterina 199
Mesón Del Café 197
Museu Barbier Muller d'Art Precolumbi 201
Museu Frederic Marès 197
Museu Picasso 201
Museu Tèxtil i d'Indumentària 201

330 ÍNDICE GERAL

Palau de Baró de Cuadras 207
Palau de la Musica Catalana 206
Palau dela Virreina 205
Palau Güell 202
Parc de la Ciutadella 202
Passeig del Born 201
Pati de Llimona 198
Plaça de l'Angel 199
Plaça de La Seu 197
Plaça del Rei 197
Plaça de Ramón Berenguer el Gran 199
Plaça de Sant Felip Neri 195
Plaça de Sant Jaume 198
Plaça de Sant Just 198
Plaça Nova 195
Queviures Murrià 206
Rambla de Raval 203
Temple d'Augustus 197

Catalunha 249

AVENTURA NOS PARQUES TEMÁTICOS 256
Cadaqués 284
Catalunha Lembra Pablo Casals 255
Chef Mais Famoso do Mundo 285
CIDADE MEDIEVAL 267
DIVERSÃO NA PRAIA & ARREDORES 261
El Call 269
Figueres 281
Girona 266
Jardim do Mar e da Murta 272
Lloret de Mar 272

Montserrat 249
Mundo de Salvador Dalí 282
Palafrugell & Suas Praias 280
Praias da Costa Daurada 258
Sant Feliu de Guíxols 278
Sitges 259
Tarragona 253
Terra da Cava 265
Tossa de Mar 275
Um Quarto com Vista 281
VISITANDO DALÍ 282

Conhecendo Barcelona 62

Centro de Barcelona 69
DISPOSIÇÃO DA CIDADE 63
ENCONTRANDO ENDEREÇOS/MAPAS 66
Fora de Barcelona 71
INFORMAÇÕES AOS VISITANTES 62
Parque e Jardins (Veja também) 192
UM RESUMO SOBRE OS BAIRROS 67

Cultura Catalã 313

Antoni Tàpies 316
Arquitetura de Barcelona 314
Arte & Artistas 315
COZINHA 319
Design e artes gráficas 317
El Greco 316
Gaudí: O Arquiteto

Religioso 316
Joan Miró 316
liga neofigurativa 316
Língua da Catalunha 313
Pablo Picasso 316
Sabor da Catalunha 318
Salvador Dalí 316
Susana Solano 317
Velázquez 316

D

Dalí 206
Delta 38
Domingo 4
Dona i Ocell 7

E

ECOTURISMO 33
El Bulli 2
El Grec 22
El Prat 1
El Prat de Llobregat 1
Els Quatre Gats 4
Espanha 12
Estados Unidos 10
ETA 27
Euro 16
Euskadi 27
Evitando 25
EXCELSIUS 175
Execuções 48
EXIGÊNCIAS MÉDICAS 11
EXIGÊNCIAS PARA ENTRADA 11
EXPOSIÇÃO AO SOL 26

F

Fazendo Compras 209, 224

Acosta 221
Adolfo Domínguez 215

Altaïr 212
Angel Batlle 211
Antiga Pasamaneria J. Soler 214
Antonio Miró 215
Artesana i Coses 224
Art Escudellers 225
Art Picasso 220
Baraka 225
BCN Books 212
BD Ediciones de Diseño 214
Buffet y Ambigú 212
Cacao Sampaka 213
Caelum 219
Camper 226
Casa Beethoven 223
Casa del Llibre 212
Casas 226
Centre Comercial Glòries 227
Comité 215
Comme-Bio 220
Commercial Woman 215
Contribución y Moda 223
Cooperativa d'Arquitectes Jordi Capell 212
Coses de Casa 215
Custo-Barcelona 215
Czar 226
Decathlon 227
Diagonal Mar 227
Discos Castelló 223
Dom 214
E & A Gispert 219
El Bulevard des Antiquaris 211
El Corte Inglés 213
El Indio 221
El Mercadillo 216
Escribà 213

FNAC 212, 223
Forvm Ferlandina 221
Gastón y Daniella 215
Giménez & Zuazo 216
Gotham 214
Hibernian Books 212
Ici Et Là 214
Iguapop 220
Itaca 226
Jean-Pierre Bua 216
Josep Font 217
Kastoria 224
La Boqueria 218
La Botifarreria de Santa María 219
La Boutique del Hotel 217
La Galeria de Santa María Nouvella 224
LAIE 213
La Manual Alpargatera 226
L'Arca de l'Aviva 211
La Roca Village 223
Lavinia 219
Le Boudoir 222
Llibreria Quera 223
L'Illa Diagonal 227
Loewe 221
Loft Avignon 217
Lojas Especializadas no Barri Gòtic 225
Lotusse 226
Lupo 221
Mango 217
Mantantial de Salud 220
MNG Outlet 224
Muxart 226
On Land 217
Origins 99.9% 219
Pedralbes Centre 227
Platamundi 221

Rafa Teja Atelier 226
Ràfols 222
Regia 224
Sala d'Art Artur Ramón 211
Sala Parés 220
Sephora 224
Sombrería Obach 220
Textil i d'Indumentaria 217
Tous 221
Urbana 212
Vina Viniteca 219
Vinçón 214
Vitra 214
Women'Secret 222
Xocoa 213
Zaravolución 216

G

Gat Raval 87
Gaudí 3
GAYS 31
Ginger 4
Glories 1
Guerra Civil Espanhola 173

H

halls 181
Hisop 2
Holiday Care 31
Hospital del Mar 2
Hotel Arts 2
hovercraft 44

I

i2roam 35
IAMAT 26
Iberia Airlines 37

332 ÍNDICE GERAL

iCan 30
Índia 214
INDISPOSIÇÕES COMUNS 26

J

jamón 219
JAZZ 234
Jogos Olímpicos 1
Josep Clara 184
JuliaTours 41

K

Kemwel Holiday Auto 45
Know Before You Go 14

L

LANCHES, TAPAS & BEBIDAS 129

Bar Daguiri 156
Bar del Pi 129
Bodega la Plata 129
Café de la Opera 129
Els Tres Tombs 137
El Vaso de Oro 157
Foodball 130
Kasparo 137
La Bombeta 157
Las Campañas 130
Sandwich & Friends 134
Schlling 130
Taller de Tapas 134
The Bagel Shop 130
Venus Delicatessen 130
Vinissim 131

M

Maiorca 287

COMO CHEGAR 288
Convite Especial 300

DIVERSÃO NA PRAIA E PERTO DELA 290
PALMA À NOITE 301
Palma de Maiorca 290
Port de Pollença & Formentor 305
Valldemossa & Deià 302
VISITANDO OS PONTOS TURÍSTICOS 293

Melhor de Barcelona 3

Beber ao Pôr do Sol na Praia 4
Dar uma Olhada na Sagrada Família Pela Primeira Vez 5
De Bar em Bar no Barri Gòtic 4
Experiências Mais Inesquecíveis em Barcelona 4
Explorar o Bairro El Born 4
Hotéis Mais Luxuosos 5
Ir a um Concerto no Palau de la Música Catalana 4
Ir de Bonde e Funicular para Tibidabo 4
Jantares Mais Inesquecíveis 6
Jantar no Els Quatre Gats 4
Melhores Atividades em Família 8
Melhores Coisas Para Levar Para Casa 7
Melhores Coisas para se Fazer de Graça 7
Melhores Hotéis Com Preços Moderados 6
Melhores Museus 9
Observar Pessoas

no Museu d'Art Contemporani de Barcelona (MACBA) 5
Passar um Domingo no Montjuïc 4
Passear pela La Rambla 4
Tomar Café da Manhã na Boqueria 4

Museus 9

Fonte Mercúrio 9
Fundação Tapestry 9
Fundació Joan Miró 9
MACBA 58
MACBA (Museu de Arte Contemporânea) 68
MACBA (Museu de Arte Moderna) 160
Muses del Palau 167
Museu Arqueològic 268
Museu Barbier-Mueller Art Precolombí 168, 169
Museu Barbier Muller d'Art Precolumbi 201
Museu Cau Ferrat 261
Museu d'Arqueologia de Catalunya 182
Museu d´Art 268
Museu d'Art Contemporani de Barcelona (MACBA) 5, 9, 172
Museu d'Art Espanyol Contemporani, Fundació Juan March 294
Museu de Arte Contemporânea 22
Museu de Calçat 192
Museu de Carrosses Fúnebres 192

Museu de Carruatges 192

Museu de Ceràmica 190

Museu de Cinema 269

Museu de História 279

Museu de la Cera 8

Museu de la Ciència 189

Museu de la Xocolata 8, 169

Museu de les Arts Decoratives 190

Museu de L'Esport Dr. Melcior Colet 192

Museu del Perfum 192

Museu del Vi 265

Museu de Zoologia 168

Museu d'História de Catalunya 187

Museu d'História de la Ciutat 54

Museu Diocesà 255

Museu d'Textil i d'Indumentària 169

Museu Egipci de Barcelona 179

Museu Etnogràfic Andino-Amazónic 192

Museu Etnológic 192

Museu Frederic Marès 9, 67

Museu Geológico 168

Museu i Necròpolis Paleocristians 256

Museu Joan Miró 71

Museu Marciel 261

Museu Maritim 58, 69

Museu Marítim 187

Museu Marítimo 8

Museu Municipal 293

Museu Nacional Arqueològic 255

Museu Nacional d'Art

de Catalunya (MNAC) 9, 183

Museu Paleocristià 256

Museu Picasso 9, 55, 56, 69, 160, 201

Museu Romàntic ("Can Llopis") 262

Museu Tauri 192

Museu Tèxtil i d'Indumentària 201

Outros Museus de Barcelona (veja também) 192

N

Natal 20

New Zeland Customs 15

No Brasil 10

Nova Zelândia 15

O

O Melhor de Barcelona 51

Barri Gòtic 54

Casa Milá (La Pedrera) 60

Catedral 54

Collserola Park 61

El Raval 58

Gràcia 60

Igreja de Santa Maria Del Mar 56

La Barceloneta (e o Port Olímpic) 56

La Rambla 51

La Ribera 55

Manzana de la Discordia 60

Marina Port Vell 56

Mirador de Colón (Monumento de

Colombo) 51

Monestir de Pedralbes 61

Montijuïc 54

Parc de la Ciutatella 55

Parc Güell 55

Passeig de Gràcia 60

Plaça de Cataluña 51

Plaça Reial 54

Sagrada Família 55

Tibidabo 61

ONDE FAZER SUAS REFEIÇÕES 2, 127

7 Portes 153

Abac 131

Agua 154

Agut 124

Agut d'Avignon 123

Alkimia 140

Anfiteatro 151

Anima 135

Arola 154

Arroseria Sa Cranca 300

Bahía 277

Bar Turò 146

Beltxenea 139

Bestial 155

Botafumeiro 147

Bronsoms 270

Ca'an Carlos 300

Café de L'Academia 124

Ca l'Estevet 136

Ca L'Isidre 135

Cal Pep 132

Cal Ros 271

Can Costa 151

Can Culleretes 126

Can Majó 155

Ca'n Quet 304

Can Solé 152

Cantina Machito 150

Casa Alfonso 146

Casa Buxó 279

ÍNDICE GERAL

Casa Calvet 142
Casa Leopoldo 135
Casa Tejada 146
CDLC (Carpe Diem) 155
Cinc Sentits 142
Comerç 24 132
Drolma 139
El Caballito Blanco 146
El Cellar de Can Roca 271
El Fresco 264
El Glop 149
El Mató de Pedralbes 158
El Olivo 305
El Racó de Can Fabes 158
El Robust 151
El Salón 126
Els Pescadors 152
Els Quatre Gats 126
El Trull 274
El Velero 264
Espai Sucre 132
Es Trull 286
Flash-Flash Tortillería 149
Folquer 149
Fragata 264
Gaig 142
Garduña 126
Gente de Pasta 133
Gorría 142
Hisop 143
Il Giardinetto 144
Iposa 128
Jaume de Provença 140
Jean Luc Figueras 147
Juicy Jones 128
Koldo Royo 299
La Balsa 157
La Belle Napoli 138
La Bodegueta 139, 147

La Bóveda 300
La Casona 281
La Cuina de Can Simon 278
La Cuineta 127
La Dama 140
La Dentellière 128
La Galiota 286
La Gavina 151
La Paradeta 133
La Rosca 128
Les Petxines 274
L'Olive 144
Los Caracoles 127
Lupino 136
Mama Cafe 136
Mare Nostrum 264
Mesón David 137
Moo 143
Murivecchi 134
Neichel 144
Organic 137
Paella na Praia 6
Pla de la Garsa 134
Porto Pí 299
Puda Can Manel 156
Quimet & Quimet 139
Quo Vadis 135
Ramonet 156
Reno 144
Re-Pla 133
Restaurant Clivia 306
Restaurante Santa Marta 274
Restaurant Hoffmann 131
Roig Robi 148
Romesco 129
Rosalert 145
Sa Caseta 301
Salsitas 129
Sant Pau 159
Senyor Parellada 133

Shojiro 149
Talaia Mar 156
Torre d'Alta Mar 154
Tragaluz 145
Tristán 300
Umita 136
Via Veneto 158

O Que Ver e Fazer 160

Banys Arabs 267
BARCOS DE PASSEIO 194
CaixaForum 181
Casa Amatller 177
Casa Batlló 177
Casa Lleó Morera 177
Casa Vicens 179
Catedral 268
Catedral de Barcelona 161
CAVALGADAS 194
Centre de Cultura Contemporània (CCCB) 171
Colònia Güell 188
Conjunt Monumental de la Plaça del Rei 161
CosmoCaixa (Museu de la Ciència) 189
El Palau de la Música Catalana 166
Església de Sant Feliu 268
Finca Güell 189
Foment de les Arts Decoratives i del Disseny (FAD) 171
Fundació Antoni Tàpies 178
Fundació Francisco Godia 178
Fundació Joan Miró 181
Galería Olímpica 182

ÍNDICE GERAL   335

GOLFE 193
Gran Teatre del Liceu 171
Jardí Botànic 186
La Mercè 164
La Pedrera 174
L'Aquarium de Barcelona 186
La Sagrada Família 175
L'Hospital de la Santa Creu i San Pau 174
Mercant del Born 168
Mirador de Colón 164
Monestir de Pedralbes 190
Museu Arqueològic 268
Museu Barbier-Mueller Art Precolombí 168
Museu Cau Ferrat 261
Museu d'Arqueologia de Catalunya 182
Museu d´Art 268
Museu d'Art Contemporani de Barcelona (MACBA) 172
Museu de Ciències Naturals de la Ciutadella 168
Museu de Cinema 269
Museu de la Cera 165
Museu de la Xocolata 169
Museu de les Arts Decoratives/Museu de Ceràmica 190
Museu d'Història de Catalunya 187
Museu d'Textil i d'Indumentària 169
Museu Egipci de Barcelona 179
Museu Frederic Marès 165

Museu Marciel 261
Museu Marítim 187
Museu Militar de Motjuïc 183
Museu Nacional d'Art de Catalunya (MNAC) 183
Museu Picasso 169
Museu Romàntic ("Can Llopis") 262
NATAÇÃO 193
Palau de la Virreina 173
Palau Güell 172
Parc d'Atraccions Tibidabo 191
Parc de la Ciutadella 170
Parc Güell 179
Parc Zoològic 170
Pavelló Mies van der Rohe 184
Plaça Sant Jaume 165
Poble Espanyol 185
Santa Maria del PI 166
Sant Pau del Camp 173
SURF & WINDSURFING 194
TÊNIS 194

P

Passado & Presente de Barcelona 307

Barcelona Hoje 307
História Básica 308
IDADE DO OURO E O DECLÍNIO 310
RENAIXENÇA E O MODERNISMO 311
SÉCULO XX 311

Planejando Sua Viagem 10

ALUGUEL DE CARRO 44

Caganer Catalão 21
CAIXAS ELETRÔNICOS 18
CALENDÁRIO DE EVENTOS DE BARCELONA 20
CARTÕES DE CRÉDITO 18
CHEQUES DE VIAGEM 19
CLIMA 19
Como Chegar 37
COM SEU PRÓPRIO COMPUTADOR 35
Dinheiro 15
Dinheiro com Urgência 16
ECOTURISMO 33
EuroPass 38
Exigências para Entrada & Alfândega 11
FERIADOS CATALÃES E NACIONAIS 20
FICAR DOENTE LONGE DE CASA 27
Hora Certa na Espanha 22
INDO DO AEROPORTO AO CENTRO DA CIDADE 39
Informações aos Turistas 10
Intercâmbio de Casa 14
LIDANDO COM A DISCRIMINAÇÃO 29
Lidando com Jet Lag 42
MELHORES TARIFAS AÉREAS 40
Pacotes Para o Viajante Independente 47
Planejando Sua Viagem Online 34
Recursos Para Viagens Especializadas 29

336 ÍNDICE GERAL

Saúde & Segurança 25
SEGURO CONTRA CANCELAMENTO DE VIAGEM 24
SEGURO CONTRA PERDA DE BAGAGEM 24
SEGURO DE SAÚDE 24
Seguro de Viagem 23
SEGURO PARA CARRO ALUGADO 25
Síndrome da Classe Econômica 25
UTILIZANDO O CELULAR 36
VIAGEM COM A FAMÍLIA 32
VIAGEM PARA ESTUDANTES 33
Viajando em Época de Falências 23
VIAJANTES AFRO-AMERICANOS 32
VIAJANTES COM DEFICIÊNCA 29
VIAJANTES DO SEXO FEMININO 32
VIAJANTES GAYS & LÉSBICAS 31
VIAJANTES MULTICULTURAIS 32
VIAJANTES SOLTEIROS 33
Voando com Filmes e Vídeos 43

Q

Qantas 39
Quarto Feminino 9

R

Regency 100
resort 159

RISCOS NO MAR 26
Royal Fitness Center 113

S

satphone 37
Saúde & Segurança 25
senyera 22
Serenidade 6
Síndrome 25
Sitges 31

T

T-1 1
T-4 1
Tibidabo 1
Tossa de Mar 160
Trambesòs 1
Trem Leve 1
Tuespaña 10

U

United Vacations 47
Universal 111

V

Viajante do Século XXI 35

VÌSITANDO OS PONTOS TURÍSTICOS 293

Banys Arabs 293
Casa-Museu Castell Gala Dalí 282
Casa-Museu Port Lligat 284
Castell de Bellver 293
Catedral 294
Llotja 294
Marineland 294
Museu d'Art Espanyol

Contemporani, Fundació Juan March 294
Palau de l'Almudaina 294
Poble Espanyol 294
Teatre-Museu Dalí 283

W

Washington 30
Wayport 35
Western Union 16
Who Travel 32
Wi-Fi 82
Wind 220° 194
world music 181
World Trade Center 58

X

Xocoa 123
Xocolata 8

Y

Your Kids 32

Z

Zapatero 27
Zara 216
Zaravolución 216
ZasTwo 227